巴蜀文化通史

百〇四岁叟 马识途

《巴蜀文化通史》学术委员会

章玉钧　隗瀛涛　李绍明　林　向　胡昭曦　贾大泉
谭继和　万本根　陈玉屏　罗　鸣　沈伯俊　彭邦本

主　编
章玉钧　谭继和

副主编
罗　鸣　彭邦本

编辑部
主　任　侯水平　向宝云
副主任　万本根　李　庆

"十二五"国家重点图书出版规划项目

四川建设西部文化强省重点项目

章玉钧　谭继和　主编

巴蜀文化通史

文学 卷

邓经武　著

四川人民出版社

编者的话

巴蜀文化通史

《巴蜀文化通史》编撰工程是中共四川省委批准、省委宣传部直接组织和领导,由四川省繁荣发展哲学社会科学协调小组立项、四川省社会科学院牵头的四川省西部文化强省建设重点支持项目,也是"十二五"国家重点图书出版物出版专项规划及国家出版基金(2016年度)资助项目。一直关心四川文化传承创新的省老领导杨超、杨析综、何郝炬、冯元蔚、廖伯康、聂荣贵、李永寿等同志率先向省委、省政府倡议启动编撰工作。在编撰研究过程中,得到了陶武先、柯尊平、王少雄、甘霖等历届省领导的大力支持和亲切指导,我们谨致衷心的敬意和感谢。

本书编撰委员会于2006年设立,编撰工作由此启动,至2020年全面完稿,历时十五年。编撰委员会名誉主任陶武先,主任王少雄、柯尊平,副主任殷建中、贾松青、侯水平、隗瀛涛、李绍明;顾问蔡美彪、李学勤、张海鹏;编委会成员有章玉钧、林向、胡昭曦、贾大泉、谭继和、万本根、陈玉屏、罗鸣、沈伯俊、彭邦本、向宝云、王素、舒大刚、邓经武、赵振铎、龙晦、龙显昭、刘平斋、吴野、钱来忠、曹顺庆、陈德述、任新建、李明泉、张忠仁、王毅、王庭科、冉光荣、杜肯堂、李学明、孙锦泉、陈廷湘、刘复生、佘正松、李健、李刚、李诚、江玉祥、江章华、蒋维明、季富政、高大伦、段志洪、侯德础、谢元鲁、甘绍成、张明富、张凤琦等。编委中,有些作为学术委员会成员,自始至终参与本书研讨和审定;有的承担了分卷的撰著;有的在本书酝酿和编撰的相关会议上提供了不少宝贵意见;有的应邀对有关书稿审阅并提出有益的建议。总而言之，编委们都为本书编撰出版做出了各自的贡献。另还专门请宗性（中国佛学院）审读了《宗教文化卷》。

编撰工作具体依托四川省社会科学院进行，院历届领导贾松青、侯水平、李后强、向宝云、高中伟等都给予大力支持、督促和帮助，多次召开院党委或院办公会议，听取编辑部汇报，决定有关事项并检查落实。编辑部成员张彦、彭东焕、印国玲在具体组织协调、制订规范规则、联系作者、学术讨论记录（含录音）、编写简报等方面做了大量工作。

《巴蜀文化通史》是集思聚智的学术成果，撰著参与者及分工情况详见于各卷后记。以下谨按卷次列出主要撰著者名单，共同见证这部著作的出版：

《通论卷》　　　　　　谭继和著
《农业与水利文化卷》　彭邦本编著
《工商文化卷》　　　　张学君著
《城市文化卷》　　　　何一民等著
《建筑文化卷》　　　　庄裕光著
《交通文化卷》　　　　蓝勇等著
《民族文化卷》　　　　赵心愚、杨铭等著
《宗族与会社卷》　　　张力著
《移民文化卷》　　　　陈世松著
《方言卷》　　　　　　李国太、黄尚军、袁雪梅、曾为志著
《民俗文化卷》　　　　徐学书、喇明英、况红玲等著
《哲学思想卷》　　　　蔡方鹿、刘俊哲、金生杨著
《史学卷》　　　　　　粟品孝、周鼎、李晓宇著
《宗教文化卷》　　　　李远国、向世山等著
《教育卷》　　　　　　徐辉、徐仲林等著
《文学卷》　　　　　　邓经武著
《艺术卷》　　　　　　苏宁、沈博、幸晓峰著
《科技文化卷》　　　　查有梁、王迎川、周世祥等著

《传播文化卷》　　　　　　赵志立著
《文献要览卷》　　　　　　舒大刚、李冬梅等著
《巴蜀文化大事记》　　　　张彦、陈德言、王林、彭东焕编著
《巴蜀文化研究论著索引》　李敬洵编

由于多领域的地域文化通史尚属首创,不同门类各有其文脉演变、内在逻辑与历史进程,故未对各卷涉及本领域涵盖的时间起止及个别体例做统一的要求。编著者虽务求如清人顾炎武所说"庶几采山之铜",而力避"买旧钱""废铜以充铸",但因见闻学识所限,书中疏漏不足之处,尚祈望读者正之。

最后要说的是,全书从编撰到出版来之不易,还得益于四川人民出版社历任社长罗韵希、解伟、黄立新,副社长骆晓平,总编辑刘周远的关心和支持。特别是谢雪编审从中协调、统筹以及众多编辑"为他人作嫁衣裳"的辛勤付出。巴蜀文化界学术界的领军人物、尊敬的马识途先生在2018年一百零四岁时为本通史题写书名。在此,我们表示深深的谢意。

章玉钧　谭继和　罗鸣　彭邦本
2021年11月

总 序

◎ 章玉钧

呈献在读者面前的这部多卷本《巴蜀文化通史》，是国家重点图书出版物出版专项规划项目、国家出版基金资助项目和四川省西部文化强省建设重点支持项目的学术成果。这个项目由中共四川省委宣传部直接组织和领导，四川省社会科学院牵头，川渝合作，组织和邀约四川省、重庆市七十多位巴蜀文化研究专家参加，得到四川省委、重庆市委和国家有关部门的重视和支持，获得国家和省文化产业经费的资助。全书二十二卷二十八册，约一千六百万字。编撰出版工作历时十五年终告完成。参加本书编修的专家学者们团结协同、切磋琢磨、集思聚智、甘苦备尝，贡献了创造性的劳动。四川人民出版社和各卷责任编辑认真敬业，严谨审慎，做出了辛勤奉献。在此，谨就编撰《巴蜀文化通史》的缘起与旨归、定位与特色、架构与方法、集成与出新，作一概括的介绍，以助读者对全书先有个总体的了解。

缘起与旨归

编修《巴蜀文化通史》之议，酝酿已久。20世纪80年代至90年代，巴蜀文化和蜀学研究在四川逐步升温，在选编出版徐中舒、蒙文通、顾颉刚、任乃强、邓少琴、冯汉骥等大师关于巴蜀文化的论著①后，陆续编写出版了《巴蜀文化图典》②《巴蜀文化研究丛书》③《巴蜀文化系列丛书》④。大家既为"地域文化热"的兴起而振奋，又在同地域文化研究先行地区的比较中，看到我们的差距，深感传承、整合和弘扬巴蜀文化，要抓牵头的东西，抓具有基础性、全局性和带动性的项目。2001年，一直关注文化的四川省老领导杨超、杨析综率先提出编撰《巴蜀文化通史》的倡议，杨超还构想系统整理自古以来的巴蜀文献，编成《巴蜀全书》。他们登高一呼，高屋建瓴，对学界有很大的启发和鼓舞。经过反复酝酿，省里八位老同志⑤于2005年10月联名致信四川省委、省政府，建议启动《巴蜀文化通史》的编撰工程。在组织四川高校和研究机构数十位专家学者进行论证，并征得重庆市有关领导和专家学者的赞同后，省委批准立项，审定了全书的框架设计。2006年7月，《巴蜀文化通史》多卷本编撰工程正式开展。

大家渴望编撰《巴蜀文化通史》并积极付诸行动，是基于这样的共识：民族文化是一个民族的根、脉、魂，是民族精神的载体，是支撑民族生存和发展的脊梁。全球文明古国各具优长，唯有中华文明几千年来一脉贯通地连续发展至今，重要原因是有由甲骨文、金文发展而来的形、音、义相结合的汉字为重要载体和文化纽带，用其写成的文史典籍代代承传，从未间断，起到全民族凝心聚力的巨大作用，激励中华民族历经磨难而不衰，直至迎来民族走向伟大复兴的盛世。巴蜀文化是多源汇成一脉、多元聚为一体的中华文

---

① 徐中舒《论巴蜀文化》、蒙文通《巴蜀古史论述》、顾颉刚《论巴蜀与中原的关系》、任乃强《四川上古史新探》、邓少琴《巴蜀史迹探索》，均由四川巴蜀史研究会编辑，由四川人民出版社于20世纪80年代出版。此后还有《冯汉骥考古学论文集》1985年由文物出版社出版，另有《缪钺全集》2004年由河北教育出版社出版。
② 该图典由川渝合作编成，刘茂才、滕久明任编委会主任，万本根、俞荣根任主编，四川人民出版社1999年出版。
③ 该丛书由杨超、杨析综任编委会主任，首批六册。李绍明《巴蜀民族史论集》、隗瀛涛《巴蜀近代史论集》、林向《巴蜀考古论集》、胡昭曦《宋代蜀学论集》、谭继和《巴蜀文化辨思集》、徐南洲《古民蜀与〈山海经〉》，均由四川人民出版社2004年出版。
④ 该丛书由杨超、杨析综任编委会主任，谭洛非、邓星盈、万本根任主编，共十册，四川人民出版社2001年出版。
⑤ 八位老同志是杨超、杨析综、何郝炬、冯元蔚、廖伯康、聂荣贵、李永寿、章玉钧。

化中一个重要的区域文化，是博大精深的中华文明的一枝奇葩，在中华民族文化谱系中占有独特的地位。她绚丽多彩、大器包容，在与兄弟地域文化交流互益、吞吐融会中发展繁荣，形成并展示出独特的神韵和魅力，使哺育她的中华文化更添灿烂辉光。对于川渝地区各族同胞而言，巴蜀文化就是我们世代生存之根、承传之脉、发展之魂。

巴蜀大地钟灵毓秀、文脉悠长，堪称多种人类遗产荟萃的聚宝盆。巴蜀文化有许多独具的特色和亮点，足以令我们为先辈的创造感恩并自豪。茂县营盘山、成都平原从宝墩到三星堆、金沙以及长江三峡、宣汉罗家坝等处文化遗址的多次惊世发现，结合古文献资料，无可辩驳地证实了巴蜀作为长江上游的上古文明中心，丰富了中华文明的基因，显示出古蜀古巴文化永恒的魅力。周秦以来，中华思想文化素以儒学、道学为主干；佛学西来后，更以儒释道交融互补为特色。蜀地仙道发源很早，成为天师道的创教地；儒学从西汉起就在此代代传承，文翁石室、周公礼殿、孟蜀石经彪炳千秋；在佛教中国化的进程中，巴蜀出了许多大德高僧，尤其是禅学大师，成为中国禅学中心之一。作为中国重要地域学术文化的蜀学，富有哲思传统和文史之长，"易学在蜀""史学莫隆于蜀""文宗自古出巴蜀""自古诗人例到蜀"等赞语，无不彰显历代巴蜀学术文化的璀璨夺目，成就非凡。巴蜀的音乐、舞蹈、碑刻、石窟、书法、绘画、诗词歌赋、戏剧、织锦、酿酒、制茶、肴馔等享有盛誉，非物质文化遗存丰赡多彩。巴蜀悠久的农耕文化与繁盛的工商文化相得益彰，并曾在水利开发、天然气开采、钻井术、天文、数学、医药等科技领域独占鳌头，纸币"交子"首发领先全球。巴蜀是中国历史上一个典型的移民区域，又长期是汉族和许多少数民族相聚和融合的地区，开拓了对外交往的条条蜀道，形成了连通中亚、南亚的南方丝绸之路和藏羌彝民族走廊。移民文化与原生文化、汉文化与少数民族文化、本土文化与外来文化在这里交融互动，使巴蜀文化具有很强的开放性、包容性、创新性和辐射性，这些特性被学者喻为"水库效应"。巴蜀儿女自古敢为天下先，尤其是百余年来向现代化转型时期，巴蜀文化哺育和造就了众多的杰出人物和文化精英，红色文化光耀史册，三线建设举国之重，"改革之乡"①闻名遐迩。在2008年"5·12"汶川特大地震等自然灾害的救援和重建过程中，四川人民表现出的英勇、睿智、大爱、感恩，也都凝聚着巴蜀文化浴火重生的精神。

当今中国正处于世界百年未有之大变局，建设社会主义文化强国，着力提升文化软实力，关系到"两个一百年"奋斗目标和中华民族伟大复兴中国梦的实现。身为当代学人，要在马克思主义指导下，树立高度的文化自觉和自信，十分珍视本土优秀的传统文化，处理好传统文化与现代化、本土文化与外来文化的关系，立大志愿，开大视野，用大手笔来发掘和系统梳理传统文化资源，传承、整合、弘扬巴蜀文化，致力于培根铸魂、固本延脉，使我们优秀的文化基因永续传承，与当代社会相协调，让富有恒久魅力、具有当代价值的巴蜀文化在提高全民精神素质，推进文化强省强国，铸牢中华民族共同体意识和助推构建人类命运共同体的进程中发挥应有的作用。

编撰多卷本的《巴蜀文化通史》，具有深远宏大的文化价值、学术价值和应用价值。一是对巴蜀文化几千年的发展轨迹及其创造、积累的宝贵文化财富，作出系统梳理和规律性总结，可以回应巴蜀民众了解"我是谁""我从哪里来"的文化寻根需求，丰富人们的精神世界，尤其是在道德规范和价值取向上得到涵养和化育。二是可以较全面地展示巴蜀文化的神韵和亮点，系统阐扬蜀史、蜀学、蜀文、蜀艺，构筑宽阔的学术研究平台，为巴蜀人文社会科学走向繁荣，促进传统文化的创造性转化和创新性发展，发挥立其大本、凝聚人心、导向助推的作用。三是同兄弟地域文化的研究成果相互呼应、相得益彰，有助于深入了解中华文化，传承中华文脉，为我们的母亲文化增光添彩，一起来展示她的独特魅力，进而与世界多元文化中不同民族文化平等交流互鉴，为建设新时代中国特色社会主义文化，增强我国的文化竞争力和软实力添砖垒瓦。四是更进一步促进川渝文化合作，可以为繁荣、丰富当代巴蜀先进文化建设，尤其是推进文化创意产业和康乐旅游产业，发掘深层次的文化内涵，提供坚实的学术依据，从而开启思路、激发灵感，以文塑旅，以旅彰文，把潜在文化资源（包括物质文化遗产和非物质文化遗产）

---

① 邓小平1982年对家乡四川的深情赞语。

转化为现实的生产力和文化软实力。五是有助于改变四川高校和研究机构在巴蜀文化和蜀学研究上各自为政、力量分散的状况，使之汇聚并形成有较高水平的老中青结合的研究队伍。与《巴蜀文化通史》珠联璧合的《巴蜀全书》，作为四川有史以来最大规模的古籍文献整理工程，经由四川大学古籍整理研究所提出并担纲，在四川省社会科学院和兄弟高等院校协力下，2012年以来，已出版阶段性成果两百余种，就是蜀学研究正在形成合力的又一明证。

定位与特色

为了实现前述宗旨，参与编撰的同仁都力求使《巴蜀文化通史》既是文化集成，又是学术创新，努力做到观点有一定创新性，知识含量丰富，资料翔实，文笔流畅，总体上进入巴蜀文化研究的学术前沿，在科学性、系统性、创新性、前瞻性、可读性等方面力争成为当代巴蜀学人可以"预流"——预于时代学术潮流的成果，成为在巴蜀文化研究上服务于现实并可继往开来的学术著作。但我们悬鹄虽高而未必力所能逮，故难免"取法乎上，仅得乎中"之憾。

这部书的研究对象是巴蜀文化，性质是通中寓专、通专结合的文化通史，角度是把地域史学与文化学及相关学科契合起来，贯穿全书的编撰理念是"三通"，即纵通、横通与会通。这里就分别说一说本书的"文化"本位、"巴蜀"立位和"三通"定位。

（一）"文化"本位

世界上对"文化"的定义已经有好几百种。我们以唯物史观为指导，本着天人合一、以人为本的中华人文精神[①]来解读文化。"惟天地万物父母，

[①] 天人合一、以人为本，打破天道与性命的隔阂，既避免把天人合一引向神学化，也避免陷入人类中心主义，而把敬畏、顺应自然与发挥人的主体能动性相统一，蕴含天人相依相待、互动互益的张力。

惟人万物之灵。"①人作为自然演化的产儿，受惠于天地万物，在群体劳动实践中成为地球上的万物灵长，既能创制工具，又能用语言交流，进而创制文字，由此有了文化及其积累、传承，于是便创造了"人化的自然界"。同时，在法天、法地、法万物的进程中，人也改变和提升着自身。汉字的"文"，原意是文身、文饰、纹理，以文来显示，以文来变化，讲规矩、礼貌，与禽兽区别开来。这是外在的，更是内在的。文的外化于行与内化于心，开物成务与锻塑成人，乃是人类与自然进行精神与物质相互变换中联袂互动的双重效应。自然力所为乃造化，人类心力所创是文化。文化从何而来？由人化文；文化落脚何方？以文化人。荀子讲"化性起伪"，"伪"就是人为的东西。要改变自身才能更好地改变世界。文化就是这样"人化"与"化人"（或曰"人为"与"为人"、人性的外化与内化）相统一，在双向建构中螺旋式上升，推动着人居世界的演进。人，既是创造文化的能动主体，又是文化所创造的价值主体。这与古语"人文化成"②的解读可以相通，也跟西方"文化"一词兼容"耕作、栽培"（外化）和"养育、教化"（内化）的语义相衔接。《中庸》讲至诚尽性，内外交修："惟天下至诚，为能尽其性。能尽其性，则能尽人之性；能尽人之性，则能尽物之性；能尽物之性，则可以赞天地之化育；可以赞天地之化育，则可以与天地参矣。"③这段话，恰可理解作为内化与外化相统一的文化的功能。

这样的广义文化，它对外与天地万物相成相济，内结构则包含着精神文化、语文符号、规范体系（行为习俗和法律）、社会制度和社会组织、物质产品等要素。④这些文化要素，大体可划分为相互联结、相互渗透的三个层面：外层是作为基础的物态文化，即经过人的劳动形成的"人化"自然或器物层面，体现人与自然的互动关系及其物质成果；中层是语文符号、制度文化和行为习俗文化等，可称为"交往文化"，体现出人与人的互动关系即社会关系，也是精神文化的外在表现；内层则是以价值观为核心的精神文化，

---

① 《尚书·周书·泰誓上》，《十三经注疏》上册，中华书局1979年影印本，第180页。
② 《易·贲卦·彖辞》："观乎天文以察时变，观乎人文以化成天下。"
③ 《礼记·中庸》，《十三经注疏》下册，中华书局1979年影印本，第1632页。
④ 《中国大百科全书·社会学卷》，中国大百科全书出版社1991年版，第409页。

体现出人的心灵世界在真、善、美、圣（科学、道德、艺术、哲学、宗教）诸多领域与境界的创造。清代龚自珍说过："圣人之道，本天人之际，胪幽明之序，始乎饮食，中乎制作，终乎闻性与天道。"① 文化的上述三个层面，既如血脉相通，总体上联动互进，在变迁时序上又往往呈现有速有缓、或前或后的不平衡发展状态。这种总体性与异步性的统一，是在研究和描述文化史时需要仔细琢磨和体现的。

综上所述，文化是在天人相合相分、互动互益进程中人的生命存在及其取得的全部成果，或简单地说，文化就是人类独有的生存方式。人们总是生活在世代传承而又不断积累、不断丰富的文化之中。这文化如水，滋润万物；若风，吹拂人间；又好比血液，灌注循环于特定民族或地区人群的心灵深处，产生凝聚力和认同感，积淀、凝结为人们稳定的生存方式。因此，人类的文化既有共通性，又有民族性、地域性和时代性，是多元的、多样的，而不是单一的、无差别的。不同民族、不同地域、不同时代产生的文化模式，形成的文化精神各有不同。伴随着时代的风云变幻，当不同文化相遇、相会时，从价值观念、思维方式、生活样态到社会习俗，就会产生交流、交融、交锋，出现文化选择和互融，进而导致文化的转型。通观世界历史，文化转型曾有过各种不同的类式。中华文化的现代转型是守正创新，把马克思主义基本原理同中华优秀传统文化相结合的自主式；而不是聚合多种移民文化、喧宾夺主的复合式；更不是那种特定场合下原有文化解体，被另一文化取代的断崖式。

"文化"和"文明"是两个意义相近又有区别的概念。文化侧重于文的功能，文明侧重于文的成就。人猿揖别，就出现文化；到告别蒙昧、野蛮，才进入文明时代。文明是个褒义词，囊括人类创造的积极成果之总和，用以指称人类社会的进步程度和开化状态。② 当今多以文化标示民族性差异和地域性特色，而以文明标示人类的普遍行为和多元成就。文明因交流而互鉴，因互鉴而发展。在经济和科技全球化进程中，许多物态文化和一部分行为习

---

① 《五经大义终始论》，《龚自珍全集》，上海人民出版社 1975 年版，第 41 页。
② 《易·乾·文言》："见龙在田，天下文明。"《尚书·舜典》："睿哲文明。"孔疏："经天纬地曰文，照临四方曰明。"

俗文化在逐步趋于同质化，而具有不同基因的制度文化、语言文字，特别是精神文化，则终会呈现和保持多样化。这一部地域文化通史，本着文化的多元性和相通性来立论，各卷都力图写出浓郁的地域文化味，体现出"人化"与"化人"的统一。

（二）"巴蜀"立位

广袤的中华大地因地壳碰撞形成了自西向东、由高到低三个落差很大的阶梯，巴蜀处于高阶到中阶的内陆腹地，连通祖国的南北西东。巴蜀西部为青藏高原东南缘及横断山区北段，东部为群山环抱的四川盆地，总体地势西高东低，地形地貌独特丰富，集雄、奇、险、秀于一体，自然禀赋得天独厚，是万物生灵的洞天福地。巴和蜀是上古以来巴人、蜀人及其他族群先民活动的地域，二者相连乃至交错，文化复合共生，自成一个地域文化区系。在中华文明满天星斗式的起源中，这里是相对独立肇兴的长江上游文明起源中心，有巫山人、资阳人为代表的文化根系，有万年以上的文明起步，上古巴蜀地域文明形成和发展中的不少谜团还有待地下发掘来破解。三千多年前巴蜀文明就与中原文明血脉交融，与吴越、荆楚等文明紧密互动，也与南亚、中亚文明交流互鉴。公元前316年，秦并巴蜀后则更紧密全面地融入中华文明共同体，成为它重要的组成部分之一，东汉时即享有"天府之国"的美誉。巴与蜀同源同围，文化具有同质性和内聚力，而自然人文环境又同中有异，形成了刚柔相济的复合型文化共同体。蜀人慕文好乐，精敏健雄，浪漫诙谐；巴人质直尚勇，豁达豪爽，吃苦耐劳。所谓"巴出将、蜀入相"，大致道出了两者文化性格的差异。巴蜀的地域范围历代有涨有缩，行政区划迭有变迁（包括1997年以后川渝分治），而长期历史形成的巴蜀文化区虽没有截然划定的边界，却是相对稳定的整体，并未因行政区划变动而忽合忽分。巴蜀文化区的范围是涵盖今四川省和重庆市地域，兼及周边风俗略同地区的民族文化共同体。它以史源悠久、流传有绪的巴文化、蜀文化为主轴，既包括四川盆地以汉族为主体、辐射四周的文化，也包括盆地周边各以藏、彝、羌、苗和土家等世居少数民族为主体、各民族和谐共融的文化，是这一地区从古至今多民族地域文化的总汇。这部书论述的地域以今四川省和重庆市为主,对不同历史时期曾纳入巴蜀行政区划或与其文化关联密切的地域也有涉及。

巴蜀虽地处祖国内陆,不靠边、不濒海,却衔接南北,连通西东。在编撰这部书时,我们力求处理好巴蜀文化与其母文化——中华文化的关系,重视巴蜀文化与兄弟地域文化之间的交集和互动,着眼于巴蜀文化的特性、个性,寓共性于个性之中,寓统一性于多样性之中。我们也重视巴蜀文化与域外文化之间的交集和互动,注意巴蜀文化在中外文化交流中所起的作用。在巴蜀文化内部,我们力求处理好蜀文化与巴文化相互之间的关系,巴蜀汉民族文化与各世居少数民族文化的关系,尽可能都给以充分的关注,反映它们之间的共性与个性、互联与互动,力避顾此失彼,详略失当。为涵盖并展示少数民族文化多姿多彩的众多领域和方面,这部书除单独设置《民族文化卷》外,各有关专题卷都力图把相关领域的少数民族特色文化摆在重要位置进行阐述和概括。

(三)"三通"定位

"三通"是贯穿全书的重要编撰理念。史著价值在于信,通史灵气在于通。司马迁"究天人之际,通古今之变,成一家之言"[①]是我们心向往之、孜孜以求的目标。史学前辈范文澜等曾提出"三通"("直通""旁通""会通"),我们根据编撰《巴蜀文化通史》的要求,把历时态的"纵通"、共时态的"横通"与跨文化、跨学科的"会通",合在一起作一些新的阐释。世界是通的,大历史是通的,大文化是通的。文化史的发展,本来就涵盖着纵向的全过程、横向的多层面、跨文化的多领域。通向历史本真,揭示历史本体,是"三通"追求的目标。尤其是作为通中寓专、通专结合的多卷本地域文化通史,无论承担通论或专题卷的学者,都力求在"三通"上下功夫。

一曰纵通,指历时态全过程的贯通。"观水有术,必观其澜。"这部书贯穿古今,上溯于远古巴蜀先民之蒙昧初开,下迄21世纪初年川渝之文明新

---

① 《史记》卷一三〇《太史公自序》。

貌，原始察终，系统梳理这个既有内在连续性，又呈现不同时代阶段性的曲折过程中巴蜀文化层积而兴的脉络，由此分析其在各个历史时期的盛衰流变，此起彼伏的高峰低谷，展示巴蜀文化的特色和贡献，进而探究其发展的逻辑进程，尤其是传统巴蜀文化向现代化转型的路径，论证巴蜀文化的当代价值和意义，揭示巴蜀文化的发展趋势和前景，做到鉴古察今、述往知来。这是全书贯穿始终的主线。这条主线还可以从实践与认识的角度一分为二：一是巴蜀文化的实践史、发展史；二是在实践基础上对巴蜀文化的认识史、研究史。二者结合方能从实践与认识的循环往复中，深入把握"外化与内化相统一"的文化真髓。

二曰横通，指共时态全方位的互通。"事不孤起，必有其邻。"从全书立卷到各卷章节的设置，都力图以时间为经，以反映文化的不同层面及专题为纬，纵横交织，立体成像。历史运动是有结构的，它是过程与结构的统一，广义文化中各层面的共生、交叉、互动就体现着这种结构性。这部文化通史不仅要剖析巴蜀文化发展的过程，同时要展现巴蜀文化的层次与结构。本书多数专题卷，虽然在物态文化、交往文化、精神文化几个层面中各有其侧重点，但都是从有血有肉的文化肌体中抽出来的，不能孤立求索和描述。研究时不仅不能把经济基础与其上层建筑割裂开来，还要努力展示文化各层面的横通，展示各专题内部各个相关领域的横通。这样做是为了尽量体现地域文化生成的内在机理，使读者把握到神完气足、血肉丰满、生机勃勃的整个巴蜀文化。

三曰会通，着重指跨文化、跨学科的多元共融，全景式打通。《易·系辞上》说："圣人有以见天下之动，而观其会通。"① 南宋郑樵《通志》特别强调"会通"。② 要从天下事物阴阳变动不居的状况，观察领悟其会合变通的卯窍。人类文化从来是多元并存，在相互比较、碰撞、渗透、融合中发展的。研究地域文化，必须有开放式的大视野，具备跨文化、跨学科的眼界

---

① 李鼎祚《周易集解》注文中引用汉代干宝："观日月而要其会通，观文明而化成天下。"
② 郑樵《通志·总序》："百川异趋，必会于海，然后九州无浸淫之患。万国殊途，必通诸夏，然后八荒无壅滞之忧。会通之义，大矣哉！"又其《夹漈遗稿》卷三《上宰相书》："天下之理，不可以不会，古今之道，不可以不通，会通之义，大矣哉！"

和通识，能够在充分尊重和了解各种文化事象的前提下，不停留于对现象的描述，而要触类旁通、探赜索隐、择精合妙、汇聚通宜，真正实现圆融贯通。纵通为经，横通为纬，须擅会通，方呈现三维立体的全息图景，做到究始终、观全体、明是非得失之故。就是说，文化史研究要通过分析和综合，具备文化反思和阐释张力，会归通衢，由"方以智"进到"圆而神"，抵达藏往知来之境。

我们时时提醒自己：研究巴蜀文化不仅要钻得进去，还要跳得出来，站到更高处，具有开放的胸襟和跨文化比较的视野，把巴蜀文化放到多元一体的中华文化和全球多元文化的大背景下加以审视，察异观同，和合会通。巴蜀文化从来不是与世隔绝、孤立自足地成长起来的，而是在同周围的兄弟地域文化相互影响下发育繁衍，并在同远近的异质文化间接或直接的交流互动中汲取营养的。我们正处在不同文化交流空前深入、碰撞空前激烈的时代，为了追寻全球文化的多元和谐，助推构建人类命运共同体，一定要本着"各美其美，美人之美，美美与共，天下大同"的文化会通观，祛除近代以来因受西方强势文化轻视、压抑而形成的文化自卑和盲从心态，提高对中华文化地位、作用的认识，坚定文化自信，珍爱并拓展、弘扬本土文化的精华。要在马克思主义指导下，具备通识通才，对中外文化精神析同辨异，折冲樽俎，在会通中实现对优秀传统文化的继承和超越，对外来文化精华的吸纳和转化，促进新时代中国特色社会主义文化繁荣发展，不断开拓文化巴蜀、文化中国转型复兴之路。

架构与方法

20世纪初叶，随着新史学的兴起，文化史在历史学中的地位得到重视和加强。刘师培曾计划研究文化专门史，含十六种，以西方学术的科目，析先秦诸学学术思想之长短得失。①胡适设想，中国文化史要包括民族史、语言文字史、经济史、政治史、国际交通史、思想学术史、宗教史、文艺史、风俗史、制度史等科目。②梁启超专就文化史的做法讲课，认为需要对政教典章、社会生活、学术文化等方面，做分门别类的文化专史。最好是把人生的活动事项纵剖，依其性质，分类叙述。在狭义的文化专史中，他举出语言史、文字史、神话史、民俗史、宗教史、道术史（哲学史）、史学史、自然科学史、社会科学史、文学史、美术史等。③不过，20世纪30年代初问世的几部中国文化史（如杨东莼1931年、柳诒徵1932年、陈登原1935年），仍多系综合体裁，对各文化门类往往语焉不详。

在前辈学者探索的启发下，我们反复思量，决定突破所见的国内现有地域文化史侧重综合、纵通的体裁，而按"纵述史实，横排门类"的编撰原则，采用"通论+专题卷+大事记"这样一种体现纵通、横通、会通的创新结构，几经斟酌，全书共二十二卷，排序如下：置全书之首的《通论卷》，阐释了巴蜀文化的基本概念与学术体系，生态环境背景，巴蜀文化的研究史和认识史，由古及今的文化发展轨迹、基本性质及基本特征，在多元一体、博大精深的中华文化中的定位及其特殊贡献，薪火传承与现代化转型创新及前景趋势，力求起到提纲挈领、纲举目张的作用。其后大体按文化的不同层次，分别为巴蜀文化具有特色的领域、学科列专题卷。先是侧重物态文化并由此探及相关交往文化、精神文化层面的，有《农业与水利文化卷》《工商文化卷》《城市文化卷》《建筑文化卷》《交通文化卷》；接下来的《民族文化卷》从中华民族共同体的多民族视角强调综合性；《宗族与会社卷》《移民文化卷》《方言卷》《民俗文化卷》大体属于制度文化、语言文字、行为交往文化层面（鉴于政制、职官、法律等制度，全国大体统一，故不设专卷）。继后精神文化层面的部分，卷数较多，设有《哲学思想卷》《史学卷》《宗教文化卷》《教育卷》《文学卷》《艺术卷》《科技文化卷》《传

---

① 刘师培：《周末学术史序》，1905年作，《刘师培儒学论集》，四川大学出版社2010年版，第36～78页。
② 胡适：《〈国学季刊〉发刊宣言》，《胡适文存》二集，黄山书社1996年版。
③ 梁启超：《中国历史研究法（补编）》，《中国历史研究法》(外二种)，河北教育出版社2000年版。

播文化卷》。为便于了解巴蜀历史文献,尤其是蜀学文献,特设有文献目录学专题《文献要览卷》。专题卷之后的《巴蜀文化大事记》,对先秦至当代巴蜀文化重大事件以编年方式扼要记载,便于读者对巴蜀文化全程有鸟瞰式、综合性的把握;《巴蜀文化研究论著索引》,则供研究者作为检索工具使用。以上就是全书的架构。

各专题卷均前置导言,末设结语。其篇章框架则因事制宜而有所不同。有的是以时期分章,大体按不同门类分节,在纵通中含横通(如《教育卷》);有的主要按专题并结合时序来分章节,在横通中含纵通(如《科技文化卷》);有的先理出历史线索,再突出一些重点专题,先纵后横,纵横结合(如《城市文化卷》);还有的卷内分两编,分述相关内容(如《农业与水利文化卷》)。

《巴蜀文化通史》作为多卷本的学术著作,主要供大专以上程度的读者阅读,以及文化馆、图书馆等购备。它既不是曲高和寡的"阳春白雪",也不是能够直接普惠民间的通俗普及读本。为了让巴蜀文化走进千家万户,还有待开发科普读物和图文,使之逐步大众化,在应用和传播上做创新文章。

编撰《巴蜀文化通史》,涉及学科门类甚广,涵盖时间很长,创新要求颇高,总字数超过千万。这样的文化工程,绝非率尔操觚、短促突击所能成功。近人刘承幹①《明史例案》提出过八条准则,就是"搜采欲博,考证欲精,职任欲分,义例欲一,秉笔欲直,持论欲平,岁月欲宽,卷帙欲简",我们在编撰过程中借作参照,同时根据在新时代撰写地域文化通史的新要求,不断从实践中探索,大体形成了以下一些做法:

(一)多学科的专家学者分工合作,协同攻关

梁启超主张,广义的文化专史,涉及面特别广,在专史中最为重要,也最为困难。这不单是史学家的责任,更是研究某种专门学问的人对于该种学问的责任,要尽量用内行的专门家去做。若能以终身力量做出一种文化专史

---

① 刘承幹(1881~1963):著名藏书家、刻书家、史学家。

来，于史学界便有不朽的价值。①本书的编撰设置了编撰委员会、学术委员会及编辑部，确定由正副主编主持编撰，编辑部依托省社科院开展编务工作。各专题卷的著者采取定向邀标办法聘请，多为对该学科领域研究有素的专门家，分别采取由个人承担，或二三人合著，或一人主撰、团队协力完成等方式进行。为保证学术质量，使全书有机统一，在实行主编负责制的同时，由资深专家组成学术委员会，全程参与从项目规划到成书的学术攻关和学术把关。

2006年以来，先后开了四次分卷著者会议，八十多次书稿审读会议。第一阶段，先由学术委员会同分卷著者反复讨论各卷著者拟出的由粗到细的提纲，并明确全书编纂理念②，统一规范体例，然后与分卷著者签订编撰合同，落实工作责任。第二阶段，学术委员会同分卷著者研讨各卷写出的一两章样稿，这是"摸着石头过河"的试错与磨合过程。有些卷的思路和写法曾有大的调整和改变。第三阶段，各卷著者潜心研究，奋力写作。初稿先后写出后，大都经过学术委员会仔细研读，写出审读意见，同著者一起讨论，从结构、体例到观点、材料都认真交换意见，对著者遇到的各种史料、概念及话语体系、文脉梳理、文化基因挖掘等问题，出点子，提思路。待著者修订后又进行讨论，有的书稿研讨了四个回合。当某一分卷初稿趋于成熟时，即请出版社责任编辑提前介入审编，参加讨论，以便撰写工作与第四阶段的编辑出版工作紧凑衔接，不出空当。因各卷皆分头撰写，结构和文字风格有所不同，对同一文化事象的见识裁断有别也在所难免。在统改书稿过程中，既充分尊重分卷著者的学术个性和创见，同时为了各卷在总体上规范统一，基本观点相互协调而不相抵牾，尊重主编的统改权，而在个案判断上各卷则有自由度。注意把握各卷边界，相互照应避让，以免大的重复，做到详略互见，各得其宜。

在这部文化通史编撰期间，本书学术委员会大多数成员在辛勤共事中度过了古稀以至耄耋之年。我至今还清楚地记得在每次研讨会、审稿会上专家

---

① 梁启超：《中国历史研究法（补编）》，《中国历史研究法》（外二种），河北教育出版社2000年版。
② 章玉钧：《关于编纂〈巴蜀文化通史〉的思考》，《中华文化论坛》2007年第4期，第5～10页。

们无私地贡献个人的真知灼见，自由发表不同见解乃至相反的主张，体现出的那种学术为公的争鸣探索精神。尤其令我们刻骨铭心的是：隗瀛涛、李绍明、贾大泉、沈伯俊、万本根、胡昭曦、林向七位先生为学术工作长期呕心沥血，先后因病辞世。对诸位先生的高见卓识、学者风范尤其是为编撰本书所做的贡献，我们将永志不忘。

（二）采取多重证据法和综合研究法，在搜集和鉴别史料上下大功夫

古人所称"文献"，原本指书面文字记载与贤人口头传闻①，徐中舒先生拓展他的老师王国维的古史二重证据法为多重证据法，注重传世文献、出土文物和现代民族学、民俗学的活态文献等结合互证，将区域文化史研究提高到崭新的学术境地。本书编撰中，继承和弘扬王、徐等前贤视野广阔的史料观，搜罗史料力求竭泽而渔，鉴别史料着意披沙拣金，通过综合比勘，相互参证，追根溯源，从而正误辨伪，务寻真史。各专题卷著者都是先汇辑基本史料并掌握学界已有研究状况，汲取前人取得的成果，才进入写作阶段。有好几卷的著者更是"读万卷书、行万里路"，带领研究生经年累月搞田野考察，获得不少真知灼见，从而在学术上有了新的拓展。

（三）坚持文化学的视角，采取多学科交叉和比较文化学的研究方法，力求写足文化味

文化既然是人的生存方式，归结为"人化"和"化人"，每卷文化史就要见物更见人，既写出"由人化文"的胜境，更揭示"以文化人"的妙谛。有关精神文化的各专题卷，既系统梳理巴蜀精神文化尤其是蜀学发展繁荣的脉络，突出展示巴风蜀韵孕育出的文宗巨子和文化精英的成就，也记载众多无名工匠、艺人等留下的民族民间文化、市井文化的瑰宝。侧重物质文化的各专题卷，不停留在物态层面的描绘，而尽力深入到制度层面、精神层面。如《农业与水利文化卷》《科技文化卷》等，对举世无双、造福人类

---

① 朱熹："文，典籍也；献，贤也。"引自《四书章句·论语集注》卷二《八佾第三》，中华书局2012年版，第63页。

二千二百七十多年的都江堰水利工程，就不仅从物质、科技、生态层面介绍其巧夺天工、可持续发展的奥秘，而且从制度文化层面总结其堰官、岁修、劳役、配水、轮灌、收费等管理制度，更深入精神文化层面阐释其"上善若水"的哲理和人文精华。

（四）掌握焦点，抓住重点，发挥特点，突破难点

饶宗颐先生在揭橥华学趋向时，曾提出"三条"："一是纵的时间方面，探讨历史上重要的突出事件，寻求它的产生、衔接的先后层次，加以疏通整理。二是横的空间方面，注意不同地区的文化单元，考察其交流、传播、互相挹注的历史事实。三是在事物的交叉错综方面，找寻出它们的条理——因果关系。"又说："我一向采用的史学方法，是重视'三点'，即掌握焦点，抓紧重点，发挥特点，尤其要特别用力于关联性一层。"[1]我们体会，"三通"的理念与上述"三条""三点"是一致的，而方法上特别重视关联性，就要纵通找焦点，横通抓重点，会通求特点。编撰中，我们注意咀嚼梁启超的卓见：文化的发展史，各个时代、各个领域是不平衡的，重要性是不一样的，要分主系、闰系和旁系。不要平讲直叙，分不出浓淡高低。须用鸟瞰的眼光，看出哪个时代最主要，发达到最高潮，便用全力赴之。[2]各书大都采用了这种大处着眼、抓住重点、突破难点、提炼观点、不平均使用力量的方法。

集成与出新

前面提到，编撰这部书时，我们力求做到既是文化集成，更是学术创新。无论文化发展、学术探索，都是慧命相续、推故致新的过程，需要不断传承积累，继往开来，久久为功。"譬如积薪，后来居上。"用冯友兰先生

---

[1] 饶宗颐：《〈华学〉发刊词》（1995年），《选堂序跋集》，中华书局2006年版。
[2] 梁启超：《中国历史研究法（补编）》，《中国历史研究法》（外二种），河北教育出版社2000年版。

的话，这是从"照着讲"到"接着讲"的进程。每门文化史的研究，都需要对已有的各种史料，广搜博采，集纳钩沉；对前贤成果循波讨源，含英咀华；只有在对文化遗产守正传承的基础上，才有可能站到前人肩膀上，回应新的时代需求，匠心独运，开拓新境；才有可能焕然出彩，奉献出在某些方面超越前贤的成果。朱熹诗云："旧学商量加邃密，新知培养转深沉。"①集成是出新必需的基础和前提，出新则是集成企求的目标和价值增值的成就。二者同体异面，缺一不可，是衡量学术成果质量相互关联的两个维度。

（一）从集成的维度看

首先，《巴蜀文化通史》可以说是"巴蜀文化"概念提出八十多年来首次大的学术集成。"西蜀文化"（郭沫若1934年）、"巴蜀文化"（卫聚贤1941年）提出之初，主要是就巴蜀考古文化而言，后来渐次扩大到广义的巴蜀文化，有关论著已上千册，有关文章达数万篇（《巴蜀文化研究论著索引》多有著录），形成了分别以史学文献考据、文物考古、民族民俗田野调查为主的三种研究方向，近年又发展出综合诸家的会通型研究方向。各条路径的学者在不同领域、从不同角度艰辛探索，均取得了丰硕的成果。本书各卷编修中，都努力加以搜集、消化和吸取，并以借鉴、发挥这些观念、方法为前提，力求形成对巴蜀文化研究具总汇性的成果。如《通论卷》从总体上就巴蜀文化生态背景、内涵性质、发展历程及基本规律、特征等问题，会通诸说，取精用宏，做了言之成理的统体性总述，成为具有集成性的一家之说。《民族文化卷》不仅就民族理论的疑难问题深入研究，还在搜集分析历史文献材料、文物考古材料，特别是对国家组织的多次民族调查材料下了很大功夫，从而描绘出巴蜀世居各少数民族立体生动的文化图景。

其次，古往今来的巴蜀文化长河浩荡壮丽，魅力无穷。《巴蜀文化通史》对清点总结长时段、宽领域、多层面的巴蜀文化来讲也是一次学术集成。巴蜀的历史文化名人，如大禹、李冰、落下闳、文翁、司马相如、扬

---

① 《鹅湖寺和陆子寿》，（宋）朱熹著，郭齐、尹波点校：《朱熹集》卷一，四川教育出版社1996年版，第185页。

雄、诸葛亮、陈寿、常璩、陈子昂、武则天、李白、杜甫、薛涛、苏轼、格萨尔、张栻、秦九韶、杨慎、李调元等，都在相关卷帙中重点推介，娓娓道来；巴蜀历史上突出的物质文化成就和非物质文化成就，蜀学、蜀文、蜀艺、蜀籍的精华也都提要钩玄，荟萃于此。如《文献要览卷》就搜选论列了近五百种巴蜀文化重要典籍，可一览巴蜀文献精华，为学者指点津梁。又如智慧幽默的四川方言是巴蜀历史文化凝结的珠宝，《方言卷》挖掘、串起一颗颗珍珠，并生动剖析其蕴含的丰富文化信息，令人齿颊留香。

再者，不少专题卷的著者既具文化通识，又对该学术领域长期耕耘，研究有素，此次写作起到了阶段性总结的学术集成作用。例如：《城市文化卷》著者三十多年来由跟从名师到带领团队，一直深耕于近现代中国城市与城市文化研究领域；《移民文化卷》著者是国内知名的移民文化、客家文化研究专家；《交通文化卷》著者多年致力于西南历史地理尤其是交通文化的调研；《哲学思想卷》和《史学卷》著者长期潜心研究巴蜀哲学、巴蜀史学；《建筑文化卷》著者是卓有成就的古建筑研究专家、高级建筑师。他们都在各自领域完成了多项国家课题，此次承担专题卷，更是辛勤研讨，旁搜远绍，厚积薄发，突出亮点，倾力奉献了后出转精之作。

（二）从出新的维度看

本书围绕前述长时段、宽领域、多层次的巴蜀文化来创新体例结构，成为首部纵横贯通、覆盖面广、体量超大的巴蜀文化史，在全国已出的各种区域文化通史中，当属编撰体例新、时间跨度长、内容浩繁的一部。学术体系上的集成性，本身就是从文化观念、编撰理念到架构体例的出新，在地域文化通史领域作了开创性的探索。这是其一。

本书各卷着眼于发展新时代文化，明道求真，以史经世，着力写出巴蜀文化的特色和韵味，在内容上有较多突破和出新。过去关于农业与水利、工商、交通、建筑、城市等的论著，容易停留于物态层面，罕有从文化学角度和宏观视野对其全过程深入探讨之作；这次研究标明以"农业与水利文化""工商文化""交通文化""建筑文化""城市文化"为对象，注重深入文化层面进行阐释，且着意探讨长时段历史中这些物质文化变动与制度文化、精神文化演进的关系及产生的影响，这些往往是以前研究论著较少触及的。有关巴蜀学术文化的几卷，着力显示蜀学长于思辨、多元会通、创新超迈、沟通理欲、注重事功等特色，有助于发扬当今的时代精神。有关交往文化的几卷，注重聚焦于民间大众，关注各色人等的日常生活，运用了许多文化人类学、社会学、民族学的方法，见解新颖，地域文化味很浓。这是其二。

更值得珍视的是，各卷在编撰中深汲传统的源头活水，发现其烛照现实和未来的原创亮点，尤其是优越秀冠的巴蜀文化在传承创新中焕发异彩之所在。许多卷发掘出大量翔实的资料，匠心独运，以史鉴今，提炼出有创新性的学术观点，或举出有新颖性的论据，活用巴蜀首创的学术话语，采用别出心裁的叙事方式，力争获得创新、独见、卓识的学术成果。具体的创新点如同"诗眼""文眼"分布闪烁在卷帙之中，细心披阅，当会时有"山阴道上，应接不暇"之乐，这里无法一一细析。

鉴于多卷本地域文化通史尚属初创，不同文化门类各有其学理脉络、发展轨迹和演进特色，编撰难度往往超出预期，主编和各卷著者虽迎难而上，勉力为之，但仍难免有纰漏丛胜之处。尤其是古蜀文明还有不少千古待解之谜，我们受限于已获的资料和研究水平，多只能守阙存疑。对成稿后的许多惊世发现，巴蜀文化日新月异的面貌和新的研究成果亦未能更多纳入。当把多卷本《巴蜀文化通史》奉献到读者面前时，我们既同大家分享喜悦，又有颇为忐忑的心情。这部书，以至其中每一卷，究竟应获怎样的评价，最终还要接受时间的检验。衷心期望巴蜀文化研究慧命相续，薪火相传，探索和构建起自身完整的学科体系、学术体系和话语体系。但愿此番的初创能为后续俊彦们开拓新境起到抛砖引玉的作用。

目 录

导　言 / 1

第一章　巴蜀文学的曙光初现 / 9

第一节　巴蜀上古物质形态的文化信息 / 11
一、个性独特的地域文化 / 11
二、巴蜀大盆地考古信息 / 12

第二节　巴蜀古代神话 / 14
一、神话是上古时期人类生存状态的"百科全书" / 14
二、巴蜀神话是中华文化的重要内容 / 15

第三节　巴蜀上古歌谣 / 22
一、诗歌的起源 / 22
二、巴蜀原始歌谣 / 23
三、上古巴蜀歌谣的缺失 / 26

第二章　巴蜀文学的首次辉煌 / 29

第一节　文化融汇中巴蜀文学的崛起 / 31
一、中华文化的大一统融汇 / 31
二、在认同与自强中崛起 / 32

第二节　政通西南，赋传千古的司马相如 / 35
一、时代精神与大汉声威的代言人 / 35

二、汉大赋的定型者 / 36
三、多种题材的开拓者 / 38
四、广博宏丽，卓绝汉代 / 41

第三节　凸显巴蜀特色的赋家——王褒 / 42
一、中国文学史上第一篇音乐赋——《洞箫赋》 / 42
二、俳谐体俗赋的滥觞——《僮约》 / 45

第四节　全能型大作家——扬雄 / 47
一、在矛盾中追求生命的超越 / 47
二、汉赋的又一代表性作家 / 51
三、跨越文哲，勤奋著述 / 54
四、雄视两汉，比肩相如 / 56

第五节　汉代巴蜀其他作家 / 58
第六节　汉代巴蜀诗歌与民谣 / 65

第三章　巴蜀文学的沉潜期 / 69

第一节　两汉余波与巴蜀文化 / 71
第二节　蜀中作家的新构 / 73
一、章表典范——诸葛亮的《出师表》 / 73
二、至情至性之文——李密的《陈情表》 / 76
三、秦宓、杨戏等蜀中作家 / 77

第三节　特色卓异的史传文学 / 80
一、"良史"之誉的《三国志》 / 80
二、方志之祖——《华阳国志》 / 82

第四节　魏晋南北朝作家的巴蜀情结 / 85

第四章　巅峰状态的巴蜀文学 / 93

第一节　隋唐巴蜀文学的辉煌 / 95
一、隋代文化与文学的承启过渡 / 95
二、盛世精神对文学的催化 / 97

三、"崇汉"与"天下诗人皆入蜀" / 98

第二节　初唐文学中的蜀籁 / 100
　　一、成都街头的"登徒子"——初唐四杰 / 100
　　二、唐代文学的奠基人陈子昂 / 110

第三节　成就半个盛唐的李白 / 118
　　一、盛唐精神与巴蜀气质的融汇 / 118
　　二、造化天成思接寰宇的诗境 / 120
　　三、浪迹天涯中的故乡回眸 / 124
　　四、沾溉后世永无穷期的艺术生命 / 127

第四节　蜀风熏染成就的杜甫 / 129
　　一、天下诗人皆入蜀的"领跑人" / 129
　　二、社稷襟怀与黎庶情怀 / 132
　　三、蜀风狂野与沉郁顿挫 / 135
　　四、诗圣美名耀千古 / 138

第五节　繁星璀璨的唐代入蜀诗人 / 140
　　一、高适、岑参的蜀中创作 / 140
　　二、元白诗派与巴蜀 / 144
　　三、竹枝词与刘禹锡 / 148
　　四、其他诗人的巴蜀书写 / 150
　　五、唐诗中的三峡意象 / 155

第六节　巴蜀本土诗人群 / 158
　　一、雍陶、李远、唐求等 / 158
　　二、巴蜀女性作家群 / 163
　　三、蜀中文学新体的实验 / 168

第七节　创新中国文学体式的《花间词》 / 169
　　一、晚唐巴蜀文化 / 169
　　二、美学的自觉与个性张扬 / 171
　　三、泽被深远的创新探索 / 174

第五章　华夏文化造极期的巴蜀文学 / 179

第一节　文化兴盛中巴蜀文学的全面繁荣 / 181
　　一、宋代文化与蜀学勃兴 / 181
　　二、文学观念的丰富与新变 / 184

第二节　北宋前中期的巴蜀文学 / 188
　　一、田锡、陈尧佐、苏易简与"铜山三苏"、范镇等 / 188
　　二、文同、王珪、吕陶等中期作家 / 197

第三节　旷世奇才苏轼 / 201
　　一、巴山蜀水孕育的文学精灵 / 201
　　二、艺文五绝，千古一人 / 202
　　三、名篇佳作，脍炙人口 / 204
　　四、永远笑面人生的巴蜀风 / 208

第四节　古文大家苏洵、苏辙 / 210
　　一、苏洵 / 210
　　二、苏辙 / 214

第五节　北宋后期的巴蜀文学 / 217
　　一、苏过与程垓 / 217
　　二、冯山、李新、唐庚、韩驹 / 222

第六节　南宋前期的巴蜀文学 / 227
　　一、宇文虚中与张浚、张栻父子 / 227
　　二、郭印、冯时行、李石、虞允文、虞刚简 / 231
　　三、李焘、李流谦、张孝祥 / 235

第七节　南宋后期巴蜀文学 / 237
　　一、理学家兼文学家魏了翁 / 237
　　二、吴泳、程公许等作家 / 238
　　三、高斯得、家铉翁 / 241

第八节　宋代作家的审美巴蜀 / 243
　　一、"中兴四大诗人"之范成大 / 243
　　二、受名于蜀人的杨万里 / 246
　　三、其他入蜀诗人 / 248

第九节　寄情巴蜀的黄庭坚 / 258
　　一、文学思想的新发展 / 258
　　二、诗词创作的新起点 / 261

第十节　巴蜀造就的大诗人陆游 / 263
　　一、"万里西游为觅诗" / 263
　　二、"小李白"与"似东坡" / 265
　　三、"未尝举箸忘吾蜀" / 267
　　四、对巴蜀文学的巨大贡献 / 268

第十一节　文学理论与文献整理 / 270
　　一、王灼的《碧鸡漫志》 / 270
　　二、计有功的《唐诗纪事》 / 271
　　三、任渊、李壁等人的诗文注释 / 272
　　四、巴蜀第一部文学总集——《成都文类》 / 274

第六章　巴蜀文学的衰微与变异 / 277

第一节　战乱和专制对巴蜀文学的损害 / 279
　　一、战乱破坏与文化交流 / 279
　　二、专制高压与启蒙心声 / 280

第二节　元代巴蜀文学 / 283
　　一、一代诗文大家虞集 / 283
　　二、任士林、王学文、邓文原、蒲道源等 / 287
　　三、杨朝英与元代散曲 / 302
　　四、《格萨尔王传》的定型 / 304
　　五、汪元量等入蜀诗人的巴蜀书写 / 305

第三节　明代前期的巴蜀文学 / 308
　　一、杨基、徐贲、赵㧑 / 308
　　二、晏铎、周洪谟、邹智、张佳胤等 / 311
　　三、方孝孺、薛瑄等的巴蜀书写 / 315

第四节　明代著述之冠——杨慎 / 319
　　一、巴蜀才子，终老滇中 / 319

二、一空依傍，自成一家 / 321

三、兼擅雅俗，引领新风 / 323

四、著作之富，明代第一 / 325

第五节　明代后期的巴蜀文学 / 326

一、女诗人黄峨 / 326

二、任翰、熊过 / 328

三、高世彦、赵贞吉、吕大器 / 331

第六节　《全蜀艺文志》与《蜀中广记》/ 334

一、《全蜀艺文志》/ 334

二、《蜀中广记》/ 336

三、《益部谈资》/ 336

四、《蜀藻幽胜录》/ 337

第七章　巴蜀文学的复兴与再造 / 339

第一节　巴蜀社会的振兴与文学的发展 / 341

一、经济复苏与移民重建 / 341

二、文教兴盛与文学发展 / 342

第二节　清代前期的巴蜀文学 / 344

一、费密父子 / 344

二、清初蜀中三杰：吕潜、唐甄、李仙根 / 347

三、胡世安、李长祥、李以宁、傅作楫等 / 353

四、女诗人马士骐、诗僧丈雪通醉 / 358

第三节　性灵派诗人张问陶 / 360

一、诗书传家，多才多艺 / 360

二、"好诗不过近人情" / 362

三、清代巴蜀诗人之最 / 363

第四节　彭端淑等巴蜀文学世家 / 365

一、丹棱"三彭" / 365

二、绵州李化楠、李鼎元、李骥元 / 367

三、张邦伸与张怀淮兄弟 / 371

　　　　四、何人鹤兄弟及李榕 / 373

第五节　清代"蜀中全才"李调元 / 374
　　　　一、爱奇嗜博，学富五车 / 374
　　　　二、"西蜀多才君第一" / 376
　　　　三、巴蜀戏剧的振兴者 / 377

第六节　乾嘉时期其他巴蜀作家 / 379
　　　　一、周煌、王汝璧、唐乐宇等 / 379
　　　　二、杨庚、孙錤、江国霖等 / 382

第七节　清代入蜀作家 / 385
　　　　一、王士禛等入蜀诗人 / 385
　　　　二、杨潮观、吴省钦、张澍、王培荀、王闿运 / 388

第八节　《函海》与《蜀雅》等 / 395
　　　　一、《蜀诗》 / 395
　　　　二、《蜀雅》 / 395
　　　　三、《函海》 / 395
　　　　四、《国朝全蜀诗钞》 / 396
　　　　五、《蜀秀集》 / 397

第八章　"死水微澜"中的巴蜀文学 / 399

第一节　近代巴蜀文学的生态背景 / 401
　　　　一、新型学校的建立与西方文化的进入 / 401
　　　　二、蜀中民间袍哥势力的繁盛 / 403
　　　　三、近代中国文化嬗变的聚焦点：廖平 / 403

第二节　近代巴蜀文学聚焦 / 405
　　　　一、杨锐、刘光第的文学创作 / 405
　　　　二、晚清"西蜀派"文学 / 409
　　　　三、竹枝词与民间创作 / 416

第三节　轰然震响的变革呼喊 / 419
　　　　一、蜀籍留日学生的革命宣传文学 / 419
　　　　二、"好文讥刺"文风的近代体现 / 423

第九章　现代中国文学的成就标志 / 427

第一节　五四时期的文学 / 429
　　一、新思潮的微澜涌动 / 429
　　二、饱经患难的断肠曲：世纪初的巴蜀作家群 / 433

第二节　20世纪精神的号手郭沫若 / 440
　　一、艺术个性的巴蜀式呈现 / 440
　　二、现代中国文化开创性的多种建树 / 441

第三节　中国专制制度的彻底批判者巴金 / 445
　　一、对一切腐恶现象的彻底批判 / 445
　　二、现代长篇小说艺术的创新探索 / 447

第四节　大盆地人生的绘画者李劼人与沙汀 / 449
　　一、李劼人"大河小说"展示的历史风云 / 449
　　二、"乡镇人生"的描绘者沙汀 / 453

第五节　各呈异彩的现代巴蜀作家群 / 457
　　一、艾芜：底层人生的颂歌 / 457
　　二、何其芳的彩笔"画梦" / 459
　　三、罗淑：社会底层的人格张扬 / 461
　　四、周文：川康一隅的人生展现 / 463
　　五、陈铨：强力意志的生命悲剧 / 464
　　六、还珠楼主：最受欢迎的故事讲述者 / 467

第六节　20世纪30～40年代的巴蜀文学 / 469
　　一、"红色30年代文学"中的四川方音 / 469
　　二、蜀籍艺术家在影剧中的耕耘 / 471
　　三、抗战大后方的文学简况 / 473
　　四、蜀中的战时文学创作 / 475

第十章　新中国巴蜀文学的变革 / 481

第一节　向"工农兵文学"转型的巴蜀文学 / 483
　　一、"红色颂歌"与西南边疆诗人群 / 483

二、主流文学的体现：颂歌和战歌 / 492
　　三、非主流文学：独立思考与"地下文学" / 498
　　四、台湾文学中的巴蜀元素 / 501
　　五、域外文学中的巴蜀元素 / 506

第二节　"新时期"文学 / 507
　　一、从伤痕、反思到寻根开始的文学 / 507
　　二、"茅盾文学奖"中的四川小说集群 / 515
　　三、诗歌新潮中的巴蜀群体 / 523
　　四、少数民族文学的崛起 / 530

第三节　市场经济与新型媒介制约下的文学变革 / 532
　　一、商业化浪潮下文学的多元运行 / 532
　　二、传媒多样化与文学的变异 / 540

结　语 / 546

主要参考文献 / 550

后　记 / 558

导 言

　　巴蜀大盆地的原始先民，在适应自然和改造自然的过程中，萌发了对生命由来与所去、对人与自然界的关系等问题的思考，巴蜀文学由此拉开了序幕。大石崇拜、巴蛇吞象、羽化成仙、鲧禹治水、女娲补天、蚕丛目纵、鱼凫仙道、廪君化虎、鱼盐女神等神话传说，就是巴蜀上古先民对外部世界的解说和想象，以及他们在生存中对喜怒哀乐的记录。这些都成为中国文化源头的重要组成部分。当北方民族还在辗转迁徙，寻找一个合适的生存环境，还辛苦搏击于"载燔载烈""如火烈烈"的严酷自然中（如《诗经》中《公刘》《生民》所叙）；当湘楚部族尚在"筚路蓝缕，以启山林"（《左传·襄公十一年》）的荆棘丛中艰难垦殖；当吴越地区还处于"伐木而树谷，燔莱而播粟，火耕而水薅"时，巴蜀人已通过"先民之诗"如此夸耀着自己优裕的物质人生："川崖惟平，其稼多黍，旨酒嘉谷，可以养父；野为阜丘，彼稷多有，旨酒嘉谷，可以养母"（《华阳国志·巴志》），以及"鸾鸟自歌，凤鸟自舞。灵寿实华，草木所聚。爰有百兽，相群爰居"（《山海经·海内经》）。

　　人类文明曙光初现之际，"三星堆"和"金沙"的青铜器和玉器，以及宣汉县巴人遗址出土的众多器物，展示出巴蜀上古时期高度发达的物质文明形态，显示出创造者那非凡的想象力和高度智慧。这些器物奇诡怪诞的形制与夸张变形的造型、浓郁的色彩等，都是巴蜀先民淋漓尽致地展开浪漫、热情的想象和幻想等心理活动的外化。这都是博大丰富、浪漫奇幻的巴蜀文化与大盆地特定气候、自然地理地貌、物产条件等客观条件发生作用的结果，又成为影响、制约、规范、导引后来巴蜀文学发展、运行种种特征的一种"集体无意识"。存在决定着意识及意识的物化形态——反映的内容和形式，"反映"的内容和形式就是后代人面临的一种新存在——第二自然。如此循环往复就构成一种文化氛围。而大盆地四周阻隔的地理因素又使这种文化氛围自成体系地运行流布，并通过影响一代代作家愈益深化，使巴蜀文学的地域特征愈益明显。巴蜀作家常常在所处时代成为时代文学的领唱者，巴蜀文学注重文学的形式之美，应该就是地域文化的惯性使然。

"蜀之位坤也，焕为英采必斓。""天下之山水在蜀"的自然风貌，陶冶、铸造着巴蜀人的美感心理机制，形成了巴蜀文艺美学偏好形式美的审美价值取向。位居西南一隅却经济实力雄厚，使巴蜀人虽远离北方中原政治文化中心却不甘心常居边缘地位，他们总是寻找机会去大展才华；大胆地冲决、创造的豪气，常常使他们成为中国文坛的一代盟主。这种地域人文性格正是巴蜀作家层出不穷且彪炳一代的内在原因。中华民族大一统的汉代，国土广阔，水陆物产丰盛，宫苑建筑华美，都市繁荣，在文学描绘中流金溢彩，体现在司马相如等汉代蜀籍赋家笔下，形成了穷形极相、铺张扬厉和华美艳丽的文风。司马相如、王褒、扬雄等，凭借大胆冲决的创造和进取精神，以及对文学艺术特征的准确体认，成为大汉盛世精神的艺术代言人。他们有意识地使用夸张、排比、对偶、递进和渲染铺陈，注重描写的精细和体物的准确，运用充满色彩、声响的词语去穷形极相，摹状绘形；行文自由，骈散并用，多用虚字，句末常以虚字结尾，讲求句式的对仗和排比，形成一种强烈的气势和美感，成为汉帝国赫赫声威的精神表征。扬雄《蜀都赋》在城市文学领域有着重要的引领意义，其《解嘲》《解难》和《逐贫赋》等开拓了赋体文学，而《酒箴》《嘲贫赋》等则使文学不再是正襟危坐地讲道理，而是可以成为讽刺幽默的游戏之作。王褒的《洞箫赋》《九怀》《甘泉宫颂》和《碧鸡颂》残文，以及最早最典型的充满诙谐麻辣的游戏之作《僮约》《责须髯奴辞》等，对后世小品美文的发展影响极大。

似乎愈是社会及文化剧烈震荡、文学转型风云激荡之际，就愈能激发起巴蜀作家的创作活力，愈能体现出他们的文学造诣。例如盛唐气象之于李白、陈子昂。所谓"崛起江汉，虎视函夏，卓立千古，横制颓波，天下翕然，质文一变"的陈子昂，是为盛唐诗歌创作开辟道路的先锋。盛唐以宽容大气的胸襟、仁慈开明的关怀，放纵着李白的个性，那种自信狂傲的独立人格，豪放洒脱的气度，还有自由奔放的艺术想象，使李白攀登上中国浪漫主义诗歌的顶峰。晚唐《花间集》问世以后，中国文学的政治伦理、山水田园、爱情性欲三大母题,从此就完全具备。苏舜钦、田锡、"三苏"是在宋代诗文革新运动中脱颖而出的。苏轼在词的创作中开启豪放一派;宋诗到他笔下,才真正确立有别于唐诗的新格调;其赋进一步显示了散文赋的魅力;他的策论、小品成为后人学习的楷模;其他文章,行云流水,无所不能。明代杨慎是在"前七子"宗唐复汉之际以提倡汉魏诗风而享誉文坛的。清代的张问陶是以在宗唐、宗宋之争中强调独抒性灵而扬名的。两宋睿智之于苏轼,狂飙突进的五四浪潮之于郭沫若、巴金,新时期思想解放运动之于周克芹,20世纪末中国戏剧勃兴之于魏明伦……他们的作品皆以鲜明的自我意识和坦率真诚成为中国文学的精品范式。他们都对中国文学的思想主题、话语方式产生着深远的影响。巴蜀地域人文精神的大胆叛逆,对一切既有文学的传统和道德规范进行狂浪地冲击和消解,以自我为中心的汪洋恣肆的情感袒露,别出心裁地创新的艺术话语符号……从中国文学形成开始,一直到20世纪末的巴蜀新生代诗,莫不如是。

文学创作是一种艺术思维过程,巴蜀文学的一些特征受制于川语思维。巴蜀作家在艺术形象塑造过程中的形象思维——物像与物像之间的连接、重叠、重组等编码方式,以及这种艺术思维活动所形成的艺术意象,自觉不自觉地受到作家审美个性的制约,受到地域文化集体无意识的影响。所谓"未能笃信道德,反以好文讥刺","俗多文刻"等,既表现为司马相如"临邛窃妻"的"不愧不怍"(钱锺书语)和"当垆"的敢作敢为;也呈现在李白诗中对酒、女性、仙道的颂赞;还体现为苏轼对山间明月、江上清风"耳得之而为声,目遇之而成色"的自慰和对诸如创制东坡肘子等世俗生活的精研,以及"天地万物,嬉笑怒骂,无不鼓舞笔端"的自由审美方式;还有郭沫若"绝端的自由,绝端的自主"等。这些都体现着一种注重生命存在的现世人生观照态度和执着于自我个性自由的坦直真诚。

巴蜀大盆地是中国文学的福地,为中国文学的辉煌贡献了众多名家名作,对众多入蜀作家馈赠甚多。如"洛阳纸贵"的左思《蜀都赋》,以及与之同时的张载的《剑阁铭》等代表作。"初唐四杰"的群体构成与开创性贡献,亦得益于蜀中生活。如杜甫的"蜀中诗"艺术意象的狂、野等创新性表现,在诗歌体式的试验与完善方面,针对声律、对仗、炼字炼句等艺术技巧进行的探索试验,使五七律体裁达到完全成熟等,都是在蜀中完成的。韩愈说"蜀雄李杜拔",肯定蜀中生活对杜甫艺术风格达到炉火纯青的作用,几乎已被公认。元白受益于蜀中诗人的新乐府试验,发起"新乐府"运动,直接受到蜀中作家李馀、刘猛的乐府诗体影响。刘禹锡诗风受蜀中竹枝词影响。李商隐歌咏了蜀中风物。"万里西游为觅诗"的陆游，经历"十年裘马锦江滨，酒隐红尘"的成都生活，在"酒徒诗社尽豪英"的环境引发"宏肆""雄浑沉着"等艺术创新和风格的变化；他把自己的诗集命名为"剑南诗稿"，以证明蜀中"觅诗"是极为成功的。《苕溪渔隐丛话》说："山谷自黔州以后，句法尤高，笔势放纵，实天下之奇作。"黄庭坚使用"涪翁"这个巴蜀印记，可见其极为珍视蜀中生活对其艺术品位的提升。两次入蜀的元初诗人汪元量，其对巴蜀的书写已经积淀为元代文学的重要部分。明代王士性曾入蜀主持科考，其《广志绎》被誉为中国人文地理学的开山鼻祖，其中对"西南诸省"的蜀中人文民俗以及地理山川水流的记录，为人所重。清代王士祯（渔洋山人）"奉命典四川乡试"，两次入蜀，其《蜀道驿程记》《秦蜀驿程后记》和《陇蜀余闻》以及五百多首蜀道诗歌，都是清代文学的名作。20世纪40年代的"七月派"诗歌创作代表阿垅，以及小说创作代表路翎，都受惠于蜀中生活。台湾著名诗人余光中笔下"在海外，夜里听到蟋蟀叫，就会以为那是四川乡下听到的那只"的乡愁，梁实秋的名作《雅舍小品》等，皆因"巴蜀书写"而享有盛名。

中国文艺美学思想达到自觉阶段，是以司马相如的创作论为信号。首先，他强调文学创作是一种形象思维，作家必须具备时空想象、幻想虚构的能力，即"控引天地，错综古今，忽然入睡，焕然而兴"，通过形象塑造达到"包括宇宙，总览人物"的典型化效果。其次，他突出了创作主体的作用，尤其是作家"斯乃得之于内，不可得而传"的艺术气质在创作中的重要作用，"赋家之心"在把握自我人生独特体验和表现个性气质等方面的作用。再次，他将作品谋篇布局、结构安排比喻为织布的"一经一纬"交织，"含綦组以成文"，从结构的精心安排中体现出"纹理"纵横的结构美感。最后，是对词语运用的阐释。文学是语言的艺术，这要具化到词语的运用上，要有具有色彩美感的词语的组合配置，"列锦绣以为质"；对文学作为语言艺术在音乐美方面的特点，他提出了"一宫一商"音韵旋律的审美标准。扬雄对诗人之赋与词人之赋的"丽则"与"丽淫"进行了区分，提出文学创作驱动源自"心声心画"等主张；陈子昂以"音情顿挫"和"有金石声"来把握、探索声律格式的运用；"三苏"的"不得已"而为文说、自然说、形神说、物化说等，即苏轼"诗从肺腑出，出辄愁肺腑"的主张，均是对中国文艺美学思想的阐释与完善。对于杨慎的"诗以道性情"主张，张问陶在其《论诗十二绝句》中说得很清楚：

"好诗不过近人情,写出此身真图画。"巴蜀文学常常令人瞩目,正是在于其注重文学的基本特质,表现人性的普遍意义,传达人的真情实感,能给人充分的艺术美享受,并以给人这种享受为自觉追求的重要目的。

巴蜀文学发展至元代,呈现为一种特殊现象:大盆地内的文学创作见诸记载的极少,被文学史论及的优秀作家多是流寓在外者。蜀籍作家群体或因家学熏染,或凭学派师承,或以婚姻关系,聚合形成"蜀文化圈"。这犹如20世纪初期在日本汇聚的川籍学生群,以及30年代上海以郭沫若为首的川籍"革命文学"群体。牟氏家族"居吴兴三世矣,而风致犹故乡",其原因在于"蜀文化圈"的制约。牟应龙与魏了翁家族"累世通家,又重之以婚姻",其母邓氏,为著有《建炎以来系年要录》二百卷的井研李心传的外孙女,也和绵阳籍邓文原交往过密。黄溍的《隆山牟先生文集序》称:"渡江后,疆圉日蹙,衣冠流散,而蜀之文章萃于东南及其既久也,百年之遗老相继沦谢,而陵阳牟氏父子遂岿然为蜀士之望,以耆年宿德擅文章之柄而雄视乎东南者,大理公一人而已。"虞集的外公杨文仲,原籍为四川省彭山县,虞集在母亲处接受的教育,多为蜀学,父母的蜀方言也对他影响甚深,即《元史》本传说的"干戈中无书册可携,杨氏口授《论语》《孟子》《左氏传》、欧苏文,闻辄成诵"。虞集曾因公干入蜀顺道回家乡仁寿,有诗云:"未忍他乡作故乡,故因使骑入陵阳。乡人共讶声音似,客路疑将鬓发苍。亲老长怀乡里思,孙多宜置墓田旁。治生自可依诸葛,数顷膏腴八百桑。"(《到先垄为墓人书》)其中突出强调了仁寿县乡邻对这个"蜀三代"一口流利蜀语的惊讶。虞集对故乡的回眸,有"江山信美非吾土,漂泊栖迟近百年。山舍墓田同水曲,不堪梦觉听杜鹃"等寻根之作。邓文原《送蒲廷瑞北游序》一文中对蜀人性格概括为"吾蜀尚乡义,邂逅辄握手笑语,若平生欢。然性多允直,有过亦面折不少恕。余生晚,犹得接诸故老而挹其遗风焉"。乡贤、故老成为流寓在外的诗人承继巴蜀文化遗风的重要途径。

宋末兵乱,逃难东南的蜀人多依靠眉山人程公许,形成一个流寓圈。程公许的后代程郇,著有《柳轩退稿》,其姐嫁牟应龙为妻。这个圈子中的文人彼此提携与合作,是这批蜀籍作家产生影响的原因,如赵孟頫在《尚友斋铭》中注明:"巴西邓庆长名其读书之室曰'尚友',陵阳牟应龙为之铭……"明代"吴中四杰"的杨基,出生、成长都在吴越文化圈中,但他有意识地追寻、体认巴蜀之根,有着皈依巴蜀故土文化的强烈意识,如其自谓:"我家岷山更西住,正见岷江发源处。三巴春霁雪初消,百折千回向东去。江水东流万里长,人今漂泊尚他乡。烟波草色时牵恨,风雨猿声故断肠。"(《万里长江图》)其《寄内婉素》《白头吟》等诗作,都是有意识地书写蜀中风物人事,以及标举巴蜀地域名号等的行为,延续着巴蜀文学血脉。

毋庸讳言,元明时期中国文学话语言说方式和表现符号体系的转型中,无论是"流寓"东南还是蜀中生活的文学创作者,都未能及时跟进这个变异转折。元杂剧的创作在蜀中几乎未能引起文人的注意。自唐代到两宋,蜀中戏剧演出活动频繁,元代何以独缺?此外,除了杨慎,明代日益繁盛的小说创作,在蜀中亦是凤毛麟角,倒是"三言""二拍"等小说大量辑录巴蜀故事。巴蜀文学直到19世纪末,仍未能实现文学主体由抒情文学向叙事文学转化、文言向白话转化、雅文学向俗文学转化。而这一变化,在江南地区,至迟元明之际就已出现。

20世纪肇始的中国新文学是以江浙、湖湘、巴蜀作家群为主要骨干而开展的,鲁迅、茅盾在编选各自负责的《中国新文学大系》时,分别使用"蜀中""四川"等概念,对现代巴蜀作家有过较为具体的论述。文学史家常常论及的鲁、郭、茅、巴、老、曹"等20世纪中国文学巅峰人物,以及李劼人、沙汀等的创作愈益受到关注的研究态势,都显示着近现代巴蜀文学在建构近现代中国文学进程中的重要贡献。蜀人邹容的《革命军》振聋发聩的呼喊,新文化斗士吴虞对封建专制制度的强烈批判,都是中国近现代文化转折的标志;作为新文学突破口的新诗创作有郭沫若、康白情的努力;巴金、李劼人借鉴法兰西"大河小说"体式对中国现代长篇小说建构有着开创性贡献;中国现代戏剧的序幕由留日学生、成都人曾孝谷等人创办的春柳社拉开;沙汀、艾芜、陈铨、何其芳、还珠楼主等,以作品中浓郁的巴蜀地域文化色彩,体现出中国文学逐渐摆脱西化,向文学本土化回归的特征,从不同方面展示了中国新文学的煌煌实绩。

定型于延安的无产阶级革命文学理论,实际上早已在郭沫若、李初黎、李一氓、阳翰笙等蜀籍"革命文学"作家的文论中得到较为系统的展示。20世纪40年代,第二次世界大战导致世界形势和中国格局变化,巴蜀大地成为中国的政治、经济、文化中心,中国文化精英汇聚于巴蜀,继续为文学事业不懈努力。新中国以来蜀中产生的《红岩》成为最具有代表性和最具有影响力的小说。余如高缨的《达吉和她的父亲》、克非的《春潮急》、马识途的《清江壮歌》等小说，都是中国当代文学的重要内容。改革开放以来，蜀中长篇小说斩获"茅盾文学奖"的有五部，成绩尚可。未获任何奖项的"巴蜀新生代诗"，绝对是文学史家以及业内专家高度重视的文学现象。

当下，文学的生产方式和接受方式，由于互联网的普及而发生巨大变化。被学界称为"川派武侠"的小说家群体和步非烟等作家，以及引发市场热潮的小说《成都，今夜请将我遗忘》，都是首先在网络上引发公众关注的。又如2006年，《琅琊榜》开始在起点中文网连载，迅速红遍网络，当年就被评选为起点中文网架空历史类年度最佳小说，盘踞网站总榜长达8年之久，而且随着同名影视的热播，逐渐演变为整个社会普遍探讨的文化现象。从川南自贡走出来的"青春写手"郭敬明、"文字女巫"饶雪漫等，皆为从网络起步后享誉盛名。随着交通和通信的发达，全球化浪潮下，中国城市化进程中，地域文化的特征逐渐被消解，巴蜀——四川文学如何在全新的社会变化中，再次崛起，值得我们期待！

本书亦力图体现一些新特点。在"通"的方面，以巴蜀地域文化的视野，看取中国文学总体格局中的巴蜀文学意象，尤其是对元代巴蜀文学在"流寓"形式中的回眸大盆地等情结，以及背后原因与创作呈现，进行了较为明晰的论说。对文学史上早有定评的著名作家，也注意凸显其地域文化意识以及在创作中的表现，来彰显外来作家入蜀后其艺术风格的新变化，注意思考蜀中风物与社会形态影响制约其创作的现象。在"全"方面，尽可能发掘与展示各种文学类型，包括草根作家的作品，唐人"崇汉"情结对文学创作的影响，入蜀文人与"三峡大发现"书写等，亦是本书的关注点。此外，对元明时期主要文学体式如戏剧和小说在蜀中的情况，亦进行了一定的发掘；对周煌、李鼎元跨海远行去册封琉球国王的清代作家的"海洋意象"作品，亦予以注意呈现。

本书论述的空间范围，按魏晋人常璩的《华阳国志》所划定：巴蜀大盆地"其地东至鱼复，西至僰道，北接汉中，南极黔涪"，"南接于越，北与秦分，西奄岷嶓，地称天府，原曰华阳"。即今天的四川省和重庆市。凡是在这块土地上产生的文学，皆是本书论述的范围。本书涉及的作家人物群体，包括一是在大盆地度过青少年时代，经受过巴蜀文化陶冶影响而又走出夔门，长期流寓在外却心系巴蜀的作家，如司马相如、李白、苏轼、杨慎、郭沫若、巴金、还珠楼主等。其他如曾获得茅盾文学奖的当代著名作家刘心武，安岳县人，小学时离开成都且至今可以说一口流利川话，但其创作未能显示巴蜀特征，则不再于本书中论及。二是按照"写蜀事、记蜀言、体蜀风"①的标准，对籍贯为巴蜀但出生与生活都在大盆地之外，却又在创作中呈现出鲜明巴蜀印记的作家，仍然纳入本书的审美视野。这在元代文学中尤其突出，如仁寿籍虞集、陵阳（井研）牟应龙父子、巴西（绵阳）邓文原等。三是外地入蜀、创作中凸显出鲜明巴蜀印记，尤其是蜀中创作成为其最高艺术成就体现的作家，如诸葛亮、杜甫、陆游等，亦为本书研究范围。最后，那些未曾入蜀，却以巴蜀历史和人物为题材，或以对蜀中秀丽山水的歌吟为内容又产生相当影响的作品，亦给予了适当关注。

最后，还需对巴蜀大盆地进行说明。钱穆先生认为："人类文化的最先开始，他们的居地，均赖有河水灌溉，好使农业易于产生。而此灌溉区域，又须不很广大，四围有天然的屏障，好让这区域里的居民，一则易于集中而到达相当的密度，一则易于安居乐业而不受外围敌人之侵扰，在此环境下，人类文化始萌芽。"②巴蜀大盆地恰好就是钱先生所说的这样一个典型区域。盆地的东部端点在云阳（或奉节），南部端点是叙永，西部端点在雅安，北部端点是广元。童恩正先生指出："盆地周围高山环绕，西部为邛崃山，北部为大巴山，南部为大娄山，东部为巫山。盆地内有连绵起伏的浅丘以及我国西南最大的平原——成都平原。"③地理环境是人类存在和文化创造的先决条件，四周阻隔的大盆地，相对独立又幅员辽阔的地理空间，衍生出独立运行和发展的巴蜀文化与文学，并且具有鲜明的个性特色。这就是本卷的一个基本的学术视角。

---

① 2002年10月，笔者在会议发言中，"对巴蜀文化尤其是巴蜀文学进行了辨析，用大量的材料论述了巴蜀文学的特征，提出了'写蜀事、记蜀言、体蜀风'的关于巴蜀文学研究的界定标准"。参见房锐：《巴蜀文化学术研讨会综述》，《四川师范大学学报》2003年第1期。
② 钱穆：《中国文化史导论·中国文化之历史背景》，生活·读书·新知三联书店，1988年。
③ 童恩正：《童恩正文集·古代的巴蜀》，重庆出版社，1998年，第7页。

第一章 巴蜀文学的曙光初现

第一节　巴蜀上古物质形态的文化信息

一、个性独特的地域文化

20世纪初叶，随着广汉月亮湾古蜀文物的无意发现和初步的科学发掘，以及抗日战争期间顾颉刚、卫聚贤等一大批著名学者汇聚"大后方"蜀中，"巴蜀文化"概念的提出以及在中国文化格局中"巴蜀文化独立发展说"等理论已经出现，李学勤先生亦认为"蜀是一个发端于上古的民族。这一民族有自己的悠久文化，并长期保持着文化的特色"[①]。20世纪80年代以来，一系列重大考古发现接踵而至，其中最为重要的有广汉三星堆遗址的持续发掘，成都十二桥遗址的发掘，以新津宝墩遗址为代表的成都平原六座古城群的研究，成都金沙遗址的发现与发掘等，此外，大盆地东北部的宣汉县罗家坝文化遗址的发现，被誉为"继三星堆、金沙之后，古巴蜀文化第三颗璀璨明珠"，是先秦时期巴文化的物质化言说和研究巴文化的重要依据。这些遗址出土的文物造型独特、工艺精湛，有力地展示了早期巴蜀文化的悠远卓异。其中，出土文物种类最多、制作最精美的三星堆文化、金沙文化，透露出非常丰富的文化信息。巴蜀大地出土的先秦时期陶器、铜器形制的高、尖（如小平底和尖底罐）等，与中原地区鼎、盒及荆楚地区鼎、敦一类厚重、稳固、合比例的器物形制构成鲜明对比。窄长细似柳叶的"巴剑"和窄长无胡的三角援"蜀戈"，都饰有手心纹、虎纹等繁复花纹，这种喜好华美的审美取向，区别于北方民族尚质朴节俭"实发实秀、实坚实好"（《诗经·生民》）的审美标准。又如三星堆出土的青铜人像，除了对人体各部分甚至脚踝的细节雕塑写真外，还突出地使用了彩绘着色技法，在眉毛、眼眶和颧部涂有青黑色，并在眼眶中间画出很大的圆眼珠，口部、鼻孔以至耳上的穿孔则涂抹着朱色，这正显示着巴蜀先民偏爱艳秾华美的美学观念。从这些青铜器和人像绘刻的龙纹、异兽纹、云纹和服饰的

[①] 李学勤：《商文化怎样传入四川》，《中国文物报》1989年7月21日。

阴线纹饰中，从绚丽多姿的色彩绘涂中，我们不难看到巴蜀文化对精美形制和艳秾华美的追求。这种美学追求，既是特定环境的产物，与中原"中和之美"和北方以真善实用为美迥然不同，同时又在地域性的风俗习惯中被不断强化和复现。古蜀器物精致的造型与大胆的色彩运用透射出古蜀先民高度发展的审美活动形态。

春秋战国时期，华夏民族各方国都整理出各自的地域文化代表典籍，邹鲁有《六艺》，齐有《五官技》，楚有《三坟》《五典》，"巴蜀之地也当有它自己的书，《山海经》就可能是巴蜀地域所流传的代表巴蜀文化的古籍"[①]。如《山海经·海内经》对华夏人类史的解说是："后稷是播百谷。稷之孙曰叔均，始作牛耕。大比赤阴，是始为国。禹、鲧是始布土，均定九州……洪水滔天，鲧窃帝之息壤以堙洪水，不待帝命。帝令祝融杀鲧于羽郊。鲧复生禹。帝乃命禹卒布土以定九州"等。历经漫长的历史消磨，尤其是在秦始皇"书同文"和焚百家书的思想文化统一政策的高压下，巴蜀地域文化被当作一种蛮夷方国文化被中原集权专制文化所取代，以至于西汉扬雄的《蜀王本纪》说巴蜀上古时期"是时人萌椎髻左衽，不晓文字，未有礼乐"。魏晋人常璩出于对巴蜀历史的追怀和重构巴蜀文化的热情（这不仅是常璩，李白也曾为解答"蚕丛及鱼凫，开国何茫然"的历史之谜，试图给出一个"尔来四万八千岁"的巴蜀史上限。）撰写的《华阳国志》，根据巴蜀大盆地中残存的典籍史料和民间流传的大量神话、传说、故事，以一种方国的独立价值标准，系统整理出自成体系的巴蜀大盆地生命史和文化史，由此展示出中国文化重要构成部分的许多内容。因此李学勤教授认为："可以断言，如果没有对巴蜀文化的深入研究，便不能构成中国文明起源和发展的完整图景。考虑巴蜀文化本身的特色，以及其与中原、西部、南方各古代文化间具有的种种关系，中国文明研究中的不少问题，恐怕必须由巴蜀文化求得解决。"[②]

二、巴蜀大盆地考古信息

20世纪以来巴蜀大盆地的考古发掘，"资阳龙""合川龙"尤其是自贡

[①] 蒙文通：《略论山海经的写作时代及其产生地域》，《巴蜀古史论述》，四川人民出版社1981年版，第183页。
[②] 李学勤：《略论巴蜀考古新发现及其学术地位》，《中华文化论坛》2002年第2期。

大山铺恐龙群化石的出土，都证明着巴蜀地域生命史的久远。这也体现于大溪文化遗址的发掘和巫山人的发现，以及2003年底阿坝藏族羌族自治州营盘山人的发现等。成都十二桥建筑群的发掘和广汉三星堆的出土文物，以及金沙遗址的发现，都确证着古蜀早期文明的巨大规模和辉煌成就。三星堆青铜器的先进冶铸技术、独异的造型、浩瀚的种类和数量，"巴剑蜀戈"上留下的"巴蜀图语"文字，都标示着上古高度发达的巴蜀文化。如三星堆遗址出土的金杖，中端线刻两个戴高冠的人头像，上端刻有两组鱼、鸟纹饰，每组一鱼二鸟，一支羽箭将其串联在一起，透射出的文化信息是：鸟能登天，鱼能潜渊，它们是蜀王上天入地的通神之物；三星堆出土的青铜神树，是"众帝所自上下"的天梯"建木"，神树上立鸟、悬龙、贝、铃等，既具登天的功能，又具潜渊的功能。著名的青铜纵目人像的造型，则是古蜀先民渴望超越人类生理局限的浪漫想象和大胆骄狂性格之体现。这种造型，正与《华阳国志·蜀志》中关于蚕丛"其目纵"的记载相吻合。这是古蜀人非凡的艺术想象。通过这些奇特的艺术想象、夸张的表现方式，可以遥想古蜀先民文学思维之活跃。巴蜀地域文化的这种特性导致元代诗人张翥在《谒文昌阁》中所说的"天地有大文，吾蜀擅宗匠"（《蜕庵诗集》）的奇特现象。

成都平原出土汉画像砖：仙鹿图

文化创造的肇始是上古人类社会分工的产物，而这个分工则是以社会经济发展到一定高度为前提的。20世纪后半叶在成都指挥街、方池街，什邡等地出土了大量的孢子植物化石和兽骨，说明成都平原从前生长着多种树草植物和藻类，生息着猕猴、犀牛、猪、马、羊等动物。广汉三星堆出土大量夏、商时期的土陶瓶、陶杯、铜酒器，宜宾、绵竹等地出土的大批战国时代酒器等，都显示出巴蜀大地优越的物产条件以及物质文明的高度繁荣。这些地域文化精神的"种子"是在相应的环境土壤中生长、发展的,并在时代浪潮的冲击下"把自己的倾向或方向给予了每个新生事物"。这就是黑格尔在《美学·序》中所说的"每种艺术品都属于它的时代和它的民族,各有特殊的环境,依存于特殊的、历史的和其他观念和目的"。巴蜀上古文明的考古发掘,蕴藏着丰富多样的文化密码和信息,成为世人解读巴蜀文化与文学发展运行特征的宝藏。这就是勃兰兑斯《十九世纪文学主潮·序》所指出的:它有助于世人"从心理上探索更深刻的文学运动,并指出从一个时期到另一个时期,流动的质料怎样凝聚起来,结晶成一种或另一种明晰易解的典型"。

第二节　巴蜀古代神话

一、神话是上古时期人类生存状态的"百科全书"

巴蜀大盆地所处地理位置和气候特点及其导致的物产状况,决定了巴蜀原始先民的获食方式和生存劳作方式,并以之为基础而形成了特定的意识和思维方式。这种特定的意识和思维方式,首先表现在巴蜀远古神话和创世纪传说中。这些如仙如幻的故事是古蜀人想象力的真实反映。蜀人多浪漫主义,善球形思维,想象与联想力丰富,巴蜀地区是羽化成仙文化想象的发祥地。神话,是一个民族在童年时期认识和感知世界的精神活动的记录,是人类童年时期的"百科全书"。也就是说,今天人文社会科学所有的门类,如哲学、经济学、史学、宗教学、文学艺术等都可以在其中寻找渊源。人类从"茹毛饮血"的"直立之兽",经历了漫长的生命衍化和生存劳作创造,才开始萌发人的意识并具有原初的思维能力,原始先民于是开始了以人的意识和眼光看待外部世界。伴随着人类信息传播活动的第一个阶段(语言传播)的出现,童年的人类开始述说自己与大自然的关系,述说自己的生活状况和物质创造历程,记述自己在生存搏击中的喜怒哀乐。这就是鲁迅的《中国小说史略》所说:"昔者初民,见天地万物,变异不常,其诸现象,又出于人力所能以上,则自造众说以解释之:凡所解释,今谓之神话。"

而这种"述说",是以"儿童文本"形式进行的。他们真诚地与大自然对话,把一切自然客体视为和自己一样有感情、有灵气的对象,把日、月、风、雨、雷、霆、山、川、草、木、动物都人格化。这种原始思维就是神话思维，其积淀物就是上古神话和传说。童年时期人类不管是因为偷吃"智慧之果"后意识萌生还是在"混沌初开"中睁开眼睛，东方和西方的"儿童"们几乎同时开始有意识地对大自然进行观照。客观世界的形态表象、天地万物的循环往复等，都被反映投射于其思维和思想中，使一切生存创造活动都带着客观存在的独特印记，古希腊神话把海神波塞冬置于仅次于主神宙斯和天后赫拉之后的重要位置，正是地中海——爱琴海的馈赠；古希伯莱人对原罪的思考，亦是由西亚那贫瘠的生存环境所决定。"儿童"话语方式——上古神话和传说的产生，标志着人类文化史由此拉开了序幕。古希腊神话中的普罗米修斯盗火给人间，中国神话的鲧盗息壤给凡尘，他们都是些对人类充满慈爱和关怀的神，至少，人们向往和想象着能够获得这些神灵的帮助。

二、巴蜀神话是中华文化的重要内容

巴蜀大盆地有着久远的生命历史，巴蜀先民创造了人类童年时代充满瑰丽想象力的神话和传说故事，鲧禹治水、禹生石纽、嫘祖养蚕、杜宇化鸟、鱼凫仙道、大石崇拜、朱利出井、五丁开山、碧血化珠以及"蛇"形图腾崇拜等，构成巴蜀文化肇始阶段最具魅力和特色的内容，并且对中国文化和文学产生深远的影响。[①] 古蜀[②]神话中，黄帝、嫘祖、大禹，以及蚕丛、柏灌、鱼凫、杜宇、鳖灵等五代蜀王都见诸各类典籍，形成一个较为完整的历史脉络，并且成为中国上古神话的重要元素，中国神话现存最早、保存最多的典籍是《山海经》。《山海经·海内经》曾描绘过成都平原的美好：

西南黑水之间，有都广之野，后稷葬焉。爰有膏菽、膏稻、膏黍，百谷自生，冬夏播琴。鸾鸟自歌，凤鸟自舞，灵寿实华，草木所聚。爰有百兽，相群爰处。此草也，冬夏不死。

女娲炼五彩石补天，折断鳌足来支撑天的四极，又以息壤填海造陆治理洪

[①] 参见邓经武：《中国文化源头中的巴蜀神话》，《文史杂志》2016年2期，以及 The Myths of Bashu in Chinese Culture, Contemporary social sciences. 2017.2。
[②] 本卷所使用的"蜀"，与"巴蜀""蜀中""蜀地"等，主要指今天的四川省与重庆市。

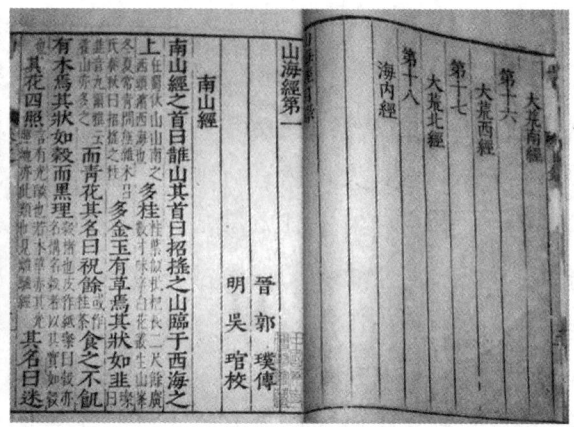

《山海经》书影

水，再抟土造人和创造各种动物等"创世纪"神话，就透射着华夏大地人类童年时代的一段"史影"。女娲的传说在巴蜀大地流传甚广，其补天力竭而逝于西蜀，今雅安因多雨而被称为"两蜀漏天处"，雅安城外河中色彩斑斓的卵石被传说为补天未用完而遗下的五彩石。女娲"人首蛇身"形象，尤其具有巴蜀文化中蛇图腾的特征。

扬雄的《蜀王本纪》以及稍后常璩的《华阳国志》就记载了上古蜀王蚕丛、柏灌、鱼凫三代"各数百岁，皆神化不死"，"民亦颇随王化去"等一种原始的生命永恒意识。"杜宇化鸟"的故事，正反映出上古时期巴蜀大地高度发达的农耕文明，一代蜀王死后羽化为鸟，却仍执着于教民不忘"布谷"乃至于"啼血"而鸣，其情实在太感人；还有如在成都平原创设道教的"天师"张陵的儿子张衡"白日飞升"的神话等，我们不难看到，巴蜀上古神话的基本意象，已成为后来中国神仙故事的基本模式。长生不老、白日飞升以及羽化成仙等内容，正是中国神话的基本模版。"羽士"成为中国式仙人的别名，"羽化"成为中国"得道成仙"具体程式的代名词。

人类经历了一个漫长的石器时代，古蜀人类将这段生存记忆，衍化为"石为人生命之源"的神话，如司马迁记录的"禹生石纽""石裂生启"等。扬雄的《蜀王本纪》中关于大禹的记叙曰：

禹本汶山广柔县人，生于石纽，其地名刳儿坪。禹母吞珠孕禹，坼堛而生于县涂山，娶妻生子名启。

后来的《吴越春秋》则把这个世系关系说得更明白：

禹父鲧者，帝颛顼之后。鲧娶于有莘氏之女，名曰女嬉。年壮未孳。嬉于砥山得薏苡而吞之，意若为人所感，因而妊孕剖胁而产高密。家于西羌，地曰石纽。石纽在蜀西川也。

常璩《华阳国志·蜀志》记载有上古时，蜀中"每王薨，辄立大石，长三丈，重千钧，为墓志，今石笋是也"，其风习的开始是"（蚕丛）死，作石棺、石椁，国人从之"等。大石逐渐引发蜀人的敬畏，并形成了"大石崇拜"。如《华阳国志·蜀志》记载的"成都县内有一方折石，围可六尺，长三丈许。去城北六十里曰毗桥，旁有一折石亦如之。长老传言五丁担土担也。公孙述时武担石折，故治中从事任文公叹曰：'噫！西方智士死，吾其应之。'岁中卒"。又如《温江县志》记载的"其石入地不知其几许，高六尺余，有挖掘者，风雷骤作"等。明代曹学佺《蜀中名胜记》卷二载："成都风俗，岁以三月二十一日游城东海玄寺，摸石于池中，以为求子之祥。"清《龙安府志》载，民俗以石"能催生"，禹穴下有"石皮如血染，以滚水沃之，腥气能催生"，并且"孕妇握之利产"。今天成都多个街道尚存"石"名，则是远古"大石崇拜"的记忆留存。石头作为生命之源的传说已根植巴蜀民众心中，并且成为巴蜀地区一种求子民俗，它还对中国文学产生着深远的影响（如《西游记》的"石生灵猴"）。作为生命之源的巴蜀"大石崇拜"现象，其风甚烈且流布甚为久远，这使刚到成都的杜甫感到极为惊奇，曾有《石笋行》记叙其事。成都市区关于五块石、天涯石、支机石等街道地名，都显示着巴蜀"大石崇拜"意识的浓郁厚重。

"沧桑"一词，源自沧海桑田的治水神话，这也是地球生命史的一段"史影"。在中国神话中，有鲧盗取天帝"生生不息"的息壤以湮堵洪水，以及禹反其父之法而以疏导治水的故事；有李冰化身为牛、犀入水中战胜水怪的故事；还有"灌口（今都江堰市）二郎"治水神武等故事。作为人类生息繁衍的生命之源，却又同时威胁着人类生存的"水"，成为原始先民必须重视的对象，并逐步思考演化为神话，体现着巴蜀先民对水的辩证认识。笔者20世纪60年代在成都平原还听到民间流传的观音菩萨以息壤造陆地的传说，这都显示着息壤传说的深厚积淀。又如"廪君化虎""鱼盐女神""巫峡神女"等故事以及巴人对白虎的图腾崇拜，都充盈着浪漫奇幻的瑰丽色彩，其中一些神话原型意象一直浮现在中国文学历史长河中，作为一种艺术的原初意象和地域文化的体现被不断复制着。

华夏文化中伏羲、女娲的《人首蛇身交尾图》，是"蛇图腾"神话的呈现。禹、蚕、蜀、巴等汉字最原初的书写形式，都与蛇形长"虫"有关（闻一多曾阐释说："禹，从虫，即蛇的初文"；许慎《说文》解释说："巴，虫也，或曰食象蛇，象形"。）成都金沙遗址出土的石蛇，以及巴人文化区流行的且被屈原写入《天问》中的"灵蛇吞象，厥大如何"，可以佐证巴蜀"蛇图腾"神话的久远。《山海经·海内经》："西南有巴国。太皞生咸鸟，咸鸟生乘厘，乘厘生后照，后照是始为巴人。有国名曰流黄辛氏，其域中方三百里，其出是尘，有巴遂山，渑水出焉。又有朱卷之国。有黑蛇，首青，食象。""蛇"神也被人们无意识地复制着，来自蜀中的

成都平原郫县出土汉画像砖：伏羲女娲《人首蛇身交尾图》

白娘子，既有呼风唤雨、起死回生的无边法力，又表现着强烈的母性和妻爱，从而成为一个令人喜爱的神型模式。从蜀中峨眉山和青城山降临西湖的两个蛇仙故事，反映出巴蜀"蛇图腾"崇拜的潜在影响。

清代严可均辑录《全上古三代秦汉三国六朝文》所录的《蜀王本纪》记载：

蜀王之先名蚕丛，后代名曰柏灌，后者名鱼凫。此三代各数百岁，皆神化不死，其民亦颇随王化去。鱼凫田于湔山，得仙。今庙祀之于湔。时蜀民稀少。

后有一男子名曰杜宇，从天堕，止朱提。有一女子名利，从江源井中出，为杜宇妻。乃自立为蜀王，号曰望帝，治汶山下，邑曰郫，化民往往复出。

望帝积百余岁，荆有一人名鳖灵。其尸亡去，荆人求之不得。鳖灵尸随江水上至郫，遂活，与望帝相见。望帝以鳖灵为相。时玉山出水，若尧之洪水，

望帝不能治，使鳖灵决玉山，民得安处。鳖灵治水去后，望帝与其妻通，惭愧，自以德薄不如鳖灵，乃委国授之而去，如尧之禅舜。

鳖灵即位，号曰开明帝。帝生卢保，亦号开明。望帝去时，子规鸣，故蜀人悲子规鸣而思望帝，望帝，杜宇也，从天堕。

有蜀侯蚕丛，其目纵，始称王。死，作石棺、石椁，国人从之。故俗以石棺石椁为纵目人冢也。

次王曰柏灌，次王曰鱼凫。鱼凫王田于湔山，忽得仙道，蜀人思之，为立祠。

后有王曰杜宇，教民务农，一号杜主。时朱提有梁氏女利，游江源，宇悦之，纳以为妃，移治郫邑，或治瞿上。七国称王，杜宇称帝，号曰望帝，更名蒲卑。自以功德高诸王，乃以褒斜为前门，熊耳、灵关为后门，玉垒、峨眉为城郭，江、潜、绵、洛为池泽，以汶山为畜牧，南中为园苑。会有水灾，其相开明，决玉垒山以除水害。帝遂委以政事，法尧舜禅授之义，遂禅位于开明。帝升西山隐焉。时适二月，子鹃鸟鸣，故蜀人悲子鹃鸟鸣也。

迄今蜀民农时先祀杜主君。开明位号曰丛帝，丛生卢帝。卢帝攻秦至雍。生保子帝。帝攻青衣，雄张獠僰。九世有开明帝，始立宗庙，以酒曰醴，乐曰荆。人尚赤。

帝称王时，蜀有五丁力士，能移山，举万钧，每王薨，辄立大石，长三丈，重千钧，为墓志，迄今石笋是也，号曰笋里。未有谥别，但以五色为主，故其庙称青赤黑黄白帝也。开明王自梦郭移，乃徙治成都。

唐人胡曾的《咏史》说杜宇化鸟的故事，即"杜宇曾为蜀帝王，化禽飞去旧城荒，年年来叫桃花月，似向春风诉国亡"。传统文化中"碧血化珠"的故事演化为中华民族气节的代名词"碧血丹心"。《左传·哀公三年》记载，苌弘，是周景王、敬王时的官员，博学多才，知天文地理，精星象音律，"以方事周王"，为扭转"王室衰微，诸侯坐大"局面，借助鬼神镇压诸侯。《史记·封禅书》所载：

是时，苌弘以方事周灵王，诸侯莫朝。周力少，苌弘乃明鬼神事，设射《狸首》。《狸首》者，诸侯之不来者，依物怪欲以致诸侯。

后来苌弘被诸侯构陷蒙冤被杀。传说他死后三年，其血化为碧玉。《庄子·外物》记载：

> 人主莫不欲其臣之忠，而忠未必信，故伍员流于江，苌弘死于蜀，藏其血三年，而化为碧；苌弘蜀人，被杀之后，血流不止，蜀人藏其血，三年之后化为碧。

孔子曾向苌弘请教音乐问题，中国人常用的"尽善尽美"，即为孔子此次"访弘问乐"所言。苌弘"化碧"的故事在中国文学史上不断呈现，如唐人顾况的"玉润犹沾玉垒雪，碧鲜似染苌弘血"（《露青竹杖歌》），晚唐温庭筠的"返魂无验青烟灭，埋血空成碧草愁"（《马嵬驿》），宋代辛弃疾的"苌弘事，人道后来，其血三年化为碧"（《兰陵王·恨之极》），元代关汉卿的"等他四下里皆瞧见，这就是咱苌弘化碧，望帝啼鹃"（《窦娥冤》）等。

《后汉书·南蛮西南夷列传》记载有巴地神话故事：

> 巴郡南郡蛮，本有五姓：巴氏、樊氏、瞫氏、相氏、郑氏。皆出于武落钟离山。其山有赤黑二穴，巴氏之子生于赤穴，四姓之子皆生黑穴。未有君长，俱事鬼神，乃共掷剑于石穴，约能中者，奉以为君。
>
> 巴氏子务相乃独中之，众皆叹。又令各乘土船，约能浮者，当以为君。余姓悉沉，唯务相独浮。因共立之，是为廪君。乃乘土船，从夷水至盐阳。
>
> 盐水有神女，谓廪君曰："此地广大，鱼盐所出，愿留共居。"廪君不许。盐神暮辄来取宿，旦即化为虫，与诸虫群飞，掩蔽日光，天地晦冥。积十余日，廪君伺其便，因射杀之，天乃开明。
>
> 廪君于是君乎夷城，四姓皆臣之。廪君死，魂魄世为白虎。巴氏以虎饮人血，遂以人祠焉。

巴蜀先民对个体生命不朽的追求，通过神话的方式表现着。彭祖长寿享年八百岁的传说则是其例，即《华阳国志》记载的"彭祖本生蜀，为殷太史，夫人为国史，作为圣则，仙自上世，见称在昔"。屈原的《楚辞·天问》中有"彭铿斟雉帝何飨，受寿永多夫何求长"的记载，魏晋葛洪的《神仙传》说彭祖："殷末已七百六十七岁，也不显得衰老。少好恬静，不恤世务，不营名誉，不饰车服，唯以养生活身为事"，认为彭祖"西走流沙"时年龄已经八百岁，后得道成仙，是中国道教的始祖之一。《山海经·海内西经》记载有"开明东有巫彭、巫抵、巫阳、巫履、巫凡、巫相，夹窫窳之尸，皆操不死之药以距之"。宋玉《高唐赋》将巴地三峡地区流传的"神女"传说，记录甚详，其曰：

　　玉曰："昔者先王尝游高唐，怠而昼寝，梦见一妇人曰：'妾，巫山之女也。为高唐之客。闻君游高唐，愿荐枕席。'王因幸之。去而辞曰：'妾在巫山之阳，高丘之阻，旦为朝云，暮为行雨。朝朝暮暮，阳台之下。'旦朝视之，如言。故为立庙，号曰朝云。"

在大盆地南部流传着竹王神话，直到唐代，女诗人薛涛还在川南嘉州（今乐山）荣州（今荣县）一带咏叹着"竹郎庙前多古木，夕阳沉沉山更绿。何处江村有笛声，声声尽是迎郎曲"（《题竹郎庙》）。《华阳国志·南中志》中记载：

　　有竹王者，兴于豚水。有一女子浣于水滨，有三节大竹流入女子足间，推之不肯去。闻有儿声，取持归破之，得一男儿。长养，有才武，遂雄夷濮，氏以竹为姓，捐所破竹于野，成竹林，今竹王祠竹林是也。

值得注意的是，屈原的《楚辞》中，已经出现大量的巴文化信息，抑或他本身就是巴民歌的创始者。其《天问》"鸱龟曳衔，鲧何听焉？顺欲成功，帝何刑焉？"表明了对鲧治水有大功而遭极刑的同情，也有对巴蜀"大蛇图腾"中"灵蛇吞象，厥大何如？黑水、玄趾，三危安在？延年不死，寿何所止？"以及"女娲有体，孰制匠之？"等的记录和思考。

《华阳国志·蜀志》在卷末的"总结"中，提到古蜀先贤四人，即"撰曰"：

　　蜀之为邦，天文，井络辉其上；地理，岷嶓镇其域；五岳，则华山表其阳；四渎，则汶江出其徼。故上圣则大禹生其乡，媾姻则黄帝婚其族，大贤彭祖育其山，列仙王乔升其冈。而宝鼎辉光于中流，离龙、仁虎跃乎渊陵。开辟及汉，国富民殷，府腐谷帛，家蕴畜积。《雅》《颂》之声，充塞天衢，《中穆》（《中和》）之咏，侔乎二《南》。蕃衍三州，土广万里，方之九区，于斯为盛。固乾坤之灵囿，先王之所经纬也。

中国本土神祇谱系中的两大主神都源自巴蜀。主宰文运、功名利禄的文曲星（文昌帝君）是蜀中梓潼人；英武的战神杨二郎，因其纵目而备受崇祀，是从"梅山"（实为"岷山"）下到"灌口"的"二郎神"。清嘉庆版《金堂县志》曾对之有具体解说："川主，即史称秦守李冰，今所祀，皆指为冰子二郎。盖治水之绩，冰主其议而二郎成其功也。历代相传，必有其实，允宜祀。"其实这正是一种巧辩善言，掩盖巴蜀土著对纵目神的偏爱而有意忽略"秦守"的功绩。我们不妨从宋代蜀中民俗的好尚去证明这点，宋代张唐英《蜀梼杌》载：后蜀王衍崇拜二郎神并追摹其形姿："衍戎装，披金甲，珠帽锦袖，执弓挟矢，百姓望之，谓如灌口神。"宋代洪迈的《夷坚志》更是明确地叙述了蜀人的狂热："灌口神祠，爵封王，置监庙官，蜀人事之甚谨。每时节献享及因事有祈者必宰羊，一岁至四万口"，这正折射着蜀人对地域土著神崇拜的价值心理。

第三节 巴蜀上古歌谣

一、诗歌的起源

原始人类在使用语言进行彼此交流沟通时，便知道发为合乎自然音响节奏的咨嗟咏叹，人类劳作属于群体活动需要语言协同合力，语言节奏和韵律因而产生。而在巫史时代，舞蹈是一种沟通天人的祭仪，祭祀颂词则是诗歌的雏形，即如《蜡辞》"土反其宅，水归其壑，昆虫毋作，草木归其泽"，这样的祭祀韵语，实际上正是诗歌的雏形。原始歌谣产生于生产力极为低下、没有文字记录的原始社会，为人类社会出现最早的文学样式之一。它源于原始社会的先民劳动过程中，为协调劳动节奏、减轻疲劳、激发劳动热情而喊出的劳动口号，后随先民思维能力、发音器官和语言能力的发展，有节奏的呼喊渐为有意义的、富于韵调和节奏感的语言所代替。《吕氏春秋·古乐》记载了原始先民的精神活动情况："昔葛天氏之乐，三人操牛尾，投足以歌八阕：一曰载民，二曰玄鸟，三曰遂草木，四曰奋五谷，五曰敬天常，六曰达帝功，七曰依地德，八曰总禽兽之极。"原始先民在劳动、祭祀、婚恋、战争等特定的场合中，用类似我们今天"吟咏"的拖长了声音的方式"说"（唱）当时的情景和内心情感，这就是原始的歌谣。在乐器未发明前，原始人歌舞时用击掌或击石

（"予击石拊石，百兽率舞"）以求增加节奏感和强化表达情感的方式，其中一些优秀的歌谣获得更为广泛的传递，并通过口耳相传的形式流传和保存下来。所以人们认为原始歌谣是融抒情、叙事、戏剧诸因素为一体的诗，分化发展为后代所谓的抒情诗、叙事诗、戏剧。

巴蜀大地既是中华文化的多元发生地之一，也是中国文学的最早发生地之一。巴蜀文学的发生期，经历了从远古到秦的漫长年代。巴蜀地区的口头语言，伴随着巴蜀先民的生活生产形成发展，在商代晚期或稍早，就已出现两种类型的巴蜀文字，学术界分别称为"巴蜀图语"和"巴蜀符号"，因尚未发展完善又被殷商强势文化消解，后因秦的"书同文"规范而消亡。因此，我们今天只能从少数周秦以来的古代文献中，看到相当零散的古巴蜀文字。尽管如此，通过多种途径，我们仍然能够对远古至秦的巴蜀文学面貌进行粗略的勾勒。

二、巴蜀原始歌谣

《山海经·海内经》描绘巴蜀远古生态环境的"爰有膏菽、膏稻、膏黍、膏稷，百谷自生，冬夏播种，鸾鸟自歌，凤鸟自舞，灵寿实华，草木所聚；爰有百兽，相群爰居，此草也，冬夏不死"，可以视为上古巴蜀歌谣的变体。《华阳国志·巴志》记载有巴蜀古人夸耀自己优裕物质生活的"先民之诗"，明代杨慎的《全蜀艺文志》归为"风谣"类，并命名为"蚕丛国诗四章"[①]以强调其上古性质，其曰：

川崖惟平，其稼多黍。
旨酒嘉谷，可以养父。
野为阜丘，彼稷多有。
旨酒嘉谷，可以养母。

惟月孟春，獭祭彼崖。
永言孝思，享祀孔嘉。

---

① 杨慎此说，已成定论，沿袭者甚多，如清代陈祥裔的《蜀都碎事》、当代廖永祥的《蜀诗总集》等。

彼黍既洁，彼仪惟泽。
蒸命良辰，祖考来格。

日月明明，亦惟其名。
谁能长生，不朽难获。

惟德实宝，富贵何常。
我思古人，令问令望。

这四首诗歌，常璩只说"其诗曰"，其他情况如作者、年代等，一概回避。这应该是作者及其年代无从考证的上古歌谣，形制体式也与《诗经》类似。情感表现上，既有面对丰收的喜悦，又有对美好人生的向往；既有对人生的思索，又有对长生不老神话的反思。日月尚且不免沉下，人生何尝能够永恒？只有德行才是最宝贵的。这应该是巴蜀原始歌谣的呈现。确实，先秦巴地"巴乡清"酒香醇浓，已经名列《周礼》"三酒"之一。酿酒业的发达，也一定程度上反映出相对充足的粮食生产和较高的农业发展水平，即"旨酒嘉谷"。《吕氏春秋·音初篇》所载的《涂山歌》，是"涂山氏之女，乃令其妾待禹于涂山，女乃作歌"。据《华阳国志》谓"今江州涂山是也"，故判为巴蜀上古歌谣。其歌曰：

绥绥白狐，九尾庞庞。
成于家室，我都攸昌。

这里歌唱的是：一只孤独的白狐狸在四处徘徊，九条又粗又长的毛茸茸的尾巴分外耀眼，她就是要和大禹结为连理的涂山女，我们这里将永远发达兴旺！这里还涉及一个治水的神话传说，即《吕氏春秋》记载的："禹年三十未娶。行涂山，恐时暮失嗣，辞曰：'吾之娶，必有应也。'乃有白狐九尾而造于禹。禹曰：'白者，吾服也；九尾者，其证也。'于是涂山人歌曰：'绥绥白狐，九尾庞庞。成于家室，我都攸昌。'于是娶涂山女。"

扬雄《蜀都赋》、常璩《华阳国志》、郦道元《水经注》等，都引述过蜀中的《先民谣》，即：

大饥不饥,蜀有蹲鸱。
大旱不乱,蜀有广汉。

蹲鸱,即可食用的植物的根块,因形状如蹲伏的鸱,故称。《史记·货殖列传》记载,赵国富豪卓王孙被强令迁移蜀中时,主动要求去更远的临邛(今邛崃),因为:"吾闻汶山之下,沃野,下有蹲鸱,至死不饥。"应该说,这则民谣流传至秦,起始更早。

殷商伐纣战争中,巴蜀"西土八国"的八支部落军队参战,这也是《尚书·牧誓》所称"武王伐纣,誓于牧野,西南君长从征者八:庸、蜀、羌、髳、微、卢、彭、濮是也"。《华阳国志·巴志》说:"(帝禹)会诸侯于会稽,执玉帛者万国,巴蜀往焉。周武王伐纣,实得巴蜀之师,著乎《尚书》。巴师勇锐,歌舞以凌,殷人倒戈,故世称之曰:'武王伐纣,前歌后舞也'……阆中有渝水,賨民多居水左右,天性劲勇。初为濮前锋,陷阵锐气,喜舞,武帝善之曰:'此武王伐纣之歌也。'乃令乐人习学之,今所谓'巴渝舞'也。"先秦时期巴蜀军队在战斗中以载歌载舞的方式去冲锋陷阵,可见巴蜀大地原始歌舞的盛行。这种风习流布至汉初,深获刘邦喜爱而有"巴渝鼓员三十六人"常伴身边之举,两汉时期皇家宫廷与贵族们宴集中流行的"巴渝歌舞"等,乃至于魏晋时期"建安七子"王粲受命整理"其辞甚古,莫能晓其句度"(《晋书·乐志上》)的巴渝歌四章。这些都可推论出巴蜀大地曾经诞生过大量的原始歌谣。

任乃强先生的《华阳国志校补图注·说盐》指出:"宋玉的《高唐》《神女》两赋……那是歌颂巫盐入楚的诗赋",其所记录"下里巴人"等巴地民歌盛行楚国都城的情况,值得珍视。唐代刘禹锡《插田歌》展示了巴蜀民间"齐唱田中歌,嘤伫如《竹枝》",宋代苏辙《竹枝歌忠州作》也有类似记录,如"连春并汲各无语,齐唱《竹枝》如有嗟"等。苏东坡在其《眉州远景楼》中,记叙了当时眉州击鼓薅秧的动人场面:"四月初吉,谷稚而草壮,耘者毕出,数十百人为曹。立表下漏,鸣鼓以致众,择其徒为众所畏信者二人,一人掌鼓,一人掌漏,进退作止,惟二人之听。鼓之而不致,至而不力,皆有罚。量田计功,终事而会之……岁以为常。"又如《新唐书》一六八所载巴蜀大地民俗"风俗陋甚,家喜巫鬼。每祠,歌《竹枝》,鼓吹徘徊,其声伧伫"等。

清人沈德潜《古诗源》中收录了很多上古歌谣,其《河图引蜀谣》曰:

> 汶阜之山，江出其腹。
> 帝以会昌，神以建福。

它描述了从西部高原流下来的岷江之水，灌溉着成都平原，吟咏着古蜀望帝杜宇与朱利的婚配。这里人丁兴旺，兴水利而农业兴盛，这是上天恩赐造福人民的伟业，其中洋溢着对巴蜀大地的赞美之情和对美好生活的喜爱。这与《蜀王本纪》记叙的"杜宇从天堕，其妻由井出"神话故事可互为印证。开明氏时期蜀王作有《东平之歌》《臾邪歌》《陇归之曲》等多种歌曲。即《华阳国志》记载：

> 武都有一丈夫，化为女子，美而艳，盖山精也。蜀王纳为妃。不习水土，欲去。王必留之，乃为《东平》之歌以乐之。无几，物故。蜀王哀之。乃遣五丁之武都担土，为妃作冢，盖地数亩，高七丈。上有石镜。今成都北角武担是也。后，王悲悼，更作《臾邪歌》《陇归之曲》。其亲埋作冢者，皆立方石以志其墓。

以上词曲虽均已亡佚，但由此可以窥见巴蜀上古歌谣创作之盛。而巴人歌谣"下里巴人"在楚国盛行，巴族民歌曾在楚国郢都一人唱数千人和，受到广大民众喜爱的盛况等，绝非偶然。

三、上古巴蜀歌谣的缺失

"情动于中而形于言。言之不足，故嗟叹之，嗟叹之不足，故咏歌之，咏歌之不足，不知手之舞之，足之蹈之"的情感宣泄方式，应该是人类童年时期共通的表现，《诗经》所录，巴蜀何以独缺？人类的天性外显，需要借助一定的介质，传达内心情感，语言是最直接便利的介质。巴蜀大地四季分明、自然景观变化多姿多样，刺激人的感官，激发人的歌咏欲望，如世人耳熟能详的四川民歌《太阳出来喜洋洋》和《川江号子》等。

上古时期的巴蜀大地，产生了奇幻瑰丽的神话和传说故事，有着震惊世人的三星堆文明与金沙文明等器质文明形态，后来又有着巴蜀文学辉煌的多代呈现，于此推想：巴蜀大地应该有过原始歌谣的创作盛况。也就是说，巴蜀文化文学的辉煌是一个渐进的过程而绝非"大器晚成"。春秋战国以来巴蜀地区偏安一隅，极少参与北方中原地区的政治角逐而常被忽略。也由于地理阻隔和交通落后，尤其是中原正统及中心意识的影响，孔子等人在搜集整理《诗》时有意无意地忽略了巴蜀地区的诗歌。巴蜀大盆地久远的生命史，上古时期高度发达的农耕文明，广都、三星堆、金沙等颇具规模的城市文明，尤其是博大丰富、浪漫奇幻的巴蜀神话系统，都说明以巴蜀上古语言形态为基础的文学应该而且可以有一种辉煌。但我们现在却只能从零散的资料断片中去梳理了。①

司马迁的《史记·孔子世家》透露出的信息是："古者诗三千余篇，及至孔子，去其重，取可施于礼义，上采契后稷，中述殷周之盛，至幽厉之缺。"周王朝史官曾经在华夏大地搜录有至少"三千余篇"原始歌谣，我们现在看到的《诗经》只是孔子的一个"精选本"而非已经收录的原始歌谣全貌。孔子的"诗三百，一言以蔽之，思无邪"的选编标准，"蜀地僻陋，有蛮夷风"和"巴蛇吞象，三岁而出其骨"的骄狂任性的情感表现方式，自然不符合孔子"施于礼义"的审美标准。巴蜀原始歌谣被遗漏，也就是一种必然。但是历代入蜀者还能时时领略到巴蜀歌谣的遗风，如杜甫诗云："万里巴渝曲，三年实饱闻。"（《暮春题瀼西新赁草屋五首》）

---

① 邓经武：《古蜀器质文明的辉煌与上古歌谣的缺失》，《文史杂志》2016年第3期。

第二章 巴蜀文学的首次辉煌

第一节　文化融汇中巴蜀文学的崛起

一、中华文化的大一统融汇

在中华文化史上，汉代是一个光辉灿烂的阶段。此前的公元前221年，中华民族进入一个集权专制"家天下"的全新时代，秦王嬴政消灭众多诸侯割据、吞并六国之后，豪气满怀地要做兼有三皇、五帝之尊的"始皇帝"，并希望"二世、三世以至于万世"地统治华夏大地。"书同文、车同轨、行同伦"尤其是"焚书坑儒"、流放不同政见者的"迁蜀"措施，都是基于在思想文化、制度、行为规范等方面全面整齐划一，"严刑峻法""以吏为师"，目的就是要彻底消解个性人格和人的自由天性。在这样的专制体制中，是不可能有文学的，至多不过是略具文采的应用型公文而已①。所以，我们认同鲁迅的说法："秦之文章，李斯一人而已！"②历史发展的趋势是不以个人意志为转移的，"别黑白而定于一尊"的"独夫"强权意志，很快就受到历史的无情嘲弄，"戍卒叫，函谷举，楚人一炬，可怜焦土"，一个"执敲扑而鞭笞天下，威震四海"靠暴政维系严密统治的帝国王朝轰然崩塌，刘氏王朝的建立，为中华民族文化的全面发展提供了全新的机遇。

公元前202年，汉帝国诞生。大汉王朝奠基者当年面对秦始皇威仪时，曾经羡慕不已地向往着"大丈夫当如是"——天下独尊的美好感受，使他必然地要继续推进华夏大地的"国家化"进程，但"亡秦"的前车之鉴使他必须"休养

---

① 对此，也有人有不同看法，刘勰《文心龙雕·诠赋》就说："秦世不文，颇有杂赋"，致使"汉初词人，顺流而作"，但短暂的秦王朝从统治思想和文化制度来说，是"不文"的，暴政高压下也可能有一些"地下文学"，但很难成为传世之作，精品的产生是需要多方面条件的——接踵而来的汉代并未"焚书"，秦文学的"不传"，应该是其本身的艺术性方面的遗憾所致。
② 鲁迅：《汉文学史纲要》，《中国小说史略·汉文学史纲要》，吉林人民出版社2013年版，第375页。

生息"和政治的"清静无为"。这就是《汉书·地理志》所说的"汉兴,因秦制度,崇恩德,行简易,以抚海内",社会由此进入一个稳定发展的时期。物质生产发展带来社会财富的巨大积聚,为汉帝国的空前盛世准备了充分的条件。《史记·货殖列传》将之解说为:"汉兴,海内为一,开关梁,弛山泽之禁,是以富商大贾周流天下,交易之物莫不通,得其所欲。"可以说,秦的统一主要在政治和器质文化层面,真正在思想文化方面的统一,还是在汉代完成的。从刘邦征召天下"贤士大夫"入朝和对文人的礼遇(凡士人入太学读书,终身免除徭役),到汉武帝"敕丞相公孙弘广开献书之路"①,汉成帝指派陈农专职搜求天下散佚文献,"天下众书往往颇出,皆诸子传说",又命令刘向总校和系统整理各类典籍(后再由其子刘歆继续这项工作),都显示着盛世统治者的博大胸怀。汉武帝还用"公车上书"的办法,使官吏、人民都可以上奏章给皇帝建议国事,像东方朔、主父偃、朱买臣等著名汉臣,都是由于上书言事而被重用的。这样,先秦诸子百家的学说再次得到充分发展,华夏文化在"国家"这样一个全新的平台上,进入了一个交锋、互相化合以及进行整合的新时代。

宽松的人文生态环境为思想的活跃提供着温床,各地域文化就在"汉朝"这样一个共时性"国家"平台上,尽情地展现自我特色,并且在相互的碰撞、交锋、化取和借鉴中,逐渐汇融成为大汉声威时代精神的主流文化。思想的自由必然带来个性人格的充分表现,作为人的精神活动的自由式展现,汉代文学创作呈现了一次空前的繁荣,汉帝国大一统中各地域作家带着鲜明的自我人格、个性和地域族群记忆,在同一平台上放声歌唱!大汉帝国的赫赫声威,造就了汉赋这样体博言赅、华丽壮大的时代文体。空前盛世和大汉声威,需要自己的歌手来传达这种时代精神,历史就这样选择了巴蜀作家群。

二、在认同与自强中崛起

汉代是一个奋发进取、功业显赫的时代,是一个创设制度、垂范后世的时代,还是一个注目异域、走向世界的时代!当年的司马迁使用了一个很富有动态感和形象性的"凿空"一词,来赞美汉武帝在消除东西方世界的地理及文化阻隔的伟大贡献,人类由此开始进入一个更广泛的联系沟通时代。为寻找"非常之人",汉武帝召集全国文人参加考试,亲自出题和阅卷,选拔人才。寒门出身的

---

① 《汉书·刘歆传》,《汉书·艺文志》如淳注引刘歆《七略》。

公孙弘仅是个狱吏，因为研究公羊学出名而被拔擢为丞相，封平津侯。收罗奇珍异宝、网罗各类奇才，与西方世界发生碰撞，以成"非常之事"，都体现着大汉时代的雄伟豪气和冲决一切的创造精神。

如果说，先秦时期的文士专注于以学说去影响君王，有诸子"百家争鸣"和"纵横之士"奔行于途的特点，本质上属于政治家。那么汉代文人则主要以文学活动为君王提供精神消费服务，他们主要凭借文学才能获得官职，并以文学写作作为自己的主要事业。并且由此成为中国文人的发展常态，进而影响中国文学开始以半专业创作的形态运行。班固在《两都赋·序》中说："至于武、宣之世，乃崇礼官、考文章，内设金马石渠之署，外兴乐府协律之事，以兴废继绝，润色鸿业……故言语侍从之臣，若司马相如、虞丘寿王、东方朔、枚皋、王褒、刘向之属，朝夕论思，日月献纳。而公卿大臣，御史大夫倪宽、太常孔臧、太中大夫董仲舒、宗正刘德、太子太傅萧望之等，时时间作。或以抒下情而通讽喻，或以宣上德而尽忠孝，雍容揄扬，著于后嗣，抑亦雅颂之亚也。故孝成之世，论而录之，盖奏御者千有余篇。"

大汉帝国与巴蜀的关系，司马迁在《史记·六国年表序》中强调为："汉之兴自蜀汉！"对大盆地的社会和经济发展状况，他在《史记·货殖列传》中饱含激情地赞誉道："巴蜀亦沃野，地饶卮姜、丹砂、石、铜、铁、竹、木之器。南御滇僰，僰僮。西近邛笮，笮马、旄牛。然四塞，栈道千里，无所不通。"继后班固的《汉书·地理志》说得更直接："巴、蜀、广汉本南夷，秦并以为郡，土地肥美，有江水沃野，山林竹木疏食果实之饶。南贾滇、僰僮，西近邛、笮马旄牛。民食稻鱼，亡凶年忧，俗不愁苦，而轻易淫泆，柔弱褊厄。景、武间，文翁为蜀守，教民读书法令，未能笃信道德，反以好文刺讥，贵慕权势。及司马相如游宦京师诸侯，以文辞显于世。乡党慕循其迹。后有王褒、严遵、扬雄之徒，文章冠天下。"班固的《西都赋》还给出了衡量汉代经济的标准："（长安）竹林果园，芳草甘木，郊野之富，号为近蜀！"还需要注意的是：巴蜀文化亦对外发生着影响，如顾炎武的《日知录》卷七曾考证出：秦人伐蜀以后，始知茗饮事。秦入巴蜀后，巴蜀的种茶技术开始外传。扬雄《方言》说"蜀西南人谓茶曰蔎"。

汉代对中国文化的整合，各方国文化滋生竞繁，起伏消长，蜀中文人趁时而动，以南方文学的浪漫热情和巴蜀文化的独异品格，以及那冲破一切藩篱大胆创造的豪气，应和了汉帝国强大声威的时代呼唤，成为汉代文学的引领者。

"汉高爱楚声"奠定了大汉帝国文艺美学的时代"主旋律"①。受充满神秘的、灵性的、生动的和感性具象想象的南方文学熏染,使刘邦能够唱出《大风歌》,汉武帝可以写出"秋风起兮白云飞,草本黄落兮雁南归。兰有秀兮菊有芳,怀佳人兮不能忘。泛楼船兮济汾河,横中流兮扬素波。箫鼓鸣兮发棹歌,欢乐极兮哀情多,少壮几时兮奈老何?"(《秋风辞》)等这样的典型"楚歌"。后者设立"乐府"作为国家"文化部"专门从事诗歌谚谣的采集和整理,为汉帝国文学艺术的繁荣提供了制度的保证,而前者与"巴渝舞曲"相伴终生,即使在裁减宫廷冗员之际,也保持着"巴渝鼓员三十六人"的编制②,使"巴渝舞曲"成为两汉帝国最流行的音乐舞蹈。

大汉声威的时代精神,激扬出巴蜀文学的首次辉煌,以司马相如、扬雄、王褒等为代表的巴蜀赋体文学创作集团的崛起为标志。他们用自己的赋体创作,把中国文学推进到"说美"和文学专门化的全新阶段。③魏晋时期刘勰的《文心雕龙·诠赋》把这一切概括为:"相如上林,繁类以成艳,子渊洞箫,穷变于声貌,子云甘泉,构深玮之风……并辞赋之英杰。"相如状宫阙、夸服饰、美行为(《子虚赋》《上林赋》),王褒说茶(《僮约》)、谈乐(《洞箫赋》),扬雄论酒(《酒箴》),巴蜀作家对现世人生的执着关注,亦由此可见。

邓经武、周胜设计:驷马高车图

《华阳国志·公孙述刘二牧志》告诉我们,一直到东汉时,帝国的许多重要城市都是"府盈西南之货,朝多华岷之士"。西汉时除了京城长安(京市)之外,全国性中心大城市"五都"为洛阳(中市)、邯郸(北市)、临淄(东市)、宛(南市)、成都(西市),在整个中国南方只有一个成都,可以与北方的五个"中心大

---

① 《史记·留侯世家》载:刘邦为抚慰戚夫人而建议夫妻互娱:"为我楚舞,吾为若楚歌。"
② 见《汉书·礼乐志》及颜师古注:"当汉高初为汉王,得巴渝人,并矫捷善斗,与之定三秦灭楚,因有其武乐也。"《史记·陆贾列传》也说:"然汉王起巴蜀,鞭笞天下。"
③ 邓经武:《大汉帝国的精神号手王扬马》,《文史杂志》2017年第1期。

城市"相媲美。在这样的政治、经济和文化背景中，空前盛世、大汉声威需要自己的歌手来传达这种时代精神，历史就这样选择了巴蜀作家群。也就是说，巴蜀大盆地优美的自然景物铸造着巴蜀文人的审美心理，如三星堆和金沙遗址等器质文化所透射出来的充满着自由和浪漫想象的激情，"巴蛇吞象""蜀犬吠日"涵蕴的狂傲妄作、"未能笃信道德，反以好文讥刺"的地域人文精神传统，以及"俗好文刻"的地域话语习惯等，都是一种天然的文学精神资源。巴蜀作家只需要真实地写出自己的自由个性，就可以成为时代文坛的盟主。对此，清代蜀籍诗人张问陶在其《论诗十二绝句》中说得很清楚："好诗不过近人情，写出此身真图画！"作家志怀高远、胸襟宏阔的人生价值追求，亦是巴蜀作家群崛起于汉代文坛的重要原因。汉赋，是汉帝国恢宏壮大时代精神和时代文学的主流呈现。司马相如有"有非常之人，然后有非常之事。有非常之事，然后有非常之功。非常者，固常之所异也"（《难蜀父老》）的豪言壮语；扬雄为人性格"自有大度，非圣哲之书不好也；非其意，虽富贵不事也"（《汉书·扬雄传》），他甚至喊出"声之眇者不可同于众人之耳，形之美者不可混于世俗之目"（《解难》），其自强之气，豪气干云！后来的巴蜀作家陈子昂、李白等，都有"仰天大笑出门去，我辈岂是蓬蒿人"等类似的人生宏愿。这种壮志凌云的豪气和充满自信的人格力量，这种洋溢着强烈地域文化精神的个性人格，不成为所在时代的领唱歌手，也难。

第二节　政通西南，赋传千古的司马相如

一、时代精神与大汉声威的代言人

司马相如（公元前179~公元前117），字长卿，西汉成都（今四川成都）人。他小名犬子，由于仰慕战国时期"完璧归赵"享有盛名的蔺相如，因而改名"相如"。他所生活的汉文帝、汉景帝、汉武帝三代，正是统一的多民族的封建大帝国日益巩固和发展的时代，战国时群雄割据的现象已经逝去，蔺相如折冲樽俎的事迹也难以重演。司马相如曾经"事孝景帝为武骑常侍，非其好也……因病免，客游梁。梁孝王令与诸生同舍"（《史记·司马相如列传》）。这里的"诸生"，乃是当时著名的文学家邹阳、枚乘等人。相如与他们相处几年，互相学习，彼此切磋，文学才能大有长进。可以说，是特定的历

史环境使司马相如把聪明才智转向了文学。

司马相如有胆有识，敢作敢为，堪称一代伟丈夫。与寡居的卓文君自由结合，固然是惊世骇俗之举；婚后生活拮据，夫妻二人开店卖酒，他让卓文君当垆，自己穿上酒保的衣服，涤器市中，旁若无人，也是一般儒生做不到的。更为难得的是，身为汉赋大家，他在汉武帝身边十几年，却从来不把献赋当作向最高统治者献媚取宠的手段，从来不与那些阿谀逢迎、鲜廉寡耻之徒为伍，不愿做没有灵魂的御用文人；而是有条件时争取有所作为，难有作为时便努力保持自己的节操，"故其仕宦，未尝肯与公卿国家之事，常称疾闲居，不慕官爵"（《汉书·司马相如传》）。所以，他在政治上郁郁不得志。终其一生，除了出使西南临时挂过"中郎将"衔以外，长期担任的不过是"郎""孝文园令"等低级闲职。据《汉书·百官公卿表》载："郎掌守门户，出充车骑"，俸禄从比三百石到比六百石不等。另据司马贞《史记索引》引《百官志》："陵园令，六百石，掌案行扫除也。"而当时县令的俸禄是六百石到一千石，由此可见相如官职之卑微。而其不随波逐流的傲岸个性也由此可见。鲁迅在《汉文学史纲要》中指出："武帝时文人，赋莫若司马相如，文莫若司马迁，而一则寂寥，一则被刑。盖雄于文者，常桀骜不欲迎雄主之意，故遇合常不及凡文人。"这才是独具只眼的高明之论。

二、汉大赋的定型者

作为一个杰出的文学家，司马相如凭着雄放的气魄和富赡的才华，勇于创新，锐意开拓，取得了十分突出的成就。

汉代最重要的文学样式是赋，而司马相如是公认的汉赋代表作家。据《汉书·艺文志》记载，他有赋二十九篇，但流传至今的只有《天子游猎赋》[①]《哀二世赋》《长门赋》《大人赋》等几篇。

《天子游猎赋》是司马相如的代表作品，也是中国文学史上第一篇全面体现汉赋特色的大赋。在内容上，它以宫殿、园囿、田猎为题材，以维护国家统一、反对帝王奢侈为主旨，既歌颂了统一大帝国无可比拟的声威，又对最高统

---

① 《天子游猎赋》，一般称之为《子虚赋》或《子虚·上林赋》，不当。参见沈伯俊《司马相如的代表作是〈天子游猎赋〉》一文，《四川师范学院学报》1982年第2期，人大《复印报刊资料·中国古代近代文学研究》1982年第15辑转载。

治者有所讽谏，开创了汉代大赋的一个基本主题。作者的观点主要是通过无是公之口表达出来的，其中值得注意的有这样几点：第一，"夫使诸侯纳贡者，非为财币，所以述职也；封疆画界者，非为守御，所以禁淫也。今齐列为东藩，而外私肃慎，损国逾限，越海而田，其于义故未可也"。这里明确地反对诸侯王逾制越轨，不守"君臣之义"，在当时有着维护中央集权、维护国家统一的积极意义。第二，"二君之论……徒事争游猎之乐，苑囿之大，欲以奢侈相胜，荒淫相越，此不可以扬名发誉，而适足以贬君自损也"。这就毫不含糊地指斥了诸侯王的奢侈荒淫。篇末还指出了这种奢侈荒淫给

司马相如作品书影

老百姓带来的危害："齐楚之事，岂不哀哉！地方不过千里，而囿居九百，是草木不得垦辟，而民无所食也。夫以诸侯之细，而乐万乘之所侈，仆恐百姓之被其尤也。"这在一定程度上反映了司马相如对人民的同情。第三，在夸说天子射猎的排场之后，作者采用了让天子反躬自省而改过补阙的手法："于是酒中乐酣，天子芒然而思，似若有亡。曰：'嗟乎，此太奢侈！……'于是乃解酒罢猎……"接着又发表议论说："若夫终日暴露驰骋，劳神苦形，罢车马之用，抏士卒之精，费府库之财，而无德厚之恩，务在独乐，不顾众庶，忘国家之政，而贪雉兔之获，则仁者不由也。"（《史记·司马相如列传》）这就表明，司马相如对皇帝本人的过分奢华靡费也是不赞成的。赋中写天子能够自己发现过失，自动解酒罢猎，并采取补救措施，这当然只是幻想，但司马相如的用意毕竟是有可取之处的。

在形式上，《天子游猎赋》摆脱了模仿楚辞的俗套，以"子虚""乌有先生""无是公"为假托人物，设为问答，放手铺写，结构宏大，层次严密。赋中写楚王田猎游戏之乐，一连用了四个"于是"，领起四段，已经是有声有色了。而写到上林苑时，则一口气用了九个"于是乎"，领起九个部分，从苑中

的水势、山溪、草木、鸟兽、宫观，直到天子的校猎行射，置酒张乐，更是气度恢宏，声威逼人，无论是描写的比重还是行文的分寸，都充分表现了天子的尊严，使身为诸侯的楚王相形见绌。这样逐层铺写，一浪高过一浪，整篇显得气势磅礴。其语言富丽堂皇，句式亦多变化：以四字句为主，三字句、五字句、六字句、七字句等错杂而出，加上对偶、排比手法的大量使用，形成铺张扬厉的风格，确立了汉代大赋的体制。正如鲁迅指出的："盖汉兴好楚声，武帝左右亲信，如朱买臣等，多以楚辞进，而相如独变其体，益以玮奇之意，饰以绮丽之辞，句之短长，亦不拘成法，与当时甚不同。"（《汉文学史纲要》）

《天子游猎赋》在汉赋发展史上有着十分重要的地位。它确立了司马相如作为汉赋奠基者的身份，使司马相如成为历代赋家仿效的榜样，标志着汉赋正式成为我国文学史上一种独特的文体。

三、多种题材的开拓者

除了气势恢宏的大赋，司马相如还写了一些篇幅不大、内容多样的小赋，拓宽了汉赋的题材范围。

《哀二世赋》是整个赋史上第一篇直斥秦朝暴政的作品，具有鲜明的思想倾向和强烈的现实意义。它与《天子游猎赋》的铺排夸张、雄浑宏丽恰成对照，是一篇情致蕴藉，警策凝练的骚体短赋，全文只有一百五十八个字。赋的开头写作者来到宜春苑，登上倾斜的山坡，进入高耸的宫殿。在这里眺望，只见"众树之翳翳"，"竹林之榛榛"当中，冷冷清清地掩盖着秦二世的坟墓。于是作者离开宫殿，"弥节容与兮，历吊二世"。接着，作者以简洁有力的语言指责秦二世："持身不谨兮，亡国失势；信谗不寤兮，宗庙灭绝。"在秦二世一系列昏聩暴虐的行为中，作者抓住"持身不谨""信谗不寤"八个字，概括得十分精当。最后，作者反复渲染秦二世"坟墓芜秽而不修兮，魂无归而不食"的可悲结局，并用了两个"呜乎哀哉"来表示强烈的感慨。司马相如这篇赋是有所感而发的。当时，武帝的文治武功已经达到顶点，骄奢淫佚之心也越来越严重，于是到处巡游，广建宫室，加重了对人民的剥削。在这种情况下，司马相如作《哀二世赋》，显然是希望武帝吸取胡亥的教训，不要重蹈亡秦的覆辙。全篇感慨深沉，行文流畅，短小精悍，开后代抒情小赋的先河。

《长门赋》是赋史上第一篇描写被锁闭于深宫中的妇女的作品。由于《史记》《汉书》的司马相如本传均未载此篇，历来有人怀疑或干脆否定司马相的著作权。沈伯俊曾特地撰文，力辩此赋确系相如作品，绝非后人伪托之作①。《长门赋》全文可以分为三个部分。作品一开头就描写了一位饱受冷遇的"佳人"形象。她"愿赐问而自进兮，得尚君之玉音"。这种愿望是多么卑微而可怜！但是，冷酷无情的君王却沉湎于花天酒地之中，"心慊移而不省故兮，交得意而相亲"，只是用谎言来搪塞她，使她连这么一点可怜的愿望也无法实现："奉虚言而望诚兮，期城南之离宫。修薄具而自设兮，君曾不肯乎幸临。"明明君王"不肯乎幸临"，这位"佳人"却偏偏要"奉虚言而望诚"，这就是悲剧之所在。接着，作品就从"佳人"期待君王"幸临"的心理出发，逐层铺写。由"登兰台而遥望兮，神怳怳而外淫"，到"下兰台而周览兮，步从容于深宫"，再到"日黄昏而望绝兮，怅独托于空堂"，一层比一层深入地描写了"佳人"由盼望到失望的心理变化过程。作者善于描写景物，烘托气氛，做到情景交融，把人物感情的起伏跌宕写得惟妙惟肖。例如："雷殷殷而响起兮，声象君之车音"，写"佳人"一心盼望君王到来，以致发生了错觉。"孔雀集而相存兮，玄猿啸而长吟。翡翠胁翼而来萃兮，鸾凤翔而北南"，用鸟兽的聚集来反衬人物的孤单。"白鹤嗷以哀号兮，孤雌跱于枯杨"，用孤鹤的哀鸣来比衬人物心境的凄凉。在久候绝望、百无聊赖的情况下，这位"佳人""遂颓思而就床"。但是，即使在这个时候，她仍然幻想君王能对她有所眷顾，所以"忽寝寐而梦想兮，魄若君之在旁。惕寤觉而无见兮，魂廷廷若有亡"。梦中见到了君王，醒来却是一场空！全篇就是这样一波三折，一唱三叹，只用短短的六百多字，就把宫廷妇女的可悲处境写得淋漓尽致，通过表现她们的孤独和哀愁，暴露了封建宫廷的阴森黑暗，可谓文学史上宫怨体的滥觞。作品善于描写景物，烘托气氛，以情景交融的笔触，把人物感情的起伏跌宕写得惟妙惟肖，委婉动人，对后代的宫怨诗产生了相当大的影响。

《大人赋》作于司马相如晚年。以往的文学史家多批评《大人赋》"迎合了武帝好神仙的心理"。其实，这并非司马相如的本意。请看，赋中的"大人"在"遍览八纮而观四荒兮，揭渡九江而越五河"之后，来到昆仑山上，看见西王母"皓然白首，载胜而穴处兮，亦幸有三足乌为之使"。于是感叹道："必长生若此而不死兮，虽济万世不足以喜。"这就是说，仙境终归不如人境，长生不死也并不值得羡慕。所以，司马相如实际上是否定求仙的。这正是

---

① 沈伯俊：《宫怨体的滥觞——〈长门赋〉》，《成都大学学报》1982年第1期。

这篇赋中的积极因素。不过，正如扬雄在《自序传》中指出的："往时武帝好神仙，相如上《大人赋》欲以讽，帝反缥缥有凌云之志。"这是为什么？原来，"相如以为列仙之传居山泽间，形容甚臞，此非帝王之仙意也，乃遂就《大人赋》"。颜师古在《汉书》注中说得明白："大人，以喻天子也。"司马相如把"大人"的出游写得有声有色，八面威风，就是在颂扬人世间的天子气概、帝王生活，认为这比虚无缥缈而清苦的神仙生活好得多。结果武帝读了之后，反而"大说（悦），飘飘有凌云之气，似游天地之间意"。这样，相如"欲以讽"的意图就落空了。这说明《大人赋》的内容本身是有较大缺陷的。

这几个"第一"加在一起，足以使司马相如成为汉赋的第一大家。

司马相如还是汉代很有成就的散文名家，其散文流传至今的有《谕巴蜀檄》《难蜀父老》《谏猎疏》《封禅文》等。

《谕巴蜀檄》写于元光五年（公元前130）。当时，唐蒙从巴蜀通夜郎，由于处置不当，引起巴蜀民众的惊恐，汉武帝便命司马相如责备唐蒙，并作文告谕巴蜀民众，一方面说明唐蒙"发军兴制"等举措并非朝廷之意，另一方面又要求巴蜀吏民理解和支持"通西南夷"的行动，迅速达到了安定人心的目的。

《难蜀父老》写于元朔元年（公元前128）。当时，为"通西南夷"而修理道路的工程已开展两年，尚未修通，民力消耗很大，朝中一些大臣因此认为"通西南夷"毫无益处。司马相如力主恢复秦朝便已在西南地区设置的郡县，得到武帝赞同，于是以中郎将的身份出使，获得成功，为加强汉王朝与西南少数民族的联系，发展多民族的国家做出了贡献。使毕，相如又写了《难蜀父老》一文，进一步阐述了"通西南夷"的重大意义。

《谏猎疏》大约写于元朔六年（公元前123）。其时，司马相如随汉武帝到长杨宫打猎，便写了此文，着重从保卫皇帝安全，防止发生意外的角度来劝武帝不要"自击熊豕，驰逐野兽"，而没有进一步指出耽于田猎给人民造成的危害，意义显得比较狭隘。不过，此行返回时路过杜南宜春宫，那里是秦二世胡亥于公元前207年被逼自杀后埋葬的地方，司马相如触景生情，又写了《哀二世赋》，以秦朝二世而亡的教训对武帝进行讽谏，认识上深化了一步。

这三篇散文共同的特点是语言畅达有力，有辞赋之气。其中《谕巴蜀檄》和《难蜀父老》两篇，对后代的某些政论性散文很有影响。东晋文学家李充在《翰林论》中说："盟檄发于师旅，相如《谕蜀老》（即《谕巴蜀檄》）可谓德音矣。"南朝梁杰出的文艺理论家刘勰在《文心雕龙·檄移篇》中也指出：

"移者，易也，移风易俗，令往而民随者也。相如之《难蜀老》（即《难蜀父老》），文晓而喻博，有移檄之骨焉。"对这两篇文章做了较高的评价。

《封禅文》则是司马相如临终时留下的"遗札"。它颂扬了"大汉之德"，主张举行封禅典礼。相如的出发点，仍然在于颂扬国家的兴盛强大，体现中央王朝的尊严声威。但文中对西汉王朝溢美过甚，颇有周颂的遗风。后代许多文人在褒美本朝，粉饰现实时，往往仿效它的写法。所以，《封禅文》在历史上是起了一些消极作用的。尽管如此，从整体上看，在语言的运用和形式的发展等方面，司马相如对汉代散文做出了重要的贡献。

四、广博宏丽，卓绝汉代

两千多年来，司马相如在文学史上一直享有崇高的声望，产生了深远的影响。

两汉作家，绝大多数对司马相如十分佩服，其中最有代表性的是伟大的历史学家司马迁。司马迁的生年（公元前145）比司马相如晚三十四年，当他于公元前108年担任太史令时，上距司马相如去世仅仅九年。对于这位前辈作家，他表现出极大的尊重。在整个《史记》中，专为文学家立的传只有两篇：一篇是《屈原贾生列传》，另一篇就是《司马相如列传》，仅此即可看出相如在太史公心目中的重要地位。我们还可再比较一下：在《贾生列传》中，司马迁主要是把贾谊当作和屈原一样关心国事而不遇其君的进步作家来尊敬和同情的，而对贾谊的文学作品，只收录了《吊屈原赋》和《鹏鸟赋》，著名的《过秦论》则附于《秦始皇本纪》之后。而在《司马相如列传》中，司马迁全文收录了他的三篇赋、四篇散文，以至《司马相如列传》的篇幅大约相当于《贾生列传》的六倍。这就表明，司马迁认为司马相如的文学成就是超过贾谊的。

以后的历代文学家，或者将司马相如与司马迁相提并论，遂有"文章西汉两司马"之说；或者将相如与枚乘并称"枚马"，与扬雄并称"扬马"，屡屡加以推崇。东晋葛洪在《抱朴子·钧世篇》中说："《毛诗》者，华彩之辞也，然不及《上林》《羽猎》《二京》《三都》之汪秽博富也。"南朝梁沈约在《宋书·谢灵运传论》中指出了司马相如在创作上同屈原的相承关系："周室既衰，风流弥著。屈平、宋玉导清源于前，贾谊、相如振芳尘于后，英辞润金石，高义薄云天，自兹以降，情志愈广。"唐代伟大诗人李白一再以司马相如自比，如他在《赠张相镐二首》之二中就写道："十五观奇书，作赋凌相如。"杰出的边塞诗人岑参来到成都,在《升迁桥》一诗中表达了对司马相如的景仰:"名共东流水,滔滔无尽期。"宋代诗文大家欧阳修在《苏主簿挽词》中,把苏洵比作司马相如:"诸老谁能先贾谊,君王犹未识相如。"明代著名作家张溥说:"《子虚》《上林》非徒极博,实发于天才。扬子云锐精揣炼,仅能合辙,犹《汉书》于《史记》也。"清代桐城派大家姚鼐指出:"昌黎(韩愈)诗文中效相如处极多,如南海碑中叙景瑰丽处,即效相如赋体也。"(《与张翰宣书》)类似评论,不胜枚举,正如鲁迅所说的:"其为历代评骘家所倾倒,可谓至矣。"(《汉文学史纲要》)

第三节 凸显巴蜀特色的赋家——王褒

一、中国文学史上第一篇音乐赋——《洞箫赋》

在汉代巴蜀作家中,王褒是继司马相如之后的又一位大家。

王褒,字子渊,西汉蜀郡资中(今四川资阳)人。生卒年不详,大约生于汉武帝在位晚期,卒于汉宣帝在位期间。汉昭帝、汉宣帝在位时,努力矫正武帝晚年好大喜功,滥用民力,致使海内虚耗的弊政,轻徭薄赋,与民休息,使社会经济有所恢复和发展,形成"中兴"的局面。这种比较安定的社会条件,有利于擅长"铺采摘文,体物写志"的辞赋的发展,促使一批新的汉赋作家崭露头角。王褒便是其中的佼佼者。

王褒早年的经历,据《汉书》卷六十四《王褒传》记载,汉宣帝时,由于宣帝喜爱辞赋,先后征召文学之士刘向、张子侨、华尤、柳褒等待诏金马门。王褒也得到益州刺史王襄的推荐,被召入京,受诏作《圣主得贤臣颂》。宣帝令他与张子侨等一起待诏,多次带他们田猎,经过宫馆,便命他们写作辞赋以为歌颂。不久,将他提拔为谏议大夫(秩比八百石,低于县令)。后来,听说益州有金马碧鸡之神,宣帝命王褒前往祭祀,结果病死于途中。由此可见,王褒的仕宦经历比较简单,主要是充当皇帝的文学侍从,未见有何作为。这种经历,使他很难具备司马相如那种独立不羁、超凡脱俗的胸襟和气魄;但他毕竟摆脱了拘守一隅的局限,走出了巴山蜀水,因而眼界还是比较开阔的。

据《汉书·艺文志》记载,王褒有赋十六篇,今存《洞箫赋》《九怀》《甘泉宫颂》《碧鸡颂》《僮约》等。其中,《洞箫赋》(收入《文选》第十七卷）、《僮约》最富特色，影响也最大。

《洞箫赋》是一篇描写洞箫的咏物赋，是中国文学史上第一篇专门描写音乐的作品，具有开拓性的意义。在王褒之前，《诗经》《楚辞》中都有涉及音乐的篇章，枚乘的名作《七发》中也有描写音乐的段落，但以整篇来描写一种乐器，多方表现音乐之美，《洞箫赋》却有创始之功。它以明丽而富有感情色彩的笔触，首先交代洞箫的来历，描写竹子的形态与生长环境：

原夫箫干之所生兮，于江南之丘墟。洞条畅而罕节兮，标敷纷以扶疏……朝露清泠而陨其侧兮，玉液浸润而承其根。孤雌寡鹤，娱优乎其下兮；春禽群嬉，翱翔乎其颠。秋蜩不食，抱朴而长吟兮；玄猿悲啸，搜索乎其间。

这样的描写，体物入微，表现了作者细致的观察和丰富的联想。

接着，作品描写洞箫制成之后，吹箫者的神情姿态：

于是乃使夫性昧之宕冥，生不睹天地之体势，暗于白黑之貌形；愤伊郁而酷，愍眸子之丧精，寡所舒其思虑兮，专发愤乎音声。故吻吮值夫宫商兮，和纷离其匹溢。

然后，作品以多种譬喻方式，描写箫声的高低变化和艺术效果：

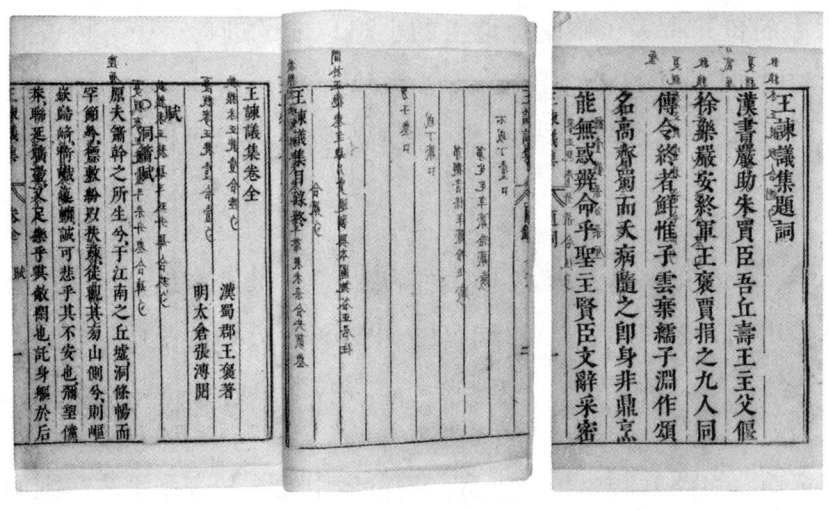

王褒作品书影

……故听其巨音，则周流汜滥，并包吐含，若慈父之畜子也。其妙声，则清静厌瘱，顺叙卑达，若孝子之事父也。科条譬类，诚应义理，澎濞慷慨，一何壮士，优柔温润，又似君子。故其武声，则若雷霆輘輷，佚豫以沸；其仁声，则若凯风纷披，容与而施惠……

如此美妙而富于变化的箫声，其艺术感染力是非常巨大的：

故贪饕者听之而廉隅兮，狼戾者闻之而不怼。刚毅强暴反仁恩兮，啴唌逸豫戒其失。钟期、牙、旷怅然而愕兮，杞梁之妻不能为其气……故知音者乐而悲之，不知音者怪而伟之。故闻其悲声，则莫不怆然累欷，撇涕抆泪；其奏欢娱，则莫不惮漫衍凯，阿那腰腰者已……

这里的夸张色彩十分明显：听了这美妙的箫声，贪婪者可以变得廉洁，凶狠无情者可以不再怨恨，残暴者将会转变得宽仁厚道，放纵者将会惩戒自己的过失。精通音乐的钟子期、俞伯牙、师旷，因为羡慕这箫声而感到怅然若失，惊愕不已；那位为战死的丈夫放声痛哭，以致哭倒城墙的杞梁之妻（孟姜女的原型），其哭声也不如这箫声的气势。这箫声蕴含着道德的力量，在空中飘荡，时远时近，时有时无。懂得音乐的人，将随着箫声，时而欢乐，时而悲哀；不懂音乐的人，也会觉得这箫声是那样奇异动人，不禁因为箫声的悲喜转换而影响自己的情绪。甚至连小动物也会受到箫声的感染：土里的蟋蟀放慢了爬行，水中的鱼儿瞪大了眼睛，地上的小鸡忘记了进食……真可说是移风易俗，感天动地呵！

篇末的"乱"辞，总括全篇，写了箫声忽强忽弱，时急时缓的情状，称颂它余音袅绕，悠远绵长：

优游流离，踌躇稽诣，亦足耽兮；颓唐遂往，长辞远逝，漂不还兮。赖蒙圣化，从容中道，乐不淫兮；条畅洞达，中节操兮。终诗卒曲，尚余音兮；吟气遗响，连绵漂撇，生微风兮。连延络绎，变无穷兮。

综观全篇，思路开阔，想象丰富，大量运用比喻和夸张手法，把洞箫的高雅、箫声的千变万化及其强烈的艺术感染力，写得绘声绘色，十分形象生动。

尽管"赖蒙圣化,从容中道,乐不淫兮"之类的词句表明王褒的思想不出儒家乐论的藩篱,而且文中有不少奇字僻字,造成一些不大不小的阅读障碍,但全篇仍然以充沛的感情、奇特的形象而成功地在咏物赋中自创一格,达到了较高的艺术水准,在中国赋文学发展史上占有一席之地。

二、俳谐体俗赋的滥觞——《僮约》

王褒的《僮约》,是一篇很有特色的赋体俳谐文。文中有"神爵三年"(公元前59)一语,可见此文作于是年或以后。作品叙述蜀郡王子渊(即王褒)于神爵三年正月因事到湔(今四川都江堰市),住在寡妇杨惠家,命杨惠家奴便了去沽酒。便了不愿去,拖着木棒到杨惠之夫的墓前说:"大夫买便了时,但要守家,不要为他人男子沽酒。"子渊很生气,决定惩戒一下这个强悍的家奴:

蜀郡王子渊,以事到湔,止寡妇杨惠舍。惠有夫时奴名便了。子渊倩奴行酤酒,便了拽大杖,上夫冢巅曰:"大夫买便了时,只约守家,不约为他家男子酤酒也!"子渊大怒曰:"奴宁欲卖耶?"惠曰:"奴大忤人,人无欲者。"子渊即决买,券之。奴复曰:"欲使,皆上券;不上券,便了不能为也!"子渊曰诺,券文曰:

神爵三年正月十五日,资中男子王子渊,从成都安志里女子杨惠买亡夫时户下髯奴便了,决贾万五千。奴当从百役使,不得有二言。晨起早扫,食了洗涤。居当穿臼,缚帚截竿,凿斗浚渠,缚落鉏园,斫陌杜埒,地刻大枷,屈竹作杷,削治鹿卢。出入不得骑马载车,踑坐大呶。下床振头,捶钩刈刍,结苇躐纑,汲水酪,佐酲醳。织履作粗,黏雀张乌。结网捕鱼,缴雁弹凫。登山射鹿,入水捕龟。后园纵养,雁鹜百余。驱逐鸱鸟,持梢牧猪。种姜养芋,长育豚驹。粪除堂庑,馁食马牛。鼓四起坐,夜半益刍。二月春分,被堤杜疆,落桑皮棕。种瓜作瓠,别茄披葱。焚槎发芋,垄集破封。日中早覆,鸡鸣起舂。调治马户,兼落三重。舍中有客,提壶行酤,汲水作餔。涤杯整案,园中拔蒜,斫苏切脯。筑肉臛芋,脍鱼炰鳖,烹茶尽具。已而盖藏,关门塞窦,馁猪纵犬,勿与邻里争斗。奴但当饭豆饮水,不得嗜酒。欲饮美酒,唯得染唇渍口,不得倾盂覆斗。不得辰出夜入,交关伴偶。舍后有树,当裁作船,上至江州,下到湔主,为府掾求用钱。推访垩,贩棕索。绵亭买席,往来都雒,当为妇女求脂泽。贩于小市，归都担枲，转出旁蹉。牵犬贩鹅，武阳买茶，杨氏担荷，往来市聚，慎护奸偷。入市不得夷蹲旁卧，恶言丑詈。多作刀矛，持入益州，货易羊牛。奴自教精慧，不得痴愚。持斧入山，断辕裁辕。若有余残，当作俎几木屐，及犬彘盘。焚薪作炭，累石薄岸。治舍盖屋，削书代牍。日暮欲归，当送干薪二三束。四月当披，九月当获，十月收豆，抡麦窖芋。南安拾栗采橘，持车载辕。多取蒲苎，益作绳索。雨堕无所为，当编蒋织薄。种植桃李，梨柿柘桑，三丈一树，八尺为行。果类相从，纵横相当。果熟收敛，不得吮尝。犬吠当起，惊告邻里。帐门柱户，上楼击鼓。荷盾曳矛，还落三周。勤心疾作，不得遨游。奴老力索，种莞织席。事讫休息，当舂一石。夜半无事，浣衣当白。若有私钱，主给宾客。奴不得有奸私，事事当关白。奴不听教，当笞一百。①

这份买券，对便了这个家奴提出了十分严厉而苛刻的要求：从"晨起早扫"到"夜半益刍"（半夜给牲口添饲料），他要干的活儿有一大堆，整天得不到休息。从田间劳作到养猪喂牛，从登山射鹿到结网捕鱼，从扫除堂庑到栽种果树，从为客人沽酒做饭到夜间防范盗贼，他承担了主人家中的几乎所有劳动，一年到头肩荷着沉重的负担。即使是下雨天，他也不能稍微清闲一点，仍要"编蒋织薄"。甚至到了年老力衰之时，还要"种莞织席"，做完后还得加上一样——舂一石谷子。劳动是如此繁重，而他得到的待遇却极其菲薄："但当饭豆饮水，不得嗜酒。""果熟收敛，不得吮尝。"日常行动，还有种种限制。主人对他拼命压榨，他却没有反抗的权利，"奴不听教，当笞一百"。如此苛刻的条件，果然吓住了便了，迫使便了向王子渊低头：

读券文讫，词穷咋索，仡仡叩头，两手自搏。目泪下落，鼻涕长一尺。"审如王大夫言，不如早归黄土陌，蚯蚓钻额。早知当尔，为王大夫酤酒，真不敢作恶。"

从内容来看，《僮约》应该是一篇寓言赋，意在警告像便了这样倔强的奴仆必须低眉顺眼地服从主人的使唤，不得有任何违抗。王褒的地主阶级立场是

---

① 曾晓娟主编：《都江堰文献集成·历史文献卷（文学卷）》，巴蜀书社2018年版，第500~501页。

很鲜明的。不过，作品客观上却反映了西汉家奴的悲惨命运。可以说，这是一份极为具体的西汉家务奴隶生产生活状况的真实写照，具有较高的认识价值和审美价值，在汉赋作品中是独一无二的。全篇描写生动，语言诙谐幽默，接近口语，令人读后留下深刻的印象。在中国文学史上，它堪称后世俳谐体俗赋的滥觞。

总之，作为一个著名赋家，王褒没有司马相如那种磅礴的气势和批判精神，无法达到相如"广博宏丽，卓绝汉代"的巨大成就；但他善于观察生活，善于描写那些独具特色的事物。在汉赋的题材开拓、手法创新和语言锤炼等方面，都做出了自己的贡献，仍然不愧为一代名家。他那诙谐幽默的语言风格，乃是巴蜀人民乐观开朗性格的外在表现，在巴蜀文学史上产生了不可忽视的影响。

第四节　全能型大作家——扬雄

一、在矛盾中追求生命的超越

在汉代巴蜀作家中，经常与司马相如相提并论，历来被公认为全国一流大家的，无疑是扬雄。

扬雄（公元前53～公元18），字子云，西汉后期杰出的文学家、哲学家、语言学家。《汉书·扬雄传》说他是蜀郡成都（今四川成都）人，具体而言，则是今成都郫县人。他家境清寒，"世世以农桑为业"；但他却自幼好学，博览群书，喜欢静静地思考，"不汲汲于富贵，不戚戚于贫贱"（《汉书·扬雄传》）。直到他四十二岁时，有人推荐他的文章好似汉赋大家司马相如，汉成帝下旨召见，他这才由蜀中来到长安，除为郎，给事黄门。此后的近三十年，他一直仕途淹滞，很不得志。但他在穷愁潦倒中始终坚持着思考与写作，在文学、美学、哲学、语言学诸方面都取得了显著的成就，成为古代少见的全才型作家兼学者。

综观扬雄的一生，可以说是充满了矛盾。

首先，作为中国文学史上公认的汉赋重要作家之一，扬雄对赋的态度前后截然相反。在青、壮年时期，他对汉赋的代表作家司马相如佩服得五体投地，认为相如之赋"甚弘丽温雅"，"心壮之，每作赋，常拟之以为式"（《汉书·扬雄传》)。到长安不久,他便模拟司马相如的《天子游猎赋》,接连作《甘泉》《河东》《羽猎》《长杨》四赋,对奢侈腐化的汉成帝进行讽谏。这四篇大赋虽有模仿痕迹,而且缺乏司马相如赋那种意气风发、雄伟恣肆的气势,但它们打破了大赋设为主客问答的陈套,艺术上也有创新之处,可谓自成一格;其中《甘泉》《羽猎》《长杨》三篇均被选入《昭明文选》,在后世流传颇广。然而,到了晚年,扬雄却来了个一百八十度的大转弯,对赋大加贬斥,认为赋虽然意在讽谏帝王,实际效果却很差,往往是欲"讽"反"劝"(鼓励);于是不仅不再写赋,而且自我忏悔,将自己早年的热衷作赋贬为"童子雕虫篆刻","壮夫不为"(《法言·吾子》)。如此坚决地自我否定,在汉赋作家中是绝无仅有的。

其次,扬雄的生平遭际也充满了矛盾。身为儒家思想的忠实信奉者,当他刚奉召进京时,无疑是想有所作为的,连进四赋便是明证;然而,他遇到的却是荒淫好色、残民以逞的汉成帝,满腔热忱很快就陷入一潭冰水。他为人耿介,性格内向,从不阿谀逢迎,只想好好做一番学问,因而一向"用心于内,不求于外"。初入仕途,他就与王莽、刘歆同官,后来又与董贤同官;王莽、董贤都位至三公,权倾天下,刘歆的官运也比较亨通,唯有扬雄历经成、哀、平三世而不徙官,在黄门侍郎的冷板凳上坐了多年。王莽篡汉前夕,不少人造作符命,为王莽歌功颂德,以此邀取富贵,获得封爵;而精通奇字,最有条件造作符命的扬雄却不去凑这个热闹,甘愿继续坐冷板凳,后来还是凭老资格才转为大夫;但他偏偏又写了一篇为王莽新朝说好话的《剧秦美新论》。新莽时期,扬雄愈加不抱升迁的希望,在寂寞冷清中安心校书写书。没想到,刘歆之子刘棻擅自造作符命,而已经当了皇帝的王莽却要禁止别人利用符命制造不利于己的舆论,便将刘棻下狱;由于刘棻曾向扬雄学习奇字,扬雄也受到牵连。当狱吏前去抓捕时,正在天禄阁校书的扬雄担心难以幸免,投阁而下,差点摔死;还是王莽知道他是个书呆子,赦免了他。这个意外事件是那样地具有讽刺意味,以至当时有人编了顺口溜讥笑他:"惟寂寞,自投阁;爱清静,作符命。"主观上安于寂寞清静,但身逢乱世,却不由自主地卷入某些风波,这真是无可奈何。

为此,后人对扬雄的评价也十分矛盾。特别是扬雄那篇《剧秦美新论》,许多人痛加贬斥,认为他美化了短命的王莽新朝,似有卖身投靠之嫌;有的人却说这是扬雄不得已之作,认为他仅仅是把新莽说得比暴秦稍好一点,"其深意固可知矣",或者干脆说他是以亡秦的教训来讽谏王莽。两种意见,可谓针锋相对。

其实,站在历史的制高点来看,王莽的篡汉自立和托古改制,乃是一次失败的政治改良。在王莽篡汉之前,西汉王朝已经极端腐败,社会矛盾已经极端尖锐,老百姓的生活极端痛苦,大厦将倾,人心思变,已是不可阻挡的趋势。王莽看到了这种趋势,掌权之后,即通过示人节俭、献钱献地分给贫民、救济灾民、增加太学生名额、严惩杀死奴婢的亲生儿子等手段,竭力笼络人心;代汉自立后,又禁止买卖土地奴婢,力图缓和社会矛盾。因此,王莽称帝前后,受到士大夫的普遍拥护,也得到部分百姓的好感,许多人把社会改良的希望寄托在他的身上。在这种情况下,扬雄写作《剧秦美新论》,以暴虐的秦朝为鉴戒,期望王莽建立一种清平的政治,实在并不奇怪。这不过表达了一个善良书生的幻想,绝非什么献媚投靠;若要献媚投靠,炮制几个宣扬王莽受命于天,理应代汉称帝的符命,岂不是更能讨得王莽的欢心吗?但他却没有这样做。王莽当上皇帝后,扬雄继续遭到冷遇的事实就证明了这一点。然而,由于受阶级利益的限制,王莽不仅没能解决汉末的种种积弊,反而激化了各方矛盾,加深了社会危机;加之天灾频仍,民不聊生,绿林起义、赤眉起义相继爆发,使王莽的新朝迅速覆灭。取而代之的王朝,仍是刘氏汉王朝(东汉)。于是,王莽一度享有的美名烟消云散,留下的却是"矫情虚伪""阴谋篡汉"的千载骂名。这是书呆子扬雄当初完全想不到的,他对此不应承担什么责任。后人固然不必巧言为扬雄辩解,但也只能批评他缺乏政治远见,批评他不应该在举世嚣然中去随大流凑那次热闹,而不必没完没了地指责他。

扬雄写过一篇很有名的《逐贫赋》,就自己穷困潦倒的生活向"贫"提出质问:

人皆文绣,余褐不完;人皆稻粱,我独藜飧。贫无宝玩,何以接欢?宗室之燕,为乐不槃。徒行负笈,出处易衣。身服百役,手足胼胝;或耘或耔,沾体露肌。朋友道绝,进官凌迟。厥咎安在?职汝之为。

从"厥咎安在?职汝之为"一语可以看出,扬雄其实很清楚自己穷困潦倒的原因,就是他那"不汲汲于富贵,不戚戚于贫贱",甘于玄静自守的行为。尽管如此,他并没有出卖自己以求富贵,仍然在贫贱中安之若素,两个儿子先后在贫穷中去世。当他以七十二岁的高龄离开人世时,竟然无钱安葬……

透过这些矛盾,我们可以看到,贯穿扬雄一生言行的主线,乃是对超越个体生命的不懈追求。班固在《汉书·扬雄传》篇末的赞语中就指出,扬雄"恬于势利","实好古而乐道,其意欲求文章成名于后世"。这种追求,是"太上立德,其次立功,其次立言"的传统思想的体现。正是这种追求,使他前半生坚持刻苦学习,安于默默无闻的地位;后半生始终勤奋著述,不以孤独贫困为意。这位坐了一辈子冷板凳的穷书生,留给后人的是一笔丰富的文化财富:文学方面,有赋十二篇,还有《十二州箴》《二十五官箴》;哲学方面,有《法言》《太玄》;语言学方面,有《方言》《训纂》等等。可以说,他将自己的全部心血,化作了锦绣篇章。就著述的领域之广、产量之丰而言,两汉

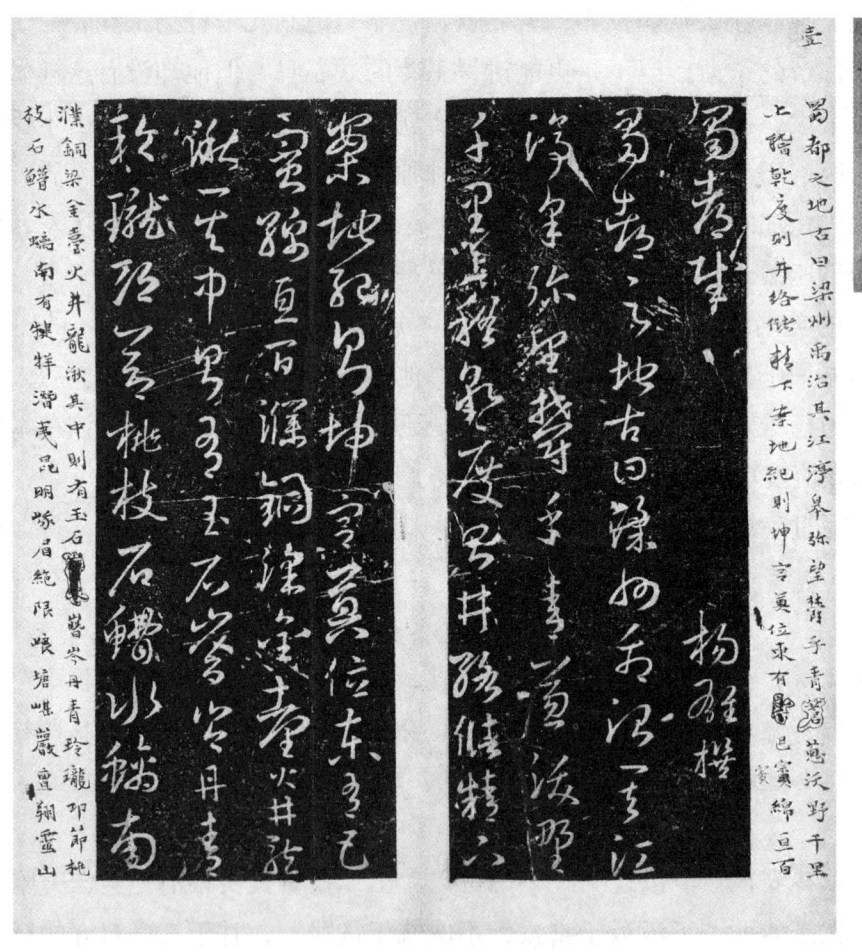

扬雄《蜀都赋》拓片

四百年，似乎无人可与比肩。

二、汉赋的又一代表性作家

刘勰的《文心雕龙·辨骚》认为"扬雄讽味，亦言体同诗雅"，将其置放于等同《诗经》的文学地位上。"昭明太子"萧统等人在编集《文选》时，录有《甘泉》《羽猎》《长杨》《解嘲》等四篇，以及《赵充国颂》和《剧秦美新》两文。

《甘泉》状写出发祭祀时皇帝、群臣、仪仗队的壮观场面，甘泉宫周围壮丽的山景，甘泉宫大厦如同仙境一般迷幻的景色，甘泉宫附近风与香气经过之梦境感觉，想象中群臣与众仙融合之场面，说祭祀的作用和影响，如对点火薰天、祭品、巫咸祭祀展示：

于是钦紫宗祈，燎薰皇天，招繇泰壹。举洪颐，树灵旗。蒸棍上，配藜四施。东烛沧海，西耀流沙。北燀幽都，南炀丹厓。玄瓒觩䚻，秬鬯泔淡。肸蠁丰融，懿懿芬芬。炎感黄龙兮，熛讹硕麟。选巫咸兮叫帝阍，开天庭兮延群神。傧暗蔼兮降清坛，瑞穰穰兮委如山。于是事毕功弘，回车而归，度三峦兮偈棠黎。天阃决兮地垠开，八荒协兮万国谐。登长平兮雷鼓磕，天声起兮勇士厉。云飞扬兮雨滂沛，于胥德兮丽万世。

《羽猎》对皇帝率军狩猎的场面展示：

于是天清日晏，逢蒙列眦，羿氏控弦。皇车幽曷，光纯天地，望舒弥辔，翼乎徐至于上兰。移围徙陈，浸淫蹴部，曲队坚重，各按行伍。壁垒天旋，神抶电击，逢之则碎，近之则破。鸟不及飞，兽不得过。军惊师骇，刮野扫地。及至军车飞扬，武骑聿皇；蹈飞豹，绢噪阳；追天宝，出一方；应駍声，击流光。野尽山穷。囊括其雌雄，沈沈溶溶，遥噱乎纮中。

《长杨》以写田猎为构架，实讽汉成帝的荒淫奢丽。先以序文略叙长杨之猎，而在赋辞之中就完全以议论出之。语言凌厉泼辣，气势逼人，逻辑缜密，显示了作家驾驭文辞的才华。据说该赋问世后，天下震动，万口传诵，作家自己劳累过度倒地昏睡了三天。如其"序"曰：

明年，上将大夸胡人以多禽兽。秋，命右扶风发民入南山。西自褒斜，东至弘农，南驱汉中，张罗网罝罘，捕熊罴豪猪，虎豹狖玃，狐兔麋鹿，载以槛车，输长杨射熊馆。以网为周阹，纵禽兽其中，令胡人手搏之，自取其获，上亲临观焉。是时，农民不得收敛。雄从至射熊馆，还，上《长杨赋》。聊因笔墨之成文章，故借翰林以为主人，子墨为客卿以风。

扬雄作骋辞大赋务求宏侈巨衍，作小赋与文章则风趣诙谐，其风格体现着西汉大赋和西汉文的不同发展方向和美学要求。其《酒箴》《嘲贫赋》等文体创新的意义在于，文学不再正襟危坐地讲道理，而可以成为讽刺幽默的游戏之作。今人亦有言称："从扬雄开始，儒家思想较多地呈现出崭新的变化，并且从各方面对审美的现实状况加以约束。易而言之，扬雄是旧传统与新传统的连接点，他通过批评旧传统而努力建立起新传统，从而为稍后的班固等人提供了前行的方向，在人物观与文学观等方面的转进即是证明。"[①]中华文化在国家层面全面汇融而真正形成大一统格局的汉代，扬雄的文化建树和贡献，还需要再次评估。扬雄曾有言："世异事变，人道不殊，彼我易时，未知何如？"（《解嘲》）现代学者朱东润先生在《中国文学批评史大纲》中，甚至有"谓东汉文论，全出于扬雄可也"的论断。扬雄的文艺美学思想见之于这样的论述：

或曰："良玉不彫，美言不文，何谓也？"曰："玉不彫，玙璠不作器；言不文，典谟不作经。"

——《法言·寡见》

诗人之赋丽以则，辞人之赋丽以淫。如孔子之门用赋，则贾谊升堂，相如入室矣；如其不用何？

——《法言·吾子》

《汉书·扬雄传》对他的文艺思想和创作动因介绍说：

雄以为赋者，将以风也，必推类而言，极丽靡之辞，闳侈巨衍，竟于使人不能加也，既乃归之于正，然览者已过矣；

---

① 任鹏：《中国美学通史·汉代卷·扬雄的美学思想》，江苏人民出版社2014年版，第290页。

先是时，蜀有司马相如，作赋甚弘丽温雅，雄心壮之，每作赋，常拟之以为式。又怪屈原文过相如，至不容，作《离骚》，自投江而死，悲其文，读之未尝不流涕也。以为君子得时则大行，不得时则龙蛇，遇不遇命也，何必湛身哉！乃作书，往往摭《离骚》文而反之。自岷山投诸江流以吊屈原，名曰《反离骚》；又旁《离骚》作重一篇，名曰《广骚》；又旁《惜诵》以下至《怀沙》一卷，名曰《畔牢愁》。

希望通过审美价值来实现实用价值，这是两汉辞赋理论的内在矛盾，扬雄的创作以及对自己辞赋的反思，就是这种矛盾的典型体现。由于年龄原因，中年以后，他的激情消散而理性增多，从文学创作转向学术研究，这也是许多作家的人生轨迹。一方面，扬雄反思赋体文学创作无补于世，是"壮夫不为"的雕虫小技，从而转向精深的哲学思考和构建自己的学术体系；另一方面，在哲学高度思考问题，反倒对文学创作之美的表现，认识得更为清醒，即其《太玄·文》所说："阴敛其质，阳散其文。文质班班，万物粲然"，"夫作者贵其有循而体自然也……譬诸身，增则赘，而割则亏。故质干在乎自然，华藻在乎人事，人事也具，可损益与？"（《太玄·玄莹》）世人仅仅抓住其"雕虫篆刻，壮夫不为"一段话，却无视扬雄对文学之美的阐述，这是极不负责的。扬雄并不反对文章的通达顺畅和浅易，即《法言·吾子》所推崇的："孔子之道，其较且易"，以及"或问天地简易而圣人法之，何五经之支离？曰：支离，盖其所以为简易也。何已简已易，焉支焉离""天地简易，圣人法之"（《法言·五百》）。

汉赋对国土之广阔、水陆物产之丰盛、宫苑建筑之华美壮丽，以及汉朝文治武功之隆盛，进行了全面的描述和歌颂，表现了人们对自身力量的高度自信，对自己创造的物质文明和精神文明的高度肯定；也表现了对客观世界的热爱。扬雄在蜀中创作的《县邸铭》《王佴颂》《阶闼铭》《成都四隅铭》等，亦有着创作引领作用。扬雄的《酒箴》，成语故事"载酒问字"，说的就是经常有人送酒作为学费，向扬雄请教学问。陶渊明的《饮酒二十首》之十八就说到这件事："子云性嗜酒，家贫无由得，时赖好事人，载醪祛所惑。觞来为之尽，是谘无不塞。有时不肯言，岂不在伐国。仁者用其心，何尝失显默。"其《蜀都赋》《蜀王本纪》等，是巴蜀作家首次"蜀人记蜀事、名蜀物、体蜀风"之作，满怀着对家乡丰裕物产和器质文化的自豪，扬雄淋漓尽致地描绘出一幅琳琅满目的西蜀繁华图，对蜀中风物的赞美之情溢于言表，有的句子被历代学人引用，如"筒中黄润，一端数金。雕镂扣器，百伎千工"等，就是真实地记载了巴蜀器物制作工艺的高超精妙。其《蜀都赋》曰：

  蜀都之地，古曰梁州。禹治其江，渟皋弥望，郁乎青葱，沃壄千里。上稽干度，则井络储精；下案地纪，则《《宫奠位。东有巴賨，绵亘百濮。铜梁金堂，火井龙湫。其中则有玉石嶜岑，丹青玲珑，邛节桃枝，石鳟水蝎。南则有犍牂潜夷，昆明栽眉。绝限岷塘，堪岩亶翔。灵山揭其右，离碓被其东。于近则有瑕英菌芝，玉石江珠。于远则有银、铅、锡、碧、马、犀、象、僰，西有盐泉铁冶，橘林铜陵。邛连卢池，澹漫波沦。其旁则有期牛兕旄，金马碧鸡。北则有岷山，外羌白马。

  尔乃其都门二九，四百余闬，两江珥其市。九桥带其流，武儋镇都，刻削成薮。王基既夷，蜀侯尚丛，并石石厚厚；欣岑倚从。秦汉之徙，元以山东。是以陨山厌饶，水贡其获，苴竹浮流，龟鳖碛竹，石蝎相救，鱼酌不收。

  发文扬采，转代无穷。其布则细都弱折，绵茧成袿，阿丽纤靡，避晏与阴。蜘蛛作丝，不可见风，筒中黄润，一端数金。雕镂扣器，百伎千工……

"文起八代之衰"的唐代韩愈，"所敬者，司马迁、扬雄"（柳宗元《答韦珩示韩愈相推以文墨事书》）。杜甫的审美尺度是"赋料扬雄敌，诗看子建亲"，亦曾老老实实地对高适承认"草《玄》吾岂敢？赋或似相如"，又赞美陈子昂为"公生扬马后，名与日月悬"。李白《大猎赋》"白以为赋者古诗之流，辞欲壮丽，义归博达。不然，何以光赞盛美，感天动神？而相如、子云，竞夸词赋，历代以为文雄，莫敢诋评。"

三、跨越文哲，勤奋著述

在国家平台上的各地信息沟通和文化传播，使扬雄能够站在全国的高度去进行文化创造。所谓"民食稻鱼，亡凶年忧，俗不愁苦，而轻易淫泆，柔弱褊厄"的地域文化风习和"未能笃信道德，反以好文刺讥"的地域人文精神的熏染，使扬雄对自己的才能颇为自负，他以豪气满怀的文化创造激情，去赶超每个领域的全国一流大师，这种骄狂、大胆的创造热情，在《汉书》本传中被记录为："以为经莫大于《易》，故作《太玄》；传莫大于《论语》，作《法言》;史莫善于《仓颉》,作《训纂》;箴莫善于《虞箴》,作《州箴》;赋莫深于《离骚》,反而广之;辞莫丽于相如,作四赋;皆斟酌其本,相与放依而驰骋云。"当时的刘歆曾指责儒生们都是"烦言碎词""抱残守阙",老于章句之学,即扬雄所批判的"雄见诸子各以其知舛驰,大氐诋訾圣人,即为怪迂。析辩诡辞,以挠世事,虽小辩,终破大道而或众,使溺于所闻而不自知其非也"(《汉书·扬雄传·下》)。于是他仿照《周易》和《论语》体式,这在当时实在是标新立异。虽体式"放依"但内容更多地是自己思想的"驰骋"创新。《蜀王本纪》则是扬雄对巴蜀大盆地历史传说的有意识的寻根之作,是系统整理巴蜀大盆地生命发生历程的地方志,并对后来的中国方志之祖——《华阳国志》产生着直接而深远的影响。刘熙载《艺概》中记载孙可之《与高锡望书》云:"文章如面,史才最难,至司马子长之地,千载独闻得扬子云。"

　　班固在《汉书·司马迁传》中引述扬雄评价司马迁"善序事理,辨而不华,质而不俚,其文直,其事核,不虚美,不隐恶",寥寥二十四个字定下了后世评价《史记》的基调。包括司马迁的良史风范、善于叙事的技艺、文质相称的分寸感、扬善贬恶的正义感,这些是历代评论《史记》的经典言论;"太史公记六国,历楚汉,讫麟止,不与圣人同,是非颇谬于经"(《汉书·扬雄传》),以及"多爱不忍,子长也""子长多爱,爱奇也"(《法言·重黎篇》)等,被学界视为"史记学"的开山。汉代开始了语言学研究,称为"小学",开始了文字学中的"六书"研究,扬雄的《仓颉训纂》以及方言学专著的《方言》等,就是代表。特别是当年"怀铅握椠遍访故老"(《方言序》)的田野作业,以通语解释方言的特征,都带有大一统时代的印记。扬雄精于天文历数,曾作《难盖天八事》,对盖天说进行了全面批判,首次提出"浑天"概念,且根据充分,说理有力,对后来张衡的"浑天说"产生直接的影响。

　　对易、老的参悟使他的思想趋于"恬于势利",对个体生命有了"知黑守白"的哲学思考,是后之魏晋"玄学"的源头。他在《解难》中甚至不客气地提出"声之眇者不可同于众人之耳,形之美者不可混于世俗之目",这就是后人说他"不肯失放诞之行"的所在。在完成《甘泉》等四赋,审时度势后,潜心读书不复寄希望于腾达,再以《解嘲》等向世人明其心志,并着手写作《太玄》《法言》《方言》等,都显示着一代大师的心灵轨迹。研究中国文化史至少有三道越不过的坎:研究文学不能没有扬雄、研究哲学思想不能没有扬雄、研究古代语言少不了扬雄。研究中国城市史尤其是巴蜀城市史绕不开《蜀都赋》，研究中国方志史要注意《蜀王本纪》。扬雄天文数术以及《易》学研究等的特点，开始形成"蜀学"传统甚至影响着中国文化的某些特征，故《文心雕龙·才略》称："雄（扬雄）、向（刘向）以后，颇引书以助文。此取与之大际，其分不可乱者也。"

宋人王安石有《扬雄》诗二首感叹"孔孟如日月……扬子出其后，仰攀忘贱贫。衣冠渺尘土，文字烂星辰"，他如此推崇道："孟子没，能言大义而不仿于老庄者，扬子而已"，即所谓"儒者夷陵此道穷，千秋只有一扬雄"。司马光亦是将扬雄与孟、荀并列。苏洵对扬雄亦是肯定的，其《上欧阳内翰第二书》曰："自孔子没，百有余年而孟子生。孟子之后，数十年而至荀卿子。荀卿子后乃稍阔远，二百余年而扬雄称于世。扬雄之死，不得其继千有余年。"

汉代文人，即使厕身于庙堂之中，亦难以参与国家大政方针的制定，不过侍从弄臣而已，鲁迅称之为"帮闲"。扬雄关于文学创作属于"雕虫小技，壮夫不为"的看法，亦是切身体会。

四、雄视两汉，比肩相如

以文字为载体诉诸人的思想和感官的艺术，是人类进入文明阶段后的结果。甲骨卜辞、钟鼎金文等作为人类童年时代理性思考的结晶，虽包含着一些审美片断，其价值指向的根本却在别处；"诗三百"主要的价值取向还不是"言志""缘情"，"十五国风""小雅"和"楚辞"，大多为民歌改编，难以被视为完全的个性化艺术创作。即便如屈原《离骚》，文采与情感兼备，却只是宣泄"忠而被谤"的"离忧"政治怨愤，并且仍然是与巫乐歌舞连在一起的"歌词"。借用刘勰的界定："不歌而颂谓之赋！""赋"的产生，标志着中国诗体文学开始从音乐和歌舞的伴生物中剥离开来，成为一种独立的艺术种类。

在巴蜀文学史乃至整个中国文学史上，扬雄产生了很大的影响，受到历代作家的高度评价。他们或将扬雄与司马相如合称"扬马"，或将扬雄与司马迁相提并论。东汉杰出的学者王充指出："汉作书者多，司马子长、扬子云，河、汉也，其余泾、渭也。然而子长少臆中之说，子云无世俗之论。"（《案书》）东汉著名史学家班固在《汉书》中为六位西汉文人单独立了传，包括贾谊、董仲舒、司马相如、司马迁、东方朔、扬雄；其中，只有《司马相如传》《扬雄传》各分上下，篇幅最大，可见班固对二人之特别看重。南朝梁萧子显把司马相如、扬雄并列为汉赋的代表作家,评曰:"卿、云巨丽,升堂冠冕;张、左恢廓,登高不继。赋贵披陈,未或加矣。"(《南齐书·文学传论》)被东汉桓谭誉为"度越诸子"的扬雄,其作为魏晋玄学重要的学术渊源以及儒道兼容的太玄思想代表,现代学者胡秋原先生对此解说得很清楚:

> 为两汉学风士风之关键人物者,实是扬雄……如谓东汉士气可尚,则开风气者,实为扬雄。南宋以前,扬雄的名气是很大的。东汉人以子长、子云并称。六朝以孔、墨、孟轲、扬雄并称。北宋犹以孟、荀、扬、王、韩并称。这不仅由其博学与文章,而是他在生活上思想上开创了一新风气。
>
> 汉人虽尊经,多以六经为先王旧典,称为"经术";且并未特尊孔子,观《盐铁论》,更可知批评孔子者大有其人。扬氏始大宣传孔子:"学,行之上也,所以修性也。天之道,不在仲尼乎?""好书好说,必由仲尼","治己以仲尼"。他以孔子是为学做人之"户"。至于本仁义,隆礼乐,尊王贱霸,重学尊师,后儒之论,皆扬氏大奠规模者。由经术而成为"经学",扬氏实有大功。至于他针砭当时神异迁怪之说,综合老易,为儒学开一新面目。①

冯友兰先生则强调扬雄对道家哲学发展的贡献,认为魏晋时代,以儒家与道家混合之思想为主体。扬雄是成两汉思想之局,开魏晋思想之路的人物。即:

> 特在当时纬书谶书盛行之际,而扬雄能持《老易》之自然主义的宇宙观及人生观,实可谓为有革命的意义也。以《老易》之思想为基础,扬雄乃作《太玄》。②

其实,就在扬雄有生之年,一些著名思想家已经充分肯定其成就。王充盛赞扬雄有"鸿茂参圣之才",认为扬雄的《太玄经》"卓绝惊耳,不述而作,材疑圣人"(《对作》),并称"身与草木具朽,声与日月并彰,行与孔子比穷,文与扬雄为双,吾荣之"(《自纪》)。其《论衡·案书》展望

---

① 胡秋原:《古代中国文化与中国知识分子·扬雄及其意义》,中华书局2010年版,第300、301页。
② 冯友兰:《中国哲学史》下册,商务印书馆2011年版,第79页。

扬雄学说："当今未显，使在百世之后。"东汉人桓谭、张衡、班固亦是赞"扬"派的代表。桓谭常与扬雄"辨析疑异"而深知其学说价值，故在回答别人质疑时提出"扬子云才智开通，能入圣道，卓绝于众，汉兴以来未有此人也"，认为整个西汉二百多年中，扬雄是最高水平的学者，又肯定"（其学说）必传。顾君与谭不及见也"；王充强调了桓谭的地位以及对扬雄学说的承继关系："彼子长、子云说论之徒，君山为甲"；桓谭的《新论》直接把扬雄与孔子等量齐观，即："张子侯曰：'扬子云，西道孔子也，乃贫如此。'吾应曰：'子云亦东道孔子也。昔仲尼岂独是鲁，孔子亦齐楚圣人也。'"并且惋惜"《玄》终不显"。张衡却纠正道："汉家得天下二百岁之书也，汉四百岁《太玄》其兴矣。"张衡预言扬雄玄学将大兴天下，这已被魏晋思想主流为玄学风气所应验。张衡致力于探讨天文、阴阳、历算等学问，并反复研究扬雄的《太玄经》："吾观《太玄》，方知子云妙极道数，乃与五经相拟"，受扬雄《蜀都赋》启发作有《南都赋》。

唐代伟大诗人李白肯定了司马相如、扬雄在文学发展中的积极作用："扬马激颓波，开流荡无垠。"唐代古文运动的领袖韩愈指出："汉朝人莫不能文，独司马相如、太史公、刘向、扬雄为之最。"与韩愈齐名的柳宗元指出："退之（按：指韩愈）所敬者，司马迁、扬雄。"他在论述文人"生则不遇，死而垂声"这种令人感慨的现象时，以司马迁、扬雄为典型代表："扬雄殁而《法言》大兴，司马迁生而《史记》未振。"唐代作家孙樵认为："秦、汉以降，古文所称工而奇者，莫若扬、马。"晚唐著名诗人杜牧写道："自两汉以来，富贵者千百，自今观之，声势光明，孰若马迁、相如、贾谊、刘向、扬雄之徒？"宋代文学大家王安石的《咏扬雄》诗对子云大加称赞："千古雄文造圣真，眇然幽息入无伦。"另一位宋代散文名家曾巩则自称："巩自度学每有所进，则于雄书每有所得。"

第五节　汉代巴蜀其他作家

卓文君，临邛人，汉代全国大富豪卓王孙之女。葛洪《西京杂记》对她的介绍是："文君姣好眉色，如望远山，脸际常若芙蓉，肌肤柔滑如脂。十七而寡，为人放诞风流，故悦长卿之才而越礼焉。""未能笃信道德"的巴蜀文化，养成了卓文君的"越礼"和"放诞风流"，习尚华美艳称的巴蜀文风，熏染着卓文君的文学才华。正因为有着过人的音乐修养，她才能够听懂琴音的含义："凤兮凤兮归故乡，遨游四海求其凰。有一艳女在此堂，室迩人遐毒我肠，何由交接为鸳鸯？凤兮凤兮从凰楼，得托子尾永为妃。交情通体必和谐，中夜相从别有谁？"（《凤求凰》）她又是一个敢于主宰自我命运的奇女，毅然"夜奔"去追寻幸福，因夜奔、当垆之事，以及诗文才华，惊艳千古。她简直就是一个自尊自强的当代女性，当司马相如欲弃她而娶茂陵女为妾时，她写诗向司马相如表明自己的态度"皑如山上雪，皎若云间月。闻君有两意，故来相决绝。今日斗酒会，明旦沟水头。躞蹀御沟上，沟水东西流。凄凄复凄凄，嫁娶不须啼。愿得一心人，白头不相离。竹竿何袅袅，鱼尾何簁簁。男儿重意气，何用钱刀为。"（《白头吟》）并附书："春华竞芳，五色凌素，琴尚在御，而新声代故！锦水有鸳，汉宫有水，彼物而新，嗟世之人兮，瞀于淫而不悟！"随后再补写两行："朱弦断，明镜缺，朝露晞，芳时歇，白头吟，伤离别，努力加餐勿念妾，锦水汤汤，与君长诀！"

20世纪初五四新文化运动中，惯于在历史题材创作中"借古人的骸骨，另行吹嘘些生命进去"的郭沫若，几乎是原版拷贝卓文君为"三个叛逆的女性"之一，使之彻底成为反封建斗争的符号。即使在封建统治严酷的古代，卓文君的故事也见于各类剧种，成为普通民众喜爱的精神消费品，如《孤本元明杂剧·私奔相如》，清袁于令《肃霜裘》传奇，以及《当垆艳》《文君当垆》等。作为"中国古代四大才女之一"，她姿色娇美、精通音律、文采斐然，又聪慧过人、自立自强、敢作敢为，可谓世间难得的奇女子。千年之后的陆游前往拜祭说："落魄西州泥酒杯，酒酣几度上琴台。青鞋自笑无羁束，又向文君井畔来。"（《文君井》）清人王闿运认为"为古今女子开一奇局，使皆能自拔耳"，钱锺书评注说："侈谈'自由婚姻'者，盖亦知所本。"其故乡邛崃县文君井畔，有后人记其事的一联：

君不见豪富王孙，货殖传中添得几行香史；停车弄故迹，问何处美人芳草，空留断井斜阳；天涯知己本难逢；最堪怜，绿绮传情，白头兴怨。

我亦是倦游司马，临邛道上惹来多少闲愁；把酒倚栏杆，叹当年名士风流，消尽茂林秋雨；从古文章憎命达；再休说，长门卖赋，封禅遗书。

严君平，活动于西汉末年，大约卒于王莽新朝的初年。其代表作《老子指归》在中国文化史和思想史上具有崇高地位，早有"道书之宗"（常璩语）定论。《老子指归》是一部汉赋式文学性极强的哲学著作，以虚静无为的审美方式，体验生命所展现的最自然、最原始、最本真之美。其沉思翰藻尤其是非凡的浪漫想象，凝结成这样的寰宇意象："天地为炉，太和为橐，神明为风，万物为铁，德为大匠，道为工作，天下青青，靡不润泽。"自扬雄《法言》的"蜀庄沈冥，蜀之才珍也，不作苟见，不治苟得，久幽而不改其操，虽随和何以加诸？举兹以旃，不亦珍乎"开始（《汉书·王贡两龚鲍传》称，"扬雄仕显，数为朝廷在位贤者称君平德"），继后有《魏书·列传第七十》记载的常景赞言"严公体沉静，立志明霜雪。味道综微言，端著演妙说。才屈罗仲口，位结李强舌。素尚迈金贞，清标陵玉彻"等，中国文化特有的"隐士"形象，由此具形，积淀为历经千年绵绵不绝的文学意象。严君平才高德厚、湛深元默的行为表征，逐渐成为中国古代文人所标举的精神范式，以至于形成了较为独具特色的中国文学母题和文学意象。

李尤，字伯仁，东汉广汉人，与班固、张衡等同时。少年时代游玩成都驷马桥时受到司马相如事迹的激励而发奋，以文章闻名乡里。汉和帝时，侍中贾逵，极为欣赏李尤"洋洋河水，赴宗于海。经治中州，龙图所在。在昔周武，会于孟津"的诗句，因而向皇帝推荐李尤"有相如、扬雄之风"，皇帝看了他的《东观赋》后也赞赏，委任其为"兰台令史"，又诏令与刘珍共撰《汉记》（《东观汉记》），享年八十三岁。"文章各体，至东汉而大备"（刘师培语），以"铭"作为主要的创作体式实践最勤、成就最大者，就是李尤，《后汉书》列之为"文苑"二十人之一，绝非浪得虚名。据《后汉书·文苑传》载，李尤著作有赋、铭、谏、颂、七叹、哀典凡二十八篇。《隋书·经籍志》著录其有集五卷（已佚），明人辑有《李兰台集》。严可均辑《全后汉文》收录其赋五篇、铭八十六篇。他曾撰有史学类著述《蜀记》，有《函谷关》《辟雍》《德阳殿》《平乐观》《东观》等赋、铭。其《九曲歌》仅存残句"年岁晚暮时已斜，安得壮士翻日车"，情感雄迈沉郁，传诵至今。其《长乐观赋》中的"激水，转石，噭雾，扛鼎"等句，是人们称道的名句，其描写汉代的珍奇、百戏情况：

尔乃太和隆平，万国肃清。殊方重译，绝域造庭。四表交会，抱珍远并。杂沓归谊，集于春正。玩屈奇之神怪，显逸才之捷武。百僚于时，各命所主。方曲既设，秘戏连叙。逍遥俯仰，节以鼙鼓。戏车高橦，驰骋百马。连翩九仞，离合上下。或以驰骋，覆车颠倒。乌获扛鼎，千钧若羽。吞刃吐火，燕跃鸟峙。陵高履索，踊跃旋舞。飞丸跳剑，沸渭回扰。巴渝隈一，踰肩相受。有仙驾雀，其形蚴虬。骑驴驰射，狐兔惊走。侏儒巨人，戏谑为耦。禽鹿六驳，白象朱首。鱼龙曼延。

《文心雕龙》评曰："李尤赋铭，志慕鸿裁，而才力沈膇，垂翼不飞。"这应该就是他排名在"王、扬、马"之后的原因，即班固《汉书》所说："西蜀自相如游宦天下，而文章冠天下。盖后之扬雄、王褒、李尤，固皆蜀人也。"

李尤被时人视为放纵、倨傲之徒，这似乎就是他能够对文体进行多方面实验探索的地域文化性格基础。从总体上看，李氏将当时上流社会的各种事物，无论巨细，皆笔之于铭，并且咏物中寄寓着人生和社会的内容。如《麈尾铭》，麈尾为东汉贵族知识分子，尤其是讲授儒家经典的学者所常用。在李尤生活的时代，麈尾代表着传统道德规范和伦理思想，与后来士人手中的麈尾相比更具有道德层面的意义。再如《鞠城铭》："圆鞠方墙，仿象阴阳；法月衡对，二六相当；建长立平，其例有常；不以亲疏，不有阿私；端心平意，莫怨其非"；《琴铭》谓："琴之在音，荡涤邪心；虽有正性，其感亦深。存雅却郑，浮侈是禁；条畅和乐，乐而不淫"，可见其咏物之作其实具有丰富的人生哲理。此外，李尤作品还记录着当时生活的众多方面，如《平乐观赋》"飞丸跳剑，沸渭回扰"，说的就是一种游戏或市井表演的杂耍。在其《几铭序》中，李尤对"几"的来源进行了考证，曰："黄帝轩辕，恐事之有阙，作与几之法。"其《漏刻铭》"乃建日官，俾立漏刻，昏明既序，景曜不忒"，"昧旦不显，敬听漏音"，所言正是当时的时间计量方式。又如《索隐》引李尤《函谷关铭》云："尹喜要老子留作二篇"，亦是。

李尤的赋，以《函谷关赋》比较有名。①作品描写函谷关险峻的地势及其在历代攻守中的重要地位，歌颂大汉开基的伟业和光武中兴的功勋，气势雄浑，颇有蜀中前辈作家"王、扬、马"之遗风。其曰：

---

① 本部分所引李尤作品，皆见自清代严可均辑《全后汉文》卷五〇。

函谷险要，襟带喉咽。尹从李老，留作二篇。孟尝离秦，奔骛东征。夜造稽疑，谲以鸡鸣。范雎将入，自盛以囊。元鼎革移，错之新安。舍彼西阻，东即高原。长墉重关，疗固不逾。简易易从，与乾合符。

其《东观赋》曰：

敷华实於雍堂，集干质于东观，东观之艺，孳孳洋洋，上承重阁，下属周廊，步西蕃以徙倚，好绿树之成行，历东厓之敞坐，庇蔽茅之甘棠，前望云台，后匝德阳，道无隐而不显，书无阙而不陈，览三代而采宜，包郁郁之周文。

其《东观铭》曰：

周氏旧区，皇汉实循。房闼内布，疏绮外陈。升降三除，贯启七门。是谓东观，书籍林泉。列侯弘雅，治掌艺文。

比较而言，李尤的铭更能代表其文学成就，著有一百二十首，时称"门阶户席，莫不有铭"。如"燧人造火，灶能以兴。五行接备，阴阳相乘"（《灶铭》）、"舍则潜辟，用则设张。立必端直，处必廉方。雍阏风邪，雾露是坑。奉上蔽下，不失其常"（《屏风铭》）、"笔之强志，庶事分别。七术虽众，犹可解说。口无择言，驷不及舌。笔之过误，愆尤不灭"（《笔铭》）等。其《德阳殿铭》影响较大，即：

曰若炎唐，稽古作先。开三阶而参会，错金银于两楹。入青阳而窥总章，历户牖之所经。连璧组之润漫，杂虹文之蜿蜒。尔乃周阁帀，峻楼临门，朱阙岩岩，嵯峨概云。青琐禁门，廊庑翼翼，华虫诡异，密采珍缛。达兰林以西通，中方池而特立。果竹郁茂以蓁蓁，鸿雁沛裔而来集。德阳之比，斯曰濯龙。葡萄安石，蔓延蒙笼，橘柚含桃，甘果成丛。文槐曜水，光映煌煌。

"乡党"扬雄的《十二州箴》的系列咏叹组合方式、王褒《洞箫赋》对咏物绘形表现上的启发，是李尤创作的文化背景和艺术渊源；地域文化的蕴涵、前辈乡贤的激励，是李尤见载史籍的重要原因。甚至班固在《西都赋》亦引述过"李尤《高安馆铭》曰：'增台显敞，禁室静幽。庭扣锺磬，堂抚琴瑟。匪葛匪姜，畴能是恤'"。明代张溥《汉魏六朝百三家集·李伯仁集题辞》说："其文寂寥，非枚叔比也，当时荐者称其文有相如扬雄风，何哉？铭八十余，多体要之作，及时匠意，于子云百官箴得其深矣。执仲洽讥以秽病，居诸王莽鼎铭之下，抑文家以少言为贵，而多者难于见工也。"其事迹《后汉书·文苑列传》《华阳国志》均有载。其同乡李胜，亦有文才，为东观郎，有赋、诔、颂、论数十篇。

常璩在《华阳国志·蜀志》中，给出了一个汉代著名蜀籍文人的基本名单，即：

> 故司马相如耀文上京，扬子云齐圣广渊，严君平经德秉哲，王子渊才高名俊，李仲元湛然岳立，林翁孺训诂玄远，何君公谟明弼谐，王延世著勋河平。其次杨壮、何显，得意之徒恂恂焉。斯盖华岷之灵标，江汉之精华也。

张霸，成都人，曾官至会稽太守。七岁通《春秋》。孙林、刘固、段著等慕其才学，宅其傍以就学。为官有政绩，有《会稽童谣》称颂之。删定《严氏春秋》为二十万言，号曰张氏学，有《日中则移论》《遗敕诸子》等，卒年七十。事见《后汉书·张霸传》。常璩《华阳国志》介绍张霸曰：

> 年数岁，以知礼义，诸生孙林、刘固、段著等宗之，移家其宇下。启母求就师学，母怜其稚，对曰："饶能。"故字伯饶也。为会稽太守，拨乱兴治，立文学，学徒以千数，风教大行，道路但闻诵声，百姓歌咏之。致达名士顾奉、公孙松、毕海、胡母官、万虞先、王演、李根，皆至大位。在郡十年，以有道征，拜议郎，迁侍中。遂授霸五更，尊礼于太学。年老卒，葬河南。

杨厚，新都人，著名学者和教育家，出身于官宦学者之家，擅长图谶之学，史载其曾"上书言灾异，云有水患、火灾、三公有免、蛮夷当叛等，后皆应验"。后称病求退归家授徒，门生三千余人，蜀中名士任安、董扶等出自其门下。

任安，绵竹人，与绵竹人董扶等从杨厚学，后到京师洛阳入太学，向五经博士学习儒家经典《诗》《书》《礼》《易》。受到太学中师生的好评和尊敬。后还乡居绵竹教授生徒。学子慕名踊跃而来，其中就有成都人杜琼、梓潼人杜微、郫县人何宗等蜀汉时的名士。甚至有人编出歌谣来称赞，夸赞他具有古人的高节，时人号为任征君，即"欲知仲桓问任安"，"居今行古任定祖"。有《性治情得论》等作品。蜀中名士绵竹人秦宓曾向刘焉上书推荐任安说："今处士任安，仁义直道，流名四远，如今见察，则一州斯服。"其事迹见《后汉书·任安传》、晋皇甫谧的《高士传》等。①

余如广汉人冯颢，隐居作《易章句》及《刺奢说》，修黄老，恬然终日；新都人谅辅作《祷山川辞》，构火其旁，将自焚，未及日中，天降大雨，事见《后汉书·谅辅传》；董钧草创五郊祭祀及宗庙礼乐，又定诸侯王丧礼，当世称通儒，有作《驳拜三老议》等，其事见《后汉书·董钧传》；《华阳国志》用"仲元抑抑，邦家仪形"概括的成都人李弘；用"林生清寂，莫得而名"概括扬雄的语言文字学老师、临邛人林闾公孺；又用"叔文播教，变风为雅。道洽化迁，我实西鲁"概括成都人张宽，即：

张宽，字叔文，成都人也。蜀承秦后，质文刻野，太守文翁遣宽诣博士东受七经，还以教授，于是蜀学比于齐、鲁，巴、汉亦化之。景帝嘉之，命天下郡国皆立文学，由翁唱其教，蜀为之始也。宽从武帝郊甘泉泰畤，过桥，见一女子裸浴川中，乳长七尺，曰："知我者，帝后七车。"得宽车。对曰："无有星主祠祀，不齐洁，则作女令见。"帝感寤，以为扬州刺史。复别蛇荠之妖。世称云"七车张"。作《春秋章句》十五万言。

杨宣，什邡人也。少受学于楚国王子张、天文图纬于河内郑子侯，长于灾异。教授弟子以百数。平帝时，命持节为讲学大夫，与刘歆共校书。居摄中卒。门生河南李吉，广汉严象、赵翘等皆成大儒。

何武，郫县人也，比扬雄大二十二岁。《汉书·何武传》："神爵五凤之间，屡蒙瑞应，而益州刺史王襄使辩士王褒颂汉德，作《中和》《乐职》《宣布》诗三篇。武年十四五，与成都杨覆众等共习歌之。"何武学于长安，皇帝闻其《中和》《乐职》《宣布》歌，赐之锦帛。何武担心外戚掌权危害社稷，不同意用莽为大司马，后被免官，七十八岁何武被迫自杀，谥曰"刺侯"。

---

① 罗国威、罗琴：《两汉巴蜀文学系年要录》（上、下），《西华大学学报》2011年第3、4期。

杨终，成都人，曾与班固、贾逵、傅毅、侯讽等同作《雀神颂》，又作《大旱上章帝书》《大旱复上章帝书》等，被皇帝采纳，还徙者，罢边屯，另有《雷电之赋》。《后汉书·杨终传》李贤注引《袁山松书》曰："时蜀郡有雷震决曹，终上白记，以为断狱烦苛所致，太守乃令终赋雷电之意而奇之。"杨终坐徙北地，作《晨风之诗》舒其愤。《华阳国志·蜀郡士女》云："年十三已能作《雷赋》、通屈原《七谏》章……作《生民诗》，又上《符瑞诗》十五章，制《封禅书》，著《春秋外传》十二卷，《章句》十五万言，皆传于世者。"

翟酺，东汉时广汉人，好《老子》之学，尤擅长图纬、天文、历算。因为杀人流亡长安，以算命为业，后来在凉州牧羊，遇赦还，征拜议郎。著《援神》《钩命解诂》十二篇。

第六节　汉代巴蜀诗歌与民谣

《华阳国志》所录四十二首歌谣民谚，有《国人作歌》《民人为语》《童谣》等。

先说颂歌类。"乘彼西汉，潭潭其渊。君子恺悌，作民二亲。没世遗爱，式镜后人"，歌颂的是巴郡太守、汝南人应季先，即《华阳国志·巴志》云："巴郡严王思，为扬州刺史，惠爱在民。每当迁官，吏民塞路攀辕，诏遂留之"；"少则为家之孝女，长则为夫之贤妇，老则为子之慈亲。终温且惠，秉心塞渊，宜谥曰孝明惠母"。这是对一位女性——叔纪温柔、贤惠、孝顺等美好品格的赞美，即《华阳国志·先贤士女总赞》（上）所说的："叔纪，霸女孙也。适广汉王遵，至有贤训，事姑以礼。生子商，海内名士。广汉周干、古朴、彭勰、汉中祝龟为作颂曰。"此颂为杂言体，风格较为质朴，内容较为浅显，作者为广汉周干、古朴、彭勰、汉中祝龟四人；"肃肃清节士，执德实固贞，违恶以授命，没世遗令声。"这首五言诗被后世的《全蜀艺文志》称为《谯君黄颂》，是时人称颂谯玄（君黄）人品德行高洁的。元始年间"选明达政事，能班化风俗者八人。时并举谯玄为绣衣使者，持节与太仆任恽等分行天理观览风俗，所至专行诛赏"，后来公孙述据蜀称帝，"连聘不诣"。即《后汉书·公孙述传》记载：公孙述以毒酒逼谯玄出来任职，谯玄以"保志全高，死亦奚恨"之言决绝不从，其子谯瑛泣血叩头，以家资千万赎父。谯玄得隐，训诸子勤习经书;"混混浊沼鱼,习习激清流。温温乱国民,业业仰前修",其中"清流"本指汉末以陈蕃、李膺、杜密、范滂、郭泰等为首的清议士人群体,"习习激清流"引申为混浊沼泽里的鱼群翘首张嘴急切寻索清流水,而处乱世的百姓温顺和善就像混浊沼泽里喁喁求生的鱼一样,极富象征意义。每句都使用叠词,暗中化典,运用比兴手法,传达双重意味。"廉叔度,来何暮。来时我单衣,去时重五袴"一首,为口语组成,意思简单,这是比较典型的民歌,所描写的是"其太守著德垂绩者,前汉莫闻,建武以来,有第五伦、廉范叔度,特垂惠爱。百姓歌之"。"习习晨风动,澍雨润乎苗。我后恤时务,我民以优饶。"(《丰年歌》)"望远忽不见,惆怅尝徘徊。恩泽实难忘,悠悠心永怀。"(《去思歌》)写的是巴地"永建中,泰山吴资元约为郡守,屡获丰年。民歌之曰……";"阎尹赋政,既明且昶。去苛去辟,动以礼让。"这首童谣歌颂的则是担任绵竹县令的阎宪,以礼让为教化,民莫敢犯。"王稚子,世未有,平谣役,百姓喜"说的是四川三台县人王涣,做地方官的政绩斐然,"路不拾遗,卧不闭门",民众因而歌颂他。①

社会批判类。"狗吠何喧喧,有吏来在门。披衣出门应,府记欲得钱。语穷乞请期,吏怒反见尤。旋步顾家中,家中无可与。思往从邻贷,邻人已言匮。钱钱何难得,令我独憔悴。"该诗背景如《华阳国志》载:"孝桓帝时,河南李盛仲和为郡守,贪财重赋。国人刺之曰……"诗文叙述层递清楚、人物性格鲜明、细节鲜活,语言虽平实,却很感人。汉安帝时巴郡太守失道,时人作《巴郡谣》讽刺之:"明明上天,下土是观。帝选元后,求定民安。孰可不念,祸福由人。愿君奉诏,惟德日亲。""广汉城北有大贼,曰流曰特攻难得,岁在玄宫自相贼。"这是托名谯周之谶,但据实际情形,当是记录李氏政权称霸成都时不得民心。"一岁再役,更赋至重。边人贫苦,无以供给。求省郡。"时在宣帝地节三年,武都白马羌反,使者骆武平之。这是百姓以歌谣方式发出的怒愤。

社会表现类。"折氏客谁?朱云卿、段节英。中有佃子赵仲平,但说天文论五经。"说的是折像的家财上亿,但尽散家财以施宗族乡邻,以道德教化门人,经常聚集士人甚至包括身份低贱的佃农等,一起谈论天文、探究五经等高

---

① 王怀成:《〈华阳国志〉所录歌诗谣谚之作者与时代》,《四川师范大学学报》2013年第3期。

雅活动，时人用这首谚语表达倾慕。于中也可看出蜀中天文历法等学科的普及程度。"张裔府君如瓠壶，外虽泽而内实粗，杀之不可，缚与吴。"说的是益州豪强雍闿，趁刘备新死、高定叛乱之机，杀死原朝廷委派的益州太守正昂，然后拥立蜀郡张裔为太守。这是为雍闿恶意中伤张裔而随意创作的。

"黄牛白腹，五铢当复"这样的童谣，则当为巴蜀民间流传的谶语。如"虏来尚可，尹将杀我""思都邮，斩令头"等，是对当时现实的简单描述。又如童谣四则："郫城坚，益底穿，郫中细子李特细。""江桥头，阙下市，成都北门十八字。""巴郡葛，当下美。""有客有客，来侵门陌，其气欲索。"阆中人范目跟随刘邦打天下，虽拒绝仍然被三次封侯，所以世有"三秦亡，范三侯。我虽牧犊，当得蜀"之语，明代曹学佺认为此为"风谣之始"。《后汉书》卷三十一《廉范传》还记录了一件事：东汉建初中，廉范做蜀郡太守，基于蜀中"其俗尚文辩，好相持短长，范每厉以淳厚，不受偷薄之说"。"成都民物丰盛，邑宇逼侧，旧制禁民夜作，以防火灾，而更相隐蔽，烧者日属。范乃毁削先令，但严使储水而已。百姓为便，乃歌之曰：'廉叔度，来何暮？不禁火，民安作。平生无襦今五绔。'"在此之前，为预防火灾，官方禁止民众夜晚用火，廉范则废除这一禁令，但严格执行储水等消防措施，受到民众热烈欢迎。

刘邦至南郑，诸将及士卒多道亡归，士卒皆歌思东归。《汉铙歌十八首·巫山高》当咏此事，事见《史记·高祖本纪》《汉书·高祖纪》。宋代蜀人王灼的《碧鸡漫志》说："汉代短箫铙歌乐曲，三国时存者有《朱鹭》《艾如张》《上之回》《战城南》《巫山高》《将进酒》之类凡二十二曲。魏吴称号，始各改其十二曲。晋兴又尽改之，独《玄云》《钓竿》二曲名存而已。"

第三章

巴蜀文学的沉潜期

第一节 两汉余波与巴蜀文化

本时期中国社会激烈动荡，但中国的思想文化也进入一个活跃期，已经形成主流的儒家思想受到首次挑战，老庄学说盛行并普遍消解着儒学，从公元222年孙权称王到公元589年隋朝灭南朝陈而统一中国，该时段共369年。其特点是政权变移很快，多个政权并存，如中国北方的"五胡十六国"和南方的"六朝"等。三十余个大小王朝交替兴灭引起的社会动荡，再加上外来佛教的大举进入、道教的勃兴及波斯与希腊文化等异质文化的流入，使许多士大夫在思想上显得极度活跃，即阮籍张扬的"越名教而任自然"，由崇尚通脱进而标榜放达任诞，甚至出现"贵游子弟，相与为散发裸身之饮，对弄婢妾"现象。①

魏晋玄学的兴盛，有着必然的思想基础和前提，汉代巴蜀哲学家严君平、扬雄所建构的哲学玄理思想余波，被适当的社会条件所激活而蓬勃兴盛起来。文学创作反映出文人们对漫漫宇宙中短促人生不堪一击的清醒认识。一味地痛哭流涕是不够的，他们还要寻找另外的方式抚慰精神伤痛，汉代大赋作家司马相如等的"浩行无节"，以及被嵇康所仰慕"越礼自放"的人生形态，被魏晋人崇尚为"高士"而模仿着。巴蜀地域文化通过汉赋作家群所表现的"未能笃信道德，反以好文讥刺"等艺术创造方式，自然地受到人们的注意。一批俳谐文字如张敏《头责子羽文》、陆云《嘲褚常侍》《牛责季友》、石崇《奴券》、鲁褒《钱神论》等"反讽"嘲谑文学崛起于文坛，一时成为风气，继承了扬雄、王褒等寓讽刺于嬉笑的创作传统。佛、道流布盛行，带来描写鬼神志怪的新文体，张华的《博物志》、葛洪的《神仙传》、干宝的《搜神记》和吴均的《续齐谐记》等志怪小说大行于世。由于清谈风气的影响，记载士大夫们轶事清言的小说也开始出现，其中关于人物形象的工笔描绘，开启了中国文学运行的一种新气象。裴启《语林》是轶事小说的先驱，刘义庆的《世说新语》，尤其是托名刘歆的《西京杂记》一书，更是被视为"意绪秀异，文笔可

---

① （唐）房玄龄等：《晋书·五行志》。

观"。魏晋文学在文体多样化开拓方面，值得给予充分的肯定。本时期《典论·论文》《文心雕龙》《诗品序》等文论作品的出现，以及挚虞的《文章流别集》中"类聚区分""各为之论"等的努力，说明这一时期，文人开始以全面而系统的理论构架去思考文学，古典文学的"整体自觉时代"已经来临。

这是一个动乱的时代，它给人们带来的是"人命危浅，朝不保夕"生命短促的危机感，李密《陈情表》所透射出的，是整个时代的悲音：庙堂的荣华富贵，何如平凡的切实人生？深刻的怀疑精神导致了一个思想高度自由时代的出现。政治和哲学思想的变移自然引起文学的嬗变，新的时代生活产生新的文学。思考个体生命的意义，对人的终极关怀，注重个体人生的满足，就成为魏晋文学思潮的根本所在。陶渊明"实迷途其未远，觉今是而昨非"的感谓，"田园将芜，胡不归"的人生寻求，正是大多数文化人的共同心声。当然，在不同的地域，因为不同的地域文化背景和民俗风习，以及统治者的个人爱好，这个时代的文学也是异彩纷呈的。曹操父子的"三曹"诗文、"建安七子"和"竹林七贤"的作品等，皆各呈异彩。

南朝民歌"吴声歌曲"和"西曲"等，内容多唱男女艳情，叙述形式多为代言体，以女子口吻表现女子对男子的爱慕相思，其哀伤的基调则是动荡时代的映射，留存总数近五百首。北朝民歌大多收录在《乐府诗集·梁鼓角横吹曲》以及《杂曲歌辞》和《杂歌谣辞》中。质朴粗犷、豪迈雄壮的情感以及气象苍莽的意象，是北朝民歌最显著的特色，战争的酷烈、社会离乱、家庭离析等是其主要内容。这和北方的地理环境、民俗文化、游牧及军旅生活方式有直接的关系，如《敕勒歌》和《木兰辞》。南方的《孔雀东南飞》与北方的《木兰辞》两首叙事长诗，分别体现出南北文化差异对文学的影响，史称"乐府诗双璧"。这一时期在诗歌形式上，以五言四句居多，开始出现整齐的七言、四言诗。

张华、潘岳、石崇、陆机、陆云以及郭璞，一个个都做了权贵集团倾轧的牺牲品。即使是"横槊赋诗"的一代枭雄曹操也有"月明星稀，乌雀南飞，绕树三匝，无枝可依"的悲吟；大张"养生论"，鼓吹养生"上获千余岁，下可数百年，可有之耳"的嵇康，亦难免做了屠刀下的短命鬼；王羲之虽然自欺欺人地要在兰亭那美丽山水和友情之中"暂得于己，快然自足，不知老之将至"，却仍然压抑不住"固知一死生为虚诞，齐彭殇为妄作"的痛苦，因而发出"岂不痛哉"的惨烈呼号！陶渊明的主要价值在于把春种秋收的田园生活、桑垅麻畴中的恬淡人生，第一次写进诗文中。以自然真率、淳朴高尚的思想和美学价值，个人化和平民化的写作，为本时期文学对后世的一个可贵贡献。

巴蜀大地产生李密《陈情表》、诸葛亮《出师表》这"天底下两大至情文字"，作为本时期中国文化的绝唱而辉耀千古。在急剧动荡的三国魏晋南北朝时期，由于地理的阻隔和政治军事的割据，偏安一隅的巴蜀地区呈现出独特的发展状况。蜀汉政权的割据，诸葛亮"政事无巨细，咸决于亮"的行政方式，将"天府"农业和盐、铁、纺织业等工商业经济提升到新的高度，形成"夷汉粗安"的良好态势，这都为巴蜀文化的再发展准备了条件。但"达于为政"的诸葛亮无暇顾及文化建设，"国不置史"之禁令以及诸葛亮本人"文采不艳"（陈寿语）的垂范，使巴蜀文学未能得到更好的发展。继之而来的成汉政权为政宽和，与民休息，轻徭薄赋，百姓富实，西蜀出现当时南、北方不曾有的太平局面，是以成都被称为该时期"西方之一都"。其间虽有"谯纵据蜀"负险自固八年、许穆之（司马飞龙）之乱世五年，以及南北朝时梁武陵王萧纪称帝于成都等短暂混乱，皆未从根本上影响巴蜀社会经济的发展。蜀汉政权的割据以及文化的运行，开始成为中华民族文化的一个极其重要的积淀。

《北史·文苑传》所称："汉自孝武之后，雅尚斯文，扬葩振藻者如林，而二马、王、扬为之杰"，"历选前英，于斯为盛"，汉代蜀籍作家的大赋，仍然是本时期文学创作的范式。蜀人秦宓、杜微、杨厚、任安、彭漾、杨戏、李密、李兴父子和常璩等，继扬、马、王之流风而崛起。在曾经被人们视为仅出忠勇之士的巴域，也涌现出一批文士，仅巴西一郡，"文学笺启，往往可观，冠带风流，亦为不少"，产生谯周、陈寿这样的文化大家。外地入蜀者刘巴、许靖、诸葛亮、陈震、马良，也在为巴蜀地域文化的繁荣而努力。

第二节　蜀中作家的新构

一、章表典范——诸葛亮的《出师表》

诸葛亮（181～234），字孔明，山东省沂南县人，出身官宦之家，三国时期蜀汉王朝丞相，中国著名的政治家、军事家、书法家、散文家、发明家，是中国传统文化中忠臣与智者的代表。

他在躬耕垄亩的隆中阶段，喜好《梁父吟》，仰慕那些"力能排南山，文能绝地纪""国相齐晏子"等具有经天纬地政治才华者,又常以春秋战国时期著名政治家管仲、乐毅自拟,志怀高远,胸有天下。经刘备"三顾茅庐"的恳请而开始政治生涯,以《隆中对》策划"三分天下"的基本国策,再以谋划"赤壁之战"等奠定"三国鼎立"格局。其无论事务巨细皆亲力亲为,渡泸南征与北伐中原、白帝城受托、陨落五丈原、身后清贫等,都展示出一个华夏政治家的高风亮节;其遵守礼制、约束官员、慎用权力、简练务实、发展经济等,都是中国政治家的典范;其为人坦诚、心胸豁达,是高洁人品的垂范;其木牛流马、改良连弩、"踵迹增筑"水利工程,以及发展蜀锦、繁荣蜀中经济等,显示出他在科技领域的造诣。而其《南征》《北伐》《北出》等篇章,则被视为中国军事学理论的重要著述。

《出师表》载于《三国志·诸葛亮传》,是诸葛亮在北伐中原前夕给后主刘禅的奏表,阐述了北伐的必要性以及对后主刘禅治国寄予的期望,以伐魏兴汉为己任的忠贞之志和诲诫后主不忘先帝遗愿的孜孜之意,情感真挚,文笔酣畅,是古代散文中的杰出作品。曾有人撰联赞曰"沥胆披肝六经以来二表;托孤寄命三代而下一人",诚然!用今天的公文分类来说,《出师表》属于公文类的奏章,为"上行文"体式,是臣子向皇帝分条陈述意见的政务文书。《文

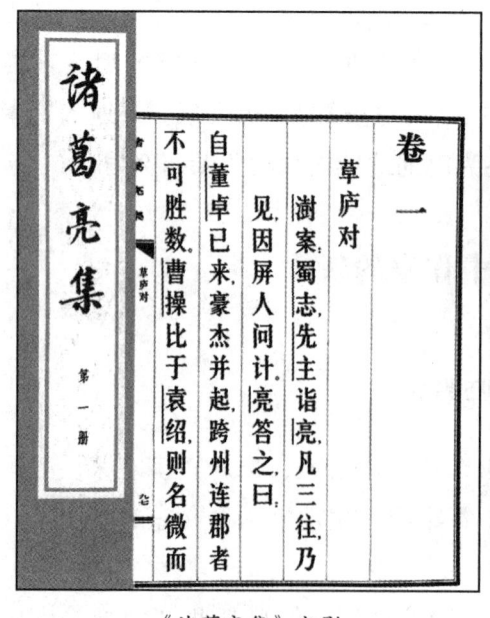

《诸葛亮集》书影

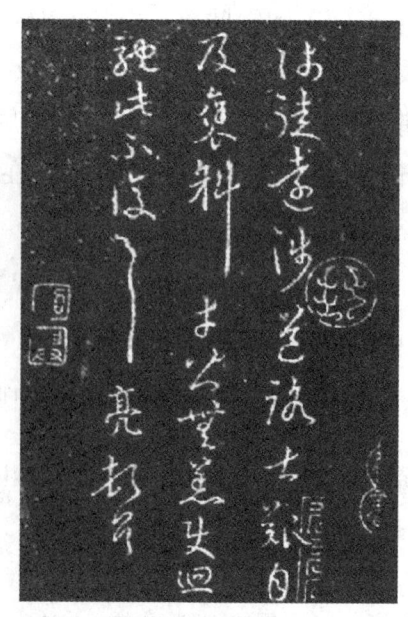

诸葛亮书法

心雕龙·章奏》的分类是："章以谢恩，奏以按劾，表以陈情，议以执议。"全文以议论为主，说明道理辨清形势，既有广开言路、严明赏罚、亲贤远小的劝勉建议，又有"鞠躬尽瘁、死而后已"的自我心迹的袒露，用以表达以身许国，忠肝义胆的思想。

文章前部分重在晓之以理，后部分重在动之以情，以议论为主，融以叙事和抒情。在表达艺术上，"运筹帷幄""桓、灵"等用典精当，下对上用语恳切委婉；行文多以四字句，形成音韵铿锵、节奏明快的诵读效果；一些整齐工稳的排比对偶句式，如"侍卫之臣不懈于内，忠志之士忘身于外""苟全性命于乱世，不求闻达于诸侯""受任于败军之际，奉命于危难之间""宫中府中，俱为一体；陟罚臧否，不宜异同""庶竭驽钝，攘除奸凶；兴复汉室，还于旧都"等，呈现出一种文采斐然的艺术感染力。而"妄自菲薄""引喻失义""作奸犯科""苟全性命""斟酌损益""感激涕零"等词语，已经成为中国人作文随手拈来的成语。全篇文字析理透辟，语言率直质朴，真情充溢，感人至深，似从作者肺腑中流出。这就是后来杜甫的感受："三顾频烦天下计，两朝开济老臣心。出师未捷身先死，长使英雄泪满襟。"（《蜀相》），南宋的陆游也有"出师一表真名世，千载谁堪伯仲间"（《书愤》）之叹惋。

诸葛亮的才华还体现在许多方面。常璩的《华阳国志》记载："南中，其俗征巫鬼，好诅盟，投石结草，官常以诅盟要之。诸葛亮乃为夷作图谱，先画天地日月君长城府，次画神龙，龙生夷及牛马驼羊。后画部主吏，乘马幡盖，巡行安恤。又画夷牵牛负酒赍金宝诣之之象，以赐夷，夷甚重之。"唐代张彦远的《历代名画记》也说："诸葛武侯父子皆长于画。"宋人周越的《古今法书苑》记载："蜀先主尝作三鼎，皆武侯篆隶八分，极其工妙。"宋徽宗亲自主持的《宣和书谱》收藏有其手迹《远涉帖》，其卷十三记载：诸葛亮"善画，亦喜作草字，虽不以书称，世得其遗迹，必珍玩之"。他还写有音乐理论专著《琴经》。《诫子书》是诸葛亮临终前写给八岁儿子诸葛瞻的家书，成为历代学子修身立志的名篇。它可以看作是诸葛亮对其一生的总结。还有《草庐对》、《诫外甥书》、《将苑》（《心书》）、《便宜十六策》等，后人辑录编成《诸葛亮集》。

对联是中国文化特有的艺术种类和呈现形式，最早产生于晚唐时期的蜀中，成都武侯祠楹联，既是后人对诸葛亮的评价，亦是中国文化价值观的体现。如：

此老不攻画，不善书，不精杂诗，压倒蜀吴魏中几多伪士；
其人可托孤，可寄命，可临大节，算来夏商周后一个纯臣。

能攻心则反侧自消，从古知兵非好战；
不审势即宽严皆误，后来治蜀要深思。

一诗二表三分鼎；
万古千秋五丈原。

两表酬三顾；
一对足千秋。

三分天下四川地；
六出祁山五丈原。

二、至情至性之文——李密的《陈情表》

李密，西晋时犍为武阳（彭山县）人。柔弱多病的体质和孤苦贫困的家境，使他只得读书刻苦，发奋自励，后被蜀地著名的儒学大师和史学家谯周收为弟子，因"有辩才，擅辞章"出任蜀汉王朝的大将军主簿即"少仕伪朝"。司马炎废魏元帝而自立，是为晋朝。一些不愿意为篡位者服务的人，借着各种理由不肯出仕，李密亦是被征召者之一。他以祖母病重无人侍养为由，辞绝司马炎征召，却又不能让人认为是"坚守节操"，故迂回婉转，哀哀陈情，全文围绕一个"孝"字，以"辞不赴命""愿乞终养"为主旨，悽恻婉转，字字哀痛，声声落泪，将在家尽孝与为国尽忠、宦达与名节、亡国贱俘与宠命优渥等一系列矛盾中的两难窘境，颇为高超地表现出来。其文曰：

臣密言：臣以险衅，夙遭闵凶。生孩六月，慈父见背；行年四岁，舅夺母志。祖母刘悯臣孤弱，躬亲抚养。臣少多疾病，九岁不行，零丁孤苦，至于成立。既无伯叔，终鲜兄弟，门衰祚薄，晚有儿息。外无期功强近之亲，内无应门五尺之僮,茕茕孑立,形影相吊。而刘夙婴疾病,常在床蓐,臣侍汤药,未曾废离。

逮奉圣朝,沐浴清化。前太守臣逵察臣孝廉;后刺史臣荣举臣秀才。臣以供养无主,辞不赴命。诏书特下,拜臣郎中,寻蒙国恩,除臣洗马。猥以微贱,当侍东宫,非臣陨首所能上报。臣具以表闻,辞不就职。诏书切峻,责臣逋慢;郡县逼迫,催臣上道;州司临门,急于星火。臣欲奉诏奔驰,则刘病日笃,欲苟顺私情,则告诉不许。臣之进退,实为狼狈。

伏惟圣朝以孝治天下,凡在故老,犹蒙矜育,况臣孤苦,特为尤甚。且臣少仕伪朝,历职郎署,本图宦达,不矜名节。今臣亡国贱俘,至微至陋,过蒙拔擢,宠命优渥,岂敢盘桓,有所希冀!但以刘日薄西山,气息奄奄,人命危浅,朝不虑夕。臣无祖母,无以至今日,祖母无臣,无以终余年。母孙二人,更相为命,是以区区不能废远。

臣密今年四十有四,祖母今年九十有六,是臣尽节于陛下之日长,报养刘之日短也。乌鸟私情,愿乞终养。臣之辛苦,非独蜀之人士及二州牧伯所见明知,皇天后土,实所共鉴。愿陛下矜悯愚诚,听臣微志,庶刘侥幸,保卒余年。臣生当陨首,死当结草。臣不胜犬马怖惧之情,谨拜表以闻。

宋代赵与时的《宾退录》说:"读诸葛亮《出师表》而不堕泪者,其人必不忠;读李令伯《陈情表》而不堕泪者,其人必不孝;读韩退之《祭十二郎文》而不堕泪者,其人必不友。"后来,李密确实遵守原先的承诺而出仕,但官场黑暗,做官如履薄冰,李密发出这样的怨愤:"人亦有言,有因有缘,官中无人,不如归田,明明在上,斯语岂然"(《赐饯东堂诏令赋诗》),终被免官撤职。其"急于星火""日薄西山,气息奄奄""人命危浅,朝不虑夕"等,直至今天人们还经常引用。

三、秦宓、杨戏等蜀中作家

秦宓,绵竹人,《三国志·蜀书》卷三十八称其:"少有才学,州郡辟命,辄称疾不往",是个极有个性气节的士人。首先,他已经明确了自己文学创作的根源,是逐渐形成并且逐渐固化的巴蜀文化:"严君平见《黄》《老》作《指归》,扬雄见《易》作《太玄》,见《论语》作《法言》,司马相如为武帝制封禅之文,于今天下所共闻也。"他不无骄傲地宣称:"扬子云潜心著述，有补于世，泥蟠不滓，行参圣师，于今海内，谈咏厥词，邦有斯人，以耀四远。"其次，作为一个文学家，他在《与王商书》中自认，创作美学追求是"仆亦善长卿之化"，强调自己的文学创作受到司马相如的影响。执着于现实世界那鲜活的人生形态，从世俗人生中获取自我的内心平衡并坚守自我人格，是谓："听玄猿之悲吟，察鹤鸣于九霄，安身为乐，无忧为福，处空虚之名，居不灵之龟，知我者稀，则我贵也。"这种人格追求，实际上亦是来源于前辈乡贤严君平和扬雄的垂范。

他自己也提出了创作理论为"夫虎生而文炳，凤生而五色，岂以五彩自饰画哉？天性自然也。盖河、洛由文兴，六经由文起，君子懿文德，彩藻何其伤？"他已经清醒地认识到，文学的本质就在于是一门美的艺术，必须要有形式的美作为表现形态。这种观念似乎是秦宓生活的环境所铸造的。当地人们喜爱艳秾华丽的民俗，就蕴蓄而成为后来独具特色的绵竹年画。绵竹年画风格的喜庆、热烈、质朴、粗犷、泼辣，已经被世人公认为具有浓郁的巴蜀乡土特色。"难张温秦宓逞天辩"的故事，不仅在陈寿的《三国志》中得到详尽的记述，更是被罗贯中在《三国演义》中浓墨重彩地描写，这就是史学家所说的"蜀中多辩才"之由来，也是秦宓被今人视为"辩论界元老"的原因。陈寿谓之："秦宓始慕肥遁之高，而无若愚之实。然专对有馀，文藻壮美，可谓一时之才士矣。"秦宓的学生谯周曾经将其言论辑录为《春秋然否论》，惜失传。五言诗《远游》是其流传下来唯一可靠的诗篇，描述游子远行的艰难困苦：

远游何所见，所见邈难寻。
岩穴非我邻，林麓天知己。
虎则豹之兄，鹰则鹞之弟。
困兽走环岗，飞鸟惊巢起。

杨戏，犍为彭山人，三国时期蜀汉重臣，为人疏阔简略、忠诚宽厚，与蜀中程祁、杨汰、张表等友善，文笔简略到"书符指事，杀有盈纸"。常璩《华阳国志》评其曰"猗猗众伟，芳烈名垂。方德绎勋，犍之琼瑰"。其《季汉辅臣赞》对蜀汉历代君臣的赞美及评价之词，成为陈寿撰写《三国志·蜀书》品评人物的重要参考。如：

皇帝遣植，爰滋八方，别自中山，灵精是钟，顺期挺生，杰起龙骧。始于燕、代，伯豫君荆，吴、越凭赖，望风请盟，挟巴跨蜀，庸汉以并。乾坤复秩，宗祀惟宁，蹑屦覆迹，播德芳声。华夏思美，西伯其音，开庆来世，历载攸兴。

——赞昭烈皇帝

忠武英高，献策江滨，攀吴连蜀，权我世真。受遗阿衡，整武齐文，敷陈德教，理物移风，贤愚竞心，金忘其身。诞静邦内，四裔以绥，屡临敌庭，实耀其威，研精大国，恨于未夷。

——赞诸葛丞相

司徒清风，是咨是臧，识爱人伦，孔音锵锵。

——赞许司徒

文长刚粗，临难受命，折冲外御，镇保国境。不协不和，忘节言乱，疾终惜始，实惟厥性。

——赞魏文长

谯周，巴西西充人，蜀汉重臣，博学广识，时有"蜀中孔子""益州学者之首"之誉，陈寿即出自其门下。他著有批评姜维穷兵黩武的《仇国论》，《三国志·谯周传》记载："于时军旅数出，百姓凋瘁，周与尚书令陈祗论其利害，退而书之，谓之《仇国论》。"文章虚构一大一小两个世为仇敌的国家"因余"和"肇建"的对话，说明多国并立形势下，可以无为而治，而不可以像刘邦那样南征北讨劳民伤财，导致国家瓦解。所谓"民疲劳则骚扰之兆生，上慢下暴则瓦解之形起"，他预言，蜀汉"极武黩征"，必然"土崩势生"，如果"不幸遇难，虽有智者将不能谋之矣"。谯周劝告刘禅"不为小利移目，不为意似改步，时可而后动，数合而后举"，尤其是"射幸数跌，不如审发"。后来他劝说刘禅不战而降，避免蜀地战乱，历史上评说褒贬不一。陈寿《三国志》对乃师的评价是："刘氏无虞，一邦蒙赖，周之谋也。"谯周曾撰写学术著作百余篇。唐初人编辑《隋书·经籍志》时，所见只有《论语注》（十卷）、《三巴记》（一卷）、《谯子法训》（八卷）、《古史考》

（二十五卷）和《五经然否论》（五卷）五种。

智炫，《续高僧传》卷第二十三记载：南北朝名僧智炫，俗姓陈，成都人，生卒年不详，抗声力辩北周武帝欲废佛存道而著名，晚年还蜀，隐于成都金堂县三学山，有《游三学山》诗，虽主要表达超然出世的情怀，但也较为细致地描绘了三学山高峻幽美的景色：

秀岭接重烟，嶔岑上半天。绝岩低更举，危峰断复连。侧石倾斜涧，回流泻曲泉。野红知草冻，春来鸟自啭。树锦无机织，猿鸣讵假弦。叶密风难度，枝疏影易穿。抱帙依闲沼，策杖戏荒田。游心清汉表，置想白云边。荣名非我愿，息意且萧然。

郤正，河南偃师人。其祖父在汉灵帝时为益州刺史，为盗贼所杀，其父亲亦羁留蜀中。他安贫好学，弱冠能属文，降魏后出任中书令史。淡于荣利而尤耽文章，自司马、王、扬、班、傅、张、蔡之俦遗文篇赋，及当世美书善论，益部有者，则钻凿推求，略皆寓目。自在内职，与宦人黄皓比屋周旋，经三十年。皓从微至贵，操弄威权，正既不为皓所爱，亦不为皓所憎，是以官不过六百石，而免于忧患。凡所著述诗论赋之属，垂百篇。郤正文辞灿烂，有张、蔡之风，加其行止，君子有取焉。

第三节　特色卓异的史传文学

一、"良史"之誉的《三国志》

陈寿（233～297），字承祚，西晋时安汉（今南充市）人。他少好学，师事同郡的著名学者谯周，在蜀汉时任观阁令史，对于《尚书》《春秋》《史记》《汉书》等史书进行过深入的研究。当时，宦官黄皓专权，陈寿因为不肯逢迎而屡遭排斥。公元280年，西晋结束分裂局面一统天下，陈寿当时四十八岁，辞官而闭门撰写《三国志》，又后列《蜀书》十五卷，述蜀汉治下的巴蜀历史文化兼及社会风情。"时人称其善叙事，有良史之才。"（《晋书·陈寿传》）《三国志》写作之前，已有关于魏、吴的史作，如王沈的《魏书》和鱼豢的《魏略》、韦昭的《吴书》等可供参考。蜀汉政权不设史官，无专人负责搜集材料和编写蜀史,[①] 可资利用的他人成果并不多,加上他是私人著述,没有条件获得大量的文献档案。陈寿写该书纯系个人爱好,以期为后人存文存史。《三国志》之所以能与《史记》《汉书》比肩,除了大家公认的秉笔公正、取材严谨、行文简洁等长处外,更重要的一点是自始至终贯穿了大一统的历史观,从篇首至篇尾的思想政治倾向都在强调国家的统一。

魏晋时期正处在由文史并茂的史传散文向史学著作过渡的阶段,故陈寿的《三国志》在这个过渡时期的特殊文学价值,就具有特别的文本意义。陈寿在尊重史实的基础上,以简练、优美的语言绘制了一幅幅三国人物肖像图。人物塑造得非常生动。取材精审,作者对史实经过认真地考订,慎重地选择,不妄加评论和编写,慎重地选择取材之源,这使《三国志》有了文辞简约的特点。《三国志》善于叙事,文笔简洁,剪裁得当,当时就受到赞许。与陈寿同时的夏侯湛写作《魏书》,看到《三国志》,认为难以达到陈寿的写作水平而毁弃了自己的著作。后人更是推崇备至,认为在记载三国历史的史书中,独有该书可以同《史记》《汉

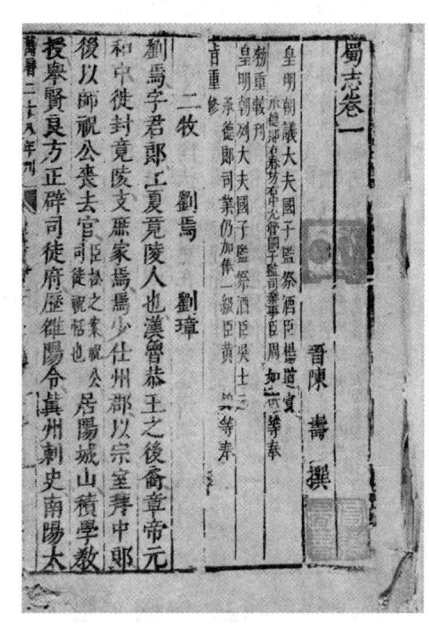

陈寿《三国志》书影

书》相媲美。因此,其他各家的三国史相继泯灭无闻,只有《三国志》一直流传到现在。刘勰的《文心雕龙·史传》对此点评甚为恰切:"魏代三雄,记传互出,《阳秋》《魏略》之属,《江表》《吴录》之类,或激抗难征,或疏阔寡要。唯陈寿《三志》,文质辨洽,荀、张比之迁、固,非妄誉也。"这就是说,那些同类史书不是立论偏激,根据不足;就是文笔疏阔,不得要领。只有陈寿的作品达到了内容与文字表述的统一。如《三国志·蜀书·魏延传》记录的一个场面:

先主为汉中王,迁治成都,当得重将以镇汉川,众论以为必在张飞,飞亦以

---

① 陈寿:《三国志·蜀书·后主传》:"国不置史,注记无官,是以行事多遗,灾异靡书。"

心自许。先主乃拔延为督汉中镇远将军,领汉中太守,一军尽惊。先主大会群臣,问延曰:"今委卿以重任,卿居之欲云何?"延对曰:"若曹操举天下而来,请为大王拒之;偏将十万之众至,请为大王吞之。"先主称善,众咸壮其言。

事件原委的交代、众人以及当事人张飞的心理活动、刘邦与魏延的对话等,鲜活之态,如在眼前。

用人物的对话,或一个动作细节,达到生动传神的效果,亦是史学著作文学性的突出体现。如《先主传》记曹操与刘备论英雄,当曹操说出"今天下英雄,唯使君与操耳。本初之徒不足数也"之时,"先主方食,失匕箸"的记载,让刘备韬晦的心情,跃然纸上。东晋裴松之《上三国志注表》:"铨叙可观,事多审正。诚游览之苑囿,近世之嘉史。然失在于略,时有所脱漏。"史学著述主要是叙事,战争叙事是书中十分重要的部分,《三国志》中的战争描写取得了较高的艺术成就,水战第一次在史籍中得以大量的描写,这是《三国志》中一大独特之处,双方主官的形象、战争场面的恢宏、战事过程的曲折,后来大量的戏曲、小说创作题材都肇始于《三国志》。当下新兴艺术种类的动漫和电玩游戏,包括日本韩国的文化产业,更是多取材于《三国志》。该书的另一价值在于保存了蜀汉的历史,巴蜀文化在蜀汉时期的运行状况也得到一定程度的展示。如果说,中国文化构成的一个重要部分是"三国文化",而"三国文化"的源头,则是《三国志》。陈寿还著有《益部耆旧传》《古国志》等书,整理编辑过《诸葛亮集》。

二、方志之祖——《华阳国志》

常璩的《华阳国志》是中国现存最早的一部地方志,有"中国方志之祖"的美誉。这部著作记载从远古到东晋永和三年(347),囊括今天的四川、重庆、云南、贵州等西南地区以及甘肃、陕西、湖北部分地区的地理沿革、历史事件、人物事迹、民族形成、经济发展、风土民俗、物产资源等内容,保留了大量翔实、可靠的资料,具有很高的史料研究价值,是研究古代西南地方史的重要典籍。"华阳黑水惟梁州",因缩写"地居华山之阳"而得名。其后的许多史学著述,如范晔《后汉书》、裴松之《三国志注》、李膺《益州记》、司马光《资治通鉴》等都大量引用其资料。随着20世纪末中国文化热勃兴,该书更是为世人瞩目。

常璩，蜀郡江原（崇州）人，出生于西晋末年。公元347年东晋大将桓温伐蜀，常璩劝汉皇帝李势降晋，成汉灭亡。常璩入晋后，因东晋士族重中原故族，轻蜀人，愤而撰写《华阳国志》，旨在赞誉巴蜀文化悠远，人才济济，以反抗建康士流对蜀人的轻蔑。蜀汉政权割据虽然构成当时"三足鼎立"的局面，但为时太短，魏晋统一后，主流价值观决不会对"伪朝"的文学进行客观公正的评价，即使是蜀人陈寿主笔的《三国志》，也必然要受到统治阶级主流意识的制约甚至是干涉。也许正是基于这种背景和出于对自我族群意识的骄傲，乃至于对大盆地生命史的寻根热情，常璩才愤而写作《华阳国志》，以扭转"世俗间横有为蜀传者"的遗憾，即他在《华阳国志·序志》中说的："唯有天汉，鉴亦有光。实司群望，表我华阳。"这也是近代蜀中学者刘咸炘在《蜀诵·绪论》中指出："一代有一代之时风，一方有一方之土俗。一纵一横，各具面目。史志之作，所以明志也。"

《华阳国志》创新了中国史学著述的体裁，开创了区域通史尤其是"地方志"史学撰写的新体式，创造出一种包含历史、地理、人物三大内容，融汇地理志、编年史、人物传为一体的新体裁，博大精深，史料价值极高，对中国文化发展和运行特征皆有重大影响，如《元和郡县志》《太平寰宇记》直至元明清时期的《一统志》等；在思想内容上，蔑视门第观念，倡扬"以民为本"，呼吁"选贤任能"，又反对地方割据战乱，高扬"大一统"思想，其中关于西南地区的神话和远古传说的记录，上古时期至汉魏流传的民间歌谣的收录，还有大量的民风民俗的资料辑录等，都使该书极富于文学的艺术感染力；在写作手法上，选择资料新颖可靠，叙述得法且条理清晰，言简意赅，又文辞典雅，优美生动，其文字典雅古朴，很少使用生僻字和生僻语。常璩在《华阳国志·序志》末尾以一段恍惚迷离的"诗歌撰曰"作为总结，全文二十八句，既求对仗，又重韵律，工稳严整。于此可见作者高超的文学艺术技巧。又如《华阳国志·蜀志》：

蜀自汉兴，至乎哀平，皇德隆熙，牧守仁明。宣德立教，风雅英伟之士，命世挺生，感于帝思。于是玺书交驰于斜谷之南，玉帛践乎梁益之乡。而西秀彦盛，或龙飞紫闼，允陟璇玑；或盘桓利居，经纶皓素。故司马相如耀文上京，扬子云齐圣广渊，严君平经德秉哲，王子渊才高名隽，李仲元湛然岳立，林翁孺训诂玄远，何君公谟明弼谐，王延世著勋河平。其次杨壮、何显，得意之徒恂恂焉。斯盖华岷之灵标，江汉之精华也。

常璩在成汉政权时即掌著作，编纂有《梁益宁三州地志》及《汉之书》（《蜀李书》或《蜀汉书》），《晋书》中赞誉为"笃学不倦，自少至老，手不释卷"的时人孙盛誉之为"蜀史"。常璩之前，至少有八种《蜀本纪》（作者分别为扬雄、司马相如、严君平、阳城衡、郑廑、尹贡、谯周、任熙）、三种《巴蜀耆旧传》、二种《益部耆旧传》、二种《蜀书》，以及来敏《本蜀论》、李尤《蜀纪》、常宽《蜀后志》、谯周《益州记》和《三巴记》、黄容《梁州巴记》、祝龟《汉中耆旧传》等。① 于此可见蜀中文化人对乡邦文献建设的巨大热情，考之后来的"史学在蜀"之说，信然。

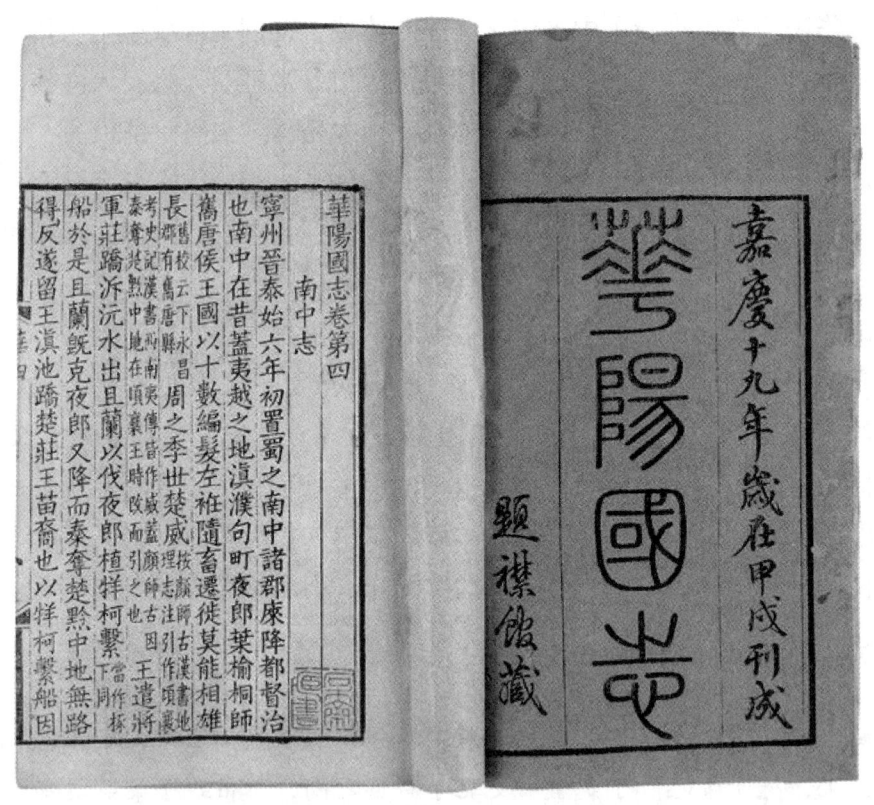

常璩《华阳国志》书影

---

① 刘琳：《华阳国志校注·第一版前言》（修订版），成都时代出版社2007年版。

第四节　魏晋南北朝作家的巴蜀情结

　　魏晋南北朝文学一个突出的特点，就是巴蜀题材的盛行，这对中国文学产生了极其深远的影响，也为巴蜀地域文化留下丰厚的积淀。梁武陵王曾封于蜀，后时时念及，命著名画家张僧繇远赴蜀地作画，"图其山水"以慰藉其对巴蜀的思念之情①。张僧繇画技的高妙之处，有"画龙点睛""画鹞鹰驱鸟鸽"等典故说明其形象逼真程度，他的巴蜀山水画，引得当时和后来众多人向往巴蜀。"中国书圣"王羲之曾多次写信给当时镇守巴蜀的朋友："要欲及卿在彼，登汶岭、峨眉而旋，实不朽之盛事，心已驰彼矣"，并且还打听"严君平、司马相如、扬子云，皆有后否？"他的信件书帖《十七帖》因开头有"十七"而得名，是写给在成都的朋友益州刺史周抚的，两人通信时间长达十四年之久。其中涉及蜀中的十三札《成都帖》（又称《成都城池帖》），可以说是最早的名家为成都书写市名，并流传至今的墨宝："成都城门屋楼观，皆是秦时司马错所修，令人远想，为广异闻。"而《游目帖》则体现了王羲之对巴蜀的人文和自然景观的双重倾慕："山川诸奇……益令其游目意足也……登汶岭、峨眉而旋，实不朽之盛事。"王羲之在其他帖中也几次提及盼望"游目"益州，登临"汶、峨"二岭。此前，曹魏政权的许靖向往进入巴蜀，其《与曹公书》曰："当复相绍介于益州兄弟，使相纳受，倘天假之年，人缓其祸，得归死国家，解逋逃之负，泯躯九泉，将复何恨！"后来他如愿以偿在巴郡、广汉、蜀郡任职并终老于兹。

　　魏晋文学巴蜀题材的创作者中，影响较大的是曾经引发"洛阳纸贵"轰动效应的左思。左思，山东淄博人，生卒年不详。出身于书香之家，曾入京城洛阳任秘书郎，后辞官移居冀州终老。其作品旧传有集五卷，今存者仅赋两篇、诗十四首。《三都赋》与《咏史》诗是其代表作。"三都"即三国时魏国首都邺城（今河北临漳县）、东吴首都建业（今江苏南京市）、蜀汉首都成都。左思文学创作学习的目标，在组诗《咏史》八首中有所说明，即"作赋拟子虚"，"辞赋拟相如"，还感叹过"长卿还成都，壁立何寥廓"，"寂寂杨子宅，门无卿相舆。寥寥空宇中，所讲在玄虚"等。其《蜀都赋》受到扬雄的直接影响，即《晋书》所说：左思"少博览文史，欲作三都赋，乃诣著作郎

---

① 邓经武：《中国画"蜀笔"圣手黄荃》，《晚霞》2017年第13期。

张载，访岷、邛之事。遂构思十稔，门庭藩溷，皆著纸笔，遇得一句，即便疏之"。他又在《蜀都赋·序》夸口所描写的"蜀都"内容绝对真实："其山川城邑则稽之地图，其鸟兽草木则验之方志。风谣歌舞，各附其俗；魁梧长者，莫非其旧。"其《蜀都赋》节选：

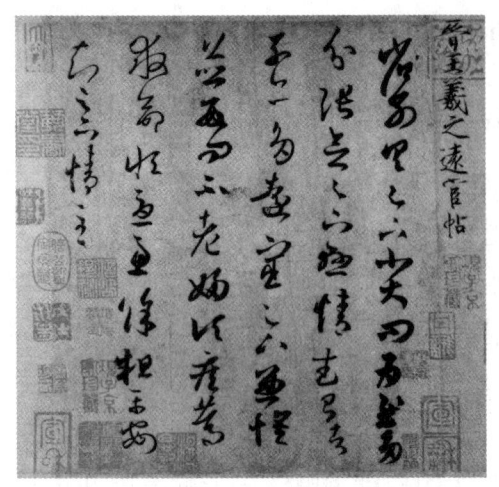

王羲之草书：《远宦帖》

夫蜀都者，盖兆基于上世，开国于中古。廓灵关以为门，包玉垒而为宇。带二江之双流，抗峨眉之重阻。水陆所凑，兼六合而交会焉；丰蔚所盛，茂八区而庵蔼焉。

……

尔乃邑居隐赈，夹江傍山。栋宇相望，桑梓接连。家有盐泉之井，户有橘柚之园。其园则林檎枇杷，橙柿楟柅。榹桃函列，梅李罗生。百果甲宅，异色同荣。朱樱春熟，素柰夏成。若乃大火流，凉风厉。白露凝，微霜结。紫梨津润，榛栗罅发。蒲陶乱溃，若榴竞裂。甘至自零，芬芬酷烈。其园则有蒟蒻茱萸，瓜畴芋区。甘蔗辛姜，阳蓲阴敷。日往菲薇，月来扶疏。任土所丽，众献而储。

……

于是乎金城石郭，兼市中区。既丽且崇，实号成都。辟二九之通门，画方轨之广涂。营新宫于爽垲，拟承明而起庐。结阳城之延阁，飞观榭乎云中。开高轩以临山，列绮窗而瞰江。内则议殿爵堂，武义虎威。宣化之闼，崇礼之闱。华阙双邈，重门洞开。金铺交映，玉题相晖。外则轨躅八达，里闬对出。比屋连甍，千庑万室。亦有甲第，当衢向术。坛宇显敞，高门纳驷。庭扣钟磬，堂抚琴瑟。匪葛匪姜，畴能是恤？

……

若乃卓荦奇谲，倜傥罔已。一经神怪，一纬人理。远则岷山之精，上为井络。天帝运期而会昌，景福肸蚃而兴作。碧出苌弘之血，鸟生杜宇之魄。妄变化而非常，羌见伟于畴昔。近则江汉炳灵，世载其英。蔚若相如，皭若君平。

王褒韡晔而秀发,杨雄含章而挺生。幽思绚道德,摛藻掞天庭。考四海而为隽,当中叶而擅名。是故游谈者以为誉,造作者以为程也。至乎临谷为塞,因山为障。峻岨塍埒长城,豀险吞若巨防。一人守隘,万夫莫向。公孙跃马而称帝,刘宗下辇而自王。由此言之,天下孰尚?故虽兼诸夏之富有,犹未若兹都之无量也。

"建安七子之冠冕"(刘勰语)又与曹植并称"曹王"的王粲,诗歌创作代表作有《七哀诗》《从军诗》,"粲长于辞赋"(曹丕语),今存20多篇赋,多为骚体,最为人传诵的是作于客居荆州时期的《登楼赋》。时人沈约认为"相如巧为形似之言,班固长于情理之说,子建、仲宣以气质为体,并标能擅美,独映当时",把王粲与司马相如、班固、曹植并列。他受命根据"巴渝舞"歌词改编的组诗四首,见载于《宋书·乐志》的"魏《渝儿舞歌》四篇,魏国初建所用,使王粲改创其辞"。《晋书·乐志》曰:"《巴渝舞》,汉高帝所作也。高帝自蜀汉将定三秦,阆中范目率賨人从帝为前锋,号板楯蛮,勇而善斗。及定秦中,封目为阆中侯,复賨人七姓。其俗喜歌舞,高帝乐其猛锐,数观其舞,曰:'武王伐纣歌也。'后使乐人习之。阆中有渝水,因其所居,故曰《巴渝舞》。舞曲有《矛渝》《弩渝》《安台》《行辞》,本歌曲四篇。其辞既古,莫能晓其句度。"由于刘邦的喜爱,两汉皇室和权贵府邸宴集中,"巴渝舞曲"极为盛行,其流风影响至魏晋时期。

梁简文帝萧纲,做过太子,其"六岁便属文",阅读速度可"十行俱下",因长居深宫而所作流于轻艳,被称为"宫体"。他有《舞赋》称赞巴渝舞姿之妙:"酌蒲桃,坐柘观,命妙舞,征清弹……奏巴渝之丽曲,唱碣石之清音,扇才移而动步,鞞轻宣而逐吟。"其两首《蜀道难》曰:

建平督邮道,鱼复永安宫。
若奏巴渝曲,时当君思中。
巫山七百里,巴水三回曲。
笛声下复高,猿啼断还续。

又有《蜀国弦歌篇十韵》:

铜梁指斜谷,剑道望中区。通星上分野,作固下为都。雅歌因良宋,妙舞自巴渝。阳城嬉乐所,剑骑郁相趋。五妇行难至,百两好游娱。牲祈望帝祀,酒酹蜀侯姝。江妃纳重聘,卓女爱将雏。停弦时击爪,息吹更冶朱。脱衫湔锦浪,回扇避阳乌。闻君握节返,贱妾下城隅。

郭璞,山西省闻喜县人,在文学创作、语言文字训诂、道学术数等诸多方面皆有巨大影响,因其所著《葬经》而被认为是中国风水学鼻祖。《晋书》本传说他"词赋为中兴之冠。好古文奇字,妙于阴阳算历"。其《游仙诗》组诗14首、《江赋》等极负盛名。他曾注释《周易》《山海经》《穆天子传》《方言》和《楚辞》等典籍,现今的《辞海》和《辞源》上均引郭璞注释。他不仅对严君平"卖卜市井"的高风亮节崇慕不已,而且以《巫咸山赋》《盐池赋》的繁复辞藻描绘巴蜀美景,其中有涉及蜀中著名神话人物的"寻仙万余日,今乃见子乔"(《游仙》之十)。《文选》收录"其辞甚伟,为世所称"的《江赋》就是郭璞的巴蜀题材代表作。此赋文采宏丽,铺张夸饰,气象壮阔,笔力雄健,被誉为"中国山水文学的重要作品"。刘勰说:"景纯艳逸,足冠中兴。"钟嵘《诗品·序》说他:"始变永嘉平淡之体,故称中兴第一。"节选如下:

惟岷山之导江,初发源乎滥觞。聿经始于洛沫,拢万川乎巴梁。冲巫峡以迅激,跻江津而起涨。极泓量而海运,状滔天以淼茫。总括汉泗,兼包淮湘。并吞沅澧,汲引沮漳。源二分于崌崃,流九派乎浔阳。鼓洪涛于赤岸,沦余波乎柴桑。纲络群流,商搉涓浍。表神委于江都,混流宗而东会。注五湖以漫漾,灌三江而漰沛。滈汗六州之域,经营炎景之外。所以作限于华裔,壮天地之崄介。呼吸万里,吐纳灵潮。自然往复,或夕或朝。激逸势以前驱,乃鼓怒而作涛。峨眉为泉阳之揭,玉垒作东别之标。衡霍磊落以连镇,巫庐嵬崒而比峤。协灵通气,喷薄相陶。流风蒸雷,腾虹扬霄。出信阳而长迈,淙大壑与沃焦……

于是芦人渔子,摈落江山,衣则羽褐,食惟蔬鲜。栫淀为涔,夹潨罗筌。筒洒连锋,罾罶比船。或挥轮于悬踣,或中濑而横旋。忽忘夕而宵归,咏采菱以叩舷。傲自足于一呕,寻风波以穷年……

张载，西晋时河北安平人，生卒年不详，性格闲雅，博学多闻，曾任佐著作郎、中书侍郎等职。西晋末年乱世，托病告归。张载与其弟张协、张亢都以文学著称，时称"三张"，今存诗十余首，为人所知的是《拟四愁诗》和《七哀诗》两首。其《剑阁铭》，源自入蜀看望时任蜀郡太守的父亲张收期间，张载多次途经剑阁天险，有感于"蜀人恃险好乱，因著铭以作诫"，而作"表誓戒"铭文，先写剑阁形势的险要，次引古史指出国之存亡在德不在险的道理，被后人誉为"文章典则"。"益州刺史张敏见而奇之，乃表上其文，武帝遣使镌之于剑阁山"，这就是著名的《剑阁铭》。其曰：

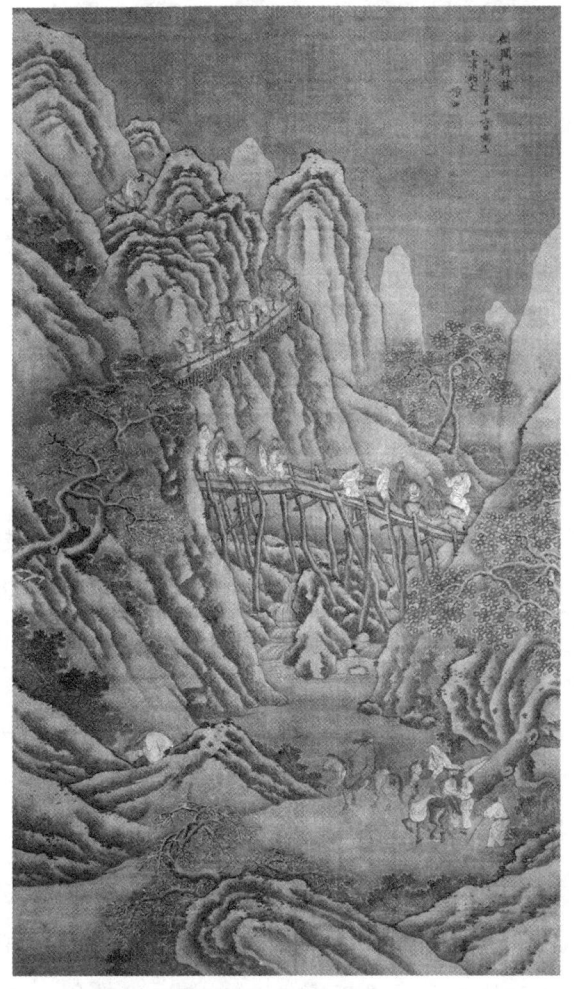

（明）张翀：《剑阁行旅图》

岩岩梁山，积石峨峨。远属荆衡，近缀岷嶓。南通邛僰，北达褒斜。狭过彭碣，高逾嵩华。惟蜀之门，作固作镇。是曰剑阁，壁立千仞。穷地之险，极路之峻。世浊则逆，道清斯顺。闭由往汉，开自有晋。秦得百二，并吞诸侯。齐得十二，田生献筹。矧兹狭隘，土之外区。一人荷戟，万夫趑趄。形胜之地，匪亲勿居。昔在武侯，中流而喜。山河之固，见屈吴起。兴实在德，险亦难恃。洞庭孟门，二国不祀。自古迄今，天命匪易。凭阻作昏，鲜不败绩。公孙既灭，刘氏衔璧。覆车之轨，无或重迹。勒铭山阿，敢告梁益。

他还作《登成都白菟楼诗》，其中有"芳茶冠六清，溢味播九区"之语。其诗曰：

重城结曲阿，飞宇起层楼。
累栋出云表，峣榭临太虚。
高轩启朱扉，回望畅八隅。
西瞻岷山岭，嵯峨似荆巫。
……
披林采秋橘，临江钓春鱼。
黑子过龙醢，果馔踰蟹蝑。
芳茶冠六清，溢味播九区。
人生苟安乐，兹土聊可娱。

常景，北魏时河南温县人，"耽好经史，爱玩文词，若遇新之书，殷勤求访，或复质买，不问价之贵贱，必以得为期"。这个当时"以文义见宗"的著名文人，就以巴蜀组诗表达了对文学前贤的景仰。《魏书·常景传》曰：

景淹滞门下，积岁不至显官，以蜀司马相如、王褒、严君平、扬子云等四贤，皆有高才而无重位，乃托意以赞之。

其赞司马相如曰："长卿有艳才，直致不群性。郁若春烟举，皎如秋月映。游梁虽好仁，仕汉常称病。清贞非我事，穷达委天命。"

其赞王子渊曰："王子挺秀质，逸气干青云。明珠既绝俗，白鹄信惊群。才世苟不合，遇否途自分。空枉碧鸡命，徒献金马文。"

其赞严君平曰："严公体沉静，立志明霜雪。味道综微言，端蓍演妙说。才屈罗仲口，位结李强舌。素尚迈金贞，清标陵玉彻。"

其赞扬子云曰："蜀江导清流，扬子挹余休。含光绝后彦，覃思邈前修。世轻久不赏，玄谈物无求。当途谢权宠，置酒独闲游。"

当时许多著名作家，或多或少都有过"审美巴蜀"之作。阴铿即有《蜀道难》："王尊奉汉朝，灵关不惮遥。高岷长有雪，阴栈屡经烧。轮摧九折路，骑阻七星桥。蜀道难如此，功名讵可要。"其他如梁刘孝威的两首《蜀道难》、卢思道的一首《蜀道弦》。另外，鲍照的《拟古诗八首》其八《蜀汉多奇山》、庾信《别庾七入蜀》等诗也写到了蜀道的艰险。

鲍照《蜀四贤咏》亦曰：

渤渚水浴凫，春山玉抵鹊。
皇汉方盛明，群龙满阶阁。
君平因世闲，得还守寂寞。
闭帘注道德，开封述天爵。
……
良遮神明游，岂伊覃思作。
玄经不期赏，虫篆散忧乐。
首路或参差，投驾均远托。
身表既非我，生内任丰薄。

《水经注》是北魏郦道元所撰写的一部历史地理巨著，详记大小水道千余条，历叙两岸山陵城邑、建筑名胜、珍物异事，文笔绚烂，描写生动，状物贴切，富有文学价值。后人推郦道元为山水游记的开创者。《水经注》的"巴蜀发现"，亦是中国文学一个突出现象。其中《三峡》仅用一百五十余字的篇幅，穷尽七百里风光，日月山川，争流轻舟，青草碧潭，悬泉飞瀑，寒林怪柏，猿啸渔歌，层见叠出，春夏秋冬，各显风采，创造了一个富于变幻的艺术境界，篇约意丰，结构谨严。其曰：

自三峡七百里中，两岸连山，略无阙处。重岩叠嶂，隐天蔽日，自非亭午夜分，不见曦月。至于夏水襄陵，沿溯阻绝。或王命急宣，有时朝发白帝，暮到江陵，其间千二百里，虽乘奔御风，不以疾也。
春冬之时，则素湍绿潭，回清倒影。绝巘多生怪柏，悬泉瀑布，飞漱其间，清荣峻茂，良多趣味。每至晴初霜旦，林寒涧肃，常有高猿长啸，属引凄异。空谷传响，哀转久绝。故渔者歌曰："巴东三峡巫峡长，猿鸣三声泪沾裳。"

本为一段对《水经》的注释文字，但因它文思清丽，情趣醇浓，是非常精彩绝妙的文学散文作品。作者不仅细致地描绘了三峡在不同季节、不同时间的不同景色特征，如急流和峻岭相互映衬，动态的"湍"与静态的"潭"相衬，水如白练，清光回照，山静、泉飞、柏怪、水奇，静动互衬，声色纷沓，山高、岭连、峡窄、水长，山猿长鸣，构成了一幅挺拔超脱险峻壮奇的图画，还适当地穿插进前人的亲身见闻和感受，使优美迷人、妙趣横生而又气势磅礴的三峡奇观，展现于世人。文章运笔富于变化，有正面落笔，有侧面烘托，有粗线勾勒，有工笔细描，有明言直写，有隐喻暗示，有全景鸟瞰，有特写镜头，有仰观远景，有俯察近物，有绘形写貌，有摹声录音，有自己立言，有由人代语，虽只百余字的短文，却概括千里，包容四季，后来的三峡题材文学，由此全面拉开帷幕。

第四章

巅峰状态的巴蜀文学

第一节 隋唐巴蜀文学的辉煌

一、隋代文化与文学的承启过渡

隋文帝于开皇九年（589）统一中国，结束了270余年南北分裂的混乱局面，为南北文风的融合创造了条件。杨素、卢思道、薛道衡、虞世基等文人，积极推行文帝提倡的"实录"带来文风改革，但很难纠正已经成为普遍现象的南朝文风。随后即位的炀帝杨广的诗作又复归浮艳，即"炀帝践阼，骄暴日甚，东西游幸，穷极侈靡，所至流连声伎。其《清夜游曲》，犹陈后主之《后庭花》也。于是当时文士，复好丽词，雅制终废，然新声竞作，为后世戏曲之萌芽；律体大进，又有以导唐人之先路"①。文学毕竟属于美的艺术，郑振铎的《插图本中国文学史》较为准确地看到杨广诗歌的价值："像他的《悲秋》，又像他的《春江花月夜》都是置之梁祖、简文诸集中而不能辨的。又有'寒鸦飞数点，流水绕孤村'的数语，曾为秦观取入词中，成为绝妙好词。"汉魏乐府以来的"河朔诗风"与"江左诗风"互相吸收，又重新在统一的隋朝文学平台上化合融会，糅合南朝民歌之缠绵绮丽及北朝鼓吹之苍莽宏远，对仗工整，音韵流美，这些为盛唐文学的崛起准备了充分的条件。

公元581年隋朝建立，隋文帝封其第四子杨秀为益州刺史，再封为蜀王，可见对巴蜀的重视程度。王勃的祖父王通，出任蜀郡司户书佐和蜀王侍读，有文论专著《中说》批判齐梁绮靡文风，核心主张还是承袭文主理，诗重政教，文辞主约、达、典、则之论说。何妥，蜀中郫县人，其父本为西域"细胡"，经商入蜀而家居郫县，是被称为"西州大贾"的巨富。史称其八岁游国子学，助教顾良戏之曰："汝既姓何，是荷叶之荷，是河水之河？"应声答曰："先生姓顾，是眷顾之顾，是新故之故？"众咸异之。十七岁以使巧事湘东王，时人称"世有两俊，白杨何妥，青杨肖慎"。妥性劲急，有口才，喜欢点评人物是

---

① 魏徵：《隋书·文学传序》。

非。至隋统一，何妥进爵为公。《隋书·儒林传》说排在第一名的河南洛阳人元善"善之通博，在何妥之下"，"及就讲肆，妥遂引古今滞义以难，善多不能对"。虽然排在第三，但何妥所占篇幅远远超过其他人，如："时，上方使苏夔在太常，参议钟律。夔有所建议，朝士多从之，妥独不同，每言夔之短。高祖下其议，朝臣多排妥。妥复上封事，指陈得失，大抵论时政损益，并指斥当世朋党。于是苏威及吏部尚书卢恺、侍郎薛道衡等皆坐得罪。"他的著述有《周易讲疏》十三卷、《孝经义疏》三卷、《庄子义疏》四卷，及与沈重等撰《三十六科鬼神感应等大义》九卷、《封禅书》一卷、《乐要》一卷，文集十卷，并行于世。

隋末农民起义战火基本上未波及四川，使这里成为全国少有的安定地区。作为"国家级正史"的《隋书·地理志》，将巴蜀地区人文风土的特征展示为：

其地四塞，山川重阻，水陆所凑，货殖所萃，盖一都之会也。

其人敏慧轻急，貌多蕞陋，颇慕文学，时有斐然，多溺于逸乐，少从宦之士，或至耆年白首，不离乡邑。人多工巧，绫锦雕镂之妙，殆侔于上国。贫家不务储蓄，富室专于趋利。其处家室，则女勤作业，而士多自闲，聚会宴饮，尤足意钱之戏。小人薄于情礼，父子率多异居。

其边野富人，多规固山泽，以财物雄役夷、獠，故轻为奸藏，权倾州县。此亦其旧俗乎？又有獽狿蛮賨，其居处风俗，衣服饮食，颇同于獠，而亦与蜀人相类。

该书还提到一个情况值得注意，即直至隋代，一些巴蜀移民仍然保留延续着自己的地域文化，即："自汉高发巴蜀之人定三秦，迁巴之渠率七姓居于商洛之地，由是风俗不改其壤。其人自巴来者，风俗犹同巴郡。"刘邦屈居汉中时，征募巴蜀北部地区的賨民（板楯蛮），出击三秦，终获天下，为此三次封其首领范目，人称"三秦亡，范三侯"。许多从军者跟随刘邦进入北方，分布于社会各阶层，如汉代宫廷中的"国家文工团"即"巴渝鼓员三十六人"等，进入关中商洛之地的巴渠民众，长时期保留着自己的地域文化特色，流布甚为久远。1986年，陕西汉中紫阳白马石村汉墓发掘，发现属于"巴蜀文化"系统的墓葬八座。[①]

[①] 王炜林、孙秉君、李厚志：《陕西紫阳白马石汉墓发掘报告》，《考古学报》1995年第2期。

隋朝（581～618）结束了魏晋南北朝以来三百多年的分裂局面，其建三省六部制政体、整饬吏治、创科举制、建大运河等，对中国历史影响甚为深远。但因其暴政、劳役太重、滥用民力，以及原有各种势力尚未完全消散等，仅仅存在37年，在文化与文学的建树上，乏善可陈。

二、盛世精神对文学的催化

大唐帝国是当时世界上与罗马帝国、中东阿拉伯帝国三足鼎立的大国，被中国和西方许多历史学家称为最辉煌的朝代，"它的疆域甚至超过汉朝。唐朝在中亚建立了中国的宗主权，控制整个塔里木盆地，并越过帕米尔高原，控制奥克苏斯河流域各国，以及阿富汗、印度河上游地区。另外，南部的西藏、西北的蒙古、东北的朝鲜和满洲等广大地区，这时也被迫承认中国的宗主权。当时世界上，只有中东穆斯林阿拉伯人的帝国能与之匹敌"，"帝国疆土的扩大，陆上海上贸易路线的重新开放，致使外国许多宗教思想和大批传教士涌入中国，其中佛教的情况尤其如此"[①]。李唐皇族的"膻腥"血统，自然难以忍受儒家那一整套伦理规范，他们也崇尚儒学但并不"独尊"之；弘扬佛学，却以不损害国家利益为限度；他们更喜欢道家，把老子奉为自己的始祖。老庄道家对完美人性和自由的追求，就成为李唐皇族及其所统治的社会时代精神。儿媳可以被提升为妾妃，牝鸡可以司晨称帝，内宫可以与外臣晤面……这是一个充满着精神自由和恣意妄为的时代，甚至是一个权威消解的时代。人们无须"戴着镣铐跳舞"局囿于宫廷，"天涯何处无芳草"，建功边塞是自我价值实现的途径，游历名山大川状景抒怀亦是"不朽之盛事"。唐代作家把文学引向更广袤的大地人生，呈现为昂扬奋发的盛世气象和蓬勃激越的青春朝气。在盛世风潮的激励下，大唐诗人爆发出万般外向而且高昂激越的气概，不管是"张扬"还是"内敛"，都不再是大汉帝国文学那种流彩溢金般的殿堂宫阙铺排，而是更具体的现实生活状貌和切实的人生苦乐绘写。自由昂扬的时代精神、繁复多姿的人生内容与表现技巧相适应，形成一种浑然美，充盈着热情、爽朗、乐观、天真，富于幻想和进取精神。

唐诗之所以发达，首在于君主的倡导。初唐的太宗、女主武则天及玄宗，都是提倡文学的，并且落实到制度保证：《全唐诗·序》载"聚天下才智英杰

[①] 斯塔夫理阿诺斯：《全球通史·传统的儒家文明》，上海社会科学院出版社1987年版。

之彦，悉从事于六义之学，以为晋身之阶，则习之者固已专且勤矣"。读书就是为了仕进，科考的必修课就有诗歌创作，这使全部读书人都成为"天然"的诗人。唐代文学流派纷呈，高岑、王孟、元白、韩柳、郊岛等诗歌流派竞繁，诗歌体式建构如古风、近体、歌行、律诗，乃至曲子词等的多元实验，文学诸体式如传奇、杂剧等，都得到淋漓尽致的尝试。在这个自由的时代，自先秦以来中国文学所有的历史积淀都在此得到了一次全新的发展和再创造。初盛唐诗人多用"少年"做诗题和题材。严羽《沧浪诗话》说"唐人好诗，多是征戍、迁谪、行旅、离别之作，往往能感动激发人意"，说的就是这个道理。时间与空间、感受与表现、意象与结构、体式与语言、孤独与友情、乡愁与羁恨、隐逸与仕进等，作为这个时代繁复的旋律而交响着。

文人们走进民间的全国大漫游，带来了"自然的新发现"，眼前的风景激活了多年苦读积累的心中风景，现实与历史、实景与联想纠结一体，中华文化和文学历经漫长的发酵过程，开始酿造醉人的醇酒。如李白的"十载客梁园"（《书情题蔡舍人雄》）和"我家寄东鲁"（《寄东鲁二稚子》）等。热情、爽朗、乐观、天真、富于幻想和进取精神——唐人所有的这些性格，都是属于纯诗的品质，因而最好的诗必然出现在唐。中华民族的青春时代，就通过唐代文学而展现着。

三、"崇汉"与"天下诗人皆入蜀"

唐代巴蜀，仍然保持着全国诸多方面的领先地位，当时就有人将之概括为"扬一益二"。唐人卢求在其《成都记·序》中认为巴蜀的优越还该有更高评价：

> 大凡今之推名镇为天下第一者，曰扬、益。以扬为首，盖声势也。人物繁盛，皆系土著，江山之秀，罗锦之丽，管弦歌舞之多，伎巧百工之富，其人勇且让，其地腴以善熟。较其妙要，扬不足侔其半。

蜀中似乎成了大唐宫廷的后花园与避乱所：天宝十五载（756），唐玄宗避安史之乱奔蜀；兴元元年（784），唐德宗避李希烈、朱泚之乱，奔避汉中，且急欲西幸成都，为群臣所谏阻；广明元年（880），唐僖宗避黄巢之乱，幸蜀至成都；光启二年（886），僖宗再幸汉中欲奔蜀。由此可见，巴蜀地区实为关系到大唐帝国安危存亡的战略大后方。所以明代的于慎行说："唐都长安，每有盗寇，辄为出奔之举，恃有蜀也。所以再奔再北而未至亡国，亦幸有蜀也。"正因为巴蜀在全国格局中的重要地位，唐王朝多以重臣贵戚出镇巴蜀，而且这些人日后入朝拜相者极多。据统计，自唐宪宗元和元年（806）至僖宗乾符六年（879），在巴蜀大地担任三川节度使的九十三人中，大约每两名节度使中就有一人成为宰辅。出镇西川的历任节度使中，严武、韦皋、武元衡、段文昌、李德裕、杨嗣复、白敏中、李景让、高骈、陈敬瑄等人，皆为唐代重臣，声威显赫，或位居宰相，或爵至封侯，所以史书上有"西川为宰相回翔地"的说法。主政蜀中的高适对巴蜀的重要地位看得很清楚，他在蜀中时给朝廷的上疏说："比日关中米贵，而衣冠士庶，颇亦出城，山南、剑南，道路相望，村坊市肆，与蜀人杂居，其升合斗储，皆求于蜀人矣。"（《旧唐书·高适传》）

志存高远的大唐士子，倾慕大汉盛世开边拓土的伟业，这种时代精神呈现于文学中的"崇汉"情结。自陈子昂开始的唐代边塞诗，呈现出浓郁的汉代情结，反映了当时深刻的文化背景和厚重的历史意识。陈子昂《感遇诗》中的"苍苍丁零塞""丁亥岁云暮""朔风吹海树""本为贵公子""朝入云中郡"诸首，以及《蓟丘览古赠卢居士藏用七首》《送魏大从军》《登幽州台歌》等名篇，都完美体现"风骨""兴寄"等美学理念。汉唐有许多相似之处：国势强盛，疆域辽阔，汉代的边疆保卫战和开疆拓土常常被后人传为美谈。卫青、霍去病、班超、李广等雄姿英发、战功卓著的历史英雄，成为唐代文人心中的偶像。火热的激情，异域的风光，战争的场面，渴望与梦想，使他们热血沸腾，豪气冲天。"天子不召见，挥鞭遂从戎"，"大笑向文士，一经何足穷"，"功名只向马上取，真是英雄一丈夫"，"东走到营州，投身事边将"。他们的言行是对潮流的应和，是唐代诗人放宽历史视野、开阔胸襟的反映。唐代诗人既可出征又能写诗，目光和脚步移向了大好河山与塞外荒漠乃至西亚异域。如果说跃马扬鞭赴边塞反映了诗人的爱国情怀和渴望建功的雄心，是与时代相呼应，那么，汉代情结则反映出诗人渴望从历史文化中寻求精神力量，实际上正是泱泱大汉精神的盛唐版。

同时，大汉声威在文学领域的积淀——巴蜀大赋作家群成为唐代文学的追摹对象和文学创新的价值准绳。人们常将司马相如、扬雄并提，并且常常用这个标尺去检验和品评巴蜀作家，如杜甫论李白的"公生扬马后，名与日月悬"，韩愈《进学解》的"子云相如，同工异曲"，卢藏用在《陈氏别传》中也评述陈子昂"雅有相如、子云之风骨,历抵群众,都邑靡然瞩目矣"。这当然是基于二人是汉代文学最杰出的代表,也常常意指巴蜀地域文化的优秀传统。而刘禹锡则在《陋室铭》中用"南阳诸葛庐,西蜀子云亭",将文宗(扬雄)与武侯(诸葛亮)对社会产生的影响相提并论。巴蜀上古神话瑰丽奇幻的想象与幻想、大汉文学中巴蜀作家群的皇皇业绩、《华阳国志》等寻根巴蜀文化精神的自觉意识,以及巴蜀人文精神的浪漫热情和大胆骄狂等,都为唐代巴蜀文学的繁盛准备了充分的条件。如此丰厚的地域文化积淀影响,巴蜀作家如不能在唐代文学大合唱中成为领唱歌手,反倒会成为咄咄怪事。而呼吸着同样的地域文化空气的李白、陈子昂在唐代文坛上的崛起和所达到的艺术创造高度,还有入蜀后诗风大变的杜甫的蜀中创作所产生的影响等,都应该是一种必然结果。

正因为巴蜀在唐代有着如此地位,现实的和历史的多种因素合力,导致"天下诗人皆入蜀"的盛况出现。"成都街头的'登徒子'"初唐四杰,以蜀地书写唱出唐代文学的序曲。杜审言(杜甫祖父)和杜甫、刘希夷、沈佺期、张说、孟浩然、王维、崔颢、白居易、元稹、贾岛、岑参、李商隐等著名诗人都有过入蜀的经历。又如长孙无忌流放黔州,李贤迁巴州,颜真卿贬蓬州,陆贽和白居易迁忠州……唐代诗人或漫步巴蜀大地吟咏美景,或抒写巴蜀前贤的迷人故事,即如白居易《长恨歌》的"蜀江水碧蜀山青"、韩愈的"蜀雄李杜拔"等。最突出的是杜甫,世人对其"沉郁顿挫"诗风完美成熟的概括,指的就是他入蜀后的诗风大变。歌吟巴蜀,几乎成为唐代文学创作最时髦的选择。纵观三百年间唐代文学,几乎每个著名作家都与巴蜀产生过关系,甚至是"文起八代之衰"的文坛领袖韩愈,也留下对巴蜀的向往和对巴蜀先贤的崇敬①,如"汉之时,司马迁、相如、扬雄,最其善鸣者也"等。

第二节 初唐文学中的蜀籁

一、成都街头的"登徒子"——初唐四杰

"天下诗人皆入蜀",首先是从"初唐"的"四杰"开始。他们的性格

---

① 柳宗元的《答韦珩示韩愈推以文墨事书》说,韩愈"所敬者,司马迁、扬雄"。

各有不同，如明代陆时雍《诗镜总论》所说的"王勃高华，杨炯雄厚，照邻清藻，宾王坦易"；就年龄而言，相差悬殊（四杰中生卒年有确切记载的只有王勃），却由于不同的原因，在巴蜀大地聚合为当时人眼中的"益州四才子"，又因为鲜明的、活泼刚健的巴蜀书写，真实的生活和思想感情表现，

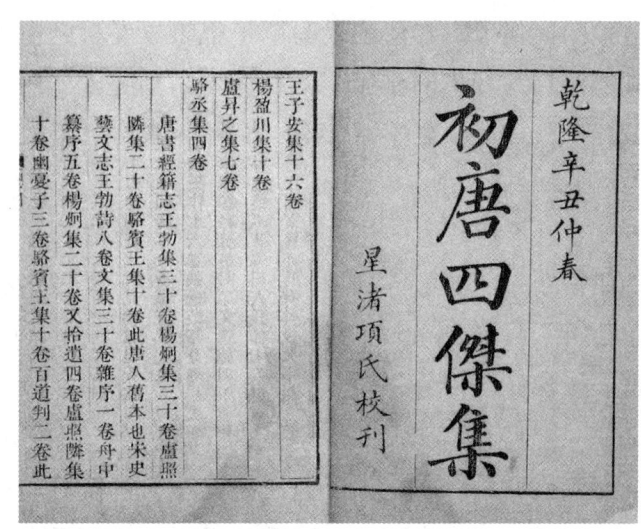

初唐四杰书影

被后人概括为"初唐四杰"。远离中心的边地生活，诱使他们的目光从殿堂转向市井，从宫阙转到民间和边塞。闻一多在《四杰》中指出，"他们都曾经是两京和成都市中的轻薄子，他们的使命是以市井的放纵改造宫廷的堕落，以大胆代替羞怯，以自由代替局缩，所以他们的歌声需要大开大阖的节奏，他们必需以赋为诗"，"行为都相当浪漫"[①]。闻一多这里已经看到了汉代巴蜀作家群体的影响和大盆地民俗风习对"四杰"的作用。这就是骆宾王在《秋日于益州李长史宅宴序》中所说的"弁侧山颓，自有琴歌留客，操觚染翰，非无山水助人"。

王勃（650？～676？），山西运城人，总章二年（669），离开京城南下[②]，开始了他近三年的蜀中漫游，这其中应该还有家世之因：其祖父、隋末大儒王通，曾经入蜀担任蜀郡司户书佐、蜀王侍读，蜀中应该有一些其祖父的故旧家庭乃至于亲戚可以投靠依托。王勃少年时期被人称为"神童"，其中应该是有着极其重要的"家教"影响，这还应该包括其祖父对巴蜀物产、山川景物和文化风习、文学等的介绍，这就导致了王勃从昔日的神游转而为现实的"行走"。例如王勃的《上吏部裴侍郎启》就曾模仿汉代成都人扬雄，也把诗赋视为"悠悠小技"。仕途的挫折，生活的新体验，山川的感召，还有巴蜀大

---

① 闻一多：《闻一多全集·唐诗杂论·四杰》，上海开明书店1948年版。
② 王勃入蜀时所作的《游玄武山庙序》有云："吾之生二十载矣。"

盆地的民俗风习，使王勃写下了很多抒发自己情怀的诗文。其仕途艰难的感叹和一些抒写乡思的作品，就积淀为王勃的《入蜀纪行》三十余首并编为诗集，其序曰："山川之感召多矣，余能无情哉？爰成文律，用宣行唱。"他还在今三台县写了《兜率寺碑》《灵瑞寺浮图碑》《慧义寺碑》及《通泉县惠普寺碑》，在今中江县一带写有《玄武县福惠寺碑》和《飞鸟县白鹤寺碑》，在今德阳市写了《善寂寺碑》，在金堂县写下《三圣寺碑》《益州绵竹县武都山净惠寺碑》《绵州北亭群公宴序》等。秀美山水使他的精神振奋起来。身处边地、远离政治中心又身无官职的现状，让他从"涧底松"这个自然景象中产生联想："徒志远而心屈，遂才高而佐下。其在物而有焉，余何为而悲者？"（《涧底寒松赋》），又以《青苔赋》"耻桃李之暂芳，笑兰桂之不永，故顺时而不竞，每乘幽而自振"来自我激励。巴蜀之行对王勃创作的蕴涵作用，同在蜀中的杨炯看得很清楚，在为王勃诗集所作的《序》中，他极力夸赞道："神机若助，日新其业；西南洪笔，咸出其辞；每有一文，海内惊瞻。"确实，仅"海内存知己，天涯若比邻""落霞与孤鹜齐飞，秋水共长天一色"等佳句，已经成为千古绝唱。其《春思赋》序曰：

咸亨二年，余春秋二十有二，旅寓巴蜀，浮游岁序。殷忧明时，坎禀圣代。九陇县令河东柳太易，英达君子也，仆从游焉。高谈胸怀，颇泄愤懑。于时春也，风光依然。古人云："风景不殊，举目有山河之异，不其悲乎？"仆不才，耿介之士也。窃禀宇宙独用之心，受天地不平之气，虽弱植一介，穷途千里，未尝下情于公侯，屈色於流俗，凛然以金石自匹，犹不能忘情於春。则知春之所及远矣，春之所感深矣，此仆所以抚穷贱而惜光阴，怀功名而悲岁月也。岂徒幽宫狭路，陌上桑间而已哉？屈平有言："目极千里伤春心。"因作《春思赋》，庶几乎以极春之所至，析心之去就云尔。

《春思赋》还有这样一些心底涌出的情感呈现：

于是仆本浪人，平生自沦，怀书去洛，抱剑辞秦。惜良会之道迈，厌他乡之苦辛。忽逢边候改，遥忆帝乡春。帝乡迢递关河里，神皋欲暮风烟起。黄山半入上林园，元灞斜分曲江水。玉台金阙纷相望，千门万户遥相似。昭阳殿里报春归，未央台上看春晖。水精却挂鸳鸯幔，云母斜开翡翠帏。竞道西园梅色浅，争知北阙柳荫稀……

春江澹容与，春期无处所。春水春鱼乐，春汀春雁举。君道玉门关，何如金陵渚？为问逐春人，年光几处新？何年春不至？何地不宜春？亦有当春逢远客，亦有当春别故人，风物虽同候，悲欢各异伦。归去春山恣间放，蕙畹兰皋行可望，何为悠悠坐惆怅？比来作客住临邛，春风春日自相逢。石镜岩前花屡密，玉轮江上叶频浓……

会当一举绝风尘，盖翠珠轩临上春。朝升玉署调天纪，夕憩金闺奉帝纶。长卿未达终希达，曲逆长贫岂剩贫。年年送春应未尽，一旦逢春自有人。

王勃在蜀中九陇县（今彭州市）的诗作，如：

物外山川近，晴初景霭新。
芳郊花柳遍，何处不宜春？

——《登城春望》

江旷春潮白，山长晓岫青。
他乡临睨极，花柳映边亭。

——《早春野望》

玉架残书隐，金坛旧迹迷。
牵花寻紫涧，步叶下清谿。
琼浆犹类乳，石髓尚如泥。
自能成羽翼，何必仰云梯。

——《观内怀仙》

江送巴南水，山横塞北云。
津亭秋月夜，谁见泣离群？
乱烟笼碧砌，飞月向南端。
寂寞离亭掩，江山此夜寒。

——《江亭夜月送别二首》

王勃的文学主张崇尚实用,有强烈的入世精神,认为"君子以立言见志。遗雅背训,孟子不为;劝百讽一,扬雄所耻。苟非可以甄明大义,矫正末流,俗化资以兴衰,家国由其轻重,古人未尝留心也"(《上吏部裴侍郎启》)。明代胡应麟认为王勃的五律"兴象婉然,气骨苍然,实首启盛(唐)、中(唐)妙境。五言绝亦舒写悲凉,洗削流调。究其才力,自是唐人开山祖"①。咸亨三年(672),王勃离开蜀地返回长安。

杨炯(650~692),陕西华阴人,长于五言诗,以边塞征战题材、三峡组诗著名。《四库全书总目》谓"其词章瑰丽,由于贯穿典籍,不止涉猎浮华"。其《王勃集序》是该群体艺术主张的集中宣示,反映了"四杰"有意识地改革当时文风的要求。对时人所称"益州四才子",他自谦为"愧在卢前,耻居王后"。杨炯是入蜀任职,因堂弟杨神让受到牵连,大约在685年被贬为梓州(治所四川三台县)司法参军,居蜀约五年。他为蜀地孔庙撰写的《大唐益州大都督府新都县学先圣庙堂碑文》(简称《新都碑》),《遂州长江县先圣孔子庙堂碑》(简称《长江碑》),都是初唐散文的范本。其三峡组诗如:

三峡七百里,唯言巫峡长。
重岩窅不极,叠嶂凌苍苍。
绝壁横天险,莓苔烂锦章。
入夜分明见,无风波浪狂。
忠信吾所蹈,泛舟亦何伤。
可以涉砥柱,可以浮吕梁。
美人今何在,灵芝徒有芳。
山空夜猿啸,征客泪沾裳。

——《巫峡》

余如"绝壁耸万仞,长波射千里。盘薄荆之门,滔滔南国纪"(《西陵峡》),"广溪三峡首,旷望兼川陆。山路绕羊肠,江城镇鱼腹。乔林百丈偃,飞水千寻瀑。惊浪回高天,盘涡转深谷"(《广溪峡》)等,都是写景、咏史和抒情都结合得很完美的作品。其边塞军旅题材,如:

---

① 胡应麟:《诗薮·内编》卷四。

烽火照西京，心中自不平。
牙璋辞凤阙，铁骑绕龙城。
雪暗凋旗画，风多杂鼓声。
宁为百夫长，胜作一书生。

——《从军行》

塞外欲纷纭，雌雄犹未分。
明堂占气色，华盖辨星文。
二月河魁将，三千太乙军。
丈夫皆有志，会见立功勋。

——《出塞》

塞北途辽远，城南战苦辛。
幡旗如鸟翼，甲胄似鱼鳞。
冻水寒伤马，悲风愁杀人。
寸心明白日，千里暗黄尘。

——《战城南》

军情紧急，出师场面隆重而庄严；大雪弥漫，使军旗上的彩画都显得黯然失色；狂风呼啸，与雄壮的进军鼓声交织在一起；黄色沙尘弥漫，冰雪寒气逼人等，无不予以形象鲜活地呈现。作者从戎保边卫国的壮志豪情，溢于言表，呈现出一种雄浑刚健、慷慨激昂的骨力和气势。此外，这些诗作中"牙璋"与"凤阙"、"铁骑"与"龙城"、"塞北"与"城南"等整齐的对仗，形成一种节奏和气势，这对初唐绮靡诗风有极好的纠正作用。又如《紫骝马》《折杨柳》《骢马》等，都属于气势轩昂、风格豪放之作；其唱和、纪游的诗篇如《送梓州周司功》所言"御沟一相送，征马屡盘桓。言笑方无日，离忧独未宽。举杯聊劝酒，破涕暂为欢。别后风清夜，思君蜀路难"亦是。杨炯有赋、序、表、碑、铭、志、状等50篇，今存诗33首，五律居多。明代胡应麟在《诗薮·内编》中提出"盈川近体，虽神俊输王，而整肃浑雄。究其体裁，实为正始"。

卢照邻（约634~约686），河北省涿州人，曾受邓王李元裕称誉说："此吾相如也。"据说他曾因痼疾而拜"药王"孙思邈为师。他入蜀担任新都尉，后因"病去官"离蜀，是"四杰"中居蜀时间最久的，约十年，有"丁年游蜀道，斑鬓向长安"（《早度分水岭》）之语。这也许与一段恋情有关，即"忽忆扬州扬子津，遥思蜀道蜀桥人。鸳鸯渚兮罗绮月，茱萸湾兮杨柳春"（《五悲文·悲昔游》）。虽然"遥思"却因各种原因难以返蜀，这就是骆宾王《艳情代郭氏赠卢照邻》打抱不平的由来。他又在《对蜀父老问》中说："余自丰镐，归于五津，从王事也。"在《至望喜瞩目言怀贻剑外知己》中还说："圣图夷九折，神化掩三分。缄愁赴蜀道，题拙奉虞薰。"在《赠益府群官》中，他把自己的入蜀情况作了一个全面的介绍，其孤傲之气亦跃然：

一鸟自北燕，飞来向西蜀。
单栖剑门上，独舞岷山足。
昂藏多古貌，哀怨有新曲。
……
羽翮毛衣短，关山道路长。
明月流客思，白云迷故乡。
谁能借风便，一举凌苍苍。

在他的作品中，巴蜀地区的山川景物、人文民俗，都得到较多的反映，如《奉使益州至长安发钟阳驿》：

跻险方未夷，乘春聊骋望。
落花赴丹谷，奔流下青嶂。
葳蕤晓树滋，滉漾春江涨。
平川看钓侣，狭径闻樵唱。
蝶戏绿苔前，莺歌白云上。
耳目多异赏，风烟有奇状。

他的《十五夜观灯》还为我们留下了一幅成都元宵节万众狂欢的画面：

锦里开芳宴，兰红艳早年。
缛彩遥分地，繁光远缀天。

接汉疑星落,依楼似月悬。

别有千金笑,来映九枝前。

记述这种游乐场面的,还有《辛法司宅观妓》和《益州城西张超亭观妓》等诗,诗中可见初唐时成都歌舞之盛。面对蜀中丰厚的历史积淀,他写下了《文翁讲堂》《石镜寺》等凭吊古迹的文字;面对蜀中前贤的遗迹,他联想到自身的处境:"闻有雍容地,千年无四邻。园院风烟古,池台松槚春。云疑作赋客,月似听琴人。寂寂啼莺处,空伤游子神。"(《相如琴台》)通过对相如琴台的描写和联想,表达了他怀才不遇的孤寂心情。呼吸着浓郁的巴蜀文化,他的创作思维不可避免地要呈现出巴蜀特征,如"金碧禹山远,关梁蜀道难。相逢属晚岁,相送动征鞍。地咽绵川冷,云凝剑阁寒。倘遇忠孝所,为道忆长安"(《大剑送别刘右史》),以及"星楼望蜀道,月峡指吴门。万行流别泪,九折切惊魂。雪影含花落,云阴带叶昏。还愁三径晚,独对一清尊"(《送费六还蜀》)。在九陇县(今彭州)他有《九陇津集》吟咏眼前的美景:"落落树荫紫,澄澄水华碧。复有翻飞禽,裴回疑曳舄"以及"宝地乘峰出,香台接汉高。稍觉真途近,方知人事劳"(《游昌化山精舍》)。

巴蜀对卢照邻来说,是异乡,但真正要离开却有些难舍:"风月清江夜,山水白云朝。万里同为客,三秋契不凋。戏凫分断岸,归骑别高标。一去仙桥道,还望锦城遥。"(《还京赠别》)现存卢照邻的入蜀诗共计36首。时人张鷟的《朝野佥载》卷六载:"(卢照邻)后为益州新都县尉,秩满,婆娑于蜀中,放旷诗酒,故世称'王杨卢骆'。"写于蜀中的《送梓州高参军还京》《大剑送别刘右史》等篇,被认为是"齐梁与唐律逗变之初"的标志性作品。他擅长诗歌骈文,以歌行体为佳,意境清迥,这就是明代胡震亨说的"领韵疏拔,时有一往任笔,不拘整对之意"(《唐音癸签》),《唐诗汇评》也称之"长于七言歌行,词采富艳,境界开阔"。作品有《卢升之集》七卷和《幽忧子集》七卷,《全唐诗》收其诗两卷。卢照邻的代表作《长安古意》,诗笔纵横奔放,富丽而不浮艳,为脍炙人口的名篇,其中"得成比目何辞死,愿作鸳鸯不羡仙"已成千古名句。

骆宾王(约638~684),浙江义乌人,是"四杰"中年龄最大并最具有政治名声的,其《讨武檄文》及其政治活动,还有其最终结局,都给历史留下许多话题。他约于咸亨四年(673)受派入蜀担任幕府书记,居留蜀中两年多。其

《赠李荣道士》赞扬李荣的道术与文采，是与蜀中道士李荣交好的记录，与同在蜀中的卢照邻之间往还与诗文唱和亦甚多。郑振铎的《插图本中国文学史》说"骆宾王善于长篇的歌行，像《从军中行路难》《夏日游德州赠高四》《帝京篇》《畴昔篇》等，都可显出他的纵横任意，不可羁束的才情来"。而《艳情代郭氏赠卢照邻》《代女道士王灵妃赠道士李荣》等蜀中之作也都具有同样的特点。骆宾王流传下来的130多首诗歌中，有边塞诗十多首，透露出他建功立业的壮志，即"一得视边塞，万里何苦辛"，立誓"为国坚诚款，捐躯忘贱贫"，并决心以陈平、窦宪为榜样，"勒功思比宪，决策暗欺陈"，并放言"若不犯霜雪，虚掷玉京春"。"四杰"诗风雄浑豪迈的特征，也体现于这样的画面中：

　　紫塞流沙北，黄图灞水东。
　　一朝辞俎豆，万里逐沙蓬。
　　候月恒持满，寻源屡凿空。
　　野昏边气合，烽迥戍烟通。
　　膂力风尘倦，疆场岁月穷。
　　河流控积石，山路远崆峒。
　　壮志凌苍兕，精诚贯白虹。
　　君恩如可报，龙剑有雌雄。

——《边城落日》

　　倚伏良难定，荣枯岂易通。
　　旅魂劳泛梗，离恨断征蓬。
　　苏武封犹薄，崔骃宦不工。
　　惟余北叟意，欲寄南飞鸿。

——《边夜有怀》

　　二庭归望断，万里客心愁。
　　晚风连朔气，新月照边秋。
　　灶火通军壁，烽烟上戍楼。

龙庭但苦战，燕颔会封侯。

——《夕次蒲类津》

……
脂车秣马辞乡国，萦辔西南使邛僰。
玉垒铜梁不易攀，地角天涯眇难测。
莺啭蝉吟有悲望，鸿来雁度无音息。
阳关积雾万里昏，剑阁连山千种色。
……
川平烟雾开，游戏锦城隈。
墉高龟望出，水净雁文回。
寻姝入酒肆，访客上琴台。
不识金貂重，偏惜玉山颓。
……

——《畴昔篇》

但其作品常常流露着忧郁，如"凌波起罗袜，含风染素衣。别有知音调，闻歌应自飞"（《咏尘》），与之相类的是《咏尘灰》。最为人熟知的是其《在狱咏蝉》："西陆蝉声唱，南冠客思侵。那堪玄鬓影，来对白头吟。露重飞难进，风多响易沉。无人信高洁，谁为表予心？"类似的还有《秋月》《秋萤》《秋风》《秋云》等"九咏"，他之所以参加反叛武氏王朝的军事行动，我们不难从他的这些作品中找到原因。骆宾王在蜀中的时间不长，但俨然一个合格的导游，他常常饱含激情地向人们介绍巴蜀的一切："彭山折坂外，井络少城隈。地是三巴俗，人非百里材。畏途君怅望，歧路我裴徊。心赏风烟隔，容华岁月催。遥遥分凤野，去去转龙媒。遗锦非前邑，鸣琴即旧台。剑门千仞起，石路五丁开。海客乘槎渡，仙童驭竹回。魂将离鹤远，思逐断猿哀。唯有双凫舄，飞去复飞来"（《饯郑安阳入蜀》），"日观分齐壤，星桥接蜀门。桃花嘶别路，竹叶泻离樽。夏老兰犹茂，秋深柳尚繁。雾销山望迥，风高野听喧。劳歌徒欲奏，赠别竟无言。唯有当秋月，空照野人园"（《送吴七游蜀》）。在《艳情代郭氏答卢照邻》中，我们可以看到他是何等娴熟地运用巴蜀的地名、历史掌故："迢迢芊路望芝田，渺渺函关恨蜀川。归云已落涪江外，还雁应过洛水瀍"，"妾向双流窥石镜"，"货酒成都妾亦然"，"峨眉山上月如眉，濯锦江中霞似锦。锦字回文欲赠君，剑壁层峰自纠纷"等，余如《送费六还蜀》亦是。他不仅代"女道士""郭氏"写情书，自己在蜀中也有一段恋情，如《忆蜀地佳人》："东西吴蜀关山远，鱼来雁去两难闻。莫怪常有千行泪，只为阳台一片云。"这些，大约就是被当时人视为"轻薄子"的原因。

"初唐四杰"为唐代文学的发展进行了多方面的实践探索，但真正关键性转折点的出现，还要等待《修竹篇序》那样纲领性宣言的问世。

二、唐代文学的奠基人陈子昂

（一）慷慨任侠的个性

陈子昂（约661～702），字伯玉，梓州射洪人，因曾任右拾遗，世称为陈拾遗。因为家庭富裕养成率性而为的性格，青少年时"尚气决，好弋博"，"以豪家子，驰侠使气"，"少学纵横术，游楚复游燕"（《赠严仓曹乞推命禄》），轻财好施。新旧《唐书》给他的评价都是"褊躁无威仪"，这似乎亦是为蜀人专用的评语。年十七八尚不知书，后因击剑伤人遇祸自省，他始慨然立志，"数年之间，经史百家，罔不赅览。尤善属文，雅有相如、子云之风骨"。蜀中文风的繁盛，使他得以在二十四岁时举进士。时武则天当政，宠幸酷吏滥杀无辜。他敢于屡次上书谏诤，并一度因受反对武则天的"逆党"株连而下狱。陈子昂在《谏政理书》和《谏刑书》等文中，明确宣言了他主张仁心仁政与武周以刑法治世的分歧，以及他对武周执政者的寄望。如武则天计划开凿雅州道攻击生羌，他上书坚决反对，主张与民休息。京城"百万买琴"与"碎琴赠诗"的自我炒作之举，可谓惊世骇俗，亦是其豪侠个性的鲜明表现。两次从军征战，皆大胆建言谋划军事，力陈己见，其豪侠慷慨的性格与自我价值实现的社会责任感，呈现于其代表作如《感遇》的"拔剑起蒿莱。西驰丁零塞"等艺术表现中。又如随军北征还朝却未受赏，不平之气即刻溢于言表："还汉功既薄，逐胡策未行，徒嗟白日暮，坐对黄云生。"（《题居延古城赠乔十二知之》）

如果说，大汉文学运行的特点是作家必须进入宫廷，融入国家政治的"主旋律"之中，那么唐代文学则是以"行走"为特点，游历社会的各个层面，遍历各种地域生活，融入人生，去感知、体味丰富复杂的生命现象，大唐文学的缤纷多姿，原因亦基于此。陈子昂的第一次游历是他二十二岁时，考试落第后，"居蜀，学神仙之术，与晖上人游"，陈子昂自己曾回顾过那段初涉人生的阶段："嗟乎，朝廷子入，期富贵于崇朝；林岭吾栖，学神仙而未毕。青霞路绝，朱绂途遥。"（《晖上人房饯齐少府使入京府序》）蜀中浓郁的道家文化氛围，制约着他的审美价值取向，其《夏日游晖上人房》诗云："山水开精舍，琴歌列梵筵。人疑白楼赏，地似竹林禅。对户池光乱，交轩岩翠连。色空今已寂，乘月弄澄泉。"这种生活是绚丽多彩的，是充满感性的切实人生。陈子昂为人好纵横任侠，又好佛老神仙，这些都是巴蜀地域人文性格特点的体现。闻一多就认为，陈子昂思想和性格的形成首先是受了地域文化的影响："从性格和生活态度来看，子昂和太白极近，用先秦学派思想来衡量他，可说是属于纵横家兼道家。太白平生景仰的不是那位战国的鲁仲连么……因而他常想能用超人的力量为人排难解纷，进而至于求仙超世，既重功名，又尚清远，子昂和太白同出生于西蜀，受了当地风气的影响，所以形成与众不同的诗风。"况且"巴蜀半道"，"说到道家气质，可说是他的家风"，"他的家庭的确是一个充满道教气味的家庭，便是读书环境也影响着他"。

但积极进取的时代精神又呼唤着他，因病、居丧、赋闲等边缘式生活，使他常常伤悼着自我人生："世上无名子，人间岁月赊。纵横策已弃，寂寞道为家。"（《卧病家园》）陈子昂对未能进入主流社会心有不甘，加之功业难成的内心郁结，只得常常以美丽的自然山水慰藉自己："皎皎白林秋，微微翠山静。禅居感物变，独坐开轩屏。风泉夜声杂，月露宵光冷。多谢忘机人，尘忧未能整。"（《酬晖上人秋夜山亭有赠》）陈子昂第二次退居山林，是其三十一岁时，经七年宦海风波之后，"以继母忧，解官返里"①。二十六岁时，他随军队到达西北的居延海、张掖河一带，初次到达边塞。三十六岁他随武攸宜东征契丹。两次从军出塞，"西驰丁零塞，北上单于台"的切身体验，使他对边塞形势和当地人民生活有了较为深刻的认识，其感受化为文字，成为唐代边塞诗派的发轫。"感时思报国，拔剑起蒿莱"，"勿使燕然上，唯留汉将功"，"莫卖卢龙塞，归邀麟阁名"，想象中出现的边塞风云落实为亲历之后的深沉思考。其三十五首边塞诗，反映边地民众的痛苦，揭露战争的罪恶，表达赴边御敌、立功报国的雄心壮志，抒发报国无门、壮志难酬的满腔悲愤。

---

① 罗庸：《陈子昂年谱》，（台湾）商务印书馆1986年版。

这些诗，大多被收集在著名的组诗《感遇》中，如："丁亥岁云暮，西山事甲兵。赢粮匝邛道，荷戟争羌城。严冬阴风劲，穷岫泄云生。昏曀无昼夜，羽檄复相惊。拳跼竞万仞，崩危走九冥。籍籍峰壑里，哀哀冰雪行。圣人御宇宙，闻道泰阶平。肉食谋何失，藜藿缅纵横。"又如：

忽闻天上将，关塞重横行。
始返楼兰国，还向朔方城。
黄金装战马，白羽集神兵。
星月开天阵，山川列地营。
晚风吹画角，春色耀飞旌。
宁知班定远，犹是一书生。

——《和陆明府赠将军重出塞》

匈奴犹未灭，魏绛复从戎。
怅别三河道，言追六郡雄。
雁山横代北，狐塞接云中。
勿使燕然上，惟留汉将功。

——《送魏大从军》

东山宿昔意，北征非我心。
孤负平生愿，感涕下沾襟。
暮登蓟楼上，永望燕山岑。
辽海方漫漫，胡沙飞且深。
峨眉杳如梦，仙子曷由寻。
击剑起叹息，白日忽西沉。
闻君洛阳使，因子寄南音。

——《登蓟丘楼送贾兵曹入都》

圣历元年（698）三十八岁的陈子昂以父亲年老为由，解官回归故里，远离官场倾轧，这是陈子昂的第三次归隐。"遂葺宇于射洪西山，种树采药"①，而其"爱黄老之言，尤耽味《易》象"，则又上溯汉代蜀籍大师严君平和扬雄之源。他生性耿介直言敢谏，数次遭到当权者的排斥和打击。他要系统总结自己，要全面地认识这个世界，通过社会发展的现象去寻找一些规律性的东西，著史立言，推求天命，以求从另一方面实现自我价值，这却违背了当朝不准撰写当代史的禁令，被宵小作为口实而下狱，一个天才人物四十二岁而卒，实为千古憾事！杜甫在《送梓州李使君之任》感慨道："遇害陈公殒，于今蜀道怜。君行射洪县，为我一潸然。"陈子昂死后，其友人卢藏用把他的作品收录编辑为《陈伯玉文集》十卷。

（二）唐诗革新的旗手

陈子昂面对的文坛状况是，唐朝立国已近七十年，但诗歌创作依然沿袭着六朝浮靡文风余习，宫廷创作仍处于主导地位，虽经魏徵、"初唐四杰"等在内容和形式上作过一些文学改革，但不够彻底。时代呼唤彻底的改革者，陈子昂自蜀中应运而生，成为"唐代诗坛的第一面丰碑"。他对盛唐文学的开拓，可以从三个方面来看：标举风骨、提倡兴寄，引导唐代文学健康发展；开创边塞诗派，将时代精神和大唐帝国的盛世状貌表现出来；诗体和文体的创新实验，为唐代文学的体裁形式多元化和繁荣奠定基础。概言之，在理论和创作实践上，陈子昂都表现出鲜明的创造革新精神。一种全新的文学创造的开始，首先需要的是审美理性的自觉，他主张：

文章道弊五百年矣。汉魏风骨，晋宋莫传，然而文献有可征者。仆尝暇时观齐、梁间诗，彩丽竞繁，而兴寄都绝，每以咏叹。思古人，常恐逶迤颓靡，风雅不作，以耿耿也。一昨于解三处，见明公《咏孤桐篇》，骨气端翔，音情顿挫，光英朗练，有金石声。遂用洗心饰视，发挥幽郁。不图正始之音复睹于兹，可使建安作者相视而笑。

——《与东方左史虬修竹篇序》

这些言论，在对齐梁彩丽、颓靡诗风全盘否定的基础上，他首次将汉魏风骨与风雅兴寄紧紧联系一起，明确提出了"风骨""兴寄"的文学理想，提倡"骨气端翔，音情顿挫，光英朗练，有金石声"即充满厚重质感的文学作品。

---

① 刘远智：《陈子昂及其感遇诗研究》，文津出版社1987年版，第14页。

这表明他要求诗歌继承《诗经》"风、雅"的优良传统，有比兴寄托，有政治社会内容；同时要恢复建安时期的风骨，即思想感情明朗，语言顿挫有力，形成一种爽朗刚健的风格，以扫除六朝以来的绮靡诗风。他的诗歌创作，即是这种进步主张的具体实践。

由于他生不逢时，屡受冷落，屡遭陷害，所以他的"悲慨"犹如骏马失蹄的哀鸣，极具强烈的抒情性。如《和陆明府赠将军重出塞》的"忽闻天上将，关塞重横行。始返楼兰国，还向朔方城。黄金装战马，白羽集神兵。星月开天阵，山川列地营。晚风吹画角，春色耀飞旌。宁知班定远，犹是一书生"，以及《感遇·十五》的"本为贵公子，平生实爱才。感时思报国，拔剑起蒿莱。西驰丁零塞，北上单于台。登山见千里，怀古心悠哉。谁言未忘祸，磨灭成尘埃"等，莫不如是。这些作品内在精神是昂扬向上的，充满了积极建设、破旧立新的活力，突出表现为声律之探索和"兴寄"尤其是"风骨"之提倡两个重点。如其《感遇》组诗："白日每不归，青阳时暮矣。茫茫吾何思，林卧观无始"，"玄天幽且默，群议曷嗷嗷。圣人教犹在，世运久陵夷"，"默语谁能识，琴樽寄北窗"，"人生固有命，天道信无言"，"一绳将何系？忧醉不能持。去去行采芝，勿为尘所欺"等，都表现了一个思想者对社会、人生，对生命的深沉思考，天地无穷、人生有限的感伤，那种阅尽人世沧桑、满腹抱负成泡影的悲哀，在苍穹中久久回荡，如：

前不见古人，后不见来者。
念天地之悠悠，独怆然而涕下。

——《登幽州台歌》

陈子昂诗歌气象苍凉雄浑，诗思纵横驰骋，语言刚健质朴，即如"回中烽火入，塞上追兵起"（《赠赵六贞固》）、"负剑空叹息，苍茫登古城"（《还至张掖古城，闻东军告捷，赠韦五虚己》）、"晚风吹画角，春色耀飞旌"（《和陆明府赠将军重出塞》）等。宋代刘克庄《后村诗话》对其文学史贡献评价甚确："唐初王、杨、沈、宋擅名，然不脱齐梁之体，独陈拾遗首倡高雅冲淡之音。一扫六代之纤弱，趋於黄初、建安矣。"

作为唐代古文运动的前驱者，陈子昂的散文也极受推崇，他的散文、对策、奏疏，都是朴实畅达的古代散文典范，成为唐代开风气之先者。与他同时代的散文作家对他的散文，常给以很高的评价。如萧颖士认为"近日陈拾遗子昂文体最正"①，梁肃《补阙李君前集序》说"陈子昂以风雅革浮侈"，韩愈《荐士》也说"国朝盛文章，子昂始高蹈"。这就是《新唐书·陈子昂传》所总结的："唐兴，文章承徐庾余风，天下祖尚，子昂始变雅正。"

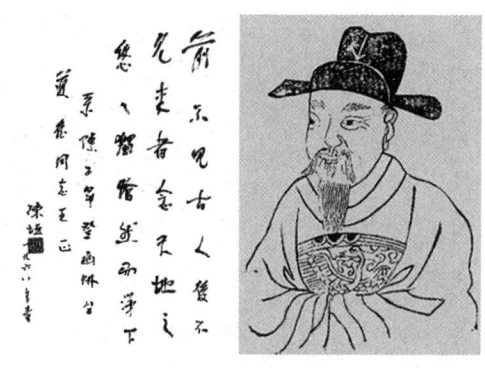

陈垣题陈子昂像

陈子昂存诗共100多首，其中最有代表性的是《感遇》诗38首，以及《蓟丘览古赠卢居士藏用》七首和《登幽州台歌》等。《感遇》组诗反映了较广阔的社会生活和复杂的思想感情，其中如"苍苍丁零塞""朝入云中郡"篇，反映北方边塞战士和人民的苦难；"丁亥岁云暮"篇反映并批评武后准备开凿蜀山经雅州道攻击生羌的劳民伤财，"圣人不利己"篇批评武后崇拜佛教、大兴土木等，都具有强烈的现实意义；"贵人难得意""翡翠巢南海"等篇，以较曲折的方式讽刺武后滥施刑罚，使臣僚不得善终；"逶迤势已久"篇申述骨鲠之臣没有出路，充盈着自身体验的真实情感；"兰若生春夏"篇慨叹自己的抱负无法施展，从不同角度对时政进行了批判，蕴含着对个人的独立价值、自我人格实现的向往。还有部分诗篇，感叹祸福无常，向往神仙和隐逸生活，表现了消极遁世的苦闷情绪，体现着"巴蜀崇道"的地域文化特征。《感遇》在运用五言古体和质朴的语言，以较隐晦曲折的方式表现时政的黑暗和诗人彷徨苦闷的心情外，其中少数篇章，注意反映边塞风光和下层人民苦难，风格豪放明朗，表现出鲜明的文体创新特点。短篇如五律《晚次乐乡县》《渡荆门望楚》《春夜别友人》《送魏大从军》等，抒情写景，形象鲜明，音节浏亮，风格雄浑，显示出近体诗趋向成熟时期的特色和他自己刚健有力的诗风。元代的方回认为其五律在艺术唯美标准上可与沈佺期、宋之问、杜审言诸人媲美，都是唐人"律体之祖"②，卢藏用说他"横制颓波。天下翕然质文一变"③，元好问

---

① 李华：《萧颖士文集序引》。
② 方回：《瀛奎律髓》。
③ 卢藏用：《陈伯玉文集·序》。

《论诗三十首·其八》甚至把他推崇到一种极致："沈宋横驰翰墨场，风流初不废齐梁。论功若准平吴例，合著黄金铸子昂。"其后张九龄的《感遇》诗、李白的《古风》，都以他的《感遇》诗为学习对象。杜甫不仅前往故居瞻仰，且多次对他评价极高，如"公生扬马后，名与日月悬……终古立忠义，《感遇》有遗编"（《陈拾遗故宅》）等。杜甫不少关心国事民生的诗篇，可明显地看出是受了陈子昂的影响。白居易《与元九书》、元稹《叙诗寄乐天书》等，都回顾了自己在讽喻诗的写作试验中，受到陈子昂《感遇》诗的启发。白居易还把陈子昂与杜甫相提并论，说"杜甫陈子昂，才名括天地"（《初授拾遗》）。

（三）巴蜀文学的重镇

陈子昂作为一个巴蜀作家，给世人留下众多的巴蜀题材作品，如《初入峡苦风寄故乡亲友》等。尤其是《白帝城怀古》的"城临巴子国，台没汉王宫。荒服仍周甸，深山尚禹功"，简直就是一段巴蜀简史。而对巴蜀美丽山水描绘的如"遥遥去巫峡，望望下章台。巴国山川尽，荆门烟雾开。城分苍野外，树断白云隈。今日狂歌客，谁知入楚来"（《度荆门望楚》），又如《万州晓发放舟乘涨，还寄蜀中亲朋》表现的"苍茫林岫转，络绎涨涛飞。远岸孤烟出，遥峰曙日微"，以及《入峭峡安居溪伐木溪源幽邃林岭相映有奇致焉》绘写的"古树连云密，交峰入浪浮。岩潭相映媚，溪谷屡环周。路迥光逾逼，山深兴转幽。麇鼯寒思晚，猿鸟暮声秋"等，都是从各个方面再现着巴蜀地区奇异的山水景物。写景是为了抒情，这在他的《感遇》组诗中体现得特别突出，如《感遇·二十七》："朝发宜都渚，浩然思故乡。故乡不可见，路隔巫山阳。巫山彩云没，高丘正微茫。伫立望已久，涕落沾衣裳。"《感遇·二十八》："朅来高唐观，怅望云阳岑。雄图今何在，黄雀空哀吟。"《感遇·三十二》："亲友尽暌违。登山望不见……蜀山与楚水，携手在何时。"《感遇·三十六》："浩然坐何慕，吾蜀有峨眉……梦登绥山穴，南采巫山芝。探元观群化，遗世从云螭。"

从这些作品中我们不难看到，巴蜀情结，成为他作品中的一个特别重要的构成，以至于他下笔总是萦怀着乡情，《西还至散关答乔补阙知之》就表现得甚为鲜明："巴江亦潺湲。揽衣度函谷，衔涕望秦川。蜀门自兹始，云山方浩然。"又如《酬李参军崇嗣旅馆见赠》中"昨夜银河畔，星文犯遥汉。今朝紫气新，物色果逢真。言从天上落，乃是地仙人"等句，化用的就是汉代蜀人严君平和"支矶石"的传说。在他的人生漫游中，眼前的一切，常常引发他的故乡情怀，如《登蓟丘楼送贾兵曹入都》的"辽海方漫漫，胡沙飞且深。峨眉杳如梦，仙子曷由寻"，以及《夏日晖上人房别李参军崇嗣》的"中国要荒内，人寰宇宙荣。弦望如朝夕，宁嗟蜀道行"等。这种深深的故土情结，使他的作品常常充盈对家乡的自豪感，所谓"蜀山金碧路，此地饶英灵。送君一为别，凄断故乡情。片云生极浦，斜日隐离亭。坐看征骑没，惟见远山青"（《送殷大入蜀》），甚至于"违此乡山别，长谣去国愁"（《遂州南江别乡曲故人》）等。他在《临邛县令封君遗爱碑》中明确夸耀说："夫蜀都天府之国，金城铁冶，而俗以财雄；弋猎田池，而士多豪侈。"这就是他时时回眸故乡的原因。

巴蜀文化崇尚华美艳秾文风，铸造着陈子昂创作的地域审美思维，这在《于长史山池三日曲水宴》中体现得极为典型，如："泛滟清流满，葳蕤白芷生。金弦挥赵瑟，玉指弄秦筝。岩榭风光媚，郊园春树平。烟花飞御道，罗绮照昆明。"又如《山水粉图》特别是《彩树歌》云："嘉锦筵珍树兮，错众彩之氛氲。状瑶台之微月，点巫山之朝云。青春兮不可逢，况蕙色之增芬。结芳意而谁赏，怨绝世之无闻。红荣碧艳坐看歇，素华流年不待君。故吾思昆仑之琪树，厌桃李之缤纷"以及《春台引·寒食集毕录事宅作》的"挟宝书与瑶瑟，芳蕙华而兰靡。乃掩白蘋，藉绿芷。酒既醉，乐未已。击青钟，歌渌水。怨青春之萎绝，赠瑶台之旖旎"等，还包括《春夜别友人二首》的浓墨重彩笔法"银烛吐青烟，金樽对绮筵。离堂思琴瑟，别路绕山川"，皆是。

在闻一多看来："子昂早年是赌徒，又奉道教，两者其实是合一的，因为道教所持颇有一种游戏人间的态度。不过拿他和太白比较，子昂还算稳重，这是由于一部儒家思想使他的生活态度有所限制，所以在他的诗里，我们还可见到他某些悲伤沉恸的地方。"他概括道："陈子昂的复杂思想，可以说纵横家给了他飞翔之力，道家给了他飞翔之术，儒家给了他顾尘之累，佛家给了他终归人世而又能妙赏自然之趣。"[①]其创造的多样性和复杂性，亦由之而具，也正是因为此，他才被视为唐代文学第一人，是"唐音之始"。宋人刘克庄的《诗话前集》，针对对唐代文学有着转折拐点贡献的两位蜀籍作家评价说："太白《古风》六十八首，与陈拾遗《感遇》之作，笔力相上下，唐诸人皆在下风。"唐代巴蜀作家对一个盛世文学的贡献，可作如是观。

---

① 《闻一多全集·唐诗杂论》，上海开明书店1948年版。

第三节　成就半个盛唐的李白

一、盛唐精神与巴蜀气质的融汇

李白（701～762），字太白，号青莲居士，又号"谪仙人"，蜀中江油人。①《新唐书·艺文志》这样讲述他的家世："其先隋末以罪徙西域，神龙初，遁还，客巴西。白之生"，"十岁通诗书，既长，隐岷山。州举有道，不应。苏颋为益州长史，见白异之，曰：'是子天才英特，少益以学，可比相如。'""然喜纵横术，击剑，为任侠，轻财重施。更客任城，与孔巢父、韩准、裴政、张叔明、陶沔居徂徕山，日沉饮，号'竹溪六逸'"。年轻时任侠使气、斗鸡走狗，后又与僧人道士交往密切，乃至于"晚好黄老"，这在有关陈子昂的记录文献中，可以看到同样的记载，这大约就是隋唐时期多数巴蜀士子所走的人生之路。李白是一个万事都关心的人，他集游侠、刺客、隐士、道人、策士、酒徒、诗人于一身，兴趣太广，什么都敢于去尝试、去探究，这实际上也是大唐盛世时代精神的体现。这种人生态度决定了他的文化创造方式是"了无定法"，他的艺术思维方式实际上是一种酒神思维，即把醉态变成生命方式和思维方式，这比浪漫主义更具有本质的自由特征。这种非理性甚至是非智性的思维方式，应该就是他为人放诞、文风狂放的内在原因。

李白崛立于唐代而独步千古，那独异的艺术个性，源自两个方面：

首先是盛唐气象的时代精神召唤使然。是盛唐以宽容大气的胸襟、仁慈开明的关怀，孕育着甚至放纵着李白的个性。"天生我材必有用，千金散尽还复来"的非凡自负和豪言壮语，以及自信狂傲的独立人格、豪放洒脱的气度，还有自由奔放的艺术幻想和想象，正是立足于李唐王朝选拔人才的不拘一格；敢想敢说、敢爱敢恨、敢笑敢骂，就有了赖以存活的土壤，一个天才于此就有了充分展现才华的社会基础。只有唐代能接受李白的狂荡不羁，而李白则以这种狂荡不羁来照亮壮丽的唐代文明。有专家指出，贞观和开元盛世是中国历史上文祸最少的时代，这就是李白敢于傲然面对万乘之主的社会制度背景。盛大与豪情，必然要有相应的篇幅来容纳，李白大量地运用长调歌行体，亦是其狂

---

① 进入21世纪后，由于"文化热"引发各地争夺名人资源，李白出生于陇西成纪、吉尔吉斯斯坦的碎叶城之说渐起。湖北安陆亦打造"李白故里"，并希望与四川江油县"共享李白"。

放不羁的性格使然,这对唐代文学各种体式的创建具有楷模意义,清人王闿运就说得明白:"李白始为叙情长篇,杜甫极称之,而更扩之。"因此七言歌行"至唐而大盛"①。

其次是巴蜀地域文化和文学的陶铸熏染所成。蜀中浓郁的道家思想氛围对李白的性格形成有着直接影响,道家对权贵世俗的蔑视和逍遥放任的人格精神,也正是基于"巴蜀半道,尤重老庄之术"的地域文化精神氛围的涵蕴,让他引吭高歌:"庄周梦蝴蝶,蝴蝶为庄周。一体更变易,万事良悠悠。乃知蓬莱水,复作清浅流,青门种瓜人,旧日东陵侯。富贵故如此,营营何所求。"(《古风·四》)蜀人赵蕤的纵横学说,以及蜀中"蛮夷"风习和任侠使气及慷慨豪迈的民俗,还有巴蜀文人漠视儒家礼教、蔑视正统道德规范的传统,都是影响李白性格的地域文化因素。

他叙述过自己的思想文化性格所承,"五岁诵六甲,十岁观百家","十五好剑术","十五游神仙",这些非儒非孔学说使他公然地"谑浪万古贤,以为儿童剧"(《赠友人·三》)。《旧唐书·文苑传》记载其行为的狂放孤傲:"白宫衣锦绣,于舟中顾瞻笑傲,旁若无人。"他也回忆过自己的不拘礼节放

李白书法手迹

---

① 王闿运:《湘绮楼论唐诗》,《国粹学报》1906年第18期。

浪行为："懒摇白羽扇，裸袒青林中，脱巾挂石壁，露顶洒秋风。"（《夏日山中》）而"天子呼来不上船，自称臣是酒中仙"，更是狂傲直对万乘之主，公然对封建最高统治者表示不敬，是何等惊世骇俗？自我角色定位，使他甚为欣赏自己的傲骨："一生傲岸苦不谐，恩疏媒劳志多乖"（《答王十二寒夜独酌有怀》），"气岸遥凌豪士前，风流肯落他人后？"（《流夜郎赠辛判官》）

李白诗歌艺术特色的形成，有着蜀中文学先贤的影响。李白《秋于敬亭送从侄耑游庐山序》所说的"余小时，大人令诵《子虚赋》，私心慕之"，呈现出典型的"崇汉"情结；"十五观奇书，作赋凌相如"正是他学习模拟并欲超越司马相如的创作学步记录；他还从扬雄的创作中学到了许多，是谓"因学扬子云，献赋甘泉宫"。既然是"朝忆相如台，夜梦子云宅"，那么，蜀中文学先贤的性格精神、文学主张和艺术技巧风格，就必然地要对他产生相当的影响，巴蜀文学辉煌的成就积淀必然地要模塑他的创作风格，制约他诗歌的艺术表现特征。当时的散文名家、以礼部尚书之职到蜀中兼任大都督府长史的苏颋，读到李白作品称赞不已，并展望说："可以相如比肩也。"后来向朝廷荐举蜀中人才时，苏颋专门推荐的是"赵蕤术数，李白文章"。

这种自由自然的人格精神，反叛一切威权、冲破一切束缚的进取态度，敢作敢为的创造气概，雄昕一切、高视阔步的人生姿态，使李白写出了众多不朽名篇。"抽刀断水水更流，举杯消愁愁更愁"，"行路难，行路难，多歧路，今安在！""君不见黄河之水天上来，奔流到海不复回。君不见高堂明镜悲白发，朝如青丝暮成雪"。胡适对此就作过充分肯定："李白的乐府有时是酒后放歌，有时是离筵别曲，有时是发议论，有时颂赞山水，有时上天下地作神仙语，有时描摹小儿女情态，体贴入微"，"他大胆地运用民间的语言，容纳民歌的风格，很少雕饰，最近自然"，"最可以代表那个浪漫的时代，最可代表那时代的自然主义的人生观"[①]。李白那磅礴激昂的想象甚至在感悟人生时的些许愁思，穿越了时空，弥漫在整个人间，历久弥新！

二、造化天成思接寰宇的诗境

李白是盛唐时代精神的表现者和代言人。当代台湾诗人余光中先生曾有言：李白"绣口一吐，就半个盛唐"。常言道，中国是一个诗歌的国度，而唐

[①] 胡适：《白话文学史》，岳麓书社1986年版，影印本。

诗则是中国诗歌的巅峰，站在这个巅峰上引吭高歌的，就是李白。高昂激越、昂扬奋发、青春朝气的艺术格调，现实生活状貌和切实的人生苦乐绘写等唐诗的基本特征，都在李白诗歌中得到鲜明呈现。其诗风雄奇豪放，想象丰富，语言流转自然，音律和谐多变。表现手法上常将想象、夸张、比喻、拟人等手法综合运用，从而造成神奇异彩、瑰丽动人的意境，这就是李白的浪漫主义诗作给人以豪迈奔放、飘逸若仙的原因所在。现实事物、自然景观、神话传说、历史典故、梦中幻境，无不成为他想象的媒介，常借助想象，超越时空，将现实与梦境、仙境，自然界与人类社会交织一起，再现客观现实。其作品中的形象并非客观现实的直接反映，而常常是其内心主观世界的外化显现。李白善于从民间文艺和神话传说中吸取营养和素材，构成其作品特有的瑰玮绚烂的色彩。正是因为其"清水出芙蓉"的造化天成和"烟涛微茫信难求"思接寰宇的诗境营造，故被世人称为"诗仙"。

汉代蜀籍作家那冲决一切、纵横恣肆的创作风范影响，使李白更喜欢采用自由的"古风"体和乐府歌行，去表现自己狂放不羁的情感和思想。在这里，盛唐"崇汉"的时代精神，巴蜀作家对前代乡贤文化创造积淀的承继，都集中地通过李白的文化创造而体现着，这就是所谓的"扬马激颓波，开流荡无垠"！在思想内容上，李白对权贵的蔑视，对"鲁儒""鲁叟""鲁诸生"所代表的正统礼法规范的嘲弄，以及对自由人格的颂扬等，都占有极大比例，倾慕大鹏"旷荡而纵适"的自由生活，并以鲁仲连、范蠡、谢安、荆轲、张良等历史侠义人物自诩，表现他"好古笑流俗，素闻贤达风"（《东武吟》）的价值标准，还有《侠客行》《扶风豪士歌》《少年行》一类游侠诗及众多游仙诗，都体现着他那傲然独立、遗世狂歌的人格个性。而《古风》《战城南》一类作品，则表现了李白对民众疾苦的同情和对封建暴政的愤激。宋人徐积诗曰："盖自有诗人以来，我未尝见大泽深山。雪霜冰霰，晨霞夕霏。万化千变，雷轰电掣。花葩玉洁，青天白云，秋江晓月。有如此之人，如此之诗。"（《李太白杂言》）徐积诗中的"至于开元间，忽生李诗仙"，"开口动舌生云风，当时大醉乘游龙。开口向天吐玉虹，玉虹不死蟠胸中，然后吐出光焰万丈凌虚空"，"咳唾成珠玉"，"绣口一吐"等赞誉，泽被至今。李白诗歌中的艺术意象，或"采蟠桃于海上"，"寻紫芝于山腰"，或"饮汉武金盘之玉露"，或"吹秦楼弄玉之凤箫"，都有"将茹万世之清芬，视荣华如尘土，与宇宙而长存，御神奇而终古"的亘古艺术生命力。①

　　李白现存诗歌中，约有92篇涉及鲲鹏与凤凰。以神鸟的非凡奇异，营造浮想联翩思接寰宇的艺术意境，亦是其诗歌艺术魅力之所在。大鹏是李白诗赋中常常借以自况的意象，它既是自由的象征，又是惊世骇俗的理想和志趣的承载体。如"大鹏一日同风起，扶摇直上九万里。假令风歇时下来，犹能簸却沧溟水"（《上李邕》）。虽明白如话，却意象恢宏气势逼人，令人遐思天外。当年著名道士司马承祯称赞其"有仙风道骨，可与神游八极之表"，李白迅疾回应以《大鹏遇希有鸟赋并序》。又如："大鹏飞兮振八裔，中天摧兮力不济。馀风激兮万世，游扶桑兮挂左袂。"（《临路歌》）又如对一种独特的社会人格的塑造："十步杀一人，千里不留行。事了拂衣去，深藏身与名。"（《侠客行》）等，以及他自己"十五好剑术"（《与韩州书》）和"高冠佩雄剑"（《忆襄阳旧游赠马少府巨》）、"抚剑夜吟啸，雄心日千里"（《赠张相镐》其二）、"长剑一杯酒，男儿方寸心"（《赠崔侍御》）等日常生活的描绘，亦是展示出一个卓尔不凡的形象。李白"且放白鹿青崖间，须行即骑访名山"，"一生好为名山游"，峨眉、华山、庐山、泰山、黄山等巍峨雄奇，皆一一展示于笔端。长江、黄河的壮阔与雄伟，催化出"涛似连山喷雪来"，"巨灵咆哮擘两山，洪波喷流射东海"，"黄云万里动风色，白波九道流雪山"等众多的名句。这些诗句，想象力惊人，夸张大胆，如"黄河之水天上来"，以及"飞流直下三千尺"，"天姥连天向天横"等。李白的诗，深山大泽、雪霜冰霰、朝晖异彩、晚霞彤云，千变万化，异彩纷呈，不可端倪，不可尺度。有时如雷轰电掣，有时如玉洁花妍，有时像晴空飘浮的白云，有时如秋江澄洁的晓月，吞吐万象，胸罗四海，遨游八极，驰骋万里，如此奔放雄奇的想象力，自然而然地要"惊风雨""泣鬼神"了。唐代范传正《李白墓碑序》概括甚好：李白诗歌艺术表现力具有"骐骥筋力成，意在万里外"之功。

　　胸怀大志，非常自负，又深受道家哲学的影响，心中充满了浪漫的幻想，李白最擅长的也最大的贡献是七言乐府歌行体，他的许多代表作都是用这种形式创作的。因为歌行的篇幅大，容量也大，句式长短错落，形式自由灵活，又可换韵，便于表达热烈奔放的思想感情，塑造雄伟壮阔的艺术形象，像《将进酒》《梦游天姥吟留别》等，这些浪漫主义的名作，非歌行体而难以容纳。这

---

① （宋）徐积：《李太白杂言》，《宋诗鉴赏辞典》，上海辞书出版社1987年版，第270~272页。

就是清人王世贞在《艺苑卮言》中所赞的："其歌行之妙，咏之使人飘扬欲仙者，太白也……五、七言绝，太白神矣，七言歌行圣矣，五言次之。"但世人更喜欢李白的七绝，诗人描写的日常生活和情绪、绘写的山水风光、颂扬的朋友情谊等，如《闻王昌龄左迁龙标遥有此寄》《早发白帝城》《春夜洛阳闻笛》《望天门山》《送孟浩然之广陵》《峨眉山月歌》《横江词》《客中作》《赠汪伦》等，以及五绝佳作如《静夜思》《独坐敬亭山》《玉阶怨》《越女词》《巴女词》等，都因为情感浓郁、意象清俊、语言通达、朗朗上口，而千古传颂。李白最受人称道的作品，多数是七古和绝句，世人常常可以脱口而出的名篇佳作，多是李白对自己鲜明独特个性的张扬，以及表现日常生活和情绪抒发等，这类诗歌虽然很少触及政治黑暗、社会动乱、人民痛苦等题材，但确实是文学艺术"言志""缘情"最基本特质的体现。

李白像

作为一个士子，李白有自己的政治社会理想，即盼望出现一个"寰区大定，海县清一"（《代寿山答孟少府移文书》）以及"牛羊散阡陌，夜寝不扃户"（《赠清漳明府侄聿》）的清明社会。这些思想在他的创作中亦得到大量呈现。王运熙先生指出：

他的《塞下曲六首》以昂扬的笔调歌颂了将士们抗击骚扰、保卫边塞的坚强意志和英勇行为，但对天宝年间唐王朝所发动的黩武战争则予以明确的谴责。《古风》第三四（"羽檄如流星"篇）控诉了杨国忠、鲜于仲通发动的攻打南诏之战，使大量兵士死亡，"千去不一回"。《北风行》从思妇悼念征夫的角度批判了安禄山在东北的黩武行为。《古风》第十四（"胡关饶风沙"篇）则致慨于边将不得其人，守卫无方，以致"边人饲豺虎"。对安史叛军屠杀人民的兽行，他更是无比愤慨，他指斥叛军"流血涂野草，豺狼尽冠缨"（《古风》第一九），并严厉地责问："白骨成丘山，苍生竟何罪？"（《经乱离后天恩流夜郎忆旧游书怀赠江夏韦太守良宰》）

对劳动人民日常的艰苦生活，李白诗篇中也有所反映。他的《宿五松山下苟媪家》《丁都护歌》《秋浦歌》（其十四）分别对农民、船夫、矿工的生活作了描绘，并表现了真挚的关怀。他的不少诗篇则是表现封建社会中妇女所遭受的各种痛苦，诸如丈夫远出不归或死亡、遭受遗弃、宫女的凄凉寂寞等，《长干行》《北风行》《关山月》《白头吟》《玉阶怨》等是这方面的代表作品。①

今天传为李白的词作，约有20余首，最著名的是《菩萨蛮》《忆秦娥》。自晚唐五代西蜀"花间词派"的崛起，尤其是中国第一部词的合集《花间词》出版面世以来，李白作为词的开创者地位已经确立。所有的唐宋词选集、总集，无论肯定还是否定，常常要在序跋题记中提到李白与词。

三、浪迹天涯中的故乡回眸

出蜀之前，李白已经漫游蜀中的江油、剑阁、梓州、成都、嘉州、渝州等地，并且与蜀中名流多有交往，如隐居于岷山的东岩子、著名术士与纵横家赵蕤等。二十五岁时"仗剑去国，辞亲远游"东下长江，出于对自然万物和生命的热爱，李白一生中漫游全国各地，留下大量吟咏山水的名篇，但无论身在何处，蜀中山水故乡月，巴蜀人生形态和民俗风习都萦绕于怀，难以割舍。他的诗歌因而必然呈现出或显或隐的巴蜀记忆。"巴蜀情结"催生出如《登锦城散花楼》《蜀道难》《峨眉山月歌》《游子咏》《朝发白帝城》《送蜀僧晏入市》《听蜀僧濬弹琴》等数量颇丰的佳作，也正是基于诗作那浓郁的"巴蜀情结"的激情灌融，这些作品才具有传诵不衰的永恒生命力。②

作为李白诗歌艺术特色体现与回眸故乡巴蜀书写的结合体，最典型的是《蜀道难》。古蜀历史、巴蜀神话传说、蜀道艰险等融汇一体，这些又被赋予浓郁的情绪，即：

> 噫吁嚱，危乎高哉！蜀道之难，难于上青天！
> 蚕丛及鱼凫，开国何茫然！
> 尔来四万八千岁，不与秦塞通人烟。
> 西当太白有鸟道，可以横绝峨眉巅。

---

① 王运熙：《汉魏六朝唐代文学论丛》，上海古籍出版社2014年版，第147页。
② 邓经武：《李白诗歌的巴蜀记忆》，《晚霞》2016年第9期。

地崩山摧壮士死，然后天梯石栈相勾连。
……
但见悲鸟号古木，雄飞雌从绕林间。
又闻子规啼夜月，愁空山。
蜀道之难，难于上青天，使人听此凋朱颜！
连峰去天不盈尺，枯松倒挂倚绝壁。
飞湍瀑流争喧豗，砯崖转石万壑雷。
……
剑阁峥嵘而崔嵬，一夫当关，万夫莫开。
所守或匪亲，化为狼与豺。
朝避猛虎，夕避长蛇；磨牙吮血，杀人如麻。
锦城虽云乐，不如早还家。
蜀道之难，难于上青天，侧身西望长咨嗟！

"崇汉"与"乡愿"情结的叠加，催生出他对故乡前贤"扬马激颓波，开流荡无垠"的崇敬和骄傲，如"正见当垆女，红妆二八年。一种为人妻，独自多悲凄……悔作商人妇，青春长别离"，都是咏吟汉代蜀籍才女卓文君之作。其《上皇西巡南京歌》对成都的赞叹曰："九天开出一成都，万户千门入画图。草树云山如锦绣，秦川能及此间无。"还有"金窗夹绣户，珠箔悬银钩"（《登锦城散花楼》）等，对故乡的自豪之情，于兹可见。其乐府诗《白头吟》共三十句的六次转韵，层层照应又舒卷自如，把一个汉代巴蜀发生的真实故事，演绎得淋漓尽致，即：

锦水东北流，波荡双鸳鸯。
雄巢汉宫树，雌弄秦草芳。
宁同万死碎绮翼，不忍云间两分张。
此时阿娇正娇妒，独坐长门愁日暮。
但愿君恩顾妾深，岂惜黄金买词赋。
相如作赋得黄金，丈夫好新多异心。
一朝将聘茂陵女，文君因赠《白头吟》。
东流不作西归水，落花辞条羞故林。

菟丝固无情，随风任倾倒。
谁使女萝枝，而来相萦抱。
两草犹一心，人心不如草。
莫卷龙须席，从他生网丝。
且留琥珀枕，或有梦来时。
覆水再收岂满杯，弃妾已去难重回。
古来得意不相负，只今唯见青陵台。

《峨眉山月歌》的意境明朗意象清晰，语言浅近通俗，音韵抑扬流畅，风致自然天成。"四句入地名者五，古今目为绝唱，殊不厌重。"（王麟洲语）俞陛云认为："以秋宵之残月，映青峭之峨眉。江上停桡，风景幽绝。无奈轻舟夜发，东下巴渝。回看斜月沉山，思君不见，好山隔面，等于良友分襟也。"（《诗境浅说续编》）

峨眉山月半轮秋，影入平羌江水流。
夜发清溪向三峡，思君不见下渝州。
——《峨眉山月歌》

《宣城见杜鹃花》想象丰富，语言流转自然，音律和谐多变，从民歌、神话中吸取营养和素材，构成其特有的瑰玮绚烂的色彩：

蜀国曾闻子规鸟，宣城还见杜鹃花。
一叫一回肠一断，三春三月忆三巴。

巴蜀文化的模塑影响，使李白常常以地域文化价值标准和审美取向，去看取人的生命本真形态，写下大量有关酒、女性题材的诗作，有些甚至带有明显的"性"场面，如《寄远》组诗中"相思""阳台""云雨"等意象和"何由一相见，灭烛解罗衣"等句，以及《对酒》中的"玳瑁筵中怀里醉，芙蓉帐里奈君何"一类描写等，都体现着他对现世人生享乐的注重和自然生命意识的表现。在封建正统文人眼里，这完全违反了"非礼勿言，非礼勿动"的伦理道德规范，王安石就指斥李白"其识污下，诗词十句九句言妇人酒耳"①。但就巴蜀文化道德标准看，李白真诚地抒写出对美好人生的热爱，表现了地域风习对世俗生命的赞美，体现了一种活泼泼的自由自然的生命意识②，这其实也就是由巴蜀民俗"未能笃信道德"的地域文化风习所铸造。最后，还需强调的是李白在文学理论上的主张。他崇尚大胆变革创新，敬佩"扬马激颓风，开流荡无垠"的开创勇气，标举"文质相炳焕，众星罗秋旻"的文学华美，《大猎赋·序》就明确阐述过他这种观点："白以为赋者古诗之流也，辞欲壮丽，义归博远。不然，何以光赞盛美，感天动地？"

四、沾溉后世永无穷期的艺术生命

李白生平可分为四个时期：

（一）蜀中生活时期

李白"十五观奇书，作赋凌相如"，同时"十五游神仙"，"十五好剑术"。二十岁左右，他便漫游蜀中，登峨眉、赴青城。蜀中生活对李白豪放的性格和诗风的形成有重要影响，巴蜀地域文化涵蕴着他的人文性格和艺术思维方式。

（二）走出大盆地的漫游和求仕时期

开元十四年，李白二十六岁，开始"仗剑去国，辞亲远游"。并先后与元丹丘、孔巢父和道士吴筠等隐居嵩山、徂徕山和郯中。不同地域文化的比较参照，各种学说和思想的互相碰撞，对时代精神的充分感受，催生出他的大量作品。天宝元年，因吴筠推荐，被玄宗下诏征赴长安，有"仰天大笑出门去，我辈岂是蓬蒿人"（《南陵别儿童入京》）的青云之志。又因被贺知章叹为"谪仙人"而名动朝野。李白本质上不是政治家，"揄扬九重万乘主，谑浪赤墀青琐贤"的言行，蔑视帝王权贵的傲然作风，必然有"五噫出西京"，"赐金放还"的结局，这就是他那些抒发愤懑、抨击现实的诗篇产生的背景。

（三）再度漫游（四十五至五十五岁）

"一朝去京国，十载客梁园"，出京至洛，遇杜甫，至汴州，逢高适，

---

① （宋）释惠洪：《洪斋夜话》注引。
② 唐代蜀籍禅宗高僧"马驹踏杀天下人"的马祖道一，就张扬"活泼泼"的自由参悟，与之大体同时的蜀中"狂僧宣鉴"亦同。

三人同游梁宋,用杜甫《与李十二同寻范十隐居》的话来说,就是"醉眠秋共被,携手日同行",李杜深厚友谊至此开始。其间,李白发出了"归来无产业,生事如飘蓬"的窘困之吁,有"摧残槛中虎,羁绁韝上鹰"的现实批判,但他仍然相信自己"才力犹可倚,不愧世上英",狂傲自信还是其性格的主要方面。

(四)晚年(五十五岁至卒)

安史乱起,隐于庐山。永王璘起兵,他起而应和,为幕府,因璘败而下狱,并被流放夜郎,是有"平生不下泪,于此泣无穷"(《江夏别宋之悌》)的反省。求道归隐的心,在豪放浪漫、伤春悲秋的铅华尽洗后,唯有敬亭山的闲逸能找回他自然率真的赤子之心。途中遇赦,往依当涂令李阳冰。夜醉酒泛舟江上,"捉月"水中,以浪漫诗情的方式告别人间。

他藐视一切,傲视一切,抛弃一切,冲开一切,狂放不羁,洒脱飘逸,任随本性而挥洒自如,轻尧舜,笑孔子,平交诸侯,长揖万乘,蔑视封建道德秩序,追求个人的自由和个性的解脱,犹如怀素的草书般"墨池飞出北溟鱼,笔锋杀尽中山兔","怳怳如闻神鬼惊,时时只见龙蛇走"(《草书歌行》),激情奔涌,痛快淋漓。"诗、酒、剑"终于伴随着李白走过浪漫传奇的一生。读其诗,想见其为人,李白自然率真的道家风采从诗篇里跃跃而出。仿佛是一位悠然自若的行者,乘着黄鹤翱翔在仙山云深处,吟哦着无尽旷宇中的一曲绝唱。

概而言之,李白在创作中呈现的强烈而真挚的情感,通脱豪迈的人格个性,冲决和超越一切的巨大勇气,非凡奇瑰的艺术想象以及鲜活的文学形象塑造,即杜甫所称的"笔落惊风雨,诗成泣鬼神"等,都对巴蜀文学的繁盛和中国文学的发展,留下不可磨灭的影响。超拔飘逸与雄奇豪迈的如椽巨笔,奏响了唐代诗歌的最强音,如天籁萦绕千古不绝,他身上那生机勃勃的生命律动,浓缩着唐代诗歌的精神特质。唐代诗歌有着独具魅力的时代风格与时代精神:博大、雄浑、深远、超逸,充沛的活力,浓郁的激情,不息的生命力,崭新的生活体验,以壮阔为美的审美情趣,积极进取的人生态度——这一切合起来就成为唐代诗歌与其他朝代诗歌相区别的特色,所谓"齐有倜傥生,鲁连特高妙。明月出海底,一朝开光耀。却秦振英声,后世仰末照。意轻千金赠,顾向平原笑。吾亦澹荡人,拂衣可同调"(《古风·其十》)。李白向往的是一种人的全面自由和真正的人的生活,否则,即使是他所崇拜的巴蜀先贤,也要受到批评:"子云不晓事,晚献长杨辞,赋达身已老,草玄鬓若丝。"(《古风·其八》)李白的人生理想,标志着唐人的普遍价值取向:"俱怀逸兴壮思飞,欲上青天揽明月",即使生活中出现不尽如人意之处,却可以"五花马,千金裘,呼儿将出换美酒,与尔同销万古愁"。这种博大壮阔的情怀可以说是唐代诗歌的基调,体现于李白俯仰天地的慷慨大气:"吾将囊括大块,浩然与溟涬同科"(《日出入行》),以及"黄河落天走东海,万里写入胸怀间"(《赠裴十四》)和"黄河之水天上来,奔流到海不复回"等。皮日休说李白是"言出天地外,思出鬼神表"(《刘枣强碑》),其实也是李白《上韩荆州书》文中自己宣称的:"日试万言、倚马可待……君侯何惜阶前盈尺之地,不使白扬眉吐气,激昂青云耶?"现代台湾诗人余光中在其《寻李白》中,准确感悟到了李白的独特:"酒入豪肠,七分酿成了月光,剩下的三分啸成了剑气,绣口一吐,就半个盛唐。"我们最后还是以其《古风·其一》的句子为其作结:"我志在删述,垂辉映千春。希圣如有立,绝笔于获麟。"诚哉斯言!

第四节 蜀风熏染成就的杜甫

一、天下诗人皆入蜀的"领跑人"

唐代文学的最高成就,从某种角度来说体现于李、杜的文学创作。而杜甫艺术创作的最高成就,即真正被人们所喜爱的、许多可以脱口而出的作品,还是其蜀中之作。杜甫在巴蜀大盆地生活约十一年,所写下的巴蜀题材作品以及所体现的巴蜀地域文化的影响,特别是他对巴蜀文学的贡献,都是整个唐代作家中最典型的,其蜀中诗占其全部创作的百分之六十四[1],这使人们把他视为"半个蜀人"。乃至于现代诗人冯至在《杜甫传》中说:"人们提到杜甫时,尽可以忽略了他的生地和死地,却总忘不了成都的草堂。"今天也有人说:"杜甫蜀中的诗歌创作不仅在数量上,而且在题材、内容上都大大丰富了蜀中文学,很多方面都有开创意义。"[2]他不是入蜀最早的,但却因为数量巨大、

---

[1] 屈守元:《从几个小统计看杜甫夔州诗创作的一些问题》,《览初阁论著辑录》,电子科技大学出版社2002年版。
[2] 胡永杰:《论杜甫在蜀中文学史上地位》,《杜甫研究学刊》2014年第2期。

艺术特色鲜明以及成就最大的"巴蜀书写",而成为"天下诗人皆入蜀"的领跑人。

杜甫(712~770),字子美,河南巩县(今巩义市)人,自号少陵野老。其祖父杜审言是初唐著名诗人,父亲杜闲担任过朝议大夫、兖州司马,家庭殷实为他提供了一段健康自然的少年生活,即"忆年十五心尚孩,健如黄犊走复来。庭前八月梨枣熟,一日上树能千回"(《百忧集行》)。成年后他到过许多地方并开始步入文坛,即"往昔十四五,出游翰墨场。斯文崔魏徒,以我似班扬"。"安史之乱"成为大唐帝国盛衰的一个拐点,也让杜甫沦落为一个难民。逃向何处,安身何处,是他必须面对并需要尽快解决的问题。入蜀的原因甚多,但其中肯定有陈子昂《谏讨生羌书》所说的"蜀为西南一都会,国家之宝库,天下珍货聚出其中,又人富粟多,顺江而下,可以兼济中国"等因素,他自己也在《论巴蜀安危表》中清楚地认识到"蜀之土地膏腴,物产繁富,足以供王命也"。这也使他在面临灾荒混乱,选择去处时自然会想到"我衰更懒拙,生事不自谋。无食问乐土,无衣思南州"(《发秦州》),因而有入蜀之举。面对中原战乱、华州旱灾,巴蜀为他提供了投亲访友的条件,即其有舅父在蜀中做县令(《客至》题后自注"喜崔明府相过"),表弟王十五司马等亦可投靠,事实上这位表弟确实为他提供过建房资金帮助,即其《王十五司马弟出郭相访兼遗营草堂资》所说的"忧我营茅栋,携钱过野桥"。他可依赖的在蜀好友有彭州刺史高适、蜀州刺史裴迪等。虽然他犹豫过"成都万事好,岂若归吾庐?"(《五盘》)但最后还是踏上了蜀道。

公元759年底,入蜀的杜甫在亲朋帮助下,在成都浣花溪畔兴建草堂,并断断续续住了五年。在成都草堂写下众多作品,这是他经过长期漂泊,得到暂时休息后心境欢愉的表现。既然这里有"曾城填华屋,季冬树木苍。喧然名都会,吹箫间笙簧"的繁华,又何必去计较"自古有羁旅,我何苦哀伤"。居蜀期间,他又到过嘉州、戎州(宜宾)、渝州(重庆)、忠州(忠县)、云阳、夔州等地,对巴蜀大地的社会人生以及巴山蜀水,有着切实的感受。将近两年的梓州生活,让杜甫留下了近一百五十首诗作,其中包括被后世称为杜甫"生平第一快诗"的《闻官军收河南河北》;在阆州,他留下了"阆中胜事可断肠,阆州城南天下稀"等六十二首阆中诗,有"莺花旧识非生客,山水曾游是故人。遨乐无时冠巴蜀,语音渐正带咸秦。平生剩有寻梅债,作意城南看小春"之句;在梓州,有"花浓春寺静,竹细野池幽"等绘景之作,有感怀巴蜀前贤的如"陈公读书堂，石柱仄青苔。悲风为我起，激烈伤雄才"（《冬到金华山观因得故拾遗陈公学堂遗迹》）以及《九日登梓州城》《早发射洪县南途中作》《苦战行》《去秋行》等感怀现实的作品；在夔门奉节将近两年的时间，他写诗四百四十三首。概言之，《屏迹》《为农》《田舍》《徐步》《水槛遣心》《后游》《春夜喜雨》《客至》《春望》《蜀相》《登楼》《茅屋为秋风所破歌》《闻官军收河南河北》《绝句》《绝句漫兴》《戏为六绝句》《江畔独步寻花七绝句》等，这些世人耳熟能详的名篇，皆产生于蜀中。

　　稍加安定的生活，使他有余闲用审美的视角看取眼前的现实。诗人表现了对美丽的蜀中景物如花草树木、鸟兽鱼虫的细腻观察，对美好人生的无限喜爱和深刻体会，形成了他"无一事、无一物不可入诗"的自由审美观。蜀中偏安无战乱的大环境以及富裕"天府"的物质优势，为文学艺术的发展准备了极好的基础。一方面是"浣花溪水水西头，主人为卜林塘幽"（《卜居》）的优雅环境，诗人感到很满足；另一方面是"但有故人供禄米，微躯此外更何求"（《江村》）的外在资助条件，为诗人的天性表现提供了丰裕的条件。这些感受化为文字，成为艺术积淀，同时也让世人看到诗人当年所面对的成都风物美景，如"杨柳枝枝弱，枇杷树树香"（《田舍》）、"细雨鱼儿出，微风燕子斜"（《水槛遣心》）、"随风潜入夜，润物细无声"（《春夜喜雨》）、"云掩初弦月，香传小树花"（《遣意》）。这是杜甫的情感世界与巴蜀大地秀丽优美的自然风物亲密接触、物我交融的产物，也是他因入蜀而幸运获得的恬静自然、潇散自在的一种生存方式的记录。如其组诗《江畔独步寻花七绝句》：

江上被花恼不彻，无处告诉只癫狂。
走觅南邻爱酒伴，经旬出饮独空床。

稠花乱蕊畏江滨，行步欹危实怕春。
诗酒尚堪驱使在，未须料理白头人。

江深竹静两三家，多事红花映白花。
报答春光知有处，应须美酒送生涯。

东望少城花满烟，百花高楼更可怜。

谁能载酒开金盏，唤取佳人舞绣筵。

黄师塔前江水东，春光懒困倚微风。
桃花一簇开无主，可爱深红爱浅红？

黄四娘家花满蹊，千朵万朵压枝低。
留连戏蝶时时舞，自在娇莺恰恰啼。

不是爱花即欲死，只恐花尽老相催。
繁枝容易纷纷落，嫩蕊商量细细开。

无论是成都诗，还是梓州阆州诗、云阳夔门诗，杜甫自始至终都将巴蜀的田园风光与河流山川作为审美对象，在其诗作中尽情地描绘，表现内容之丰富多彩，艺术表现之形式各异，在其他时期的诗作中是很少见到的。蜀中相对安宁的生活和较好的物质环境以及浓郁的文化文学氛围，为杜甫的文学创作提供了极好的条件。蜀中时期的杜甫，在诗歌内容上有绘景、怀人、咏史、慕贤、叙谊等，而在诗歌体式的试验与完善方面，贡献犹多。他的乐府诗，促成了中唐时期新乐府运动的发展；他的五七古长篇，亦诗亦史，展开铺叙，而又着力于全篇的回旋往复，标志着诗歌艺术的高度成就；他在五七律上也表现出显著的创造性，积累了关于声律、对仗、炼字炼句等完整的艺术经验，使这一体裁达到完全成熟的阶段。

二、社稷襟怀与黎庶情怀

自宋代"千家注杜"开始，杜甫的"诗圣"地位逐渐确立，这一切都在于其直面现实人生、胸怀天下、书写民间疾苦的现实观照态度。中国文化人的入世精神，致使杜甫不顾地位卑微而希望"致君尧舜上，再使风俗淳"（《奉赠韦左丞丈二十二韵》），希望通过自己的建言献策的努力"各使苍生有环堵"。无论是顺境，还是逆境，他忧国忧民的拳拳之心始终如一，"穷年忧黎元"，"济时肯杀身"，是他的一贯精神。他在《自京赴奉先县咏怀五百字》中说："葵藿向太阳，物性固难夺！"忠君爱国之情已成为杜甫生命的一部分。苏轼说他"一饭不忘君"，可谓抓住了关键。杜甫不仅自己忠君爱国，忧国忧民，还用以勉励朋友。例如他表彰元结"道州忧黎庶，词气浩纵横"，他对严武说"公若登台辅，临危莫爱身"，他对裴虬也说"致君尧舜付公等，早据要路思捐躯"。其"朱门酒肉臭，路有冻死骨"，就是对当时社会现实最真切的批判；"安得广厦千万间，大庇天下寒士俱欢颜"，就是他追求的目标。其作品号为"诗史"。在"奉儒守官"潦倒困居长安的十年期间，不平之气与士子入世精神叠合，忧国忧民的心情化为对时政的批判。如批判好大喜功、劳民伤财的"边庭流血成海水，武皇开边意未已"（《兵车行》），以及"关中小儿坏纪纲，张后不乐上为忙"（《忆昔二首》），"贵人岂不仁，视汝如莠蒿"（《遣遇》）等，都是充满愤怒的批判现实之作。其所写战争对民生的灾难如"车辚辚，马萧萧，行人弓箭各在腰。耶娘妻子走相送，尘埃不见咸阳桥。牵衣顿足拦道哭，哭声直上干云霄"（《兵车行》），又如《丽人行》《自京赴奉先县咏怀五百字》《悲陈陶》《哀江头》等，都是揭露统治阶级专横骄奢、人民备受其苦的不朽诗篇，还有著名的"三吏""三别"等，都被评论界称誉为达到了现实主义文学的高峰。他清醒地看到"杀人亦有限，列国自有疆。苟能制侵陵，岂在多杀伤"（《前出塞九首·其六》），因此希望用非战争流血的方式解决民族间的关系，"似闻赞普更求亲，舅甥和好应难弃！"（《近闻》）为此他不惜直接对玄宗的肆意杀伐进行批评："朝廷忽用哥舒将，杀伐虚悲公主亲！"（《喜闻贼盗蕃寇总退口号》）因此有人说：杜甫的现实主义诗歌几乎可以当作"奏疏"。

乾元二年（759）夏关中地区大旱，忧时伤乱、咏叹国难民苦的杜甫写下《夏日叹》和《夏夜叹》，其名作"三吏""三别"则展示了当时社会一幕幕凄惨的人生悲剧，展现出诗人忧国忧民、心怀高远志士的人生理念。"安史之乱"中，杜甫逃难进入华州（陕西华县），再到秦州（甘肃天水）依靠堂侄杜佐，希望过上"柴荆具茶茗，径路通林丘。与子成二老，来往亦风流"的闲适生活，却未能如愿。他产生"行路日荒芜"和"处处是穷途"（《地隅》）的飘零之感，以至于萌发"我生苦漂荡，何时有终极"（《别赞上人》）的悲吟。入蜀后，诗人感叹年衰体弱，却"拔剑拨年衰"，报国之志益增，他期盼着还能获得"社稷经纶地，风云际会期"（《夔府书怀四十韵》）的机会。尽管位卑人贱难以施展才华，然而他却是"不拟哭穷途"而"艰危气益增"，一如既往地通过各种途径表达自己的政治理念。其"国破山河在，城春草木深。感时花溅泪，恨别鸟惊心。烽火连三月，家书抵万金，白头搔更短，浑欲不胜簪"（《春望》），就是这种积极入世思想的表现。把国家兴衰与个人命运连接一体的思想，导致杜甫写出了"剑外忽传收蓟北，初闻涕泪满衣裳。却看妻子愁何在，漫卷诗书喜欲狂。白日放歌须纵酒，青春作伴好还乡"（《闻官军收河南河北》）等诗句。用"涕泪满衣裳"来写他的喜极而悲，并抓住"漫卷诗书"这一小动作来表现他的大喜欲狂，其心底迸发的真情流露之态，跃然而出。

　　稳定的蜀中生活，并未消散他的黎庶情怀，忧患意识、仁爱精神、恻隐之心长存，他看到战乱对蜀中社会的破坏："十室几人在，千山空自多。路衢唯见哭，城市不闻歌。漂梗无安地，衔枚有荷戈。官军未通蜀，吾道竟如何"（《征夫》）。又在"厚禄故人书断绝，恒饥稚子色凄凉"（《狂夫》）的真实生活感受中，还能想到"安得广厦千万间，大庇天下寒士俱欢颜！"（《茅屋为秋风所破歌》）。直到临终，他仍在惦念着"公孙仍恃险，侯景未生擒……战血流依旧，军声动至今"（《风疾舟中伏枕书怀》）。在蜀中写下的《茅屋为秋风所破歌》《闻官军收河南河北》等，标志着诗人的创作在思想和艺术上都取得了极高的成就。

　　从"临岐别数子，握手泪再滴"（《发同谷县》）向着蜀道迈进开始，杜甫用最擅长的五言组诗给我们展示了蜀道独特的险峻奇雄，展示他在深冬季节越秦岭、过剑门的艰难历程，如"季冬携童稚，辛苦赴蜀门"（《木皮岭》）、"霜浓木石滑，风急手足寒"（《水会渡》）、"终身历艰险，恐惧从此数"（《龙门阁》）。定居成都建好草堂后，他给我们展示出一种全新的生活以及全新的心境："清江一曲抱村流，长夏江村事事幽。自去自来堂上燕，相亲相近水中鸥。老妻画纸为棋局，稚子敲针作钓钩。但有故人供禄米，微躯此外更何求？"（《江村》）闲适的生活让他优雅地审视眼前的物象并且产生丰富的联想："两个黄鹂鸣翠柳，一行白鹭上青天。窗含西岭千秋雪，门泊东吴万里船。"（《绝句四首·其三》）他过着"失学从儿懒，长贫任妇愁。百年浑得醉，一月不梳头"（《屏迹三首·其二》）的闲散生活；"老夫卧稳朝慵起，白屋寒多暖始开"（《王十七侍御抡许携酒至草堂，奉寄此诗，便请邀高三十五使君同到》）。还有如"坦腹江亭暖，长吟野望时"（《江亭》）或者作"把酒从衣湿，吟诗信杖扶"的《徐步》，"浊醪谁造汝，一酌散千忧"（《落日》），"胡羯何多难，渔樵寄此生。中原有兄弟，万里正含情"（《村夜》）。

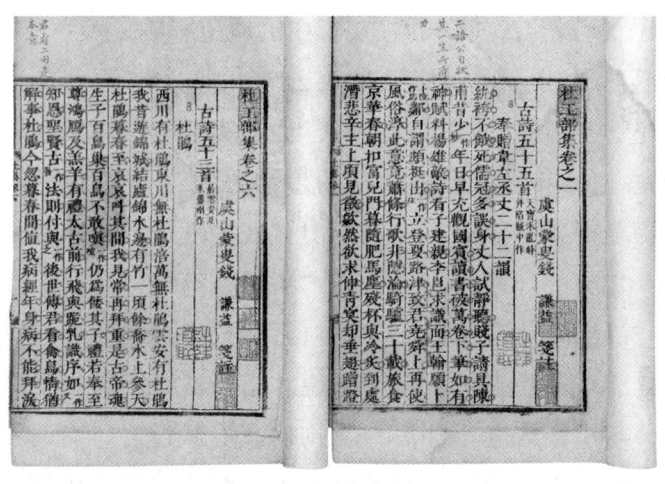

杜甫作品书影

三、蜀风狂野与沉郁顿挫

在诗歌体裁上，居蜀的杜甫也进入一个全面创造的时期。入蜀后的杜甫眼前都是"新人民"和"山川异"，一种"陌生化"的审美效应，让他对眼前的社会形态和人生状貌惊奇不已，即如《成都府》诗所说："翳翳桑榆日，照我征衣裳。我行山川异，忽在天一方。但逢新人民，未卜见故乡。大江东流去，游子日月长。"巴蜀地域文化和地域人文风习的影响，使其"入乡随俗"，在"种竹植树，纵酒啸咏"的生活中，在"层城临暇景，绝域望余春"和"地平江动蜀，天阔树浮秦"的美景（《奉和严中丞西城晚眺十韵》）陶冶下，其作品中的"狂""野"词汇和意象（如碧海掣鲸、百丈青松）开始多了起来，其《绝句漫兴九首》充盈着"癫狂""轻薄""狂""造次"等词语，《江畔独步寻花》七首绝句，亦有"乱""美酒""舞绣筵""金盏""戏蝶""娇莺""骂春色""骂春风""骂燕子""又骂桃柳"等意象。如"万里桥西一草堂，百花潭水即沧浪，风含翠筱娟娟净，雨裹红蕖冉冉香。厚禄故人书断绝，恒饥稚子色凄凉。欲填沟壑唯疏放，自笑狂夫老更狂"（《狂夫》），又如"唯天有设险，剑门天下壮"（《剑门》）和"五更角鼓声悲壮，三峡星河影动摇"（《阁夜》），以及"安得鞭雷公，滂沱洗吴越"（《喜雨》），还有"野径云俱黑，江船火独明"（《春夜喜雨》）等。又例如"高江急峡雷霆斗，古木苍藤日月昏"等句，声韵急促、意象跳跃，这既是真实的自然现象的摹写，同时也让读者感受到诗人内心深处跳动的激情。这些，当然还有"昔年有狂客，号尔谪仙人,笔落惊风雨,诗成泣鬼神"的好友李白的风范影响。

"锦城丝管日纷纷,半入江风半入云。此曲只应天上有,人间能得几回闻?"(《赠花卿》)繁华都市的美好,让杜甫获得"把酒从衣湿,吟诗信杖扶。敢论才见忌,实有醉如愚"的新的生活方式,借助"阮籍焉知礼法疏"(《奉酬严公寄题野亭之作》),他说出"我生性放诞,雅欲逃自然"(《寄题江外草堂》)之类的狂语,以及诸如"嗜酒益疏放""鄙夫亦放荡""喧呼且覆杯中渌""酒酣耳热忘头白""江村意自放,林木心所欣"等纵酒放浪的意象,比比皆是。《旧唐书·杜甫传》说"甫于成都浣花里种竹植树,结庐枕江,纵酒啸咏,与田夫野老相狎荡,无拘检。严武过之,有时不冠,其傲诞如此"。而他笔下的艺术形象确实开始增添了一些活泼泼的生趣,如其塑造的一个真实的蜀中猛士形象:

> 成都猛将有花卿,学语小儿知姓名。
> 用如快鹘风火生,见贼唯多身始轻。
> 绵州副使著柘黄,我卿扫除即日平。
> 子章髑髅血模糊,手提掷还崔大夫。
> 李侯重有此节度,人道我卿绝世无。
> 既称绝世无,天子何不唤取守京都。
>
> ——《戏作花卿歌》

用"猛、快、掷"来刻画一个人的形象,而"戏作"则是文学艺术最根本的特征,这实在是诗人入蜀后的艺术新风。仇兆鳌的《杜诗详注》高度评价说:"此诗,风华流丽,顿挫抑扬,虽太白、少伯无以过之。其首句点题,而下作承转,乃绝句正法也。"

他有不少歌咏自然的诗,如"蜀星阴见少,江雨夜闻多""蜀天常夜雨,江槛已朝晴""蜀江如线针如水""榉柳枝枝弱,枇杷树树香""细雨鱼儿出,微风燕子斜""圆荷浮小叶,细麦落轻花"等。写夔门峡江的"细草微风岸,危樯独夜舟。星垂平野阔,月涌大江流"(《旅夜书怀》)流传至今,被人们视为千古名句。其咏忠州古迹的"禹庙空山里,秋风落日斜。荒庭垂橘柚,古屋画龙蛇。云气嘘青壁,江声走白沙。早知乘四载,疏凿控三巴"(《禹庙》),亦是人们熟悉的名作。个人情感与事实相结合,产生了浓郁的抒情色彩与精练的语言艺术完美结合之作。歌咏的对象，往往是既联系自己，也联系时事，是情、景与时事的交融，这在《绝句》《蜀相》两首诗中体现得极为鲜明，即：

> 两个黄鹂鸣翠柳，一行白鹭上青天。
> 窗含西岭千秋雪，门泊东吴万里船。
>
> ——《绝句》

> 丞相祠堂何处寻，锦官城外柏森森。
> 映阶碧草自春色，隔叶黄鹂空好音。
> 三顾频烦天下计，两朝开济老臣心。
> 出师未捷身先死，长使英雄泪满襟。
>
> ——《蜀相》

其"沉郁顿挫"艺术风格的成熟就是入蜀后完成的，杜甫自己就说过："晚节渐于诗律细。"韩愈《城南联句》说得更为言简意赅："蜀雄李杜拔！"杜甫自己也承认巴蜀风物和地域风习以及人文表征对他创作的直接作用："登临多物色，陶冶赖诗篇"（《秋日夔府咏怀奉寄郑监审李宾客一百韵》）和"陶冶性灵在底物"（《解闷十二首·其七》）等，因为"万里巴渝曲，三年实饱闻"，也因为"江山如巴蜀""全蜀多名士""蜀酒浓无敌"，虽然时时有"欢娱看绝塞，涕泪落秋风。鸳鸯回金阙，谁怜病峡中"身处异乡之感，却更多地陶醉于眼前"南翁巴曲醉，北雁塞声微"（《社日两篇》）。

综观杜甫的整个创作历程，无论是青年时期的漫游吴越和齐鲁，还是中年时期困居京城长安十年，都创作了数量不少的作品，但设若没有蜀中诗歌，他的艺术成就，恐怕很难有今天的影响。至少，"江西诗派"就要另外寻"祖"。杜甫《进〈雕赋〉表》说："倘使执先祖之故事，拔泥涂之久辱，则臣之述作，虽不足鼓吹《六经》，先鸣数子，至于沉郁顿挫，随时敏捷，而扬雄、枚皋之徒，庶可企及也。""沉郁"源自扬雄"默而好深湛之思"，因为忧国忧民感情深沉与意境开阔苍凉，主要表现为悲慨壮大深厚；所谓"顿挫"，主要表现为语言韵律的回环曲折与语言声调的停顿转折，情感表达的波浪起伏。时代环境的急遽变化、个人生活的穷悉困苦、思想感情的博大深厚，以及表现手法的沉着蕴藉，都借助于蜀中生活得以实现。

四、诗圣美名耀千古

杜甫曾经对自己有一个全面的介绍:"甫昔少年时,早充观国宾。读书破万卷,下笔如有神。赋料扬雄敌,诗看子建亲。李邕求识面,王翰愿卜邻。自谓颇挺出,立登要路津。致君尧舜上,再使风俗淳。"(《赠韦左丞丈二十二韵》)虽然根本目的是要在政治领域施展才华,最后却在文学领域实现了比肩甚至"挺出"扬雄曹植的成就。当然,他的政治抱负导致他在一生的创作中,常常把国家危亡和社会民生作为创作审美的重要内容。杜甫的社会理想是国家统一,民族富强,百姓安居乐业,希望人与人、人与自然和谐相处。他在自己的创作历程中,与现实社会中那些破坏社会和谐、分裂民族与国家的邪恶势力和残酷剥削黎民百姓、贪污腐化等丑恶的社会现象作了不懈的斗争。宋人李纲《杜工部集序》称:"自开元天宝全盛之时,迄至德大历,干戈丧乱之际,凡千四百四十馀篇,其忠义气节,羁旅艰难,悲愤无聊,一发于诗。"他的这种追求和谐社会崇高理想的精神及忧国忧民的高尚人格,受到历代志士仁人的高度尊崇与继承发扬。这种思想性与艺术性的完美结合,在中国文学留下"诗圣"美名。杜甫被后人尊为"诗圣",意味着他的创作尤其是他的作品体现出来的思想和情感,已经远远超越了文学层面而上升到民族精神的文化层次,以"圣人"的身姿,昭示着一种伟大的人格和行为风范。

杜甫是一位心系社稷,悲悯苍生,于颠沛流离中始终忧国忧民的诗人。他在《警急》《王命》《愁坐》《西山三首》《征夫》等诗中反复地表达对蜀乱战局的关注,对蜀中人民因之而遭受的灾难表示同情和忧虑。《为阆州王使君进论巴蜀安危表》《东西两川说》《伤春五首》《述古三首》等诗文中还对蜀中的治理提出主张。绵州时所作《又观打鱼》对绵州当地官吏在"干戈兵革斗未止"之际打鱼设宴纵乐的行为就极为不满:"吾徒胡为纵此乐,暴殄天物圣所哀。"梓州时他观梓州刺史狩猎,作《冬狩行》诗云:"草中狐兔尽何益,天子不在咸阳宫。朝廷虽无幽王祸,得不哀痛尘再蒙",对章彝在国家危难之时,尚奢侈游乐的作风更是直接表示批评。《数陪李梓州泛江,有女乐在诸舫,戏为艳曲二首赠李》诗云"使君自有妇,莫学野鸳鸯",则是直言劝诫梓州刺史李某要洁身自爱。杜甫瞻仰武侯祠有《蜀相》,怀念陈子昂有《送梓州李使君之任》《冬到金华山观,因得故拾遗陈公学堂遗迹》《陈拾遗故宅》等。如此等等,都昭示出诗人那种胸怀高远心系天下的圣贤品格。还需注意的是，杜甫对蜀中风习民俗的记载，如对阆州民俗的描绘："南有汉王祠，终朝走巫祝。歌舞散灵衣，荒哉旧风俗。高堂亦明王，魂魄犹正直。不应空陂上，缥缈亲酒食。淫祀自古昔，非唯一川渎。"（《南池》）

杜甫是当时能够欣赏李白的少数人之一，即"万人皆欲杀，我独怜其才"，其《饮中八仙歌》，对李白的恣纵狂放、肆无忌惮的浪漫个性高度赞扬："李白一斗诗百篇，长安市上酒家眠。天子呼来不上船，自称臣是酒中仙。"杜甫直接写李白的诗作有14首，皆为赞美之意，如"李侯有佳句，往往似阴铿""白也诗无敌，飘然思不群""敏捷诗千首，飘零酒一杯""笔落惊风雨，诗成泣鬼神"等，念念不忘的还是希望能有机会再次得到李白的指教，如"何时一樽酒，重与细论文"（《春日忆李白》）。杜甫对陈子昂诗歌的充实政治现实内容尤为推崇，并将其诗歌评价上升为陈子昂"忠义"的人格评价，即"公生扬马后，名与日月悬……终古立忠义，《感遇》有遗编"（《陈拾遗故宅》）。唐人的崇汉情结，体现在杜甫对创作成就的追求标杆："视我扬马间，白首不相弃"（《送顾八分文学适洪吉州》）。有《琴台》悼怀，以及"相如逸才亲涤器，子云识字终投阁"（《醉时歌》）对司马相如和扬雄的叹惋等，甚至还自诩有扬雄之才："扬雄更有《河东赋》，唯待吹嘘送上天"（《赠献纳使起居田舍人澄》）。杜甫与蜀僧间丘交往，有诗"我住锦官城，兄居祇树园。地近慰旅愁，往来当丘樊"（《赠蜀僧闾丘师兄》），还有《题玄武禅师屋壁》《谒文公上方》等与蜀中僧人交游的记录。他与道教人士的交往以及诗文唱和，有"野桥齐度马，秋望转悠哉。竹覆青城合，江从灌口来。入村樵径引，尝果栗皱开。落尽高天日，幽人未遣回"（《野望因过常少仙》），"长啸峨眉北，潜行玉垒东。有时骑猛虎，虚室使仙童"（《寄司马山人十二韵》）等。反映杜甫与蜀中艺术家交往，有"韦侯别我有所适，知我怜君画无敌。戏拈秃笔扫骅骝，欻见骐驎出东壁。一匹齕草一匹嘶，坐看千里当霜蹄。时危安得真致此，与人同生亦同死"（《题壁上韦偃画马歌》），"能事不受相促迫，王宰始肯留真迹。壮哉昆仑方壶图，挂君高堂之素壁。巴陵洞庭日本东，赤岸水与银河通，中有云气随飞龙。舟人渔子入浦溆，山木尽亚洪涛风。尤工远势古莫比，咫尺应须论万里。焉得并州快剪刀，剪取吴淞半江水"（《戏题王宰画山水图歌》）以及反映与著名画家曹霸交往的《丹青引》《观曹将军画马图》等作品。回望蜀中生活，杜甫的心情是复杂的："五载客蜀郡，一年居梓州。如何关塞阻，转作潇湘游。万事已黄发，残生随白鸥。安

杜甫喜爱的蜀中画家韦偃作品《双骑图》

危大臣在,不必泪长流。"(《去蜀》)

元稹在《唐故工部员外郎杜君墓系铭序》中说:"至于子美,盖所谓上薄风骚,下该沈宋,言夺苏李,气吞曹刘。掩颜谢之孤高,杂徐、庾之流丽,尽得古今之体势,而兼人人之所独专矣。"王安石将杜甫当作一个"不废朝廷忧""不忍四海赤子寒飕飕"(《子美画像》)的忧国忧民的仁人志士加以尊崇;南宋诗人陆游也说,杜甫"后世但作诗人看,使我抚几空嗟咨"(《读杜诗》)。他的文化人格和诗歌艺术的魅力,现在已超出国界,走向世界。他已成为世界和平理事会所纪念的世界文化名人之一。

第五节　繁星璀璨的唐代入蜀诗人

一、高适、岑参的蜀中创作

高适、岑参是"边塞诗派"的代表。其审美观照对象的选择以及艺术表达特色的形成,都接受过蜀籍作家陈子昂的恩惠。二人先后入蜀,用自己的眼光审视巴蜀大地,留下众多作品,借以反哺巴蜀文学。有唐一代,作家中宦途显达而至节度使者,唯高适一人。高适是唐代"边塞诗派"的领军人物和集大成者,其诗歌尚质主理,雄壮而浑厚古朴,突出特点是"雄浑悲壮",代表作有《燕歌行》《蓟门行五首》《塞上》《塞下曲》《蓟中作》《九曲词三首》

等，存世有《高常侍集》二十卷。其诗笔力雄健、气势奔放、直抒胸臆、不尚雕饰，以七言歌行最富特色，洋溢着盛唐时期所特有的奋发进取、蓬勃向上的时代精神。其边塞诗常用大漠、枯草、孤城、落日等映衬排比，组成富有主观情感的图景，把战士们战斗不止的英勇悲壮烘托得更为强烈，如其代表作《燕歌行》曰：

汉家烟尘在东北，汉将辞家破残贼。
男儿本自重横行，天子非常赐颜色。
摐金伐鼓下榆关，旌旆逶迤碣石间。
校尉羽书飞瀚海，单于猎火照狼山。
山川萧条极边土，胡骑凭陵杂风雨。
战士军前半死生，美人帐下犹歌舞。
大漠穷秋塞草腓，孤城落日斗兵稀。
身当恩遇常轻敌，力尽关山未解围。
……

高适为蜀中"戎帅"历时六年，做过彭州刺史、蜀州刺史，后坐到大盆地最高长官的剑南节度使位置上。蜀中六年，既是高适施展其早年"永愿拯刍荛"（《淇上酬薛三据兼寄郭少府微》）政治抱负的具体实践，也是检验他是否实践了早年抱负的直接依据。其谈论蜀中政治军事形势的《西山三城置戎论》和《请罢东川节度使疏》，就是其政治才华的体现。他的形势分析亦深有见识，如"陛下因此履巴山、剑阁之险，西幸蜀中，避其蛊毒，未足为耻也"。他在蜀期间留下众多诗作，长篇排律《酬裴员外以诗代书》，就是对蜀中乱象和民生艰难的表现。其《人日寄杜二拾遗》记录了成都特有的节日情况，其曰：

人日题诗寄草堂，遥怜故人思故乡。
柳条弄色不忍见，梅花满枝空断肠。
身在远藩无所预，心怀百忧复千虑。
今年人日空相忆，明年人日知何处。
一卧东山三十春，岂知书剑老风尘。
龙钟还忝二千石，愧尔东西南北人。

又如描写乡村田园美好生活的《寄宿田家》：

田家老翁住东陂，说道平生隐在兹。
鬓白未曾记日月，山青每到识春时。
门前种柳深成巷，野谷流泉添入池。
牛壮日耕十亩地，人闲常扫一茅茨。
客来满酌清尊酒，感兴平吟才子诗。
岩际窟中藏鼹鼠，潭边竹里隐鸬鹚。
村墟日落行人少，醉后无心怯路歧。
今夜只应还寄宿，明朝拂曙与君辞。

在彭州刺史任上，有五言排律《赴彭州山行之作》，其曰：

峭壁连崆峒，攒峰叠翠微。
鸟声堪驻马，林色可忘机。
怪石时侵径，轻萝乍拂衣。
路长愁作客，年老更思归。
且悦岩峦胜，宁嗟意绪违。
山行应未尽，谁与玩芳菲。

岑参一生五次入戎幕，两次出塞历时共六年，亦是唐人少有。天宝十载（751）在长安，他与李白、杜甫、高适等交游唱和。因官至嘉州刺史（今四川乐山），人称"岑嘉州"。大历五年（770）卒于成都，时年五十六岁，有作品《岑嘉州集》存世。岑参长于七言歌行，现存诗四百首左右，约有七十余首对边塞风光、军旅生活，以及少数民族的文化风俗有生动的描写。其诗歌富有浪漫主义的特色，气势雄伟，想象丰富，色彩瑰丽，热情奔放。风格与高适相近，后人多并称"高岑"，名作有《走马川行奉送封大夫出师西征》《轮台歌奉送封大夫出师西征》《火山云歌送别》等。其代表作《白雪歌送武判官归京》，色彩瑰丽浪漫，气势浑然磅礴，意境鲜明独特，具有极强的艺术感染力，堪称盛世大唐边塞诗的压卷之作。其曰：

北风卷地白草折，胡天八月即飞雪。
忽如一夜春风来，千树万树梨花开。
散入珠帘湿罗幕，狐裘不暖锦衾薄。
将军角弓不得控，都护铁衣冷难着。
瀚海阑干百丈冰，愁云惨淡万里凝。
中军置酒饮归客，胡琴琵琶与羌笛。
纷纷暮雪下辕门，风掣红旗冻不翻。
轮台东门送君去，去时雪满天山路。
山回路转不见君，雪上空留马行处。

对边塞军旅之苦，他的感受是深切的，即"万里奉王事，一身无所求。也知塞垣苦，岂为妻子谋"（《初过陇山途中呈宇文判官》），"侧身佐戎幕，敛衽事边陲。自逐定远侯，亦著短后衣。近来能走马，不弱并州儿"（《北庭西郊候封大夫受降回军献上》）。另有《感旧赋》和《招北客文》各一篇，墓铭两篇。其入蜀诗详尽地描绘了蜀道沿途情景、社会状况、山水景物，表现着他对形势的担忧（"岩倾劣通马，石窄难容车"）和对美景的欢悦（"山花万朵迎征盖，川柳千条拂去旌"），如"穷巷草转深，闲门日将夕。桥西暮雨黑，篱外春江碧"（《西蜀旅舍春叹，寄朝中故人呈狄评事》），"云开露崖峤，百里见石棱。龙溪盘中峰，上有莲华僧"（《寄青城龙溪奂道人》）等。到成都后，或

岑参《岑嘉州集》书影

泛舟浣花溪，拜谒武侯庙、文翁石室讲堂、扬雄草玄台、司马相如琴台、严君平卜肆，或瞻仰驷马桥、万里桥、石犀、支矶石等胜迹，或游灌口、登青城，无不骋目驰怀，吟咏赞叹发而为诗。其蜀中览胜之作如：

传是秦时楼，巍巍至今在。
楼南两江水，千古长不改。
曾闻昔时人，岁月不相待。

——《张仪楼》

寺出飞鸟外，青峰戴朱楼。
搏壁跻半空，喜得登上头。
殆知宇宙阔，下看三江流。
天晴见峨眉，如向波上浮。

——《登嘉州凌云寺作》

公元767年，他赴任嘉州，游凌云寺，上峨眉山，这都在他的诗中记录下来。唐人杜确编辑其作品为《岑嘉州集》八卷，并在《岑嘉州诗集序》中说他的诗"每一篇绝笔，则人人传写，虽闾里士庶，戎夷蛮貊，莫不讽诵吟习焉"。

二、元白诗派与巴蜀

从某种角度上说，唐代文学是从巴蜀开始的。"初唐四杰"是在巴蜀大盆地的游历中开始确立自己的抒情个性，并唱出唐代文学的序曲；陈子昂的创作标志着唐代文学的正式开始；李白的青春"狂歌"所呈现的是典型的大唐时代精神；入蜀后诗风大变、艺术造诣炉火纯青的杜甫，饱受蜀中山川景物以及民俗风习的浸染，将唐诗推进到新的高度；陈子昂、刘湾的创作，对"边塞诗派"的启示和引领作用，李馀、刘猛的诗体试验引发的"元白诗派"的跟进和模仿，还有白居易、刘禹锡对夔州民歌"竹枝词"的接受和再创造等，都为中国文学新诗体的问世作出了重要贡献。青城山道士杜光庭的剑侠传奇小说《虬髯客传》的先锋意义，还有"蜀戏冠天下"之称的巴蜀戏剧对中国戏剧发展的贡献等，莫不如是。

"元白诗派"重写实、尚通俗的创作美学追求，提出了"文章合为时而著，歌诗合为事而作"的创作宗旨，强调诗歌惩恶扬善、补察时政的功能，语言方面则力求通俗易解等，成为唐诗"走进民间"的突出现象。他们发起新乐府运动，直接受到蜀中作家李馀、刘猛的乐府诗体试验影响。该诗派"元轻白俗"的特色，实际上是有意识地刻意追求，是对生动鲜活的民间歌谣艺术的吸取，李、刘的乐府诗试验就受到元白的青睐和效仿。这在元稹的《乐府古题序》中说得很清楚："昨梁州见进士刘猛、李馀，各赋《古乐府诗》数十首。其中一二十章，咸有新意，余因选而和之。其有虽用古题，全无古义者，若《出门行》不言离别，《将进酒》特书列女之类是也。其或颇同古义，全创新词者，则《田家》止述军输，《捉捕》词先蝼蚁之类是也。刘李二子方将极意于斯文，因为粗明古今歌诗同异之音焉。"序文还指斥一般文人所作乐府诗"沿袭古题，唱和重复"的形式主义倾向，并叙述自己和白居易、李绅本来约定"不复拟赋古题"，后来见到刘猛、李馀所作古乐府诗"咸有新意"，于是又应和了李馀、刘猛的古题乐府十九首，虽然用的是古题，但"全无古义"或"颇同古意，全创新词"。正是因为"全创新词"的诗体试验，才引发了元白的文体创新欲求。元稹在《酬刘猛见送诗》中推崇对方无以复加："神剑土不蚀，异布火不燃。"该派的张籍，也有《送李馀及第后归蜀》诗云："十年人咏好诗章，今日成名出举场。归去唯将新诰牒，后来争取旧衣裳。山桥晓上芭蕉暗，水店晴看芋草黄。乡里亲情相见日，一时携酒贺高堂。"概而言之，中唐新乐府运动一个最重要的特点"自命新题写时事"，就是受到蜀中作家刘猛、李馀的创作启示和影响。

因传奇小说《会真记》（《莺莺传》）而驰名的才子元稹，其文学成就与巴蜀的关系至为密切。首先，他是在陈子昂作品的影响下开始进行文学创作的。贞元九年（793）参加经科考试胜出，次年得陈子昂《感遇》诗熟读之，始作诗。即其《叙诗寄乐天书》回忆说："适有人以陈子昂《感遇》诗相示，吟习激烈，即日为《寄思玄子诗》二十首"，得到长辈们的赞赏后，"由是勇于为文"。后出使剑南东川，不久出任通州（今达州）司马，他的创作在蜀中达到了高峰：一是名作问世，二是开拓了乐府新体。其名作长篇叙事诗《连昌宫词》就创作于通州，属于新乐府代表作，和白居易《长恨歌》齐名，为"唐代长篇叙事诗双璧"。此前，元稹并不喜欢乐府诗，他在通州作的《乐府古题序》说得很清楚。文中说："况自《风雅》至于乐府，莫非讽兴当时之事，以贻后代之人。沿袭古题，唱和重复，于文或有短长，于义咸为赘剩，尚不如寓意古题，刺美见事，犹有诗人引古以讽之义焉……近代唯诗人杜甫《悲陈陶》《哀江头》《兵车行》《丽人行》等，凡所歌行，率皆即事名篇，无复依傍。

余少时与友人乐天、李公垂辈,谓是为当,遂不复拟赋古题。"①元和十二年(817),他看到刘猛、李馀的《古乐府诗》数十首,感到"其中一二十章,咸有新意",于是就和了古题乐府十九首,从而将乐府诗体张扬放大。

元稹一生最值得一提的好诗和诗歌理论,大多是在通州四年中完成的。初到通州心情沮丧至极,他在《酬乐天雨后见忆》中说:"雨滑危梁性命愁,差池一步一生休。黄泉便是通州郡,渐入深泥渐到州",继后又用《闻乐天授江州司马》再诉苦:"残灯无焰影幢幢,此夕闻君谪九江,垂死病中惊坐起,暗风吹雨入寒窗。"逐渐地,他认识到通州的佳妙之处:"平生欲得山中住,天与通州绕郡山,睡到日西无一事,月储三万买教闲。"(《通州》)他自谓"常在闲处,无所役用,性不能近道,未能淡然忘怀,又复懒于他欲……全盛之气,注射语言,杂糅精粗,遂成多大"②,这就使他有充裕的精力和闲适心境从事创作,现在可以见到元稹在通州所作的诗歌有180余首,约占其现存全部诗作的五分之一。实际上,他在通州所作的诗远不止这些。白居易在《题诗屏风绝句·序》中就讲过:"十二年冬,微之犹滞通州……前后辱微之寄示之什,殆数百篇。"在《十四年三月十一夜遇微之于峡中停舟夷陵三宿而别·注》中白又说:"微之别来有新诗数百篇,丽绝可爱。"白居易在《竹枝词》的第四首中夸赞元稹诗的艺术感染力:"江畔谁人唱《竹枝》?前声断咽后声迟,怪来调苦缘词苦,多是通州司马诗。"但《元氏长庆集》及各类补遗的集外诗中均无"竹枝词"一类作品,可见很早就已佚失。

元稹还写了不少反映巴渝风情的诗,如《织妇词》《田家词》《估客乐》《采珠行》《捉捕歌》,而大型组诗《虫豸诗》二十一首,则别出新意,极写贬谪生活之凄苦难熬。再如小诗《瘴塞》,也写得凄艳明丽,富有情韵:"瘴塞巴山哭鸟悲,红妆少妇敛啼眉。殷勤奉药来相劝,云是前年欲病时。"又如《夫远征》:"送夫之妇又行哭,哭声送死非送行。夫远征,远征不必成长城,出门便不知死生",有病愁怨叹之声。其中也有写得很出色的小诗,如《酬乐天频梦微之》:"山水万重书断绝,念君怜我梦相闻。我今因病魂颠倒,惟梦闲人不梦君!"于平浅明快中呈现丽绝华美,色彩浓烈,铺叙曲折,细节刻画真切动人,比兴手法富于情趣。这个"才子"在经

---

① 《元稹集·乐府古题序》,中华书局2000年版。
② 《元稹集·上令狐相公诗启》,中华书局2000年版。

历了一段刻骨铭心的恋情并且忏悔之后,又在成都经历了一场"积涛恋",留下了记录与薛涛爱情的诗,如"诗篇调态人皆有,细腻风光我独知。月夜咏花怜暗澹,雨朝题柳为欹垂",以及"锦江滑腻蛾眉秀,幻出文君与薛涛。言语巧偷鹦鹉舌,文章分得凤凰毛。纷纷辞客多停笔,个个公卿欲梦刀。别后相思隔烟水,菖蒲花发五云高"等。

白居易于元和十三年(818)春,从江州司马(从六品),升为忠州(今重庆忠州区)刺史(正四品)。他带着"忠州好恶何须问,鸟得辞笼不择林"的极度兴奋抵达忠州,虽然他早知道五十四年前寓居忠州的杜甫所描写的"淹泊仍愁虎,深居赖独园",也熟读了好友元稹的巴蜀题材作品,在江州至忠州途中他也有"今来转深僻,穷峡巅山下。五月断行舟,滟滪正如马。巴人类猿狖,矍铄满山野"的实实在在的感受,但眼前"山束邑居窄,峡牵气候偏。林峦少平地,雾雨多阴天。隐隐煮盐火,漠漠烧畬烟"(《初到忠州登东楼,寄万州杨八使君》)的贫苦人生状况,冲淡了他升官的喜悦。这块土地上诞生过以头颅换来国土完整的巴曼子将军,出现过三国严颜等忠勇之将,"忠州"得名之因以及所蕴涵的丰厚文化积淀,激发了白居易的热情,使他觉得"草树禽鱼尽有情"。于是他更多地看到"靡靡春草合,牛羊缘四隈",他称赞木莲"如折芙蓉栽旱地,似抛芍药挂高枝",喜爱荔枝"瓤肉莹白如冰雪,浆液甘酸如醴酪"的色美味鲜,特地请人将这两件东西画成图,并分别题诗,序于其上,这就是流传千古的《木莲诗》和《荔枝图序》。

他还要更好地美化这块土地,在城东严颜桥一带"倚岸埋大干,临流插小枝",种了很多柳树,并且只要是开花的,"不限桃杏梅"都栽,使之变成"百果参杂种,千枝次第开"的人间乐园。"蛮儿巴女"同喝一坛"咂酒"的奇特民俗和"蛮鼓声坎坎,巴女舞蹲蹲"的迷人歌舞,都使他迷恋着这块土地,他以系列组诗《竹枝》记录了这一切。一旦离别,他是那样的难以割舍:"三年留滞在江城,草树禽鱼尽有情。何处殷勤重回首,东坡桃李种新成。"《别种东坡花村两绝》又如《发白狗峡,次黄牛峡登高寺,却望忠州》:"白狗次黄牛,滩如竹节稠。路穿天地险,人续古今愁","畏途常迫促,静境暂淹留。巴曲春全尽,巫阳雨半收"等。这些,我们可以借用他游彭州的《游云居寺,赠穆三十六地主》来说明原因:"乱峰深处云居路,共踏花行独惜春。胜地本来无定主,大都山属爱山人。"其名作《长恨歌》中关于"蜀江水碧蜀山青""临邛道士鸿都客""峨眉山下少人行"等巴蜀自然风景和人文典故的运用，都体现着白居易对巴蜀地域文化的娴熟把握。入蜀之前，白居易的作品积极讽喻，充盈着政治理想和积极入世的人生抱负，如《卖炭翁》《长恨歌》《琵琶行》以及"闻见之间，有足悲者"的反映现实的《秦中吟》组诗等。自出任忠州刺史开始，他对人生命运、官场得失的体悟、反思及透解，使作品的思想内容深刻化，诗风也随之发生变化，并一直延续到晚年，即抒情写景的色调色彩结合、诗歌含蓄底蕴、善用比拟手法、开文人拟竹枝之风等。一生创作颇丰，现存诗文三千七百多首，其中巴蜀诗总一百三十二题一百四十三首。①其《与元九书》所提出的"根情、苗言、华声、实义"创作主张，对"感人心者莫先乎情"等文艺特征的强调，"文章合为时而著，歌诗合为事而作"的写作原则等，都是中国文艺理论史著述的必引之作。

张籍的乐府诗与王建并称，在中唐诗坛上被并称为"张王乐府"。以平易浅切的语言、自然流畅的意绪来增加诗歌的可读性，是其对时代文学的最大贡献。清人赵翼在《瓯北诗话》中称这类诗"多触景生情，因事起意。眼前景，口头谚，自能沁人心脾，耐人咀嚼"。其《成都曲》之"锦江近西烟水绿，新雨山头荔枝熟。万里桥边多酒家，游人爱向谁家宿"，已经成为历代文人说成都的必引之语。而其《送客游蜀》云"行尽青山到益州，锦城楼下二江流。杜家曾向此中住，为到浣花溪水头"，以及写夔州茶事的《和韦开州盛山十二首·茶岭》"紫芽连白蕊，初向岭头生。自看家人摘，寻常触露行"，常常成为人们论述巴蜀历史的证据。韦处厚被贬开州（今属重庆）刺史，张籍往访，二人同有吟咏当地美景的组诗"盛山十二景"，即《宿云亭》《隐月岫》《流杯渠》《盘石蹬》《胡芦沼》《绣衣石榻》《梅溪》等，见录于《全唐诗》，韩愈亦有《盛山十二景诗·序》推介评述。今有《张籍诗集》八卷，共收诗四百八十多首。

三、竹枝词与刘禹锡

巴蜀是一处涵蕴文学、成就作家的最佳之所。长庆元年（821）冬，刘禹锡被任命为夔州（今重庆奉节）刺史。进入大盆地的刘禹锡，在这块土地上对中国文学进行新的开拓，在文学话语创新上作出了新贡献，他将先秦以来民间遗

---

① 参见申东城：《白居易巴蜀诗与唐宋诗歌嬗变》，《吉首大学学报》2012年第2期。

留的巴渝歌舞，整理成为"竹枝词"新型诗体并流传至今。他化取巴渝歌舞而成的《竹枝词》《杨柳枝词》《浪淘沙》等，活泼清新，自然流转，尽洗文人习气，唐代文学的自由、自然和民间化的特点，在刘禹锡的巴蜀创作中再次得到强化。他在夔州的九首《浪淘沙》、四首《踏歌词》，其实也是竹枝词一类的民歌体，如"瞿塘嘈嘈十二滩，此中道路古来难。长恨人心不如水，等闲平地起波澜"等。明胡震亨《唐音癸签》说刘诗"开朗流畅，含思宛转"，"运用似无过人之处，却都惬人意，语语可歌"，这些特点，在刘禹锡的民歌体诗中表现得尤为突出。他这些诗保存了清新开朗的民间情调，采撷朴素生动的民间口语，运用俚歌俗调的形式，绘真景、抒真情，具有浓厚的天然风韵，如其到建平（今巫山县）采风而作的《竹枝词》：

> 白帝城头春草生，白盐山下蜀江清。
> 南人上来歌一曲，北人莫上动乡情。
> 山桃红花满上头，蜀江春水拍山流。
> 花红易衰似郎意，水流无限似浓愁。
> ……
> 杨柳青青江水平，闻郎江上唱歌声。
> 东边日出西边雨，道是无晴却有晴。
> 楚水巴山江雨多，巴人能唱本乡歌。
> 今朝北客思归去，回入纥那披绿罗。

余如《蜀先主庙》《和西川李尚书伤孔雀及薛涛之什》《松滋渡望峡中》等作品，艺术上汲取巴蜀民歌含思婉转、朴素优美的特色，清新自然，健康活泼，充满生活情趣。给后世留下"银钏金钗来负水，长刀短笠去烧畲"的民俗画面和地道的民歌风味，《巫山神女庙》的"星河好夜闻清佩，云雨归时带异香"，以及"渡头轻雨洒寒梅，云际溶溶雪水来。梦渚草长迷楚望，夷陵土黑有秦灰。巴人泪应猿声落，蜀客船从鸟道回。十二碧峰何处所，永安宫外是荒台"（《松滋渡望峡中》）、"濯锦江边两岸花，春风吹浪正淘沙。女郎剪下鸳鸯锦，将向中流匹晚霞"（《浪淘沙·其三》）、"金牛蜀路远，玉树帝城春。荣耀生华馆，逢迎欠主人。帘前疑小雪，墙外丽行尘。来去皆回首，情深是德邻"（《令狐相公见示，题洋州崔侍郎宅双木瓜花顷接侍郎同舍陪宴树下吟玩来什辄成和章》）等，也记录了诗人的心灵访古与灵魂漫游的轨迹。他在《竹枝词序》中系统回忆过其文体创新的诱因和过程："四方之歌，异音而同乐。岁正月，余来建平，里中儿联歌竹枝，吹短笛击鼓以赴节，歌者扬袂睢舞，以曲多为贤。聆其音，中黄钟之羽，其卒章激讦如'吴声'。虽伧伫不可分，而含思宛转，有淇、濮之艳音。昔闻屈原居沅、湘间，其民迎神，辞多鄙陋，乃为作《九歌》，至于今，荆楚歌舞之。故余亦作《竹枝》九篇，俾善歌者飏之，附于末，后之聆巴渝，知变风之自焉。"

四、其他诗人的巴蜀书写

唐代有三个皇帝入蜀，唐玄宗有《幸蜀西至剑门》曰：

剑阁横云峻，銮舆出狩回。
翠屏千仞合，丹嶂五丁开。
灌木萦旗转，仙云拂马来。
乘时方在德，嗟尔勒铭才。

由隋入唐、被太宗授为秦王府文学的"十八学士"之一褚亮，有《赋得蜀都》曰："列宿光参井，分芒跨梁岷。沉犀对江浦，驷马入城闉。英图多霸迹，历选有名臣。连骑簪缨满，含章词赋新。得上仙槎路，无待访严遵。"贝州武城（河北清河县）人张文琮，有《相和歌辞·蜀道难》曰："梁山镇地险，积石阻云端。深谷下寥廓，层岩上郁盘。飞梁架绝岭，栈道接危峦。揽辔独长息，方知斯路难。"《新唐书·宋之问传》："魏建安后迄江左，诗律屡变。至沈约、庾信，以音韵相婉附，属对精密。及之问、沈佺期，又加靡丽，回忌声病、约句准篇，如锦绣成文。学者宗之，号为'沈宋'。"沈于公元705年秋从长安出发，进入四川，在过秦岭（广元境内）时有《夜宿七盘岭》曰："独游千里外，高卧七盘西。晓月临窗近，天河入户低。芳春平仲绿，清夜子规啼。浮客空留听，褒城闻曙鸡。"元稹《唐故工部员外郎杜君墓系铭序》指出："沈宋之流，研练精切，稳顺声势，谓之为律诗。由是而后，文体之变极焉。"于此，沈佺期的巴蜀书写，具有一定的艺术和文学史价值。宋之问"富文辞，且工书，有力绝人，世称三绝"，所作诗靡丽精巧，尤善五言律诗，对初唐律体之定型颇有贡献。其《明河篇》末尾有"明河可望不可亲，愿得乘槎一问津。更将织女支机石，还访成都卖卜人"，使用的是汉代成都人严君平的典故。又其《送田道士使蜀投龙》有"蜀门峰势断，巴字水形连"之句。

开元九年（721），被罢相的苏颋出任益州长史，见到尚在迷蒙状态的青年李白并嘉许之"若广之以学，可以相如比肩也"，李白因此"故知大丈夫必有四方之志"。苏颋有《经三泉路作》（广元境内）、《武担山寺》等蜀中之作，其《九月九日望蜀台》诗云："蜀王望蜀旧台前，九日分明见一川。北料乡关方自此，南辞城郭复依然。青松系马攒岩畔，黄菊留人籍道边。自昔登临湮灭尽，独闻忠孝两能传。"与苏颋并称为"燕许大手笔"的张说，有《过蜀道山》《再使蜀道》等，其《蜀路二首》其二云："昏晓思魏阙，梦寐还秦京。秦京开朱第，魏阙垂紫缨。幽独玄虚阁，不闻人马声。艺业为君重，名位为君轻。玉琴知调苦，宝镜对胆清。鹰饥常啄腥，凤饥亦待琼。于君自有属，物外岂能轻。"担任过宰相的房琯，出任汉州（今广汉）刺史，其《题汉州西湖》曰：

高流缠峻隅，城下缅丘墟。
决渠信浩荡，潭岛成江湖。
结宇依回渚，水中信可居。
三伏气不蒸，四达暑自徂。
同人千里驾，邻国五马车。
月出共登舟，风生随所如。
举麾指极浦，欲极更盘纡。
缭绕各殊致，夜尽情有馀。
遭乱意不开，即理还暂祛。
安得长晤语，使我忧更除。

孟浩然是盛唐田园山水诗派之先声者，与王维并称"王孟"。他于开元二十三年（735）左右"西入岷峨"，从大散关过秦岭入蜀，经梁州、梓州、果州、夔州，去黔州（今重庆涪陵）"知南选"，可见其《自大散以往深林密竹蹬道盘曲四五十里至黄牛岭见黄花川》诗，有"未尝冒湍险，岂顾垂尝言，自此历江湖，辛勤难具论"（《入峡寄弟》）之感受。在《行出东山望汉川》中，他描述了所见到的巴蜀："异县非吾土，连山尽绿篁。平田出郭少，盘坂入云长。万壑归于海，千峰划彼苍。猿声乱楚峡，人语带巴乡。"王维亦有

《送王尊师归蜀中拜扫》曰:"大罗天上神仙客,濯锦江头花柳春。不为碧鸡称使者,唯令白鹤报乡人。"还有《送严秀才还蜀》诗曰:"宁亲为令子,似舅即贤甥。别路经花县,还乡入锦城。山临青塞断,江向白云平。献赋何时至?明君忆长卿。"较为人知的巴蜀题材有《送梓州李使君》:"万壑树参天,千山响杜鹃。山中一夜雨,树杪百重泉。汉女输橦布,巴人讼芋田。文翁翻教授,不敢倚先贤。"和《晓行巴峡》:"际晓投巴峡,馀春忆帝京。晴江一女浣,朝日众鸡鸣。水国舟中市,山桥树杪行。登高万井出,眺迥二流明。人作殊方语,莺为故国声。赖多山水趣,稍解别离情。"此外,王维还有《送崔九兴宗游蜀》《送杨长史赴果州》等与巴蜀相关的诗作。

李商隐,因为一首《锦瑟》而美名千古流传。即:

锦瑟无端五十弦,一弦一柱思华年。
庄生晓梦迷蝴蝶,望帝春心托杜鹃。
沧海月明珠有泪,蓝田日暖玉生烟。
此情可待成追忆,只是当时已惘然。

其组诗《无题》迷离罔恍,充满了神秘之感,如:

重帏深下莫愁堂,卧后清宵细细长。
神女生涯原是梦,小姑居处本无郎。
风波不信菱枝弱,月露谁教桂叶香。
直道相思了无益,未妨惆怅是清狂。

相见时难别亦难,东风无力百花残。
春蚕到死丝方尽,蜡炬成灰泪始干。
晓镜但愁云鬓改,夜吟应觉月光寒。
蓬山此去无多路,青鸟殷勤为探看。

他先后两次入巴蜀大地,在蜀中生活了近五年,对巴蜀历史文化知悉甚多。如告诉入蜀友人:"年少因何有旅愁,欲为东下更西游。一条雪浪吼巫峡,千里火云烧益州。卜肆至今多寂寞,酒垆从古擅风流。浣花笺纸桃花色,好好题诗咏玉钩。"(《送崔珏往西川》)该诗使用了严君平(卜肆)、卓文君(酒垆)、薛涛(浣花笺)等典故,介绍成都。又如《寄令狐郎中》的"休问梁园旧宾客,茂陵秋雨病相如"说司马相如等。他写了《悼伤后赴东蜀辟至散关遇雪》《筹笔驿》《利州江潭作》《井络》《望喜驿别嘉陵江水二绝》《张恶子庙》《五言述德抒情诗一首四十韵献上杜七兄仆射相公》等巴蜀题材诗。在梓州,他常常是"座中醉客延醒客","身世醉时多",留下"唱尽阳关无限叠""金鞍忽散银壶漏,更醉谁家白玉钩""近郭西溪好,谁堪共酒壶"等语。其记载"夜饮"盛况:"烛分歌扇泪,雨送酒船香。"《夜饮》吟咏成都的作品如五言排律《武侯庙古柏》"蜀相阶前柏,龙蛇捧閟宫。阴成外江畔,老向惠陵东。大树思冯异,甘棠忆召公。叶凋湘燕雨,枝折海鹏风,玉垒经纶远,金刀历数终。谁将出师表,一为问昭融"等。七律《杜工部蜀中离席》对杜甫落魄潦倒生涯,寄寓了无尽感慨:"人生何处不离群?世路干戈惜暂分。雪岭未归天外使,松州犹驻殿前军。座中醉客延醒客,江上晴云杂雨云。美酒成都堪送老,当垆仍是卓文君。"其即景抒情五言绝句《巴江柳》:"巴江可惜柳,柳色绿侵江。好向金銮殿,移阴入绮窗。"其名作《夜雨寄北》曰:

君问归期未有期,巴山夜雨涨秋池。
何当共剪西窗烛,却话巴山夜雨时。

重复使用"巴山夜雨"艺术意象,主要强调时空和心灵的对比,前句是身在巴山看雨,独自忍受相思之苦,而后句则是想象与知己共话巴山夜雨的情景。在这些诗中,李商隐把写景与咏史融而为一,倾吐了郁积心头的愤懑,表达了对未来前途一种莫名的不安和落寞情绪。李商隐《花下醉》已经呈现出晚唐诗的一些特点:"寻芳不觉醉流霞,倚树沉眠日已斜。客散酒醒深夜后,更持红烛赏残花。"巴蜀大地游历催生出他的众多作品,如《梓潼望长卿山至巴西复怀谯秀》:"梓潼不见马相如,更欲南行问酒垆。行到巴西觅谯秀,巴西惟是有寒芜。"其《梓州罢吟寄同舍》云:"不拣花朝与雪朝,五年从事霍嫖姚。君缘接座交珠履,我为分行近翠翘。楚雨含情皆有托,漳滨多病竟无聊。长吟远下燕台去,惟有衣香染未销。"五年蜀中生活,使他能够以"望帝春心托杜鹃"(《锦瑟》)"行过水西闻子规"(《三月十日流杯亭》),"三年苦雾巴江水，不为离人照屋梁"（《初起》）等，表现巴蜀美丽的自然风物和人文景观。李诗展现的是一种心灵景观，其"以心象熔铸物象"的艺术思维方式，形成了对心灵世界丰富层次展示的前所未有的独特贡献。大量的客观对应物的意象设置，形成跳跃性、可重组性、非线性的结构方式，带来诗歌的多义性和象征性，如《寄蜀客》谓"君到临邛问酒垆，近来还有长卿无？金徽却是无情物，不许文君忆故夫"。可以说，李商隐的许多名句，都是巴蜀题材，有些甚至成为后人认识巴蜀的名作。

贾岛，河北涿州人，早年出家为僧，号无本，后又还俗，屡次应试不第。在充满着忧郁与阴暗的灰色人生里，他把自己紧紧地封闭在文学的象牙塔中，作诗以苦奇"险僻"著称，苏轼曾用"郊寒岛瘦"来形容孟、贾在诗歌内容与艺术手法上的相似特征；宋人严羽曾把他们的诗讥为"虫吟草间"。元和六年（811）贾岛至洛阳，因"推敲"偶遇韩愈，以诗深得韩愈赏识。文宗时因事贬为长江（今四川蓬溪）主簿，曾作《病蝉》"以刺公卿"。开成五年（840），到普州（今四川安岳）司仓参军，后在该任上去世。这是一个执著于"为艺术而艺术"的作家，"一日不作诗，心源如废井"（《戏赠友人》）、"两句三年得，一吟双泪流"（《题诗后》）就是他苦吟的写照。贾岛在蜀中安岳县写成的《夏夜登南楼》诗，体现着其人格和文风："水岸寒楼带月跻，夏林初见岳阳溪。一点新萤报秋信，不知何处是菩提。"此外，他还有《寄武功姚主簿》《送裴校书》《送僧归太白山》《咏怀》《郑尚书新开涪江二首》《赴长江道中》《观冬设上东川杨尚书》等巴蜀题材诗篇。其五言绝句《剑客》曰："十年磨一剑，霜刃未曾试。今日把示君，谁有不平事？"被明代胡应麟称之为"五言独造"。贾岛诗风在晚唐影响颇大。有《长江集》十卷（录诗370余首）、小集三卷、《诗格》一卷传世。

戎昱，荆州（今湖北江陵）人，担任过辰（湖南怀化）、虔（今江西赣州）二州刺史，大历元年（766）到成都投靠同乡岑参，寓居蜀中一年。其作多吟咏旅途山水景色，并表露忧念时事的心情，大多写得悲气纵横（诗中常有"愁""泪""哭""啼""悲""涕"等字）。居蜀之作仍然不离"悲""苦"，如"九月龟城暮，愁人闭草堂。地卑多雨润，天暖少秋霜。纵欲倾新酒，其如忆故乡。不知更漏意，惟向客边长"（《成都暮雨秋》），又如"不见元生已数朝，浣花溪路去非遥。客舍早知浑寂寞，交情岂谓更萧条。空有寸心思会面，恨无单醑遣相邀。骅骝幸自能驰骤，何惜挥鞭过柞桥"（《成都元十八侍御》），还有

"剑门兵革后，万事尽堪悲。鸟鼠无巢穴，儿童话别离。山川同昔日，荆棘是今时。征战何年定，家家有画旗"（《入剑门》）等，都是人们说巴蜀的常引之作。

唐诗中的巴蜀意象，方干有"游子去游多不归，春风酒味胜馀时。闲来却伴巴儿醉，豆蔻花边唱竹枝"（《蜀中》）。司空曙有"粉堞连青气，喧喧杂万家。夷人祠竹节，蜀鸟乳桐花。酒报新丰景，琴迎抵峡斜。多闻滞游客，不似在天涯"（《送柳震入蜀》）。张乔有"天下猿多处，西南是蜀关。马登青壁瘦，人宿翠微闲。带雨逢残日，因江见断山。行歌风月好，莫老锦城间"（《送许棠下第游蜀》）。

五、唐诗中的三峡意象

唐代的"行走"文学聚焦于三峡，作者之多，作品数量之大，涉及方面之广，都是空前的。自魏晋时郦道元的《水经注·三峡》以亲见亲历撩开了三峡的神秘面纱以来，世人真正认识了这一鬼斧神工的自然奇观。但是，以三峡为主题的唐诗，在离情乡思之中，更有时代精神赋予的雄奇、壮丽，体现着盛唐文学的飞扬与灵动。如白居易"三峡诗"的"两岸滟滪口""巴峡声心里"（《题牛相公归仁里宅新成小滩》）等句，他所描写的行经三峡的经历，作为一种独特生命体验的记忆，常常引起读者的强烈共鸣。如：

> 上有万仞山，下有千丈水。
> 苍苍两崖间，阔狭容一苇。
> 瞿塘呀直泻，滟滪屹中峙。
> 未夜黑岩昏，无风白浪起。
> 大石如刀剑，小石如牙齿。
> 一步不可行，况千三百里。
> 苒弱竹篾稳，敧危梢师趾。
> 一跌无完舟，吾生系于此。
>
> ——《初入峡有感》

> 巫女庙花红似粉，昭君村柳翠于眉。
> 诚知老去风情少，见此争无一句诗。
>
> ——《题峡中石上》

迢迢东郊上，有土青崔嵬。

不知何代物，疑是巴王台。

巴歌久无声，巴宫没黄埃。

……

——《登城东古台》

戴叔伦看到的是"巫山峨峨高插天，危峰十二凌紫烟。瞿塘嘈嘈急如弦，洄流势逆将覆船。云梯岂可进，百丈那能牵？陆行巉岩水不前"（《巫山高》）。刘叉《入蜀》展示的是"望空问真宰，此路为谁开。峡色侵天去，江声滚地来"，李贺《巫山高》的文句与情感同样飘逸飞荡："碧丛丛，高插天，大江翻澜神曳烟。楚魂寻梦风飔然，晓风飞雨生苔钱。瑶姬一去一千年，丁香筇竹啼老猿。古祠近月蟾桂寒，椒花坠红湿云间。"当然，三峡地区艰辛的生存环境给唐人的审美观照抹下忧郁的色彩。如李端《送郑宥入蜀迎亲》："剑门千转尽，巴水一支长。清语愁猿道，无烦促泪行。"也如皇甫冉《巫山峡》所感怀的："巫峡见巴东，迢迢出半空。云藏神女馆，雨到楚王宫。朝暮泉声落，寒暄树色同。清猿不可听，偏在九秋中。"而这种忧郁，又常常与三峡迷人的传说交织一体，如刘方平的《巫山神女》："神女藏难识，巫山秀莫群。今宵为大雨，昨日作孤云。散漫愁巴峡，徘徊恋楚君。先王为立庙，春树几氤氲。"又如蒋冽的《巫山之阳，香溪之阴，明妃神女旧迹存焉》："神女归巫峡，明妃入汉宫。捣衣馀石在，荐枕旧台空。行雨有时度，溪流何日穷。至今词赋里，凄怆写遗风。"应该说，作家被"眼前之景"所动，引发内心情感的剧烈激荡并外化为文字意象，其呈现的已经是被移情后的"心中之景"。所以，三峡风物以及民生状态，在很多作家那里实际上就成为一种宣泄自我情感的载体，如孟郊的《巫山曲》："巴江上峡重复重，阳台碧峭十二峰。荆王猎时逢暮雨，夜卧高丘梦神女。轻红流烟湿艳姿，行云飞去明星稀。目极魂断望不见，猿啼三声泪沾衣。"其《巫山高》亦曰："见尽数万里，不闻三声猿。但飞萧萧雨，中有亭亭魂。千载楚襄恨，遗文宋玉言。至今青冥里，云结深闺门。"还有刘希夷的《巫山怀古》："巫山幽阴地，神女艳阳年。襄王伺容色，落日望悠然"，"猿啼秋风夜，雁飞明月天。巴歌不可听，听此益潺湲"等。这些，在岑参的"骤雨暗谿口，归云网松萝。屡闻羌儿笛，厌听巴童歌。江路险复水，梦魂愁更多"（《赴犍为经龙阁道》）、王维的"人作殊方语,莺为故国声。赖多山水趣,稍解别离情"(《晓行巴峡》)诗中,表现得就很典型。

如李白的《上三峡》《赋得白鹭鸶送宋少府入三峡》《观元丹丘坐巫山屏风》,杜牧的《闻范秀才自蜀游江湖》,孟浩然的《岘山送张去非游巴东》,杨炯的《巫峡》等,唐代诗人咏三峡诗太多。杜甫在夔州居住一年零十个月,共创作诗歌435首,占后人所编杜诗(1439首)近三分之一,其夔州诗不仅数量多,而且质量上也达到了诗人诗歌创作的最高峰。宋代文天祥以"未说离怀向南浦,须知诗意在夔州"《山中呈聂心远诸客》,将这些诗作赞为最高成就体现。确实,杜甫写于夔门三峡地区的诗作,如《登高》《阁夜》《诸将五首》《秋兴八首》《咏怀古迹五首》《夔州抒怀四十韵》《寄峡州刘伯华使君四十韵》《秋日夔府咏怀奉寄郑监李宾客一百韵》等,仅仅一首《登高》,即可响彻千古:"风急天高猿啸哀,渚清沙白鸟飞回。无边落木萧萧下,不尽长江滚滚来。万里悲秋常作客,百年多病独登台。艰难苦恨繁霜鬓,潦倒新停浊酒杯。"每句三景:风急、天高、猿啸,渚清、沙白、鸟飞。不仅句与句对仗工稳,而且还句中自对,两句十四字,字字精当,无一虚设,"无边"与"不尽"对应,"萧萧"与"滚滚"对应,交相映衬,展现了浩莽雄阔的景象,造成了磅礴动荡的气势。余如高适的《送李少府贬峡中王少府贬长沙》:"嗟君此别意如何?驻马衔杯问谪居。巫峡啼猿数行泪,衡阳归雁几封书。清枫江上秋帆远,白帝城边古木疏。圣代即今多雨露,暂时分手莫踟蹰。"

大盆地的三峡不仅以美丽的自然、奇异的民俗和迷人的传说为唐代文学提供了缤纷多姿的艺术意象,也以"竹枝词"这种独特的民歌体裁为中国文学增加了新的艺术方式。《乐府诗集》卷八一《近代曲辞三》如此题解:"'竹枝'本出于巴渝。唐贞元中,刘禹锡在沅湘,以俚歌鄙陋,乃依骚人《九歌》作《竹枝》新辞九章,教里中儿歌之,由是盛于贞元、元和之间。"禹锡曰:"'竹枝',巴歈也。巴儿联歌,吹短笛、击鼓以赴节。歌者扬袂睢舞,其音协黄钟羽。末如吴声,含思宛转,有淇濮之艳焉。"今人夏承焘在《论杜甫入蜀以后的绝句》中也肯定,"蜀中是《竹枝词》的发源地。唐人刘禹锡、白居易以及《花间集》里各家的《竹枝曲》,都用四川民歌声调","杜甫这些不调字声的绝句,是否即用四川《竹枝》那种'激讦''伦仔'的声调,他自己没有说明,我们不能臆测。但我们看宋人注杜诗,举出他用'蜀中语'相当多,如'上番''禁当''长年'等等,都是"①。

第六节　巴蜀本土诗人群

一、雍陶、李远、唐求等

元代人辛文房《唐才子传》中记录巴蜀才子有陈子昂、李颀、雍裕之、李远、雍陶、薛涛和唐求。明代杨慎的《升庵诗话》卷十一,给出了一个唐代巴蜀作家的名录:

> 唐世蜀之诗人,陈子昂射洪、李白彰明、李馀成都、雍陶成都、裴廷裕成都、刘蜕射洪、唐球嘉州、陈咏青神、岑伦成都、符载成都、雍裕之成都、王严绵州布衣、刘晓绵州乡贡进士、李渥绵州、田章绵州、柳震双流、阮咸成都、刘湾蜀人、张曙巴州、僧可朋丹稜、扈处辰蜀人、毛文锡蜀人、朱桃椎蜀人、杜光庭青城,若张蠙、韦庄、牛峤、欧阳炯,皆他方流寓而老於蜀者。

唐初成都人间邱均,与杜甫祖父杜审言齐名。杜甫赠其孙诗赞美其祖父"凤藏丹霄暮,龙去白水浑"(《赠蜀僧闾丘师兄》)。间邱均曾至云南,有《刺史王仁求碑文》《爨王墓碑文》以及《东蜀牛头山瑞圣寺碑》等,被誉为当时绝笔。成都人张曙,工诗善词,才名籍甚,颇为乡里所重。其《浣溪沙》曰:"枕障熏炉隔绣帷,二年终日苦相思,杏花明月始应知。天上人间何处去?旧欢新梦觉来时,黄昏微雨画帘垂。"孙光宪《北梦琐言》说他:"朝望甚高,有爱姬早逝,悼念不已。因入朝未回,其犹子右补阙曙,才俊风流,因增大阮之悲,乃制《浣溪沙》。"近代学者俞陛云《唐五代两宋词选释》评论其《浣溪沙》:"第三句问消息于杏花,以年计也;诉愁心于明月,以月计也。乃申言第二句二年相思之苦。下阕新愁旧恨,一时并集,况'帘垂'、'微雨'之时,与玉溪生'更无人处帘垂地'句相似,殆有帷屏之悼也。"内江人范崇凯,唐玄宗开元四年(716)丙辰科状元及第,是巴蜀大地的第一个状元。玄宗曾命作《华

---

① 夏承焘:《论杜甫入蜀以后的绝句》,《大家国学夏承焘卷》,天津人民出版社2008年版;亦见《文学评论》1962年第3期。

萼楼赋》，备受好评，弟范元凯亦为同科进士。李白《赠范金卿二首》有"桃李君不言，攀花愿成蹊"，"范宰不买名，弦歌对前楹，为邦默自化，日觉冰壶清"等赞颂之。阆州人尹枢，七十岁应考自荐为状元（唐德宗贞元七年），其弟尹极后亦中状元，卢纶有《送尹枢令狐楚及第后归觐》誉之："佳人比香草，君子即芳兰。宝器金罍重，清音玉佩寒。贡文齐受宠，献礼两承欢。鞍马并汾地，争迎陆与潘。"《全唐文》存有尹枢的《珠还合浦赋》《华山仙掌赋》两文。蜀人王谦，有诗一卷，明代杨慎《升庵诗话》卷八十一，录有《约赵冰壶赏海棠》云："湘罗压绣华春风，瑶姬慢舞香裯红。细腰百转弓靴称，银鹅金凤花成丛。《六幺》换手调弦索，一串妖声穿绣幕。沉翠飞香天正乐，寒玉团团帖天角。"其诗略如李贺，尝一脔可知鼎味也。

成都人雍陶，做过简州和雅州刺史，曾多次越秦岭，穿三峡，远游塞北及今山东、湖南、湖北等地，足迹遍布大半个中国，尤善写景咏物，风格清婉秀丽，有诗一卷。其《离家后作》表现了巴蜀人文精神的骄狂，"出门便作焚舟计，生不成名死不归"，代表了大多数出蜀文人的普遍心态：不鸣则已，一鸣而惊人。雍陶自视颇高，常自比谢宣城、柳吴兴，对不学无术的来客，常常佯狂挫辱之。其律诗语言精炼，工于对仗，《全唐诗》录其作品123首。善五律，尤其中间四句，遣词造句极为讲究，对仗工稳，声律谐和，而境界狭小，气象萧瑟，喜欢用一些凄清冷寂的意象。如：

疏桐馀一干，风雨日萧条。
岁晚琴材老，天寒桂叶凋。
已悲根半死，复恐尾全焦。
幸在龙门下，知音肯寂寥。

——《孤桐》

白露暧秋色，月明清漏中。
痕沾珠箔重，点落玉盘空。
竹动时惊鸟，莎寒暗滴虫。
满园生永夜，渐欲与霜同。

——《秋露》

浣花溪里花多处，为忆先生在蜀时。
万古只应留旧宅，千金无复换新诗。
沙崩水槛鸥飞尽，树压村桥马过迟。
山月不知人事变，夜来江上与谁期。

——《经杜甫旧宅》

蜀道英灵地，山重水又回。
文章四子盛，道路五丁开。
词客题桥去，忠臣叱驭来。
卧龙同骇浪，跃马比浮埃。
……

——《蜀中战后感事》

雍陶怀人之作有《同贾岛宿无可上人院》，有抒发情感的如"万事谁能问，一名犹未知。贫当多累日，闲过少年时。灯下和愁睡，花前带酒悲。无谋常委命，转觉命堪疑"（《自述》）和"贫女貌非丑，要须缘嫁迟。还似求名客，无媒不及时"（《感兴》）等，以及"高树蝉声入晚云，不唯愁我亦愁君。何时各得身无事，每到闻时似不闻"（《蝉》），"蜀客春城闻蜀鸟，思归声引未归心。却知夜夜愁相似，尔正啼时我正吟"（《闻杜鹃二首》）。雍陶在简州时，送客至城外"情尽桥"，嫌其寡情而改题为"折柳桥"。他还写了《英雄传》《裴度传》等记叙散文，描述中唐名臣郭子仪等人的故事，文字简练，刻画生动，几位名臣形象，跃然纸上。《新唐书·艺文志》载其有《雍陶诗集》十卷。作为巴蜀之子，皈依故乡怀抱似乎才是最美满的人生，是谓"自到成都烧酒熟，不思身更入长安"（《到蜀后记途中经历》）。

雍裕之，蜀人，生卒年均不详，约唐宪宗元和中前后在世。有诗名，乐府有情致。贞元后，数举进士不第，飘零四方。著有诗集一卷，因《新唐书·艺文志》传于世。他的作品如"袅袅古堤边，青青一树烟。若为丝不断，留取系郎船"（《江边柳》），"尝闻秦地西风雨，为问西风早晚回。白发老农如鹤立，麦场高处望云开"（《农家望晴》），"无风才到地，有风还满空。缘渠偏似雪，莫近鬓毛生"（《柳絮》）等，可读性很强。边塞诗人李颀，四川三台人，生卒年不详，以写边塞题材为主，风格豪放，慷慨悲凉，七言歌行尤具特色。其代表作品有《古意》《古从军行》等。

李远，夔州人，历任忠、建、江、岳、杭州刺史，《唐才子传》称其"夸迈流俗，为诗多逸气，五彩成文"。据《全唐诗》载，其作品计有35首。如：

鸳鸯离别伤，人意似鸳鸯。
试取鸳鸯看，多应断寸肠。

——《咏鸳鸯》

早晚辞沙漠，南来处处飞。
关山多雨雪，风水损毛衣。
碧海魂应断，红楼信自稀。
不知矰缴外，留得几行归。

——《咏雁》

尘事久相弃，沈浮皆不知。
牛羊归古巷，燕雀绕疏篱。
买药经年晒，留僧尽日棋。
唯忧钓鱼伴，秋水隔波时。

——《闲居》

蜀客本多愁，君今是胜游。
碧藏云外树，红露驿边楼。
杜魄呼名语，巴江作字流。
不知烟雨夜，何处梦刀州。

——《送人入蜀》

暖日傍帘晓，浓春开箧红。
钗斜穿彩燕，罗薄剪春虫。
巧著金刀力，寒侵玉指风。
娉婷何处戴，山鬓绿成丛。

——《立春日》

又如世人称道的《翦彩》诗曰："翦彩赠相亲，银钗缀凤真。双双衔绶鸟，两两度桥人。叶逐金刀出，花随玉指新。愿君千万岁，无岁不逢春。"前六句尽在描写女子剪彩时缠绵甜美的情思，宛如一条清清流淌的溪水。末两句紧衔前情，以"愿君千万岁，无岁不逢春"作结，使读者产生骤然幽远的遐思，这就使诗歌的主题得以深化，给人以美的享受。在语言运用上，李远注意选择和锤炼字句，颇见功力。如《赠写御容李长史》诗，清人沈德潜《唐诗别裁集》对其评价很高。他的"杜魄呼名叫，巴江学字流"之语，曾被宋人魏庆之誉为唐人的"绮丽"典范句法。

刘猛的《晓》曰："朝梳一把白，夜泪千滴雨。可耻垂拱时，老作在家女。"又如其《苦雨》曰："自念数年间，两手中藏钩。于心且无恨，他日为我羞。古老传童歌，连淫亦兵象。夜梦戈甲鸣，苦不愿年长。"还有《月生》曰："月生十五前，日望光彩圆。月满十五后，日畏光彩瘦。不见夜花色，一尊成暗酒。匣中苔背铜，光短不照空。不惜补明月，惭无此良工。"李馀，成都人，生卒年不详，唐大和七年（833）癸丑科状元及第，擅长乐府诗创作，《全唐诗》存其诗二首。其咏吟蜀中古人的如"藕花衫子柳花裙，多著沉香慢火熏。惆怅妆成君不见，空教绿绮伴文君"（《临邛怨》），有触景生情的如"玉轮江上雨丝丝，公子游春醉不知。翦渡归来风正急，水溅鞍帕嫩鹅儿"（《寒食》），其《句》曰："长安东门别，立马生白发。霁后轩盖繁，南山瑞烟发。尝忧车马繁，土薄闻水声。"唐代许多作家都与李馀有交往和诗歌唱和。如张籍的《送李馀及第后归蜀》，贾岛的《送李馀及第归蜀》和《送李馀往湖南》以及《喜李馀自蜀至》，朱庆馀有《送李馀及第归蜀》，姚合有《闻新蝉寄李馀》和《送李馀及第归蜀》。元稹的《君莫非（此后九首和李馀）》曰："鸟不解走，兽不解飞。两不相解，那得相讥。犬不饮露，蝉不啖肥。以蝉易犬，蝉死犬饥。燕在梁栋，鼠在阶基。各自窠窟，人不能移。妇好针缕，夫读书诗。男翁女嫁，卒不相知。惧聋摘耳，效痛嚬眉。我不非尔，尔无我非。"刘湾，蜀人，生卒年不祥，所作诗，今存于《全唐诗》者，仅6首。诗中情绪似乎多为愁苦之音。如"积雨细纷纷，饥寒命不分，揽衣愁见肘，窥镜觅从文。九陌成泥海，千山尽湿云。龙钟驱款段，到处倍思君"（《对雨愁闷，寄钱大郎中》），以及"众芳春竞发，寒菊露偏滋。受气何曾异，开花独自迟。晚成犹有分，欲采未过时。勿弃东篱下，看随秋草衰"（《即席赋露中菊》）。

唐求，晚唐蜀州（今崇州）人，生卒年不详，隐居味江山中，人称"唐山人"或"唐隐居",以诗自娱寄情。唐求写诗每有所得,捻成纸团,投入大瓢中,未曾示人。至晚年,将诗瓢投于味江中漂流而去,且祝愿说"兹瓢倘不沦没,得之者始知吾苦心耳",因此时人称为"一瓢诗人"。其诗仅存35首半,在《全唐诗》中自成一卷。宋人黄休复的《茅亭客语》与元代辛文房的《唐才子传》卷十,都有类似记载。其作品如"深山道者家,门户带烟霞。绿缀沿岩草,红飘落水花。半庭栽小树,一径扫平沙。往往溪边坐,持竿到日斜"(《题杨山人隐居》)等。而其"松门一径微,苔滑往来稀。半夜闻钟后,浑身带雪归。问寒僧接杖,辨语犬衔衣。又是安禅去,呼童闭竹扉"(《山东兰若遇静公夜归》),通过创造兰若冷僻寂静的气氛,描写寒夜静公披雪归来的情景,表达了诗人对这种隐居生活的赞赏和向往之情。从形式上看,这是一首五言律诗,押上平声"五微"韵。从对仗上看,颈联这句"问寒僧接杖,辨语犬衔衣"极为工整,结构上又颇具匠心,前后皆为两个动宾结构,而主语在中间,这种结构在内容上有助于强调动作的发生,在音节上又优美对称、韵律和谐。诗人唐求一生多隐居在味江山下,常年参禅拜佛,与僧人来往,对僧人的生活充满赞美和向往,这在他的其他隐居诗作里也多有体现。

二、巴蜀女性作家群

武则天留存诗作有47首。包括政治颂诗40首、山水诗5首、赠别诗2首以及抒发个人情感的爱情诗1首。她以四言为主的"颂诗",彰显出一代女皇的风范和气概;以五言、七言律诗写的"山水诗",借喻山水、咏叹风物来抒发生命体验与情志的情怀;以《如意娘》为代表的爱情诗,则是她追求真爱、情思绵绵的女儿情怀的真实写照,即"看朱成碧思纷纷,憔悴支离为忆君。不信比来长下泪,开箱验取石榴裙"。这首诗展示了一个具有自我主体意识的女性在困顿状态中逐渐觉醒的特殊心理活动:尽管她一样地为离别而"憔悴支离",甚至"看朱成碧",但却不再是独自默默地承受相思之苦。而《腊日宣诏幸上苑》则体现出一个皇帝改天换地的威权:"明朝游上苑,火速报春知。花须连夜发,莫待晓风吹。"她有回忆父亲的"先德谦撝冠昔,严规节素超今。奉国忠诚每竭,承家至孝纯深。追崇惧乖尊意,显号恐玷徽音。既迫王公屡请,方乃俯遂群心。有限无由展敬,奠醑每阙亲斟。大礼虔申典册,萍藻敬荐翘襟"(《唐武氏享先庙乐章》),也有"山窗游玉女,涧户对琼峰。岩顶翔双凤,潭心倒九龙。酒中浮竹叶,杯上写芙蓉。故验家山赏,惟有风入松"(《游九龙潭》），"三山十洞光玄箓，玉峤金峦镇紫微。均露均霜标胜壤，交风交雨列皇畿。万仞高岩藏日色，千寻幽涧浴云衣。且驻欢筵赏仁智，雕鞍薄晚杂尘飞"（《石淙》）等优美的绘景之作。

《全唐诗》中有2000首与妓女有关。为了迎合文人与士绅阶层，妓女们必须具备姣好的容貌与非凡的才艺，琴棋书画样样精通。官妓在唐朝先属于"太常"，后属于"教坊"，由"乐营"管辖，是有官方编制的"文工团"。官妓的职责是侍奉官员，在各种正式场合，负责公关接待和歌舞表演。薛涛，京兆长安人，幼年随父入蜀生活且终老于蜀，父亡后她因生活困窘而在十六岁加入乐籍，"通音律，善辩慧，工诗赋"，受到韦皋等多届治蜀者的喜爱。她与白居易、张籍、王建、刘禹锡、杜牧、张祜等著名诗人皆有诗歌唱和，与才子元稹有过一段姐弟恋情，如此种种，其作品的传播效应自不待言。《全唐诗》收薛涛诗89首，传至今诗作有90余首，收于她的《锦江集》。清代陆昶在《历朝名媛诗词》中说："涛诗颇多，才情佚荡，而时出闲婉，女中少有其比。然大都言情之作，娓娓动人。"元稹曾由衷地赞美过她的才华："言语巧偷鹦鹉舌，文章分得凤凰毛。"（《寄赠薛涛》）

晚唐时期何光远的《鉴戒灵》记载：因为受韦皋宠爱，致使许多人希望通过她办理一些走后门的事情，即"应衔命使者每届蜀，求见涛者甚众，而涛性亦狂逸，不顾嫌疑，所遗金帛，往往上纳"。为示惩罚，薛涛被韦皋发配松州（今四川松潘县），这段经历让她真切地认识到边地的状况，"闻说边城苦，今来到始知。羞将门下曲，唱与陇头儿"（《罚赴边有怀上韦令公》），从而对防守边疆士兵的艰苦生活寄以深切同情。同时，她也感觉到一些边地危机："平临云鸟八窗秋，壮压西川四十州。诸将莫贪羌族马，最高层处见边头。"（《筹边楼》）她还有修复感情的《十离》，运用"犬离主""笔离手""马离厩""鹦鹉离笼""燕离巢""珠离掌""鱼离池""鹰离韝""竹离亭""镜离台"十个意象，来表达自己失宠后的怅惘之情，希望获取赦免。在蜀南地区，有《题竹郎庙》记录当地民俗："竹郎庙前多古木，夕阳沈沈山更绿。何处江村有笛声，声声尽是迎郎曲。"又如：

闻说凌云寺里苔，风高日近绝纤埃。
横云点染芙蓉壁，似待诗人宝月来。
闻说凌云寺里花，飞空绕磴逐江斜。

有时锁得嫦娥镜，镂出瑶台五色霞。

——《赋凌云寺二首》

万里桥头独越吟，知凭文字写愁心。
细侯风韵兼前事，不止为舟也作霖。

——《和郭员外题万里桥》

蜀门西更上青天，强为公歌蜀国弦。
卓氏长卿称士女，锦江玉垒献山川。

——《续嘉陵驿诗献武相国》

  与元稹的热恋，让她焕发出对生活的巨大热情，"双栖绿池上，朝暮共飞还。更忆将雏日，同心莲叶间"（《池上双鸟》），表达了她追求真情挚爱，愿与元稹双宿双飞的愿望。又有追忆往昔的《春望词》力图维系这段恋情，其曰："花开不同赏，花落不同悲。欲问相思处，花开花落时。揽草结同心，将以遗知音。春愁正断绝，春鸟复哀吟。风花日将老，佳期犹渺渺。不结同心人，空结同心草。那堪花满枝，翻作两相思。玉箸垂朝镜，春风知不知。"才欺须眉却身份低贱，即使脱离乐籍，但出身的阴影始终笼罩着她，孤独寂寞如"前溪独立后溪行，鹭识朱衣自不惊。借问人间愁寂意，伯牙弦绝已无声"（《寄张元夫》）。《送友人》曰："水国蒹葭夜有霜，月寒山色共苍苍。谁言千里自今夕，离梦杳如关塞长。"盼望丈夫归来的妻子，在月缺月圆的时候，登楼寄托一份怀旧的遥远凄清哀思，可谓情意深远。她将自己的情感移情于客观对应物，抒发难以明言的内心愁绪，如《月》："魄依钩样小，扇逐汉机团。细影将圆质，人间几处看。"又如《牡丹》："去春零落暮春时，泪湿红笺怨别离。常恐便同巫峡散，因何重有武陵期。传情每向馨香得，不语还应彼此知。只欲栏边安枕席，夜深闲共说相思。"终其一生，薛涛都是在期盼寻觅中，即如《鸳鸯草》所描绘的："绿英满香砌，两两鸳鸯小。但娱春日长，不管秋风早。"薛涛入乐籍后，不再为衣食而忧虑，才华灵气以及相貌，都令她在官场的男性世界中游刃有余。作为酒酣欢场中的唯一女性，犹如"鸳鸯"一样饱受众人宠爱，女诗人亦尽情享受着这种虚幻的"春日"，虽然，她知道"秋风"自然会到来的。在她面前纷纷扰扰出现向她示好的众多男性，不过是

"二月杨花轻复微，春风摇荡惹人衣。他家本是无情物，一任南飞又北飞"（《柳絮》）。即使"离人掩袂立高楼"（《送郑眉州》）的深情款款，以及"花落梧桐凤别凰"（《别李郎中》）般郎情妾意，甚至还有元稹明确地信誓旦旦"别后相思隔烟水，菖蒲花发五云高"（《寄赠薛涛》），最终亦不过"取次花丛懒回顾"。薛涛同她那段哄传一时的"姐弟恋"，亦是孤寂中的一声偶然随风而逝，留下的更多是"夜凄清"，即其《风》所预示的："猎蕙微风远，飘弦唳一声。林梢鸣淅沥，松径夜凄清。"

黄崇嘏，晚唐蜀中临邛（今邛崃）人，她自幼受到良好教育，工诗善文。十二岁父母亡故后，生活清贫，成年后常女扮男装，四处游历。公元888年，因利用井中天然气照明造成火灾累及邻里而下狱，她写诗向知州周庠辩冤："偶辞幽隐住临邛，行止坚贞比涧松。何事政清如水镜，绊他野鹤在深笼。"其文采志趣，得周庠赏识，获释后被推举代理司户参军一职。周庠又欲将其女嫁予黄崇嘏为妻。黄只得赋诗暗示自己为"女身"并向周庠辞职："一辞拾翠碧江湄，贫守蓬茅但赋诗。自服蓝衫居郡掾，永抛鸾镜画蛾眉。立身卓尔青松操，挺志铿然白璧姿。幕府若容为坦腹，愿天速变作男儿。"周庠"益嘉其贞节"，归乡后，守贫而终。关于黄崇嘏身世，又有其曾代兄考中状元一说，故其素有"女状元"之美称，金元时期的杂剧《春桃记》、明代徐渭杂剧"四声猿"中的《女状元辞凰得凤》，均记黄崇嘏中状元之事。明代杨慎的笔记《杨升庵外传》亦有记此事的《女驸马》，即是以之为原型。后之黄梅戏、川剧等许多剧种，都有这个故事。她确曾女扮男装，当过司户参军，有理政之才，又曾以诗辞婚，富有传奇性。《十国春秋》中《前蜀》12则，对黄崇嘏的生平事迹记载颇详。清代女诗人王筠则非常敬佩黄崇嘏："闺阁沉埋十数年，不能身贵不能仙。读书每羡班超志，把酒长吟太白篇。怀壮志，欲冲天，木兰崇嘏事无缘。玉堂金马生无分，好把心情付梦诠。"（《鹧鸪天》）

花蕊夫人，本姓徐，蜀中青城（今都江堰）人。前蜀王建、后蜀孟昶皆有爱妃号"花蕊夫人"，且皆美貌多才，都写过"宫词"，但成绩突出的还是孟氏花蕊夫人。"宫体"文学，一般而言世人认为自蜀人司马相如首创（如《长门赋》），后来的"汉宫怨""陈宫怨""唐宫怨"层出不穷，史谓"宫体诗"，风格常在"轻艳"而内容不脱"怨愁"。这类作品实际上为男性代言捉刀，缺乏切身体验的隔靴搔痒的想象，终使人感觉浅窄苍白，如"张王乐府"的王建，有"百首宫词"叙写"听来"的宫廷生活。花蕊夫人的百首宫词，即

《花蕊夫人宫词》则以真切的生活体验去表现后宫生活的繁复多样，内容上也突破原有"愁怨"老套。其中既有对皇家园林豪华美景的绘写，也有宫女们尽情欢愉场面的表现，青春女性的旺盛活力于兹可见。闲适的生活与充沛的精力，使她们在棋牌上浸润极深。如：

龙池九曲远相通，杨柳丝牵两岸风。
长似江南好风景，画船来去碧波中。

殿前宫女总纤腰，初学乘骑怯又娇。
上得马来才欲走，几回抛鞚抱鞍桥。

秋晚红妆傍水行，竟将衣袖扑蜻蜓。
回头瞥见宫中唤，几度藏身入画屏。

日高房里学围棋，等候君王未出时。
为赌金钱争路数，专忧女伴怪来迟。

这当然不纯粹是消磨时光，内中蕴藏着浓重的功利目的，赌艺的高低还是一种向帝王邀宠的方式："尽对君王称妙手，一人来谢一人输。"正因为这样，宫女们即使在玩乐时也未能完全纵情。在"三千佳丽集一身"的残酷后宫制度下，后宫女性最高的价值实现就是能被帝王宠幸，花蕊夫人的宫词就描写了宫女们费尽心机多方努力去邀宠，如"床上翠屏开六扇，折枝花绽牡丹红""慢梳鬟髻著轻红，春早争求芍药丛"，以求"引得君王到此中"等。总之，后宫丰裕的物质生活享乐，宫女们的青春活力，获得宠幸的惊喜和被冷落的凄凉及怨愁，都在花蕊夫人百首宫词中得到真切细腻的展现，真正意义上的"宫体诗"（而非狭义的如"宫怨诗"）于此才真正具型。花蕊夫人作品中被称引最多的是孟氏王朝灭亡时献给赵宋皇帝的《述国亡诗》，"君王城上竖降旗，妾在深宫哪得知？十四万人齐解甲，更无一个是男儿"，诗中对征服者不卑不亢的态度和应付得体的聪慧，正是其才华所在。

李舜弦，生卒年均不详，其先世为隋代入蜀的波斯人，因唐而改汉姓"李"，家于梓州，是"李波斯"李珣之妹。王衍选入宫中，立为昭仪。据宋人黄休复《茅亭客话》中记载，她有文才，工为诗，善七律，现有三首流传，即："尽日池边钓锦鳞，芰荷香里暗销魂。依稀纵有寻香饵，知是金钩不肯吞。"（《钓鱼不得》）"因随八马上仙山，顿隔尘埃物象闲。只恐西追王母宴，却忧难得到人间。"（《随驾游青城》）"浓树禁花开后庭，饮筵中散酒微醒。濛濛雨草瑶阶湿，钟晓愁吟独倚屏。"（《蜀宫应制》）明代钟惺《名媛诗归》对其诗作有专门评点。元代夏文彦的《图绘宝鉴》卷二说："李夫人，西蜀名家，善属文，尤工书画。郭崇韬伐蜀得之，夫人郁悒不乐，月夕独坐南轩，竹影婆娑可喜，即起挥毫濡墨，模写纸上，明日视之，生意具足，自是人间往往效之，遂有墨竹。"

三、蜀中文学新体的实验

蜀中词人专集者甚多，温庭筠有《金荃集》《握兰集》，韦庄有《浣花集》，孙光宪有《桔斋集》《巩湖集》，和凝有《红叶稿》，李珣有《琼瑶集》等，此外，孙光宪的《北梦琐言》《荆台集》，都是记载两蜀词人创作逸事的词学专著，毛文锡的《前蜀纪事》二卷、《茶谱》一卷，亦是巴蜀文化积淀之作。需要指出的是，正是蜀中词作的高度发展和词创作的社会化氛围，才导致中国文学史上第一部个人词作专集——温庭筠《金荃集》的问世。而南宋时蜀人王灼的《碧鸡漫志》作为中国文学史第一部词学研究专著的出现，亦正基于蜀中词创作的厚重艺术氛围和深厚积淀。

此外，在当时蜀中的文学星群中，"青城道士"杜光庭的《虬髯客传》以一个英雄侠客的传奇故事，成为中国小说渐具雏形的"唐传奇"的代表作。其中人物的性格模式在中国小说发展历程中时时浮现，更在20世纪后半期勃兴的港台武侠小说中得到完美复制。被杜光庭誉为"诗多佳句"的陈泳，《全唐诗》亦载录其作，《唐诗记事》并有录。余如杨义方、徐光溥、幸寅逊、张立等，都在《全唐诗》《全唐文》和《十国春秋》等典籍中占有一席之地。孟昶亲笔书写了中国第一副春联"新年纳余庆，嘉节号长春"，开创了中国特有的一种全新艺术体式。

前蜀、后蜀两朝皇帝以自己的创作助推了花间词的勃兴和繁盛。作为最高统治者，其好恶和趣味趋向，必然地要通过其王公大臣而影响民间。王衍曾因一首《醉妆词》而享有盛名，其曰："者边走，那边走，只是寻花柳。那边走，者边走，莫厌金杯酒。"该词以晓白质实的语言，回环反复的修辞，描绘着一次郊游玩乐的生活片断，表现着世俗人生对花柳、金杯、酒等物质享乐的追求，这正是当时世俗享乐"心境"、状态的体现。史载，王衍极具才艺，能自制乐舞，性喜游玩，擅作艳丽之词，曾集其艳词为《烟花集》二百首，这应该是对整个花间词的形成壮大有着一定影响的。例如，王衍的《甘州曲》曰："画罗裙，能解束，称腰身。柳眉桃脸不胜春，薄媚足精神。可惜沦落在风尘。"但其情感只在旁观赏玩，而非自我体验的抒写。据孙光宪的《北梦琐言》载，"王衍时裹小巾，其尖如锥，宫女多衣道服，簪莲花冠，施胭脂夹脸，号醉妆"，可见其逍遥自得之态。王国维曾对王衍词推崇甚高，认为魏承班、薛昭蕴、牛峤、毛文锡等词作"皆不如王衍"，甚至说："五代词以帝王为最工，岂不以无意于求工欤？"孟昶亦有词作传世，如《避暑摩诃池上作》：

冰肌玉骨清无汗，水殿风来暗香满。
绣帘一点月窥人，欹枕钗横云鬓乱。
起来琼户寂无声，时见疏星渡河汉。
屈指西风几时来，只恐流年暗中换。

该词从触觉、视觉、嗅觉、知觉和幻觉几个层面，去绘写闺房隐秘，从纵情狂欢到追忆、翘盼的伤感，都通过自然界"客观对应物"作移情表现，可谓达到情与景谐、人与物共的艺术境界，以至于后来的苏轼受之影响甚深，几用其原句仿作一首《洞仙歌令》。赵崇祚、欧阳炯等在编选《花间集》时公然无视前朝皇帝和"当今圣上"的作品存在，但他们的作品确实体现着蜀中词人的基本创作特征，亦应被归入花间派作者群。他们的词作，多与宫廷生活有直接关系。

第七节 创新中国文学体式的《花间词》

一、晚唐巴蜀文化

唐代末年，全国出现了藩镇割据、互相攻伐的混乱局面，史称为"五代十国"时期。平民出身，因建立显赫战功而登上高位的王建据蜀后，凭借其体恤下情和为士兵舔创疗伤的美名，在唐末烽烟四起、藩镇割据称霸一方的混乱现实中，审时度势地在蜀中建立了前蜀政权。他依托巴蜀大盆地的天然屏障，利用蜀中得天独厚的自然气候和物产条件，实施了一系列发展农耕、鼓励生产的政策而迅速提升自己的实力，使当时的巴蜀大盆地成为社会稳定安宁、经济繁荣的一方乐土。后蜀孟昶为政宽和，在位的32年中，他"用温衣美食养士四十年"。他组织百姓发展农桑纺织，繁荣社会经济；文化建设上，耗资百万营建学校，又组织力量雕版刻印"十一经"，即《易经》《书经》《诗经》《春秋左氏传》《春秋公羊传》《春秋谷梁传》《仪礼》《礼记》《周礼》《论语》《孟子》（《孟子》首次跻入诸经之列，正式成为"经"），开创中国木刻雕版印书的先例，"由是蜀中文学复盛"，再组织相关人员并调集资金，将这批"经典"镌刻在石碑上，这就是中国文化史上极其重要的"孟蜀石经"；他亲手制定并颁布的《官箴》，是中国古代"反腐倡廉"重要文献。后来，宋太宗摘录其中四句，令郡县刻石置于公堂座前，称为《戒石铭》，即"尔俸尔禄，民膏民脂，下民易虐，上天难欺"，历代州县衙门前多刻有这四句话，影响极为深远。他还是一个富于文采的诗人。宋代张唐英的《蜀梼杌》载："蜀未归宋前一年岁除日，昶令学士辛寅逊题桃符版于寝门，以其词非工，自命笔云：新年纳余庆，嘉节号长春。"孟昶喜好方药，还是一个好医生，其母有病，屡换太医不效，自制方饵进之，遂愈。群臣有疾，亲召诊视，医官钦服。曾令翰林学士韩保升等取《新修本草》并《图经》参校删定，稍增注释，成《蜀本草》（即《重广英公本草》）二十卷（已佚）。《十国春秋》记载，孟昶降宋后，被押送往京师汴梁（今河南开封）的途中，成都有数万老百姓冒着生命危险为他送行，一直从成都送到犍为县。《宋史》记载，在赵宋新政权建立之初，蜀人以"怀土，罕趋仕进"等非暴力不合作方式，表达了对前后蜀政权的怀念，暗含着对往昔美好生活的追忆，以及对赵宋新政权的拒绝态度。

晚唐蜀中文化的发展是全方位的。"蜀江水碧蜀山青"等美丽的自然景观，巴蜀文人辈出的赫赫声誉，常常成为中国绘画的表现对象。宋代李廌的《德隅斋画品》曾说，晚唐肇始延至北宋时期，中国画坛都是"蜀笔居半"，强调巴蜀画家在中国画坛中艺术成就极高的数量优势和特色鲜明的绘画技法画风。"蜀笔"这一概念，已经明确地肯定巴蜀画家人数多、技巧高、特色鲜明。晚唐，是中国绘画艺术发展的一个关键性节点，这个时期以黄筌为代表的西蜀画家群,对中国绘画艺术的创新发展和后来的艺术走向,产生着深远影响。一种艺术的创造与繁盛,需要多种条件。巴蜀大盆地积淀深厚的音乐、歌舞艺术的蕴涵,大汉、盛唐等前代巴蜀作家的赫赫声誉和创作模范,还有巴蜀人文精神的大胆和骄狂,都是花间词派可能形成的条件;而偏安一隅却又相对安宁、经济发展良好的蜀中,又为这种"可能"的实现,提供了保证。①黑格尔《美学·序》就说过:"每种艺术品都属于它的时代和它的民族,各有特殊的环境,依存于特殊的历史和其他观念和目的。"

二、美学的自觉与个性张扬

《花间词》的面世,意义是巨大的。这是第一个地域文学流派,作者都是生活在蜀中,主要聚集于成都的文化人;这标志着中国文学史上一种新型文学体裁的全面实现,"词"体文学从此成为中国文学一种独立文体,流布至今;同时,中国文学的性爱主题在这里首次公开地、集团化地、理性自觉地进行着狂欢试验。这些,都对中国文学的思想主题、话语方式产生着深远的影响,蜀中"花间词派"在中国文学史上的地位由此奠立。他们有着明确的创作美学意识,宣称自己的开山创派是"李太白之应制《清平乐》词四首"。他们要达到的目标是"庶使西园英哲,以姿羽盖之欢;南国婵娟,休唱莲舟之引"。该群体的代表人物、"长笛宰相"欧阳炯在《花间集·叙》中豪气满怀地说:

  镂玉雕琼,拟代工而迥巧,裁花剪叶,夺春艳以争鲜。是以唱《云谣》则金母词清;挹霞醴则穆王心醉。名高《白雪》,声声而自合鸾歌;响遏青云,字字而偏谐凤律……

  则有绮筵公子,绣幌佳人,递叶叶之花笺,文抽丽锦;举纤纤之玉指,拍按香檀。不无清绝之辞,用助娇娆之态。自南朝之宫体,扇北里之倡风。何止言之不文,所谓秀而不实。有唐已降,率土之滨,家家之香径春风,宁寻越艳;处处之红楼夜月,自锁嫦娥……

花间词人极尽工笔对深闺华美奢侈场景进行铺陈夸饰,宣泄人事飘浮、

---

① 邓经武:《中国画蜀笔圣手黄筌》,《晚霞》2017年第13期。

好景难再的离愁别绪,又在及时行乐思想导引下,以大胆放纵的笔调去绘写男女床笫之欢,即如"玉楼冰簟鸳鸯锦,粉融香汗流山枕。帘外辘轳声,敛眉含笑惊。柳荫烟漠漠,低鬓蝉钗落,须作一生拚,尽君今日欢"(牛峤《菩萨蛮》)。词中对男女性行为的直率和大胆描绘,对主人公放纵情欲不惜弃舍一切的狂浪态度的肯定,一直受到历代正统卫道者的批判指斥,但其对性爱活动的尽情颂扬,对人类自然生命活动方式和本能行为的赞美,却博得社会阅读层面的广泛共鸣,其历经各代打击禁锢而流传至今的事实,正说明该词的生命力所在。又如"尝闻灼灼丽于花,云髻盘时未破瓜。桃脸曼长横绿水,玉肌香腻透红纱。多情不住神仙界,薄命莫嫌富贵家。流落锦江无处问,断魂飞作碧天霞"(韦庄《伤灼灼》)等。在花间词人笔下,青年女性是那样多情和温柔,"移凤枕,枕檀郎"的体贴,"偎粉面,撚瑶簪,无言泪满襟"的真情流露,"语檀偎。临行执手重重嘱,几千回"的恋恋不舍,"握手送人归,半拖金缕衣"的一腔真情,以及"偏记同欢秋月低,帘外论心花畔,和醉暗相携"的忠贞,"不堪相望病将成"的翘盼,都是作家们对美好爱情的热烈颂赞和期望。

应该说,自秦皇横扫六合一统天下尤其是北方儒家文化和伦理道德意识成为正统以来,巴蜀地域文化曾长期被作为"蛮夷风"而受到遏制,司马相如和卓文君的自由结合被斥为"越礼",李白因描写了女性而被骂为"志行污下",但在北方儒家正统文化随中央集权统治微弱而淡薄的晚唐五代,巴蜀民俗"未能笃信道德""性轻扬"的人文精神再次跃升到社会的显表层面。张泌的《浣溪沙》就描写了蜀中青年男女相悦传情的惯常场景:"晚逐香车入凤城,东风斜揭绣帘轻,慢回娇眼笑盈盈。消息未通何计是?便须佯醉且随行。依稀闻道太狂生。"一个慢回娇眼,一个逐车紧追;一个笑盈盈以示鼓励,一个苦思传情之法;通篇充盈着一种谐趣,华街一景就这样被生动地表现出来。这种男女大胆传情的自由人生俗尚,张泌在《江城子》中再次表现为"浣花溪上见卿卿,眼波明,黛眉轻。绿云高绾,金簇小蜻蜓。好是问他来得么?和笑道:莫多情"。这里,主人公直率大胆的求爱是如此自然,而对方的拒绝也充满体谅和人情味,一个"笑道",简直就是现代文明社会男女社交的绅士淑女风度的表现。陈廷焯《白雨斋词话》对该词结尾的处理大为赞许,誉之为"结六字，写得可人"，词论家况周颐也盛赞该词"能蕴藉有韵致"①。蜀中男女交际的自然随和，绝无虚伪矫饰的做作，这既是当时民俗时尚的具象表现，更是作者价值取向的真实流露。

"西蜀花间词"被社会所确认，功劳莫大于赵崇祚。他在编选《花间集》时，选录对象为蜀人或长期寓蜀者，除温庭筠、皇甫松、韦庄已卒，薛昭蕴、牛峤、张泌生卒难考外，集中所录者大多还健在，编选一本同处一城作家的"当代诗歌选"，取舍不易，且在出版和印刷条件极不发达的当时，编选的难度应当不小。这正如其《叙》中所称许的："拾翠州边，自得羽毛之异；织绡泉底，独殊机杼之功。"并且，作为一部"当代文学诗歌选"的编选，还有编选标准和识力的问题。《花间集》既注重文风的共同性，又突出了作家个体的独特性，尤其是不因两蜀帝王之尊而勉强将之列入（其实就王衍、孟昶的词作艺术水平而言，还是可以入选的），这相对于清人对乾隆诗词的谀媚态度，尤显示着艺术标准的严格。赵崇祚独具慧眼地收集和编选该集，正可看出其文学素养和审美趣味所在，但他并未将自己塞入其中以充名人，这种精神也极为可贵。花间词人中，欧阳炯的作品被汤显祖《花间集评》赞为"诸起句无一重复，而结语皆有余思"，《蕙风词话》也誉其为"艳而质，质而愈艳，行间句里，却有清气往来，大概词家如炯，求之晚唐五代，亦不多见"，《全唐诗》收录其作有四十首。魏承班《渔歌子》中"梦魂惊，钟漏歇，窗外晓莺残月"的艺术意象，被词论家指为宋人柳永《雨霖铃》②所祖之本，可见其影响深远，清代蜀人李调元《雨村词话》称其作"尖刻而不伤巧"。毛熙震以擅写深闺得名，宋人《齐东野语》誉之为"中多警语而不为儇薄"，清人陈廷焯更推崇其词"婉转缠绵，情深一往，丽而有则，耐人玩味"。阎选词作常作艳秾之语，尤擅描绘女性体态，《蕙风词话》大力称许之"形容皆妙，尤落落大方，是人在花，一而二，二而一，不必用'如''似'等字，是词用暗字诀之一种"。余如人称"小词特工"、有"换我心、为你心。始知相忆深"名句的顾夐，以"须知狂客，判死为红颜"为人称道的牛希济，以及笔下多关怀世事有兴亡之感的鹿虔扆，

---

① （清）况周颐：《蕙风词话》，人民文学出版社2005年版。
② 清人徐釚的《词苑丛谈品藻》称："柳（永）纤艳处亦丽以净也。况'杨柳外（岸）'句，又本魏承班《渔歌子》'窗外晓莺残月'，只改二字，增一字，焉得独擅千古？"

以"明浅动人,以简净成句"的尹鹗,都各展才华、自成一格,为晚唐巴蜀词的创作热潮倍添丰姿艳彩。

总之,《花间集》只是晚唐五代蜀中词人的一个代表性选集,拥拱着它的,是更多未被选入的、有着相当数量的作家群体和创作,郑振铎谓"唐末到五代的词人统称花间派"[①],正是基于这种视角。按文化学家的观点,社会文化精英的出现,正有着其阔大坚实的文化氛围和社会基础,在全社会文化创造的同声齐唱中,文化精英只是作为其领唱歌手而具有代表意义。只是由于巴蜀文学作为一种边缘性质的地域文化,长期被北方文化中心权威话语所排斥,再加上当时的印刷条件局限,很多作品散佚无闻,这就为我们今天梳理、认识和研究巴蜀晚唐五代文学增加了许多困难。

三、泽被深远的创新探索

清人郭麟的《灵芬馆词话》指出:"词之为体,大略有四:风流华美,浑然天成,如美人临妆,却扇一顾,花间诸人是也。"他在"四体"中首推"花间",正因其"浑然天成"的风流华美特征。应该说,无论是镂金错彩,意在深闺,缛丽繁饰,驰骋才情,或是清绮明秀,婉约缠绵,抱朴守质,疏朗清俊,还是水光山色,物我合一,杂证风土,寓寄感兴,都源自作者发自内心的生命体验和生活感受。大量描绘楼、阁、台、庭以及屏、帐、枕、镜、被、衾、襦、裙等,并且极尽夸饰之笔,用金、银、玉、锦、珍、奇等极富质感和色彩的语词,去渲染其华丽、精致和珠光宝气乃至于丝织物的细腻滑润,以求最大限度地营造一种美的氛围。从这里,我们不难看到司马相如对宫廷园林极尽铺陈夸饰以及扬雄《蜀都赋》艺术手法的传统。

《花间集》的基本内容首先是对情爱的颂扬,甚至以描写性爱的方式去咏唱人生苦短、及时行乐的现世享乐态度。因此,舍弃一切羁绊,尽情吮吸一时欢乐的愉悦与快感,就成为该集中最突出的思想内容,也是其基本特色所在。佳景难再、欢乐易逝的忧虑,渴望再次体验欢悦的焦灼,甚至从堂前双燕亲昵样子所产生的联想,又常常化为人生情爱不自由的悲凉,并反过来促使词人们更紧迫地关注那短暂的美好,甚至不惜极尽夸饰铺张地描写性行为场面,以弥补现世生活中的诸多不足,成为人生欠缺的心境补偿性实现。这种特殊的人生观照

---

① 郑振铎:《词与词话·花间词人们》,《小说月报》1923年第14卷。

态度正是他们的创作选材集中于深闺生活的原因，其情感色彩基调和形式特征也由之而具。那镂金错彩、锦罗绣衾的深闺场景，正是词人们对人类最基本的生命活动环境和性爱实现条件的价值标准的强调，也可以说，这是人类与一般动物在性活动方式上的最基本的区别之一。深闺的扩大，就是红花朵朵、绿荫簇簇、青苔芳草、莺燕呢喃的庭院，词人们竭力荟萃大自然一切美景并将之浓缩于男女主人公身边，亦是借以渲染、强调人类生存环境的重要。

从闺房到庭院，再扩大到对大自然美景的铺排，巴蜀作家对山水秀丽、碧波荡漾、烟雾氤氲以及芳草绿荫、丽日蓝天、和煦春风的描写，或以展现"人面桃花相映红"的审美体验，或寓托对美的企盼，或感叹自然循环永恒而人世须臾的愁绪。在《花间集》所选的18位作家计500首词中，"春"的意象被所有人选用，共计出现203次之多，这当然是因为春为大自然循环往复中最美的季节，所谓"春意盎然""春色满园"的美景，"春风得意"的心境，"满面春风"的神态，"美人春睡"的具象，都是中国文化审美心理和审美价值观念的形象概括，于此我们不难理解词人们如此执著于"春"这一意象并多次运用的原因。仅次于此的是对"花"的意象的使用，共有17人，多达155次地在词作中使用"花"并且多为色彩鲜艳的桃花（20次）、荷花（15次）、杏花（31次），以及梨花、芙蓉、牡丹、海棠等，"艳红如血"的灼灼桃花、雍容华贵的牡丹、红烛高照般的海棠、"粉心黄蕊"的杏花、满树银白的梨花，以及萋萋满目、如茵似被、充满生命蓬勃活力的芳草，既是作为词人们对美的人生环境的有意识营造和渲染强调，又是使"花间词"在视觉

民国版《花间词》书影

上形成强烈的色彩感、形式美的重要艺术手段，并成为刺激读者美感效应，震撼读者情感接受机制的重要方法，同时，花间词那秾艳华美的形式美和浓重的色彩视觉效果，也由之而具。

值得注意的是，花间词人虽然也写离愁别绪，却较少运用"秋"的意象，"秋风萧瑟"虽能体现人的思恋，但满地落叶、百花凋残的颓败景象，似乎有违他们对世俗享乐、人生尽欢的创作审美及人生观照态度。所以他们偶尔有"秋色晚"的叙述句子却绝不展开描绘，宁肯将"秋"作为人物的一种心境外化形式如"秋思""秋眉"，即如被选词23首的孙光宪，也只使用过两次"秋"字。他们的匠心独具之处在于，即使是寂寞孤独、衫鬓不振，也表现为美的形式，"玉纤无力""柳丝袅娜"，乃至于"芙蓉凋嫩脸，杨柳堕新眉"的意象叠印，我们都可以用柳永"寒蝉凄切"的意象、马致远《秋思》的景物、李清照"凄凄惨惨戚戚"的意绪去对比而看出特点。又如"风"的意象，它是《花间集》作者都使用和描写过的，达131次之多，从动态绘写如飞花、摇草、掀帘、拂衣、落叶等去起兴和寄情，从触觉角度去描绘其冷暖、凉热和用嗅觉味感以喻示心境状态，又从知觉的角度抓住其特征甚至以幻觉、错觉的方式将风赋予人的情感和性格。无形无情的自然现象就这样被艺术处理为可触可感、内蕴情绪思想的拟人化艺术形象。

花间词曾被人诟病为"柔靡"，除了被指斥其多写闺阁花草外，"月"的描写较多也是原因之一。集中有17人写过月亮，出现次数达125次，满月、圆月、弯月、残月的形状，既是作品人物触发情思的起兴物，又是暗诉衷情、寓寄思恋的人格化对象。月色迷蒙，月光如水，皓皓光明，银白一片，都是人物不同心境思绪的外化体现，"山月不知心里事，水风空落眼前花"（温词《梦江南》）即是其例。中国文学审美趣味偏向阴柔，"月"正是一种最佳符号载体，花间词人以集团群体的阵势，把"月"作为一种艺术意象进行了最集中的营建构筑。也许可以说，苏轼后来"明月几时有"的描写，正有着其对花间词人的体认和继承。余如"柳"的描绘97次、"烟"71次、"雨"74次、"云"68次等，都是将它们的自然属性和形态特征与作品中人物的具体情感和特定心境融为一体，塑造为极具表现力的艺术意象。

但作家们最终落笔的重心，还是深闺的主人——青春女性。花间词人对青春女性的描绘，从发型样式"鬟云""螺髻""蝉髻""凤髻"的精雕细刻，到"霞披云发""慢绾青丝"精心装扮，都大量采用比拟、譬喻等修辞技巧，以突现其形式和营造形象化的美感效果。而对"脸"的描写，或着眼于色彩，用粉白、桃红、梨花、杏花为譬喻，所谓"藕花红照脸""脸如莲"即是；或径直用借代物为象如"粉上依稀有泪""脸上金霞细"等，去形容脸色之美。又用蛾眉、柳眉、青眉、黛眉等各种形状和不同的色彩去体现女性的妩媚。对最能传情的"阿堵"，花间词人更是匠心独运，"转昤如波""春情满眼""独坐含颦"的聚焦特写，"慢转横偷觑"的动态描绘，都将人物表现得鲜活灵动，跃然纸上。对女性的口、唇、齿、舌的描绘，或借物拟形，或浓墨重彩，或从嗅觉、触觉等通感手法去实现，都各极其妙，如韦庄《江城子》"朱唇未动，先觉口脂香"等。此外如对纤手、玉指、"皓腕凝霜雪"的渲染，对"镂金衣透雪肌香""翠袂半将遮粉臆，空钗长欲坠香肩"以及"雪胸鸾镜里"的铺排及"肌骨细匀红玉软"的突现，都是将女性美推向极致的一种表现。从"纤腰""细腰""柳腰""束腰"的刻画，到对"弓袜""莲步""玉趾"的雕塑，都是词人们对女性身体的全面审美观照的结果。女性的体态身姿自然是词人们赞美的重点，"柳丝袅娜春无力""手挼裙带独徘徊""慢曳罗裙归去"以及"敛黛春情暗许，倚屏慵不语"等，都在动态与静态中呈现着美。还有男女尽欢时"鬓乱四肢柔。泥人无语不抬头"的静态塑形，也极尽工笔之妙。花间词人以强大的群体阵势，首先集中地对女性美进行了淋漓尽致的铺排张扬，并极力渲染她们的艳、媚、娇、慧、情，表现了一种健康、平等和对爱情的严肃态度。这对后世反禁欲主义的启蒙思想尤其明清小说都产生着深远影响，这种"至臻至极"的女性颂歌及其艺术形象塑造的鲜明独特，都是中国文学史上的典范摹本，这些，我们不难从《牡丹亭》《红楼梦》等名著中找到其源承关系。

"词"的特征在意境的营造，有无意境成为词之高低判别的标准。花间词人在比拟、譬喻、反复、重叠、场景绘写、聚焦特写等文学表现技巧上进行了多种尝试，对艺术意象的塑造提供了成功的范例。而在词体建构上更是贡献尤显。一方面，他们注重词在传唱上的社会审美功能和社会审美接受特征，"大率词与调和"，使抒发的思想情感，塑造的艺术意象、场面意境乃至语言色彩，与词题的曲调及节律相符合。另一方面，又创造性地将一些调曲题目"借题发挥"，如《菩萨蛮》《酒泉子》等被后人称为"创调"者，即是此类，这种发展创造，扩大了词的表现范围，突破了原有词调对表现缤纷多姿丰富人生的局限，也使后来的词人看到了"创调"的可能，从而使词这种文学体式走向健康的发展之路。花间词人在"调"的创始的同时，又对"格式"的定型进行实践探索，对某一词调的句子数量、每句的字数定规、每字大体上应和的声律，进行了探索，以大量的创作实践对其作基本定型。从《全唐诗》所录的蜀中词人24家的作品看，已出现有77个调目，并且基本上在长短句的形式下，做到了调有定句、句有定字、字有定声的规范化。于此，世人所谓"上不似诗""下不类曲""别是一家"的新兴文学种类"词"，已完全具型。

需要说明的是，当蜀中已形成词创高潮并于后蜀广政三年（940）出版《花间集》之际，李氏南唐方建国三年，冯延巳尚未成名，李煜年方三岁。花间词人对世俗享乐的推崇，尤其是对闺阁生活、情爱内容的尽情歌颂，以及对女性美强烈关注的审美价值取向，还有那极尽语言文字表现力的铺陈、夸饰及于此体现出的艳秾华美风格，都长期被人视为词的文体特征所在。巴蜀大盆地"未能笃信道德"的地域文化精神、"尚奢靡，性轻扬"的生活风尚和民俗、"颇慕文学，时有斐然"的华美文学审美传统，以及"花城""丽锦"的客观现实存在的作用，都是晚唐五代巴蜀词人创作特色和艺术成就形成的天然土壤。画屏溢彩、弄妆敷粉、珠帘鸳被，与柳袅桃红、蜂舞花艳、艳阳皓月交相辉映，文学的形式之美，达到一种极致。而闺阁情深、床笫之欢、两情相悦、思恋至深的情爱生活颂赞，更成为中国文学史上一朵竞艳的奇葩。可以说，自先秦民歌对"桑间濮上"的情爱描写被正统伦理道德意识消解后，中国文学多偏重对政治伦理（仕）、山水田园（隐）两大主题的敷衍，偶尔出现一些大胆的关于性爱内容的作品总是被千般禁锢，李白诗关于"何时重相见，灭烛解罗衣"的情爱描写一直受到指斥咒骂，即是其例。以《花间集》为代表的巴蜀词人却以集团阵营的态势，大胆直率地在人的爱情性欲主题上同声齐唱，表现着对人类生命自由形态的追求向往。自此，中国文学对人类情爱内容和生命本能形态的正面描写和歌颂赞美，就正式开始了。其影响之深广，我们不难从汤显祖《牡丹亭》、曹雪芹《红楼梦》等经典作品中看到，而明清启蒙思想家对《花间集》的关注和张扬，也正是基于这种价值意义的自觉体认。可以说，《花间集》问世以后，中国文学的政治伦理、山水田园、爱情性欲三大母题，就完全具备了。

第五章 华夏文化造极期的巴蜀文学

第一节　文化兴盛中巴蜀文学的全面繁荣

一、宋代文化与蜀学勃兴

一个国家、民族或区域的某个历史时段文学的繁荣，是有着多种因素催发和条件支撑的。公元960年，赵匡胤发动"陈桥兵变"建立赵宋王朝，又以"杯酒释兵权"确立中央集权和文官政治。"宰相须用儒者"的文人政治尤其是"不得杀士大夫及上书人"的宽松政治，使文人们自我实现的欲望孵化为高谈激论和结党结派的社会风气。扎根关中张载的"关学"，立足洛阳的程颢、程颐兄弟承继周敦颐的"洛学"，王安石的"新学"，从巴蜀文化圈崛起的"三苏蜀学"等，都是思想界高度活跃的标志。有宋一代最深刻的社会变化是草根出身的文人大量涌现，正如宋人陈傅良在《答林宗简》所说，"家不尚族谱，身不重乡贯"的"自在卿相"日渐增多，如欧阳修、梅尧臣、苏氏父子、黄庭坚等皆以寒微而致显。政治权力对社会的广泛开放，使得中下层世俗文士均可由科举攀升至社会上层。明末思想家顾炎武就盛赞过其"过于前人""汉唐之所不及"的文化宽容政策。与汉、唐并称为"后三代"的宋代，在文化领域创造上有着其他朝代难以替代的成就。"隆宋"与"盛唐"，同为人们公认的中国文化发展的两大巅峰。陈寅恪先生认为："华夏民族之文化，历数千年之演变，造极于赵宋之世。"[1]邓广铭亦谓："两宋期内的物质文明和精神文明所达到的高度，在中国整个封建社会历史时期之内，可以说是空前绝后。"[2]邓子琴在《中国风俗史》中，把宋作为"士气中心时代"的发端："中国宋代以后，社会、国家所以赖以维持不坠者，厥为一般士人之气节、做人之风格。"

古文运动的完成，儒学的复兴，理学的产生，宋词的兴起，方志学的形

---

[1] 陈寅恪：《金明馆丛稿二编》，上海古籍出版社1980年版，第245页。
[2] 邓广铭：《谈谈有关宋史研究的几个问题》，《邓广铭学术论著自选集》，首都师范大学出版社1994年版。

成，金石学的兴起，话本的产生与发展，佛教的中国化、大众化，与官府传媒"邸报"相对立的民间"小报"的公开发行等等，都是划时代的变革。这对社会整体文明程度的提升和知识阶层的扩大，作用甚巨。正如宋人叶适所说："今吴越闽蜀，家能著书，人知挟册，以辅人主取贵仕。而江汉盖鲜称焉，岂其性与习俱失之哉？"①如蜀中蓬州"少商多儒，家诗户书，文物甚盛"②的浓厚文化风气，使居民普遍有较高的文化素养，"蜀人好文，虽市井胥吏辈，往往能为文章"，甚至优伶之辈也"能涉猎古今，援引经史，以佐口吻，资笑谈"，"蜀多文妇，亦风土所致"③。又如梓州路的普州"普地最瘠，其人服田；士最贫，而向学者众"。张孝祥就骄傲地宣称："凡蜀之士文德名世者，自汉以来，何代无之，本朝独盛，频年尤辈出。"④巴蜀大盆地优裕的物质基础，提供了蜀人从事文化创造活动的极好条件，蜀中浓郁的文化氛围，哺育出一大批文化人站在国家平台上，尽情放歌！

由苏轼、苏辙兄弟高举旗帜并获得众多文人追随的"蜀学"，将一个相对完整、明显、强大的地方学术体系，置放于中华学术文化整体框架之中。巴蜀大盆地自西汉以降的以儒为主，融汇佛道，包括哲学、文学、史学、经学、宗教等的巴蜀学术文化，于此开始被世人瞩目。中华思想文化到宋代形成理性自觉，巴蜀思想家的作用是不可低估的。两次入蜀的理学家程颐就说"易学在蜀"，朱熹在《周易本义》中也强调蜀中思想家陈抟对宋代文化的贡献。

陈抟（872~989），普州崇龛（安岳县）人。著有《无极图》《先天图》以及言导养和还丹之事的《指玄篇》，引发宋代三教合一的潮流，并开宋明理学的先河；又因其"神仙"身份，其诗作影响甚大，如"我谓浮荣真是幻，醉来舍辔谒高公。因聆玄论冥冥理，转觉尘寰一梦中"（《石刻诗》），以及"十年踪迹走红尘，回首青山入梦频。紫绶纵荣争及睡，朱门虽富不

---

① 叶适：《水心文集》卷九，《汉阳军新修学记》，四库本。
② 杨彦龄：《杨公笔录》，周密：《齐东野语》卷一三《优语》，李新：《跨鳌集》卷一六，《三瑞堂记》，四库本。
③ 祝穆：《宋本方舆胜览》卷六八，《蓬州》，上海古籍出版社1991年版。
④ 张孝祥：《与虞并父书》，见《于湖居士集》卷三七。四库本张孝祥的籍贯颇有争议，宋代刘甲（《宋史》卷三九七有传）的《蜀人物志》载：张孝祥，字安国，温江人；明代毛晋《张孝祥于湖词跋》说，（张孝祥）蜀之简州人也，后卜居历阳，故陈氏称为历阳人；清嘉庆版《四川通志》载《朝野杂记》：四川类试榜首，甲戌岁（1154）张舍人安国。张孝祥与张浚、张栻父子和虞允文等蜀人交往甚密。

如贫。愁闻剑戟扶危主，闷听笙歌聒醉人。携取琴书归旧隐，野花啼鸟一般春"（《归隐》）。谯定（1023～1163？），涪州人，"少喜学佛"且"析其理归于儒"，继而治《易》名显，冯时行、张浚传其学，朱熹为其再传弟子，著有《易传》。谯定的"两轮日月磨兴废，一合乾坤夹是非"之句在当时广为流传，其现存《牧牛图》诗（共九章）及《答胡藉溪论易》一文。阳枋（1187～1267），合州巴川（今重庆铜梁）人，治《易》名显。其诗风如"众绿争齐敷夏荫，老红犹自驻春妆。间红浪绿俱休问，争似岩松一色苍"（《包家园》），以及《避地云山全父弟诗寄梅花》五首如"入秋烽火无虚日，问谷寻岩陪隐逸。水冷山深梅已花，忙中不觉年华易"等，还有"昨日兰桡逐顺流，今朝湖口泊归舟。千山日暖雪花散，万里风高云叶收。江影曲通西蜀还，湖光横与北溟浮。岳阳奇眺嗟犹欠，付与他年稳上楼"（《泊舟洞庭云薄天空湖光可爱恨未登岳阳楼耳》），"幽深鸟屿乱参差，溪水迢遥横复斜。鹅鸭驯人不怕棹，间随小艇过芦花"（《咏江南景物》），"端午人间拟醉眠，旅情茅店独萧然。起寻诗句记佳节，万里无云月满天"（《端午自乐温往垫江道中作》）等。

  宋代是古代中国史学最繁荣的时期，而一些重要著作多出自蜀人之手。成都府华阳县人范镇、范祖禹、范冲分别参与或主持了《新唐书》《资治通鉴》及神宗、哲宗两朝实录的纂修和重修，被誉为史学界"三范"。范祖禹还撰有《唐鉴》12卷，被后人尊为"唐鉴公"。丹棱县人李焘《续资治通鉴长编》1063卷（今存520卷），为研究北宋历史保存了丰富的史料；井研县人李心传所撰《建炎以来系年要录》200卷、《建炎以来朝野杂记》40卷，则是研究南宋历史的重要资料，是以被誉为"宋史二李"，又因父亲李舜臣以及李道传、李性传兄弟皆有文名被合称为"井研四李"。另有王称撰《东都事略》，史炤撰《资治通鉴释文》，杜天珪撰《名臣碑传琬琰集》，吴缜撰《新唐书纠谬》，李攸撰《宋朝事实》，彭叔融撰《太平治迹统类》，李植撰《皇宋十朝纲要》，郭允蹈撰《蜀鉴》等。其他如苏易简、三苏父子、郭居仁等的史著皆名闻于世。这就是人们熟知的"史学在蜀"。吕陶说"蜀学之盛，冠天下而垂无穷"，也包括了这些史学成就等。张唐英的《蜀梼杌》为前、后蜀两朝八十来年史实之记录，首次提出"朝廷治则蜀不能乱，朝廷不治则不惟蜀为不顺，其四方藩镇之不显，亦有不下于蜀者"的观点。这些史著文字简洁，叙事清晰，文笔流畅，极富于文学色彩。

一方面史籍有大量记载宋初蜀人不乐仕途,后又有秦桧压抑蜀人等,而蜀人"未能笃信道德"的地域文化传统,亦是难以适应官场规则的原因。南宋进士、眉山人程公许就对此有清醒认识:"南渡今百年,蜀远夫一方。彝典仅岁贡,几人与庭扬?况复多沮挠,谁不甘摧藏?"(《送本仲聘君分韵得良字》)他在《岷峨叹》中说得更直接:"南金东箭输不竭,岷峨这产何独穷……富贵由来多捷径,强聒最为蜀人病……庙堂何忍蜀才弃?渠自方头触人忌。岷峨为渠方含羞,渠不知悔尚我尤。"①或许,这也是蜀人官场受挫的不平之气蒸腾为文学诗情的一大原因。

从宋初文人"罕趋仕进"的观望,到后来闯出夔门大展身手,蔚为"蜀党"大潮,形成了一个"文人之盛,莫盛于蜀"的社会奇观。宋代蜀籍状元有苏易简(中江)、陈尧叟(阆中)、陈尧咨(阆中)、马涓(南部)、何栗(仁寿)、赵逵(资中)、张孝祥(简阳)、许奕(简阳)、冯时行(巴县)等。著名人物有"铜山三苏"(苏易简、苏舜钦祖孙)、"阆中三陈"(陈尧叟、陈尧佐、陈尧咨)、"眉山三苏"(苏洵、苏轼、苏辙)以及苏门之后苏过、"成都三范"(范镇、范祖禹、范百禄)、"蒲江三高"(高稼、高定子、高斯得)、"新津二张"(张唐英、张商英)、"资州二赵"(赵逵、赵雄)、"丹棱二李"(李焘、李壁)、"井研二李"(李心传、李舜臣)、"绵竹二张"(张浚、张栻)、"潼川二杨"(杨怡、杨谔)、"华阳四王"(王泳、王珪、王琪、王巩)、"华阳宇文"(宇文虚中、宇文粹中、宇文时中),还有韩驹、文同、谯定、任渊、王灼、杨绘、张俞、冯时行、唐庚、何耕、喻汝砺、李邦直、郭允蹈、魏了翁等,都是一时之俊杰。许肇鼎编《宋代蜀人著作存佚录》(1986)说,两宋蜀人作家,有县籍者842人,只有省籍者105人,存疑作者73人,共1020人,著作不计其数。

有如此良好的时代氛围,有如此优渥的社会文化基础,加之汉唐蜀中文人的煌煌业绩诱引,宋代巴蜀文化群星闪烁、辉映华夏,当是自然而然。

二、文学观念的丰富与新变

面对一个全新时代的呼唤,文风需要一个大变革,巴蜀文学借鉴继承的对象,被苏轼定格在汉代:"文章之风,惟汉为盛,而贵显暴著者,蜀人为多。

---

① 程公许:《沧州尘缶编》卷六,四库本。

盖相如唱其前，而王褒继其后，峨冠曳佩，大车驷马，徜徉乎乡间之中，而蜀人始有好文之意，弦歌之声，比于邹、鲁。"（《谢范舍人书》）既然当时就有蜀人"文章冠天下"（班固语）之盛，还有"贵显暴著者，蜀人为多"，当然就值得效法了。

在文艺理论领域，与欧阳修的"复古"、司马光道学派"道文分合"、王安石经术派的"政教文学"等理论相抗的，是肇始于老苏、完成于苏轼的"述意达辞"理论。罗根泽认为"苏轼的改革文学，主要的是由欧阳修的'道胜文至'，改为'述意达辞'。述意是内容的解放，达辞是形式的解放。述意是由儒道扩展到陆贾议论和佛老思想，而又不受佛老和陆贾的限制；达辞是由古文扩展到骈文的修辞，而又不受古文和骈文的限制"①。苏轼主张文须"有为而作"，"言必中当世之过"②，提出"道可致而不可求"，强调只有在不断的生活实践中，才能掌握事物的特征及规律等理论，这就导引中国文学走向更广阔的天地。田锡的"传道明心、讽谏教化"和崇尚"自然"的主张，王灼对词的起源和本质、词的审美特征和审美标准等的论述，以及韩驹的"诗作必先命意，意正则诗生""诗歌首尾的联属和语言的锤炼"等文艺美学理论，都是宋代文学发展的可贵成果。此外，范温的《诗眼》、唐庚的《唐子西语录》，以及乐山赵次公的《注杜诗》59卷和《解东坡诗》、安岳杜田的《杜诗补遗正谬》12卷、安岳文说的《评注昌黎先生文集》40卷、眉山史季温的《注山谷别集》2卷及其父史容的《注黄山谷外集》、新津任渊的《注黄山谷诗》20卷和《后山诗注》6卷、眉山刘崧的《韩愈文集注》及孙汝听的《柳宗元文集注》、程敦厚的《韩柳意释余》、金堂樊汝霖的《韩集谱注》、邛崃韩醇的《韩愈文集注释》和《训诂柳先生文集》等，都呈现出蜀中文艺评论的新气象。

宋代诗文革新首先是以"复古"面目出现。欧、曾要恢复的是唐韩、柳所倡的古文及儒家的道统，而三苏却主张"以西汉文词为宗师"。苏轼说："始朝廷以声律取士，而天圣以前，学者犹袭五代文弊。独吾州之士，通经学古，以西汉文词为宗师。方是时，四方指以为迂阔。"（《眉州远景楼》）苏辙也说"废兴自有时，诗书付西京"（《题东坡遗墨卷后》）。朱东润先生曾说："古文家论文多爱言道，虽所称之道不必相同，而其言道则一，韩柳欧曾，罔

---

① 罗根泽：《中国文学批评史》第三册，上海古籍出版社1984年版，第98页。
② 苏轼：《凫绎先生文集序》，《苏轼文集》，中华书局1986年版。

不外此。王安石论文,归于礼教政治,然亦有为而作。至于苏氏父子,始摆脱羁勒,为文言文,此不可多得者也。"①强调情感的自由表达和身心的自然愉悦,就是强调为文的真情、率直、流畅,苏轼的主张是:"常行于所当行,常止于所不可不止,文理自然,姿态横生。"(《答谢民师书》)苏洵文章的纵横气势,"大胆宣言为文而学文"(郭绍虞语)的文学本体论,还有《上田枢密书》对"优柔""清深""温淳""雄刚""简切"等各种文学创作风格的意识自觉,以及苏辙关于"文者气之所形然,文不可学而能,气可以养而致"的见解和创作风格的清丽,都为宋代文学的繁荣竞艳作出了贡献。"三苏"、吕陶等"蜀党"以及他们的"蜀学"等文化创造,构成了中国文化思想史的重要内容。他们的散文兼收骈文之长,使散文的文学性得到展示。宋诗尚理,尚艺术深度,追求风格之美与人文涵养统一,在创作上都不离人文根底。宋诗的忧患意识、内省态度、理性精神和人文旨趣,都是一个全新的呈现。

"词"成为整个宋代文学的主流。社会生活的变化带来社会审美趣味的变化,引发文人的情感意识与诗歌言说体系的变化,这是晚唐西蜀"花间词"留给宋代文学的一份珍贵遗产。"词为艳科""词为别体"的观念体现为"诗庄词媚"的宋初美学原则。宋初作家如晏殊、晏几道父子都承袭着花间派流风,王禹偁对此解说极为清楚:"因仍历五代,秉笔多艳冶。"(《哀高锡》)一代文宗欧阳修固守着词为"薄伎,聊佐清欢"(《采桑子·西湖念语》)的传统观念,如其《南歌子》就常常被人们视为有与《花间词》《阳春集》(冯延巳词集名)"相杂"者。第一个大量填写长调"慢词"的柳永,采用的还是"花间"的人生观照视角。即如开创"豪放"词派的苏轼,也有《蝶恋花》《菩萨蛮》等温婉绮丽之作。宋词要蹚出自

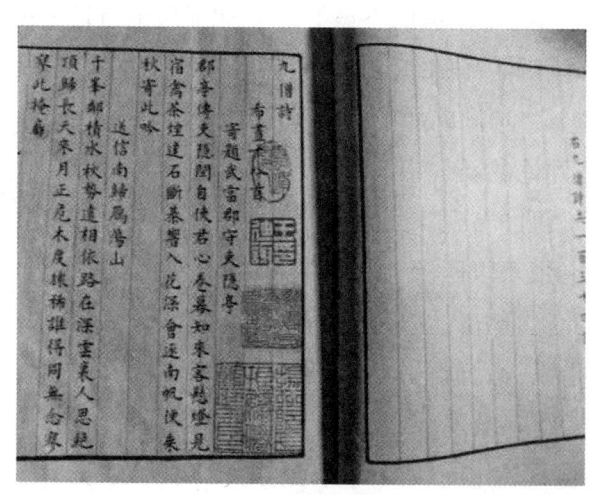

《九僧诗》书影

---

① 朱东润:《中国文学批评史大纲》,上海古籍出版社1983年版,第112页。

己特有的新路，还得由巴蜀作家苏轼来实现一个根本性变革。

"以诗明禅"或"以禅入诗"是形成"宋诗说理"特色的原因之一。"九僧诗"现象，成为宋初文坛的一道风景。司马光《温公续诗话》说："所谓九诗僧者：剑南希昼，金华保暹，南越文兆，天台行肇，沃州简长，青城惟凤，淮南惠崇，江南宇昭，峨眉怀古也。"欧阳修《六一诗话》和黄庭坚等对之都有所涉及。"蜀僧"怀古，俗姓张，峨眉人，富有才学，长于诗词，其《送田锡下第归宁》流传较广。其禅诗如《烂柯山二首》之一曰："仙家轻岁月，浮世重光阴。白发有先后，青山无古今。局终柯已烂，尘散海尤深。若觅长生路，烟霞无处寻。"其二曰："王质烂柯事，传闻不在疑。百年容易客，一局等闲棋。此著有谁见，无言祇自知。石桥南畔路，依旧日斜晖。"剑南希昼，宋本《九僧诗》中存其五律18首，其与名士陈尧叟、李堪、朱宸等皆有交往唱和，其《过巴峡》曰："远望知无极，穷秋日向残。孤泉泻空白，众木倚云寒。静想猿啼苦，危闻客过难。寸心宁可寄，前去雪漫漫。"青城惟凤，号持正，其《吊长禅师》曰："霜钟侵漏急，相吊晓悲浓。海客传遗偈，林僧写病容。漱泉流落叶，定石集鸣蛩。回首云门望，残阳下远峰。"厉鹗的《宋诗纪事》说他"一章一联皆出乎清新，发乎睿逸，赋象可以披图画，腾英可以润玉石"。青城惟凤擅画，名作有《风雅拾翠图》。

自北宋陈充编辑刊刻《九僧诗集》起，虚融清静的审美观和一种平静淡泊心境的表现，还有禅诗以及大量诗僧的出现，开始成为宋代文学的一种特色。雪窦重显，俗姓李，遂宁人，著有收录诗歌300首的诗集《瀑泉集》。其禅偈曰："踞地盘空势未休，爪牙安肯混常流。天教生在千峰上，不得云擎也出头。""碧落烟凝雪乍晴，住山情绪寄重城。使君道在未相见，空恋甘棠影里行。"其《碧岩集》十卷，在宋代文字禅的发展中有重要地位。《四库全书提要》说他"胸怀脱洒，韵度自高，随意所知，皆天然拔俗"。五祖法演，俗姓郑，绵阳人，为禅宗"临济—杨岐派"兴盛的关键性人物。其禅偈曰："一段风光画不成，洞房深处恼予情。频呼小玉元无事，只要檀郎认得声。""山前一片闲田地，叉手叮咛问祖翁。几度卖来还自买，为怜松竹引清风。""一月在天影含众水，师真之真非月非水。青黄碧绿乱茶糊，看来半嗔半喜。""佳人睡起懒梳头，把得金钗插便休。大抵还他肌骨好，不涂红粉也风流。"在法演的带动下，杨岐宗禅派以艳情喻禅蔚成风气。圆悟克勤，俗姓骆，崇宁县人，被誉为"僧中管仲"，有"禅茶一味"之说。据说其悟道因一首艳诗，其曰:"金鸭香炉锦绣帏,笙歌丛里醉扶归。少年一段风流事,只许佳人独自知。"释宝昙,俗姓许,嘉定人,有《橘洲文集》十卷。其禅诗曰:"篱落牵牛又着花,摘花心在鬓先华。故园红染姜丝在,安得缄封寄各槎。"(《见牵牛花有感》)"晨曦入檐水到户,老子肉醉人眼寒。博山一丝坐正稳,不许童稚褰帷看。"(《题磐庵作玻璃窗》)"平生洒洒落落,末后哆哆啝啝。殷勤觅一把火,莫教辜负澄波。"(《辞世颂》)僧道隆,涪陵人,俗姓冉,民间称为"散圣",东渡传法,是日本临济宗大觉派之祖。其《大觉禅师语录》有诗记录南宋时蜀中戏剧演出盛况,极有史料价值,其曰:"戏出一棚川杂剧,神头鬼面几多般,夜深灯火阑珊甚,应是无人笑倚栏。"

第二节　北宋前中期的巴蜀文学

一、田锡、陈尧佐、苏易简与"铜山三苏"、范镇等

宋代巴蜀作家首先成名的是田锡。田锡(940~1003),洪雅县人,太平兴国年榜眼,宋代文学的开拓者和奠基人之一。《宋史·田锡传》说他"耿介寡合,未尝趋权贵之门,居公庭,危坐终日,无懈容。慕魏徵、李绛之为人,以尽规献替为己任"。曾被皇帝夸赞为"直臣"。他的政治成就,为观望徘徊的蜀中文人进入主流社会树立了榜样。田锡的文艺创作主张见于《贻宋小著书》《贻陈季和书》等文。他倡导"物像不能桎梏于我性,文采不能拘限于天真","随其运用而得性,任其方圆而寓理,亦犹微风动水,了无定文,太虚浮文,莫有常态,则文章之有生气,不亦宜哉?"强调作家主体意识的作用,可见于其征引范例:"太白谪仙人,换酒鹔鹴裘。扁舟弄云海,声动南诸侯。诸侯尽郊迎,葆吹罗道周。哆目若饿虎,逸翰飞灵虬。落日青山亭,浮云黄鹤楼。浩浩歌谣兴,滔滔江汉流。下交魏王屋,长揖韩荆州。千载有英气,兰君安可俦。"(《读翰林集》)今人郭绍虞对田锡的文论主张赞扬道:"古文家束缚于道的见解,而他则不受其限制,古文家太拘了,他还有些浪漫的倾向,古文家太狭了,他还看到文学的全面。""一般古文家所论者是常,而他则兼及于变。"这在整个宋代文坛是一个全新的开拓,甚至泽被蜀中后学:"他所著有《咸平集》,集中论文之语,很与三苏相近,田锡、三苏都是蜀人,《咸

平集》再有苏轼的序,所以很可能三苏文论也受田氏的影响。"①这种敢于开拓创新的巴蜀人文性格,也体现在其《三题城隍庙》:"好,我不需磕头,你且后退三步;是,你若再饶舌,我就上前一鞭。"其非圣非礼之态,跃然而出。宋初文学,上承晚唐"花间词"余绪,田锡亦有体现,如"风月心肠别有情,灵台珠玉气常清。微吟暗触天机骇,雅道因随物象生。春是主人饶荡逸,酒为欢伯伴纵横。莫嫌宫体多淫艳,到底诗狂罪亦轻"(《吟情》)。田锡的诗作如:"秋气生朔陲,塞草犹离离。大漠西风急,黄榆凉叶飞。襜褴罢南牧,林胡畏汉威。藁街将入贡,代马就新羁。浮云护玉关,斜日在金微。萧索边声静,太平烽影稀。素臣称有道,守在于四夷。"(《塞上曲》)"堪嗟栖屑客长安,风雪加添近腊寒。冻笔呵来书字淡,孤灯挑尽向窗残。十年苦思诗千首,一夕回肠事万端。家住天涯归未得,岭梅江蓼自辛酸。"(《冬夕书事》)即如以"秀"著称的峨眉山,在他的眼中却是更多的雄健磅礴:"高高百里一屈盘,八十四盘青云端。星辰淋漓泻瀑布,岚楼雪寺五月寒。残阳忽黑雨雹飞,霹雳火著枯杉枝。登临慨然小天下,回时一顾东海涯。细看朝阳初出时,火精转毯百尺围。瞳瞳昽昽浮在水,峨眉朝云已如绮。"(《峨眉山歌》)

《四库全书提要》引证范仲淹、司马光、苏轼等"皆天下伟人"追怀田锡文章,强调其影响,并论及"诗文乃其余事,然亦具有典型。其气体光明磊落如其为人。固终非典忍者所得仿佛"。常被人称道的《诸葛卧龙赋》,视野恢宏、论据精当、对仗工稳,呈现出一种雄伟、豪放之美,即"天将灭汉,天下大乱。奸雄竞起以图霸,豪杰争弛于良算。江东有孙权之疆禦,关中有曹公之勇悍……"其赋作的磅礴大气的壮美风格,亦体现于"古皇所佩之剑,其言可验谕其大也。若雪山之皑皑,壮其光也。若秋波之湛湛,倚于穹圆","观夫煌煌炜炜,上莫穷其几千万里,错星象而倒河汉,慴精灵而视鬼神。变良宵之景,若白昼之明,照幽都之涯,若太阳之晷,顾沧海以堪淬,将泰山之作砥。乍疑天发杀机,鲸鲵奔而龙蛇起。又观乎黯黯森森,高莫询其几千万寻。锋芒莹而雪霜冷,灵怪多而风雨阴。移春景之和,若秋郊之氛;易炎天之燠,若寒谷之深"(《倚天剑赋》)。清代浦铣的《复小斋赋话》说"田谏议锡,有宋一代谏谔之臣,乃观其'春云'、'晓莺'诸赋,芊眠清丽,亦宋广平之赋梅

---

① 郭绍虞:《中国文学批评史》,上海古籍出版社1979年版,第167~169页。

花也",即"有时散作雨飞,春寒惨惨,有时乱和烟纪,春阴萋萋","或苍梧南北,或梦泽东西,或樊川与辋,成吴溪与越;或宿林园,随竹阴以笼径,或沉树落,伴桃花而满蹊"(《春云赋》)。其《曲本草》是中国最早介绍"曲"和各种曲酒的专书,也是现存的古代专记此事的唯一专著,尤为可贵的是记载了当时暹罗(今泰国)的烧酒,为研究蒸馏烧酒的起源提供了宝贵的史料。

田锡著作有《三朝奏议》5卷、《田锡集》50卷、《别集》3卷、《奏议》2卷、《唐明皇制诰后集》100卷。今存《咸平集》30卷,有诗6卷、赋18篇。《宋史》有传。

苏易简(958~997),梓州铜山(中江县)人,与两个孙子苏舜元、苏舜钦并称"铜山三苏"。他是宋代第一位蜀籍状元,明代进士王惟贤的《铜陵纪胜碣》称:"苏易简,国初进士第一,蜀斯文发祥权舆之地。"《续资治通鉴·宋纪十七》说他为人"外若坦率,中有城府。由知制诰为学士,年未满三十,在翰林八年,宠遇绝伦,或一日至三召见"。他曾以《续翰林志》呈宋太宗而获赐诗:"少年盛世兮为词臣,往古来今兮有几人,首书文章兮居翰林,儒名善守兮合缘夤。"《宋史》本传说他"常居雅善笔札,尤善谈笑,旁通释典","性嗜酒,初入翰林,谢日饮已微醉,余日多沉湎。上尝戒约深切,且草书《劝酒》二章以赐,令对其母读之"。他常是"莫怪坐间全不饮,心中和气自醺醺"(《禁林宴会之什》),满嘴酒气地面对世人,毫不讳言"乘舟南去唯寻酒,上马西行只咏诗。醒醉去留皆遂意,如斯方信是男儿"(《特吟诗二首送英公大师》)。蜀人"好辛香、美滋味"的地域风习和消解权威的思维积淀,使他以饮食为例提出"物无定味,适口者珍"的艺术创作论,并体现在其审美观照和创作追求上。传世之作《越江吟》词曰:"非云非烟瑶池宴,片片,碧桃零乱黄金殿。虾须半卷天香散。春云和,孤竹清婉,入霄汉。红颜醉态烂漫。金舆转,霓旌影乱,箫声远。"①田锡曾有诗鼓励他:"子云相如俱蜀人,我今五十君青春。春秋鼎盛正清贵,我年渐似下坡轮。"(《代书呈苏易简学士希宠和见寄以便题之于郡斋》)

苏易简的诗,有《题临兰亭序》:"有若似夫子,尚兴阙里门。虎贲状

---

① 胡仔:《苕溪渔隐丛话》前集引《冷斋夜话》,而《全宋词》则为:"神仙神仙瑶池宴。片片。碧桃零落春风晚。翠云开处,隐隐金舆挽。玉麟背冷清风远。"

蔡邕，犹旁文举樽。昭陵自一闭，真迹不复存。予今获此本，亦可比软璠。"还有《特吟诗二首送英公大师》："祝融峰上曾传纳，太一山前旧结庐。两地逍遥已三纪，争教肯在帝城居。"和《赠翰林学士宋公白》："天子昔取士，先俾分媸妍。济济俊兼秀，师师麟与鸾。小子最承知，同辈寻改观。甲第叨荐名，高飞便凌烟。遂使拜宸坐，果得超神仙。迄今才七岁，相接乘华轩。"苏易简以笔、砚、纸、墨"为学所资，不可斯须而阙"，于是撰《文房四谱》五卷，分笔谱二卷，砚、纸、墨谱各一卷，首次提出"文房四宝"概念。其中记载浙江人以麦、稻秆做纸浆及与油藤配用造纸，以及"蜀人造十色笺……逐幅于方版之上砑之，则隐起花木鳞鸾，千状万态"等，都是中国科技史的重要内容，也是全世界较早研究造纸的专著。苏易简书法和当时徐氏兄弟及李建中齐名，其《淳化阁帖》被历来书法家所重视。他曾参与北宋四大部书之一，也是《昭明文选》之后的又一部文学总集《文苑英华》的编撰（即《四库全书》所谓的"命翰林学士苏易简、中书舍人王祐、知制诰范杲、宋湜与宋白等共成之"），对中国文化事业的发展贡献甚巨。有《文房四谱》《续翰林志》，文集20卷，《全宋词》存其词一首。

米芾为苏易简书《参政帖》

苏易简《文房四谱》书影

苏舜元（1006～1054），字才翁，苏易简之孙，官至尚书度支员外郎，欧阳修的《苏才翁挽诗二首》回顾与之"握手接欢言，相知二十年"，并盛赞"文章家世事，名誉弟兄贤"，梅尧臣的《度支苏才翁挽词三首》亦曰"二十识君貌，交游非一朝"，王安石《苏才翁挽辞二首》云"翰墨随谈啸，风流在弟兄"，范仲淹"待之甚厚，爱其才"（黄庭坚《跋范文正公帖》）。其与弟苏舜钦多有唱和联句，其诗歌艺术风格可见于"未穷双佛刹，先到一渔家。山雨已残叶，溪风犹落花。汲泉沙胍动，敲火石痕斜。应是任公子，竹间曾煮茶"（《钓鳖石》），"群山洗故尘，紫翠坐可数。昏如笼纤妙，媚若隐绀缕。碧瓦南崦中，重叠出迥睹。扁舟凌空飞，白鸟入烟舞。遥林动新滋，颜色若可取"（《淮上喜雨联句》）。词作如《题海昌安国寺》："书堂三月初三日，絮扑纱窗燕拂檐。莲子数杯赏泠酒，柘枝一曲试新衫。阶临池面胜看镜，屋映花丛当下帘。谁倚南楼指新月，玉钩素手两纤纤。"有句"断香浮缺月，古像守昏灯"千古流芳。为人重气节、善草书，苏轼评价其草书时说："才翁草书真迹，当为历世之宝。"著作有《才翁集》一卷传于世。

苏舜钦（1008～1049），字子美，苏易简之孙，生于都城开封，属于"蜀后代"。曾任大理评事，范仲淹荐为集贤校理。在宋代诗文革新运动中，他与欧阳修、梅尧臣齐名称"欧苏"或"苏梅"。欧阳修的《六一诗话》赞他为"笔力豪隽""超迈横绝"，又在《苏学士文集序》说"子美之齿少于予，而予学古文反在其后"，高度推崇他在诗文革新运动中的地位。他的文学主张是"原于古，致于用"，"诗之作，与人生偕者也。人函愉乐悲郁之气，必舒于言"，"古之有天下者，欲知风教之感，气俗之变，乃设官采掇而监听之，由是弛张其务，以足其所思"（《石曼卿诗集序》）。其艺术个性如"老松偃蹇若傲世，飞泉喷薄如避人"（《越州云门寺》），"况时风怒尚未息，直恐泾渭遭吹翻"（《大风》），"今岁西戎背世盟，直随秋风寇边城。屠杀熟户烧障堡，十万驰骋山岳倾"（《庆州败》）等。想象奇特，借助自然景物形象抒写愤世嫉俗、勃郁不平的情怀，最能体现他的诗歌风格特点。他曾买下苏州废园傍水造亭，因感于"沧浪之水清兮，可以濯吾缨；沧浪之水浊兮，可以濯吾足"，题名"沧浪亭"，自号沧浪翁，并作《沧浪亭记》。欧阳修有"清风明月本无价，可惜只卖四万钱"（《沧浪亭》）题咏此事。他自己亦有《水调歌头·沧浪亭》，词曰："潇洒太湖岸，淡伫洞庭山。鱼龙隐处，烟雾深锁渺弥间。方念陶朱张翰，忽有扁舟急桨，撇浪载鲈还。落日暴风雨，归路绕汀湾。

丈夫志，当景盛，耻疏闲。壮年何事憔悴，华发改朱颜。拟借寒潭垂钓，又恐鸥鸟相猜，不肯傍青纶。刺棹穿芦荻，无语看波澜。"又有《沧浪亭》诗："一径抱幽山，居然城市间。高轩面曲水，修竹慰愁颜。迹与豺狼远，心随鱼鸟闲。吾甘老此境，无暇事机关。"

籍贯蜀中，多年仕宦到处漂移，其感受有"我亦宦游者，吴会非我乡"（《邂逅刘公尤于平望之西联舟夜语走笔叙意》），"前岁旅淮楚，去年还上都。上都一岁内，前后七徙居。岁暮被重谪，狼狈来中吴。中吴未半岁，三次迁里闾"（《迁居》）。他笔下"蜀后代"意识亦有迹可循，如"人云之子贤，文采出巴川。失意声名在，还爱岁月迁。离怀春色里，归路夕阳边。无废青箱学，穷愁古亦然"（《黎生下第还乡》），"几年尘土客京华，一日春乘犯斗槎。梦好夜归全蜀道，眼明朝宴上林花。白头佐邑非为晚，蓝绶还乡亦可夸。况有雄图看悟主，莫伤孤宦向天涯"（《送家静及第后赴官清水》）。二百四十字的长篇排律《蜀士》是他回望故乡的长篇巨制，有"蜀国天下险，奇怪生中间。有士贾其姓，抱材东入关。献册叩谏鼓，其言蔚可观……臣尝学其法，自集数百篇。治乱与成败，密然不可删"等句。其"空阶夜雨徒传句，三峡流泉无此声"（《夜闻筝酒有声因而成咏》）亦为名句。词作还有《送王杨庭著作宰巫山》："兰台旧漫郎，为邑上瞿塘。地僻风烟古，公馀日景长。江声通白帝，山势入青羌。落笔多佳句，时应满锦囊。"诗文集有《苏舜钦集》16卷，《宋史》有传。

魏野（960～1019），号草堂居士，蜀人，移居河南陕县。他是宋初有名的"隐士"，其"寻真误入蓬莱岛，香风不动松花老。采芝何处未归来，白云满地无人扫"（《寻隐者不遇》），"乍认庭前青藓合，深疑监里翠钿稠。莫嫌生处波澜小，免得漂然逐众流"（《盆池萍》）等，常为人称道，余如"有名闲富贵，无事小神仙"（《诉怀》），"无才动圣君，养拙住山村"（《闲居书事》），"洗砚鱼吞墨，烹茶鹤避烟"（《书逸人俞太中屋壁》），皆为有影响之作。其"惊回一觉游仙梦，村巷传呼宰相来"（《谢知府寇相公降访》），被史家讥为"其辞若亢，其心则诐"，"愈说脱屣富贵，愈见萦情好爵"，"野在日，名重于林逋；而身后装点湖山，流风余韵，供人题咏，则不及逋"。①其《送薛端公赴右蜀均输兼呈司理刘大著二首》有曰："旌旆悠悠

---

① 钱基博：《中国文学史·中》，上海古籍出版社2015年版，第441页。

出陕时,白头人送倍依依。蜀川尚忆蒲芦政,蛮洞先惊獬豸威。祖席香浓花未老,行厨味简笋初肥。公馀若存相如赋,郫县梅仙好发挥。"似对蜀中生活极为熟悉。其怀乡情结,亦见于"异乡何处最牵愁,独上边城城上楼。日暮北来惟有雁,地寒西去更无州。数声塞角高还咽,一派泾河冻不流。君作贫官我为客,此中离恨共难收"(《登原州城呈张賷从事》)。著有《草堂集》10卷,存诗390首,《宋史·隐逸》有传。

陈尧叟(961~1017),阆中人,宋端拱年状元,官至户部尚书、同平章事、充枢密使等,其中赈灾岭南,出使交州等政绩显著。宋真宗的《赐陈尧叟谢病归济源》对之有评价:"文苑垂清誉,朝端仰盛才。嘉猷毗万路,奇遇列三台。勤职兴居爽,辞荣奏疏来。畴咨登百揆,异数冠中台。巨屏扬旌去,名藩厚锦回。君臣相厚意,瞻望两徘徊。"其文风如:"寅会丁昌运,讦谟愧琐才。微功酬帝造,迈级处公台。辞位囊封上,逾涯宠数来。维藩分圣寄,涕泗达丹台。旌仰宸章降,隆弥睿眷回。载赓诚寡和,望阙几徘徊。"(《赓上赐病归韵》)"追忆经行三十年,漫山桃李竞争妍。于今棠棣花成萼,我已童颜射酒红。"(《妙智洞》)"一榻琴书双门寺,片心泉石两林山。江楼把酒云供望,秋院支筇鹤对闲。"(《诗一首》)他吟咏家乡的诗作如"甜于糖蜜软于酥,阆苑山头拥万株。叶底深藏红玳瑁,枝边低缀碧珊瑚"(《果实》)等。①《宋史·陈尧叟传》载:"尧叟伟资貌,强力,奏对明辨,多任知数。久典机密,军马之籍,悉能周记。所著《请盟录》三集二十卷。"

陈尧佐(963~1044),宋端拱年进士,在"阆中三陈"中成就最显,"十典大州,六为转运使,居官无大小,所至必闻",算得上难得的蜀籍能人。为宋仁宗时宰相,又是治理钱塘("下薪实土"的筑堤方法)、滑州水患(木龙杀水法,有"陈公堤"纪之),主持泽州、怀州道路交通工程的科技专家。他也是著名的书法家,《宋史》本传说他"善古隶八分,为方丈字,笔力端劲,志犹不衰",世称之"堆墨书"。其自撰墓志铭曰:"寿八十二不为夭,官一品不为贱,使相纳禄不为辱,三者粗可归息于父母栖神之域矣。"其诗多写山水花木,谈史寓志,而且明白清丽,如"尽日芳菲园,不见芳菲好。茂草与斜阳,脉脉情多少"(《闲步过芳菲园》),"苕溪清浅霅溪斜,碧玉光寒照万家。谁向月明终夜听,洞庭渔笛隔芦花"(《湖州碧澜堂》),"平波渺渺烟

---

① 《舆地纪胜·阆州诗·果实》。

苍苍，菰蒲才熟杨柳黄。扁舟系岸不忍去，秋风斜日鲈鱼乡"（《吴江》）等。《宋诗纪事补遗》载有其《忆越州三首》，其一曰："抽毫欲赋东南奇，云山好景惭有遗。平波荡漾照湖渌，扁舟忆得游春时。"《全宋词》录其《踏莎行·二社良辰》，是至今可见唯一的词作："二社良辰，千家庭院。翩翩又见新来燕。凤凰巢稳许为邻，潇湘烟暝来何晚。乱入红楼，低飞绿岸。画梁时拂歌尘散。为谁归去为谁来？主人恩重珠帘卷。"该词为感谢宰相申国公吕夷简荐引其拜相之恩德，以曲笔抒深情，采用比兴、暗喻手法，以燕子自喻，寄寓了词人的感恩思想。著作有《潮阳编》《野庐编》《遣兴集》《愚邱集》等。

陈尧咨（970？～1034？），宋咸平年状元，与陈尧叟并称为"兄弟状元"，复与陈尧佐同官至宰相，为"兄弟宰相"，是"善弓矢美仪彩的词臣"，可谓文武兼备、才貌双全。欧阳修《卖油翁》就记录了他的箭术高超，积淀为今天家喻户晓的"熟能生巧"的故事。《宋史》本传说"尧咨于兄弟中最为少文，然以气节自任"，"豪侈不循法度，敞武库，建视草堂，开三门，筑甬道，出入列禁兵自卫。用刑惨急，数有杖死者"。其诗歌艺术特色见于"偶分天命过仙家，松竹森森一径斜。此地岂教尘俗爱，主人高论尽南华"（《赠贺兰真人》），"山远峰峰碧，林疏叶叶红，凭阑对僧语，如在画图中"（《普济院》），"幽居正想沧霞客，夜久月寒珠露滴。千年独鹤两三声，飞下岩前一株柏"（《施肩吾宅》），"不夸六印满腰悬，二顷仍寻负郭田。当日弟兄皆刷羽，如今鸿雁尽摩天。扶疏已问新栽柳，清浅犹寻旧漱泉。大尹今来还又去，夕阳旌旆复翩翩"（《题三桂亭》）等。

梅挚（994～1059），字公仪，成都新繁（新都）人，宋天圣年进士，在苏州、杭州、开封等地为官，至龙图阁学士，诗作集录于《礼部唱和诗集》。曾与欧阳修、王珪等"同知贡举"负责国家最高级别的科考，该次考试胜出的有苏轼、曾巩、苏辙。王安石曾赋《送梅龙图》"回首古人多隐约，致身今日独辉光"。在广西为官时有赞美当地的五律《昭潭十爱》，如"我爱昭州水，湘漓共一源。本无污泥滓，去有棹歌喧。沃野藤溪道，浮琛玉海门。有时新雨涨，多半是君恩"等；有批判官吏堕落的文章《五瘴说》。其《和王益新繁县东湖瑞莲歌》中有"朋簪峨峨尽才子，橡笔交辉云藻丽。酒酣倚栏惜红晖，炳素徘徊紫不飞。魏宫甄后昼方寝，仿佛有人持玉衣。此邑古来无异政，室家疮痏何由庆"之句。《留别新繁县灵庆院僧智公》曰："粉里归来十二春，怜师心依我心淳。他时行满重相见，兜率天上第几人。"《新繁县秘藏院留别乡知》："佛住三朝恐爱生，人归一岁岂无情。乡亲乡友销魂地，岷水分为陇水声。"还有咏吟都江堰的"烟抱千峰碧玉堆，一岩一穴汉天开。畜云泄雨通灵派，长与苍生救旱来"（《灵岩》）。余如《新繁县显曜院》《新繁县法要院孙太古壁画罗汉》等绘写乡邦之作亦多。《宋史》本传称："挚性淳静，不为矫厉之行，政迹如其为人。平居未尝问生业，喜为诗，多警句。有奏议四十余篇。"

范镇（1007~1088），字景仁，成都华阳人，宋宝元元年"举进士，礼部奏名第一"却谦失状元，与欧阳修、宋祁、吕夏卿等人同修《新唐书》而为宋代史学"三范"之一，文与史皆负盛名。年十八，即被蜀守薛奎许为"庙堂之人"。苏轼评说他"临大节，决大议，色和而语壮，常欲继之以死，虽在万乘前，无所屈"，"其文清丽简远，学者以为师法"（《范景仁墓志铭》）。他对中国文学的贡献之一，就是引荐苏轼、苏辙入京参加科举考试。他多达14篇的《与司马温公论乐书》，常被人征引为宋代音乐理论繁荣的标志。其艺术风格清丽简远，于平淡中见淳美，如"春色草将深，春寒柳未阴。青天指行栈，渌水荡离襟。后乘何为托，前旌喻此心。南枝倦飞翼，凭为寄归音"（《韩太丞同守成都次韵其三》），通篇无一个"愁"字，而离愁自见。余如"前去峨眉最上峰，不知崖嶂几千重。山僧笑说蒲公事，白鹿曾于此发踪"（《初殿》）等，还有两首"咏春"皆清丽淡雅，即"春入长安百里家，湖边无日不香车。一林柳色吾无分，看杀庭前荠菜花"，"绛萼梅初蕊，青条柳未阴。群芳自先后，一气本无心"（《春》），这都是宋诗特色的体现。范镇曾东下长江，出三峡，游荆湘，直至京城汴梁，遍访名山大川，作诗300多首，佳作甚多。如"炎蒸无处避，此地忽知寒。松砌行无际，石房禅自安。鸳鸯秋沼涨，蝙蝠晚庭宽。登眺见甲舍，衡茅半不完"（《游昭觉寺》，据《蜀中名胜记》），作者以热冷对比，远近相衬，万松散凉，石屋人静，不胜悠然，勾勒出成都昭觉寺一幅清和图景，深得禅趣之味。又如"几年魂梦寄西州，春晚归逢学射游。千里香风尘不动，半山晴日雨初收。指撝武弁呈飞骑，次第红妆数胜筹。夹道绮罗瞻望处，管弦旌旆拥邀头"（《仲远龙图见邀学射之游先寄五十六言》），记叙仲远（成都知府蔡延庆）相邀同游成都北郊学射山，所见到的繁华热闹的民俗场景。著述《东斋记事》，其所记北宋故事、典章制度、士人逸事，以及蜀地风土人情等，为今人研究北宋史提供了大量历史资料，另有《范蜀公集》《本朝蒙求》2卷。《宋史》有传，苏轼有《范景仁墓志铭》悼怀。

蜀中潼川（三台）人杨怡、杨谔皆为进士，生卒年不详。杨怡有《成都运司园亭十首》，分别咏叹成都的潺玉亭、茅庵、玉溪堂、海棠轩、水阁、翠锦亭、雪峰楼等十个景点，如"嘉木密交阴，月夕苦荟蘙。高台出林杪，远目望天际。不厌清露寒，祗恐轻云蔽。可但少陵翁，能思斫仙桂"（《月台》），"池台密相望，曾是故侯宅。赏心知几人，乔木已百尺。低花拂乌帽，古藓驳苍石。欲问昔豪华，秋风扫无迹"（《西园》）。杨谔曾任泸州军事推官，有诗名。

二、文同、王珪、吕陶等中期作家

文同（1018～1079），字与可，盐亭县人，与司马光同榜登进士第。历任蜀中邛州、大邑、陵州等知县或知州。因曾被委派赴湖州（今浙江吴兴）任职，世人称"文湖州"。表弟苏轼赞其"有四绝：一诗、二词、三书、四画"，是个多才多艺的名士。为避开日趋激烈的新旧党争，他寄情于山水，醉心于诗文书画。《宋史》本传说他"善诗、文、篆、隶、行、草、飞白。文彦博守成都，奇之，致书同曰：'与可襟韵洒落，如晴云秋月，尘埃不到。'司马光、苏轼尤敬重之"。文同的诗古朴清新，蕴含丰富。其写实之作如《织妇怨》《宿东山村舍》等描写真切生动，充盈着巴蜀民歌的悲情、伤感与愁苦，如"八十雪眉翁，灯前屡嘘唏，问之尔何者，不语惟抆泪"，"闻之不敢诘，但愧有禄位。移灯面空壁，到晓曾不寐"等。其《水硙》嗟叹嘉陵山区以水磨为业的农民生活的艰辛贫困，体现出作者对百姓疾苦的关注，既兴水利，又能让水磨业者生活无忧，即"激水为硙嘉陵民，构高穴深良苦辛。十里之间凡共此，麦入面出无虚人。彼氓居险所产薄，世世食此江之滨。朝廷遣使兴水利，嗟尔平轮与侧轮"。作品形象生动，宛

文同画作《竹》

如图画，充分表现了画家兼诗人善于取景、工于描绘的特点。

文同的赋也是典雅清新，《莲赋》《松赋》绘物以寄精神，铺排而藏议论，形神俱现，喻托遥深。其《送人赋》开首便是"风寥寥兮黄叶飞，黭栗冽兮寒满衣"，写萧瑟的秋风，写纷飞的黄叶，点染出孤独飘零之感，极尽"竹枝词"的哀怨感伤之悲苦情调。作为一个修为精深的画家，《晚至村家》体现着他审美观照的形象性："高原硗确石径微，篱巷明灭余残晖。旧裾飘风采桑去，白袷卷水秧稻归。深葭绕涧牛散卧，积麦满场鸡乱飞。前溪后谷暝烟起，稚子各出关柴扉。"又如"烟开远水双鸥落，日照高林一雉飞"（《早晴至报恩山寺》），"汀洲烟雨卷轻霏，遥望轩窗隐翠围。万岭西来供晓色，一江南下载晴晖。凫鸥惯入阑干宿，鱼蟹长随舴艋归。我亦旧多沧海思，几时如此得苔矶"（《成都杨氏江亭》），还有描写蜀中大邑县药师岩的"此景又奇绝，半空生曲栏。蜀尘随眼断，蕃雪满襟寒。涧下雨声急，岩头云色乾。归鞍休报晚，吾待且盘桓"（《题凤凰山后岩》）等，都显示出一个绘画艺术家的文字艺术功力。他还常把自然景物比作前人名画，诗画融合的佳句如"独坐水轩人不到，满林如挂《暝禽图》"（《晚雪湖上寄景儒》），"峰峦李成似，涧谷范宽能"（《长举》）等。

伟大艺术家的形成，往往基于其对生活的热爱："始予隐乎崇山之阳，庐乎修竹之林，朝与竹乎为朋，暮与竹乎为游，饮食乎竹间，偃息乎竹荫，观竹之变也多矣！"他甚至将竹子称为"竹夫人"，这与宋人林逋的"梅妻鹤子"有异曲同工之妙。米芾称赞他开创了墨竹画法"以墨深为面，淡为背，自与可始也"的新局面。文同画竹的至理名言为"画竹，必先得成竹于胸中，执笔熟视，乃见其所欲画者，急起从之，振笔直遂，以追其所见，如兔起鹘落，少纵则逝矣"，并经苏轼《文与可画筼筜谷偃竹记》一文的转述而广为流传。但其文名被其画名所掩，诗人作品生前无集。今存《丹渊集》40卷，另有《拾遗》2卷。

王珪（1019～1085），字禹玉，成都华阳（双流）人，宋庆历年榜眼，北宋名相和著名文学家。幼时随叔父迁居舒州（今安徽省潜山县），历仕三朝，官至宰相。他曾总结过自己生平："少从客路千波转，老入流年万事疏。野鹤定知乘宠误，春冰多愧践名虚。几思汉殿金盘露，恣阅蓬山绿字书。未报君恩成白发，翻然江海羡吾庐。"（《自述》）《四库全书总目》说他"少掇高科，以文章致位通显，不出国门而参预大政，词人荣遇，盖罕其比"，"其文章博赡瑰丽，自成一家。揖让于二宋之间，毫无愧色。谢及、陆游、杨万里等往往称之，殆非虚美"。钱基博《中国文学史·第三章·北宋》说"王珪以文学进，流辈咸共推许其文宏侈瑰丽，自成一家"。王珪现存文章主要为制诰、章表、墓铭、青词、疏文，大多为应制而作，辞藻华美，骈俪工巧，多有台阁气。其诗歌喜用金玉锦绣字，好为富贵人语，时人有"至宝丹"之讥（宋·刘攽《中山诗话》）。有《王岐公宫词》100首，精巧华赡，如"西风欹叶撼宫梧，早怯秋寒着绣襦。玉宇无人双燕去，一弯新月上金枢"，"露井银床冻不收，深宫花暗晓莺愁。残红满地无人扫，一半随风落御沟"，"后苑归来月上初，天歌吹引下鸾舆。春风料峭馀寒重，犹索金函览奏书"，"红湿春罗染御袍，透帘三丈日华高。金针玉尺裁缝处，一对盘龙落剪刀"等。词作亦多富贵气，如："玉宸朝晚，忽掩赭黄衣。愁雾锁金扉。蓬莱待得仙丹至，人世已成非。龙轩天仗转西畿。旌旆入云飞。望陵宫女垂红泪，不见翠舆归。"（《平调发引》）有悼怀苏洵的《挽霸州文安县主簿苏明允》，其曰："岷峨地僻少人行，一日西来誉满京。白首只知闻道胜，青衫不及至家荣。玄猿夜哭铭旌过，紫燕朝飞挽铎迎。天禄校书多分薄，子云那得葬乡城。"著述有《华阳集》60卷。《全宋词》收其词3首，《全宋诗》录其诗7卷，《全宋文》收其文52篇。事迹见《东都事略》卷八〇，《宋史》有传。

王琪，生卒年不详，字君玉，成都华阳人，后徙舒（安徽庐江），王珪从兄，进士及第。与当时文坛宗主晏殊相知，作品被时人视为"刻琢深淳，高视古今"，词作《定风波》曰："把酒花前欲问天。春来秋去苦茫然。风雨满枝花满地。何事。却教纤草占流年。试把钿筝重促柱。无绪。酒阑清泪滴朱弦。赖有玉人相顾好。轻笑。却疑春色在婵娟。"有《望江南》词10首，咏吟柳、雨、雪、草、月、岸、水、竹、燕、酒等，形神毕肖，如"江南草，如种复如描。深映落花莺舌乱，绿迷南浦客魂销。日日斗青袍。风欲转，柔态不胜娇。远翠天涯经夜雨，冷痕沙上带昏潮。谁梦与兰苕"（《望江南（五）》）。《宋史》附传于王珪。《全宋词》录其词11首。

吕陶（1028～1104），成都人，蒋堂治蜀时得陶十三岁时所作之文，召集诸生诵之，叹曰"此贾谊之文也"，一座皆惊。他曾任职蜀州通判，迁彭州知府，贬监怀安（金堂县淮口）商税，涉党争，贬为梓州、成都路转运副使。后出蜀知陈州、潞州等，再辞归。吕陶在《经史阁记》中探讨过巴蜀文化盛行于世的原因，"蜀学之盛冠天下，而垂于无穷者，其具有三：一曰文翁之石室，二曰高公之礼殿，三曰石壁之九经"，强调学校教育、社会礼仪、书籍文献三个条件的重要性。《成都新建备武堂记》亦体现着他对家乡的自豪："蜀之四隅，绵亘数千里，土腴物衍，财货以蕃，财利贡赋，率四海三之一。"其文《金竹》曰："渠江有竹，其色深黄，里人目为金竹。修竹已可爱，况复如黄金。天地与正色，霜雪坚此心。云芝生有节，栗玉种成林。回首渭川远，山间绕翠阴。"贬监怀安时的长诗《见云顶山》借景咏物，浇自我块垒，用朝暮阴晴的"百态异舒惨"，说"予生安拙计，万事耻浮滥"，慨叹自己"终身落世网，尘垢渍衡统"，向往"饱食坐看山，闲心复何憾"。另有《云顶山》曰："崎岖上层山，十里到巍顶。天形露空阔，物态蓄深静。群峰峙其旁，俨若挈裘领"，"兹山介两蜀，镇压犹巨屏。南连三峨巅，北距双剑岭"，宋末抗元的"川中八柱"之一的云顶石城即在此。著有《吕陶集》60卷。《宋史》有传，《东都事略》卷九七有传。

宋末抗元"川中八柱"之金堂县云顶石城

张俞，生卒年不详，号白云先生，郫县人。苏轼在《张白云诗跋》中说："张俞，少愚，西蜀隐君子也。与予先君游居岷山下。"王称的《东都事略》称："少嗜书，好为诗……俞为人不妄忧喜，性淳情澹，有超然远俗之志。"《宋史·隐逸传》说他"喜弈棋，乐山水，遇有兴，虽数千里辄尽室往。遂浮湘、沅，观浙江，升罗浮，入九疑，买石载鹤以归。杜门著书"。其妻蒲芝亦有诗名。张俞作品被征引最多且入选课本的，是"反映人民生活苦难"的《蚕妇》："昨日入城市，归来泪满巾。遍身罗绮者，不是养蚕人。"这还可以从

"夏园无杂英,灼灼山榴开。落日杜鹃苦,花仍萎苍苔"(《吟杜鹃》),"雾山环合白云川,户有青溪种玉田。万本桃花不知处,几人曾得问秦年"(《邛州青霞嶂》)等诗中看到。著有《白云集》,已佚。《东都事略》卷一一八、《宋史》卷四五八有传。

第三节　旷世奇才苏轼

一、巴山蜀水孕育的文学精灵

苏轼(1037~1101),字子瞻,号东坡居士,眉山人。一个文化巨人的出现,有着青少年时期生活的社会与自然环境以及家庭氛围的熏染,有着地域文化美学的陶冶与影响,也有着特定时代思潮的制约。《宋史》本传载,除其父耳提面命的庭教外,苏轼也受母亲程氏笃信道教的影响,"巴蜀重道"的社会风习影响了他后来对道家思想的接受和性格的形成。即如其弟所说:"初好贾谊、陆贽书,论古今治乱,不为空言。既而读《庄子》,喟然叹曰:'吾昔有见于中,口未能言,今见《庄子》,得吾心矣。'"(《亡兄子瞻端明墓志铭》)巴蜀文艺美学的传统也体现于苏轼对文采、语言技巧的高度重视,他说:"求物之妙,如系风捕影,能使是物了然于心者,盖千万人而不一遇也,而况能使了然于口与手者乎?是之谓辞达。""夫昔之为文者,非能为之为工,乃不能不为之为工也。山川之有云雾,草木之有华实,充满勃郁而见于外,夫虽欲无有,其可得耶!自少闻家君之论文,以为古之圣人有所不能自已而作者。"[①]这几乎就是马祖道一"道不用修,若言修得,修成还坏"的文论版。

巴蜀文化"未能笃信道德"的地域人文性格传统,诸如狂放怪诞、虚饰夸张、重视情感抒发等等,在苏轼身上得到明显展现,这也是他主张"以西汉文词为宗师"的自然结果。基于自我主体需要有选择地随性而取,以及任真率性,凭一己之意气所到,随意取舍,是苏轼成为一代大家的根本原因。强烈的主体意识,被表述为"文以达吾心,画以适吾意",常以创新求异而自得的心境,则在《评草书》中表述为:"吾书虽不甚佳,然自出新意,不践古人,是一快也。"他在《与鲜于子骏书》中告诉对方:"近却颇作小词,虽无柳七郎

---

① 苏轼:《南行前集叙》。

风味,亦自是一家,呵呵!"

"好文讥剌"(班固语)与"质文刻野"(常璩语),是巴蜀文人在创作上呈现的一个传统。扬雄有《解嘲》和《逐贫赋》,王褒有《僮约》,颇能体现巴蜀文人擅长戏谑诙谐的艺术特点。司马相如作品亦有"其卒章归之于节俭,因以讽谏"的特色。李白也有《嘲鲁儒》等讥趣之作。宋初前辈乡贤田锡的《贻宋小著书》和《贻陈季和书》等,主张"物像不能桎梏于我性,文采不能拘限于天真",张扬作家的主体意识。至于苏轼的滑稽多才、幽默风趣,历史多有记载。宋人叶梦得的《避暑录话》载:"子瞻在黄州及岭表,每旦起,不招客相与语,则必出而访客。所与游者亦不尽择,各随其人高下,谈谐放荡,不复为畛畦。有不能谈者,则强之说鬼。或辞无有,则曰'姑妄言之',于是闻者无不绝倒,皆尽欢而后去。设一日无客,则歉然若有疾。其家子弟尝为予言之如此也。"① "巴蜀重道"与"蜀禅"盛行,熏染着苏轼的人文性格,制约着他的艺术创作特征,作为其抚慰心灵创痛、调节生活方式的利器,使他对人情事理的认识更为通达,而且为其文学创作提供了创新性思维。"天下之山水在蜀"(王渔洋语)、"蜀江水碧蜀山青"(白居易语)等美丽的自然风光,陶冶着苏轼的审美情趣,熏染着他的审美眼光。他不仅是众多新文类的创造者,也是艺术新风格和创作新题材的拓展者。

在未曾推行语言、语音规范的年代,许多作家都曾因为"方音"制约而出现音律不合的问题,如欧阳修的《醉翁操》琴曲等。曾有人认为苏轼的词不协音律,这其实源自作家的地域方言发音的区别,也源自苏轼自由表现的艺术个性要突破音律的樊篱。苏轼用自己的方言唱出来的词,还是符合音律的。当然,为"自然而然"有意突破音律限制,也是原因之一。

二、艺文五绝,千古一人

在文学理论上,苏轼极为推崇创作灵感,要求诗人要像捕捉逃犯那样及时抓住思想的火花,是谓"作诗火急追亡逋,清景一失后难摹",这种重直觉、强调形象思维的论述,对后世文学理论建构影响极大。他在《评韩柳诗》中提出的"外枯而中膏""似淡而实美"和"诗中有画""画中有诗"②等独到见

---

① 叶梦得:《避暑录话》,上海古籍出版社1987年版,第632页。
② 苏轼:《书摩诘蓝田烟雨图》。

解，亦成为时代的创作规范。苏轼见解的可贵之处，还在于他已经看到了"文学接受"的重要性，并探索了文学语言革新问题，提倡文学语言贵在自由自然，"街谈市语，皆可入诗"，"意之所到，则笔力曲折，无不尽意"，创作最佳状态是像行云流水一样随物赋形的自然，以自由自然的表现去获取"以俗为雅"的美感效应。这当然是宋代城市的发展和市民阶层的壮大等时代精神使然，但更有着巴蜀地域文化追求自由自然、消解权威等"边缘化"价值取向的影响。同前代巴蜀作家一样，苏轼也极为注重文学的根本特征，推崇"气象峥嵘，五色绚烂"的华美，对文学表现的技巧手法，苏轼也从理性自觉的高度予以强调，认为这是文学创作的关键，他在《答刘沔都漕书》中明确指出："有道而不艺，则物虽形于心，不形于手。"通过这些论述，苏轼对中国文学理论的建构，作出了不可磨灭的贡献。

如果说，大汉声势的文学体现者是司马相如，盛唐气象的传达者是李白，那么，两宋睿智的表现者就是苏轼。在词的创作上，苏轼不满于当时文坛纷扰于花间词派模式中，"出新意于法度之外"，另创新体，开创了词的豪放一派，写景、叙事、抒怀、议论说理，以及村夫农妇、民俗乡习等，皆纳入填词的审美范畴，从而扩大了词体的审美范围和艺术表现力，将词体发展到与诗、散文地位并重的高度。苏词最大的艺术特征是"波澜浩大，变化不测"，活泼多变，汪洋恣肆，具有鲜明的个性和独异的风格特征，这正是世所公认的不刊之论；他和黄庭坚并称"苏黄"，并开创了一代诗歌新貌；在散文领域，他与父亲、兄弟并列"唐宋八大家"之中，又和欧阳修并称"欧苏"；说绘画，其"诗画本一律"主张被后世标举并以善画枯木竹石而被人所宗，是中国文人画理论和实践的开创者；论书法艺术，他是"米蔡苏黄"四大家之一，其自称"余书如绵裹铁"，"东坡平时作字，骨撑肉，肉没骨，未尝作此瘦妙也"（《题自作字》）；在学术上，他熔铸儒、道、释三家，结合巴蜀文化传统思想，张扬起"蜀学"学派大旗。创新性地写作文赋，如前后《赤壁赋》是以"赋"这种文体写记游散文，融写景、叙事、议论、哲思、理趣于一体，诗文结合，韵味绰约，姿态横生，鲜活灵动，使传统骚赋、大赋、小赋、律赋获得新生命，焕发新气象，苏轼于其中居功至伟。[1]苏轼是诗、词、文、书、画皆另辟新界的全能型文坛宗师，还是工程技术专家，如为徐州防汛修筑"首起戏

---

[1] 杨胜宽：《苏轼文风的文化渊源论略》，《江苏科技大学学报》2016年第3期。

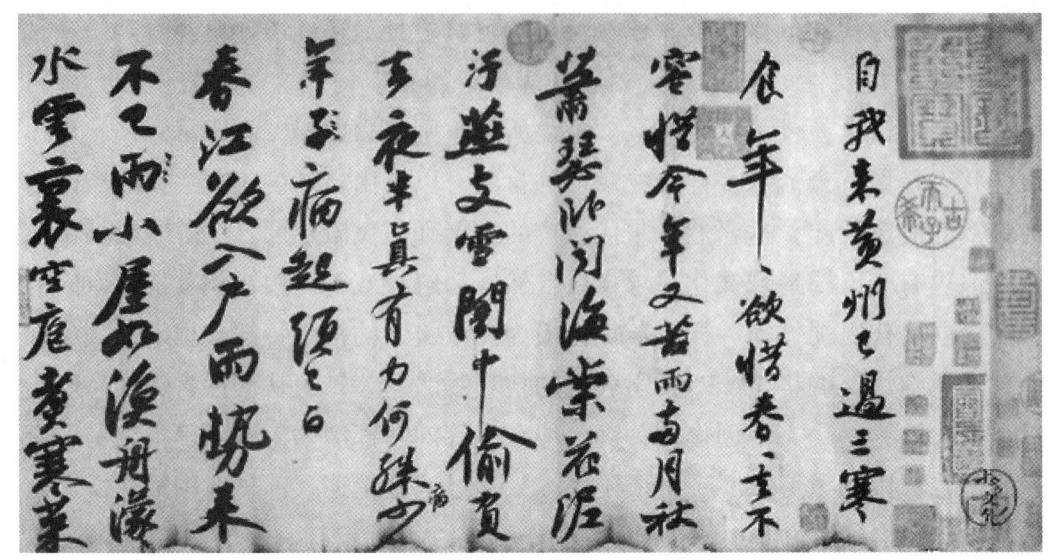

苏轼《黄州寒食帖》

马台,尾属于城"的长堤,人称"苏堤",又主持疏浚西湖,利用浚挖的淤泥构筑堤坝,是为今天西湖十景之首的"苏堤春晓"等。

他也谦虚过,自称平生有三不如人的事,即喝酒、下棋及唱曲子,这是大实话。《东坡志林》中载他"少饮辄醉",自谓"吾少时望见酒盏即醉",虽酒量不大但仍然属于"酒鬼"类。他的作品酒香四溢,因把酒酹江月而千古不朽。他是以酒酿造优美诗词文的倡导者,诱骗文人要成为大作家,"神圣功用无捷于酒"(《浊醪有妙理赋》),"得酒诗自成"(《和饮酒二十首》),且自我例证说"使我有名全是酒"(《次韵王定国得晋卿酒相留夜饮》)。苏轼有太多的诗与酒有关,还有专门的酒赋,如《酒子赋》《中山松醪赋》《洞庭春色赋》《既醉备五福论》《桂酒颂》等,有《东坡酒经》传世。

三、名篇佳作,脍炙人口

苏轼是北宋诗坛的代表,开宋诗一代新貌。影响深远的宋代江西诗派的"三宗"中,黄庭坚和陈师道都属"苏门"。他的诗题材广泛,内容丰富多彩,情真语挚,命意新颖。如绘写杭州西湖美景的《饮湖上初晴后雨》的"水光潋滟晴方好,山色空蒙雨亦奇。欲把西湖比西子,淡妆浓抹总相宜",已是咏吟西湖的千古绝唱。而"横看成岭侧成峰,远近高低各不同。不识庐山真面目,只缘身在此山中"(《题西林壁》),则呈现出宋诗说理、"以文字为诗，以才学为诗"（严羽《诗辨》）的鲜明特征。余如诗中有画的佳作"城西千叶岂不好，笑舞春风醉脸丹。何似后堂冰玉洁，游蜂非意不相干"（《堂后白牡丹》），"东风袅袅泛崇光，香雾空蒙月转廊。只恐夜深花睡去，故烧高烛照红妆"（《海棠》），还有回望蜀中的"拾遗被酒行歌处，野梅官柳西郊路。闻道华阳版籍中，至今尚有城南杜。我欲归寻万里桥，水花风叶暮萧萧。芋魁径尺谁能尽，桤木三年已足烧。百岁风狂定何有，羡君今作峨眉叟。纵未家生执戟郎，也应世出埋轮守。莫欺老病未归身，玉局他年第几人。会待子猷清兴发，还须雪夜去寻君"（《送戴蒙赴成都玉局观，将老焉》）等，都是世人耳熟能详的名篇。他绘写乡村生活的，如一组《浣溪沙》：

照日深红暖见鱼，连溪绿暗晚藏乌。黄童白叟聚睢盱。
麋鹿逢人虽未惯，猿猱闻鼓不须呼。归家说与采桑姑。

旋抹红妆看使君，三三五五棘篱门。相挨踏破茜罗裙。
老幼扶携收麦社，乌鸢翔舞赛神村。道逢醉叟卧黄昏。

麻叶层层苘叶光，谁家煮茧一村香。隔篱娇语络丝娘。
垂白杖藜抬醉眼，捋青捣麦软饥肠，问言豆叶几时黄。

软草平莎过雨新，轻沙走马路无尘。何时收拾耦耕身。
日暖桑麻光似泼，风来蒿艾气如薰，使君元是此中人。

苏门学士陈师道的《后山诗话》说"子瞻以诗为词"。词的"诗化"经由苏轼创新，使词风突变，解放了词体，开拓词境，提高了词的品格，形成"一洗绮罗香泽之态，摆脱绸缪宛转之度，使人登高望远，举首高歌，而逸怀浩气，超乎尘垢之外"的全新景象（胡寅《酒边词序》）。这呈现于"老夫聊发少年狂。左牵黄，右擎苍。锦帽貂裘，千骑卷平冈。为报倾城随太守，亲射虎，看孙郎。酒酣胸胆尚开张。鬓微霜，又何妨。持节云中，何日遣冯唐。会挽雕弓如满月，西北望，射天狼"（《江城子·密州出猎》）。该词被认为是东坡豪放词的代表作，他在写给好友鲜于侁的信中也颇为自得："数日前，猎于郊外，所获颇多。作得一阕，令东州壮士抵掌顿足而歌之，吹笛击鼓以为

节,颇壮观也。"《念奴娇·赤壁怀古》感喟历史,萌发千古幽思,浮想联翩,逸兴遄飞,情景互映,体现的是一种旷达通脱。即:

大江东去,浪淘尽,千古风流人物。故垒西边,人道是,三国周郎赤壁。乱石穿空,惊涛拍岸,卷起千堆雪。江山如画,一时多少豪杰。　遥想公瑾当年,小乔初嫁了,雄姿英发。羽扇纶巾,谈笑间,樯橹灰飞烟灭。故国神游,多情应笑我,早生华发。人生如梦,一樽还酹江月。

世界本身就不是完美的,每一件事物都处在固有的缺憾之中,即《水调歌头》(丙辰中秋,欢饮达旦,大醉,作此篇,兼怀子由):

明月几时有?把酒问青天。不知天上宫阙,今夕是何年。我欲乘风归去,又恐琼楼玉宇,高处不胜寒。起舞弄清影,何似在人间?　转朱阁,低绮户,照无眠。不应有恨,何事长向别时圆?人有悲欢离合,月有阴晴圆缺,此事古难全。但愿人长久,千里共婵娟。

该词以皓月当空、千里思亲设景说情,孤高旷远、豪放洒脱的思绪弥漫始终,艺术上呈现构思奇拔、清丽雄阔、畦径独辟、澜层叠折、虚实交错等特征,故一直是传颂千古的名篇。他早年"龆龀好道",中年"归依佛僧",面对尘世纷扰磨难的内心郁愤,就衍化为"浩浩乎如冯虚御风,而不知其所止;飘飘乎如遗世独立,羽化而登仙"的遐思天外,"惟江上之清风,与山间之明月,耳得之而为声,目遇之而成色,取之无禁,用之不竭"于此可消尽万古愁(《前赤壁赋》)。"世事一场大梦,人间几度秋凉,夜来风叶已鸣廊,看取眉头鬓上。酒贱常愁客少,月明多被云妨,中秋谁与共孤光,把盏凄然北望"(《西江月》),又如《念奴娇·中秋》中"桂魄飞来,光射处,冷浸一天秋碧"的疏阔,"我醉拍手狂歌,举杯邀月"的旷荡,"水晶宫里,一声吹断横笛"的绵远幽思,《八声甘州·寄参寥子》中的"有情风、万里卷潮来""正暮山好处,空翠烟霏"等,亦脍炙人口。苏轼也有大量的婉约词,写得缠绵悱恻,如:

冰肌玉骨,自清凉无汗。水殿风来暗香满。绣帘开,一点明月窥人,人未寝，倚枕钗横鬓乱。　　起来携素手，庭户无声，时见疏星度河汉。试问夜如何？夜已三更，金波淡，玉绳低转。但屈指西风几时来，又不道流年暗中偷换。

——《洞仙歌》

记得画屏初会遇。好梦惊回，望断高唐路。燕子双飞来又去，纱窗几度春光暮。　　那日绣帘相见处，低眼佯行，笑整香云缕。敛尽春山羞不语，人前深意难轻诉。

——《蝶恋花》

花褪残红青杏小。燕子飞时，绿水人家绕。枝上柳绵吹又少。天涯何处无芳草。　　墙里秋千墙外道。墙外行人，墙里佳人笑。笑渐不闻声渐悄。多情却被无情恼。

——《蝶恋花·春景》

缺月挂疏桐，漏断人初静。时见幽人独往来，缥缈孤鸿影。　　惊起却回头，有恨无人省。拣尽寒枝不肯栖，寂寞沙洲冷。

——《卜算子·黄州定慧院寓居作》

余如"萦损柔肠，困酣娇眼，欲开还闭"（《水龙吟·次韵章质夫杨花词》），"若待得君来向此，花前对酒不忍触。共粉泪，两簌簌"（《贺新郎·夏景》），"谁作桓伊三弄，惊破绿窗幽梦。新月与愁烟，满江天"（《昭君怨·送别》），尤其是"十年生死两茫茫，不思量，自难忘。千里孤坟，无处话凄凉。纵使相逢应不识，尘满面，鬓如霜。夜来幽梦忽还乡。小轩窗，正梳妆。相顾无言，惟有泪千行。料得年年肠断处：明月夜，短松冈"（《江城子·乙卯正月二十日夜记梦》）等，至今被人广为吟诵和传唱。"林断山明竹隐墙，乱蝉衰草小池塘。翻空白鸟时时见，照水红蕖细细香。村舍外，古城旁。杖藜徐步转斜阳。殷勤昨夜三更雨，又得浮生一日凉。"（《鹧鸪天》）"绿槐高柳咽新蝉，薰风初入弦。碧纱窗下洗沉烟，棋声惊昼眠。微雨过，小荷翻。榴花开欲然。玉盆纤手弄清泉，琼珠碎却圆。"（《阮郎归·初夏》）亦透现出其才气逼人之处，如随意应和他人的《水龙吟·似花还似非花》，被王国维评为历代咏物词第一；并非刻意经营的《蝶恋花·花褪残红》被清人赞为柳永的婉约词也不能超越;以咏梅来怀人的《西江月·玉骨那愁瘴雾》被杨慎推为历代咏梅词之首;《满庭芳·蜗角虚名》当时就名闻遐迩人人学唱;欧阳修为琴曲《醉翁操》填词,因不协律难以演唱,苏轼改填一首,立即被人称为"绝妙词章"。

四、永远笑面人生的巴蜀风

《宋史》本传说苏轼"器识之闳伟、议论之卓荦、文章之雄隽、政事之精明,四者皆能以特立之志为之主,而以豪迈之气辅之,故意之所向,言足以达其有猷,行足以遂其皆为"。苏轼担任过的军职,有兵部尚书,黄州、汝州、舒州等地团练副使;文职当过吏部尚书、礼部尚书,出任过颍州、扬州、密州、登州太守;另一方面,自"乌台诗案"始一次次被贬——黄州、杭州、密州、湖州、惠州,遭受两次丧妻(分别在1065年、1093年)的人生重大打击,他都能够自我调适渡过难关。文学创作成为他精神活动最为重要的方面,成为其"笑面人生"的利器。如在黄州所感的"莫听穿林打叶声,何妨吟啸且徐行。竹杖芒鞋轻胜马。谁怕?一蓑烟雨任平生。料峭春风吹酒醒,微冷,山头斜照却相迎。回首向来萧瑟处,归去,也无风雨也无晴"。他贬谪黄州时有言:"东坡居士,酒醉饭饱,倚于几上。白云左绕,青江右回,重门洞开,林峦岔入。当是时,若有所思而无所思,以受万物之备。"他的通脱、达观、放达、率直和真诚,兼容并包的大家气度,既深情婉媚又雄浑阔大的艺术境界以及诙谐诡谲、化俗为雅的幽默机趣,为我们展现了可贵的生存方式和一种人生形态的辉煌。

苏轼的巴蜀文化意识的自觉,代表着一个地域群体的思维自觉,他常常在作品中表现故土情结:"吾家蜀江上,江水绿如蓝。"(《东坡集·东湖》)《游金山寺》开篇即道"我家江水初发源,宦游直送江入海",然后历叙金山所见的长江风景,最后流露出对故乡的向往:"我谢江神岂得已,有田不归如江水。"余如遂宁诗、阆中诗、戎州诗等,皆如是。

作为有宋一代的文人代表,苏轼极为关心政治,热衷仕途,另一方面又不得不远离或躲避宦海沉浮、同僚倾轧。作为一个深受巴蜀地域文化涵蕴、具有强烈个性的作家,他把那种进取与退隐的矛盾心理发展到了一个新的质变点。以道家的自由通达看待人生,以蜀禅"自心是佛"保持着心灵的宁静,并带有巴蜀人文特有的诙谐机趣去面对一切神圣和权威。他嘲安石,讽程朱,对一切

苏轼手迹　　　　　　　　　　　苏轼《墨竹》图

正统和规范乱开玩笑，"因嬉笑而成仇"，树敌甚多，被新党和旧党排斥，却仍能在"江上之清风""山间之明月"中得到乐趣，在"东坡肉""居有竹"的自然人生中闲庭信步，即"闹里清游借隙光，醉时真境发天藏。梦回拾得吹来句，十里南风草木香"（《山光寺回次芝上人韵》）。他清醒地认识到"我为聪明误一生"，也自我检讨过"凉簟碧纱厨，一枕清风昼睡馀。睡听晚衙无一事，徐徐，读尽床头几卷书。搔首赋归欤，自觉功名懒更疏。若问使君才与术，何如？占得人间一味愚"（《南乡子·自述》），但他还是率性而为。在他看来，文学创作只是一种游戏方式，是一种人的生命存在方式，如其《戏书》云："五言七言正儿戏，三行两行亦偶尔。"他敢于公然对大圣人开玩笑，"岂是闻韶解忘味，迩来三月食无盐"，更大胆地嘲弄位高权重者"人家养子望聪明，我被聪明误一生，惟愿孩儿愚且鲁，无灾无难到公卿"（《洗儿诗》）。此外，《东坡羹赋》《油水颂》《猪肉颂》《食豆粥颂》等诗作，都是用生动俚俗的口语"大白话"形式,描写普通群众日常人生的游戏之作。按正统文学的价值标准,文学作品应具有"兴、观、群、怨"和"美刺"的社会功能,起"经国之大业"的效用,但在苏轼眼中,文学仅仅是一种生命存在的方式和个性表现的手段,因此他随心所欲地任创新体,自由自然地挥洒笔墨,以至于他写出了这样的诗:"故居剑阁隔锦官,柑果姜蕨交荆菅。奇孤甘卦汲古绠,侥觊敢揭钩金竿。已归耕稼供蒿秸,公贵千盅高巾冠。改更句格各謇吃,姑固狡狯加间关。"此外,《日喻》《黠鼠赋》《艾子杂说》等,都是以形象化的喻譬来嘲弄世俗的杂文杰作,而《梁上君子》一文中的形象概括,已成为一类人物的代名词沿用至今。总之,苏轼在词、诗、文、画、书法、学术思想乃至医学(如被后人编录的《苏沈良方》)、烹饪、工程技术等方面都有建树,为中国文化发展到登峰造极和巴蜀文化再度辉煌,作出难以取代的贡献。

他对鲜活的人生诸多内容难以割舍,如"忘却成都来十载,因君未免思量。凭将清泪洒江阳。故山知好在,孤客自悲凉。坐上别愁君未见,归来欲断无肠。殷勤且更尽离觞。此身如传舍,何处是吾乡"(《临江仙·送王缄》),对多重打击和官场摧折愤愤不平,却始终凭借"江上之清风,山间之明月","目遇之而成色,耳得之而为声"等大自然美景,以及"暂借好诗消永夜,每逢佳处辄参禅"(《夜直玉堂携李之仪端叔诗百余首读至夜半书其后》)等,自我调适,抚平伤痕,因为"画隼横江喜再游,老鱼跳槛识青沤。流年未肯付东流。黄菊篱边无怅望,白云乡里有温柔。挽回霜鬓莫教休"(《浣溪沙·即事》)。

第四节　古文大家苏洵、苏辙

一、苏洵

苏洵(1009~1066),字明允,眉山人。与儿子苏轼、苏辙同列"唐宋八大家",人称"三苏"和"一门父子三词客"。他自称"西蜀匹夫",但"视同列者皆不胜己",是一生"尝有志于当世"却"久为天下之弃民,行年五十,未尝见役于世"(《上欧阳内翰书》),以至于常常有"佳节久从愁里过,壮心偶傍醉中来"(《九日和韩魏公》)之叹。他曾有一段"游荡不学"经历,如其自谓"少年喜奇迹,落拓鞍马间。纵目视天下,爱此宇宙宽。山川看不厌，浩然遂忘还"（《忆山送人五言七十八韵》），以及"岷山之阳土如腴，江水清滑多鲤鱼。古人居之富者众，我独厌倦思移居"（《丙申岁余在京师乡人陈景回自南来弃其官得太子中允景回旧有地在蔡今将治园囿于其间以自老余尝有意于嵩山之下洛水之上买地筑室以为休息之馆而未果今景回欲余诗遂道此意景回志余言异日可以知余之非戏云尔》）。直到他"年二十七，始大发愤，谢其素所往来少年，闭户读书为文辞。岁余，举进士再不中……益闭户读书，绝笔不为文辞者五六年。乃大究六经、百家之说，以考质古今治乱成败、圣贤穷达出处之际，得其粹精，涵蓄充溢，抑而不发。久之，慨然曰：可矣。由是下笔，顷刻数千言，其纵横上下，出入驰骤，必造于深微而后止"[1]。这个过程的完成，有赖于浓郁的巴蜀文化风习的哺育和地域文人群体的砥砺，与眉山史彦辅兄弟、眉山知州董储和陈公美、郫县张俞等人交游，对他后来的文学创作作用极大。苏洵曾三次离蜀入京，虽均谋官未遂，却增广了见闻，开阔了眼界，更结交了不少好友。由于欧阳修等人的大力奖掖，苏洵的文章很快在京师广为流传。兼之嘉祐二年（1057），年仅二十一岁的苏轼和十九岁的苏辙兄弟联袂同登进士第，作为父亲的苏洵亦"自是名动天下，士争传诵其文，时文为之一变，称为老苏"[2]。苏洵卒于京师，朝野之士为诔者133人，可见其在当时的社会影响，且受皇恩"敕有司具舟载其丧归蜀"。

苏洵的独异之处就在于他秉承蜀学传统，对儒家正统的大胆突破，苏轼曾经回忆过其父带领自己和兄弟"旁资老聃释迦文"（《子由生日，以檀香观音像及新合印香银篆盘为寿》）的治学经历。苏洵虽自我标榜大究六经，师法多门，但其兴趣在于收摄诸子百家，为其所用。他仕进屡遭挫折却始终自矜狂放，傲睨天下，不失巴蜀文士之气度。朱熹曾说"看老苏《六经论》，则是圣人全是以术欺天下"[3]，这似乎就是蜀人"未能笃信道德"、大胆怀疑一切的地域文化性格表现。他甚至对圣人亦大为不敬，如"仲尼鲁司寇，官职亦已优。从祭肉不及，戴冕奔诸侯。当时不之知，为肉诚可羞"，"仲尼为群婢，一走十四年。荀卿老不出，五十干诸田。顾彼二夫子，岂其陷狂颠"（《答陈公美四首》）。王安石不满其离经叛道，指斥苏洵的文章"大抵兵谋、权利、

---

[1] 欧阳修：《故霸州文安县主簿苏君墓志铭》。
[2] 张方平：《文安先生墓表》。
[3] 朱熹：《朱子语类》卷一三〇。

机变之言也"①，但这却是苏洵"言当世之要""施之于今"的思想实质。在文学观上，苏洵"大胆宣言为文而学文"（郭绍虞语），强调文章要"得乎吾心"，写"胸中之言"，主张文章应"有为而作"，"言必中当世之过"，崇自然，尚个性。其《上田枢密书》中，对"优柔""清深""温淳""雄刚""简切"等艺术风格的概括，以及自己兼得"诗人之优柔，骚人之清深，孟、韩之温淳，迁、固之雄刚，孙、吴之简切"等的追求，都显示着他对各体文学创作风格的意识自觉。

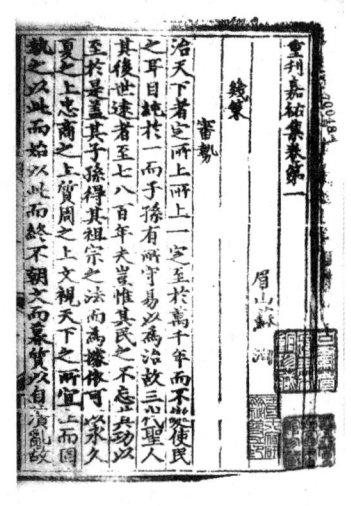 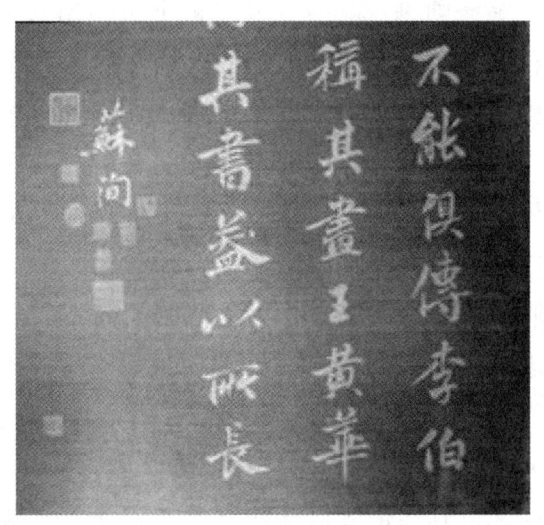

苏洵作品书影　　　　　　苏洵手迹

苏洵文学创作以散文见称，尤擅政论，议论明畅，笔势雄健，是宋人"以文为诗"的典型代表。其文章大多立论精辟，且能开门见山，发语惊人；议论开合变化，曲折深微，极富感情色彩和雄辩力；还善于指事析理，引物托喻。而其语言明朗畅达，警策犀利，且多用排偶，既保留了战国策士、纵横家固有的色彩，又删汰其过分的夸饰而揉进了宋人畅朗的特点，形成质而实绮、简而多姿、古朴精炼的独特风格。其代表作《六国论》以古喻今，警策犀利，发人深省，如"夫功之成，非成于成之日，盖必有所起；祸之作，不作于作之日，亦必有所兆。故齐之治也，吾不曰管仲，而曰鲍叔；及其乱也，吾不曰竖刁、

---

① 邵博：《闻见后录》，引茅坤《苏文公文钞引》。

易牙、开方，而曰管仲"等，立论新颖独创，行文起伏照应，开合抑扬，引证一层深一层，一段紧一段，逻辑严密。且纯用短句气势逼人，节奏急促、音韵铿锵，畅朗生动，具有极大的思想震撼力。叙事类散文《张益州画像记》，记叙主政蜀中的张方平事迹，塑造了一个宽政爱民的官吏形象。《木假山记》借物抒怀，赞美一种巍然自立、刚直不阿的精神。欧阳修称赞他的文章"博辩宏伟"，"纵横上下，出入驰骤，必造于深微而后止"（《故霸州文安县主簿苏君墓志铭》），诚哉斯言！

苏洵的诗呈现为"宋诗好议论""多说理"等特征，用严羽《沧浪诗话》的话来说，就是宋人"以文字为诗，以才学为诗"（《诗辨》），以及"宋诗则以筋骨思想见胜"（钱锺书《谈艺录》）。如其《初发嘉州》曰："家托舟航千里速，心期京国十年还。乌牛山下水如箭，忽失峨眉枕席间。"即如咏吟名胜之作，亦不以绘景为重，常常是因景引发感想，大发议论。如"系舟长堤下，日夕事南征。往意纷何速，空严幽自明。使君怜远客，高会有馀情。酌酒何能饮，去乡怀独惊。山川随望阔，气候带霜清。佳境日已去，何时休远行"（《游嘉州龙岩》），"栽松成径百馀尺，隔径开堂似两家。厌事共邀终日饮，渴春先赏后开花。客来庭树鸣寒鹊，酒入肌肤忆冷蛇。衰病不胜杯酒处，醉归倾倒欲乘车"（《次韵和缙叔游仲容西园二首·其二》），"洞门苍石流成乳，山下长溪冷欲冰。天寒二子苦求去，我欲居之尔不能"（《题三游洞石壁》），"谁开三峡才容练，长使群雄苦力争。熊氏凋零馀旧族，成家寂寞闭空城。永安就死悲玄德，八阵劳神叹孔明。白帝有灵应自笑，诸公皆败岂由兵"（《题白帝庙》）等。

被征引较多的名作有《九日和韩魏公》，其曰："晚岁登门最不才，萧萧华发映金罍。不堪丞相延东阁，闲伴诸儒老曲台。佳节久从愁里过，壮心偶傍醉中来。暮归冲雨寒无睡，自把新诗百遍开。"一般短制似乎难以尽抒胸臆，因而他写有较多的长篇排律，亦即"以文为诗"的呈现，如长达110字的长篇五言排律《送陆权叔提举茶税》有"往年在巴蜀，忆见《春秋》始"，"今来未五岁，新《传》动盈几。又言欲治《易》，杂说书万纸"之句，有130字的《襄阳怀古》，乃至于包括短注共计412字的《颜书四十韵》，甚至有780字五言排律《忆山送人五言七十八韵》，中有早年回顾的"少年喜奇迹，落拓鞍马间。纵目视天下，爱此宇宙宽。山川看不厌，浩然遂忘还。岷峨最先见，晴光厌西川"，有外出游玩的"碣来游荆渚，谈笑登峡船。峡山无平冈，峡水多悍湍。

长风送轻帆,瞥过难详观。其间最可爱,巫庙十数巅"记录,亦有"振鞭入京师,累岁不得官。悠悠故乡念,中夜成惨然"功名难获的苦恼,还有"归来顾妻子,壮抱难留连。遂使十余载,此路常周旋"的徘徊犹豫,以及"岷山青城县,峨眉亦南犍。黎雅又可到,不见宜悒然"的蜀中抒怀等。叶梦得评价说:"明允诗不多见,然精深有味,语不徒发……婉而不迫,哀而不伤,所作自不必多也。"(《避暑录话》)有《嘉祐集》15卷传世,《宋史》有传。

二、苏辙

苏辙(1039～1112),字子由,晚年号"颍滨遗老",时人称"小苏"。与其父兄合称"三苏",均在"唐宋八大家"之列。曾官拜尚书右丞,进门下侍郎,执掌朝政。《宋史》本传称他"性沉静简洁,为文汪洋淡泊,似其为人,不愿人知之,而秀杰之气终不可掩,其高处殆与兄轼相迫。所著《诗传》《春秋传》《古史》《老子解》《栾城文集》并行于世……论事精确,修辞简严,未必劣于其兄……君子不党,于辙见之。辙与兄进退无不相同,患难之中,友爱弥笃,无少怨尤,近古罕见"。其性格为人可见于自述:"早岁读书无甚解,晚年省事有奇功。自许平生初不错,人言毕竟两皆空。空中有实何人见,实际心知与佛同。烦恼消除病亦去,闭门便了此生中。"(《省事》)苏辙与苏轼在政治上都反对新法,苏轼屡遭贬谪,而苏辙却能"素有以得安石之敬心",其慎重可见一斑。他没有父亲那种"务一出己见,不肯蹑故迹"(曾巩《苏明允哀词序》)的志得天下的豪情,也不像兄长那样嘲弄一切四处逞能,他是耐得住寂寞的:"闭门不出十年久,湖上重游一梦回。行过间阎争问讯,忽逢鱼鸟亦惊猜。可怜举目非吾党,谁与开尊共一杯。归去无言掩屏卧,古人时向梦中来。"(《游

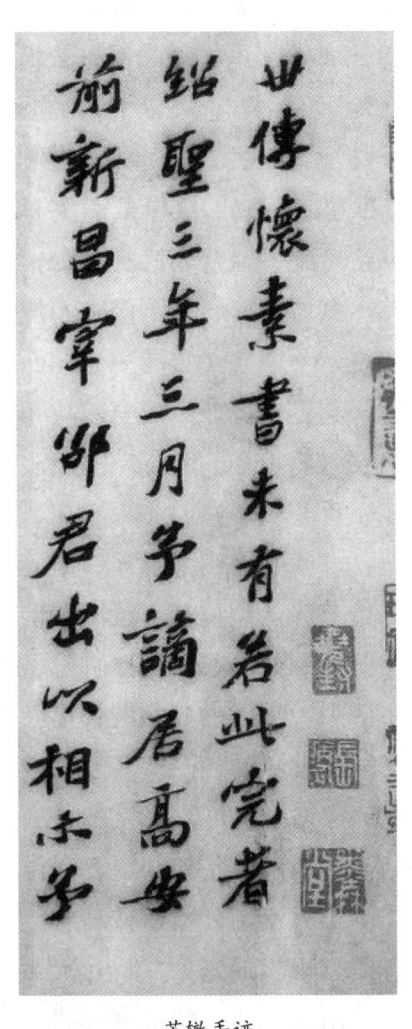

苏辙手迹

西湖》）"幽花耿耿意羞春，纫佩何人香满身。一寸芳心须自保，长松百尺有为薪。"（《次韵答幽兰》）一首《和文与可洋州园亭三十咏·其二十二菡萏轩》，可算是自画像，其曰："开花浊水中，抱性一何洁。朱槛月明时，清香为谁发。"还有劝慰兄长的"谁怜东坡老，独看南海灯。故人隐山麓，燕坐销床棱。人生天运中，往返成废兴。炎起爨下薪，冻合瓶中冰。赖有不变处，寂如方定僧"（《次韵子瞻上元见寄》），"除却灵明一一空，年来丹灶漫施功。掌中定有庵摩在，云际悬知雾雨蒙。已赖信心留掣电，要须净戒拂昏铜。谁言逐客江南岸，身世虽穷心不穷"（《劝子瞻修无生法》）等。

苏辙在文学上推崇"养气"说，以为"文者，气之所形。然文不可以学而能，气可以养而致"，"其气充乎其中，而溢乎其貌；动乎其言，而见乎其文，而不自知也"。其文学创作以散文成就最高，行文之平稳淡泊似其貌，议论则反复曲折，穷尽事理，常能铺陈譬喻，情理兼到，波澜疏宕。即使以沉静慎重名世，也难掩巴蜀士人叛逆激进的个性，《上枢密韩太尉书》是苏辙这一性情的有力表征：

辙生十有九年矣。其居家所与游者，不过其邻里乡党之人，所见不过数百里之间，无高山大野，可登览以自广；百氏之书，虽无所不读，然皆古人之陈迹，不足以激发其志气。恐遂汩没，故决然舍去，求天下奇闻壮观，以知天地之广大。过秦、汉之故都，恣观终南、嵩、华之高，北顾黄河之奔流，慨然想见古之豪杰。至京师，仰观天子宫阙之壮，与仓廪、府库、城池苑囿之富且大也，而后知天下之巨丽。见翰林欧阳公，听其议论之宏辨，观其容貌之秀伟，与其门人贤士大夫游，而后知天下之文章聚乎此也。

文中呈现出初出巴蜀的苏辙的志气激昂，襟怀开张，故行文错落奔放，数百言中含千万言不尽之势。又如《新论》说"当今天下之事，治而不至于安，乱而不至于危，纪纲粗立而不举，无急变而有缓病"，颇能切中时弊。《黄州快哉亭记》，熔写景、叙事、抒情、议论于一炉，于汪洋澹泊之中贯注着不平之气，鲜明地体现了作者散文独有的艺术风格。其《武昌九曲亭记》状景如"陂陁蔓延，涧谷深密"，"依山临壑，隐蔽松枥"，叙事如"穷山之深，力极而息，扫叶席草，酌酒相劳"，说人如"子瞻每至其下，辄睥睨终日"，"逍遥泉石之上，撷林卉，拾涧实，酌水而饮之，见者以为仙也"，抒情如"盖天下之乐无穷，而以适意为悦。方其得意，万物无以易之。及其既厌，未有不洒然自笑者也"等，皆为世人称引佳句。对"适意为悦"人生价值观的阐发，展示游乐山水中自有磊落胸怀和洒脱风度，更是引发读者共鸣。其散文大家声誉，可谓名副其实。是以曾巩在《苏明允哀词》中誉为"少或百字，多或千言，其指事析理，引物托喻，侈能尽之约，远能见之近，大能使之微，小能使之著，烦能不乱，肆能不流。其雄壮俊伟，若绝江河而下也；其辉光明白，若引星辰而上也"。其兄曾评说过"子由为人，心不异口，口不异心，心即是口，口即是心"（《与子由弟十首·其二》），这应该是苏辙文章气韵贯通的重要原因。

苏辙诗歌创作风格以清丽见长，即如"兰生幽谷无人识，客种东轩遗我香。知有清芬能解秽，更怜细叶巧凌霜。根便密石秋芳草，丛倚修筠午荫凉。欲遣蘼芜共堂下，眼前长见楚词章"（《种兰》），"细嚼花须味亦长，新芽一粟叶间藏。稍经腊雪侵肌瘦，旋得春雷发地狂。开落空山谁比数，烝烹来岁最先尝。枝枯叶硬天真在，踏遍牛羊未改香"（《茶花二首》），"幽居一室少尘缘，妻子相看意自闲。行到南窗修竹下，恍然如见旧溪山"（《南斋竹三绝》）。他曾在《诗病五事》中对李白、白居易、韩愈、孟郊等"唐人工于为诗而陋于闻道"有过批评，因此对社会问题的关注，亦是其诗文的重要方面，如"谁言到官舍，旱气裂后土。饥馑费困仓，剽夺惊桴鼓。缅焉礼义邦，忧作流亡聚"（《送排保甲陈佑甫》），"行祠寂寞寄关门，野草犹知避血痕。一败可怜非战罪，太刚嗟独畏人言。驰驱本为中原用，尝享能令异域尊，我欲比君周子隐，诛彤聊足慰忠魂"（《奉使契丹二十八首·过杨无敌庙》），"阳气先从土脉知，老农夜起饲牛饥。雨深一尺春耕利，日出三竿晓饷迟。归子同来相妩媚，乌鸢飞下巧追随。纷纭政令曾何补，要取终年风雨时"（《春日耕者》）。宋诗的禅趣禅意，亦体现于其"扇从日本来，风非日本风，风非扇中出,问风本何从。风亦不自知,当复问太空。空若是风穴,既自与物同。同物岂空性,是物非风宗。但执日本扇,风来自无穷"(《杨主簿日本扇》)等诗作中。

苏辙留下的词作甚少,《调啸词·效韦苏州》两首①,可略窥其艺术特征,其曰:"归雁,归雁。饮啄江南南岸。将飞却下盘桓。塞外春来苦寒。苦寒,苦寒。藻荇欲生且住。""渔父,渔父。江上微风细雨。青蓑黄箬裳衣。红酒白鱼暮归。归暮,归暮。长笛一声何处。"回应其兄《水调歌头·明月几时有》的《水调歌头·徐州中秋》,亦是为人所重之作,曰:"离别一何久,七度过中秋。去年东武今夕,明月不胜愁。岂意彭城山下,同泛清河古汴,船上载凉州。鼓吹助清赏,鸿雁起汀洲。坐中客,翠羽帔,紫绮裘。素娥无赖,西去曾不为人留。今夜清尊对客,明夜孤帆水驿,依旧照离忧。但恐同王粲,相对永登楼。"他的词,亦有着豪放词派的特点,如"野鹰来,雄雉走。苍茫荒榛下,毰毸大如斗。鹰来萧萧风雨寒,壮士台中一挥肘。台高百尺临平川,山中放火秋草乾。雉肥兔饱走不去,野鹰飞下风萧然"(《襄阳古乐府二首·野鹰来》)。《渔家傲·和门人祝寿》算是对自我一生的总结,追忆平生,抒情明志,证心见性,曰:"七十馀年真一梦,朝来寿斝儿孙奉。忧患已空无复痛。心不动,此间自有千钧重。早岁文章供世用,中年禅味疑天纵。石塔成时无一缝。谁与共,人间天上随他送。"有《栾城集》包括《后集》《三集》,84卷存世。《宋史》有传。

第五节　北宋后期的巴蜀文学

一、苏过与程垓

苏过(1072~1123),字叔党,号斜川居士,苏轼第三子,有"苏氏三虎,季虎最怒"的雅誉,时人称为"小坡"。苏轼两次贬谪,苏过都追随相伴,耳提面命、庭教熏染,是他后来才华四溢的基础。他回忆京城生活有谓"忆昔居大梁,共结慈明侣。晨窗惟六人,夜榻到三鼓"(《冬夜怀诸兄

---

① 《调啸词·效韦苏州》两首,作者有争议。此据苏辙《栾城集》,上海古籍出版社1987年版,第317~318页。

弟》）。其父才高名大、交游广、徒众多，却好讥诮品评，树敌太多，乃至于一贬再贬，致使苏过坎坷终生。身为"官二代"却未能享受父亲余荫倒是更多为父担责，但作为"学二代"则充分领略和接受着其父的学识修养的熏染。他秉承父亲遗风，兼采儒、道、释诸家并融贯一体，形成了比苏轼更为纯粹的自由哲学——兼容而通达、内省而广大的风神韵致，即世人所谓"斜川之志"。因此苏轼在《和陶游斜川正月五日，与儿子过出游作》《与元老侄孙》中，不无骄傲地宣称"过子诗似翁"，"作文极峻壮，有家法"。

庙堂之外的漂泊生涯，也鉴于其父仕途坎坷曲折，看多了仕宦的艰险和人情世态的炎凉，苏过形成了自己的人生理念，其为人甘于淡泊宁静，不求富贵，性格开朗，襟怀旷达。苏过随父游宦，在"身世飘零如逆旅"频繁迁徙中度过多年，希望有一种"莫将不赀身，玩此有限年。必待三径足，何时赋归田？陶令甑无粟，阮公不言钱"（《和赵承之竹隐轩诗》）的自由人生。然而"我恨营口腹，敛板惭妻孥。三径未及归，高卧子不如"，"青衫百僚底，屏气不敢吐。谓当哭途穷，何但折腰膂……念我丘壑人，老矣事簪组。端如赴缧囚，坐受狱吏侮"等现实，亦是生存需要必须面对的。这种违心又无奈的小吏生涯对他来说是痛苦的煎熬："簪裳如缧囚，我生三年系。一落置网中，遂负山林志……凄凄百僚末，举首触嗔忌。早知折腰恶，谁敢朱云吏。"但他还是能够找到自我调适之途："丈夫升沉何足道，竭身养志真奇特。闭门却求文史乐……未觉轩裳胜蓬荜"（《送仲南兄赴水南仓》）。苏过随父初到广东惠州时，有《和大人游罗浮山》诗："海涯莫惊万里远，山下幸足五亩耕。人生露电非虚话，在椿固已悲老彭。蓬莱方丈今咫尺，富贵敝屣孰重轻。结茅愿为麋鹿友，无心坐伏豺虎狞。"诗中充满了对含冤受屈的父亲的安慰之情。在儋州有《己卯冬至儋人隽具见饮既罢有怀惠许兄弟》诗："椰酒醒醐白，银皮琥珀红。伧狞醉野獠，绝倒共邻翁。薯芋人人送，囷庖日日丰。瘴收黎母谷，露入菊花丛。海蜃羞蚶蛤，园奴馈韭菘。槟榔代茗饮，吉内御霜风。"这几乎就是其父"日啖荔枝三百颗，不辞长作岭南人"的翻版。这就是苏轼所赞的"小儿耕且养，得暇为书绕"，"独与幼子过处，著书以为乐"，"食芋饮水，以著书为乐"。苏轼的《与徐得之》云："儿子过颇了事，寝食之余，百不知管，亦颇力学长进也。"这也体现在苏过关于父子搜求书籍的生活叙述中："借书如假田，主以岁月计。常恐遗地力，敢有不敛穧？便便五经腹，三冬良可继。倘有愧寸阴，得无讥没世。"（《借书》）其襟怀旷达，亦见于"西蜀虽吾里，东轩似故家。田园随处是，何必买生涯"（《次韵叔父所居六首》）等诗作。

苏过不论居家还是在官，厌仕而慕陶的情怀终生伴随，这是其祖其父所体现的宋人精神特色：厌仕而不弃，学陶而不隐。既要吃饭穿衣，又要营造心灵家园。苏过受父亲影响仰慕陶渊明，故号斜川居士。他在《小斜川诗序》中说"偶读渊明……畸穷既略相似，而晚景所得略同，所乏者高世之名耳。感叹兹事，取其诗和之"。这种情结外化为这样的诗句："春荫翳薄日，磻石俯清流。心目两自闲，醉饮不惊鸥……澄江可寓目，长啸忘千忧。倘遂北海志，馀事复何求。"（《次陶渊明正月五日游斜川韵》）"我生江海上，性与鱼鸟逸。端来入世网，竟坐形骸役。此心本洞然，六月遭炰迫。"在物质生活的困窘中不失精神气节坚守，是苏过人生的一大特色，他曾对友人说："谁令三径荒？投老食屡艰……不求桑榆暖，乃慕松桂寒。学稼虽可贱，乐志良独难。当观五鼎食，不异瓢与箪"（《和叔宽赠李方叔》），"我生三十馀，忧患恰半生……五载卧箕颍，分甘一廛氓。嗟哉生理拙，口腹不解营"（《送伯达兄赴嘉禾》），还有"崎岖七年中，云海用浩渺。岂知羌村晚，惊拜杜陵老。干戈虽事异，欢喜动夷獠。山川旧凄惨，云物今清好。不似玄都桃，秋风不堪扫"（《将至五羊先寄伯达仲豫二兄》）等。

苏过散文保存至今的有百余篇，其文章笔力雄健，文势强盛。《思子台赋》对汉武帝的多忌、暴戾、嗜杀，作了充分的揭露和挞伐。《飓风赋》作于惠州，因飓风而论"大小出于相形，忧喜因于所遇"，借大鹏以示不忧不惧之意。而史评史论，彰显着苏过的才气和胸襟。如《萧何论》慨叹"功臣之难，自古而然"，文章引用充分的论据，笔酣墨饱，说服力极强。《书周亚夫传》表现的是一个文化人的社会担当："人能轻千金之躯，以任天下之重，祸福不惧，生死不易，虽曰未学，吾必谓之学矣。"传记散文《王元直墓碑》写其舅父王元直的身世经历，情真意挚，感人至深。《论海南黎事书》提出了"民族自治"主张："为执事计者，上策莫如自治。当饬有司严约束，市黎人物而不与其直者，岁倍偿之，且籍其家而刑其人。吏敢取赂者，不以常制论，而守令不举者，部使者按之。"苏过的赋《志隐》自谓是"效昔人《解嘲》《宾戏》"之作，也就是效法汉代文宗扬雄、班固，又如《凌云赋》早在苏过生前就享有盛名。

苏过的《点绛唇》词①，是人们常常称引的名作。清人赵怀玉在《校刻斜川集序》中，很惋惜苏过的早夭，认为"使天假以年，名或不在其父之下。惜乎身处末流"。其父祖的显赫声誉，遮掩了苏过的文化创造。其书法笔力遒劲，气势不凡，已有行家定评。其绘画算是得父画石之真谛，"又时出新意作山水，远水多纹，依岩多屋木，皆人迹绝处，并以焦墨为之，此出奇也"，其父所谓"老可能为竹写真，小坡今与石传神"（《题过所画枯木竹石三首》）还真不是虚夸，事迹参见《宋史》本传、《画记》、《清河书画舫》、《石门文字禅》、《挥尘三录》、《定州志略》、《东坡集》、《君台观左右帐记》等。有诗文集《斜川集》传世，现仅存六卷。《宋史》有传。

程垓，字正伯，生卒年不详，眉山人，明代蜀人杨慎《词品》称程垓为东坡表亲程之才之孙。淳熙十三年（1186）游临安时，陆游曾为之收藏的黄庭坚书帖题跋，他有《满庭芳·时在临安晚秋登临》记录曰："南月惊乌，西风破雁，又是秋满平湖。采莲人尽，寒色战菰蒲。旧信江南好景，一万里、轻觅莼鲈。谁知道，吴侬未识，蜀客已情孤。凭高，增怅望，湘云尽处，都是平芜。问故乡何日，重见吾庐。纵有荷纫芰制，终不似、菊短篱疏。归情远，三更雨梦，依旧绕庭梧。"冯煦《蒿庵论词》评价说"程正伯凄婉绵丽，与草窗所录《绝妙好词》家法相近"，眉山同乡、同时代的史学家王称在《书舟词·序》中也说"程正伯以诗词名，乡之人所知也。余顷岁游都下，数见朝士，往往亦称道正伯佳句"，王称撰有纪传体《东都事略》，记载北宋九朝政治、军事、学术上的重要人物，其言可信。程垓填词较多，多写羁旅行役、男女恋情、离愁别绪，情意凄婉。艺术特色以简易口语、直白通畅为主，有大俗大雅之功，如：

睡起情无着。晓雨尽，春寒弱。酒盏飘零，几日顿疏行乐。试数花枝，问

---

① 关于苏过的《点绛唇》，明代黄昇《唐宋诸贤绝妙词选》（万历四年刻本）卷三提出："此词作时，方禁坡文，故隐其名以传于世。今或以为汪彦章所作，非也。"薛砺若《宋词通论》：苏叔党当时有"小坡"之称。他的《点绛唇》作得很秀媚有致。戴建华《蠹鱼文丛文学课》说：叔党有词云："新月娟娟，夜寒汀静山衔斗。起来搔首，梅影横捅窗瘦。好个霜天，闲却传杯手。君知否？乱鸦啼后，归兴浓于酒。"（《点绛唇》）诵而益感其人其事，爰集其句。清代上疆村民编《宋词三百首》，今人褚斌杰《中国历代诗词鉴赏》（中）等，都指认该词为苏辙所作。

此情何若。为谁开，为谁落。　　正愁却。不是花情薄。花元笑人萧索。旧观千红，至今冷梦难托。燕麦春风，更几人惊觉。对花羞，为花恶。

——《碧牡丹》

桃花暖。杨花乱。可怜朱户春强半。长记忆。探芳日。笑凭郎肩，擫红偎碧。惜惜惜。　　春宵短。离肠断。泪痕长向东风满。凭青翼。问消息。花谢春归，几时来得。忆忆忆。

——《折红英·撷芳词》

茸屋为舟，身便是、烟波钓客。况人间元似，泛家浮宅。秋晚雨声篷背稳，夜深月影窗棂白。满船诗酒满船书，随意索。　　也不怕，云涛隔。也不怕，风帆侧。但独醒还睡，自歌还拍。卧后从教鳅鳝舞，醉来一任乾坤窄。恐有时、撑向大江头，占风色。

——《满江红》

曾选入《花草粹编》的《酷相思》，是程垓在锦江边与歌女分别时所叹："月挂霜林寒欲坠。正门外、催人起。奈离别如今真个是。欲住也、留无计。欲去也、来无计。马上离魂衣上泪。各自个、供憔悴。问江路梅花开也未？春到也、须频寄。人到也、须频寄。"近人薛砺若《宋词通论》说其有"柳词余绪"，倒不如说其有"花间传统"，即："旧时心事，说着两眉羞。长记得、凭肩游。缃裙罗袜桃花岸，薄衫轻扇杏花楼。几番行，几番醉，几番留。也谁料、春风吹已断。又谁料、朝云飞亦散。天易老，恨难酬。蜂儿不解知人苦，燕儿不解说人愁。旧情怀，消不尽，几时休。"（《最高楼》）杨万里在《荐举眉州布衣程垓应贤良方正科同安抚司奏状》中称许程垓"经明行修，通达国体。其探索王霸，有仲舒师友渊源之淳；其议论古今，得苏洵父子治乱之学"。虽然程垓在蜀中撰有大量"帝王君臣论及时务利害"的对策著述，却得不到权柄者赏识，到了晚年还独自感叹不已："门外飞花风约住。消息江南，已酿黄梅雨。蜀客望乡归不去，当时不合催南渡。忧国丹心曾独许。纵吐长虹，不奈斜阳暮。莫道春光难揽取，少陵辨得寻花句。"（《凤栖梧》）嗟老伤时成了他晚年词作的主题，即"夜来风雨匆匆，故园定是花无几。愁多怨极，等闲孤负，一年芳意。柳困桃慵，杏青梅小，对人容易。算好春长在，好花长见，元只是、人憔悴。回首池南旧事，恨星星、不堪重记。如今但有，看花老眼，伤时清泪。不怕逢花瘦，只愁怕、老来风味。待繁红乱处，留云借月，也须拚醉"（《水龙吟·夜来风雨匆匆》），"空搔首，乱云堆里，立尽斜晖"（《八声甘州》）等。从程垓的词中，折射出一个动荡不安的时局，一个落魄文人的凄凉境遇。如果要用其词作来概括，程垓整个人生境况尤其是心境，都呈现为"独自上层楼，楼外青山远。望到斜阳欲尽时，不见西飞雁。独自下层楼，楼下蛩声怨。待到黄昏月上时，依旧柔肠断"（《卜算子》）。程垓撰有"帝王君臣论及时务利害策"50篇，南宋陈振孙的《直斋书录解题》著录程垓《书舟词》一卷，现存词约150首。

二、冯山、李新、唐庚、韩驹

冯山（1031～1094），号鸿硕先生，普州（今安岳）人，宋嘉祐年进士，曾任梓州通判等。因受蜀人邓绾推荐为官，作诗《谢邓绾中丞荐御史》拒绝，又因范祖禹再次举荐而作《乞免赴召疏》。从其《和湖州文同与可学士见寄》《和新成都知府邓润甫温伯内翰道中见寄》《送范百禄子功学士知谏院二首》《和子骏郎中文台》《和子骏郎中登高》，以及文同的《送冯允南倅梓》等交游诗，可窥见其人其事。他有感叹官场苦恼的《青冢行》曰"休休休，有子莫愿为公侯，有孙莫令从官游"，有描述公婆嫌贫爱富、为勤巧贫妇鸣不平的《邻家妇》，《樵采行》则反映赋税严重、人民苦不堪言的社会现实，怀古感叹之作有"永乐宫前瀼西碛，万流峡口争奔激。秋涛卷地裂山谷，水落依然阵图出"（《八阵碛》），"事业垂千载，风流尚一陶。民思夔子国，庙枕蜀江皋"（《武侯庙》）等。其诗歌艺术风格，《四库全书总目提要》评说为"时已尽变杨、刘西昆之体，故其诗平正条达，无剪红刻翠之态"，如"传闻山下数株梅，不免车帷暂一开。试向林梢亲手折，早知春意逼人来。何妨归路参差见，更遣东风次第吹。莫作寻常花蕊看，江南音信隔年回"（《山路梅花》），又如"莫逆真心际混茫，岂将生死系存亡。已骖云雾朝丹阙，犹蜕衣冠寄异乡。姓氏不传灵秘录，精神长在发圆光。洪肩丘袂攀无及，分向尘中到老忙"（《兴州坐卧二仙》）等。著有《安岳集》，存诗12卷，《四库全书》收录。《宋史·冯澥传》附有传，事迹见李焘的《续资治通鉴长编》卷二七三、南宋侍御史刘光祖《冯安岳集序》等。

冯澥（1060～1140），安岳人，冯山之子，元丰年进士，官至资政殿学士。"为文师苏轼",明代黄虞稷《千顷堂书目》载,其有《左丞集》四十五卷。《宋史》有传。

李新(1062?~?),井研(今仁寿)人,在蜀中遂州、梓州、茂州多处为官。李新曾被人荐于苏轼,"轼命赋墨竹,口占一绝立就"①,可见有一定的才气。《四库全书提要》说"惟其诗气格开朗,无南渡后啁唽之音。其文序记诸篇,忽排忽散,虽似不合格,而他作亦多俊迈可诵"。作品多涉及蜀中风貌,内容主要是览景咏物、送别怀人、感兴闲适。因曾在《上皇帝万言书》中说"廉吏十一,贪吏十九"抨击时弊,声名外显。其积极入世心态,可见于"平生虎力鼎可扛,愤气不作咸阳降。江东子弟累千百,谁知国士元无双。一夕楚歌四面起,伯图未就人怀邦。自古功业有再举,何不隐忍过乌江"(《项羽庙》)。他嘲讽文人结社抱团的喧哗浮躁亦见于《蛙赋》:"偶万籁之初闻兮,问淫蛙之奚为?悲耶乐耶,曷泪泪而无时?鸣其类以为才耶,或其处之非宜,岂疾痛而呼天兮,抑怀忧而增悲?涨其腹以怒兮,腾眦目以俱裂。将引吭而效鼓吹兮,复隶官而隶私。"李新是宋人中较早绘写汶羌地区少数民族风情,且较少偏见者,如"日落城空鸟少知,战场依旧昔人非。雪花笼石商皓首,枫叶满山秦赭衣。月入空罍人自耻,尘蒙西榻客元稀。穷荒石纽那生禹,料得当时殛鲧归"(《出茂州》),以及"顽云垂翼山碉暗,荞麦饶花雪岭开"(《答李丞用其韵》),"山外浮云云外城,江边羌角水中声。九分雪发功名晚,一寸冰衔去就轻"(《登城望江边》),"锦水背人朝暮去,雪山随我久长寒"(《登西楼呈桑彦周》)等。《四库全书提要》说他的散文《更生阁记》"述政和丁酉剿茂州叛羌旺烈事,所述宋兵怯弱之状,殆可笑噱。核其地理,即今之金川土司,而诸书言蜀事者未尝举是篇,则是集亦罕觏之笈矣"。

其《前调(书所见)》曰:"雨霁笼山碧破赊,小园围屋粉墙斜。朱门间掩那人家。素腕拨香临宝砌,层波窥客擘轻纱。隔窗隐隐见簪花。"音节明快、句式整齐、易于上口,具有极强的画面感。其歌咏爱情的如"杨柳梢头春色重,紫骝嘶入残花。香风满面日西斜。只知闲信马,不觉误随车。已许洞天归路晚,空劳眼惜眉怜。几回偷为掷花钿。今生应已过,重结后来缘"(《临江仙》)。这个场景其实化自晚唐西蜀"花间词"人张泌的《浣溪沙》。其《浣溪沙·秋怀》借蜀中先贤司马相如慨叹自己:"千古人生乐事稀。露浓烟

---

① (宋)马端临:《文献通考》卷二七三。

重薄寒时,菊花须插两三枝。未老功名辜两鬓,悲秋情绪入双眉。茂陵多病有谁知。""薄寒"是对外部世界的表现,而薄寒中的三两枝菊花则是自我孤寂、冷落情感的映照。美丽的湖光山色,成为诗人心理慰藉的载体,如"独咏沧浪古岸边,牵风柳带绿凝烟。得鱼且斫金丝鲙,醉折桃花倚钓船"(《锦江思》),"石壁缘云白,松风特地哀。断鸿随眼没,秋浪擘山来。鼓急船头转,山明雨脚开。知公归未得,此作望乡台"(《鉴亭》)等。对蜀中风物的歌咏如《安居濒江小蓝留三小诗》《绮阁吟嘉州李使君命官妓段倩乞诗席上为赋》《登牛溪岭》《八月十五日过蓬溪书净戒寺》《巴山》《筹笔驿》《广都道中作》等作品。其散文《成都后溪记》《潼川府修城记》等,都有较强的史料价值。著作有《跨鳌集》。

杨绘(1068~1116),字元素,绵竹县人,嘉祐年进士。诗歌娴熟于托物言志,其风格清新婉丽。如《荷花借字诗》:"香艳怜渠好,无端杂芰蕖。向来因藕断,特地见丝多。实有终成药,露摇争奈何。深房莲底味,心里苦相和。"他自度新曲有《劝金船》,苏轼有"和元素韵,自撰腔命名"的《劝金船》名句"无情流水多情客,劝我如曾识。杯行到手休辞却,这公道难得",张先亦有《劝金船·流杯堂唱和翰林主人元素自撰腔》流传后世。杨绘流传较广的《醉蓬莱·夏寿太守》曰:"对亭台幽雅,水竹清虚,嫩凉轻透。碧沼红蕖,送香风盈袖。白首冯唐,诞辰同庆,上百分仙酎。鳌禁词垣,乌台谏省,昔游俱旧。千里长沙,五年溢浦,近捧丝纶,更藩移守。桂苑余芳,有孙枝新秀。罗绮雍容,管弦松脆,愿拜延椿寿。岁岁年年,今朝启宴,欢荣良久。"最值得注意的是,其《时贤本事曲子集》对词的本事予以收集、整理,首开宋代词话之风。梁启超《记时贤本事曲子集》誉之为"最古之词话,尤为可贵"。近人赵万里《校辑宋金元人词》录有其作。《全宋词补辑》辑录其词一首。《宋史》本传说他"为文立就有集八十卷"。

唐庚(1070~1120),字子西,丹棱人,绍圣年进士。经蜀人宰相张商英推荐出仕,复因张罢相而被贬谪惠州。唐庚与苏轼是小同乡,贬所同为惠州,兼之文采风流,时有"小东坡"之称。但唐庚诗简练精悍,工于属对,巧于用事,重推敲锤炼,近于苦吟,自谓"诗最难事也……作诗甚苦,悲吟累日,然后成篇……明日取读,瑕疵百出,辄复悲吟累日,返复改正……复数日取出读之,病复出,凡如此数四"(《自说》),以及"诗律深严近寡恩"(《遣兴二首》)。《四库全书提要》赞誉他"刻意锻炼而不失气格",清代吴之振、吕留良、吴自牧编选的《宋诗钞》也赞之曰"芒焰在简淡之中，神韵寄声律之外"，钱锺书《宋诗选注》说"他在当时可能是最简练、最紧凑的诗人"。其社会性思考之作如"戍边役重畏酷法，去国年多思故乡。城上歌时夜方半，正是孤斋醉魂断"（《城上怨》），有类似"新闻评论"的《读邸报》曰："当今求多闻，取士到蓬荜。时时得新语，谁谓山县僻。昨日拜御史，今日除谏官。立朝无负汉恩厚，论事不妨晁氏安。台省诸公登衮衮，闭门熟睡黄绸稳。"类似的还有《张曲江铁像诗》《蜜果》等。

　　贬谪惠州期间其虽有"万里非吾土，三年失我常"之感，却能"只愁鸢跕跕，敢作鹤昂昂"（《杂诗其二十》），亦能通达平和地应对一切，如"勿畏峤南热，我清物自寒。勿忧海邦陋，心广身亦宽"（《长沙示甥郭圣俞》），"山静似太古，日长如小年，馀花犹可醉，好鸟不妨眠。世味门常掩，时光簟已便。梦中频得句，拈笔又忘筌"（《醉眠》），"城中未省有春光，城外榆槐已半黄。山好更宜馀积雪，水生看欲倒垂杨。莺边日暖如人语，草际风来作药香。疑此江头有佳句，为君寻取却茫茫"（《春日郊外》），"东风定何物？所至辄苍然。小市花间合，孤城柳外圆。禽声犯寒食，江色带新年。无计驱愁得，还推到酒边"（《春归》），"春着湖烟腻，晴摇野水光。草青仍过雨，山紫更斜阳"（《栖禅暮归书所见二首》）等。其词作《诉衷情·旅愁》曰："平生不会敛眉头，诸事等闲休。元来却到愁处，须著与他愁。残照外，大江流。去悠悠。风悲兰杜，烟淡沧浪，何处扁舟。"其为文以精悍简练、议论缜密著称，成为太学生推崇的文章典范，在当时产生了广泛的影响。宋人刘克庄的《后村诗话》说："子西诗文皆高，不独诗也。其出稍晚，使及坡门，当不在秦（观）、晁（补之）之下。"《宋史》本传称："庚为文精密，通于世务，作《名治》《察言》《闵俗》《存旧》《内前行》诸篇，时人称之。有文集二十卷。"今传《唐子西集》24卷，有《四库全书》本。《唐子西文录》为其论诗文之语录，《历代诗话》《萤雪轩丛书》均收辑。

　　韩驹（1080～1135），号牟阳，仙井监（今仁寿）人，因从苏辙学而受党争牵连，仕途坎坷。吕本中《江西诗社宗派图》将其列入江西诗派成员。其《李氏娱书斋》回忆少时说："忆吾童稚时，书亦甚所爱。传抄春复秋，讽诵昼连晦。饮食忘辛咸，污垢失盥頮。""欲乐诳凡夫，须臾皆变坏。惟书有真乐，意味久犹在。"其狂放傲岸之气、高蹈自许之态如："生犹不见皇甫谧，死岂肯投刘禹锡"（《利济桥亭诗》），"笔回造化天工怒，胸包今古时人愕"(《阳羡葛亚卿为海陵尉作茸春轩余为赋之》)等。因《题太乙真人画》诗,被人呈递诗书画皆为俊杰的宋徽宗,受赏,赐进士出身。韩驹有自己的诗歌创作理论,主张"诗言志,当先正其心志,则道德仁义之语,高雅淳厚之义自具","诗作必先命意,意正则诗生",把"思无邪"解释为"美刺","学诗如学禅,诗道如佛法"等,如"学诗当如初学禅,未悟且遍参诸方。一朝悟罢正法眼,信手拈出皆成章"(《赠赵伯鱼》)。朱自清因此推崇其为中国诗论中新"诗言志"理论的"开山的纲领"。他强调艺术的独创性:"学古人尚恐不至,况学今人哉!"是以被人誉为"非坡非谷自一家"。苏辙赞誉道:"唐朝文士例能诗,李杜高深得到希。我读君诗笑无语,恍然重见储光羲。"(《题韩驹秀才诗卷》)黄庭坚称其"超轶绝尘"(《直斋书录解题》)。刘克庄谓其诗"有磨淬剪截之功,终身改窜不已,有已写寄人数年,而追取更易一两字者,故所作少而善"(《后村先生大全集》卷九五)。这也确实是江西诗派追求"字字有来历"、讲究锤字炼句等创作特色的体现。有人甚至认为其才情仅次于黄庭坚和陈师道,在宋代诗坛"江西诗派"中占有重要位置。

《九绝为亚卿作》为替朋友亚卿代言的九首七绝。因友人与一风尘女相恋却不得不分手,见证了这段关系的诗人,借助亚卿女友之口,吟唱出一段凄婉的爱情故事。其形制、内容、情感抒发方式,实在难脱蜀中前辈花蕊夫人"百首宫词"以及晚唐西蜀"花间词"的印记。如:

> 君去东山踏乱云,后车何不载红裙?
> 罗衣浥尽伤春泪,只有无言持送君。
> 更欲樽前抵死留,为君徐唱木兰舟。
> 临行翻恨君恩杂,十二金钗泪总流。
> 世上无情似有情,俱将苦泪点离樽。
> 人心真处君须会,认取侬家暗断魂。
> 君住江边起画楼,妾居海角送潮头。
> 潮中有妾相思泪,流到楼前更不流。
> 妾愿为云逐画樯,君言十日看归航。
> 恐君回首高城隔,直倚江楼过夕阳。

——《九绝为亚卿作》

他还有"黄菊有何好,且寄平生怀。遇酒兴不浅,无酒意亦佳。此理谁复明,自苦寡所谐。空馀采菊图,寂寞悬高斋"(《题采菊图·其一》)等句,其格调高古、性格叛逆之态,于之可见。余如"当路尚多屯虎兕,远湖曾否息戈铤。何时万里云沙静,稳上沙头上水船"(《送子文待制归蜀》),亦有可观之处。韩驹又长于词,史载"制词简重,为时所推"。王灼称"其词佳处如其诗"(《碧鸡漫志》)。其传世之作《念奴娇》曰:"海天向晚,渐霞收馀绮,波澄微绿。木落山高真个是,一雨秋容新沐。唤起嫦娥,撩云拨雾,驾此一轮玉。桂华疏淡,广寒谁伴幽独。不见弄玉吹箫,尊前空对此,清光堪掬。雾鬓风鬟何处问,云雨巫山六六。珠斗斓斒,银河清浅,影转西楼曲。此情谁会,倚风三弄横竹。"清代黄苏点赞为"以咏月寄兴,暗寓忧国思君之念,情景交融,比兴深切,含而不露,颇有佳致"(《蓼园词评》)。著作有《陵阳先生文集》《陵阳室中语》等,有《陵阳先生诗》四卷传世。《全宋词》收其词二首。《全宋诗》录其诗五卷。《全宋文》收其文四卷。《宋史》有传。

第六节 南宋前期的巴蜀文学

一、宇文虚中与张浚、张栻父子

宇文虚中(1079~1146),初名黄中,宋徽宗亲改其名,成都广都(今双流)人。历仕徽宗、钦宗、高宗三朝,官至资政殿大学士。建炎二年(1128)应诏使金,被软禁,仕金任礼部尚书、封河内郡开国公,并被尊为"国师",后因图谋归宋而被杀。其性格"恃才轻肆,好讥讪,凡见女直(真)人辄以矿卤目之,贵人达官往往积不能平","虚中尝撰宫殿榜署,本皆嘉美之名,恶虚中者摘其字以为谤讪朝廷"(《金史》本传)。《宋史》《金史》都有传,且皆评价不低。金国赵秉文称"本朝百余年间以文章见称者,皇统间宇文公、大定间无可蔡公、明昌间则党公"。他仕宋时作品存留不多,主要抒发个人的羁旅闲愁。入金被囚期间诗风一变,每多感愤之辞,如《在金日作(三首)》其一:"满腹诗书漫古今,频年流落易伤心。南冠终日囚军府,北雁何时到上林?开口摧颓空抱朴,协肩奔走尚腰金。莫邪利剑今安在?不斩奸邪恨最深!"其二:"遥夜沉沉满幕霜,有时归梦到家乡。传闻已筑西河馆,自许能肥北海羊。回首两朝俱草莽,驰心万里绝农桑。人生一死浑闲事,裂眥穿胸不汝忘。"诗中以苏武自许，留在金国不肯出仕的宋朝士大夫看不起他，他为此感到内心苦闷："去国匆匆遂隔年，公私无益两茫然。当时议论不能固，今日穷愁何足怜？生死已从前世定，是非留与后人传。孤臣不为沉湘恨，恨别三韩别有天。"其他一些诗，如《上乌林天使》《春日》《己酉岁书怀》《过居庸关》《安定道中》等，或批评金人背盟，或写出塞、思乡之情，都较有内容和感情，与逃禅之类消沉之思的作品形成鲜明的对照。《金史》《宋史》俱称其有文集行世，今已佚，今存诗50余首，收入《中州集》和《全金诗》，词入唐圭璋《全金元词》，《宋代蜀文辑存》录其文12篇。

张浚（1097～1164），字德远，世称紫岩先生，绵竹人，南宋宰相和抗金派领袖。宋高宗曾说"有才而能办事者固不少，若孜孜为国，无如浚"，并对张栻说"朕与卿父，义则君臣，情同骨肉"。朱熹诗赞曰："忠贯日月，孝通神明，盛德源于生禀，奥学妙于心通。勋存王室，泽被生民，威镇四夷，名垂永世。"张浚手握权柄慧眼识人，他所荐虞允文、汪应辰、王十朋、刘珙等，皆为一时俊杰。他对此亦颇为自得："三相当年镇庙堂，江山草木亦增光。一时主宰权衡重，千古人间姓字香。"（《诗一首》）王十朋遗留至今唯一墨宝《宠示帖》，就是感恩张浚为之作的"室铭题跋"；抗金名将岳飞曾赞誉他"号令风霆迅，天声动北陬。长驱渡河洛，直捣向燕幽。马蹀阏氏血，旗枭可汗头。归来报明主，恢复旧神州"（《送紫岩张先生北伐》），还有"上下街连五里遥，青帘酒肆接花桥。十年征战风尘别，满地芊芊草色娇"，"秋风猎猎卷旗旌，鄱水湘江未足平。早晚黄金台下去，与君握手共功名"（《鄱阳会张浚二首》）等，惺惺相惜之情，溢于言表。今有人对之似乎推崇过度，如举办"七十余位专家雁山'论剑'探究民族英雄张浚弟子南宋大贤王十朋""民族英雄张浚弟子陆游——宋诗第一人"等活动。①张浚的诗，如"刀兵劫海苦漫漫，原野遗骸葬若干。尽大地人须荐取，眼睛突出髑髅寒"（《赞喻弥陀掩遗骸》），状写战场惨景，触目惊心；绘景色则有"已觉云天阔，风声四面凉。路幽迟晚日，岩古洇流香"（《朝阳岩》）之美；而其学佛亦颇有心得，即"教外单传佛祖机，本来无悟亦无迷。浮云散尽青天在，日出东方夜落西"（《偈》）。词作《南乡子》为世人所熟知，其曰："迟日惠风柔。桃李成荫绿渐稠。把酒樽前逢盛旦，凝

---

① 参见张浚张栻纪念馆的博客，http://blog.sina.com.cn/huxiangwenghua。

晬。十里松湖瑞气浮。功业古难侔。宜在凌烟更上头。已向眉间浮喜气,风流。千岁三分万户侯。"著有《紫岩易传》《易解》及《杂说》10卷,文集10卷,奏议20卷。《宋史》有传。

张栻(1133~1180),字钦夫、乐斋,号南轩,绵竹人,张浚的长子,理学宗师,与朱熹、吕祖谦齐名为"东南三贤"。张栻四岁时随父居住永州。1161年张栻与父亲在长沙创建城南书院,后又主持岳麓书院,朱熹称其"学之所就,足以名于一世",自谓受其影响:"余窃自悼其不敏,若穷人之无归。闻张钦夫得衡山胡氏学,则往而从问焉。"(《宋史·道学第三》)两人切磋唱酬,积为149首诗的《南岳唱酬集》传世,如张栻有"回首尘寰去渺然,山中别是一风烟。好乘晴色上高顶,要看清霜明月天"(《和择之福岩回望岳市》)之句等。张栻提出"学者之诗"主张并大力实践,一生创作了500余首诗歌,包含古体诗、律诗和绝句等,皆有极强的可读性。其《南轩木樨》曰:"不随秋月闹天香,冰雪丛中见缕黄。却得清寒惜花地,少须梅影慰孤芳。"又如其《墨梅》:"眼明三伏见此画,便觉冰霜抵岁寒。唤起生香来不断,故应不作墨花看。""日暮横斜又一枝,水边记我独吟诗。不妨更作江南雨,并写青青叶下垂。"他提醒入蜀为官的友人注意民生问题,如"吾州得良牧,民力或可裕。本根赖封殖,强索费调护。从容试长思,取急无窘步"(《送鲜于大任入成都幕》)。《剑池赞》则流露出张

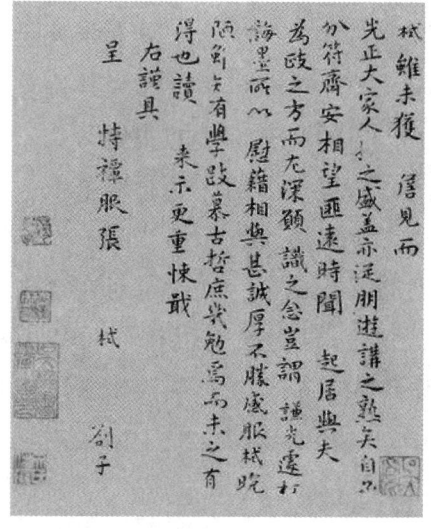

张栻书法作品

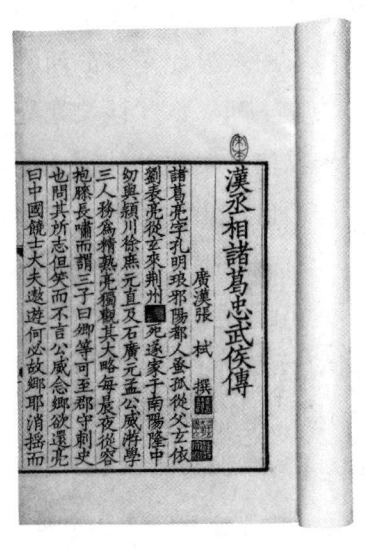

张栻《汉丞相诸葛忠武侯传》书影

栻的人格追求："湛乎渊渟，其静养也。卓乎壁立，其自守也。历四时而无亏，其有常也。上汲而不穷，其川不胶也。其有似乎君子之德乎？吾是以徘徊而不能去也。"①另如"公庭过午无余事，退食归来默坐时。晴日半窗香一缕，阳来消息只心知"（《偶成》）等，其文采和人格个性，都可以于中看到。收录于蒙学《千家诗》的《立春偶成》广为传颂，其曰："律回岁晚冰霜少，春到人间草木知。便觉眼前生意满，东风吹水绿参差。"其词《水调歌头》曰："雪月两相映，水石互悲鸣。不知岩上枯木，今夜若为情。应见尘中胶扰，便道山间空旷，与么了平生。与么平生了，□水不流行。起披衣，瞻碧汉，露华清。寥寥千载，此事本分明。若向乾坤识易，便信行藏无间，处处总圆成。记取渊冰语，莫错定盘星。"对故乡的回眸，则呈现为"吾乡多隽豪，杂沓来舟车"，"吾州得贤牧，父老想乐胥。我亦有一廛，径思归荷锄"（《子远使君出守广汉始获倾盖诸官赋诗赠别某广》），以及《张子囷携二子西归求予诗为赋此以致乡党之义》《寄宇文邛州》等。著作有《南轩文集》44卷刊行于世，还有《论语解》10卷、《孟子说》7卷，后人合刊为《张南轩公全集》。《宋史》有传。

张孝祥（1132~1169），号于湖居士，简州人，是南宋蜀籍状元，官至中书舍人。因父张祁率家避难移居鄞县（今浙江鄞县），张孝祥出生在鄞县并生活到十三岁，是"蜀二代"。王质在《于湖集序》中说他"奋起荒凉寂寞之乡"，二十三岁时与蜀人虞允文以及范成大、杨万里同榜中进士且被钦点为状元。其才思敏捷，词豪放爽朗，风格与苏轼相近。他"尝慕东坡，每作为诗文，必问门人曰：'比东坡如何？'"时人对他的评价为"天上张公子，少年观国光"（王十朋）、"谈笑翰墨，如风无踪"（张栻）、"当其得意，诗酒淋漓，醉墨纵横，思飘月外"（杨万里）。他的诗有宋诗的明显特质，学杜、学苏，受江西诗派影响，如"竹舆出林薄，十里月渐明。光彩散草木，凉意浸冠缨"（《宵征》）。其词"豪壮典丽"，主要体现在忠愤悲慨的爱国情怀。《浣溪沙·霜日明霄水蘸空》写"万里中原烽火北"，表达了对在金人统治下的北中国的怀念；《水调歌头·和庞佑父》以"剪烛看吴钩"，"击楫誓中流"，表达北伐抗敌的热情。他的代表作《六州歌头》"长淮望断"概括了自绍兴和议、隆兴元年符离兵败后二十余年间的社会状况，对于南宋王朝不修边

---

① 近代文人周瘦鹃的名作《访古虎丘山》，专门引证和解说张栻此文。

备、不用贤才、实行屈辱求和的政策，表示了极大的愤慨，即："闻道中原遗老，常南望、翠葆霓旌。使行人到此，忠愤气填膺，有泪如倾。"据说当时他在建康留守席上赋此词，蜀相张浚读了之后深为感动，为之罢席而去（《说郛》引《朝野遗记》）。清代陈廷焯《白雨斋词话》也说这首词"淋漓痛快，笔饱墨酣，读之令人起舞"。张孝祥放旷豁达的人生态度，如"世路如今已惯，此心到处悠然"（《西江月·问讯湖边春色》），"已是人间不系舟，此心元自不惊鸥。卧看骇浪与天浮"（《浣溪沙》）等，在清疏淡远的韵调中隐含着饱受打击之后的牢骚不平。深婉清丽、情切意深之作如"别岸风烟，孤舟灯火，今夕知何处？不如江月，照伊清夜同去"（《念奴娇·风帆更起》），面对与爱人被迫分别，他的内心是自责而痛苦的，江月可以随人，而人不如月，身不由己，只能"默想音容，遥怜儿女，独立衡皋暮"。描绘西湖春色的如"十里轻红自笑，两山浓翠相呼"（《西江月》），或"吴波细卷东风急，斜阳半落苍烟湿"（《菩萨蛮》）。描写临安城的如"杏花未遇疏疏雨，杨柳初摇短短风"，"行行又入笙歌里，人在珠帘第几重？"（《鹧鸪天·春情》）。写景散文有《观月记》等。著有《于湖集》40卷、《于湖词》1卷。《宋史》有传。

二、郭印、冯时行、李石、虞允文、虞刚简

郭印，生卒年不详，成都人，政和年进士。历任铜梁、仁寿知县，亦任过短期小京官，主要活动在蜀地。其艺术风格可见之于"临池高拓地，轩槛直前开。树影帘中入，荷香坐上来。吏闲休案牍，客好共樽罍。再稔民和乐，嘉名亦称哉"（《贵和堂》），"柳条初弄绿，已觉春风驻。而今二月尾，满路团飞絮。人生安足恃，忽忽朱颜去。飘零未肯休，萍泛知何处。见之动中怀，欲写无佳句。归来宴坐余，悠然得深趣"（《柳絮》），"清江借篙师，津流不须问。行行镜中天，水鸟嗔人近。绝岸得危亭，一目千里尽。山川草木妍，造物无少吝。谁知天壤间，眇然一方寸"（《泛舟至临江院》），"天星半牢落，月窗光炯炯。僮婢寐正酣，四邻鸡犬静。而我独何之，倒衣不及整。呵鞭驱蹇驴，霜风破裘领。既无王事敦，又匪奉朝请。穷年怠将迎，功业羞明镜。相如徒四壁，季子无二顷。何时涤尘缨，农亩迹甘屏"（《早行界上迓何使者》）等。他似乎喜欢长篇排律，如《中秋月》（85字）、《读圆觉经》（100字）、《题李彦泽紫云洞》（140字）、《知郡范公泽游野意轩尽斩轩前恶竹之

蔽眼界豁然时升有诗用其韵》（140字）、《游杨村仁王院二十韵》（200字）等，皆是。如《仁寿县治新开小轩以琴中趣名之用趣字韵赋之》："渊明识琴心，徽弦总不具。兴发时抚弄，悠然得真趣。杳然太古音，充满一切处。吾今琴亦亡，至乐随所寓。调此方寸微，物物尽和豫。一奏万化熙，再奏九功叙。大声越宫商，俗耳恐难喻。单父不下堂，阳春被黎庶。"又如《自堂诗为张亿作》："大道绝群伦，古今无匹配。张子涉其源，超然意冥会。宴坐一堂空，乾坤皆破碎。八荒自神游，万法非我对。眼前郁峥嵘，毫发了无碍。揭名谅真实，举首谁领解。咄哉愚痴儿，矜己妄尊大。一念思遗物，胸次先愦愦。不见南荣趣，偕来还几辈。颠倒欲何之，却走山愈背。吾今识子綦，独立形骸外。寂寥千载余，光彩炯如在。"

冯时行（1100~1163），人称缙云先生，巴县人，宋宣和年恩科状元，故今天的重庆文化界有"巴渝第一状元"之说。曾任职丹棱、蓬州、万州等地，后任提点成都刑狱并卒于任上。其诗词的艺术特色可见之于"借问禅林景若何，半天楼殿冠嵯峨。莫言暑气此中少，自是清风高处多。岌岌九峰晴有雾，瀰瀰一水远无波。我来游览便归去，不必吟成证道歌"（《缙云寺》），"杏花微露春犹浅。春浅愁浓愁送远。山拖馀翠断行踪，细雨疏烟迷望眼。暮云浓处轻吹散。往事时时心上见。不禁慵瘦倚东风，燕子双双花片片"（《玉楼春》），"十日春风，吹开一岁闲桃李。南柯惊起。归踏春风尾。世事无凭，偶尔成忧喜。歌声里。落花流水。明日人千里"（《点绛唇》），"相看相别意何如，见事蜂生正要渠。挽袖一杯山月上，凝眸十里峡风徐。衣冠苗裔烟尘际，京洛风流咳唾余。自此情愁欺老得，逢群重见为驱除"（《送王子善移江津酒官一首》），"去年同醉黄花下。采采香盈把。今年仍复对黄花。醉里不羞斑鬓、落乌纱。劝君莫似阳关柳。飞伴离亭酒。愿君只似月常圆。还使人人一月、一回看"（《虞美人·重阳词》），"云覆衡茅霜雪后。风吹江面青罗皱。镜里功名愁里瘦。闲袖手，去年长至今年又。梅逼玉肌春欲透。小槽新压冰澌溜。好把升沉分付酒。光阴骤，须臾又绿章台柳"（《渔家傲》）等。绍兴三十年（1160），冯时行与吕及之、施晋卿、于格、樊汉广、李流谦、张积、吕智父、杜少讷、房仕成、杨舜举、宇文德济、杨大光、吕商隐、吕宜之、吕凝之、僧宝印十六人在成都结诗社，他记录这场"梅林笔会"曰：

绍兴庚辰十二月既望，缙云冯时行从诸旧朋，凡十有五人，携酒具，出西梅林。林本王建梅苑，树老，其大可庇一亩。中间风雨剥裂，仆地上，屈盘如龙，孙枝丛生直上，尤怪古者凡三四，酒行，以"旧时爱酒陶彭泽，今作梅花树下僧"为韵，分题赋诗。客既占韵，立者倚树，行者环绕，仰者承芳，俯者拾英，吟态不一，皆可图画。

是行也，余被命造朝，行事薄遽，重以太府衣冠诏报，主人馈劳。酬对奔驰，形神为之俱敝。诸公导以斯游，江流如碧玉，平野秀润，竹坞桑畴，连延弥望。民家十十五五，篱落鸡犬，比闾相亲，不愁不嗟。余散策其间，盖不知向之疲薾厌苦所在也。昔人谋于野，则获间暇清旷，有爽于精神思虑，游不可废如此哉！又况所与游皆西川名俊喜事者耶！

诗成，次第不以长少，以所得韵之后先联成轴。客十有五，韵止十四，吕义父别以"诗"字为韵。又有首眩诗不成者，缺"树"字一韵。余过沈犀，樊允南监镇税，语允南补之。诸公又属时行为之序。①

他著有《缙云文集》43卷、《易伦》2卷。《宋诗纪事》录13首，《全宋词》录11首。

李石（1108~？），号方舟，资州人，理学家、诗人、画家。他以"迈往之才，博古之学，高妙之文"为时人所重，既登第，任大学博士，主持成都府学。有诗述说教育理念即"分职有十师，圣门严四科。倘非一万卷，难取三百禾"（《送浩侄成都学官》），其《武备疏》记录办学中"文武相为经纬之术，二者要不可偏废"等体育训练内容。他在绘画领域亦有盛名，"时作山水小笔，风调远俗"（邓椿《画继》）。一方面，他在易学研究领域有所成就，融汇三教，即"若夫吾儒以孝为德，老氏以孝为功行，佛氏以为补报推己以利人，尽心以及物，未尝不同本而出也"（《方舟集·灵泉寺慈氏阁铭》），另一方面，他在文学创作上，表现为景物富丽、意象繁多、构图华美、刻画工细，注重锤炼文字、音韵，从而形成隐约迷离、幽深的意境。

常被各类选本录入的《临江仙·佳人》，其曰："烟柳疏疏人悄悄，画楼风外吹笙。倚栏闻唤小红声。熏香临欲睡，玉漏已三更。坐待不来来又去。一方明月中庭。粉墙东畔小桥横。起来花影下，扇子扑飞萤。"还有《如梦令》："桥上水光浮雪，桥下柳荫遮月。梦里去寻香，露冷五更时节。蝴蝶、

---

① 胡问涛、罗琴：《冯时行及其〈缙云文集〉研究》，巴蜀书社2002年版，第167~168页。

蝴蝶。飞过闲红千叶。""忆被金尊劝倒，灯下红香围绕。别后有谁怜，一任春残莺老。烦恼、烦恼。肠断绿杨芳草。"一组《生查子》，亦充盈柔靡温婉，即："小桃小杏红，和雨和烟瘦。不是点燕脂，素面偏宜酒。也是惯伤春，可惜闲时候。正要画眉人，与作双蛾斗。""新花上苑枝，枝上娇莺语。日日抱花心，啄破燕脂雨。莺飞莺去时，谁与花为主。守等却飞来，再见花开处。""今年花发时，燕子双双语。谁与卷珠帘，人在花间住。明年花发时，燕语人何处。且与寄书来，人往江南去。"又如一组《长相思》亦同，即："花飞飞，絮飞飞。三月江南烟雨时，楼台春树迷。双莺儿，双燕儿。桥北桥南相对啼，行人犹未归。""红藕丝，白藕丝。艾虎衫裁金缕衣。钗头双荔枝。鬓符儿，背符儿。鬼在心头符怎知。相思十二时。""花深红，花浅红。桃杏浅深花不同。年年吹暖风。莺语中，燕语中。唤起碧窗春睡浓。日高花影重。"一组《乌夜啼》，极尽晚唐"花间词"倚红偎翠之能事，即："红软榴花脸晕，绿愁杨柳眉疏。日长院宇闲消遣，荔子赌樗蒲。莹雪凉衣乍浴，裁冰素扇新书。绣香熏被梅烟润，枕簟碧纱厨。""鸾镜愁添眉黛，罗裙瘦减腰肢。一回见了一回病，弹指误佳期。醉里懵腾泪洗，梦中着摸魂飞。一春多少闲风雨，亭院落花时。""绣阁和烟飞絮，粉墙映日吹红。花花柳柳成荫处，休恨五更风。絮点铺排绿水，红香收拾黄蜂。留春尽道能留得，长在酒杯中。"著作有《续博物志》共10卷，记载了山川地理、飞禽走兽、人物传记、神话古史、神仙方术，以及宋代一些奇人异事，《方舟集》附有词集，存词500余首。清代《四库全书》将其作品"谨以类排比，编为诗五卷、词一卷、文十二卷"。

虞允文（1110～1174），字彬父，仁寿人，绍兴年进士，南宋著名宰相、军事家、文学家、书法家。早年在蜀中彭州、黎州、渠州为官。《宋史》本传称："允文姿雄伟，长六尺四寸，慷慨磊落有大志，而言动有则度，人望而知为任重之器。早以文学致身台阁，晚际时艰，出入将相垂二十年，孜孜忠勤无二焉。"他曾在无主帅的情况下，以"劳军"文官主动出头，主持抗金的"采石大捷"，这是南宋唯一一次击败金军渡江的战役，亦是以弱胜强、反败为胜的战争史典范。他两次主持川陕军政大事（1162、1167），曾受其拔举之恩的杨万里在《虞公神道碑》中说他"食必观书，为文立成，不雕而工"。但为人所重的首先是他的奏疏类散文，如《论用吴璘以图恢复疏》《论巩州未下可忧疏》《论营田之利弊》《论今日可战之机有九疏》《论明良交感惟信与诚疏》

《谢赐御书汉崔寔政论疏》《论西蜀草木之妖、措置水旱盗贼之备疏》等。其《辨鸟赋》以鸟乌私情，传人间至孝，而《诛蚊赋》则以蚊蚋为毒人间，喻金人"逞威于河内"，主张除恶务尽。虞允文书法传世的墨迹有《适造帖》《钧堂帖》等，明代书法家吴宽评为"词语详雅，气象雍容"。《宋诗纪要》收录其诗两首，《宋代蜀文辑存》收录其文85篇。有诗文10卷、《经筵春秋讲义》3卷、《唐书注》和《五代史注》、《干道重修敕令格式》120卷、《虞雍公奏议》23卷、《内外志》15卷，皆传于世。《宋史》有传。

虞刚简（1163~1227），字仲易，人称沧江先生，虞允文之孙，在利州、永康（今都江堰）、简州（今简阳）等地为官，曾与魏了翁讲学蜀中，"蜀人师尊之"，所著有《易传》《论语解》《诗说》。《宋元学案》卷七二有传。

三、李焘、李流谦、张孝祥

李焘（1115~1184），字仁甫、子真，丹棱人，史学家、文学家。绍兴年进士，在蜀中华阳、雅州、泸州、遂宁为官，官至礼部侍郎。《宋史》本传称："焘性刚大，特立独行。早著书，桧尚当路，桧死始闻于朝。暨在从列，每正色以订国论。张栻尝曰：'李仁甫如霜松、雪柏。无嗜好，无姬侍，不殖产。平生生死文字间。'"其史学成果《续资治通鉴长编》是研究北宋材料最丰富的，被誉为"《春秋》之后才有此书"（叶适语）的个人巨著。其诗作中，怀古幽情的见"隋邦危乱谁得免，虚鉴真人愿独行。道骨仙风今可想，幽栖岩洞及高明"（《岑公洞》），"看尽庵前手种松，草堂聊复少从容。令人却忆骑驴老，悔不终身作卧龙"（《升元寺》）；说宴饮交往的如"染根着色谢天公，破睡犹禁一再风。为此径须浮大白，老夫元自爱深红"（《成都施氏园海棠方盛时觅酒径醉二月九日》），"春日行郊坰，南风初唱予。相携出城郭，着意买江湖。句好从儿觅，杯乾任客呼。长年足诗酒，此外复何须"（《三月二十日出郊泛舟西津得予字》）；绘写蜀中风物民俗的如"厌逐游人药市行，暂来心迹喜双清。疏风细雨荒庭菊，便觉梅花暗有情"（《十月过昭觉庭梅萧然已动人意因作二十八字》），"路转层冈十里余，武陵传者亦难如。昔年炼药仙人室，今日餐霞道士居。洞外蟠花开锦绣，岩前石溜漱琼琚。猗欤灵气为时雨，可惜图经阙不书"（《灵云岩》），"潼川绕郭多名寺，都在少陵诗句中。西上飞亭更奇绝，水光山色两无穷"（《望川亭》）。其长篇排律《从何使君父子游墨池分韵得名字》曰："蜀学擅天下，马王先得名。簧如巧言语，于道盖小成。子云最后出，振策思遐征。斯文大一统，欻使圣域清"，"区区可无憾，彼重适我轻。曷来成都市，尘土污冠缨。古人不可见，见此眼自明。请为怀古诗，玉振而金声"。著述颇多，著有《巽岩文集》《四朝通史》《春秋学》《陶潜新传》并《诗谱》各3卷等50多种，大多失佚。今存《续资治通鉴长编》520卷、《六朝制敌得失通鉴博议》10卷、《说文解字五音韵谱》10卷，清代《四库全书》录入。

李流谦（1123~1176），号澹斋，德阳人，屡败科举，虞允文宣抚蜀，招置幕下。其主要活动地区是在蜀中，故作品"川味"浓郁，如"众流自作一门去，老子闲为三峡游。弭棹初逢云雨馆，转帆便是帝王州。""连日舟横拍岸风，只应身世在疏篷。旅床独茧毕愁绪，青镜明朝即老翁。"（《次黄仲甄峡中韵二绝》）"垅头停辔望龟城，元有夷途似掌平。厌把五更供客梦，猛将一日了山程。树连新绿千林暗，日转斜红半野明。稚子另来应念我，候门深喜马蹄声。"（《自三池一日过灵池十五里头宿山险尽矣》），"郊东郊西踏春色，醉舞淋浪花插额。"（《送才夫之成都》）"一年山色好相看，欲去仍来倍黯然。大士初无留客意，幽人更结住山缘。梨花村落清明后，梅子园林五月前。我已到家春亦老，酒杯犹足趁流年。"（《贻长松寺慈禅师》）蜀中的优美风景，亦展露笔下，如"蒙蒙烟雨湿闲愁，往燕来鸿共远游。引满白醪欣再熟，尽开黄菊耐深秋"（《闰重阳有感次宋景文公韵》），"月与清湍一样流，不妨夜色尚淹留。已将船作青天坐，安得江为大白浮。恐有幽人钓寒渚，正须横吹起危楼。年来身世无拘管，便是波间一叶舟"（《月夜江上作》），"小窗日影转悠悠，卷尽残书却到头。香茗半瓯轻列鼎，好诗千首胜封侯。朱弦无复人三叹，白璧空惭我屡投。酒好但宜供客醉，痴儿可忍挽凉州"（《遣兴》），"九陌黄尘涴客裾，随人亦恐到茅庐。朝朝山色供凭槛，夜夜溪声伴读书。可要功名惊宇宙，分知骨相合樵渔。晚来小艇总烟出，江上有人争卖鱼"（《井上即事》）等。其词作曰："薄日烘晴，轻烟笼晓，春风绣出林塘。笑溪桃、并坞杏，忒煞寻常。东君处，没他后、成甚风光。翠深深、谁教入骨，夜来过雨淋浪。这些儿颜色，已恼乱人肠。如何更道，可惜处、只是无香。"（《于飞乐》）《四库全书提要》评之为"其诗文边幅稍狭，间伤浅俚，亦未能尽臻醇粹。然笔力峭劲，不屑屑以雕琢为工。视后来破碎荥弱之习，较为胜之"。有《澹斋集》。《四库全书》录其诗八卷，表、札子一卷，书、启四卷，序一卷，记、赞、铭二卷，志铭一卷，杂文一卷。

第七节　南宋后期巴蜀文学

一、理学家兼文学家魏了翁

魏了翁（1178～1237），号鹤山，邛州蒲江人，庆元年进士。历知蜀中汉州、眉州、嘉定、泸州、潼川府，任过湖南、浙东、福建等地官职，至礼部尚书兼直学院。辞官后在蜀中蒲江县白鹤山下筑屋讲学，人称鹤山先生。其成就首先是对中国思想文化史的贡献，为南宋著名的理学家、教育家、文学家。他提出"心者人之太极，而人心已又为天地之太极"，从而确立了自己的思想体系。又能诗善文，其词意境高远，如名作《朝中措》曰："玳筵绮席绣芙蓉。客意乐融融。

魏了翁手迹

吟罢风头摆翠，醉余日脚沈红。简书绊我，赏心无托，笑口难逢。梦草闲眠暮雨，落花独倚春风。"又如《满江红·次韵西叔兄咏兰》："玉质金相，长自守、间庭暗室。对黄昏月冷，朦胧雾湿。知我者希常我贵，于人不即而人即。彼云云、谩自怨灵均，伤兰植。鹎鸠乱，春芳寂。络纬叫，池英摘。惟国香耐久，素秋同德。既向静中观性分，偏于发处知生色。待到头、声臭两无时，真闻识。"还有《鹧鸪天》："尚忆都门祖帐时。重来动是十年期。云拖暮雨留行色，露挟秋凉入酒卮。湖上雁，水边犀。未须矫首叹来迟。北风满地尘沙暗，宣室方劳丙夜思。"

其浓烈的巴蜀地域意识在作品中也有体现，如："三峡打头风，吹回荆步。坎止流行谩随遇。须臾风静，重踏西来旧武。世间忧喜地，分明觑。喜事虽新，忧端依旧，徒为岷峨且欢舞。阴云掩映，天末扣阍无路。一鞭归去也，鸥为侣。"（《感皇恩》）"又因送客朝京阙，意行偶过山之阴。槛开岷岭半天雪，帘卷峨眉千丈岗。断霞明空暮江白，密阴藏雨秋原香。客归便可朝明主,满山尽睹秔云黄。"(《送赵茶马东归》)"千古峨眉月,照我别离杯。故人中岁聚散,脉脉若为怀。醉帽三更风雨,别袂一帘山色,为放笑眉开。握手道旧故,抵掌论人才。山中人,灶间婢,亦惊猜。江头新涨催发,欲去重裴回。世事丝丝满鬓,岁月匆匆上面,渴梦肺生埃。酒罢听客去,公亦赋归来。"(《水调歌头·过凌云和张太博方》)作为卓有成就的理学家,其词作呈现的如"宇宙中间,还独笑、谁疏谁密?正从容行处,山停川溢。钟鼎勒铭模物象,山林赐路开行苹。要不如、胸次只熙熙,无今昔"(《满江红·和李提刑见贻生日韵》)、"造物翻腾新机杼,不踏诗人陈迹。都扫荡、一天云物"(《贺新郎·九日席上呈诸友》)、"信过眼、浮华几何时,剩培植根心,等闲千岁"(《洞仙歌·和虞万州刚简所惠叔母生日词韵》)等,写理蕴而不流于肤浅,用道学语而不拘于理障,手法圆熟、融涵无迹。魏了翁现存186首词,其中"寿词"有101首,被人视为作寿词最多者。这在《全宋词》所录1400首词中,亦占比例极大。著有《鹤山集》109卷,《九经要义》《古今考》《经史杂钞》《师友雅言》等,词有《鹤山长短句》。

二、吴泳、程公许等作家

吴泳,生卒年不详,潼川(三台)人。嘉定年进士,历任温州知府、刑部尚书等,南宋理学家和文学家。其生平事迹具见《宋史》本传。其艺术主张如"文字微妙诀,到底元平夷。词人不能工,变怪生崛奇。汶上大夫者,得法灵均师。修辞滋其平,不以怒出之。白云自多态,流水长清漪。作者云已往,知者其为谁。九诵的子孙,八鸾行康逵。天将稣其声,复见风骚遗"(《送鲜于漕》)、"春秋大谊炳如日,读者昏昏视为史。濂溪之后伊川程,文字虽少源流真。抉开宝藏得胡子,一洗纸上千秋尘"(《送李伯勇分教阆州》)等。词作《摸鱼儿·郫县宴同官》曰:"倚南墙、几回凝伫。绿筠冉冉如故。帝城景色缘何事,一半花枝风雨。收听取。这气象精神,则要人来做。当留客处。且遇酒高歌,逢场戏剧,莫作皱眉事。那个是,紫佩飞霞仙侣。骎骎云步如许。清闲笑我如鸥鹭。不肯对松觅句。萍散聚。又明月、还寻锦里烟霞路。浮名自误。待好好归来,携筒载酒,同访子云去。"有《水龙吟·寿李长儒》曰:"清江社雨初晴,秋香吹彻高堂晓。天然带得,酒星风骨,诗囊才调。沔水春深,屏山月淡,吟鞭俱到。算一生绕遍,瑶阶玉树,如君样、人间少。未放鹤归华表。伴仙翁、依然天杪。知他费几,雁边红粒,马边青草。待得清夷,彩衣花绶，哄堂一笑。且和平心事，等闲博个，千秋不老。""修篁翠葆人家，分明水槛光中住。就中得要，危亭瞰渌，小桥当路。一榻桃笙，半窗竹简，清凉如许。纵武陵佳丽，若耶深窈，那得似、双溪趣。一夜檐花落枕，想鱼天、涨痕新露。多君唤我，扫花坐晚，解衣逃暑。脍切银丝，酒招玉友，曲歌金缕。愿张郎，长与莲花相似，朝朝暮暮。"（《水龙吟》）余如"杏花时候匆匆别。又欲迫、黄花节"（《青玉案》）、"溪山畔，要看承风月，舍我其谁"（《沁园春》）以及写农家乐的"连陂和云割青麦，隔坞趁日缲红蚕。今年夏气清较早，雨后西山翠如扫。女儿负笈男带锄，夸说皇华使家好"（《寿范翁》）等，皆为时人所称。存诗词300余首，有《鹤林集》40卷。

史尧弼（1108～1157），字唐英，世称莲峰先生，眉州人。绍兴二十七年（1157）与弟尧夫同登进士第。著有《莲峰集》30卷。赵逵（1117～1157），字庄叔，资州人。绍兴年擢进士第一。高宗称其"不附权贵，真天子门生"。《宋史·本传》说他"纯正善文，皆一时之良"，高宗谓其文似苏轼，号为"小东坡"，著作《栖云集》30卷，今佚。《宋代蜀文辑存》录其文17篇，《新刊国朝二百家名贤文粹》收有赵逵。《宋史》卷三八一有传。赵雄（1128～1193），字温叔，资州人。为隆兴元年类省试第一，宋孝宗时官至右丞相，《宋史·本传》说"自雄独相，蜀人在朝者仅十数。及眷衰，有言其私里党者，上疑之"。著有《赵雄奏议》20卷，时人编有《赵文定公遗事》一卷。杨万里《诚斋诗话》曰："近世蜀人多妙于四六，如程子山（敦厚）、赵庄叔（逵）、刘绍美（仪凤）、黄仲秉其选也。"何耕（1127～1183），号怡庵，绵竹人。高宗绍兴十七年四川类试第一。累擢嘉州守、知潼川府。散文《二叟语土牛》记叙"班春"风俗，感叹"蜀固多隐君子哉！"其《成都即事》曰："零落红成阵，扶疏绿结帱。简书留客住，风雨卷春归。是处羁怀恶，浮生乐事希。锦江拼尽醉，欲典却无衣。"其《龙华大像盖冀国夫人所作因成二绝》曰："慧性元从戒定薰，百花潭水洗僧裙。个中力量真超绝，故老尚传娘子军。"余如《青羊宫》《自合江亭过渡观赵穆仲园亭》《学射山相传蜀后主刘禅习射于此因以得名有感》等30余首诗，多绘写成都平原人事景物。还有劝世的《论俗诗四首》，如"他侵我界是无良，我与他争未是长。布施与他三尺地，休夸谁弱又谁强"等。

程公许（？～1251），号沧州，眉山人。嘉定年进士。做过中书舍人、刑部尚书。《宋史》本传说他"冲澹寡欲，晚年惟一僮侍，食无重味，一裘至十数年不易。家无羡储,敬爱亲戚备至。蜀有兵难,族姻奔东南者多依公许以居。所著有《尘缶文集》、内外制、奏议、《奏常拟谥》、《掖垣缴奏》、《金革讲义》、《进故事》行世"。其生平经历可见之于"唱第八年八,折腰三考书。上官容我拙,朴学与时疏。冷落随阳雁,蹒跚上竹鱼。平生经世志,穷达岂关渠"(《华阳慰授代喜成二首》)。对战乱时局的忧虑,是他作品数量较多的部分,如:"民劳无诉卒长片,安得天河洗甲兵。虎出柙谁当任责,鸟伤弓后可无惊。峡山风雪清尊共,楚泽云涛去棹轻。忧国宁忘丝发补,忍随时态慕鲜荣。"(《和彦威纪事二首》)"忆侍西征幕,丛谈夜达晨。别来青鬓换,喜见此泥新。宸极拱朝帧,晓星看蜀珍。一朝楼五凤,积愤洗峨岷。"(《送成都卒黎德升赴召崔侍郎荐士召者五人三首》)"五丁鉴剑古今传,屹立崇墉蔽两川。满目风寒无处避,祇今由径竞摩肩。"(《和内幕季美》)"公暇羽衣凭水槛,渐多翠盖倚红妆。想应三伏怯袢热,待到仲秋吐艳香。藻涧鱼跳晴景眩,树荫蝉嘒晚风凉。意行偶与欣佳会,门外催科正自忙。"(《仲秋池塘荷盖方密有四五朵花》)程公许喜欢写长篇巨制,如《喜雨上使君》长达252字,《寄谢碧云张高士》长达280字,歌行体长诗《泸水清》竟多达679字。其多用长调,是为了像一篇文章般论说古今历史,以诗为史。尤其是"拟九颂"体、"述九颂"的组诗,分别以南阁、朝阳阁、醴泉墅、石林、入辅、平舟、耀德、固屏、经文、毓粹等为题。如《述九颂·载英》:

岷山兮五岳丈人,大江兮四渎之尊。
羌郁积兮佳气,固人物兮载英。环两川兮千里,
何江乡兮专媆汇千顷兮玻瓈,龙与鹤兮集止。
山之隐者聃耳孙,子正见兮杨氏女。
乘泛景兮轶罡风,蔼仟从兮山之趾。

……

程公许有诗词803首,今存《沧州尘缶编》。

牟子才,号存斋,井研人,生卒年不详,嘉定年进士,著有《存斋集》《四朝史稿》《易编》《春秋轮辐》等。现存诗9首、词1首、文60篇。其《风瀑竹·元宵》曰:"阁住杏花雨。便新晴、等闲勾引,香车成雾。璧月光中箫凤远,袅袅馀音如缕。诮一似、群仙府。天意乍随人意好,渐星桥、

度汉珠还浦。又何啻、列千炬。晚来乍觉阴盘固。笑人间、玉瓶瑶瑟,锦茵雕俎。无限升平宣政曲,回首中原何处。慨鸣镝、已无宫武。扑面胡尘浑未扫,强欢讴、还肯轩昂否。萦旧恨,为谁赋。"其子牟𪩘,字献甫,学者称陵阳先生,其《鹧鸪天·寿何簿乃尊》曰:"鸠杖庞眉鹤发仙。诗中有史笔如椽。爱莲自是平生趣,吟到梅花晚更坚。珍九鼎,食万钱。谁如有子彩衣鲜。蜀陈旧事君须记,贵盛还当具庆年。"安丙,广安军(今华蓥市)人。淳熙年进士,官至四川宣抚使,同知枢密院事。有《皛然集》《靖蜀编》,均佚。《全宋诗》录其诗二首。《游石门(《题玉盆》)》曰:"凌晨走马过花村,先玩玉盆次石门。细想张良烧断处,岩间伫立欲销魂。"作180字的《送陈伯宏归天台》,有"相将东南去,子独从之游。倾盖荷相与,琖斝频劝酬。危坐每长叹,经营出奇谋。浩然天地间,愤气冲斗牛。追陪文字饱,酣歌大开喉。与君结深交,交朋情欲周"等追忆友情之句。许奕,简州人,《宋史》第四〇六卷列传第一六五载"庆元五年,宋宁宗亲擢进士第一",应为状元。魏了翁说他:"词章雅健,字体端劲,兼通籀篆书。"《宋史·艺文志》考其著作有:《毛诗说》3卷;《九经直音》9卷,《九经直音正讹》1卷;《诸经正典》10卷;《论语讲义》4卷;《尚书讲义》3卷;《周礼讲义》3卷;有《许奕文粹》传世。其《题樊汉炳墓》云:"高志峥嵘局九州,直从人里着仙筹。青囊书在鬼神泣,黄绢辞高冰雪羞。槐里但知曾折角,兰台无复问长头。玉棺夜入青云去,山是人非白鹤愁。"[1]其诗沉郁空灵,佛道仙趣兼具。另如《泉州金粟洞》曰:"半瓯脱粟色慊然,旧去成金愕然喜。一鸣一喜从何来,瞬息仙人九千里。"许奕的同榜进士魏了翁多次写诗称许奕"三十作龙首","我爱庆元龙首"等。

三、高斯得、家铉翁

高斯得,生卒年均不详,蒲江县人,生活于南宋末年。绍定年进士,历官至签书枢密院事,兼参知政事。他参与过李心传在成都撰修的《国朝会要》。其组诗《孤愤吟十三首》或指斥权臣危害"桧侂当权十五年,始终只被一私缠。人心失尽天心怒,燎火炎炎故不然",或探究南宋军力极弱原因"军功阁

---

[1] 四库本《鹤山集》卷二九,录有《冯校书挽诗》,与同代人许奕该诗仅第二句略异:"直从人表着先筹。"

束万人多，兵部门前雀可罗。悍将武夫心失尽，可知弃甲与投戈"，或批判豪强欺凌"强买民田自噬肤，大家破尽为催租。几多怨气冲霄汉，天欲无诛可得乎"，或感叹正义难以伸张"无罪无辜窜逐人，几经大霈不沾恩。更将改正张罗网，结尺千千万万冤"等，都有强烈的现实价值。组诗《劝农有感三首》有着浓郁的民本意义，即："井卦分明说劳农，周人田制寓其中。但令此念纯无已，可使吾民养不穷。"又如："民间已食乌昧草，天上犹积琼林储。小人长国但牟利，大学生财谁读书。民贫盗起已有兆，内敉外宁犹贡谀。""最怜稷契许身愚，岂谓阴何用心苦。每篇必寓忧世怀，直笔宁愁当国忤。""岷峨老人白头哭，宇宙频年生意蹙。自从解绶远遁逃，日望君王戒危辱。幡然尽改乱亡事，斩新为辑和平福。"（《孤愤吟上十韵》）"三代兴畎法已精，田官众建日谆勤。一年一度情何简，于县于州责孰分。""衍漾春郊遍野畴，不堪回首剑南州。劝农官吏浑冠鹬，力穑丁夫总带牛。"《劝农有感三首》其"夫子自道"类，亦有趣味，如："问翁几何年，翁年七十余。尚作蠹书虫，嗟翁一何愚。"（《读书》）"七年高卧雪溪滨，阅尽诸公上要津。共怪朝无书一字，宁知项有铁千勍。"（《春日偶成》）其人生信念和自我期许为"身名虽待文章显，气质须从道义涵。海内如今人物眇，掀天事业要奇男"（《建宁府鹿鸣宴诗》）。而《自叙六十韵》则长达600字，实际上是为自己修家谱，从"苍苍大峨山，高标致青天。西江走其下，东井躔其颠。积此二仪气，锺为万古贤。粤从扬马来，作者接项肩。我家高阳氏，遂古已婵嫣"，到自己的官场遭遇"予与赵徐辈，放逐纷联翩。吴公亦去相，国事堪潸然"，还有性格表现"不学李拾遗，尽付酒家钱。不学杜拾遗，穷愁诗自传"等，可谓不厌其烦。还有咏吟蜀中风物的如"故国名花复不同，景阳机裹织春风。莫将丽质惊丹卉，只把孤根托化工"（《蜀锦亭》）、"我辞相国归，遗我酒十器。拜受起潸然，为上有蜀字。狐狸之所嗥，种秫宁有地。得非父兄血，或是乡人泪。我饮不下咽，思广相国赐。愿得投岷江，咸使西南醉"（《蜀酒》）等。所著有《诗肤说》《仪礼合抄》《增损刊正杜佑通典》《徽宗长编》《孝宗系年要录》《耻堂存稿》，均因《宋史》本传而传于世。

家铉翁（1213?～1297），号则堂，眉州人。家铉翁以荫补官，累官知常州、大理少卿。家铉翁被蒙古人拘押，绝食求死未果，赢得蒙古人敬佩。羁留间授课为业。《念奴娇·送陈正言》是作者羁留北方所作，其曰："南来数骑，问征尘、正是江头风恶。耿耿孤忠磨不尽，惟有老天知得。短棹浮淮，轻毡渡汉，回首瓠棱泣。缄书欲上，惊传天外清跸。路人指示荒台，昔汉家使者，曾留行迹。我节君袍雪样明，俯仰都无愧色。送子先归，慈颜未老，三径有余乐。逢人问我，为说肝肠如昨。"其惊心动魄的历史场面，坚如磐石不可征服的信念，典故的运用等，皆为人们称道。直至八十二岁高龄时被放归，此时南宋早已灭亡多年，时人林景熙赞美他"衣冠万里风尘老，名节千年日月悬"。

组诗《春欲暮雪作不已简子新》五首，呈现着其艺术特色，如："一任西园雪作堆，阳和已自遍根荄。春光只在花梢里，更倩君诗为一催。""社后春光正可人，眼中物物露精神。雪花底事犹飞舞，更与梨花分半春。""和平心事春三月，淡泊生涯水一杯。老矣只余归梦在，世间万事付心灰。"词作《水调歌头·题旅舍壁》是人们经常例证的优秀之作，即："瀛台居北界，觌面是重城。老龙蹲踞不动，潭影净无尘。此地高阳胜处，天付仙翁为主，那肯借闲人。暂挂西堂锡，仍同旦过宾。六年里，五迁舍，得此邻。儒馆豆笾于粲，弦诵有遗音。甚喜黄冠为侣，更得青衿来伴，应不叹飘零。夜宿东华榻，朝餐泮水芹。"另如《念奴娇·中秋纪梦》："神仙何处，人尽道、我州三神之一。为问何年飞到此，拔地倚天无迹。缥缈琼宫，溟茫朱户，不与尘寰隔。翩然鹤下，时传云外消息。露冷风清夜阑，梦高人过我，欢如畴昔。道骨仙风谁得似，谈笑云生几席。共踏银虹，迫随绛节，恍遇群仙集。云韶九奏，不类人间金石。"有《则堂集》6卷，《疆村丛书》辑为《则堂诗余》1卷，著作今存《春秋集传详说》30卷，诗文集已佚。《全宋词》录词3首，附小传。

第八节　宋代作家的审美巴蜀

一、"中兴四大诗人"之范成大

范成大（1126～1193），字至能，号石湖居士，吴郡（苏州）人，历任"掌经画边鄙军旅之事"的四川制置使、参知政事等职。受命入蜀的范成大是极为兴奋的："成都以名都乐国闻天下，予幸得至焉。"（《桂海虞衡志·序》）蜀中为政两年，他惠泽地方甚多而甚受民众拥戴。其对蜀中士人的推荐提拔，亦是史籍所载蜀人归心的盛举，如《宋史》记载他对蜀中孙松寿、樊汉广甫等的推荐等。在任时整治街道、美化成都，为民造福，即"石笋新街好行乐，与民同处且逢场"（自注："余新甃石笋街"）。还有《成都古寺名笔记》所记录的"成都画多名笔，散在诸寺观，而见于大圣慈寺者为多，今犹具在，总而记之左，庶几观者可考"等等。陆游的《范待制诗集序》称赞他："及公之至也，定规模，信命令，弛利惠农，选将治兵，未数月，声震四境，岁复大登。"周必大《资政殿大学士赠银青光禄大夫范公（成大）神道碑》记载，离蜀的范成大"疾愈而行，送客数百里不忍别。后公谢病吴门，往来者伺候谒舍，或经月，必一见乃去，其得士心如此"。范成大自己亦有答谢诗云"明朝真是送人行，从此关山隔故情。道义不磨双鲤在，蜀江流水贯吴城"，还专门说到蜀商杨商卿父子的一路远送："合江亭前送我来，合江县里别我去。江流好合人好乖，明日东西南北路。"

他留恋巴蜀的山水风物的作品如："老来万事总萧然，犹忆西州暑雪边"（《寄蜀州杨道人》）；"十里珠帘都卷上，少城风物似扬州"（《三月二日北门马上》）；"闲随渠水来，偶到湖光里。仍呼水月舟，径度云锦地。谁云不解饮，我已醉荷香"（《蜀州西湖》）；"织箪匀铺面，排绳强架空。染人高晒帛，猎户远张罿。薄薄难承雨，翻翻不受风。何时将蜀客，东下看垂虹"（《戏题索桥》）；"山顶嘘云黑似烟，修篁高柳共昏然。鸟啼一夜劝归去，谁道东川无杜鹃"（《邻山县》）。他回忆巴蜀奇特的物产："荔浦园林瘴雾中，戎州沽酒擘轻红"（《新荔枝四绝》）；"洛阳姚魏碧云愁，风物江东亦上游。忆起邀头八年梦，彭州花槛满西楼"（《玉麟堂会诸司观牡丹酴醾三绝》）。他怀念巴蜀的友人："四海西州故旧多，烦君问询各如何？"他将成都的万岁池与临安的西湖并论："绿岸翻鸥如北渚，红尘跃马似西池。"他歌咏了锦江边上的夜市："东郭风喧三鼓市，西城石汹二江涛。"他抒发了人们秋后的喜悦："丰年四海皆温饱，愿把欢心寿玉卮"，"刲羊五万大作社，春秋代鼓苍烟根。我昔官称劝农使，年年来激西江水。成都火米不论钱，丝管相随看蚕市。款门得得酹清尊，椒浆桂酒刜膻荤。妄欲一语神岂闻，更愿爱羊如爱人"（《离堆行》）。范成大观蜀中海棠之盛事记录如："银烛光中万绮霞，醉红堆上缺蟾斜。从今胜绝西园夜，压尽锦官城里花。"（《锦亭然烛观海棠》）"市桥烟雨应官柳，墟苑池台自海棠。游骑行歌莫相笑，邀头六结已龟藏。"（《春晚卧病，故事都废，闻西门种柳已成，而燕宫海棠亦烂漫矣》）其晚年有百余首咏峨眉山风景人事的诗作见于《石湖居士诗集》，如《初入大峨》《请佛阁》等。

范成大的散文《吴船录》最为有名，书名源于杜甫"门泊东吴万里船"，亦有自己是"吴人"之故。其记录作者从淳熙四年（1177）五月由成都乘船回京城杭州，沿途所见山川风物和名胜古迹。如川西民居："郫邑（即今成都市郫都区）屋极盛，家家有流水修竹，而杨氏之居为最。""县圃大竹万个，流水贯之，浓翠欲滴。""郫筒。截大竹，长二尺以下，留一节为底，刻其外为花纹。上有盖，以铁为提梁，或朱或黑，或不漆，大率挈酒竹筒耳。""蜀州郡圃内西湖极广袤，荷花正盛，呼湖船泛之，系缆古木修竹间，景物甚野，为西州胜处。"说眉州"遍城悉是石街，最为雅洁"，"城中荷花特盛，处处有池塘"；又如燃蒿迎客民俗即"田家束蒿，燃于门口，为香气，以迎客"。说都江堰"美田弥望，所谓岷山之下沃野者，正在此"；安澜索桥"绳桥每桥长百二十丈，分为五架，桥之广，十二绳排连之，上布竹笆，攒立大木数十于江沙中，辇石固其根，每数十木作一架，挂桥于半空，大风过之，掀举幡然。大略如渔人晒网、染家晾彩帛之状。又须舍舆疾步，从容则震掉不可立，同行皆失色"。记成都合江亭"亭之上曰芳华楼，前后植梅甚多，故事：腊月赏梅于此。管界巡检营在亭傍。每花开及三分，巡检司具申一两日开燕，监司预焉"。范成大出入巴蜀皆有纪行诗集，即入蜀的《西征小集》和出蜀的《东征小集》。描述了沿途的风光。

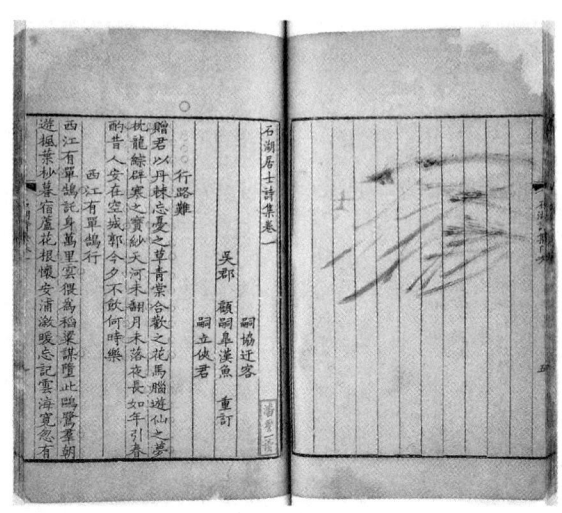

范成大作品书影

现存范成大诗歌总33卷近2000首，从卷一六《巴东峡口》始到卷一九《瞿塘行》止，为诗人入巴蜀（卷一六部分）、官巴蜀（卷一七全部）、出巴蜀（卷一八全部，卷一九部分）阶段诗歌。总有诗歌184首，范成大现存巴蜀诗总量为213首，占范诗总量的百分之十。①

---

① 申东城：《巴蜀诗人与唐宋诗词流变研究》，上海人民出版社2014年版，第261页。

二、受名于蜀人的杨万里

杨万里（1127～1206），江西吉水人，史籍无明载其是否入蜀，但其"巴蜀书写"似显履迹蜀中的些微痕迹，如：

计程一日二千里，今逾滟滪到峨眉。
更吹两日江必竭，却将海水来相接。
老夫蚤知当陆行，错料一帆超十程。
如今判却十程住，何策更与阳侯争。
水到峨眉无去处，下梢不到忘归路。
——《池口移舟入江，再泊十里头、潘家湾，阻风不至》

而"濯锦江头频入梦，桃花水面送归船"（《送王恭父监丞倅潼川》）、"鬼啸狖啼巴峡雨，花红玉白剑南春。锦囊翻罢清风起，吹仄西窗月半轮"（《跋陆务观剑南诗稿二首》）、"子美百花潭北庄，君今召作咏归堂。山分剑阁云根瘦，江送逢婆雪汁香。漱石枕流红锦浪，浮家泛宅白鸥行。何人夜诵相如赋，给札兰台看堵墙"（《寄题王棟德修知县成都新居》）、"程家苏家元舅甥，子瞻正辅外弟兄……如今却买巴峡船，峨眉山月秋正圆"（《题眉山程侅所藏山谷写杜诗帖》）等句，可见其对巴蜀诸多方面是烂熟于胸。他对巴蜀文风浓郁是极为赞赏的，乃至于认为欧阳修的文坛地位获得，有着其出生地巴蜀的影响，即"一代今文伯，三巴昔产贤"（《拟题绵州推官厅六一堂》）。前有巴蜀作家的杰出贡献，时有蜀人"三苏"如日中天的盛名，杨万里乐于与蜀人交

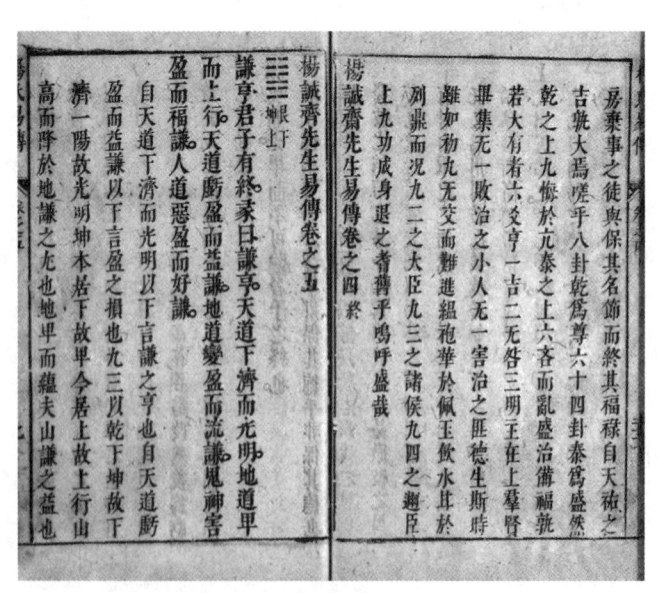

杨万里《诚斋易传》书影

往,甚至学会了一些"四川话",如"老子斋中宿,同来无一人"(《芗林五十咏·山斋》)、"老子平生不附炎,雪间炉炭晚间添"(《晚寒炽炭》)、"老子烧香罢,蜂儿作队来"(《甲子初春即事六首》)、"老子江西有故林,万松围里桂花深"(《木樨初发呈张功父又和六首》)等。确实,他眼中的巴蜀是人文荟萃的:"君不见蜀人文字天下工,前有相如后扬雄。君不见蜀人乌丸天下妙,前有蒲韶后梁杲。"(《谢王恭父赠梁杲墨》)

杨万里号"诚斋",得自蜀人张浚"正心诚意"的勉励题赠,故以之自名书室,且曾向蜀人张浚、张栻父子求教理学奥旨,他后来《诚斋易传》二十卷的完成,亦是直接师承张浚、张栻父子并受惠于"易学在蜀"传统。这种学术积淀,对其文学创作"诚斋体"特色的形成,有着极其重要的作用。蜀籍高官张浚、虞允文对他的推荐提拔,对他的人生有着巨大影响。如张浚被重新起用后,推荐杨万里出仕,故杨万里后来有《故少师张魏公挽词》《张魏公传》等感恩之作,又有《海赋》歌颂虞允文的采石矶伟绩。杨万里在《跋陆务观剑南诗稿》中,说陆游"重寻子美行程旧,尽拾灵均怨句新","剑外归乘使者车,浙东新得左鱼符。可怜霜鬓何人问,焉用诗名绝世无。雕得心肝百杂碎,依前涂辙九盘纡。少陵生在穷如虱,千载诗人拜蹇驴",其实也流露出自己的羡慕和追求。

杨万里创作中,与蜀相关的作品占有很大比例。或饯别和问候入蜀官员,或送返蜀归乡人,或咏吟巴蜀前贤,或记录与蜀人的友情、交往,或题跋与蜀相关的书籍图画,等等。即说古慕贤类如"只有谪仙留句处,春风掌管拂蛛煤"(《登凤凰台》)、"谪仙携妓戏人寰,也被千花妒玉颜"、"明月入波那可捉,长庚伴月本同游"(《登牛者峨眉亭二首》),以及"文君自制白头吟,怨思来时海未深"(《白头吟》)、"后山未觉坡先知,东坡勾引后山诗。金花劝饮金荷叶,两公醉吟许孤绝"、"月兼花影恰三人,欠个文同作墨君"(《次东坡先生蜡梅韵》)、"负荷偏宜重,经纶别有源。雪山真将相,赤壁弃乾坤。奄忽人千古,凄凉月一痕。世无生仲达,好手未须论"(《虞丞相挽词》)等;题赠类如"峨眉山下三苏乡,至今草木文章香。近时英妙有程郎,数寸管底翻锦江。向来曾草三千牍,流涕大息仍痛哭。九虎当关北斗深,十年买桂炊白玉。荆溪溪上相识初,君犹少年我壮夫。帝城再见各白须,袖中一纸梁溪书。剡藤方策一万字,犹带权书衡论味。君不见古来富贵扫无痕,只有文章照天地"(《跋眉山程仁万言书草》)、"雨里短檠头似雪,客间长铁食无鱼。上书恸哭君何苦，政是时代重子虚"（《跋蜀人魏致尧抚干万言书》）；与蜀人交游类如"说着岷江士，未逢眉已申。殷懃来相府，邂逅得诗人。不是胸中别，何缘句子新。谈今还悼昔，喜罢反悲辛"（《蜀士甘彦和寓张魏公门馆，用予见张钦夫诗韵作二诗见赠，和以谢之》）、"鸿雁双衔月宫桂，鹓雏独恋蜀山桐"（《送李制干季允擢第皈蜀》）；饯别和问候入蜀官员类如"人似隆中汉卧龙，韵如江左晋诸公。四川全国牙旗底，万里长江羽扇中"（《送丘宗卿帅蜀》）；吟诵蜀中风物类如"万迭山连千涧水，双行缠伴一郫筒"（《六月二十四日病起喜雨闻莺与大儿议秋凉一出游山三首》）、"似闻郎罢对薰风，忽思锦江荔枝红……峨眉山月却入手，影落庭闱一杯酒"（《送李君亮大着出守眉州》）、"仁心义概经纶语，长挂巴山月半轮"（《题浩然李致政义概堂》）等。

三、其他入蜀诗人

陆游代表着"背着处分"不得已而入蜀者，杨万里则属于"心向往之"者，而入蜀任职者如范成大等亦多。《宋史·食货志》曾说"河东富人多弃产而入蜀"，似乎进入巴蜀大地，已经成为一种时尚。成都平原"蜀地膏腴，亩千金，无闲田以葬"的繁华，以及蜀地"惟剑南西川，原野衍沃，氓庶丰伙，金缯泞絮，天洒地发，装馈日报，舟浮辇走，以给中府，以赡诸塞，号居大农所调之半，县官倚之，因以为宝薮珍藏云"[①]，也吸引各色人等入蜀。宋代入蜀者，或履职蜀中，或访友探景，皆以迥异于本地土著的眼光，审美巴蜀，为巴蜀文学增添新的内容，成为宋代文学的可贵积淀。成绩最为突出的是陆游、黄庭坚和范成大，蜀中生活，拓展了他们的审美视野，引发了艺术创作风格的新发展，甚至，蜀中之作成为他们艺术巅峰的所在。据《宋人别集叙录》所载，北宋有诗文集流传后世的入蜀文人有15人，即宋白、张咏、蒋堂、宋祁、赵抃、石介、文彦博、张方平、韩琦、范纯仁、黄庭坚、毕仲游、韦骧、李复、刘弇[②]。宋代先后入蜀执掌权柄者，如范成大、张咏、王曙、赵抃、文彦博、蒋堂、京镗、张焘、田况、宋祁、程戡、张方平等，都全心全意地为蜀地的经济发展和文化繁荣而努力，绝不为迎合上级而牺牲蜀民利益。

---

① （宋）文同：《丹渊集》卷二十三，《成都府运判万宴思堂记》。
② 参见伍联群：《北宋文人入蜀诗研究》，巴蜀书社2010年版，第15页。

被田锡、苏易简推荐，两次出任巴蜀主官的张咏（946~1015），号乖崖，山东鄄城人。《宋史》本传说他为人"少负气，不拘小节，虽贫贱客游，未尝下人"，"少学击剑，慷慨好大言，乐当奇节"，这种性格，似乎最容易和巴蜀人沟通。作为主政巴蜀者，他至少有两个贡献应该名垂青史：首先在成都主持了世界上第一种纸币"交子"的制作与发行；其次是极力鼓动蜀人进入国家主流政治，即"初，蜀士知向学，而不乐仕宦。咏察郡人张及、李畋、张逵者皆有学行，为乡里所称；遂敦勉就举，而三人者悉登科，士由是知劝"。张咏的《送张及三人赴举》诗，说的就是这件事，其曰："才雄扬子云，古称蜀川秀。千载遗英声，三贤继其后。文章积学成，孝友亦天授。远郡得充庭，期将免固陋。"皇帝因此在给他的书信中感叹道："得卿在蜀，朕无西顾之忧矣。"宋真宗甚至打算派他第三次治蜀，以至于后来蜀人对惠泽地方的首脑评价都是"比之为张咏"。其《劝酒惜别》："今日就花始畅饮，座中行客酸离情。我欲为君舞长剑，剑歌若悲人苦厌。我欲为君弹瑶琴，淳风死去无回心。不如转海为饮花为幄，赢取青春片时乐。明朝匹马嘶春风，洛阳花发胭脂红。"其"无端一夜空阶雨，滴破思乡万里心"被视为千古思乡名句。其长篇巨制《悼蜀四十韵并序》如次：

蜀国富且庶，风俗矜浮薄。
奢僭极珠贝，狂佚务娱乐。
虹桥吐飞泉，烟柳闭朱阁。
烛影逐星沈，歌声和月落。
斗鸡破百万，呼卢纵大噱。
游女白玉珰，骄马黄金络。
酒肆夜不扃，花市春惭怍。
禾稼暮云连，纨绣淑气错。
……
黔首不安堵，炎如居鼎镬。
出师不以律，余孽何由却。
鄙夫炽蜂虿，寡术能笼络。
边陲未肃清，胡颜食天爵。
世方尚奔竞，谁复振謇谔。

黄屋远万里,九重高寥廓。
时称多英雄,才岂无卫霍。
近闻命良臣,拭目观奇略。

有《张乖崖集》10卷,有诗录入《西昆酬唱集》,苏辙的《龙川别志》有其事迹。

宋祁(998~1061)被称为"红杏尚书"。史载,宋仁宗选任益州(成都)知府时,征询诸大臣"益州重地,谁可守者?"有人提出"益俗奢侈,宋喜游宴,恐非所宜",但皇帝确信他的才能。其词多写个人生活琐事,语言工丽,王国维称道其《玉楼春》的"'红杏枝头春意闹',着一'闹'字而境界全出"(《人间词话》)。繁华京城人群熙攘大街的一次偶遇,被他表现为"画毂雕鞍狭路逢,一声肠断绣帘中。身无彩凤双飞翼,心有灵犀一点通。金作屋,玉为笼,车如流水马如龙。刘郎已恨蓬山远,更隔蓬山几万重"(《鹧鸪天》)。其对蜀地多赞美,如"风物繁雄古奥区,十年仳父巧论都。云藏海客星间石,花识文君酒处垆。两剑作关屏对绕,二江联派练平铺。此时全盛超西汉,还有渊云抒颂无"(《成都》)、"十顷隋家旧凿池,池平树尽但回堤。清尘满道君知否,半是当年浊水泥"(《过摩诃池二首》)、"东城渐觉风光好,毂皱波纹迎客棹。绿杨烟外晓寒轻,红杏枝头春意闹。浮生长恨欢娱少,肯爱千金轻一笑。为君持酒劝斜阳,且向花间留晚照"(《玉楼春》)。这些诗词,确实把作者"喜游宴"的性格充分展示出来,否则,如何写得如此真切、形象、感人?其词最为人称道的如:"绣幕茫茫罗帐卷。春睡腾腾,困人娇波慢。隐隐枕痕留玉脸,腻云斜溜钗头燕。远梦无端欢又散。泪落胭脂,界破蜂皇浅。整了翠鬟匀了面,芳心一寸情何限。"(《蝶恋花》)"燕子呢喃,景色乍长春昼。睹园林、万花如绣。海棠经雨胭脂透。柳展宫眉,翠拂行人首。向郊原踏青,恣歌携手。醉醺醺、尚寻芳酒。问牧童、遥指孤村道:'杏花深处,那里人家有。'"(《锦缠道》)"故台千古恨,犹对旧家山。半夜鸾凰去,他年驷马还。死忧封禅晚,生爱茂陵闲。唯有飘飘气,仍存天地间。"(《司马相如琴台》)时人魏泰的《东轩笔录》说:"宋子京晚年知成都,带唐书于本任刊修。每宴罢,开寝门,垂帘燃二椽烛,媵婢夹侍,和墨伸纸,远近皆知为尚书修唐书,望之如神仙焉。多内宠,后庭曳绮罗者甚众。尝宴于锦江,偶微寒,命取半臂,诸婢各执一枚,凡十余枚俱至。子京视之茫然,恐有厚薄之嫌,竟不敢服,忍冷而归。"本有怜香惜玉之心,却无决断,只好让自己和姑娘们一起伴着衣服受冻。其文章兼有骈体和散体。其《益都方物略》,对四川的草木、药材、鸟兽等做了详尽的记载,将烹饪原料,按蔬果类、水产类、调料类等分门别类,"列而图之,各系以赞"。如"添色拒霜花,生彭、汉、蜀州,花常多叶,始开白色,明日稍红,又明日则若桃花然",说月季花"此花即东方所谓四季花者,翠蔓红花,属少霜雪,此花得终岁,十二月辄一开","二丙之穴,厥产嘉鱼,鲤质鳟鳞,为味珍腴"等。

田况(1005~1063),字符均,河南开封人。王安石《田公墓志铭》说他"其为文章,得纸笔立就,而闳博绮丽称天下","迁右谏议大夫,知成都府,充蜀、梓、利、夔路兵马钤辖"。其蜀中所作即"逮承命守益,柅辕逾月,即及春游,每与民共乐,则作一诗以纪其事,自岁元徂景至,止得古律、长调、短韵共二十一章"①。最典型的是他的《成都遨乐诗》组诗二十一首,如:

飞阁穹隆轶翠烟,盂兰盛会众喧阗。
且欣酷暑从兹减,渐有凉风快夕眠。

——《七月十八日太慈寺观施盂兰盆》

高阁长廊门四开,新晴市井绝纤埃。
老农肯信尤民意,又见笙歌入寺来。

——《九日太慈寺蚕市》

蜀虽云乐土,民勤过四方。
寸壤不容隙,仅能充岁粮。
间或容堕嬾,曷能备凶痒。
所以农桑具,市易时相望。
野氓集广廛,众贾趋宝坊。
惇本诚急务,戒其靡怨常。
兹会良足喜,后贤勿忽忘。

——《八日太慈寺前区市》

---

① 袁说友:《成都文类》,中华书局2011年版。

春山缥翠一溪清，满路游人语笑声。
自愧非才无异绩，止随风俗顺民情。

——《二十一日游海云山》

丽日照芳春，良会重元巳。
阳滨修袚除，华林程射技。
所尚或不同，兹俗亦足喜。
门外盛车徒，山半列廛市。
彩棚飞镝远，醉席歌声起。
回头望城郭，烟霭相表里。
秀色满郊原，遥景落川涘。
目倦意犹远，思馀情未已。
登高贵能赋，感物畅幽旨。
宜哉贤大夫，由斯见材美。

——《三月三日登学射山》

千骑出重闉，岩祠净宇邻。
映林沽酒斾，迎马献花人。
艳日披江雾，香飙起路尘。
韶华特明媚，不似远方春。

——《二十八日竭生禄祠游净》

予赏观四方，无不乐嬉游。
惟兹全蜀区，民物繁他州。
春宵宝灯然，锦里香烟浮。
连城悉奔骛，千里穷边陬。
纷裶合绣袂，辘轳驰香辀。
人声辰雷远，火树华星稠。
鼓吹匝地喧，月光斜汉流。
欢多无永漏，坐久凭高楼。
民心感上恩，释呗歌神猷。

齐音祝东北，帝寿长嵩邱。

——《上元灯夕》

余如《开西园》《四月十九日泛浣花溪》《重阳日州南门药市》《二月二日游江会宝历寺》《乾元节》等，以及对先贤的敬仰如"西汉文章世所知，相如闳丽冠当时。游人不赏凌云赋，只说琴台是故基"（《题琴台》）等。

欧阳修（1007~1072），因其父任绵州军事推官，欧阳修出生于绵阳，三岁时随父离蜀。祝穆《方舆胜览》说："宋欧阳观为绵州判官，生子修于此。后人为作堂记之。原在州署二堂东，今圮。"欧阳修《七贤画像序》中亦有表述："某不幸少孤。先人为绵州军事推官时，某始生。"又记载说母亲告诉他"在绵州三年，他人皆多买蜀物以归，汝父不营一物，而俸禄待宾客，亦无余已。罢官，有绢一匹，画为《七贤图》六幅，曰此七君子吾所爱也。此外无蜀物"，且"每岁时设席祭祀，则张此图于壁，先妣必指某曰：'吾家故物也。'"其人生中因"蜀物"《七贤图》伴随，时时引发他对巴蜀的关注。如"闻说阆山通阆苑，楼高不见君家。孤城寒日等闲斜。离愁难尽，红树远连霞"（《临江仙》）的思古幽情，为人所重。其作品常常呈显出对蜀地的熟悉："长爱谪仙夸蜀道，送君西望重吟哦。路高黄鹄飞不到，花发杜鹃啼更多。清禁寒生凤池水，绣衣荣照锦江波。昔年同舍青衿子，夹道欢迎鬓已皤。"（《送石扬休还蜀》）"名郎出粉闱，佳郡古关西。几驿秦亭尽，千山蜀鸟啼。朱轮照耕野，绿芋覆秋畦。向关应东望，云深陇树迷。"（《送孟都官知蜀州》）"传闻蜀道难，行客若登天。紫竹深无路，黄花忽见川。闻禽嗟异域，问俗访耆年。欲识京都远，惟应望日边。"（《送左殿丞入蜀》）他对蜀地前贤也充满敬仰，如："开元无事二十年，五兵不用太白闲。太白之精下人间，李白高歌蜀道难。蜀道难难于上青天，李白落笔生云烟。千奇万险不可攀，却视蜀道犹平川。宫娃扶来白已醉，醉里诗成醒不记。忽然乘兴登名山，龙咆虎啸松风寒。山头婆娑弄明月，九域尘土悲人寰。吹笙饮酒紫阳家，紫阳真人驾云车。空山流水空流花，飘然已去凌青霞。下看区区郊与岛，萤飞露湿吟秋草。"（《太白戏圣俞·读李白集效其体》）于马上、枕上和厕上"三上"都离不开书的大学问家欧阳修，也不是时时处处都正襟危坐的。如描写市井男女幽会情形："见羞容敛翠，嫩脸匀红，素腰袅娜。红药阑边，恼不教伊过。半掩娇羞，语声低颤，问道：'有人知么？'强整罗裙，偷回波眼，伴行伴坐。更问假如：'事还成后，乱了云鬟，被娘猜破，我且归家，你而今休呵。更为娘行，有些针线，消未曾收啰。却待更阑，庭花影下，重来则个。'"（《醉蓬莱》）神态绘写：羞、红、恼、颤、波眼、伴、问；形态描画：嫩脸、袅娜；场景渲染：红药阑边、庭花影下，如此等等，有着明显的"花间词"风格，却常被人所忽略。

王十朋（1112～1171），浙江乐清人，出身寒微，投身科考屡经挫败而终不气馁，终于绍兴年间高中状元。他是蜀人张浚的门生，以"不欺""无隐"与"至诚"为人生信念，"宁为独醒鬼，不作附炎官"的节操，为人所重。如其诗谓"桃李莫相妒，天资元不同。犹余雪霜态，未肯十分红"（《红梅》），因主持正义抨击权贵而被誉为"真御史"，亦有官场警句曰"钱家鱼肉满箩筐，百姓糠菜填饥肠。享福毋忘造众福，升官莫作殃民郎"。他入蜀是高高兴兴地，甚至"梦已先予到古夔"，"一麾出守喜来夔"，所以不必计较"西来水陆备艰辛"。主政夔州政务繁忙却自称"使君无事只吟诗"，他有夔州诗314首，是历代除杜甫外创作夔州诗数量最多的一位诗人。王十朋的夔州诗记录了与当地友人"煮惠山泉，烹建溪茶，酌瞿塘春"，"殷勤呼酒伴，烂漫醉秋光"的生活，描绘了"清光此夜十分好，有酒有客宜高歌"，"预扫江头礼宾馆，论文尊酒菊花天"的欢愉，展示了当地节日的狂欢场面，如"邻里相呼入郡城，巴歌楚舞沸欢声，三宵游罢同归去"。还有一个独特之处是，他似乎对夔州山水之美往往视而不见，更多地表现自然环境的险恶，如"巴夔之山厌太多"，"蜀道青天不易登"。这与他关于"古夔尤易治，风俗本来淳"（《州宅杂咏·易治堂》）的赞赏形成极大反差。因为他"端为夔民解百忧"，"一清夔子国，炎瘴自今无"等施政纲领，切实造福地方的努力，受到了当地民众敬仰并有为之立祠之举，这在他"才疏政拙形容陋，深愧邦人为立祠"，"从公于迈误成颂，尔貌不扬何足祠"等诗句中有所记录。远离故乡、阔别家人难免有些感伤，如"出守江湖日念还，又扶衰病入巴山。不能早作归田计，愧过渊明五柳湾"，但真正到离去时，还是难以割舍，即"邦人送别亦伤情，杨柳荫中涕泣声。我亦怜夔不忍去，一宵留宿旧江城"（《七月十七日离夔州是夜宿瞿塘》），他只得以"使君无可念，空有诗篇留"相互安慰。他后来在《送朱仲文运干还蜀》诗中，希望对方能够去探访自己当年的办公场所："君归应过无喧室，我梦遥驰无隐斋。带得江山在诗卷，种成杨柳系离怀。"有《梅溪集》，对于南宋"尚苏氏文章"和南宋文风大变的贡献甚大。①

晁公遡（1116～?），号嵩山居士，钜野（今山东巨野）人，父晁冲之为北宋著名诗人，"江西诗派"成员。其兄晁公武，为南宋著名目录学家和藏书家。他少年时避难入蜀，在蜀三十年，即自谓"客游三十年，不出夔与巴"（《自过犍为山水益佳》）。任职有涪州判官、眉州知府、成都府路提点刑狱等。所作诗文颇多，现存文集《嵩山居士文集》成于眉州任上。《四库提要》引王士禛的观点评价其诗歌风格："因由一时风会使然，而挥洒自如，亦尚能不受羁束。"如长达324字的《送鲜于运使西归》："飞鸟避汉节，朔风扬旆旌。光芒候躔次，始见入蜀星"，"眷兹峡中郡，念昔德化深。民无暴敛困，士感铨衡平"，"自嗟代舍客，蒯缑郁悲音。久落糠秕后，日随车马尘"等。其蜀地书写之作，有"胜地开杰观，大川壮重关"（《从宋宪登万景楼》）、"清绝益可爱，岂复忆汉嘉"（《自过犍为山水益佳》）、"峨眉有佳色，领览为登楼"（《岁尽》）、"峨眉山月今始见，令人绝叹谪仙词"（《江行》）、"松环楼殿青，江绕石壁流。清波天让碧，月照无边秋。风景自清好，江山难独游。举觞聊一醉，放怀忘百忧"（《游仙都山》）等。又如"江浅晴沙风，山高细路分。老藤维堕石，远树挂残云。燕雁遥难到，巴莺暖遂闻。花飞少颜色，委地自纷纷"（《江上》）、"浮云淡高天，清雨洒广庭。池馆飒以凉，始知秋气生。蒲荒叶乱委，荷折盖已倾。微风经草木，猎猎有寒声。炎蒸岂得久，四时相代更。当暑思折胶，纤絺不为轻。冬复念裘褐，乃与寒暑争。谁能安天运，伤哉世上情"（《七月二十日雨中》）。其组诗《眉州燕游杂咏十首》，分咏芳菲亭、摇香亭、远景楼等十景，使人观之，顿感清新自然。其他如"清阴布幽径，绿水溢回塘"（《方塘》）、"草尽春泥绿，花乘晚照明"（《郊外》）、"细雨真宜麦，轻阴似养花"（《细雨》）、"晓堞调清角，春庭放早衙"（《官舍》）、"天清孤鹤唳，江净蛰龙鸣"（《闻笛》）、"临波揽芙蓉，翠叶以为觞"（《王伯厚和予墙字韵因用其韵记五月八日同饮池》）、"霏霏冻雨细无声，解洗梅花花上尘"（《雨中观庭下梅》）、"冉冉烟生树，溶溶水满池"（《池上与师伯浑饮酒》）、"凉秋当泛菊，小住撷微芳"（《李仁甫将至郭下以诗迎之》）、"金杯浪翻江，铜盘光吐日"（《外舅卫尉持节于此作尽心堂时与亲戚会饮》）等，绘景抒情，都

---

① 项宏志编：《王十朋诞辰九百周年：全国学术研讨会论文集》，线装书局2012年版。

有相当的可读性。

幼年入蜀的多年生活，已经让他觉得自己就是一个蜀人，如"吾州横绝峨眉阴，地胜无复俗尘侵。慈姥岩深不受暑，老翁井寒能洗心"（《喜刘文潜来奉简短作》）、"把酒悲歌望蜀天，感今怀昔重凄然"（《王元才甥见过其弟元济甥继来有诗次韵》）、"至今回思三峡路"进而"蛇退猿愁心甚惊"（《龙爪滩》）、"巴蜀久凋敝，伤哉远朝廷"，"叹息莫能救，熟视涕泪零"（《自叹》）等。他的诗歌风格，不仅受到家学渊源影响，还受到蜀中奇山异水的感染、蜀地文化氛围的熏陶，呈现出善于使事用典、清新雅俗和词意甚悲的特点。

京镗（1138~1200），豫章（今江西南昌）人，晚号松坡居士。淳熙十五年（1188），以四川安抚制置使知成都府入蜀主政。《宋史》本传称："四川阙帅，以镗为安抚制置使兼知成都府。镗到官，首罢征敛，弛利以予民。泸州卒杀太守，镗擒而斩之，蜀以大治。"其《醉落魄·一斛珠》表现对蜀地的喜爱："芳尘休扑。名花唤我相追逐。浅妆不比梅敲竹。深注朱颜，娇面称红烛。阿娇合贮黄金屋。是谁却遣来空谷。酡颜遍倚阑干曲。一段风流，不枉到西蜀。"《水调歌头·次卢漕韵呈茶漕二使》则是自谦："杨卢万人杰，见我眼俱青。锦官城里胜概，在在款经行。笔底烟云飞走，胸次乾坤吐纳，议论总纵横。觉我形秽处，相并玉壶清。二使者，弦样直，水般平。岷峨洗净凄怆，威与惠相并。闻道东来有诏，却恐西留无计，顿使雪山轻。滚滚蜀江水，不尽是声名。"《木兰花慢·重九》体现出他对蜀地的认识和评价："算秋来景物，皆胜赏、况重阳。正露冷欲霜，烟轻不雨，玉宇开张。蜀人从来好事，遇良辰、不肯负时光。药市家家帘幕，酒楼处处丝簧。婆娑老子兴难忘。聊复与平章。也随分登高，茱萸缀席，菊蕊浮觞。明年未知谁健，笑杜陵、底事独凄凉。不道频开笑口，年年落帽何妨。"而《绛都春·元宵》则尽写成都的繁华："升平似旧。正锦里元夕，轻寒时候。十里轮蹄，万户帘帷香风透。火城灯市争辉照。谁撒、满空星斗。玉箫声里，金莲影下，月明如昼。知否。良辰美景，丰岁乐国，从来稀有。坐上两贤，白玉为山联翩秀。笙歌一片围红袖。切莫遣、铜壶催漏。杯行且与邦人，共开笑口。"

与蜀中官民的亲密交往，让他学会了说四川话，即"岁月晚，霜风急。嗟老子，为行客。念昔陪班缀，今亲辞色"（《满江红·次潼川漕刘殿院韵》),虽然有"四年留蜀,那复有梦到金銮。遥想将芜三径,自笑已穷五技,无语倚阑干"(《水调歌头·次王运使韵》)的惋惜,却不妨"阳关三叠缓唱,一醉且酡颜。聚散燕鸿南北,得失触蛮左右,莫较去仍还"(《水调歌头·身去日华远》)。一方面是职责所在"万里奔驰为米,四载淹留为豆,自笑太劳生"(《水调歌头·留别茶漕二使者》),另一方面是"邦人鼓舞,爱戴惟恐趣归忙"(《水调歌头·四载分蜀阃》),于此亦可自慰。在蜀中,他亲历了各种节日盛况如"车马喧阗管弦沸。笑篱边孤寂,台上疏狂,争得似,此日西南都会。痴儿官事了,乐与民同,况值高秋好天气",也禁不住加入"不羞华发,不照衰颜,聊满插、黄花一醉"的狂欢人群(《洞仙歌·三年锦里》),"笙歌一片围红袖。切莫遣、铜壶催漏。杯行且与邦人,共开笑口"(《绛都春·元宵》)。余如绘写成都民俗风物的《雨中花·重阳》《寒食出城》等词作甚多,以及《水调歌头》多首如《次果州冯宗丞韵》《次永康白使君韵》《奉陪永康白使君游青城再次韵》以及《酹江月·次眉州李大著韵》《水龙吟·次邛州赵守韵》等。

离蜀之际的复杂情感,见之于"数月已办去,今日始成行。天公怜我,特地趁晓作霜晴。万里奔驰为米,四载淹留为豆,自笑太劳生。父老漫遮道,抚字愧阳城。君有命,难俟驾,合兼程。故山心切,猿鹤应是怨仍惊。多谢使华追路,不忍客亭分袂,已醉酒犹倾。莫久西南住,汉代急公卿"(《水调歌头·数月已办去》)。京镗的作品,被人关注和引证最多的,还是其蜀中作品,原因是"与蜀缘多"的真情流露与艺术技巧的完美融合,如《念奴娇(成长短句,呈都运都大判院,伏冀一噱)》:"绣天锦地,浣花溪风物,尤为奇绝。无限兰舟相荡漾,绘彩重重装结。冀国遗踪,杜陵陈迹,疑信俱休说。笙歌丛里,旌旗光映林樾。自笑与蜀缘多,沧浪亭下,饱看烟波阔。屡疏求归才请得,知我家山心切。已是行人,犹陪佳客,莫放回船发。来年今日,相思惟共明月。"有诗集7卷、词集《松坡居士乐府》2卷,《文献通考》传于世。事见《诚斋集》卷一二三《京公墓志铭》,《宋史》有传。

赵抃的《成都古今记》记载民俗曰"蜀人每进酒,辄以艾子(茱萸)一粒投之,少顷香满盂盏","闲听竹叶曲,浅酌茱萸杯",又曰"五代时,孟蜀后主成都城上遍种芙蓉,每至秋,四十里如锦绣,高下相照,因名锦城"。张仲殊《望江南》则描绘成都药市的盛况:"成都好,药市宴游闲。步出五门鸣剑佩,别登三岛看神仙。缥缈结灵烟。云影里,歌吹暖霜天。何用菊花浮玉醴，愿求朱草化金丹，一粒定长年。"①以"白衣卿相"自诩，城市题材的民间流行歌手柳永，以《一寸金·小石调》如此吟唱道：

> 井络天开，剑岭云横控西夏。地胜异、锦里风流，蚕市繁华，簇簇歌台舞榭。雅俗多游赏，轻裘俊、靓妆艳冶。当春昼，摸石江边，浣花溪畔景如画。
> 梦应三刀，桥名万里，中和政多暇。仗汉节、揽辔澄清。高掩武侯勋业，文翁风化。台鼎须贤久，方镇静、又思命驾。空遗爱，两蜀三川，异日成嘉话。

《张协状元》是宋人戏剧作品六种中唯一全本流传的剧目。故事叙述巴蜀富家子张协进京赶考，途中遇到强盗拦劫受伤，被王姓贫苦女子搭救。两人成婚。张协伤愈后妻子剪发卖发资助其进京赶考，中了状元，却为另择高枝谋杀王氏。但王氏仅仅受伤而被太尉相救，收为义女。太尉在梓州设计将她许嫁张协，夫妻破镜重圆。该戏是南戏的标本，是一个无法考证作者的巴蜀故事。

第九节　寄情巴蜀的黄庭坚

一、文学思想的新发展

黄庭坚（1045～1105），字鲁直，号山谷道人，洪州分宁（今江西修水）人，晚号涪翁——这是一个巴蜀名号。他在诗词文创作上追梦苏轼，在书法艺术上学习蜀人苏舜钦而抛却"俗气"，改号"涪翁"以彰显六年蜀中生活的馈赠，入蜀后诗文艺术风格转化为简放自如、返璞归真。黄庭坚因参修《神宗实录》被责"疵诋先烈，变乱事实"等"妄议朝政"之罪，遭贬入蜀。在贬谪黔州途中，他清醒地看到杜甫入蜀后诗风的变化："杜子美作《花卿歌》雄壮、激昂，读之想见其人也。杨明叙（皓）为余言：花卿冢在丹棱东馆镇，至今有英气，血食其乡云。"（《书花卿歌后》）这似乎在自我提示其入蜀后将会有一个创作艺术的大发展、大转换时期。

入蜀前，他为追求新奇，提出"点铁成金、以故为新、脱胎换骨"的诗

---

① （宋）陈元靓：《岁时广记·吸药气》。

歌创作原则，他讲究修辞造句，追求奇拗硬涩的风格。论诗标榜杜甫，借以提倡"无一字无来处"和"夺胎换骨、点铁成金"之论，在宋代影响颇大，被后来的"江西诗派"奉为开创之"祖"。入蜀后他开始清算自己原来"好作奇语"的"文章病"，在赴戎州途中作的《答王观复书》提出了"语气平而意深，理盛其文，不加藻饰意"的新见解。其诗歌风格的变化如"万里相看忘逆旅，三声清泪落离殇。朝云往日攀天梦，夜雨何时对榻凉。急雪脊令相并影，惊风鸿雁不成行。归舟天际常回首，从此频书慰断肠"（《和答元明黔南赠别》）。这种艺术风格的变化，一是身处一个全新环境以及"新人民"（杜甫入蜀所叹）风俗引发的审美惊奇，二是开始自觉地接受其师苏轼的一贯主张：写作"大略如行云流水，初无定质，但常行于所当行，常止于不可不止"，这体现于他蜀中之作如"凌云一笑见桃花，三十年来始到家。从此春风春雨后，乱随流水到天涯"，"凌云见桃万事无，我见杏花心亦如。从此华山图籍上，更添潘阆倒骑驴"（《题王居士所藏王友画桃杏花二首》），以及"雨昏南浦曾相对，雪满荆州喜再逢。有子才如不羁马，知君心是后凋松。闲寻书册应多味，老傍人门似更慵。何日晴轩观笔砚，一樽相属要从容"（《和高仲本喜相见》）等。当然，更重要的还是他要在蜀中寻找艺术创新的突破口，这在他的《竹枝词二首并跋》中有说明："古乐府有'巴东三峡巫峡长，猿鸣三声泪沾裳'，但以抑怨之音，和为数叠。惜其声今不传。予自荆州上峡，入黔中，备尝山川险阻，因作二叠，传与巴娘，令以《竹枝》歌之。前一叠可和云：'鬼门关外莫言远，五十三驿是皇州。'后一叠可和云：'鬼门关外莫言远，四海一家皆弟兄。'或各用四句，入《阳关》《小秦王》亦可歌也。"

曹学佺《蜀中广记》卷十五中说，黄庭坚在蜀地"放浪山水间，初不知有迁谪困穷之意"。他自己也坦白说"当年游侠成都路，黄犬苍鹰伐狐兔。二十始肯为儒生，行寻丈人奉巾屦"（《和范信中寓居崇宁遇雨二首》）。"侠""伐"意象，开始呈现于笔端。蜀中官民的友好相待、蜀中士人的尊师向学，以及方外之人与他的谈佛论道，都冲淡了他的压抑心情。他的作品如《送曹黔南口号》《赠黔南贾使君》《与黔倅张茂宗》《次韵杨明叔四首》《次韵杨明叔见饯十首》《明叔惠示二颂》《故夔道廖君画像赞》《戎州锁江磨崖留题》《石信道诸子字训序》《答石信道书》《次韵奉答少激纪赠二首》《次韵文少激祈雨有感》《次韵少激甘露降太守居桃叶上》《戏赠家安国》

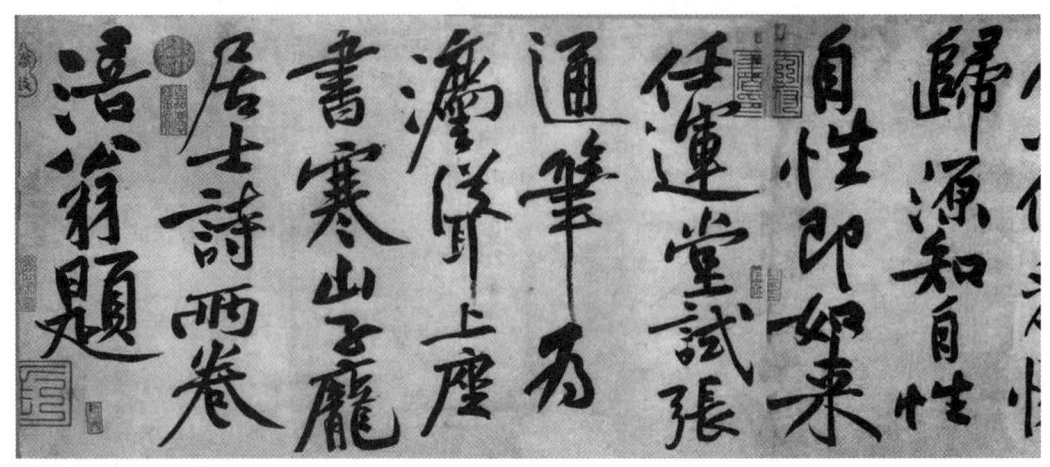

黄庭坚《寒山子庞居士诗帖》

《游泸州合江县安乐山行记》等,就是记录与蜀中官民交往及诗词唱和之作,透露出其文风变化的环境因素。

  黄庭坚虽注意诗歌不应该有"讪谤侵陵"等"妄议朝政"的内容,但作品中仍表现出浓郁的社会现实内容,即如:"北苑春风,方圭圆璧,万里名动京关。碎身粉骨,功合上凌烟。樽俎风流战胜,降春睡、开拓愁边。纤纤捧,研膏溅乳,金缕鹧鸪斑。相如,虽病渴,一觞一咏,宾有群贤。为扶起灯前,醉玉颓山。搜搅胸中万卷,还倾动、三峡词源。归来晚,文君未寝,相对小窗前。"(《满庭芳》)又如:"对朝云叆叇,暮雨霏微,乱峰相倚。巫峡高唐,锁楚宫朱翠。画毂移春,靓妆迎马,向一川都会。万里投荒,一身吊影,成何欢意!尽道黔南,去天尺五,望极神州,万重烟水。樽酒公堂,有中朝佳士。荔颊红深,麝脐香满,醉舞裀歌袂。杜宇声声,催人到晓,不如归是。"(《醉蓬莱》)这是他入蜀穿行于夔门巫山一带,看暮雨朝云中群峰迷蒙,联想神女传说、昭君往事,"画毂""靓妆"何等繁华热闹,反观自身孤独"吊影",耳畔回想起子规杜鹃的啼鸣,多层次递进,自然与人文对比,神话传说与历史往事烘托,用典精当。又有描绘游览感受的《定风波·次高左藏使君韵》曰:"万里黔中一漏天,屋居终日似乘船。及至重阳天也霁,催醉,鬼门关外蜀江前。莫笑老翁犹气岸,君看,几人黄菊上华颠?戏马台南追两谢,驰射,风流犹拍古人肩。"黄庭坚的诗集,现在所能见到的最早的版本是蜀人刻印本,最早为黄庭坚诗集作注的也是蜀人。蜀人的注本在后来也无人出其右者。清人说黄庭坚的诗集"皆赖注本以传耳"。

二、诗词创作的新起点

黄庭坚五十岁时（1094）被贬至涪州（涪陵）、黔州（彭水县），再任职于戎州（宜宾），到五十六岁（1101）出蜀，历经了长达六年的蜀中生活。这对他创作风格的转变以及个人艺术地位的确立，乃至于对后来"江西诗派"的形成，都是十分重要的。这个时段黄庭坚更多地致力于词作，且词风与前期相比有了较大变化，胡仔《苕溪渔隐丛话》就引述《江西宗派图叙》说明这个关键点，"山谷自黔州以后，句法尤高，笔势放纵，实天下之奇作。自宋兴以来，一人而已矣"，明确强调了入蜀对其创作的巨大影响。前有杜甫入蜀的多"狂、野"，后有陆游入蜀之"放翁"，黄庭坚这时的"放纵"以及"奇作"问世，就是极为自然的。要超越自我，必须要有一个全新的环境和人生的一个重大转折。被贬入蜀的诗人，在一个全新的环境中，经过一段自我总结和心境的调适，开始了对自我既有一切的重新超越，以体现文学的创新，从而成为黄庭坚创作的新起点。

与陆游入蜀的"剑南""放翁"铭记相似，黄庭坚在写作《忠州复古记》时，也开始使用一个巴蜀印记——"涪翁"，这个印记伴随其作品流传至今。新奇的民俗，催生出这样的有趣画面："黔中士女游晴昼，花信轻寒罗袖透。争寻穿石道宜男，更买江鱼双贯柳。《竹枝》歌好移船就，依倚风光垂翠袖。满倾芦酒指摩围，相守与郎如许寿。"（《木兰花令》）①前贤的创作积淀与眼前活泼泼的人生状貌，导引他的审美价值趋向变异，如《戏题巫山县用杜子美韵》"巴俗深留客，吴侬但忆归。直知难共语，不是故相违。东县闻铜臭，江陵换袷衣。丁宁巫峡雨，慎莫暗朝晖"，又如《跋子瞻和陶诗》"子瞻谪岭南，时宰欲杀之。饱吃惠州饭，细和渊明诗。彭泽千载人，东坡百世士。出处虽不同，风味乃相似"等。杜甫入蜀是生活所迫，苏轼遭贬更是不得已流落他乡，两位前辈都能够在逆境中寻找精神寄托，黄庭坚自然可以站在"吴侬"文化背景上审美"巴俗"，甚至超越"难共语"的地域文化差异，抓住艺术审美层面的"风味乃相似"。

---

① 据龙榆生笺校《苏门四学士词（外三种）》，上海古籍出版社2017年版，第114页。

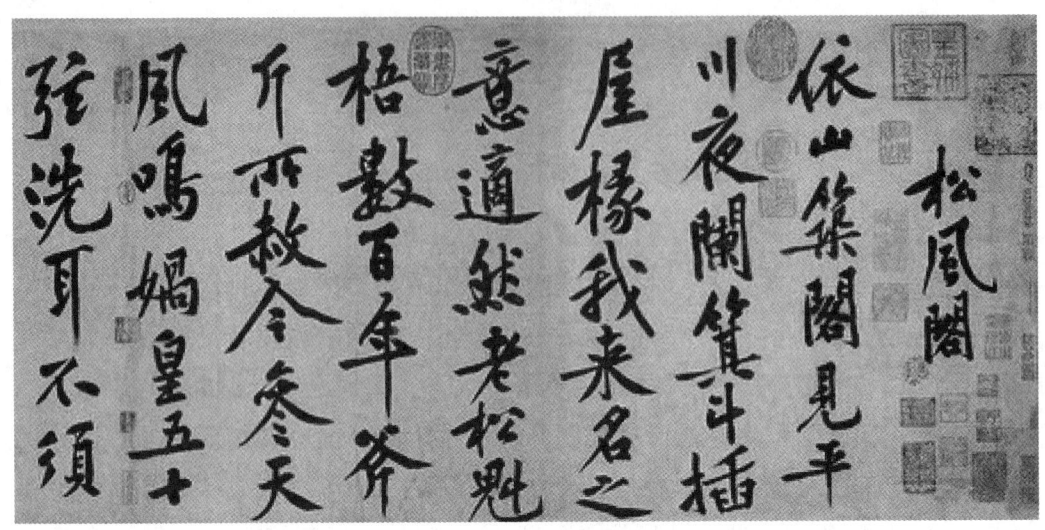

黄庭坚书法《松风阁》

新的社会环境带给他的多是欢愉如"诸将说封侯，短笛长歌独倚楼。万事尽随风雨去，休休，戏马台南金络头。催酒莫迟留，酒味今秋似去秋。花向老人头上笑，羞羞，白发簪花不解愁"（《南乡子》）。黄庭坚与当地人交往频繁，不经意间也学会四川话"老子"："断虹霁雨，净秋空、山染修眉新绿。桂影扶疏，谁便道，今夕清辉不足？万里青天，姮娥何处？驾此一轮玉。寒光零乱，为谁偏照醽醁？年少从我追游，晚凉幽径，绕张园森木。共倒金荷，家万里，难得尊前相属。老子平生，江南江北，最爱临风曲。孙郎微笑，坐来声喷霜竹。"（《念奴娇》）甚至自己觉得这首词可与苏轼《赤壁怀古》的磅礴大气媲美。这段时期的词作，表现较多的是尽情品赏生活的美好，如"鸣鸠乳燕春闲暇。化作绿荫槐夏。寿酒舞红裳，睡鸭飘香麝。醉此洛阳人，佐郡深儒雅。况坐上、玉麟金马。更莫问、莺老花谢。万里相依，千金为寿，未厌玉烛传清夜。不醉欲言归，笑杀高阳社"（《忆帝京·黔州张倅生日》），"黄菊枝头生晓寒，人生莫放酒杯干。风前横笛斜吹雨，醉里簪花倒著冠。身健在，且加餐，舞裙歌板尽清欢。黄花白发相牵挽，付与时人冷眼看"（《鹧鸪天座中有眉山隐客史应之和前韵即席答之》）。蜀中生活，已经成为他甜蜜的回忆，即"忆昔谪巴蛮。荔子亲攀。冰肌照映柘枝冠。日擘轻红三百颗，一味甘寒。重入鬼门关。也似人间。一双和叶插云鬟。赖得清湘燕玉面，同倚阑干"（《浪淘沙·荔枝》）。

第十节　巴蜀造就的大诗人陆游

一、"万里西游为觅诗"

陆游（1125~1210），字务观，号放翁，越州山阴（今浙江绍兴）人。他入蜀是受命履职，但人到中年（四十六岁），已有"但欲工藻绘"的创作似乎总觉欠缺，入蜀有可能使其人生尤其是文学创作获得一次全新的转化。对此，他自己是清醒且自觉的，即"今（指入川时）将穷江湖万里之险，历吴楚旧都之雄，山巅水涯，极诡异之观；废宫故墟，吊兴废之迹。动心忍性，庶几或进于毫分，娱忧纾悲，亦当勉见于言语"（《通判夔州谢政府启》），其终极目的即是"万里西游为觅诗"。一个文学家迁徙流动到一个新的地方，自然会在一定程度上受到新的地理环境的影响，自然会对新的所见、所闻、所感，做出自己的理解、判断和反应，并把这一切表现在自己的作品当中。前四十多年创作"山重水复疑无路"的多方探索，进入蜀中顿觉"柳暗花明又一村"（《游山西村》）。他在《后春愁曲》中把这种原因说得再清楚不过了：

> 六年成都擅豪华，黄金买断城中花。
> 醉狂戏作春愁曲，素屏纨扇传千家。
> 当时说愁如梦寐，眼底何曾有愁事。
> ……

他后来回忆总结过蜀中生活的影响："二十年前客锦城，酒徒诗社尽豪英。才名吏部倾朝野，意气成州共生死。废苑探梅常共醉，遗祠访柏亦俱行。即今病卧寒灯里，欲话当时涕已倾。"（《思蜀》）比较其早期的"奇巧"和晚期的"平淡"，前人充分注意到陆游入蜀后的"宏肆""雄浑沉着"等艺术创新和风格的变化，蜀中所形成的豪迈奔放特色，那种奇丽的想象、飞动的气势和狂放的个性，类似李白，因此时有"小李白"之誉。他把自己的诗集命名为《剑南诗稿》，以证明蜀中"觅诗"是极为成功的。

陆游是宋代留存作品最多的作家，但观其一生，其最重要的艺术创作是在巴蜀。清代《唐宋诗醇》卷四二说得很清楚："观游之生平……少历兵间，晚栖农田，中间浮沉中外，在蜀之日颇多。"八年蜀中生活，是陆游人生的第二阶段，也是其创作最重要的时期。"地胜顿惊诗律壮"《绝胜亭》，一旦身处巴蜀地域文化氛围之中，他顿觉"诗家三昧忽见前"。其《剑门道中遇微雨》就把这种想法说得甚为清楚，"衣上征尘杂酒痕，远游无处不销魂。此身合是诗人未？细雨骑驴入剑门"，又谓"何事又作南来，看重阳药市，元夕灯山？花时万人乐处，欹帽垂鞭。闻歌感旧，尚时时流涕尊前。君记取、封侯事在，功名不信由天"（《汉宫春·初自南郑来成都作》）。假设没有蜀中生活的馈赠，很难说他能够达到一代文宗的艺术高度。陆游于乾道六年（1170）底到达夔州任通判，一年以后至成都，后又在蜀州、嘉州、荣州任职，这使他的身心都得到很好的慰藉，即如他后来所回忆的"忆昔遨游蜀汉间，骎骎五十尚朱颜"（《蜀汉》）。他这样记录着自己在成都的生活："当年走马锦城西，曾为梅花醉似泥。二十里中香不断，青羊宫到浣花溪。"（《梅花绝句》）他欣喜地领略着成都灯会"突兀球场锦绣峰，游人仕女拥千重"，"鼓吹连天沸五门，灯山万炬动黄昏"（《丁酉上元》）的盛况，体味着天府平原那种"细细黄花落古槐，江皋不雨转轻雷。长空鸟破苍烟去，落日人从绿野来。散策意行寻水石，脱巾高卧避氛埃。羁游未羡端居乐，看月房湖又一回"（《暑行憩新都驿》）的美好，还曾经迷醉于"绕城凿湖一百顷，岛屿曲折三四里。小庵静院穿竹入，危榭飞楼压城起。空蒙烟雨媚松楠，颠倒风霜老葭苇"（《游汉州西湖》）。

清人赵翼在《瓯北诗话》中说："陆游凡'三变'，即少工藻绘，中务宏肆，晚造平淡。"中年入蜀的陆游，迎来他诗歌创作成熟和艺术上取得辉煌成就的重要时期，也是他诗风转变的关键时期。凡论述陆游文学风格者，都会涉及其"诗风豪放"的艺术特色，而这就是蜀中生活带给他的"宏肆"。陆游在这个时段诗歌创作的基础上，孕育并形成了"功夫在诗外"这一著名的诗歌理论。受巴蜀文化崇尚自由、自然的民俗风习影响，他常以"脱巾漉酒，挂笏看山"为自得，在琵琶腰鼓、舞衫香雾中寻求自由人生，甚至说话的口气都活脱脱是一腔标准的"四川话"："老子今年懒赋诗，风光料理鬓成丝。青羊宫里春来早，初见梅花第一枝。"（《城南寻梅得绝句四首·其一》）巴蜀民俗和人文风习影响着他的性格，地域风貌和秀丽山水陶冶着他的审美取向，从而形成了他艺术风格的新特点，并涵蕴出其艺术高峰。所以，他迷恋着这一切："行遍梁州到益州，今年又作度泸游。江山重

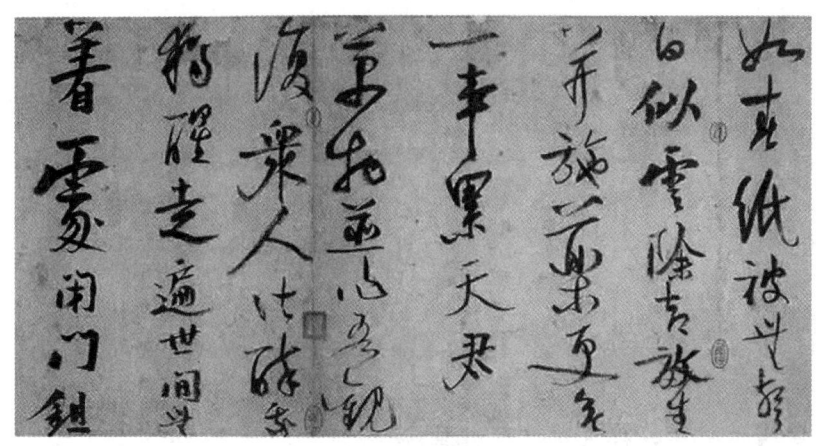

陆游书法

复争供眼，风雨纵横乱入楼。人语朱离逢峒獠，棹歌欸乃下吴舟。天涯住稳归心懒，登览茫然却欲愁。"（《南定楼遇急雨》）

二、"小李白"与"似东坡"

诗论家总喜欢用李白、苏轼两个蜀人与陆游作类比，似乎已经将之视为蜀人，这不仅因为他有八年时间在蜀地生活，创作有大量为人喜爱、艺术性强的蜀风、蜀韵之作，也基于他把自己的诗集命名为《蜀中（剑南）诗稿》，更是把蜀中所获的"放荡的老头"名号使用终生等等。《宋史》本传说"范成大帅蜀，游为参议官，以文字交，不拘礼法，人讥其颓放，因自号放翁"，他自己的解释则一派洋洋自得："策策桐飘已半空，啼螀渐觉近房栊。一生不作牛衣泣，万事从渠马耳风。名姓已甘黄纸外，光阴全付绿尊中。门前剥啄谁相觅，贺我今年号放翁"《和范待制秋兴》，以之对抗世俗。这还真有点蜀人"未能笃信道德，反以好文讥刺"（班固语）的味道。生活的转折和环境的变化，会带来性格的变化，自然引发艺术风格的转变。这些，又在当时的时局与胸怀天下的文人襟怀等诸因素作用下，呈现在这样的艺术画面和情感传达之中："壮岁从戎，曾是气吞残虏。阵云高、狼烽夜举。朱颜青鬓，拥雕戈西戍。笑儒冠、自来多误。"（《谢池春》）"羽箭雕弓，忆呼鹰古垒，截虎平川。吹笳暮归野帐，雪压青毡。淋漓醉墨，看龙蛇飞落蛮笺。人误许、诗情将略，一时才气超然。"（《汉宫春》）其豪迈狂放之态可见于《成都行》：

> 倚锦瑟,击玉壶,吴中狂士游成都。
> 成都海棠十万株,繁华盛丽天下无。
> 青丝金络白雪驹,日斜驰遣迎名姝。
> 燕脂褪尽见玉肤,绿鬟半脱娇不梳。
> 吴绫便面对客书,斜行小草密复疏。
> 墨君秀润瘦不枯,风枝雨叶笔笔殊。
> 月浸罗袜清夜徂,满身花影醉索扶。
> 东来此欢堕空虚,坐悲新霜点鬓须。
> 易求合浦千斛珠,难觅锦江双鲤鱼。
>
> ——《成都行》

中年时在蜀中的文学创作,成为陆游文学地位的标杆和艺术风格的代表。那种绮丽的想象、飞动的气势和狂放的个性,类似李白。虽然,他清醒地认识到作家要确立自我艺术个性,"文章最忌百家衣,火龙黼黻世不知。谁能养气塞天地,吐出自足成虹霓"(《次韵和杨伯子主簿见赠》),但"榜样的力量是无穷的",苏轼词"歌之曲终,觉天风海雨逼人"[①]的艺术冲击力,诱引着他去追求开阔豪放的风格,这就是杨慎《词品》评价他"雄快处似东坡"之所在。像"乞浆得酒人情好,卖剑买牛农事兴"(《游近村》)就是化用苏轼的"卖剑买牛吾欲老,乞浆得酒更何求"(《浣溪沙(自适)》)他这样描绘自己的蜀中形象:"诗酒清狂二十年,又摩病眼看西川。心如老骥常千里,身似春蚕已再眠。暮雪乌奴停醉帽,秋风白帝放归船。飘零先是关天命,错被人呼作地仙。"(《赴成都泛舟自三泉至益昌谋以明年下三峡》)"蜀汉羁游岁月侵,京华乖隔少来音。登临忽据三江会,飞动从来万里心。地胜顿惊诗律壮,气增不怕酒杯深。一琴一剑白云外,挥手下山何处寻?"(《绝胜亭》)其诗风豪放,气魄雄浑,内容丰富,亦见于他在戎州(今宜宾)的生活馈赠:"驿骑星驰亦快哉,筠笼露湿手亲开。不应相与无平素,曾忝戎州刺史来。""放翁游蜀十年回,病眼茫茫每懒开。怪底酒边光景别,方红江绿一时来。"(《荔子绝句》)以至于多年后他还在回忆:"江驿山程日夜驰,筠笼初拆露犹滋。星球皱玉虽奇品,终忆戎州绿荔枝。"(《蒲阳饷荔子》)对蜀中乡村

[①] 陆游:《跋东坡七夕词后》。

农家生活的展示,如其《岳池农家》:"春深农家耕未足,原头叱叱两黄犊。泥融无块水初浑,雨细有痕秧正绿。绿秧分时风日美,时平未有差科起。买花西舍喜成婚,持酒东邻贺生子。谁言农家不入时,小姑画得城中眉。一双素手无人识,空村相唤看缫丝。农家农家乐复乐,不比市朝争夺恶。宦游所得真几何,我已三年废东作。"

三、"未尝举箸忘吾蜀"

陆游晚年曾对儿子说,巴蜀"古今类多名人,苟居之,后世子孙,宜有兴者……乐其风土,有终焉之志"。①这确实是由衷之言。于是,一个带着"吴侬软语"腔调说四川话,醉步踉跄出现在巴蜀大地的放荡老头形象,呈现于世人眼前。陆游对这一创作阶段就极为珍视,他曾将四十二岁以前的诗"又去十之九",再考虑其晚年作品在词意和句法上有互相重复蹈袭的现象,陆游的蜀中创作,就特别重要,他将自己全部诗作辑录(85卷,收诗9千余首)并命名为《剑南诗稿》,正是出于这种考虑。这既是为了纪念这一段值得留恋的生活,也是他"未尝一日忘蜀"的必然结果,又如"入蜀还吴迹已陈,兰亭道上又逢春。诸君试取吾诗看,何异前身与后身"(《忆昨》),"革带频移纱帽宽,茶铛欲熟篆香残。疏梅已报先春信,小雨初成十月寒。身似野僧犹有发,门如村舍强名官。鼠肝虫臂元无择,遇酒犹能罄一欢"(《成都岁暮始微寒小酌遣兴》),甚至"自计前生定蜀人"(《梦蜀》),现世"弃官若遂飘然计,不死扬州死剑南"(《东斋偶书》),干脆"未尝举箸忘吾蜀"(《冬夜与溥庵主说川食戏作》)。

他不少词作也写得清丽缠绵,如"南浦舟中两玉人"(《鹧鸪天》)、"鸠雨催成新绿"(《临江仙》)、"陌上箫声寒食近"(《蝶恋花》)、"樽前花底寻春处"(《水龙吟》)等,这都是蜀中秀丽山水的蕴涵所致。有什么样的客观对应物,就能刺激起创作主体什么样的审美感受,我们不妨再看这类作品,如"山光染黛朝如湿,川气熔银暮不收。诗料满前谁领略,时时来倚水边楼"(《杂题》),"奇峰角立千螺晓,远水平铺匹练秋,诗料满前吾老矣,笔端无力固宜休"(《晨起坐南堂书触目》),"个中诗思来无尽,十手传抄畏不供"(《晚眺》),"眼边处处皆新句,尘务经心苦自迷。今日偶

---

① 陆子虞:《剑南诗稿·跋》。

然亲拾得，乱松深处石桥西"（《山行》），"今代江南无画手，矮笺移入放翁诗"（《春日》）等。他日常所用的稿纸，都要选择蜀纸来加强表达效果，所谓"玉屑名笺来濯锦"（诗后原注曰："何元立寄蜀纸"）（《休日与客燕语既去听小儿诵书因复作草数纸》）。

他太热爱这块大盆地了，一切都是那么美好："苊羹笋似稽山美，斫脍鱼如笠泽肥。客报城西有园卖，老夫白首欲忘归。"（《成都书事》）"流落天涯鬓欲丝，年来用短始能奇。无材藉作长闲地，有瘗留为剧饮资。万里不通京洛梦，一春最负牡丹时。襞笺报与诸公道，罨画亭边第一诗。"（《初到蜀州寄成都诸友》）"挽住征衣为濯尘，阆州斋酿绝芳醇，莺花旧识非生客，山水曾游是故人。邀乐无时冠巴蜀，语音渐正带咸秦。平生剩有寻梅债，作意城南看小春。"（《阆中作》）他东归后还不断地怀念蜀地风土人情和自己的蜀中生活，并时时见于歌咏，如《怀成都十韵》深情地回顾"锦城一觉繁华梦"，并慨叹"旧游欲说无人共"！仅月余又作《梦至成都怅然有作》说："孤梦凄凉身万里，令人憎杀五更鸡！"晚年"思蜀"更为强烈，并有"锦城旧事不堪论，回首繁华欲断魂"（《新春感事八首终篇因以自解》），"三十三年举眼非，锦江乐事只成悲。溪头忽见梅花发，恰似青羊宫里时"（《梅》），"天回驿畔江如染，凤集城边柳似搓"（《偶思蜀道有赋》）等诗作。

四、对巴蜀文学的巨大贡献

陆游的蜀中创作，无论是叙事、怀人、摹景，还是抒怀，都反哺着巴蜀地域文学的馈赠，为巴蜀文学的壮大和再积淀作出巨大贡献。钱锺书在《宋诗选注》中说，"一方面是悲愤激昂，要为国家报仇雪耻，恢复丧失的疆土，解放沦陷的人民；一方面是闲适细腻，咀嚼出日常生活的深永的滋味，熨帖出当前景物的曲折的情状"，而后者主要就是其蜀中之作，是陆游入蜀后受到巴蜀地域文化和民俗风习的蕴涵所致。同时，他的蜀中诗词，已经成为国人了解、认识巴蜀名胜、民俗的解说词和宣传片。即如陆游《天彭牡丹谱·花品序》记载："大抵花品近百种，然著者不过四十，而红花最多，紫花、黄花、白花各不过数品，碧花一二而已。"仅以他离开成都东归纪行为例，舟行至玉津有"蜀苑莺花初破梦，巴山风月又关身"（《舟过玉津》），至泸州有"行遍梁州到益州，今年又作度泸游……天涯住稳归心懒，登览茫然却欲愁"（《南定楼遇急雨》），至合江有"出门意惝恍，烟波浩无津。安得结茅地，与神永为邻"(《夜泊合江县月中小舟谒西凉王祠》),以及"依依向我不忍别,谁似峨眉半轮月?"(《舟中对月》)将到京口有"卧听金山古寺钟,三巴昨梦已成空"(《将至京口》)。

陆游的日记体纪实散文《入蜀记》六卷,记录他的入蜀见闻。尤其过三峡的一部分,多有对自然风光及名胜古迹的描述,读来饶有趣味。其笔致简洁而又宛然如绘,不仅是引人入胜的游记,同时对考订古迹和地理沿革也有资助。如"往庐山,小憩新桥市。盖吴蜀大路,市肆壁间,多蜀人题名","晚次黄牛庙,山复高峻。村人来卖茶菜者甚众,其中有妇人,皆以青斑布帕首,然颇白皙,语音亦颇正","妇人汲水,皆背负一全木盎,长二尺,下有三尺,至泉旁,以杓挹水,及八分,即侧坐旁石,束盎背上而去。大抵峡中负物率着背,又多妇人,不独水也。有妇人负酒卖,亦如负水状,呼买之,长跪以献。未嫁者,率为同心髻,高二尺,插银钗至六只,后插大象牙梳,如手大"等,这些都是珍贵的史料。还有在夔州的《东屯高斋记》。《老学庵笔记》是陆游晚年在乡之作,其中有大量有关蜀中风物人事的记载,极有价值,如"予游大邑鹤鸣观,所谓张天师鹄鸣化也。其东北绝顶,又有上清宫,壁间有文与可题一绝,曰:天气阴阴别作寒,夕阳林下动归鞍。忽闻人报后山雪,更上上清宫上看","成都药市以玉局观为最盛,用九月九日。杨文公谈苑云七月七日,误也。马鞭击猫,笻竹杖击狗,皆节节断折,物理之不可推者也","建炎以来,尚苏氏文章,学者翕然从之,而蜀士尤盛。亦有语曰:'苏文熟,吃羊肉。苏文生,吃菜羹'","四月十九日,成都谓之浣花遨头,宴于杜子美草堂沧浪亭。倾城皆出,锦绣夹道。自开岁宴游,至是而止,故最盛于他时。予客蜀数年,屡赴此集,未尝不晴。蜀人云'虽戴白之老,未尝见浣花日雨也'",等等。

八年蜀中生涯,有关报国之志和军事题材的如"书生又试戎衣窄,山郡新添画角雄"(《八月二十日嘉州大阅》),"旗脚倚风时弄影,马蹄经雨不沾尘"(《成都大阅》)等意气风发,终还是"画策虽工不见用"(《三山杜门作歌》);亦呈现于如《夔州劝农文》,以及"我游四方不得意,阳狂施药成都市。大瓢满贮随所求,聊为疲民起憔悴"(《楼上醉歌》)等民心工程。"邦人讼少文移省,闲院自煎茶"(《乌夜啼·檐角楠阴转日》),"冷官无一事,日日得闲游"(《登塔》)的职场闲暇,让他有更多精力进行文学创作。履迹所至,夔州、成都、嘉州、蜀州、荣州等地风物民情,无不生气勃勃地展现于笔端。也就是说,任何山水之美,都只能是在人的审美观照下,方能显示出其价值意义。陆游对巴山蜀水的咏吟,是宋人对"天下之山水在蜀"的再一次审美发现,又因其巨大名声,尤其是高妙的艺术技巧,美丽的巴蜀山水借助其作品而流传千古;其对蜀中自然风物和人文的歌咏,已经转化成一种乡邦文献,哺育着一代代人;陆游的蜀中之作,已经成为一种文学遗产,一股激励和导引后继者前行的艺术驱动力。

第十一节 文学理论与文献整理

一、王灼的《碧鸡漫志》

王灼(1081~1162?),号颐堂,遂宁人。写于成都碧鸡坊、成书于1149年的《碧鸡漫志》,是一本词曲评论笔记,共5卷。写作缘起是在友人家饮宴听歌有感,"出所闻见,仍考历世习俗,追思平时论说,信笔以记",又因"客寄"成都碧鸡坊而赋该书是名。该书论述了上古至唐代歌曲的演变,考证了唐乐曲得名的缘由及其与宋词的关系,品评了宋代词人的风格流派,介绍了民间艺人(甚至认为:"古者歌工、乐工皆非庸人"),是从音乐方面研究词调的重要资料,对中国词学、音乐学、戏剧学、民俗文化、古代文艺理论都产生了深远影响,为治词者所必备和研究者常援引。在一个相对完整的理论体系中,提出音乐发生原理:"天地始分,而人生焉,人莫不有心,此歌曲所以起也","故有心则有诗,有诗则有歌,有歌则有声律,有声律则有乐歌"。王灼提出词的审美标准——性情、自然、中正、雅、韵等,并作了深入具体的探讨,从历史和逻辑的结合上为词的创作与鉴赏提出了自己的美学观念。如说东坡"以文章余事作诗,溢而作词曲,高处出神入天,平处尚临镜笑春,不顾侪辈",且"指出向上一路,新天下耳目,弄笔者始知自振",说李清照"作长短句,能曲折尽人意,轻巧尖新,姿态百出,闾巷荒淫之语,肆意落笔。自古缙绅之家能文妇女,未见如此无顾藉也"等,都为文学创作风格呈现与作家性格的研究提供了新思路。

其词作亦显示出相当的艺术功力,如"来匆匆,去匆匆。短梦无凭春又空,难随郎马踪。山重重,水重重。飞絮流云西复东,音书何处通?"(《长相思》)又如:"休惜馀春,试来把酒留春住。问春无语,帘卷西山雨。一掬愁心，强欲登高赋。山无数，烟波无数，不放春归去"（《点绛唇·赋登楼》），以及"坠红飘絮，收拾春归去。长恨春归无觅处，心事顾谁分付？卢家小苑回塘，于飞多少鸳鸯。纵使东墙隔断，莫愁应念王昌"（《清平乐》）等，都可以看出其文采斐然。王灼的性格和人生理念亦在作品中有鲜明体现："长江飞鸟外，明月众星中。今来古往如此，人事几秋风。又对团团红树，独跨蹇驴归去，山水淡丰容。远色动愁思，不见两诗翁。酒如渑，谈如绮，气如虹。当时痛饮狂醉，只许赏心同。响绝光沈休问。俯仰之间陈迹，我亦老飘蓬。望久碧云晚，一雁度寒空。"（《水调歌头》）而叠字回环修辞手法的创新运用，显示了其文辞与音韵把握的高超技巧，即："命啸无人啸，含娇何处娇。江南烟水太迢迢。璧月琼枝空想、夜和朝。目断肠随断，魂销骨更销。琐窗风雨不相饶。犹似西湖一枕、听寒潮。"（《南歌子（早春感怀）》）其《糖霜谱》是现存的世界上最早一部关于蔗糖制作工艺的科技专著，《文献通考》《四库全书》和《中国机械工程发展史》等对其都有高度评价。王灼成就巨大且多样，被后人誉为宋代著名的科学家、文学家、音乐家。著作今存《颐堂先生文集》5卷、《颐堂词》1卷、《碧鸡漫志》5卷、《糖霜谱》1卷等，另有佚文10余篇。

二、计有功的《唐诗纪事》

计有功，生卒年不详，字敏夫，自号灌园居士，邛州安仁（今四川大邑）人，宣和年进士。在蜀中简州、眉州、嘉州等处为官，曾入外甥张浚幕府参与抗金事务。《唐诗纪事》凡81卷，是计有功编录的以诗系事的唐代诗人及作品评论汇集。收录范围是整个唐代300年间，共1150位诗人的部分诗作，且详略适当，又辑集本事与品评，兼记世系爵里，既是唐代诗歌总集，又是唐宋有关诗评的汇编，此亦见其特色。其规模之大，材料之丰，为唐诗研究提供了宝贵的资料。"自序"说：凡唐代"三百年间文集、杂说、传记、遗史、碑志、石刻，下至一联一句，传诵口耳，悉搜采缮录。间捧宦牒，周游四方，名山胜地，残篇遗墨，未尝弃去"。其辑录原则为凡是唐代诗人，有名必录；对每一诗人的作品，或录名篇，或存全璧，或记本事，兼采品评；凡其人可考的，则撮述其世系爵里和生平经历，使"读其诗，知其人"。其编纂原则是搜集诗歌，采辑资料，述而不作。有系统、有目的地把唐代诗人的生平、作品及评论等资料汇集成书，自此开始。后来《宋诗纪事》《元诗纪事》《明诗纪事》

等，都是沿用计有功这一新创体式编纂的。明代胡震亨在《唐音癸签》中指出："计氏此书，虽诗与事迹、评论并载，似乎诗话之流，然所重在录诗，故当是编辑家一巨撰。收采之博，考据之详，有功于唐诗不细。"计氏比较全面而集中地从数百种前人著作中搜集了大量有关唐代诗人的资料，对研究唐代诗人的生平及其作品都有很大参考价值，特别是其中还保存着许多现已遗佚的文献；且视野广阔，态度客观，不仅着重对大家名篇多加采撷，而且顾及僧人、妇女乃至地位低微者的佳作，网罗散佚，因此使许多难于传世者得以留存。《四库全书提要》赞誉为"是集，留心风雅，采摭繁富，旁征博引，兼评其爵里者，凡一千一百五十家，多赖是集以存矣"。较为完善的是中华书局2007年出版、今人王仲镛的《唐诗纪事校笺》。

三、任渊、李壁等人的诗文注释

任渊（1090？～1164？），名子渊，新津县人。同时代的许尹说他"尝以文艺类试有司，为四川第一"，曾任蜀中双流县令、潼川宪等职。少时曾从黄庭坚学诗，其《山谷诗集注》20卷完成于北宋政和元年（1111），另有《后山诗注》12卷、《山谷精华录》8卷，以及《宋子京诗注》和对韩愈的诗注（皆佚）。作为宋人注宋诗的典型代表，任渊的校释，大大发展了以《文选注》为代表的集部校释方法，撰年谱重系年以知人论诗、释典故以明诗意、析诗法以论艺术、重校勘以辩误等评论研究，在宋诗宋注中具有创新和垂范的作用，并对此后的诗歌校释、评点产生了深远的影响[①]。就选题而言，宋诗的宋调特色，在作为江西诗派的"一祖三宗"黄庭坚和陈师道的创作中呈现明显，宋人谢枋得甚至称誉他们为"本朝诗祖"（《与刘秀岩论诗》），这就决定了任渊选题的价值；其次，黄、陈学问厚重知识广博，"其用事深密，杂以儒、佛，虞初稗官之说"的内容渊深，根据文本本身来了解文本，进行释义或诠释理论，需要历史学、语言学、心理学、社会学以及文艺理论等多种学科素养积淀，以及运用这些学科知识的能力。任渊的努力获得学界的认可，被誉为"注家之绝佳者"[②]，陆游评说"近世有蜀人任渊，尝注宋子京、黄鲁直、陈无己三家诗，颇称详赡"（《施司谏注东坡诗序》）。他把研究对象置于特定社

---

① 慈波：《任渊宋诗校释平议》，《重庆社会科学》2005年第11期。
② （清）钱曾：《读书敏求记》卷四，"陈后山诗注"条，商务印书馆1936年版，第149页。

会环境中，既有政治大事件如"绍圣二年正月，范公安置永州，赵公澧州，山谷黔州"，亦有文坛运行状况如"山谷在京时多与东坡唱和"，并引用山谷的书信、铭文、诗歌以及山谷友人的第一手材料；列出对象某年的重要节点，再将该年的诗歌附于其下，这就为每首诗歌进行了系年编排，同时也对他人谬误进行辨证；在诗歌艺术分析上，亦显理论眼光，对事主作品中的对偶、遣词、用韵等，都有着独到的分析解说，如说黄诗"置字下语，皆有所从来"，"象外之意，学者当自得之"，"世或苦后山之诗，非一过可了，近于枯淡。彼其用意，直追骚雅，不求合于世俗。亦惟恃有东坡、山谷之知也"等。他所引用的许多著作如《唐宋遗史》《树萱录》、张舜民的《小说》《南迁录》今已不存。钱锺书《谈艺录》认为，任注一直被称精善是"大体详密，实符其名"。《四库全书总目·后山诗注提要》认为："渊生南北宋间，去元祐诸人不远，佚文遗迹，往往而存。即同时所与周旋者，一一能知始末，故所排比年月、钩稽事实，多能得作者本意。"著有《䜣庵集》40卷，惜已失传，《成都文类》收其古文3篇。

李壁（1157?～1222），丹棱人，著名史学家李焘之子，《宋史》本传说："壁少英悟，日诵万余言，属辞精博，（宰相）周必大见其文，异之曰：'此谪仙（指李白）才也。'""壁嗜学如饥渴，群经百氏搜抉靡遗，于典章制度尤综练。"他受赐进士及第，官至礼部尚书、同知枢密院事等，是当时政坛显要。其《王荆公诗注》50卷，引证广博，笺注详备，不用年谱，但在题下，或标年月，或引时事，姓名必著，官爵必书，对王之生平出处、兄弟朋友亲属过从离合之迹，亦略可考，是宋人注宋诗的范本。一是李着意于阐发诗意，以史证诗、文学阐释之外，还在注释中经常把自己和王安石联系到一起，通过注释顺便将自己的一些生平活动、个人感受穿插其中。如在王诗《平山堂》"一堂高视两三州"句下，李壁站出来以自己亲历说明"余乙丑以使事尝至堂上，时雨新霁。三州之盛，尽在目前。山石、草木、邑屋皆可数云"，又如王诗《白沟行》题下李壁证明说"余顷因使燕，亦尝过所谓白沟者，河甚浅狭，可涉"。总之，在评述王安石创作时，总要显示自己的存在，只要读到王诗所叙某处行踪，就要联想起自己的经历，十分注意凸显其个人意识；二是李壁注更重要的是其以诗证史，开钱谦益诗史互证之先河。李壁较早地使用诗史互证方法，其补史之阙、证史之误和诗史互证在整个古典诗歌注释史上都具有开创意义。如王诗《次韵平甫喜唐公自契丹归》题下，王安石自注曰："予辞北使，而唐公代往。"李壁据此又注曰:"据温公《朔记》:王安石以多病不愿奉使,以侍御史知杂范师道,又辞,乃以校理王绎代之。今此诗,公自言代公者乃张唐公也。"三是李壁注中的诙谐色彩较为突出①。他喜欢将诗话、笔记类叙述风格运用到诗注中,形成一种平易畅达有趣的意味。在说到王诗《示平甫弟》"岂无他忧能老我,付与天地从今始"时,他直接站出来说"公所造至是益高,他人不足与及此,故独以语平父",并且证明自己早曾对人发表过这个见解,似乎更有今人评论文章"我认为"特点。巴蜀"俗好文刻""好讥讪"的地域文化传统,也体现在李的学术批评中,如王诗《谢公墩》题下,李壁注曰:"墩在公所舍宅报宁福禅寺后。余尝至其处,特一土骨堆耳。"把王安石极为推崇的谢安,消解为一堆白骨。又因其《谢公墩》诗"我名公字偶相同,我屋公墩在眼中。公去我来墩属我,不应墩姓尚随公",讥笑"介甫性好与人争,在庙堂则与诸公争新法,归山林则与谢安争墩"。王"好与人争"曾被称为"拗相公",李评论其诗时,多次不忘顺便"幽他一默"。又如对王之"锦囊佳句敌西施"诗句,解说为进猪圈厕所(无乃是登溷之诗乎)之作,还有王诗《自白门归望定林有寄》题下,插入皇帝口语骂大臣的"白汝家门"。如此等等,使这本严肃的学术著述,充盈着诙谐轻松的趣味。

李壁的词作,亦有一定的艺术性。如《好事近·饯交代劝酒》:"莫惜一樽留,共醉锦屏山色。多少飞花悠飏,送征轮南陌。曲湖归去未多时,还捧诏黄湿。生怕别来凄断,看满园行迹。"又如《南歌子·使君》曰:"紫绶新符竹,叶赪老弟兄。西风吹棹过湖亭。杨柳夫渠相伴、也多情。况是瀛洲侣,来同酒盏倾。白沤浑不避双旌。一种风流人似、玉壶清。"还有《浣溪沙·人日过灵泉寺次韵少壮》曰:"祗记梅花破腊前,恼人春色又薰然。山头井似陆公泉。上客长谣追楚些,娇娃短舞看胡旋。崇桃积李自年年。"他一生著述甚丰,有《雁湖集》《中兴奏议》《清尘录》《中兴战功录》《临汝闲书》《内外制》《援毫录》等。

四、巴蜀第一部文学总集——《成都文类》

《成都文类》是南宋袁说友任四川安抚制度使时,组织编辑的一部对成都地区诗文进行分类编辑的总集。袁说友在《成都文类·序》中,解说该书收

---

① 韩元:《论李壁注在宋诗宋注中的新特点》,《中国文学研究》2016年第3期。

录范围是"流传之所脍炙,士友之所见闻,大篇雄章,英词绮语,折法度,极炫耀,其以益而文者,悉登载而汇集焉。断自汉以下,迄于淳熙,其文凡一千有奇,类为十一目,厘为五十卷"。所录诗文自汉代开始直至南宋淳熙间,成都地区的政治、经济、文化、军事等各方面,都得到较为完整的展示。这是一部明确标注地域的文学作品总集,同时也是巴蜀地区第一部诗文总集。《四库全书总目》评价其价值在于"所载不免挂漏,然创始者难工",这成为明代杨慎编修《全蜀艺文志》的蓝本。清人厉鹗编辑《宋诗纪事》时,就从中寻得宋代蜀籍作家104人,诗134首。袁主持编选的宗旨,应该是激扬蜀中士人积极进取之心,增强巴蜀人的"文化自信",即其《成都府学释奠》所谆谆劝导的:"西风淅淅露溥溥,释菜雍容礼可观。冠带三千严鹄立,风云九万欲鹏抟。锦江曾吐胸中凤,泮水新回笔下澜。拭目诸君快秋捷,胪传高压万人看。"其中收录任正一关于成都当时社会形态和民俗的描绘,实在是不可不读:

泛舟浣花溪之百花潭,因以名其游与其日。凡为是游者,架舟如屋,饰彩绘,连樯衔尾,荡漾波间,箫鼓弦歌,喧闹而作。其不能具舟者,依岸结棚,上下数里,以阅舟之往来。成都之人,于他游观或不能皆出,至浣花则倾城而往,里巷阒然。自旁郡观者,虽负贩乌莵之人,至相与称贷,易资为一饱之具,以从事穷日之游。府尹亦为之至潭上置酒高会,设水戏竞渡,尽众人之乐而后返。

——《游浣花记》

袁说友(1140～1204),号东塘居士,福建建安(建瓯)人。官至吏部尚书、参知政事。现存诗歌,可明确作于蜀中的有77首,《永乐大典》录其诗7卷,文13卷[①]。其蜀中诗歌有《入蜀纪行》《友朋同僚唱和》《悯农》等,这是所有入蜀诗人的共通之处。尤可注意的是他给蜀中士子的劝学与激励之作,如:"蜀才卓荦照宾筵,秀出斯文万选钱。圣主龙飞初策士,皇朝春好正朝天。丹墀独对三千字,黄甲重魁四十年。归把群书观未见,要令学业到纯全。"(《饯送蜀进士入奉廷对》)"岷峨策足问修程,入对明光近太清。五十年间多士赋,三千笔下一魁荣。斯文焜耀由奎画,是处流传仰蜀缨。我

---

① 罗超华:《论袁说友在蜀中的诗歌创作》,《乐山师范学院学报》2013年第7期。

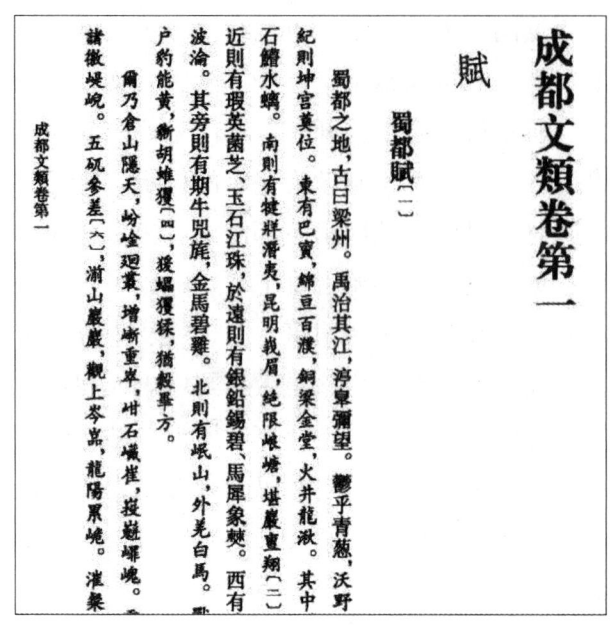

《成都文类》书影

已黉缘观盛事，更看公等致隆平。"（《蜀进士许成子魁天下用其殿前赋诗韵以志喜》）"昼绣归来自帝京，魁星双照锦官城。持衡称职真以事，劝驾何功亦与荣。细与论文重款接，要看落笔更纵横。我归便作江湖计，拭目需君辅太平。"（《宴许成子魏华文二魁吴文伯节判陈表之教授卢》）

蜀中井盐在宋代发展势头极好，南宋时期几乎成为支撑国家财政的重要部分，作为蜀地主官的袁说友自然对此有所关注，并作《观盐井二首》："私井公盐日夜煎，力劳功寡废民田。不如大噫驱东海，卷取洪波向蜀川。""桔槔汲水三千丈，顷转轮余一日回。蓑笠傍城埋井底，皮囊挈出卤泉来。"主政蜀中三年，步履所至，对巴蜀风物美景，他亦有所咏叹，如"江净孤月寒，山空野梅白"（《送王齐卿教授造朝》）、"又见东阡西陌雨，倚楼遥望湿轻蓑"（《新繁县麦秀两岐》）、"古柏修篁万木颠，盘山百折叩真仙。便疑脚踏如来地，已觉身游洞府天"（《过忠州酆都观》）、"一水横空翠，群山送远阴。临流新柳媚，隔岸小楼深"（《过邻水县横碧川》），以及绘写巫山的长篇歌行如"一峰霞彩迥在望，一峰展翠开屏帷。无心出岫云吐色，偃盖平峦松并枝"、"何如此峰无限好，行行列列临江湄。烟云漠漠出寸碧，风雨时时横黛眉"（《巫山十二峰二十五韵》）等。袁氏对巴蜀文化中的"大石崇拜"现象亦有所关注，如"羊肠路百转，当面一蹲石。高广不可际，隆重谁与匹。宛如百楹屋，玄缯四笼羃。又如龙虎踞，烟云绕其侧。突出众山间，旁无他石立"。（《大石》）

第六章 巴蜀文学的衰微与变异

第一节　战乱和专制对巴蜀文学的损害

一、战乱破坏与文化交流

1279年崖山一战，南宋丞相陆秀夫抱着最后一位小皇帝投海自尽，从此中华大地进入了元朝统治的时代。元朝统一中国后持续对外扩张，先后发动三次西征，其马鞭在欧洲大地上挥动并饮马多瑙河之滨，《元史·地理志》记载其疆域"北逾阴山，西极流沙，东尽辽左，南越海表"，是当时横跨欧亚大陆的世界上幅员最辽阔的国家之一。由于众多蒙古部落原为金国的臣属，以及把金国的中都（今北京）承继为首都等举措，史家又称"金元"或因其统治民族称为"蒙元"。元朝首次实施行省制度，把全国分为11个"行中书省"，1286年，在成都设立"四川等处行中书省"，简称"四川行省"，"四川省"始得名。

马背上民族的艰难生存历史，对不能当饭吃的文学是天然排斥的。如忽必烈："尝从容问曰：'高丽，小国也，匠工弈技，皆胜汉人，至于儒人，皆通经书，学孔、孟。汉人惟务课赋吟诗，将何用焉！'"①这种轻贱文学的思想，必然要贯穿于整个元朝的统治之中。元代统治者把臣民们划分为十个等级即十流，一官，二吏，三僧，四道，五医，六工，七匠，八娼，九儒，十丐，文化人社会地位最为低下，失去正常社会属性。另一方面，"蒙古族俗，贵贱无别，不事揖谦，尊卑不辨，但这些习以为常的蒙古族风俗恰是汉家礼法的忌讳所在"②，千年以来"唯有读书高"的价值标准，此时轰然坍塌。游牧民族入主中原，给整个中原文化带来了冲击也带来了交流，固有的文化传统增添了新的成分、新的活力。元代文化人所处"九儒十丐"的社会地位和"介乎娼丐间"的尴尬处境，涵蕴出汉族文化人诸多的"滑稽戏言"。曾经高唱"万般皆下品"的文化人，在严酷的现实压迫下不得不低下高贵的头颅，融汇平民乃至

---

① 宋濂：《元史》，中华书局1976年版，第3746页。
② 郭万金主编：《河朔贞刚：北方民族政权下的文学与文化》，商务印书馆2014年版，第240页。

于"贱民"阶层之中:"士无入仕之阶,或习刀笔以为吏胥,或执仆役以事官僚,或作技巧贩鬻以为工匠商贾。"①寓蜀诗人汪元量的《自笑》一诗,这样描绘元代社会形态的变化和思想文化的变革情况:"释氏掀天官府,道家随世功名。俗子执鞭亦贵,书生无用分明。"原有的中国汉文化主流被颠覆。明代到成都担任过蜀献王朱椿家庭教师的方孝孺在《赠卢信道序》一文中,指斥元代士风"习于浮夸""以豪放为通尚""骄佚自纵"。

1367年,朱元璋正式即帝位,次年改元洪武,定国号为明。明朝统治历时276年。洪武四年(1371年)正月,朱元璋命汤和为征西将军,周德兴、廖永忠副之,率大军溯长江而上,历时半年,大夏(1362~1371)明玉珍王朝(建都重庆)所辖四川、陕南、湘西、黔北、滇北等地全部纳入朱明王朝版图,并将受蜀人拥戴的明氏家族流放高丽。以"驱除胡虏,恢复中华,立纲陈纪,救济斯民"的口号,争取广大汉族民众支持而获得天下的朱明王朝,施行了一些"汉服衣冠"的恢复措施,对中国古典文化进行了大规模的整理,包括类书、政书、丛书、文集、总集、字典、词典、书目等,标志就是《永乐大典》的编辑和刊行。地方志的纂修在明后期也成为一种风尚,明朝末期西方传教士竞相来华,给明清之际的中国增添了一些新的文化元素。明代政治有新的特色,如废除从秦始皇以来沿袭千年的宰相制度,把最高权力集于皇帝一人,实行东厂、西厂和锦衣卫等特务统治和"天下莫不骇然"的廷杖制度,在殿上杖责大臣,大兴党狱、文字狱等,诛杀方孝孺十族等摧残文化的暴行,显示着封建统治达到空前的严密程度。如"大礼议"之争,首辅杨廷和罢官,牵连官吏180余人受杖责、134人下狱等,都体现着封建专制的残酷性。

二、专制高压与启蒙心声

元代统治者把君臣关系彻底变成了主仆关系,"元朝的权势贵族则因为身份上为君主的奴婢而不构成对君主权力的威胁,因此君主独裁的程度空前加强。所以君主专制,其实是征服王朝旧制和中原王朝汉法结合的结果,准确地说,应该从元朝开始"②。种族与血统的出身和"阶级论",成为元代社会的权

---

① 宋濂:《元史》,中华书局1976年版,第2017页。
② 屈文军:《论中国历史上的北方民族政权:以辽、西夏、金、元四朝为重点》,《西北民族研究》2006年第2期。

利获取多少与社会地位高下的关键。另外，元代的官学尚有蒙古字学、回回国学、医学、阴阳学等，亦颇具规模，"劝农"之学亦渐趋显要，汉族儒学不再有主宰一切的崇高地位。通俗化和多样化，成为元代文化运行的一大特色。

游牧民族入主中原之初，巴蜀地区一方面以巨大财力支撑着南宋王朝，另一方面顽强阻击着蒙古铁骑达30年之久，使之"先取全蜀，蜀平江南定"的战略难以实现。继忽必烈于1253年攻打巴蜀之后，1257年蒙哥大汗亲率大军自六盘山分路攻打巴蜀，在四川合川县钓鱼城遭遇顽强抵抗，先锋汪德臣阵亡，蒙哥承前后，省大汗也被火炮击伤。这位曾横扫欧亚、被罗马教皇格列高利九世惊呼为"上帝罚罪之鞭"的蒙哥大汗伤重难治，怀着壮志未酬的遗憾死在钓鱼城下。霸业未成的愤怒使他留下遗诏嘱咐部属："我之婴疾，为此城也，不违之后，若克此城，当赭城剖赤，而尽诛之。"在巴蜀战场上，蒙古王朝的两个大汗（忽必烈、蒙哥）、三个皇太子（拖雷、阔端、芒哥剌）步履艰难。国外史学界认为，正是巴蜀军民顽强抗击，减轻了蒙古铁骑对欧洲的威胁，才奠定了今天的世界格局，否则，其可能是另一种形态。蒙古铁骑从漠北草原上一个小部落开始起步，在不到20年的时间内，横扫欧洲、席卷西亚诸国，建立一个横跨欧亚的世界性大帝国，完全可以说得上是势如破竹、所向披靡、锐不可当，而在四川战场，却耗费了30多年的时间才获得惨胜。这场艰巨的阻击战耗尽了巴蜀地区的元气，对巴蜀地区的经济和文化造成巨大的灾难，许多文化人为逃避战乱远走他乡，巴蜀地域文学发展的基础受到极大的破坏。亲历者汪元量的《闻父老说兵》展示了这样的现实："昔闻天兵入西蜀，鞲鼓乱挝裂岩谷。金鞍战马踏云梯，日射旌旗红簌簌。黑雾压城尘涨天，西方杀气成愁烟。钓鱼台畔古战场，六军战血平三川。天寒日落愁无色，将军一剑万人敌。妇女多在官宫中，兵气不扬长太息。"巴蜀文学在元代的运行生态环境之恶劣程度，于此可见一斑。

《元史·刑法志》公开规定："诸妄撰词曲，诬人以犯上恶言者处死。"而元代统治者实行的"四等人制"，巴蜀士人成为最低的"南人"，加之在南宋王朝已经灭亡之后，巴蜀大地仍然坚持抗击蒙古铁骑数年之久，元朝统治者对巴蜀人的仇恨与打压程度之严重，不难想象。如宋元之际的《昭忠录·王翊传》（《守山阁丛书》）记载："二十四日，元兵步骑十万至成都，入自东门。二太子坐府衙文明厅，令卜者占，卜者曰：'民心不归，成都是四绝死地，若往，不过二世，不若血洗而去。'二太子大书'火杀'二字，城中百姓无得免者。"元代著名文人揭傒斯《彭州学记》从"夫蜀学有扬雄，文有相如，治有文翁"的回顾引发对蜀中现实的批判："土著之姓十亡七八，五方之俗更为宾主，治者狃闻袭见，以遗风旧俗为可鄙，前言往行为可陋。"作为一个闭塞的内陆型农耕文化区域，巴蜀文化未能及时地适应时代精神的变易，文学创造仍然停留在传统诗文体式上。基于以上原因，元代蜀中本土文学可以说是"乏善可陈"，较为典型地呈现着元代文坛"蔓草萋迷"的凋零之景。

但宋元之际流寓江南的世家大族蜀二代、蜀三代，许多却成为元代文学大家，如清人钱大昕《补元史艺文志》卷四所统计的，就有虞集、牟巘、邓文原、谢端、宇文公谅、程郇、支渭兴、王安民、杨如山、师余、任诏、王元明、刘有庆、徐梦吉等等。其原因还是在于"蜀学"渊源的涵蕴哺育。虞集在《送赵茂元序》中披露道："集与舍弟未髫龀，先君携之避地岭海，诸书皆先亲口授。十岁至长沙，始就外傅，从祖父秘监公必使求诸乡人教之，犹守此法也。"家族前辈"亲口"传授和寻求"乡人"学者教学，乃至于多年后回到巴蜀故乡的诗人，还是满口"乡人共讶声音似"的"四川话"（《作到先垄为墓人书》）。迁徙江南的虞氏家族选聘"乡人"教师并且成为一种"法"（制度），自然是要避免四川话与"吴侬软语"的沟通隔阂，也很难说不是基于对"我蜀"文化辉煌和"蜀学"传统的认同。宋末元初流寓外乡的蜀籍作家第二代、第三代在元代文坛的崛起，原因可由之解释。概而言之，流寓江南的元代蜀籍作家群，身处"吴中"却在价值选择和文化认同上皈依"我蜀"，交游圈和家族联姻也往往在"乡人"范围。明末大张"蜀人张岱"旗帜的《陶庵梦忆》和《西湖梦寻》，抒发对故国乡土的追恋之情，而这又奠立在其强烈的自我个性表现上，是以大受20世纪初中国新文化运动的先驱者们的极力推崇。《宋史·程公许传》说到一个现象，即"蜀有兵难，族姻奔东南者多依公许以居"，可见元代蜀人在东南聚合的一个原因。元代巴蜀文学创作，主要成就还在"流寓文学"中。

明代巴蜀文学较金元时期有所发展，但仍未能恢复到汉、唐、宋之全国地位。朱元璋第十一子朱椿被封藩为明朝第一代蜀王，《明史》本传说他"性孝友慈祥，博综典籍，容止都雅，帝尝呼为'蜀秀才'"。朱椿喜好文学，现存诗数首，多为与王府侍臣的唱和之作，如《赠胡子昭》《送方希直孝孺先生还汉中》等，还有聘方孝孺为世子傅，表其居曰"正学"，"以风蜀人"等发展教育的举措，都对蜀中文学的发展有着很大的引领和推动作用。蜀王府在明朝可谓富冠宗藩,这又为蜀中文学的发展准备了极好的物质基础。现今发现的明蜀王陵墓,其石刻亦充满着一种精益求精、务达完美的表现欲望,其技艺之精湛,风格之独特,雕刻之细腻,着色之绚丽,为"国内罕见的地下石刻艺术宝库",反映了明代上层统治者的奢靡风气和巴蜀艺术中"绮丽华美"的习俗。明代作家对巴蜀文学前贤仍然充满着敬仰,见贤思齐,从而激发蜀中作家的更大创作激情。

明代初期四川作家如朱椿、晏铎、周洪谟、赵弼等,明代中期四川作家朱让栩及蜀王府作家群,新都杨廷和与杨慎家族"一门六进士"作家群,眉州余氏文学家族,邛州刘氏家族作家,川北作家任瀚、陈以勤父子,遂宁黄峨及黄氏家族作家、谢东山、刘元凯,川南作家赵贞吉、高世彦、刘瑞、熊过、曾玙,川东作家邹智、张佳胤、刘春及其家族作家等,明代后期四川作家如黄辉、尹伸父女、王毓宗及遂宁吕氏父子、新繁费氏父子等,都在中国文学史上刻下或深或浅的印痕。近代蜀籍著名藏书家傅增湘所收藏的《明蜀中十二家诗钞》抄本,共抄录明蜀中十二家诗608首,包括从明代蜀诗中精选出来却名不见经传的乐山人王毓宗、简阳人曾日唯、成都人杨珩、邛崃人刘应聘和刘铸等的诗作。据《四川通志·经籍志》载,明代蜀人有别集者232家,清蜀人有别集者236家。在明代文坛上,"著述第一人""明朝三大才子之首"的状元杨慎,以及与杨并称"蜀中四大家"的任翰、熊过、赵贞吉,"后七子"成员张佳胤,"闺阁诗人"黄娥,"景泰十才子"成员晏铎,"父子宰辅"陈以勤、陈于陛,明代蜀中唯一的榜眼周洪谟,以小说《效颦集》三卷名世的赵弼,流寓他乡标举"蜀"的"吴中四杰"杨基和徐贲等,都对巴蜀文学的再度崛起,贡献极大。

第二节　元代巴蜀文学

一、一代诗文大家虞集

元代文人尤其是"南人"作家地位的低下,给文学创作抹上了浓浓的空幻感和凄凉感,具化为元代文学"蔓草凄迷"意象,如"王图霸业成何用"(马致远),"盖世功名总是空"(白朴)即是。这种时代精神如无名氏的《双调·水仙子过折桂令·饮兴》所传达的:

小槽新酒滴珍珠，醉倒黄公旧酒垆。酒旗儿飘在垂杨树，常想着花间酒一壶，酒中多少名儒。漉酒的陶元亮，当酒的唐杜甫，更有个涤酒器的司马相如。　　涤酒器的是司马相如，伴着个俊俏文君，卖酒当垆。有的是当酒环条，换酒金鱼。酒馆中有神仙伴侣，酒楼上红粉娇姝，常揣着买酒青蚨。不吃酒的愚夫，敢参不透这野花村务。

——《双调·山仙子过折桂令·饮兴》

"元诗四大家"的虞集、揭傒斯、杨载、范梈四人，其中被学界视为成就最大的是巴蜀作家虞集。

虞集（1272～1348），号道园，祖籍蜀中仁寿县，生于江西崇仁县，是南宋著名将领虞允文的五世孙。虞集是元代重臣、文坛领袖，同时代的欧阳玄在《雍虞公文序》中说"宗庙朝廷之典册，公卿大夫之碑板，咸出公手，粹然自成一家之言，如获拱璧"，可见其才华和影响之大。《元史》本传说他"虽博洽，而究极本原，研精探微，心解神契，其经纬弥纶之妙，一寓诸文，蔼然庆历、乾、淳风烈"，"一时大典咸出其手"，"平生为文万篇，稿存者十二三"。他和揭傒斯、柳贯、黄溍又被时人称为"儒林四杰"。清人黄宗羲对元代散文就推许姚燧、虞集两人，并且认为他们的文章胜过所有明代散文。元代欧阳玄称："公之临文，随事酬酢，造次天成，初无一豪尚人之心，亦无拘拘然步趋古人之意。机用自熟，境趣自生，左右逢源，各识其职。"（《圭斋文集·雍虞公文序》）《四库全书总目提要》高度评价虞集道："文章至南宋之末，道学一派，侈谈心性；江湖一派，矫语山林，庸沓猥琐，古法荡然。理极数穷，无往不复。有元一代，作者云兴，大德、延祐以还，尤为极盛，而词坛宿老，要必以集为大宗……迹其陶铸群才，不减庐陵（欧阳修）之在北宋。"

作为元代文坛执牛耳者，虞集有着较为系统的文艺思想：首先，坚持儒家正统观念，主张"情性之正"的人格修养才是写好作品的关键，认为"近世诗人，深于怨者多工，长于情者多美；善感慨者不能知所归，极放浪者不能有所反，是皆非得情性之正"（《胡师远诗集序》）。其次，他肯定"诗之为学"，盛于汉魏，备于"诸谢"，唐代大盛，李杜为正宗，宋不逮唐，所以提倡宗唐宗古（见《使还新稿序》）。第三，在风格上，他主要推崇"嗜欲淡泊，思虑安静"，"舒迟而澹泊，罔然而成章"，崇尚浑然天成之美。所以他特别欣赏陶渊明、王维、韦应物和柳宗元四家。他的诗苍劲老到，字锤句锻，端严齐整，自谓其诗如"汉廷老吏"。清人陶玉禾的《元诗选》就说："道园法度严谨，词章典贵，敛才就范，不屑纵横，汉廷老吏，故非自负。"如其七绝："雨浥轻尘道半干，朝回随处借花看。墙东千树垂杨柳，飞絮时来近马鞍。"（《访杜弘道长史不值道中偶成》）又如七律《挽文丞相》："徒把金戈挽落晖，南冠无奈北风吹。子房本为韩仇出，诸葛宁知汉祚移。云暗鼎湖龙去远，月明华表鹤归迟。不须更上新亭望，大不如前洒泪时。"这些作品把作者极为深沉的民族感情、历史兴亡感，融进了严整的艺术形式之中。诗风沉郁苍劲，用典精当，寄慨极深。陶宗仪在《元诗选》中评价说"读此诗而不泣下者几希"。都穆《南濠诗话》说，元诗称大家"必曰虞、杨、范、揭"，四人中又数虞集为巨擘。今人郑振铎在《插图本中国文学史》中指出："盖继元遗山而为文坛祭酒者，诚非集莫能当之"，"虞集出而诗坛的声色为之一振"。其诗"虽淡远而实肌充神足"并且"上接大历、元和，下开正德、嘉靖"，"浑厚典重，足扫晚宋尖新之习"（胡应麟《诗薮》）。清人陈邦彦辑录的《历代题画诗类》，收录有他的"题画诗"141首。

余如表现了他在官场倾轧中无可奈何的《无题》："夏簟琅玕冷于水，绿□烹鱼手操匕。晚风归燕杏梁深，恨不身先贵人死。"《腊日偶题》之二中的自我解嘲："归时燕子尾氄氄，重觅新巢冷未堪。为报道人归去也，杏花春雨在江南。"写辞官归田后的复杂感受如《无题》："贝阙珠宫夜不眠，露华浩浩月娟娟。不应又作人间梦，窈窕吹箫度碧烟。"还有在《家茶》中表达在野的孤高洁净志向："万木老空山，花开绿萼间。素妆风雪里，不作少年颜。"清代诗论家潘德舆在《养一斋诗话》中指出："道园诗乍观无可喜，细读之，气苍格迥，真不可及。其妙总由一'质'字生出。'质'字之妙，胚胎于汉人，涵咏于老杜，师法最的。"

虞集的词现存31首，多收录于《全金元词》。其思想内容和主要艺术特点，我们可以从其《蝶恋花》来认识："昨日得卿黄菊赋。细鬋金英，题作多情句。冷落西风吹不去。袖中犹有余香度。沧海尘生秋日暮。玉砌雕栏，木叶鸣疏雨。江总白头心更苦。"又如《题梅花寒雀图》："残雪晓，窗外幽禽小。春声初动苔枝袅。花落知多少。春起早，苦被东风恼。绿荫青子归来早。满径生芳草。"还有《烛影摇红》："雪映虚檐，梦魂正绕阳台近。朝来谁为护重笼，云卧衣裳冷。应念兰心蕙性。对芳年、才华自信。洞房春暖，换羽移宫，珠圆丝莹。板压红牙，手痕犹在余香泯。当时惟待醉翁来，教听莺声引。可惜闲情未领。但雕梁、尘销雾暝。几回清夜，月转西廊，梧桐疏影。"元代文学的"蔓草凄迷"情感主潮，在虞集的词作中体现得极为明显，如《无俗念》：

十年窗下，见古今成败，几多豪杰。谁会谁能谁不济，故纸数行明灭。乱叶西风，游丝春梦，转转无休歇。为他憔悴，不知有甚干涉。　　寥寥无住闲身，尽虚空界，一片中宵月。云去云来无定相，月亦本无圆缺。非色非空，非心非佛，教我如何说。不妨跬步，蟾蜍飞上银阙。

稍后的王叔载就认为，虽然虞、杨、范、揭四家并称于元代文坛，但"光芒变化，诸体咸备，当推道园"，"如宋朝之有坡公（苏东坡）也"。清末翁方纲也赞扬道："寻常故实，一入道园手，则深厚无际，盖所关于读书者深矣。南宋以后，程学、苏学，百家融汇，而归于静深澄淡者，道园一人而已。"被陶宗仪《辍耕录》评为"词翰兼美，一时争相传刻"的千古名句"杏花春雨江南"出自《风入松·寄柯敬仲》。其曰：

画堂红袖倚清酣。华发不胜簪。几回晚直金銮殿，东风软、花里停骖。书诏许传宫烛，轻罗初试朝衫。　　御沟冰泮水挼蓝。飞燕语呢喃。重重帘幕寒犹在，凭谁寄、银字泥缄。报道先生归也，杏花春雨江南。

虞集以身为蜀人而自豪，故自号"青城山樵"，自觉地张扬巴蜀地域文化传统，追求文学的自然表现和高昂的人格主体精神抒发，是以被时人誉为元代苏轼。他说过："吾蜀文学之盛，自先汉至于唐宋……非他州之所能及。"其《题晋阳罗氏族谱图》开篇便写道："昔者，吾蜀文献之懿，故家大族子孙之盛，自唐历五季至宋，大者著国史，次者州郡有载记，士大夫有文章可传，有见闻可征。"其尊崇乡邦之情，可谓溢于言表。如七古长诗《家兄孟修父输赋南还》中就有"我家蜀西忠孝门，无田无宅唯书存"等句，并感叹着"蜀山嵯峨归未得"。他还有广为传颂的《代祀西岳至成都作》"我到成都才十日，驷马桥下春水生。渡江相送荷子意，还家不留非我情。鸬鹚轻筏下溪足，鹦鹉小窗呼客名。赖得郫筒酒易醉，夜深冲雨汉州城"，以及《仁寿寺僧报更生佛祠前生瑞竹有怀故园三首·其二》"闻到故园生瑞竹，令人归兴满江干，扁舟不畏瞿塘险，匹马谁道蜀道难"。钟嗣成的《录鬼簿》记他有乐章（散曲）传世，但今只存（双调）折桂令《席上偶谈蜀汉事因赋短柱体》，其曰："銮舆三顾茅庐，汉祚难扶。日暮桑榆，深渡南泸，长驱西蜀，力拒东吴，美乎周瑜妙术。悲夫关羽云殂，天数盈虚，造物乘除。问汝何如，早赋归欤。"其中传达出元代文化人对自身命运的悲观、忧郁和苍凉情感，较为典型地体现他们叹老嗟卑和退隐归田的情感。王季思《螾庐曲谈》誉之曰："虞学士集之《折桂令》咏蜀汉事云云，通篇用'短柱格'，语妙天成。"

在《送袁伯长扈从上京》中，他选用最美的物象，设置各类鲜亮色彩，诱引世人去领略故乡之美和骄傲的文化："日色苍凉映紫袍，时巡毋乃圣躬劳。天连阁道晨留辇，星散周庐夜属橐。白马锦鞯来窈窕，紫驼银瓮出葡萄。从官车骑多如雨，只有扬雄赋最高。"他的作品也常常体现着巴蜀话语方式，如《至正改元辛巳寒食日示弟及诸子侄》"江山信美非吾土，漂泊栖迟近百年。山舍墓田同水曲，不堪梦觉听啼鹃"，以及《一剪梅》"豆蔻梢头春色阑。风满前山，雨满前山。杜鹃啼血五更残，花不禁寒，人不禁寒，离合悲欢事几般。离有悲欢，合有悲欢。别时容易见时难，怕唱阳关，莫唱阳关"。其他还有如"每爱商公写蜀山"的《题商德符华山画》以及《题王庶山水》、《张道士蜀山图》、《题秋日蜀棠》、《壬申芝亭春帖子》之一、《保同监邑送桑本》、《家兄孟修父输赋南还》、《画鹤》、《留别叔父》、《南山翁》3首、《与刘翼之》等，都可以看出他那浓厚的思蜀之情。

今存收录其诗、文、词的《道园学古录》50卷，有《道园集》传世。他的书法堪称元代一家，有人评价为"真行草篆皆有法度，古隶为当代第一"。作为元代中期的文坛盟主，其诗歌、散文、散曲等都有很高的造诣。同时代的欧阳玄指出："皇元混一天下三十余年，虞雍公赫然以文鸣于朝著之间，天下之士翕然，谓公之文当代之巨擘也。"清人翁方纲也认为："入元之代，虽硕儒辈出，而菁华酝酿，合美为难。虞文靖公承故相之世家，本草庐之学，习朝廷之故事，择文章之雅言，盖自北宋欧苏以后，老于文学者，定推此一人，不特与一时文士争长也。"《元史》卷一八〇有传，《墨缘汇观·法书卷》《三虞堂书画目》著录有其书法作品。

二、任士林、王学文、邓文原、蒲道源等

牟巘（1227~1311），井研人，因避战乱，随父亲牟子才徙居湖州（今浙江吴兴），元人程端学在为巘父作《牟清忠公奏议·序》云："公讳子才，字

存叟，蜀之陵阳人。"王士禛的《居易录》评其诗谓"有盛宋时坡谷门风，题跋亦如之，杂文皆典实详雅"。黄溍的《隆山牟先生文集序》称："若昔宋东都盛时，眉山苏氏父子出而蜀之文章被于海内，渡江后，疆圉日蹙，衣冠流散，而蜀之文章萃于东南及其既久也，百年之遗老相继沦谢，而陵阳牟氏父子遂岿然为蜀士之望，以耆年宿德擅文章之柄而雄视乎东南者，大理公一人而已。"他关于诗歌创作甘苦的论述，较为典型地呈现为"为艺术而艺术"观点，即"诗直耳目玩耳"！故而批判"自昔诗人，往往以之铢心招胃，甚至欲呕其心，而少陵亦有'良工心独苦'之语。夫愁劳其心以娱耳目，如膏自煎，盖可叹，而世且竟为之，悲鸣两吻不肯止，岂所苦未易夺所乐耶？俞君好问，日以吟哦为事。吾意其未免昔人之所患苦……宜其有以自乐也"，他认为最好的作品应该是"取之胸中，施之笔下，如出自然，无一艰涩寒俭态"①。这也表现在《右军·书裙帖》题款："戏将墨妙写烟云，晓起惊呼失素裙。尽洗当年羞涩态，从今不比旧羊欣。"其作品在不同选本中出现频率较高的是《木兰花慢·饯公孙倅》，词曰：

山城如斗大，君肯为、两年留。问读易堂前，翛然松竹，留得君不。天边乍传消息，趁春风、归侍翠云裘。留取去思无限，江蓠香满汀洲。不妨无蟹有监州。臭味喜相投。怪底事朝来，骊歌催唱，唤起离愁。羡君戏衫脱却，一身轻、无事也无忧。昨夜梦随杖履，道林岳麓同游。

其学问渊博，为时所重，表达诗学见解的序文14篇，臧否人物针对性强且言之有据，常采用对比或衬托的手法，用前代或当代诗家的诗风和成就托衬评论对象的特色和价值。虞集《道园学古录》中的《牟伯成墓碑》说："然自大官显人过吴兴者，必求大理公，拜床下得一言而退，终身以为荣。"可见牟巘在当地的声望与影响。牟巘撰文、赵孟頫书并篆额《玄妙观重修三门记》，作为艺术珍品现藏日本东京国立博物馆。赵的多数书法都是牟巘撰写的文字，几乎到了非牟巘撰文赵孟頫不书的程度。有诗文集《牟氏陵阳集》24卷。

牟巘长子牟应龙（1247～1324），号隆山，南宋咸淳年进士，元初名流，有因故乡井研地名命名的《隆山牟先生文集》，惜散佚，《全元文》13册辑

---

① 牟巘：《俞好问诗稿·序》，《陵阳集》卷一二。

录牟应龙文5篇。牟氏不忘蜀地，"居吴兴三世矣，而风致犹故乡"①，属于"蜀二代"。黄溍在《隆山牟先生文集·序》中称赞牟应龙说："隆山先生，大理公之冢子，能世其家业而不陨者也。""呜呼！坠绪茫茫，千钧一发，剥果不食，萌芽方新。斯文之未丧，岂但为蜀士之幸乎？"②其为南宋著名学者王应麟《困学纪闻》（元刻本）所作《序》曰"九经旨趣，历代史传之事要，制度名物之原委，以至宗工巨儒之诗文议论"，可见其治学之道。他虽享大名但并无诗集传世。2011年北京国际饭店会议中心拍卖从美国回流的元代《崇真万寿宫瑞鹤诗唱和卷》手迹，这些诗作皆未见于各类选本，只有清初顾复有"（阎复）前有题官衔名款，复号静轩，官集贤大学士，至元时人。后文衡山二图书，詹景凤图书，方回和韵，家之巽和韵，张楧、牟应龙诗，杜道坚跋"（《平生壮观》）等语。此手卷中牟应龙题诗为七言古体，仄声韵，共22句。他在元代书画界与赵孟頫、钱选等并称"吴兴八俊"，同享盛名，有《元牟应龙题孔门名贤相册》画作流传于世。

　　任士林（1253~1309），字叔实，号松乡，绵竹人，后徙居奉化，讲学于会稽和钱塘，后被重臣推荐为湖州安定书院山长。时人赵孟頫为墓志曰："叔实之于文沉厚正大，以一理为主，不作瘦语棘人喉舌，而含蓄顿挫，使人读之而有余味。"（《松雪斋文集》卷六）《四库全书总目提要》评说其在元代文学发展历程的价值："南宋季年文章凋敝，道学一派，以冗沓为详明。江湖一派以纤佻为雅隽，先民旧法，几于荡析无遗。士林承极坏之后，毅然欲追步于唐人，虽明而未融，要亦有振衰起废之功，所宜过而存之者也……杜本亦称其《谢翱传》《胡烈妇传》能使秉彝好德之心千载著明"，并例证《自然道士传》《正一先生传》《寿光先生传》诸篇。他的《送叶伯几序》描绘过元代远洋商船："舶挂十丈之竿，建八翼之橹，长年顿指南车坐浮皮上，百夫见鼓番休整，如官府令。碇必良，纤必精，载必异国绝产。"他对重建书院恢复文教亦有《重建文公书院记》专文呼吁："世祖皇帝混一区宇，郡县学益崇且侈，愿以力创书院者，有司弗夺其志，部使者加察详焉，行者设宫以圭之，其选视学正录。"这些文字已经成为研究中国书院制度和元代教育事业运行等征引的主要材料。其《杭州路重建总管府记》所说的"至顺中，杭为郡，自五代迄

---

① 虞集：《牟伯成墓碑》，《道园学古录》卷一五。
② ［元］黄溍：《隆山牟先生文集·序》，《金华黄先生文集》卷一六，四部丛刊本。

今，不受兵革之患，故生齿日繁，庐井蚁附。城内、外居者无虑数十万家"，已经成为研究元代江浙地区社会经济情况的重要数据。余如《江浙行省春运海粮记》所记录的江浙行省官员在漕船出发前，都要拜祭天妃（即妈祖）宫，以及《省府祈晴意旨》《奉化州新修学记》等，都是史学家重视的内容。有学者指出："元前期作家存赋较多的还有耶律铸（15首）、王旭（10首）、戴表元（14首）、任士林（18首）等，他们也都是只作古赋而不作律赋，这对于当时律赋与古赋分途并行趋势的形成，无疑产生过或大或小的影响。"[①]其《吉祥草赋》"方其根移露本，盆壅春膏，拟紫茎之逞瑞，伉兰蕙于亭皋"，"江路微暖，野梅漏枝，骀荡未透，宫杨绾丝"，"含英之木，丽土之支，孰不听造化之鼓舞，候气母之推移"等句，以及《水仙花赋》"持杜蒯而未扬，想堂中之欢乐"，可谓极尽辞藻华丽之美，常被植物学界称引。其《感雉鸣赋》有感于雉鸣起笔，从雉的美丽羽毛反招祸害拓展开去，生发出"太上贵质，其次有文。文而好自用，斯为下"的人生哲理。余如《蚯蚓赋》《翰音赋》《灯花赋》等，皆是。其《凤花赋》曰：

鸡悼牺而断尾，鹤有雏而拔羽。机心洞人，网目如雨。将色举于朝阳，甘草木以同腐者乎？噫嘻！艮岳之植，政和之纲。辇而致之，汴水汤汤。一花不发，摧折无光。天子曰吁，谪归故乡。抱朏而旋，东风重芳。盖天津之声舌既饶矣，使一见赏幸，则华林之观铜雀之二乔矣！其不为强项供奉之所笑者几希，安在德辉而下之？立翠微之晓月，伴栋树之后风。万卉欲寂，空山自红。太牢钟鼓而不怿，红裙檀板而不惊。苍梧楚楚，翠竹亭亭。清风徐来。求皇欲鸣。渺不知花之精、凤之灵，吾亦蝶我之俱化，歌樊诗之商声。

任士林著有《松乡文集》十卷，见录于《四库全书》。另有《论语指要》《中易》等，已佚。生平事迹见元赵孟頫《松雪斋文集》卷六《任叔实墓志铭》、《元史类编》卷三六等，民国的《新元史》卷二二八，有传。

王学文，号竹涧，眉州人，生卒年不详。今存词4首，元代刊刻行世的词集《元草堂诗余》（《精选名儒草堂诗余》），收录有其名作《摸鱼儿·送汪水云之湘》："记当年、舞衫零乱，霖铃忍按新阕。杜鹃枝上东风晚，点点泪

[①] 黄仁生：《中国文学古今演变刍议》，东方出版中心2014年版，第121页。

痕凝血。芳信歇。念初试琵琶，曾识关山月。悲弦易绝。奈笑罢颦生，曲终愁在，谁解寸肠结。浮云事，又作南柯梦彻。一簪聊寄华发。乾坤桑海无穷事，才历昆明初劫。谁共说。都付与焦桐，写入梅花叠。黄花送客。休更问湘魂，独醒何在，沉醉浩歌发。"汪水云即宋元之际的著名诗人汪元量，词中回忆昔日二人蜀中相逢的狂欢，述说自己不尽的思念，感叹白云苍狗世事变幻，用典贴切，意象鲜明，情感浓烈，是为名作。又《词综》卷二八所录其《绮寮怨》①：

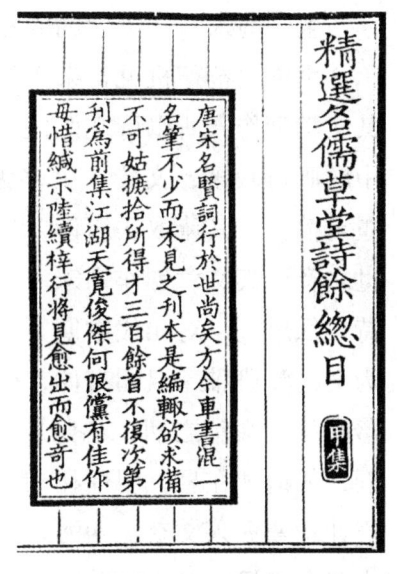

元代《精选名儒草堂诗余》书影

忽忽东风又老。冷云吹晚阴，疏帘下、茶鼎孤烟，断桥外，梅豆千林，江南庾郎憔悴，睡未醒、病酒愁怎禁？倚阑干、一扇凉风，看平地，落花如雪深。　　千曲囊中古琴。平泉金谷、不堪旧事重寻。当日登临。都化作、梦销沈。元龙丘坟无恙，谁唤起，共论心？哀歌怨吟。问何似、啼鸟枝上音。

邓文原（1258～1328），字匪石，一字善之，绵州人。绵阳古属巴西郡，故《四库全书总目提要》说他"自称巴西，不忘本也"，后人因之尊为"邓巴西"。他幼年随父亲徙居钱塘，在南宋末参加科考，在"流寓"蜀士中居第一。他在中国文化史上的地位，主要在书法绘画领域，是元初三大书法家之一。他擅长楷、行、草书，以章草见称，传世作品如《急就章卷》，运笔清劲秀丽、韵致古雅，"有晋人意，而微近粗"，对于恢复和发扬绝响已久的古书体作出了贡献。明人袁华跋曰："观其运笔，若神蛟出海，飞翔自如。"邓文原在主持江浙文化事宜时，"虑士守旧习，大书朱熹《贡举私议》，揭于门"。《元史》本传曾专门举例，为其画像："文原内严而外恕，家贫而行廉。初客京师，有一书生病笃，取橐中金，嘱文原以归其亲；既死，而同舍生窃金去，文原买金偿死者家，终身不以语人。"其人品和行事特点，于此可见。

---

① 多种材料指该词为宋代赵功可之作，如今人唐圭璋编《全宋词》等。此据清代朱彝尊编《词综》。

生于南宋、仕于元朝的邓文原,平生志向是"归休企前哲,矢言著贞诚"(《雨中次范德机见寄杂兴韵》)。人们常常聚焦于他的书法家身份,而忽略其文学创作,所以诗文散佚情况比较严重。现存诗文多为奉和酬唱之作,诗集中题画诗较多,文集中又多为碑铭序记。其留存的约130首诗主要收录于《素履斋稿》。其诗取法唐诗,一矫宋金诗歌之弊,同时开启了元代中期文坛的治世之音。其文章创作宗宋,尤以欧阳修为法,在大德、延祐间,以词林耆旧主持文坛风气,对元代中期文风的形成作出了巨大贡献。时人黄溍评价说:"公为文精深典雅,温润有体,确实而有征。诗尤简古而丽逸","东南遗老,凋落既尽,文章之柄,悉归焉"[①]。时人任士林也说他"善之浑厚以和,沉潜以润,如清球在悬,明珠在椟。当大德、延祐之世,承平日久,善之与袁伯长、贡仲章辈振兴文教,四海之士,望风景附,王士熙、冯思温名位为最显,亦皆出善之之门。文章之柄悉归焉,其盛事可想见也"[②]。

世事沧桑,慷慨愤激的亡国之痛,终究不免南柯一梦,最后只能化作丝丝缕缕的忧伤。这是元代汉族文人尤其是由宋入元的文化人难以排遣的情结,这在他的《正旦有感》中表述为:"干戈短景去匆匆,回首南朝一梦中。世事尽随天道北,春正依旧斗杓东。四时玉烛堪调燮,万国车书想混同。寂寞荒山老松树,看渠梅柳竞春风。"宋元换代的新身份的尴尬,他乡漂泊的愁绪,被转化为这样的场景画面:"数尽飞花一怆然,壮心迢递夕阳边。十年人事空流水,二月风光已杜鹃。过眼青春宁复得,浼人黄土绝堪怜。故园尚有平生约,可使苍苔到石田。"(《独立》)诗人感叹时光飞逝,反观自己无所作为而惆怅,只得在莺声、鸡鸣中寻觅慰藉和自我排解。又如

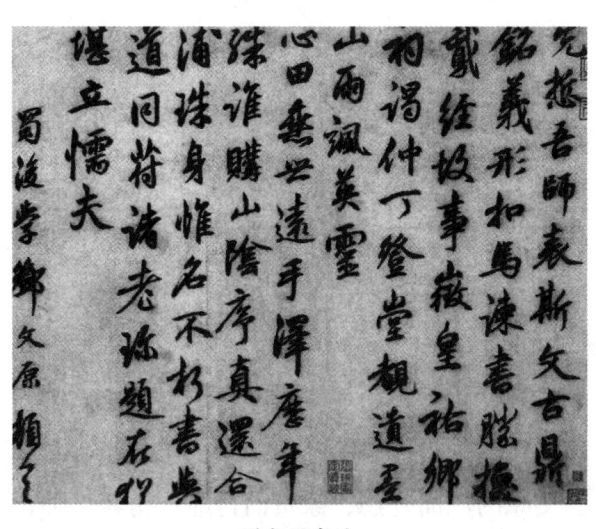

邓文原书法

[①] (元)黄溍:《邓公神道碑铭》,《黄金华集》卷二六,元刊本。
[②] (清)顾嗣立编:《元诗选》二集,中华书局1987年版,第273页。

《除夕书怀》:"年光逝若片帆轻,坐惜宵分到启明。客舍张灯浮太白,禁钟和漏隔华清。摄提北斗中天运,太乙东宫吉日迎。身在词林无寸补,几陪鸳鹭听鸡声。"诗中大量使用计时物象,形成一种光阴荏苒的紧迫感,感叹自己的创作对文坛贡献太少。其《温日观葡萄》所表达的是另一种情感:"满筐圆实骊珠滑,入口甘香冰玉寒。若使文园(原)知此渴,露华应不乞金盘。"妙用视觉和味觉,对葡萄的外形和口感加以描绘;后两句运用夸张和想象,写出对葡萄美味的贪恋,于中可以看到蜀中前贤"日啖荔枝三百颗,不辞长作岭南人"的依稀身影。其长诗《登五岭》,较为集中地表现了生活方式和人生态度。其曰:

> 去岁登斯岭,歊暑穷跻攀。
> 兹历至源道,五岭九萦盘。
> 鸡鸣戒行李,月明清露漙。
> 笋舆兀残梦,绨衣飒微寒。
> 峭立芙蓉峰,秀出群厓端。
> ……
> 农意良已欣,我行讵云难。
> 买酒浇磊块,临溪濯潺湲。
> 山灵亦我娱,风松写清弹。

邓文原在中国文化史上的贡献主要在书画艺术领域,因此"题画诗"创作占有极大比重。《素履斋稿》多达三分之二的题画诗里,内容涉及动物、人物、山川景物;邓文原的诗里,用强烈的时间意识笼统地表达了生命的主题,有一种离开尘世、独守清幽的愿望,表达了他对山林隐居的向往;同时题画诗还体现了邓文原对绘画艺术的鉴赏和辨别能力。如:

> 玉立桐阴十亩苍,托根何必在朝阳。
> 迎风簌簌秋声早,洒雨阴阴月色凉。
> 胜事只消琴在膝,野情聊倚石为床。
> 高人自得坡头趣,不为花开引凤凰。
>
> ——《松雪翁桐阴高士图》

苍山高处白云浮，楼阁参差带远洲。
千尺虬龙依绝壁，一群鹳鹤唳清秋。
山翁有约凭双屐，野客无心溯碧舟。
最是霜林好风景，居然咫尺见丹丘。

——《赵千里山水长幅》

花老蛮烟细雨尘，几经清梦叹真真。
夜窥幽树惟山鬼，暖入孤根有谷神。
岁晚妆残金屋冷，月明歌散玉楼春。
十年不到西湖路，辜负先生垫角巾。

——《客京师次张仲实见寄观梅韵》

人才有我难忘物，画到无心恰见工。
欲识高侯三昧手，都缘意与此君同？

——《题高房山墨竹图》

还有为前辈乡贤文同的画作题诗如《文湖州竹二首》："翰墨真儒者事，书生如山未知。判取诗书万卷，来看风霜一枝。""此老墨君三昧，云山发兴清奇。我来蓬莱书府，曾看晓霭横披。"他并非一味地"为艺术而艺术"，作为一个志向高洁、为人正直的艺术家，他对社会的丑恶现象尤其是官僚阶层鱼肉百姓的恶性，进行愤怒批判，如《钱舜举硕鼠图》："禾黍连云待岁功，尔曹窃食素餐同。平生贪黠终何用？看取人间五技穷。"

邓文原在自己的艺术作品中使用的"巴西"题款，表达的是对故乡巴蜀的认同感。其《送蒲廷瑞北游序》一文中对蜀人性格概括为"吾蜀尚乡义，邂逅辄握手笑语，若平生欢。然性多允直，有过亦面折不少恕。余生晚，犹得接诸故老而挹其遗风焉"。乡贤"故老"成为流寓在外的诗人承继巴蜀文化"遗风"的重要途径。在《清明省墓》诗中，他有着这样的表述："短棹吴歌花满川，春帆愁断《蓼莪》篇。小溪萍藻墦间祭，春雨桑麻墓下田。黄壤有灵终异土，青山无树半荒阡。伤哉巴峡松楸路，狐兔苍寒六十年。"身在异土异乡，只能遥遥祭奠先人，怆然之情难以言表。《四库全书总目提要》评价他在元代文学发展历程的贡献价值在于："学有本原，所作皆温醇典雅。当大德、延祐之世，独以词林耆旧，主持风气。袁桷、贡奎左右之。操觚之士，响附景从。

元之文章于是时为极盛，文原实有倡导之功。"清陈邦彦辑录的《历代题画诗类》，收录有邓文原的"题画诗"66首。著有收碑志记序70余篇的《巴西文集》，以及《内制集》《素履斋稿》等。113篇散文收录于现代整理本《全元文》。《元史》卷一二七有传。

蒲道源（1260～1336），号顺斋，青神县人，后徙兴元南郑（今属陕西），尝为郡学正，后罢归。晚年以"遗逸"征入翰林编修，迁国子学博士，延祐七年（1320）辞归，在优游林泉、寄情山水中度过晚年。时人黄溍在《顺斋蒲先生文集序》中称其"以性理之学为台阁之文，譬如良金美玉，不假锻炼雕琢，而光耀自不掩"。收录其诗文作品的《闲居丛稿》初刻于元至正十年（1350），可见其文坛影响和实力。又因为主要居住在陕西汉中，其笔下存留有许多陕南的文化史料。今见其作品，多属词曲，如《点绛唇七首》：

西蜀咽喉，钩连阁道苍崖斗。□皇天授。故国□江口。　往事浮云，依旧梁山秀。时延首。淡烟疏柳。欲画无奇手。

——《点绛唇七首·其三》

《酹江月》则鲜明体现着其性格："暮秋天气，似堪悲，还有一般堪悦。憔悴黄花风露底，香韵自能招客。手当红牙，觞飞急羽，且为酬佳节。龙山依旧，不知谁是豪杰。我爱隐士风流，就开三径，欲往无能得。万事会须论一醉，非我非人非物。座上狂歌，尊前起舞，待向醒时说。傲霜枝在，莫教空老寒色。"（《酹江月·次李寿卿侍西轩先生九日赏菊》）《临江仙》之二曰："健笔兴来挥乐府，无愁可到眉头。可怜郊岛两诗囚。枯肠徒自恼，骍汗只供羞。我欲与君追李白，神游共访丹丘。千金不惜翠云裘。呼儿多换酒，一醉万缘休。"《西江月》曰："堤柳风前影瘦，池荷雨后香残。高秋物色已阑珊。落日孤烟微暗。平野大家徐步，此身赢得长闲。路逢俗子笑相看。道我为欢冷淡。"还有《满庭芳》："长忆当年，读书窗下，岁寒留看孤芳。巡檐索笑，重到更彷徨。梅隐先生何在，清江外、新构茅堂。人应道、攀枝嗅蕊，那得救饥肠。多情余习气，芒鞋竹杖，未忍相忘。但年年依旧，疏影幽香。好是春风近也，犹记得、吟绕昏黄。开尊饮，参横斗转，同醉卧花旁。"又如《鹧鸪天·和客中重九》："冷落寒芳一径幽。无诗无酒若为酬。一生几得花前醉，两鬓难禁客里秋。思往事，泪盈眸。共嗟日月去如流。短歌谩寄乡邻友，写入新笺字字。"有夸老赞闲的《木兰花慢·寿刘刑公》:"八旬今又八,说尚齿,更谁尊。况赐号司徒,跋封大国,荣及生存。白麻制词新宠,算一家、四世被皇恩。七十儿为内相,斑衣笑捧金尊。近闻迎驾到金门。亲奉玉音温。问父子行年,康宁寿考,定省晨昏。銮坡正须耆旧,道平时、致仕不宜论。这种灵椿丹桂,天公偏养深根。"

久居南郑,仍然难以忘怀故土家乡,这在为一位朋友送行的《题李行简宪使锦城西墅》中得到展示:"锦城西墅类槃阿,酿酒弦琴适意多。轩冕浮云庄蝶梦,桑榆暇日鲁阳戈。门无定客来同饮,儿有新词许再歌。老我汉南忘宠辱,碧江烟景侣渔蓑。"诗中对蜀中的繁华,诗酒音乐相伴的生活形态,难以忘怀。其还作有讽刺批判朝廷选美的《闲居纪事》:

古人制婚礼,所贵在人伦。冠笄年既迈,受币方交亲。后世虽偷薄,十中五犹遵。如何至今日,彝典俱湮沦。男痴已合配,女幼皆成姻。安知虑天寿,奚暇占吉辰。媒妁走市井,鼓吹喧城闉。百年只仓卒,大事为因循。问之何遽然?诏云选佳人。传闻至太甚,意失非本真。正道难化俗,讹言易惑民。于初苟不慎,其末弊将臻。寄声秉钧者,风俗何时淳?

他有散曲《顺斋乐府》一卷,元至正十年(1350)刻本《顺斋先生闲居丛稿》今存,其遗文为《闲居丛稿》26卷,内诗赋8卷、杂文乐府18卷。今人唐圭璋《全金元词》收录其词32首。

谢端(1279~1340),字敬德,遂宁人,元代著名文学家、史学家。与宋本以文学齐名,时号"谢宋"。《元史·谢端传》曰:"元世蜀士以文名者,曰虞集,而谢端其次云",其行政能力极强,"旁郡滞讼,皆诿端谳。端剖决如流,绩誉籍然。其文章严谨有法,宁约近瘠,无奢滋驳"。谢端家族因宋元战乱逃离四川,流寓湖北江陵,后全家迁居武昌。元代苏天爵的《谢公神道碑铭》云:"累朝信史、典册、制诏,当代公卿祠墓碑版,多出公手。"在大都时,谢端广泛结交蜀籍名士,被认为是"川党"先锋。天历元年(1328),谢端与虞集以及林宇同观王羲之书法《曹娥碑》。三人在跋中分别以"蜀郡虞集""遂宁谢端""蜀郡林宇"署名,可见对蜀地故乡的归属感与认同感。著有《谢文安集》《谢文安遗文》,均亡佚。《元诗选》录有其诗,其为成都凉国公赵世延的《先氏书岩记·跋》(先氏书岩在四川合江县)曰:

端亦蜀人也，流离江汉间几十余年矣。某山某水不知几何所，览读书崖之记，始知先氏世有贤子孙矣！端今老矣，行于四方，欲求一亩之居而不可得。吾蜀多异人异书，何时扁舟溯江而上，从书崖岚光林影之下，求其遗书而读之。庶几补过，以希前修。汝砺其尚，不吾却也。其可感慨也！

刘天迪，号云闲，西昌人，余不详。其"甚新雨情怀，故园心眼。明日西江，斜阳帆影转"（《齐天乐》）等句，亦是有漂泊经历者所能写。绮丽香艳之美，似乎为其词曲的主要艺术特色，如：

一翦晴波娇欲溜。绿怨红愁，长为春风瘦。舞罢金杯眉黛皱，背人倦倚晴窗绣。　　脸晕潮生微带酒。催唱新词，不应频摇手。闲把琵琶调未就，羞郎却又垂红袖。

——《凤栖梧·舞酒妓》

一笑相逢，依稀似是桃根旧。娇波频溜。悄可灵犀透。　　扶过危桥，轻引纤纤手。频回首。何时还又。微月黄昏后。

——《点绛唇·书事》

社会民生的苦辛亦是个人情感抒发的酵母，如《一萼红·夜闻南妇哭北夫》："拥孤衾，正朔风凄紧，毡帐夜生寒。春梦无凭，秋期又误，迢递烟水云山。断肠处、黄茅瘴雨，恨骢马、憔悴只空还。揉翠盟孤，啼红怨切，暗老朱颜。堪叹扬州十里，甚倡条冶叶，不省春残。蔡琰悲笳，昭君怨曲，何预当日悲欢。谩赢得、西邻倦客，空惆怅、今古上眉端。梦破梅花，角声又报春阑。"清人叶申芗《本事词》录有该作。余如"闷对枕鸾谁共说。柔情一点蔷薇血"（《蝶恋花》），"采石宫袍，沉香醉笔，何似轻衫小扇。流年暗换"（《齐天乐·严县尹度上和李观我韵》）等，人生观照视角和语风都一以贯之，但美人香草之像，常是古人寓意所在。常被人称引的还有《虞美人·春残念远》："子规解劝春归去。春亦无心住。江南风景正堪怜。到得而今不去、待何年。无端往事萦心曲。两鬓先惊绿。蔷薇发望春归。谢了蔷薇、又见楝花飞。"况周颐《蕙风词话》云："刘云闲《虞美人·春残念远》云：'子规解劝、春归去，春亦无心住'，下句淡而松，却未易道得；并上句'解劝'，

'解'字亦为之有精神。窃谓词学自宋迄元,乃至云闲等辈,清研婉润,未坠方雅之遗。"《元草堂诗余》下卷录其词6首。

支渭兴,清代《御选宋金元明四朝诗·元诗·姓名爵里》说他是"长宁人",生卒年不详,元代至顺年赐同进士,官至四川儒学提举、嘉定路总管府判官、长宁知州等。生平行迹主要在四川、云南一带。善文章,有诗集行于世。清人钱谦益《列朝诗集》录有其《缺题》,呈现出典型的颂歌性质,其曰:"地平如席草如茵,年少将军酒半醺。朱鬣马穿人影过,绿杨枝逐箭锋分。旌旗色映宫墙柳,鼓角声飘海外云。何日鲸鲵俱授首,普天偃武共修文。"清人胡蔚《增订南诏野史》"段功,光之弟"条,记载其行迹及包括《缺题》的诗二首,文曰:"廉访使支渭兴三恳休,梁王不允,遣使金间慰赐羔羊。渭兴自咏曰'年高才薄忝清流,欲挂朝冠不自由。且喜壮怀无诉谍,从教行道有鸣驺。故园花木无由见,何日干戈定得休。九十春光还欲暮,放怀聊与醉金瓯'。"可见他在云南主要是任教育行政官员,诗中申请退休的一个原因还是"故园"召唤。所以近代袁嘉谷的《滇诗丛录》卷九九,把他划入"流寓"而收录其诗作。支渭兴有散文《悯忠寺记》记录当时昆明建造寺庙的情况,以及述说云南发展教育的《重修中庆路庙学记》《中庆路增置学田记》(元代的"中庆"即宋之南诏,今之云南)等,这些记叙散文,已成为研究元代云南教育事业发展的重要论据。其《重修土主圣德碑》则对云南根深蒂固的"土主崇拜"留下珍贵记录。著有《龙溪诗集》,《云南通志·人物志》有传。

曾允元,射洪县人,有词曰"一夜东风,枕边吹散愁多少?数声啼鸟,梦转纱窗晓。来是春初,去是春将老。长亭道,一般芳草,只有归时好"(《点绛唇》)。清代况周颐《蕙风词话》评此词:"曾鸥江《点绛唇》后段云:'来是春初,去是春将老。长亭道,一般芳草,只有归时好。'看似毫不吃力,正恐南北宋名家未易遭得。所谓自然从追逐中出也",并特别推崇其"迷离惝恍"的意境营造,其作品进入多种选本的如《水龙吟·春梦》:"日高深院无人,杨花扑帐春云暖。回文未就,停针不语,绣床倚遍。翠被笼香,绿鬟坠腻,伤春成怨。尽云山烟水,柔情一缕,又暗逐、金鞍远。鸾佩相逢甚处,似当年、刘郎仙苑。凭肩后约,画眉新巧,从来未惯。枕落钗声,帘开燕语,风流云散。甚依稀难记,人间天上,有缘重见。"用"回文"诗、刘郎事等典故,状闺阁绮丽、陈设极尽繁华,以动作"停针""倚遍"写心理活动,这都显示出作者的较高艺术水准。这也表现在这样的画面中:"碧梧枝上占秋信,微闻雨声还惬。虹影分晴,云光透晚,残日依依团箑。阑干一霎。又长笛归舟,乱鸦荒堞。两鬓西风,有人心事到红叶。娇莲相对欲语,奈莲茎有刺,愁不成折。天上欢期,人间巧意,今夜明河如雪。新宽带结。想宝篆频温,翠衾低揭。雾湿云鬟,浅妆深拜月。"(《齐天乐》)其《月下笛·吹老杨花》《谒金门·山衔日》等,亦是为人传诵的词篇。清人《白香词谱》将其作品列为"闺情",信然。其作品主要辑录于朱彝尊的《词综》。

据《补续全蜀艺文志》寻引《南诏事略》记载,元代云南行省段平章的夫人高氏,本为四川天全招讨之女,有《玉娇词》一阕:"风卷残云,九霄冉冉逐。龙池无偶,水云一片绿。寂寞倚屏帏,春雨纷纷促。蜀锦半床闲,鸳鸯独自宿。好语我将军,只恐乐极悲生怨鬼哭。"(陈田:《明诗纪事》辛签,卷二五)她能以如此优美娴熟的词品,把妻子的离愁别绪和对丈夫在风云变幻的政治斗争中的命运的担忧描写得淋漓尽致,亦堪称佳作。成都乐伎陈凤仪的《一络索》亦值得一读:"蜀江春色浓如雾,拥双旌归去。海棠也似别君难,一点点、啼红雨。此去马蹄何处,向沙堤新路。禁林赐宴赏花时,还忆着、西楼否。"《古今词话》说:"陈凤仪有送别《一络索》词,刘燕哥有饯行《太常引》词,皆传唱一时。"民国的《蜀词人评传》著录的元代蜀人词作家还有安县人刘应雄,其《木兰花慢·元夕郡侯邀赋》曰:"梅妆堪点额,觉残雪、未全消。忽春递南枝,小窗明透,渐褪寒骄。天公似怜人意,便挽回、和气做元宵。太守公家事了,何妨银烛高烧。旋开铁锁綮星桥。快灯市、客相邀。且同乐时平,唱弹弦索,对舞纤腰。传柑记陪佳宴,待说来、须更换金貂。只恐出关人早,鸡鸣又报趋朝。"

费著,华阳(成都)人,明代正德版《四川总志》对其的记载是"费著,进士,授国子助教,有时名。居母丧尽礼,哀毁骨立。历汉中廉访使,调重庆府总管。明玉珍攻城,著遁居犍为而卒。兄克诚,擢第,时人谓之成都二费"。他著有《氏族谱》《器物谱》《楮币谱》《笺纸谱》《蜀锦谱》《岁华纪丽谱》《蜀名画记》《至正成都志》等。这些文献详细记述了唐宋元时期成都的人文历史、民情风俗、娱乐游宴、土特物产、饮食文化、书画艺术等,成为今天我们研究古代蜀中风物民情的重要史料。其文学成就更多的是在文化历史散文范畴。其《楮币谱》对四川首创的"交子"纸币在元代印制情况,为金融学家常常征引的内容,如:"元丰元年(1078年)增1员;掌典10人,贴书69人,印匠81人,雕匠6人,铸匠2人,杂役12人,廪给各有差。所用之纸,初自置场，以交子务官兼领，后虑其有弊，以他官董其事。隆兴元年（1163年），使特置官一员莅之，移寓城西净众寺。"《笺纸谱》则对蜀中造纸产业尤其是闻名遐迩的"蜀笺"，有着生动的绘写：

《易》以西南为坤位，而吾蜀西南重厚不浮，此坤之性也。故物生于蜀者，视他方为重厚。凡纸亦然，此地之宜也。府城之南五里，有百花潭，支流为一，皆有桥焉。其一玉溪，其一薛涛，以纸为业者，家其旁。锦江水濯锦，益鲜明，故谓之锦江。以浣花潭水造纸，故佳。其亦水之宜矣。江旁凿臼为碓，上下相接。凡造纸之物，必杵之使烂，涤之使洁，然后随其广狭、长短之制以造研，则为布纹，为绫绮，为人物花木，为虫鸟，为鼎彝，虽多变，亦因时之宜。

费著的《岁华纪丽谱》①按照时间顺序，记载了从正月元日开始，到岁末冬至的各个节庆日中，成都的官吏百姓游乐庆贺的过程，形象生动而细致。历代关于唐宋元成都社会及民俗的研究著作，无不引用其中的记载。《四库全书总目提要》评述说：

其侈丽繁华虽不可训，而民物殷阜，歌咏风流，亦往往传为佳话，为世所艳称。南宋季年，蜀中兵燹，井间凋敝，乃无复旧观。因追述旧事。集为此书。自元旦迄冬至，无不备载。其体颇近《荆楚岁时纪》，而盛衰俯仰，追溯陈迹，亦不无东京梦华之思焉。

其开篇即说："成都游赏之盛，甲于西蜀，盖地大物繁而俗好娱乐……及期，则士女栉比，轻裘袨服，扶老携幼，阗道嬉游。或以坐具列于广庭，以待观者，谓之遨床，而谓太守为遨头。"更重要的是该书记载了当时成都戏剧活动的盛况："凡太守岁时宴集，骑从杂沓，车服鲜华，倡优鼓吹，出入拥导，四方奇技，幻怪百变……岁率有期，谓之故事。"据此，元代蜀中戏剧应该和其他地区一样繁荣，但由于印刷和传播的限制，中州文人遗漏了巴蜀戏剧。

---

① 今人谢元鲁有文质疑该书是否为费氏所作，参见《岁华纪丽谱笺纸谱蜀锦谱作者考》，《中华文化论坛》2005年第2期。

袁介，元代杨维桢《改过斋记》记录他曾自言"先世籍锦城侨兹土"。近代陈衍在《元诗纪事》卷二三说："袁介，字可潜。其先蜀人，占籍华亭。至正间为府掾。"其长篇排律《检农吏》（《踏灾行》）共364字，以"我是今年检田吏"的口吻，讲述一个七十岁的种田老农的凄惨人生，在私债、官租、旱灾多重打击下，老农沦落为"饥无口食寒无衣；东求西乞度残喘"，这种社会批判尤其是揭露社会现实黑暗如"欲求一点半点水，却比农夫眼中血。滔滔黄浦如沟渠，农家争水如争珠"等，被今人选入教材而较有影响。又有《如梦令》曰："今夜盛排筵宴。准拟寻芳一遍。春去已多时，问甚红深红浅。不见。不见。还你一方白绢。"作品见载于陶宗仪的《南村辍耕录》。

元代四川极为难得地出现一位状元。《元史》卷四二《顺帝纪》明确记载说：元至正十一年（1351），元顺帝"亲策进士八十三人，赐朵烈图、文允中进士及第，其余赐出身有差"。明万历版《四川总志》卷五说：文允中"成都人，天资高迈，无书不通，为嘉定路学政。至正状元，任修撰。为四川儒学提举，遭乱而没于难"。元代殿试结果分右、左两榜公布，元朝以右为尊，蒙古人、色目人因此名列右榜，汉人、南人列左榜，两榜的第一名都是状元。元顺帝廷试时，文允中获汉人、南人的左榜状元。他出任过四川儒学提举官，生卒年不详，他应该有诗文作品，惜不传。此外，导江县（今都江堰市）人张翚，字达善，"其门多贵仕，其高第弟子知名者甚多"，著有《四书归极》《引彀训蒙》《导江文集》等，见载于黄宗羲《宋元学案》卷八二，《元史》卷一八九有传。成都人宇文公谅，"先世居成都路双流县，今籍湖州路归安县，儒户"，其为著名书画家好友王蒙的《破窗风雨图》题画曰："刘郎读书如学仙，朝不出户夜不眠。时闻破窗风雨夜，正是澄心对圣贤。"其诗语风平实清雅，通俗晓畅，也见于"奴唱吴歌郎扣舷，明朝郎去又谁怜？恨杀吴山遮望眼，不见江头郎去船"，"赤阑桥低官柳斜，粉墙短短阿谁家？女郎恰抱琵琶出，早有小船来卖花"等，呈现着江南民歌小调特征。著作有《折桂集》《观光集》《辟水集》《以斋诗稿》《玉堂漫稿》《越中行稿》，均不传，《元史》卷一九〇有传。眉山籍程郁，牟应龙的妻弟，著有《柳轩退稿》等，不传。

三、杨朝英与元代散曲

杨朝英，号澹斋，今人孙楷第《元曲家考略》谓："澹斋，蜀青城（今都江堰市）人"，大致生活在皇庆（1312~1313）至至正（1341~1368）之间，编有《乐府新编阳春白雪》10卷、《朝野新声太平乐府》9卷，是元人选元曲之第一人，元人散曲多赖以传世，是研究元散曲的重要资料。绵阳人邓子晋曾为杨朝英编选的《太平乐府》作过序。杨朝英工散曲，《全元散曲》辑有其小令27首。元人杨维桢的《东维子集·周月湖今乐府序》曾云："士大夫以今乐府鸣者，奇巧莫如关汉卿、庚吉甫、杨澹斋、卢疏斋"，由此可见其在元代曲坛的地位。他是元代巴蜀作家在散曲创作上致力最勤的，歌咏的对象异常繁杂，有恋情愁绪，有闲适，也有写景物。如：

檐头溜，窗外声，直响到天明。滴得人心碎，聒得人梦怎成？夜雨好无情，不道我愁人怕听。

——《商调·梧叶儿·客中闻雨》

这些作品呈现出自叙其隐逸生活的畅想曲等特色。作者厌倦了尔虞我诈的世俗社会，欲从山水野趣中寻求解脱。在他的笔下，大自然是那样美好，一般的游山玩水已不足以畅其心志，只愿让自己陶醉在花香酒趣之中。如："秋深最好是枫树叶，染透猩猩血。风酿楚天秋，霜浸吴江月。明日落红多去也！"（《清江引》）其为人所重的散曲主要有《正宫·叨叨令·叹世》二首：

想他腰金衣紫青云路，笑俺烧丹炼药修行处。俺笑他封妻荫子叨天禄，不如我逍遥散诞茅庵住。倒大来快活也末哥，倒大来快活也末哥，那里也龙韬虎略擎天柱。

昨日苍鹰黄犬齐飞放，今日单鞭赢马江南丧。他待学欺君冈上曹丞相，不如俺葛巾漉酒陶元亮。倒大来快活也末哥，倒大来快活也末哥，渔翁把盏樵夫唱。

还有一组《水仙子》散曲：

依山傍水盖茅斋，旋买奇花赁地栽。深耕浅种无灾害，学刘伶死便埋。促光阴晓角时牌。新酒在槽头醉，活鱼向湖上卖。算天公自有安排。

雪晴天地一冰壶，竟往西湖探老逋。骑驴踏雪溪桥路，笑王维作画图，拣梅花多处提壶。对酒看花笑，无钱当剑沽，醉倒在西湖。

闲时高卧醉时歌，守己安贫好快活。杏花村里随缘过，胜尧夫安乐窝。任贤愚后代如何。失名利痴呆汉，得清闲谁似我！一任他们外风波。

六神和会自安然，一日清闲自在仙。浮云富贵无心恋，盖茅庵近水边，有梅兰竹石萧然。趁村叟鸡豚社，随牛儿沽酒钱，直吃到月坠西边。

灯花占信又无功，鹊报佳音耳过风。绣衾温暖和谁共？隔云山千万重，因此上惨绿愁红。不付能博得个团圆梦，觉来时又扑个空，杜鹃声又过墙东。

但他对元代散曲的贡献，还在于系统收集整理、完成了中国最早的散曲选集《太平乐府》以及《阳春白雪》，人称"杨氏二选"。首先，他把"乐府"提取出来，使之包含小令与套数，类似今天的综合性概念"散曲"；其次，他强调"乐府不可似套数，套数当有乐府气味"，解决了元人词曲不辨、剧曲与散曲不分的难题，代表着元人曲学的较高水准；再次，是多收文采派作品，反映散曲创作的全貌，选本中同时大量选入俚俗本色的曲作，尤其是那些不被人作为乐府来看的、以谐俗为特征的套数；第四，在容量上具有一种全集式的气势与规模，几乎涵盖了杨氏当时和前代所有散曲家的绝大多数作品；第五，基本上囊括了元人散曲的优秀作品，尤其是那些名篇精品，从质量上体现出元曲创作的艺术水平。他在第二部曲选《太平乐府》卷首的按语云："海宇盛治，朔南同音。中州小乐府今之学词者辄用其调，音歌者即按其声。然或押韵未通出入变换，调音未合其平仄转切，此燕山卓氏韵编所以作也。是以录刊予乐府之前，庶使作者、歌者皆有所本，而识音韵之奇，合律度之正。虽引商刻羽，杂以流徵之曲，亦当有取于斯焉。"

其散曲今存小令27首，多以描摹恋情、歌咏隐逸为内容。关于他作品的艺术风格，《太和正音谱》曾评为"如碧海珊瑚"，强调其清丽舒脱语风，其实这正是元散曲的主要艺术特征所在。总的看来，杨朝英的有些作品虽具有俊逸秀丽的风采，但主导风格却更近于豪放，风格略与马致远相近。如《双调·殿前欢·和阿里西瑛韵》："白云窝，天边乌兔似飞梭。安贫守己窝中坐，尽自磨陀。教顽童做过活，到大来无灾祸。园中瓜果，门外田禾。"写得豪爽洒脱，用语浅白流畅，有豪放派的情致。20世纪著名学者胡适将之列入《一个最低限度的国学书目》内容，可见其价值。《四川通志》有传。

四、《格萨尔王传》的定型

藏族史诗《格萨尔王传》是迄今发现的全世界范围中演唱篇幅最长的史诗，是在藏族古代神话传说、诗歌和谚语等民间文学的丰厚基础上产生和发展起来的。它既是族群文化多样性的熔炉，又因为传唱者惯常的现场加工完善而被称为"活态史诗"，是多民族民间文化交流交融的见证，并提供了宝贵和丰富的社会形态资料。这一多民族共享的口头史诗是草原游牧文化的结晶，代表着古代藏族、蒙古族民间文化与口头叙事艺术的最高成就。无数游吟歌手世代承袭着有关它的吟唱和表演。它历史悠久，结构宏伟，卷帙浩繁，内容丰富，气势磅礴，流传广泛。

主要肇始于巴蜀西部甘孜地区的藏族史诗《格萨尔王传》，在元代写定完型，并开始在全国广泛流传，为藏、蒙、汉等各族民众所喜闻乐道。故事叙述在天灾人祸遍及的地区，妖魔鬼怪横行、黎民百姓遭受荼毒之际，大慈大悲的观世音菩萨为了普度众生出苦海，向阿弥陀佛请求派天神之子下凡降魔，神子推巴噶瓦发愿做黑头发藏人的君王——格萨尔王。降临人间的格萨尔施展天威，东讨西伐，征战四方，降伏了入侵的北方妖魔，战胜了霍尔国的白帐王、姜国的萨丹王、门域的辛赤王、大食的诺尔王、卡切松耳石的赤丹王、祝古的托桂王等，先后统一了几十个"宗"。在降伏了妖魔建立了岭国后，格萨尔功德圆满，与母亲郭姆、王妃森姜珠牡等一同返回天界。史诗汇集了藏族古代神话、传说，集录了丰富的藏族诗歌和谚语，在华夏多民族的文学发展史上，乃至世界文学史上也极为珍贵。

《米拉日巴传》的作者署名是后藏疯人海如嘎，成书约在13世纪后期，叙写僧人米拉日巴的一生。米拉日巴在38岁时师从于玛尔巴，得其口传全部密法并照此修炼，终于成了传说中可以腾空飞行、降妖除怪、神通广大的传奇人物。《米拉日巴传》是研究藏族社会和文学的重要资料。这是元代巴蜀文学的一大贡献，中国文学构成的多元化特征，在此时体现得尤为鲜明。

五、汪元量等入蜀诗人的巴蜀书写

两次入蜀的元初诗人汪元量，生卒年不详，其巴蜀书写已经积淀为元代文学的重要部分。宋亡后被掳往北方，他做过元朝的翰林，后来当了道士，自号水云，又南归钱塘，不知所终。汪元量的特殊经历，使他对宋王朝覆亡所带来的耻辱，有他人所不及的痛切感受，所以他的诗中有不少感慨深沉的作品，尤其是《醉歌》10首、《越州歌》20首、《湖州歌》98首等。这些作品用七绝联章的形式，一首写一事，组合成相互衔接的流动画面，分别记叙了南宋皇室投降的情形、元兵蹂躏江南的惨状，以及他北上途中所见所闻，广泛地反映了南宋亡国前后的历史，因此有"宋亡之诗史"之称。至元十五年（1278），他受命为元世祖特使往祭江渎而入蜀，这是元朝获得全国统治权后的首次常祀，是以有他约两月之久的"青城之行"。作为皇帝特使，他自然要受到地方首脑盛宴款待，其热情和奢侈场面，如《昝元帅相拉浣花溪泛舟》云："行都元帅千蹄马，腰佩角弓箭盈把。浣花溪头具小舟，击鼓吹箫行酒斝。舞腰袅娜锦缠头，风吹金缕随东流。公孙弟子背面笑，拔剑一击蛟龙愁。万里桥西有茅屋，杜子当年来卜筑。湘江一醉不复归，四松寂寞擎寒玉。"

第二次入蜀是至元二十八年（1291），由长江三峡进入，遍游蜀中各地历时约两载，有"行囊尚留官里俸，赐衣犹带御前香"（《答徐雪江》）的皇帝资助，入蜀的喜悦之情，如《竹枝歌》云："快风吹我入三巴，桂棹兰桡倚暮花。一道月明天似水，湘灵鼓瑟下长沙。"仅仅"快风"二字，迫切向往之情就跃然而出。没有公务牵累的重游，早前所读典籍有关巴蜀的记载以及上次未能充分领略的自然人文景色，就被眼前各种美景所激活，如其诗所云："如此江山是胜游"（《潼川府》）、"如此江山快人意"（《隆庆府》）。"平生兹游真冠绝，走笔成诗图快意"（《光相寺》），因而形成"一路走来一路歌"的艺术风貌。要而言之，他再次入蜀的作品，内容有纪游、怀古、酬唱、送别等，但不再是昔日那种沉重和忧郁，呈现出亮丽和欢快等新特色。虽然也刻画了蜀道之难行、蜀山之崔嵬、蜀水之凶险、蜀地备受战乱摧残的景象，却更多地描绘出蜀地社会之繁华、景色之优美。他的创作视野更多地聚焦于蜀地的芙蓉、牡丹、海棠、荔枝、桑蚕等美好物象，郫筒的美酒、西川的锦雀、戎州的荔枝、昌州的海棠、彭州的牡丹、泸州的鲸鱼、蜀中的美女、峨眉的翠绿、青城的幽美、滟滪的险阻等蜀中特有的人情风物，成为他蜀中诗的主要艺术意象。

其漫步蜀中，眼中的三峡景象是"三峡夜来天似水，百蛮秋后月如霜"（《夔门驿》），在峡中的忠县是"竟日扬鞭不暂闲，畏途叠叠是青山"（《忠州荔枝楼小憩》）；在宜宾所见的是"锦荔戎州第一奇，大如鸡子压枝垂"，"豪士家园为我开，树头树底锦堆堆。书生大嚼真快意，不枉戎州走一回"（《戎州》）；到泸州未能领略美味的遗憾是"野沼荷将尽，山园荔已疏"，"复作泸州去，轻舟疾复徐"（《泸州》）；在荣县享受的是"醉倚高楼上，裁诗得五言。蚕丛云幂幂，鸟道月昏昏。妓女吹金管，庖丁洗玉盘。客痴浑不寐，府主更开尊"（《荣州》）；在成都看到"锦城海棠妙无比，秋光染出胭脂蕊"（《锦城秋暮海棠》），"槁梧含古色，瘦菊减清香"（《重访草堂》），"锦城满目是烟花"（《成都》），"芙蓉城上草萋萋"（《蜀主芙蓉城》），"成都美女白如霜，结伴携筐去采桑"（《蚕市》）；对匆匆而过的三台县，印象却是如此深刻："潼江待我洗吟眸，如此江山是胜游。红袖斗歌才拍手，绿鬟对舞尽缠头。箜篌急撚风生座，鼙鼓连挝月上楼。一夜不眠鸡戒晓，又骑铺马过绵州"（《潼川府》）；到眉山看到的是"隔邻修竹娟娟静，夹道枯桑冉冉黄"（《眉州借景亭》）；在大足县欢快的心情是"我到昌州看海棠，恰逢时节近重阳"，"且向秋风一杯酒，枝头的的两三花"（《昌州海棠有香》）。游走在美丽的巴山蜀水之中，其惊奇与喜悦之情跃然纸上。

诗人还是难以忽略战乱给巴蜀大地带来的破坏。《隆州》就有这样的社会场景："歇马隆州借夕凉，壶中薄酒似酸汤。城壕寨屋偏栽柳，市井人家却种桑。官逼税粮多作孽，民穷田土尽抛荒。年来士子多差役，隶籍盐场与锦坊。"又如："锦城满目是烟花，处处红楼卖酒家。坐看浮云横玉垒，行观流水荡金沙。巴童栈道骑高马，蜀卒城门射老鸦。见说近来多盗跖，夜深战鼓不停挝。"（《成都》）这在《利州》中表现得更为直接："云栈摇摇马不前，风吹红树带青烟。城因兵破铿歌舞，民为官差失井田。岩谷搜罗追猎户，江湖刻剥及渔船。酒边父老犹能说，五十年前好四川。"

自然风景的奇绝，古老传说的神秘，历史遗迹及古老习俗以及神奇三峡的迷人风光，激发出诗人强烈的情感；优美的自然风光与浓郁的文化氛围，以及两次漫步巴蜀大地，与眉州家铉翁、杨学李、王学文，成都青阳梦炎，绵州文及翁等文化人所结下深厚情谊，都升华了汪元量的诗性，陶冶了他的情操。他现存诗歌480首，其中蜀中诗歌63首见于其《湖山类稿》《水云集》中。惬意的旅程，游览胜景的心情，眼前歌舞升平的娱乐场面，吹竹调丝，鼓乐喧天，斗歌对舞好不热闹的场面，常常让他兴奋得"一夜不眠"。《药市》（成都五日，家家列药于市，以为盛事）诗云："蜀乡人是大医王，一道长街尽药香。天下苍生正狼狈，愿分良剂救膏肓。"他甚至觉得，面对如此美景，任何语言都难以准确表达，如"马踏巉岩缓着鞭，汉州城外看青天。云横叠嶂吞残日，风卷崇冈起晓烟。地拔翠峰森似笋，溪明锦石小如钱。官邮睡足出门去，信口语言诗未圆"《汉州》。

他入蜀之前诗歌的种种郁结，哀民生之艰，怨社会之动荡所涵蕴"多慷慨悲歌，有故宫黍离之感"（《四库全书总目提要》）等，此时不复存在。蜀地秀丽景色和人文风俗，引起诗人欢快的歌颂。"他于悲慨之中，透出一股英爽之气，显示得痛快淋漓……其痛快淋漓，不是骂坐，不是叫嚣，而是明快与深沉的有机契合。一方面平易流畅，不涩不隔，同时又含蓄蕴藉，意深味永。明朗而非粗浅，含蓄而不晦昧。"①由于其在元代文坛的巨大影响，其巴蜀书写以其丰富的社会生活内容，情感浓烈的表现和精当的艺术手法，为元代巴蜀文学留下一笔宝贵财富。其事迹主要散见于《湖山类稿序》《金台集》《宋遗民录》《钱塘遗事》《南村辍耕录》《宋诗纪事》及其作品之序跋等。

元代一些著名作家也常常将审美视野投向巴蜀大地，留下许多巴蜀题材作品。元好问在赤壁旧址前浮想联翩，从历史的壮怀激烈中吟诵着苏轼的作品："至今图画见赤壁，仿佛烧掠留余踪。令人长忆眉山公，载酒夜俯冯夷宫。"（《赤壁图》）杨果的散曲《太常引》曰："一杯聊为送征鞍。落叶满长安。谁料一儒冠，直推上，淮阴将坛。西风旌旆，斜阳草树，雁影入高寒。且放酒肠宽，道蜀道，而今更难？"马致远的散曲《四块玉·马嵬坡》："睡海棠，春将晚，恨不得明皇掌中看。霓裳便是中原乱。不因这玉环，引起那禄山，怎知蜀道难？"据《录鬼簿》载，关汉卿有《升仙桥相如题柱》《关张赴西蜀梦杂剧》《李太白贬夜郎杂剧》，屈子敬有《升仙桥相如题柱》、孙仲章《卓文君白头吟》、无名氏有《卓女鸳鸯会》，《太和正音谱》中有《卓文君驾车》、汤式《风月瑞仙亭》、范居中《鹔鹴裘》等巴蜀故事。揭傒斯有为都江堰撰写的《蜀堰碑》和《敕赐汉昭烈帝庙碑》等，且有《小孤山晓发和蔡思敬韵》：

---

① 程瑞钊：《汪元量及其诗词之研究》，巴蜀书社1997年版，第77页。

"日落霞明锦浪翻,厓倾石峭白云闲。乾坤上下雄孤柱,巴蜀东南壮此关。神物夜移风动地,仙舟晓渡月漫山。回瞻绝顶登临处,空翠溟漆杳霭间",以及七律《进士张于高得邛州判官归成都》:"邛心山前负弩迎,去年曾是一书生。天寒剑阁犹车马,雪满绳桥正甲兵。即恐征求民力竭,莫将忧患客心并。六千余里关河路,不尽深期远别情"。

第三节 明代前期的巴蜀文学

一、杨基、徐贲、赵㧑

杨基(1326~1378),原籍蜀中嘉州,生长于吴,做过山西按察使。与高启、张羽、徐贲并称为"吴中四杰"。其以"眉庵"为号以及将自己的作品命名为《眉庵集》,则正是出于对巴蜀故土的皈依意识以及对巴蜀文化的认同。他在《登峨眉亭(在牛渚山)》中自称"峨眉亭上看秋山,低蹙轻颦浅淡间。雨过微云添一抹,晚来新月斗双弯。不愁商女行相妒,长恨离人去未还。我亦峨眉山下客,偶因西眺忆乡关",又在《长江万里图》中明确地张扬说:"我家岷山更西住,正见岷江发源处。三巴春霁雪初消,百折千回向东去,江水东流万里长,人今漂泊尚他乡。烟波草色时牵恨,风雨猿声欲断肠。"诗从自己入题,同时又紧扣题画,把由画而激起的乡思与身世之感凝练地表达了出来。结尾二句游离于画面与想象之间,选取了历来最常见于吟咏的长江烟波芳草、风雨猿声寄托自己的感受,是景语,也是情语。这种故乡情结因《闻邻船吹笛》再次得到强调:"江南万里不归家,笛里分明说鬓华。"同时代的高启在《赠杨荥阳》中就曾对他的巴蜀故土情怀和人文性格进行过评说:"嘉陵美山水,亦复富文彦。杨君产其邦,材拔性高狷。""平生眼无人,遇我独相善。"

其诗风清俊纤巧,靡丽纤细,如"欺烟困雨,拂拂愁千缕。曾把腰枝羞舞女,赢得轻盈如许。犹寒未暖时光,将昏渐晓池塘。记取春来杨柳,风流全在轻黄"(《清平乐》),以及"风送杨花满绣床,飞来紫燕亦成双。闲情正在停针处,笑嚼残绒唾碧窗"(《美人刺绣》)等。《蝶恋花》假借闺帏幽怨抒发内心感怀,实有蜀中"花间词"余风:"新制罗衣珠络缝,消瘦肌肤,欲试犹嫌重。莫信鹊声相侮弄,灯花几度成春梦。风雨又将花断送,满地胭脂,补尽苍苔空。独自移将萱草种,金钗挽得花枝动。"《菩萨蛮》是一阕以机趣见巧的小词,似若咏物,实系喻理:"水晶帘外娟娟月,梨花枝上层层雪。花月两模糊,隔窗看欲无。月华今夜黑,全见梨花白。花也笑姮娥,让他春色多。"为人所称许的名句有"六朝旧恨斜阳里,南浦新愁细雨中","一树杨花三日雨,池塘春水绿萍多","小桥小店沽酒,新火新烟煮茶","蚕熟新丝后,茶香煮酒前"等。杨基虽然生长于吴越,但在其文化创造活动中自觉皈依故土,表现了鲜明的巴蜀意识,诗文中常有"西蜀杨基""汉嘉杨基"等署名题款。杨基亦兼工书画,尤善绘山水竹石。《明史·艺文》卷九九记载他有《眉庵集》12卷、词1卷,其中诗歌千余首、词70余首。《明史》卷二八五有传。

徐贲(1335~1393),"明初十才子"和"吴中四杰"之一。诗有《北郭集》。《明史·文苑一》载:"徐贲,字幼文,其先蜀人,徙常州,再徙平江。工诗,善画山水。"为世人所称道的诗作如《雨后慰池上芙蓉》:"池上新晴偶独过,芙蓉寂寞照寒波,相看莫厌秋情薄,若在春风怨更多。"又如《柳短短》:"柳短短,春满江。兰渚雪融春,东风酿春暖。山长水更遥,浩荡木兰桡。兰桡向何处?送君行,南昌去,离愁落日烟中树。"还有《写意》:"看山看水独坐,听风听雨高眠。客去客来日日,花开花落年年。"其作品中,依稀可见的故土乡情如"巫山峰十二,一一向阳台。闻说君王梦,曾逢神女来。树色悽离恨,猿响抱余哀。至今云雨里,徒使后人猜"(《巫山高》),"上将初分阃,儒官解习兵。风旗春猎野,雪帐夜归营。洮水从岷下,祁山入陇平。知公能载笔,草檄报边声"(《送曾伯滋赴西河将幕》)等。《四库全书总目提要》说他的创作"法律谨严,字句熨帖,长篇短什并首尾温丽于三家,别为一格"。朱彝尊在《静志居诗话》中也赞誉他"诗法肃然,森有纪律,长篇险韵,极其熨帖,颇有类皮、陆者"。徐沁的《明画录》卷二介绍说:"书学晋王廙,画法董源。其山水林石,遒丽清润,濯濯可爱。"存世画作有《蜀山图》《秋林草亭图轴》等,另有《蜀山藏书目》,室名"蜀山书馆"。

赵弼,号雪航,生卒年不详。其价值在于体现了蜀中作家对小说这一新型文学题材的尝试实践。其孙赵子伯(武安县令)《效颦集后·序》叙其生平云:"高祖雪航,本蜀人,居蜀之南平(今属重庆市)。适永乐初年,以明经行修举,留备经筵,恳以衰老重听辞,旋授学谕。转迁湖广汉阳郡,遂家焉。"他担任过蜀中新繁县、资中县的学谕。传奇小说集《效颦集》,在整体上，呈现出依违名教、恣意劝惩的审美价值判断，以及理气充盈、文体驳杂的叙事特征。上卷前三篇记宋季忠烈文天祥和袁镛、元初四川主官朗革歹三人以身殉国的事迹。其余均为明初奇士的以德报怨、兄弟让爵、恤贫救灾、为官清廉等故事。而中、下卷14篇，多为冥幽鬼怪、阴德报应故事。作者将历史人物如司马迁、扬雄、杜甫、韩愈、王安石、黄庭坚、岳飞、赵高、李斯、秦桧、贾似道等，或置于仙界，或置于地府，对他们的生前所为进行评判，以示苍天赏罚分明。其崇尚忠节、痛恨奸佞之情溢于言表。小说多以元明之际的四川社会风物为背景，并常以四川人物为主角，呈现出浓郁的巴蜀印记。如《三贤传》借商贩孔有信迷途中邂逅、巧遇司马相如、王褒和扬雄，做出一篇述古刺今的雄文丽辞。三贤起初巨觥浮白，吟诗言志，其乐融融。在孔有信吟诵马甫《墨池怀古》之后，小说节奏陡快，表现司马相如与扬雄的相互攻讦和责难。司马相如琴挑文君、犊鼻当垆、焦渴而殒的风流韵事，成为扬雄发难的口实。而扬雄奉承王莽的小人之举，则成为司马相如的反击利器。①今人孙楷第的《沧州集》将《效颦集》作为宋元话本小说转变为文言小说的例证。其词作有《清平乐》："春回绿影，斗室眠方醒，卧看窗前思反省，脑际萦回梦景。恹恹随挂帘钩，惺忪懒拭慵眸，登轼再驱前路，醉吟盘绕心头。"还有《眼儿媚》："阑夜独酌耳听风，萧索对孤灯。闲庭花木，斑驳暗影，酒热迷朦。推窗望月空长叹，心懒意难行。茫然无语，低回痴惋，感泪悄零。"另有《江头有感》："风雨楼台风雨稠，天风万里赋残秋。望空憾问缘何度，逝水悠长独自流。"著有《效颦集》3卷、《雪航肤

赵弼《效颦集》书影

---

① 参见陈国军著，《明代志怪传奇小说研究》，天津古籍出版社2006年版，第76页。

见》10卷、《事物纪原删定》20卷。代表性篇目有《续东窗事犯传》《青城隐者记》。

二、晏铎、周洪谟、邹智、张佳胤等

晏铎，生卒年不详，永乐十六年（1418）进士，是明代重要文学群体"景泰十才子"之一。该群体从明初"台阁体"独霸天下的语境中，以高傲狂妄的个性表现赢得世人侧目，对"前后七子"的文学创新有引领作用，是以《明诗综》《列朝诗集小传》《明史》等典籍皆有关注。《明史》卷二八六说："晏铎，字振之，富顺人。由庶吉士授御史，历按两畿、山东，所至有声。坐言事谪上高典史，邻境寇发，官兵不能讨，铎捕灭之，归所掠于民。"其诗作《登黄鹤楼》曰："宦游岁月易蹉跎，对景其如感慨何。黄鹤不来仙已去，古楼犹在客重过。"官场险恶且京官难做，这种感受也体现于送别友人所言："送送临歧路，沧江欲暮时。我怀殊未已，君去独何之？乡国多归梦，天涯少故知。别来明月夜，无那思凄其。"（《送曾与忠》）该群体诗风"奇纵"的艺术特征，亦被晏铎呈现在这样的画面中："河桥残柳半无枝，多为行人赠别离。羌虏不知萧索尽，月明空向笛中吹。"（《折杨柳》）还表现在诗人吟诵家乡胜景的"三径重开书屋，九峰旧隐人家。欲辨武陵春色，溪流泛出桃花""曲径沿流上下，苍苔白石磷磷。落日惟闻啼鸟，空山更少行人"（《九峰山行》），"半幅青帘柳外斜，瓮头春色泛桃花。遥思昔换金龟处，知是长安第几家？"（《酒肆》）他曾编选过明初的"本朝诗"——《鸣盛集》。晏铎一生著述颇多，《千顷堂书目》载其著有《青云集》、《青城梅花三百咏》1卷、《鸣盛集》10卷、《增注孝经》等。其作品《明诗纪事》《御选明诗》《蜀诗总集》等有录。今人谢伯阳《全明散曲》录有其套曲《纪情》。这是明代蜀中作家难得的散曲创作结晶。朱彝尊《静志居诗话》云："（晏铎《金陵春夕》）'花月金陵十四楼'之句，盛传于时。"

周洪谟（1421～1492），《明史》列传第七十二说："周洪谟，字尧弼，长宁人。正统十年（1445），进士及第。"时人邱濬在《周公墓志铭》中称：他是蜀中"国朝以来，既居显位，有文名，而又深于经术"。时人徐溥的《周公神道碑》说他"平生尤喜著述，凡经史稍有疑，辄订正之，其为文简直，不为奇险语，而理致明白，粲然可爱。所著有《疑辨录》3卷、《南皋子集》二十卷、《箐斋集》五十卷"。他编修过《英宗实录》《宪宗实录》《环宇通志》

等。其诗作如《桃源仙洞》:"桃花源上去寻真,但见桃花不见人。万点乱飘台郡晓,几回流出武陵春。蓬莱水浅无飚驭,阆苑天低绝羽轮。世论荒唐诚可怪,铜牌又出小溪滨。"而《因久雨祈晴有应》则肆意展现美丽的自然风景:"昨夜郎星分外明,连宵雨罢见新晴。云霾扫尽千峰出,日月光来万象清。遍野樵苏喧夕唱,绕村禾黍庆秋成。群黎已被升平化,何独弦歌在武城。"他绘写蜀南秀丽山川的作品流传较广,如《题宝屏山》:"旧游荆国忆林泉,回首何堪问岁年。波沦殿摧花笑日,郁蓝楼废草生烟。物华尽逐韶光去,人事长随斗柄迁。惟有宝屏春色在,送将云影落窗前。"又如《嘉鱼泉上见临流阁故址怅然有怀》:"临流高阁今何在?此地波涛去不回。日晓轻烟长自合,夜深明月为谁来?沙堤略彴蒙青草,石罅泉流漱绿苔。更忆昔贤修禊日,几番酬唱此流杯。"杨慎《全蜀艺文志》收录其《雪山天下高》《眉山天下秀》《瞿塘天下险》《巫山天下奇》等咏巴蜀名山秀险奇美的诗歌,其"三峨之秀甲天下,何必涉海觅蓬莱"至今仍是峨眉山旅游宣传中主要引用的广告词。散文有《重修涪翁祠记》《翠屏山书院碑记》《长宁泰山庙记》《富顺文庙碑记》等,撰修有《叙州府志》12卷。《明史·艺文志》著录其有《经书辨疑录》3卷、《四书辨疑录》2卷、《叙州志》22卷、《南皋子杂言》2卷、《箐斋集》50卷、《南皋集》2卷。今存《疑辨录》3卷、《箐斋读书录》2卷等。

李永通,长宁县人,天顺年(1457~1464)殿试第二名,授榜眼,官至翰林院侍讲,参与纂修《英宗实录》,出现频率较高的作品有《石笋削岩》:"石笋嵯峨插半天,乱藤枯木几千年。层岩雨过丹青湿,峭壁云开紫翠鲜。石燕引雏栖洞口,山猿联臂啸岩前。合当构屋依林麓,长作山中不老仙。"《桃园仙洞》:"步入壶天一径通,手披云雾觅仙踪。倚岩琪树含烟秀,夹岸桃花带雨浓。华表几时归独鹤,干将何处化双龙。新诗题罢清尊罄,惆怅无由见赤松。"常年在京为官以及北方的生活,抑不住他对家乡的怀念,如《赠友官长宁》:"蟾宫稳步最青年,嘉拜儒官向蜀川。立马不堪临别路,衔杯且共醉离筵。江亭风暖花香远,巫峡烟开柳色鲜。指日讲堂施化雨,会看鳣集兆升迁。"但更值得注意的是他对蜀南地区盐业生产的记录:"咸泉煎炼喜新晴,万缕轻烟远近生。缭绕每如云彩乱,霏微遥映日华明。盐夫努力填亏课,稚子欢欣唱太平。自是山川灵气拽,九重金鼎待调羹。"(《熬盐》)

邹智(1466~1491),字汝愚,合川县人,明成化年进士,虽二十六岁早逝,却因在政治上颇有抱负,敢于"品核公卿,裁量人物",受到人们关注。

如其在为《钓鱼城志》撰写的跋文中提出"向使无钓鱼城,则无蜀久矣;无蜀,则无江南久矣"的著名观点,发人深省。最后该文针对宋朝灭亡的历史,不无感慨地说:"天时不齐,人事好乖,令人有千古不平之愤!"他还有一些托物言志的散文,如《赏雪诗序》以"瑞雪兆丰年"引起,说:"无雪则无年,无年则天下忧。天下皆忧,吾独得不忧?有雪则有年,有年则天下乐。天下皆乐,吾独得不乐?"表达了他与大众同忧乐的志趣。他的散文有独特的风格,善用排比,多感慨之音,呈现出一种清劲平实、言之有物的厚实。故《四库全书总目提要》盛赞之为:"诗文多发于至性,不假修饰之功。虽间伤扑速而直气流逸,其感人者固在文字外矣。"其诗作颇丰,有120余首,形式多样,五古、五律、五绝、七律、七绝、七言歌行与词均有涉及;题材丰富,主要包括送别、咏物抒怀、唱和、题画、赠答、序跋、悼挽及干谒诗等。如其《送人作县丞》:"作县如作室,作官如作工。斧者奔而西,锯者趋而东。执事虽不齐,所期在成功。君本蜀中彦,素以才自雄。我观吞吐间,绝非吴下蒙。今承梓人旨,百里生斤风。有玉正当错,有刀正当砻。勿论简与烦,勿计卑与崇。但令间架立,也足为姘幪"以及"先生万人杰,起自锦江滨。天上逢尧舜,人间养凤麟"(《送李训导之官》),"世道悠悠几日还,上方无剑斩穷奸"(《送李天瑞之咸宁》),"华佗自古真难遇,邹浩从今不用悲。却恐故人疏太甚,枯梅无复长新枝"(《偶得寒疾一汗而愈寄伯瞻》)等。其"紫诏初黄发,青骡竟白云。枯荣真梦觉,今古一朝曛。人往仪刑在,坟高草树分。子孙俱俊彦,足以答明君"(《挽欧阳先生》)等,体现着一种青春锐气。但他的作品更多表达了一种生命短暂、人生如梦之感,即"岁月流行速,工夫间断多。良朋更凋谢,谁与共研磨"(《哭华伯瞻五首·其四》)。常被征引的有《晴郊观麦》:

> 天街小雨连三日,坐听一鸠鸣午寂。
> 暖风忽放青山红,满眼春光浓欲滴。
> 呼童羁我槽下骝,散出晴郊破愁的。
> 郊东行尽复郊西,炉锤仰见乾坤力。
> ……
> 忧勤或以咎征起,逸乐或以休征生。
> 君不见文帝之世多灾异,武帝之世多祥祯。

诗人由眼前社会生活尤其是社会生产发展状况,引发对历史的追忆,在现实场景与历史回望的交替展示中,叙事与咏怀紧密相连。以眼前之麦景而联想到往昔关中的灾难,运用了对比的手法,使今昔形成鲜明的对比,对当下的太平盛世给予了热情的讴歌,而对灾难中那些流亡之民予以深切同情。清劲、平实,不为空言,不加修饰,多发于至性是其诗作的基本特点。总体上讲,其诗风平实畅达,浑然天成,如"或时走城闉,或时临水次"(《代柬吴顺德》),"辛苦三十年,化作殊方鬼"(《挽吴孟谦》),"昨日楚人来,前日巴人到"(《九日写怀》),"今年春色早,惟有上林先"和"今年春色丽,惟有上林明"(《上林春色·其一》)等朴实的诗句。白描手法在《清江捕鱼图》中体现得尤为突出,寥寥几笔,将网张鱼散之状表现得生动形象,栩栩如生。又如"写尽寒烟与败胶,爱花宁厌赏花劳","故知逸兴真难尽,更约明年共和陶"(《和刑部诸公赏菊韵二首》),前两句写出了对花的喜爱,对赏花来说,再苦也是一种快乐,一种享受;后两句写出了赏菊意犹未尽而期待着明年再次观赏的心情。撰有《立斋遗文》5卷、凡奏疏1卷、杂文3卷、诗1卷。《明史》有传。

刘春(1459~1521),号东川,又号樗庵,巴县人,明成化年榜眼,官至礼部尚书、文渊阁大学士、太子太保。时文坛翘楚李东阳有《赠刘春刘台》诗曰:"每爱西川玉一双,独承恩旨到乡邦。长途未畏连云栈,胜地终夸濯锦江。旧喜文场先入彀,近看史笔已如杠。郫筒载酒秋初熟,隔坐生香透碧窗。"乡人杨廷和则以之为巴蜀荣耀:"君家兄弟好文章,经学渊源有义方。夺锦两刊乡试录,凌云双立解元坊。大苏气节古来少,小宋才名天下香。从此圣朝添故事,巴山草木也生光。"(《赠刘春刘台》)著有《凤山集》,《明史》有传。

高节(1492~?),号竹亭,罗江县人,嘉靖年探花,授翰林院编修。高节与其兄高简、弟高第俱以文章驰名,人称"三高",后代乡人李调元曾为之撰《三高合传》,缘由是"以鼎甲开吾罗,为明三百年所未有"。其诗如《绵州江石歌学舍弟第》:"大鹤仙人铁肺肝,曾将直道迕神奸。归来醉卧江心石,不畏风涛沁骨寒。老去补天思炼此,吾弟醉眠呼不起。安得神鞭入海东,长伴浮埊赤松子。"

杨名(1505~?),字实卿,遂宁人,嘉靖年探花,官至翰林院编修。长期居蜀中,故其作品多为咏吟蜀中风物人情。《登梅山书屋》:"广汉江光新庙开,灵泉山色旧碑苔。甘棠影落弹琴席,野鸟声盈注易台。前辈风流空涕泪,当时气节岂尘埃。正怜三凤俱长逝，致主谁当伊吕才。"《嵩公别业》："上人结舍西山头，人迹不来终日幽。黄鸟竹底对对宿，青云树上时时留。入定忽然瞻法相，悟真久已超缁流。欲借洞门辟小隐，风尘牵绊何年休？"《游云台宿长潭有感》："石磴穿林上翠微，桠梢残月背人飞。客程胜日乘高兴，僧舍斜阳坐息机。湖海十年青鬓短，云霄万里壮心违。从今细问刀圭诀，飞入蓬莱补纳衣。"曾受邀与杨慎等同修嘉靖版《四川通志》，著有《方洲文集》5卷，编修《大昌县志》。《明史》有传。

张佳胤（1526～1588），铜梁县人，号崌崃山人。嘉靖年进士，官至兵部尚书，授太子太保衔。张佳胤工诗文，为明文坛"嘉靖后五子""后七子"之一。他倡导"诗依情，情发而葩，约之以韵；文依事，事述而核，衍之成篇"（《沧溟先生集序》、《崌崃集》卷五四），强调"夫人禀七情，有触斯发，对境咏志，天籁自鸣"（《复友人论时学》）。其诗歌以七律、五律和七言古诗最具代表性，或叙写山川风景、羁旅乡愁，或抒发奔走边塞、戎马倥偬的胸襟怀抱，或抨击社会弊端、感叹志士沦落，情感真实充沛，风格高迈俊朗，慷慨奋厉，有较高的艺术价值。如"十二高峰生眼前，晴光次第开苍烟。危石曲藏古老洞，断岩倒挂飞来泉"（《巫峡行》）。出使闽越，他有"高台落日对江风，眺尽孤城海色中"（《平远台晚眺同吉侍御李户曹》）；按察云南，南疆之奇山丽水更让他惊叹不已："西南天尽见雄都，气象中原自不殊。山削芙蓉青并出，日衔湖水色平铺"（《入滇城》）；历职晋冀，北国山川的粗犷又激发其胸中豪气："矫首青冥万里看，河流秋色不胜寒。天风洒扫中条石，坐折长虹作钓竿"（《登太行山四首·其一》）。其《宿黄牛峡》一诗最为人称道："春到黄牛峡，江辞白帝城。楚云高不落，巴水去无声。绝塞书难得，孤舟月更明。棹歌听自短，几处夜猿鸣。"其作品主要见于《崌崃集》，卷一为赋，卷二至卷二九为诗，卷三〇至卷六四为杂文。《明诗话全编》载有《张佳胤诗话》81则。

三、方孝孺、薛瑄等的巴蜀书写

方孝孺（1357～1402），浙江宁海人，蜀献王朱椿聘请他当世子的老师，赐名其读书处为"正学"，人称"正学先生"。方孝孺多次奉诏组织四川和全国的科举考试。承蜀王之命，写《蜀道易序》《蜀鉴》《蜀汉本末》《仕学规范》等，为蜀中文化教育贡献极大。其文学作品，如《蚊对》《指喻》《越巫》《鼻对》《吴士》《越车》等，都有其特色。《吊李白》诗中赞美"李白天才夺造化""李白古无双",并反其意作《蜀道易》,即"唐李白作《蜀道难》,以讥将帅之酷虐"而"韦皋治蜀,陆畅反其名作《蜀道易》以美之,今其词不传"。因为现今皇帝"施惠政,崇文教,中外同声称颂。四方万里之外,水浮陆走,无有寇盗;商贾骈集,如赴乡间,蜀道易于斯为至矣"。作为一篇颂扬帝王恩德的应制台阁体典范,其名诗《蜀道易》摹写了盛世太平,歌颂了帝王圣德。通过"文翁之化""孔明之仁""严郑之节""扬马之文"等这一系列基础和前提条件,为后世之君奠定全面基础。当今贤王只是"大开学馆论典坟"就达到了使民致化、风俗无邪淫,征贤诏而获"骏奔"的局面。作者通过将现实和历史联系,既肯定了当今帝君贤王对蜀道之易的贡献,也说明了历代贤明之士对当今蜀道之易的历史功绩。在颂扬帝君贤王的同时,明确具有对皇帝作用的辩证思考和恰切的解读。《蜀道易》描绘对象的丰富性,显示了作者写作时思绪的豪迈不羁、奔放自由和笔锋的流转多变,展示出作者的"纵横驰骤之才"。在诗句运用上更加的奔放自由和用韵上的灵活多变,体现了与"台阁体"的极大不同,显示了特有的"纵横驰骤"的气度。《明史》说"方孝孺,工文章,醇深雄迈。每一篇出,海内争相传诵"。《四库全书总目》点评其文章为"纵横豪放,颇出入东坡、龙川之间"。其作品主要收集在《逊志斋集》中。

薛瑄(1389~1464),山西河津(今万荣县)人。明代思想家,著名的理学大师,河东学派的创始人。永乐年进士。景泰元年(1450),复官不久的薛瑄奉命前往四川,协助巡抚佥都御史李匡平息川西苗彝"作乱"。其《效竹枝歌》对蜀中民俗的记录曰:"江上小楼开户多,蜀侬解唱巴渝歌。清江中夜月如昼,楼头贾客奈乐何。"散文名作《游草堂记》云:

至蜀献王崇尚子美之忠贤,一新其堂。且刻子美蜀中诸诗于板,以示景行前哲之意。每岁时、良辰、胜日,蜀之衣冠士庶,与夫戴白之叟,垂髫之童,皆知草堂之名,而出游其地,人物车马杂沓,道路至填溢,草堂不能容。由是草堂遂为蜀中之胜迹。虽朝之缙绅大夫有事于蜀者,亦必至其地焉……夫忠在人心,乃天理民彝万世之所同。故后世慕子美之忠,则慕其为人,慕其为人,则并慕其所居之室。此子美之草堂所以屡兴不废而名永长存也。

主要著作有《读书录》11卷、《读书续录》12卷、《理学粹言》1卷、《从政名言》1卷、《策问》1卷，还有《河汾诗集》8卷、《薛文清公文集》24卷等。事迹见《明史》卷二八二、《国朝献征录》卷一三。

王士性（1547～1598），浙江临海人，万历年进士，以礼部给事中身份被派往主持四川科考，有《四川乡试录序》等。其主要贡献在于《广志绎》一书，并因之而被誉为中国人文地理学的开山鼻祖。该书凡山川险易、民风物产之类，巨细兼载，眼光独到，尤其是注意人文风俗的选择记录，是一部很有价值的人文地理学著作。明代两位旅行家，徐霞客游过十四省，独缺四川，王士性恰好弥补这一缺陷，该书卷五的"西南诸省"对蜀中的描绘如：

今新都诸处，飞渠走浍，无尺土无水至者，民不知有荒旱，故称沃野千里，又江流清冽可爱，人家桥梁扉户，俱在水上，而松阴竹影，又抱绕于涟漪之间，晴雨景色，无不可人。内江、富顺虽分辖两府，然壤接境连，实繋片地，故声名文物等垺，不相上下，犹余姚、慈溪之在浙东也。

蜀江篙师，其点篙之妙，真百步穿杨不足以喻，舟船顺流，其速如飞，将近崖石处，若篙点去稍失尺寸，则迟速之顷转手为难，舟遂立碎，故百人之命悬于一人。上者犹可牵船，篾缆名曰火仗，长者至百丈，人立船头，望山上牵缆人不见，止以锣声相呼应而已。

其蜀中诗作如《老子祠詹牧甫次东坡韵因续之》"令尹何当便扫门，须知两足自称尊。五千道德先天地，信宿遽庐悕子孙。已信青牛归绝塞，依然紫气满芳村。吏情最爱关门隐，又道山川近陆浑"，以及成都记游的"月鸣关塞曲，羌笛竹郎冠"（《薛涛井》），"病骨缘诗瘦，奚囊足旅愁"（《浣花草堂》），"人琴两寂寞，无计起芳魂"（《琴台》）等。离开成都后，他还有记"浣花之游"的《入蜀稿》寄友人，其曰：

追忆前年此日，青羊宫里，百花潭上，黄花竹叶，解缆放舟，水上月楼听琴，僧操《落梅》一曲。知己良遇，一快也。比与元承登大栽绝顶，睇眄西竺，握涧中积雪，恨不能与牧甫共嚼，北向锦城撒之，不知曾飞花落黄堂署否？已复辞白帝，下巫山，西入太岳。伤古吊（吊）今，致亦不恶。既得川北之命，何得遂与牧甫有三生缘耶？……《入蜀稿》一种，笑正之。浣花流水，犹然在目也。

明代"竟陵派"领袖钟惺（1574～1624），竟陵（今湖北天门市）人。万历年进士，官至福建提学佥事。他提倡抒写性灵，著有《隐秀轩集》，曾受派到四川公干，有著名《浣花溪记》，全文以溪为主线，而在写溪的同时，展开其他景物描写。全文共分四大段，第一段是写溪委，第二段是写溪行，第三段是写溪上的人家、古祠，第四段是写来溪的游人。文章移步换形，描写生动细腻，以景抒情，多姿多彩，呈现出其幽深峭拔、沉寂纤巧的艺术特色。其曰：

出成都南门，左为万里桥。西折纤秀长曲，所见如连环、如玦、如带、如规、如钩，色如鉴、如琅玕、如绿沉瓜，窈然深碧，潆回城下者，皆浣花溪委也。然必至草堂，而后浣花有专名，则以少陵浣花居在焉耳。行三四里为青羊宫，溪时远时近。竹柏苍然，隔岸阴森者尽溪，平望如荠。水木清华，神肤洞达。自宫以西，流汇而桥者三，相距各不半里。舁夫云通灌县，或所云"江从灌口来"是也。

人家住溪左，则溪蔽不时见，稍断则复见溪。如是者数处，缚柴编竹，颇有次第。桥尽，一亭树道左，署曰"缘江路"。过此则武侯祠。祠前跨溪为板桥一，覆以水槛，乃睹"浣花溪"题榜。过桥，一小洲横斜插水间如梭，溪周之，非桥不通，置亭其上，题曰"百花潭水"。由此亭还度桥，过梵安寺，始为杜工部祠。像颇清古，不必求肖，想当尔尔。石刻像一，附以本传，何仁仲别驾署华阳时所为也，碑皆不堪读。

钟子曰：杜老二居，浣花清远，东屯险奥，各不相袭。严公不死，浣溪可老，患难之于朋友大矣哉！然天遣此翁增夔门一段奇耳。穷愁奔走犹能择胜，胸中暇整，可以应世，如孔子微服主司城贞子时也。

时万历辛亥十月十七日。出城欲雨，顷之霁。使客游者，多由监司郡邑招饮，冠盖稠浊，磬折喧溢，迫暮趣归。是日清晨，偶然独往。楚人钟惺记。

明代著名小说如"三言二拍"等，不约而同地多以蜀中人物事件为题材，形成一种独特的"巴蜀书写"现象。冯梦龙的《喻世明言》第十三卷《张道陵七试赵升》，说益州有八部鬼帅，各领亿万鬼兵，横行人间，虐杀万民，又有广汉青石山中大蛇为害，以及喜欢喝人血的白虎神和霸占盐泉的巴东毒龙等，都被张（道陵）真人逐一剪灭；《警世通言》第四十卷，描写蜀郡旌阳县令许真君，面对民间瘟疫盛行死者无数的社会窘境，其符咒所及之处病者立愈，邻郡的人因此纷纷移居旌阳县。许逊飞升后，朝廷把旌阳改为德阳，以表彰许逊造福百姓之功。其他还有《醒世恒言》第十一卷散文"苏小妹三难新郎"的故事，《喻世明言》第十九卷中的四川雅州精通法术的巫师李氏驱鬼除魔神通广大的故事，《警世通言》叙述来自蜀中峨眉山的白蛇和从青城山走出的青蛇的故事等。凌濛初的《二刻拍案惊奇》所铺叙的卓文君夜奔相如传奇，所讲述蜀州司理的女儿被蛇所祟久病难治，被有通神异术的杨望治愈的故事，还有峨眉山白水禅院的行者真空偷窃了宝镜和金神变虎的故事；冯梦龙《智囊补·捷智·张佳胤》和陆人龙《型世言》第十五回《任金刚计劫库张知县智擒盗》皆记蜀人张佳胤智擒巨盗的故事；周楫的《西湖二集》第四卷，描写蜀人赵雄老实至诚，为官清廉，爱护百姓，获得文昌帝帮助的故事。

第四节　明代著述之冠——杨慎

一、巴蜀才子，终老滇中

杨慎（1488~1559），新都人，字用修，号升庵，后因流放滇南，故自称博南山人、金马碧鸡老兵。明代吏部尚书和内阁首辅杨廷和之子，湖广提学佥事杨春之孙，正德六年（1511）状元，官至翰林院修撰。嘉靖三年（1524），因"大礼议"受廷杖，谪戍终老于云南永昌卫。

杨慎被世人誉为明代三大才子之首。从小就受到很好的家庭教育。七岁时，母亲教他句读和唐代绝句，常能背诵。十一岁时，就会写近体诗。十二岁时，其《吊古战场文》有"青楼断红粉之魂，白日照翠苔之骨"的警句。进京后因《黄叶诗》为当时文坛翘楚李东阳所赞赏而被其纳入门下。正德十二年（1517）八月，武宗微行出居庸关，杨慎上疏抗谏，被迫称病还乡。明世宗即位，被召回京师，任经筵讲官。嘉靖三年，"大礼议"事件，杨慎号召"国家养士百五十年，仗节死义，正在今日"，率二百多大臣伏于宫门大哭，抗议皇帝"不守规矩"。皇帝下令将众人下狱廷杖，当场杖死者十六人。十日后，杨慎与给事中刘济、安磐（嘉州人）等七人又聚众当廷痛哭抗议，再遭廷杖，杨慎被谪戍云南永昌（今保山县）。

被贬谪后，杨慎或暂回四川探视病父和归葬其父，或在昆明，或停留于永昌。明世宗一朝虽有六次大赦，杨慎终难享受。虽按明律年满六十岁可以赎身返归故里，即如与之相善的首辅大臣严嵩，也难以帮他。居滇三十年，故"思乡""怀归"之诗词，所占比例极大。《乐府纪闻》称他，"暇时红粉傅面，作双丫髻插花，令诸妓扶觞游行，了不为愧"，甚至"尝醉，作双髻，插花，以脂粉涂面，门生舁舆，诸妓捧觞游行市中"。①这种放浪形骸，常纵酒自娱，游戏人生的行为，实际上就是他对皇帝的一种消极反抗。杨慎年近七旬时，曾离开云南戍所暂住泸州，但不久就被巡抚派人押解回永昌。这就是他临终前所作《六月十四日病中感怀》诗所抗议的："七十余生已白头，明明律例许归休。归休已作巴江叟，重到翻为滇海囚。迁谪本非明主意，网罗巧中细人谋。故园先陇痴儿女，泉下伤心也泪流。"诗中把自己的不幸遭际归结于奸狡"细人"而难以指斥"明主"。嘉靖三十八年（1559）七月，卒于戍地，临终前有诗谓："七十二年老迁客，骑马复走滇云陌。"新皇登基后，他获得"平反"，明穆宗隆庆初年，又被追赠光禄寺少卿，明熹宗天启时追谥文宪。《明史》有传。

杨慎满腹诗书的才子气和大胆冲破既有藩篱的豪气，是完成"百科全书"式文化创造的性格基础。而云南社会各界的保护和支持，是他获得成就的一个重要原因。《明史》本传说他"投荒多暇，书无所不览"，其行踪所至，常与云南文化人研究学问，谈诗论文，奖掖后进，以及设馆讲学，广收学生，完成了大量学术著作，对云南文化的发展，确实多有促进。云南官民各方为他提供一切生活、调研、写作和著书出版等条件。曾以右副都御史身份被派往云南巡察的嘉靖进士游居敬，对此说得明白："前巡抚黄铁桥公、巡按郭公，为择安宁州云峰书院以居先生；黔国沐敏静公处以

（明）陈洪绶：《升庵簪花图》

---

① 简绍芳：《杨文宪升庵先生年谱》，于浩辑：《明代名人年谱》，北京图书馆出版社2006年版，第437页。

别墅，巡抚白泉汪公题其碑亭，巡抚擢司寇若溪顾公，为创广心楼于高峣，歌以纪之，皆好德之心所表见也。"游居敬还在《翰林修撰升庵杨公墓志铭》中说："先生居滇，泛昆池，登泰华，游点苍并洱水，探奇挹胜，所在有述，人争宝之。"①总之，遭贬谪入滇，对三十七岁盛年风华正茂的杨慎而言是不幸的，但远离台阁、脱离官场的云南生活，为他提供了一个全新的视角去认知世界。即如其临终时（1561）遗言所称："死亦不忧，生亦不喜，生顺死安，可谓云尔。死于此，葬于此，斯已矣。师友相厚故及此，积善有报在诸子。"云南的一批文人为杨慎写过近七十篇书序，出版近五十部著作。②换句话说，杨慎的文学作品以及学术著述得以广传天下，云南文化界功不可没。

二、一空依傍，自成一家

杨慎为人"天禀倔强"，又曾是当朝首辅的公子、青春状元、公众视野中的青年才俊等，这些都奠定了他在正德、嘉靖两朝的文坛泰斗和学界领袖地位，这些都是其文风独异个性鲜明的背景。《四库全书总目》指出："慎以博洽冠一时，其诗含吐六朝，于明代独立门户。"文学史家钱基博指出，杨慎在明代文学史上的地位在于："文采照映，其诗含吐六朝，以高明伉爽之才，鸿博绝丽之学，随题赋形，一空依傍；而于李何诸子之外，异军特起。诗多用新事，工于设色，搜罗刻削，无出其右。而骈绘既繁，性情或尽，传谓美能没体，诗亦有之"，"盖皆卓然有以自树立于斯文绝续之会，而不苟徇风气，亦不故为违异者也"，"然论说考证，往往恃其强识，不及检核原书；而恃气求胜，证佐不足，辄造古书以实之"③。如杨慎对杜诗"诗史"的批判，就强调诗歌的抒情特征，维护诗歌体制的纯净，是宋明理学文化背景下明代诗学辨体理论的重要表现，具有独特的文体学意义。今人王文才先生的《杨慎学谱》（1988年）认为：杨慎的文化创新价值在于"力排宋学，自具卓识；倡导汉学，影响后世"。

杨慎的文化创造价值，在其所处时代已经得到众多名家的充分肯定。明代著名思想家李贽在《续焚书·读升庵集》中说："升庵先生固是才学卓越，人品俊伟，然得弟读之，益光彩焕发，流光百世也。岷江不出人则已，一出人则

---

① 黄宗羲：《明文海》卷四三四，中华书局影印本1987年版。
② 参见蒋干、白建忠：《杨慎在滇交游考》，《广播电视大学学报》2014年3月。
③ 钱基博：《中国文学史·明文·第七节·王守仁杨慎》，华中师范大学出版社2011年版。

为李谪仙、苏坡仙、杨戍仙,为唐代、宋代并我朝特出,可怪也哉","余是以窃附景仰之私……俨然如游其门,蹑而从之"。袁宏道认为:"人有言曰:'胸中无万卷书,不得雌黄人物。'然书至万卷,不几三十乘乎?除张司空外,更几人哉。吾于汉刘向、唐王仆射、宋苏子瞻见之,然自子瞻迄今又三百余年矣,吾于杨升庵、李卓吾见之。"王夫之的《明诗评选》称杨慎是中国文化界"三百年来最上乘"。周逊《刻词品序》中称他为"当代词宗"。王世贞甚至说"明兴,称博学、饶著述者,盖无如杨用修"。焦竑十分推崇杨慎,曾花很长时间专心搜集杨氏著作,经过校对订正,编辑成《升庵外集》100卷,镌刻印行传世,并在《升庵外集题识》中盛赞道:"明兴,博雅饶著达者无如杨升庵先生。"顾起元在《升庵外集序》中说:"国初迄于嘉隆,文人学士著述之富,毋逾升庵先生者。"李慈铭"有明博雅之士,首推升庵;所著《丹铅录》《谭苑醒酬》诸书征引赅博,洵近世所罕有"。

其词风富丽婉曲,如《鹧鸪天·元宵后独酌》:"千点寒梅晓角中,一番春信画楼东。收灯庭院迟迟月,落索秋千翦翦风。鱼雁杳,水云重,异乡节序恨匆匆。当歌幸有金陵子,翠斝清尊莫放空。"写元宵节后的独酌思乡,先以"迟迟月"与"翦翦风"点缀出早春夜晚的清寒,也烘托出怀乡的愁绪,终以歌酒故作宽解,更见乡愁的深挚婉曲。在流放滇南途中,有《宿金沙江》:"往年曾向嘉陵宿,驿楼东畔阑干曲。江声彻夜搅离愁,月色中天照幽独。岂意飘零瘴海头,嘉陵回首转悠悠。江声月色那堪说,肠断金沙万里楼。"晚年的《寒夕》以自己为例,对明代摧残文化人的政策进行了沉痛的控诉:"东西垂老别,前后苦寒行。旅鬓年年秃,羁魂夜夜惊。春锄胸内贮,石阙口中生。读书有今日,曷不早躬耕。"这与历史通俗说唱之作《临江仙》可谓异曲同工:"滚滚长江东逝水,浪花淘尽英雄。是非成败转头空。青山依旧在,几度夕阳红。白发渔樵江渚上,惯看秋月春风。一壶浊酒喜相逢。古今多少事,都付笑谈中。"因此被罗贯中引作《三国演义》的开场词,结果名扬四海。

他的散文《新都县八阵图记》写故乡的三国旧事,而《碧嶙精舍记》则是书写云南居所,皆为记叙散文佳品。迈出书斋走进民间,感受气象万千的社会人生和多姿多彩的大自然,追求自我个性的解放,与当时西方文艺复兴运动相应和,明代中国启蒙思想和人文主义思潮,在杨慎《性情说》中得到集中的宣示。他认为"理"是存在于太虚之中的实有之物,通过实践把握万事万物的理,就可以达到"不出户,知天下"的境界;他认为天即自然之天,肯定"人

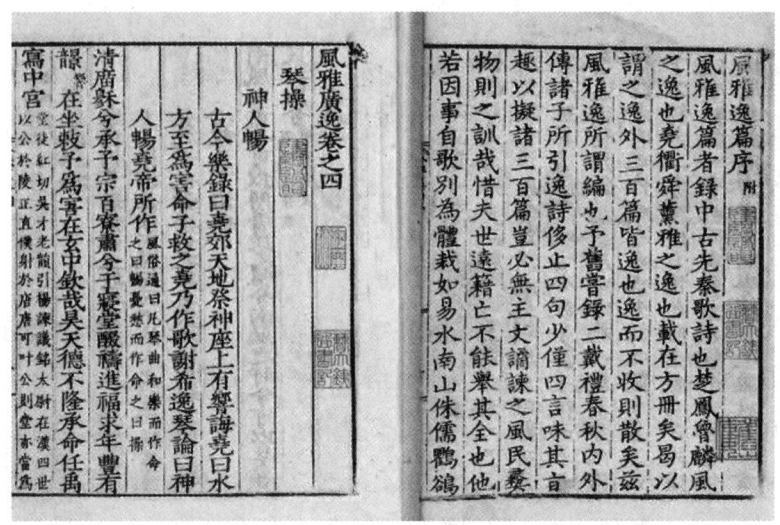

杨慎《风雅广逸集》书影

定胜天"；杨慎提出了性情统一论，肯定人情欲的合理性。这一理论成为李贽"穿衣吃饭即是人伦物理"思想的先河。杨慎站在历史语境中，思考着眼前的哲学问题，突破了理学，修正了心学，建立了新的哲学话语体系。其价值如胡适所说："人人皆知汉学盛于清代，而很少人知道这个尊崇汉儒的运动在明朝中叶已很兴盛。"①

三、兼擅雅俗，引领新风

《明史·杨慎传》说："杨慎博物洽闻，于文学为优。"其"博雅宏丽"的诗风和"俊而葩"的散曲风格，以及"以曲入词"现象，都愈来愈受到学术界的重视。杨慎的雅文学创作主要指其诗、文、赋作品及其他笔记类学术著述，诸如《丹铅总录》《丹铅续录》《谭苑醍醐》《艺林伐山》等学术笔记。俗文学则包括弹词、杂剧、文言小说、散曲和民歌谣谚等，尤其是对于新兴的文学样式如弹词等讲唱文学更是情有独钟。他一方面创作了大量的诗、词、文、赋等雅文学作品，同时也对文学创作发表了相当多的精辟论述，或专书，或专文，不拘一格。另一方面重视民间文学诸如民歌民谣、俗语、民间传说等俗文学的搜集整理，同时积极地投身于俗文学的创作，他创作有散曲《陶情乐

---

① 胡适：《胡适文存》第三集，黄山书社1996年版。

府》和《陶情乐府续集》，有杂剧《洞天玄记》，有弹词《廿一史弹词》；他辑录了民歌民谣如《古今谚》《古今风谣》等文学作品[①]。杨慎在《古今谚序》中高度肯定过俗文学的功效："不然，君子多识前言往行，以畜其德。其本立矣，询于刍荛可也，采于蒉菲可也。苟本之则无，憪前经而不耻，末之是竞，随谣俗而陆沉，是圣门病由也嗲，孟子斥齐东之鄙也。"

文人的市民化和市民化读者群的形成，自然地迫使文学创作发生位移和转向，明代文学尤其是明代后期的通俗文学创作出现了典型的趋俗倾向。明代创作主体审美取向由"尚雅卑俗"向"雅俗共赏""以俗为雅"变化，与接受客体审美趣味的世俗化选择有关。从京师到边陲，从台阁到林莽，杨慎的独特人生经历，恰好感知和体验到这种时代变化。在小说领域，他编撰了《丽情集》《仓庚传》《汉杂事秘辛》（杨慎伪托汉无名氏作）、《孝烈妇唐贵梅传》《林母两世贞烈传》等，虽然还是文言体式，但已经在叙事技巧和手法上体现出通俗小说的某些特质，如"因微适道"的寓言形式、"尸古镕今"的炫才特质、"摩画幽隐"的叙事手法等；其散曲之作有《陶情乐府》四卷、《陶情乐府拾遗》一卷和《玲珑倡和》二卷；在民歌谣谚方面，杨慎编撰有《风雅逸篇》十卷、《古今谚》一卷、《古今风谣》一卷和《俗言》一卷；署名杨慎所创的杂剧有《洞天玄记》《太和记》和《五全记》三种；学术界近年来更为强调的是杨慎对于明代新兴文学样式如弹词等讲唱文学的偏爱，他的弹词创作有《历代史略词话》（《历朝史说》），即因为那首著名的《临江仙》而广为人知的《廿一史弹词》。这是基于杨慎已经认识到的"诗词只可谈风月，今古还堪警后人"，两者不可偏废。

杨慎编选的文言小说集《丽情集》，出于"娱情遣兴""纂古今丽情事"的编撰原则，同时又糅合自身广博的学识修养，呈现迥异于他类文言小说专集的鲜明特点：题材选择以古之名媛故事的专门化；在具体操作上辅以学问化的考证；价值取向上是"才貌双全"。从小说艺术层面分析，擅长用自己熟稔的"笔记体"形式来叙述小说，同时还注意运用小说记载的材料来论证相关问题，以实践自己"小说亦可证正史之误"的文言小说观；还有"搜奇猎艳"的题材取向，都是抓住了读者接受心理，从而在明代文言小说中呈现出自己的鲜明特点。他张扬文学的华美和创作灵感，推崇汉魏六朝诗的"高趣"和绮丽，

[①] 曾绍皇：《论杨慎俗文学创作的典范意识》，《中国文学研究》2008年第3期。

是以《明诗别裁集》编者说其诗"过于浓丽",却不得不承认"升庵以高明伉爽之才,宏博绝丽之学,随题赋形,一空依傍,于李、何诸子之外,拔戟自成一队"。在前七子所倡导"文必秦汉、诗必盛唐"复古风气较为流行的时候,他还能别张壁垒,广泛吸收六朝、初唐诗歌的一些长处,形成其"浓丽婉至"的独特诗歌风格。如《滇海曲》12首、三峡《竹枝词》9首等,描绘山川风情,颇得乐府遗韵。杨慎又广为采揽民歌的长处,以丰富自己的诗作。其词和散曲,写得清新绮丽。

四、著作之富,明代第一

杨慎临终时的《自赞》总结自己人生准则是"临利不敢先人,见义不敢后为"。社会政治的担当、伦理道德的垂范、文化创新的责任,成为他辉煌人生呈现的驱动力。如果说,巴蜀文学太多地固守在传统诗文的领域,杨慎却站在了时代的前沿上,著述达一百余种,涉及史、诗、文、音韵、词曲、戏剧、书画、医学、天文、地理、动植物等,十分浩瀚,多辑录于《升庵全集》。他所编纂的《全蜀艺文志》是今天研究巴蜀文化的基本资料。据有人统计,其著述小学类有《古音》七书、《丹铅》诸录、《六书博证》等;经学类有《升庵经说》《易解》《檀弓丛训》等;文论美学类有《升庵诗话》《艺林伐山》《绝句衍义》《画品》《全蜀艺文志》等;史地类有《云南山川志》《云南通志》《南诏野史》《慎候记》《南中志》《滇载记》《记古滇说》等;诗词类有《升庵诗集》《升庵长短句》《陶情乐府》,散曲有《陶情乐府》等;文化学和民俗学类有《古今风谣》《古今谚》《丽情集》等。

遭贬后他曾自信地认为"京华一朵千金价,肯信空山委路尘",但心胸狭窄的皇帝始终不肯原谅他。在长达三十五年的边陲谪戍生活中,他得到云南各界人士诸多帮助,各族民众的深厚情谊给他的感受是"高峣亦吾庐,安宁亦予宅。屏居三十年,宛如故乡陌"。其汇编《释藻集》六卷是对佛学的思考,《庄子阙误》则是对道家哲学的关注。"已消湖海元龙气,只有沧浪渔夫心"的人生价值观转换,涵蕴出《无俗念·游仙二首》《黄莺儿·道情》《折桂令·道情》等逍遥人生快意山水之作,他要用著述抒发愤懑不平和怀才不遇,希望通过著作来实现自我价值和流芳百世。他是世所公认的著名文学家、多产的大学者、杰出的书法家,又是正直而有气节的政治家、17世纪启蒙思想的哲学家,整理弘扬滇边文化和在云南传播中原文化的大功臣。

杨慎在中国启蒙思想发展历程中的价值，被专家概括为："推崇汉学，反对宋学，尤为斥南宋朱熹，开批判宋明理学之先声。"① 我们不难发现，他的这些思想，正是巴蜀文化尤其是"苏氏蜀学"的基本内容。而他在哲学、历史、地理、风俗和民族学等领域的研究和实证方式，对后来"朴学"尤其是清代蜀学重实证考据，都有决定性的影响。他的哲学思想的主要内容：一是反对程朱理学空谈心性，主张从事物本身去寻求自然发展的变化，与程颐"不出户知天下"的主张相对立。二是认为客观事物互相联系而又互相依存，认为事物存在矛盾斗争，其结果必然是"刚胜柔，实胜虚"。三是主张用发展变化的观点看事物，即"世变如轮，无暂停也；人心如波，无少平也"。在观察社会历史发展现象时，他十分强调"势"的作用，即从发展趋势上看问题。他提出："封建非圣人意也，势也；郡县非秦意也，亦势也。穷而变，变而通也。"四是重视实践经验，认为"见睫者不若身历，胜口者不若目击"。现代学者陈寅恪说："杨用修为人，才高学博，有明一代，罕有其匹。"

第五节　明代后期的巴蜀文学

一、女诗人黄峨

黄峨，遂宁人。杨慎之妻，其父亲黄珂官至尚书。她自幼博通经史，能诗文，擅书札，尤为擅长散曲，被誉为"曲中李易安"，即在词曲领域具有李清照在词作创作上的同样价值。其作品"读之旨趣闲雅，风致翩翩，填词用韵，天然合律"。她出生显贵，又嫁入豪门，才情甚富，本有夫妻诗文相娱、琴瑟和鸣的生活，却风云突变，丈夫被贬往滇边。"鸳鸯被冷雕鞍热"，"别离经岁又经年"，生死患难的无奈相思，红颜薄命泪湿衣襟，催生出若许悠扬哀殇之韵味。现代词曲专家任中敏先生评价说："夫人之作，亦多新颖俊发。不止向所传诵之《积雨酿轻寒》一阕而已。且意境解放，突破藩篱，不为千年礼教所囿，开吾国女子文学以前未有之局……吾国女子文学史者不可忽之。"② 黄峨的著作十分丰富，《四川总志》记载她"有文集传于世"，而她一生所写的

---

① 《哲学大辞典》，上海辞书出版社1985年版，第320页。
② 任中敏：《杨升庵夫妇散曲·弁言》，（台北）商务印书馆1960年版。

诗、词、曲则更多。

早年试笔之作《闺中即事》："金钗笑刺红窗纸，引入梅花一线香。蝼蚁也怜春色早，倒拖花瓣上东墙。"少女不堪闺中寂寞的天真娇憨，向往春日美景的烂漫情怀，观察生活细致，写作技巧高明。散曲《玉堂客》抒发了她对昔日亲朋好友的眷恋之情："东风芳草竞芊绵，何处是王孙故园？梦断魂劳人又远，对花枝，空忆当年。愁眉不展，望断青楼红苑。合离恨满，这情惊怎生消遣！"据传，这首曲很快在京城流传开来，状元郎杨慎读到此曲，对黄峨的才情赞叹不已，倾慕之心油然而生。在新都桂湖之滨的榴阁，新婚的她以石榴自喻，赋《庭榴》诗表达自己对新郎的深情："移来西域种多奇，槛外绯花掩映时。不为秋深能结实，肯于夏半烂生姿！番嫌桃李开何早，独秉灵根放故迟。朵朵如霞明照眼，晚凉相对更相宜。"身为续弦继室，新婚的黄峨托物抒怀，自比火红的石榴花，不与桃李争春，花开虽迟，却是喜得状元结为连理，愿与杨慎长相厮守，石榴籽粒众多，象征多子多福。诗作对生活前景充满信心，语言含蓄，譬喻巧妙，形象生动。

她怀念丈夫的《七律·寄外》被徐渭评定为"旨趣闲雅，风致翩翩，填词用韵，天然合律"，"才艺冠女班"。送别丈夫的散曲《罗江怨》云："青山隐隐遮，行人去也。羊肠鸟道几回折？雁声不到，马蹄又怯，恼人正是寒冬节。长空孤鸟灭，平芜远树接，倚楼人冷阑干热。"以冷与热的强烈对比，反映自己内心的一片深情，凄婉动人，遂成千古名句。还有《逗鹌鹑》曰："分手东墙，送君南浦。目断行云，泪添细雨。载恨孤舟，戛愁去橹。厮看觑，两无语。当时也割不断那样恩情，今日个打迭起这般凄楚。"黄峨散曲以写离情见长，风格清新活泼、爽朗跳脱，感情浓郁而细腻，女性情态毕现。如《梧叶儿》《折桂令》《驻马听》《落梅风》《黄莺儿》《罗江怨》诸曲，都写得缠绵悱恻。

漫长分居生活的痛苦，绵延不绝的思念，致力于照顾杨家老幼的辛勤都难以排遣，从而具化为饱含情感冲击力的艺术意象，如上引《黄莺儿》第一支："泪珠纷纷滴砚池，断肠忍写断肠诗。自从那日同携手，直到而今懒画眉。无药可疗长恨夜，有钱难买少年时。殷勤嘱咐春山鸟，早向江南劝客归。"（《失题》）她在《寄升庵》诗中劝慰丈夫道："懒把音书寄日边，别离经岁又经年。郎君自是无归计，何处青山不杜鹃！"王世贞《艺苑卮言》云："杨用修妇亦有才情。杨久戍滇中，妇寄一律云：'雁飞曾不度衡阳，锦字何由寄永昌？三春花柳妾薄命，六诏风烟君断肠。曰归曰归愁岁暮，其雨其雨怨朝阳。相闻空有刀环约，何日金鸡下夜郎？'又《黄莺儿》一词：'积雨酿春寒，看繁花树树残。泥途满眼登临倦，云山几盘，江流几湾，天涯极目空肠断。寄书难，无情征雁，飞不到滇南。'杨又别和三词，俱不能胜。"明代已有刊本《杨升庵夫人词曲》五卷，又有《杨夫人乐府》。清人钱谦益在《历朝诗集小传》说黄峨"闺门肃穆，用修亦敬惮"。前人赞叹："吾蜀于明代，有二列女甲于全国，曰黄宜人、秦良玉是也。"《列朝诗集小传》《明诗纪事》均载：黄峨"博通经史，工笔札"，"闺门肃穆，用修亦严惮之。诗不多作，亦不存稿，虽子弟不得见也"。清人梁正麟所撰"黄夫人祠"对联写得好：

盼不到迁客来归，白象金鸡相思万里。
莫便伤才人命薄，红榴丹桂各有千秋。

二、任瀚、熊过

任瀚，南充人，嘉靖年进士，官至翰林院检讨，"嘉靖八才子"之一。又与新都杨慎、富顺熊过、内江赵贞吉，合称"蜀中四大家"。《明史》本传载其"少怀用世志"，且"举动任情，蔑视官守"。任瀚在京为官十四年，以"骨鲠自恃，不与权贵人通关节"闻名，"权贵们多按剑疾之如仇"，"不能媚世以取用"，后解官返乡。他也承认自己"狂劣无忌，龃龉不耦"，其诗有云"吾性兢岑寂，不愿入城府，头面少洗沐，一月当四五……人生贵适意，胡用见明主"，即追求"负气任侠"与"人生贵适意"的独立人格实现。作为"唐宋派"代表作家，他曾有"何当拔剑倚天下，不愁虎豹纵横啸"的雄心壮志。但明王朝吏治腐败，官员因循苟且，贪赃受贿、营私中饱的社会现实，在为官十二年后，他上书称病请归，未被准奏，竟自行离去。在浑浊黑暗的官场之中，"狂劣"正是其品行高洁的表现，"不耦"乃是其卓尔不群的结果。其"少年负气任侠，长益狷急"，不愿"暮夜束带叩阍务求望见权贵人"，而倾慕东方朔"凌厉贵游，狎侮当世，晚节超然遐举，意气凌云"等，亦可看到巴蜀地域文化的影响和规范。正是出于巴蜀文化精神的同声相应，他倾慕杨慎的人格魅力和艺术创造才华，其《寄杨升庵》就表达了这种崇敬："萧条别馆君为客，寂寞荒村我闭关。鹦鹉洲前空作赋，凤凰池上几时还。羁身万里接滇海,归梦三更到蜀山。此地断金俱白发,往游倾盖正红颜。"

《明史》本传称任瀚"怀用世志,百家二氏之书,罔不蒐讨",文"有西汉风","文亦高简"。时人欧阳德大力赞美他"其志矫,故其行狷,其词隘",可谓精到之语。如《留别岐州翟千户》曰:"岐侯拔剑舞清宵,秋满樊川万木凋。老去自吹秦鬵策,西征曾比汉嫖姚。玉关许割桓伊郡,宣室难容贾谊朝。莫遣音书太寥落,世情人事正萧条。"虽然像贾谊那样遭受冤屈,被罢官归田为民,但济世之心犹如霍去病之壮志豪情仍存,坚守孤直清贵的节操,珍视肝胆相照的友谊,则是人生最为宝贵的生命价值。是以"唐宋派"代表作家唐顺之在《寄任少海》诗中,甚至称许任瀚为"曾奋声名李杜齐",认为他的文学创作具有李杜一样的艺术生命力。其《晚次阆州滕王台》则表现了对自由人生的向往,其曰:"犹有君王旧玉台,可怜金碧认苍苔。黄云古代踏歌去,落日千帆贾客来。秋老鱼龙江水冷,亭空蛱蝶石泉哀。土花肃遍前朝碣,虚阁松声首重回。"即使面对古迹名胜,也禁不住抒发沧桑之感,如《咸阳东楼望阙》:"漏下寒关鼓角雄,秋清丝管郡楼风。正思衮冕春天上,细听箫韶月露中。身世留连双凤阙,乾坤衰晚一渔翁。承明官阁文华署,玉佩遥知委上公。"写于广元的《题龙门阁》:"剑外烟花春可怜,寻芳遥坐翠微烟。君侯未放郎官醉,更上清溪载酒船。"又《诸葛山寺》曰:"诸葛山前戍垒荒,永安宫外白蘋霜。大江东下古人尽,野戍歇来秋兴长。北极旌旗横海岱,南天烽火隔潇湘。英雄割据终何事,烟锁寒芜空夕阳。"诗人反对给人民造成深重灾难的军阀割据,渴望和平与安宁。如《清泉山寺》:"朔风吹叶叶射泥,欲雪不雪寒凄凄。屐齿穿云夜山黑,桤林夹岸穷猿栖。江城岁晏阙秔稻,关塞霜清长鼙鼙。何当拔剑倚天外,不愁虎豹纵横啼。"其叙意直白真诚,且仍然隐含着忧国忧民的情绪,又因蕴涵着对历史和现实的叹思而显得凝重深刻。

辞官返乡后的任瀚徜徉故乡山水,寄情林泉幽谷,题咏甚多,"摘藻铸辞,益工益富",而风格"浸为恬灵"。家乡南充的自然山水,古迹遗址,大多留有他的诗赋、楹联。如撰写了《浮梁记》,以及为桥题写的对联:"江关雄栈,联屯画舫千寻,直穿云雾通三峡;天堑长虹,锁断沧波万顷,不放春光下五湖。"他给清泉寺撰写的对联为:"水国中孤峰倒影,似青螺浮镜,雄剑插空,此江山天南第一;烟霞外万事忘机,但短笛吹云,素琴弹月,这渔樵海内无双。"在自己别墅门口写长联颇能表达其心志才气和胸怀："大江东去，浪淘尽千古英雄，问楼外青山，山外白云，何处是秦宫汉阙；小院春来，莺唤起一帘风月，看溪边绿树，树边红雨，此中有舜日尧天。"在《与张东沙》中有这样的话，"窃以为今世文禁方严，所志莫不按剑决眦以待，盖自获麟以后，文章之不幸未有甚于南渡与今日者"，如此公然批判朝廷的文化政策，可谓惊世骇俗。所撰写的《平蛮碑》，属于"体制内"的奉命之作，较为详尽地记录了明王朝对川南珙县一带的僰人征伐过程，是一篇珍贵的历史文献。其中有川南僰人"窃据犍僰要害，四塞险绝，猿猱虎豹所宫……故先朝诸将战守多败屈失利，常置不问"等的历史回顾，也有"明兴二百年间，王师西下讨罪，前后数百战，迄无成功。宪皇帝尝敕大司马，提军十八万驻境上，师老将疲，仅博一捷。然所耗伤甚众，得不补亡……惟都蛮拥部落横行塞下，数犯庆、长、高、珙、筠、戎，渐逼叙、泸"等现实情形解说，还有最后的战况"前军引火炬烧城中屯千余，炎焰弥天，贼势窘，赴火坠崖谷死者数万，雄王皆弃垒走，分兵大索。冬十月，取次就擒，都蛮至是尽灭"。其作品主要收录于《任司直诗钞》1卷、文钞2卷。著有《春坊集》《钓台集》《任文逸稿》等。

熊过（1506~1580），号南沙，富顺人，是任瀚的同年进士，官至礼部祠祭郎中，后"坐事贬秩，复除名为民"，是明代"西蜀四大家"及"嘉靖八才子"之一，因事曾被贬谪云南白盐井任副提举，与十六年前到云南的杨慎交游甚密，杨有《春夕闻雨起坐至晓寄熊南沙》诗"天涯节物催华发，同是怀乡去国情"记录其事。后被削职还乡，与暂居泸州的杨慎以及曾屿、张佳胤、章懋等成立诗社"汐社"互相唱和。其文艺理论主张是"仆以谓文之不可已，谓夫明诸心者，假文以泄宣之耳。不明诸心而徒饰于辞，则外强中干，此岂不病哉！"强调文学创作必须是发自内心的冲动，"若情真而意到，则发之声，文必曲而中"。其《答李令论税粮驿传盐荚册籍四事书》一文，对当时富顺地区的盐业生产、征榷政策以及盐务管理等，都有比较详细的记述："富义、邓井，久在坍塌。其新开自流等井，课程自可兑补原额。无井灶丁，自可经免虚赔。"它为自流井的开发背景和开凿时间提供了可靠的文字依据，是中国科技史研究的重要内容。《四库全书》所录费经虞评说他："文甚朴奥沉郁，虽畅逸颇逊，而非一时散杂不根之辞，固一代文人也。"钱谦益《牧斋初学集·王元昭集序》载："昔有学文于熊南沙者，南沙教以读《水浒传》。"通俗小说被视为不登大雅之堂的鄙野之辞，浸润经学的熊过却要学生读《水浒传》，他在为杨廷和所写的《故相国石斋杨公墓表》中也提到了《水浒传》："或说七等《水浒传》宋江赦者，遂阴结上所幸通事王永，彦明遂潜见上豹房。"好友李开先在其《词谑·时调》中记载了熊过等人对《水浒传》的称许："《水浒传》委曲详尽，血脉贯通，《史记》而下，便是此书。且古来更无有一事而二十册者。倘以奸盗诈伪病之，不知序事之法，史学之妙者也。"这些都体现出他对通俗文学的接受与欣赏，以及对传统文学观念的超越。著作有《周易象旨决录》7卷、《春秋明志录》12卷、《南沙文集》8卷（前四卷为疏、序、书、记，后四卷为题跋、引传、碑铭、祭文、杂著），被收入《四库全书》。今人的《明诗话全编》辑得其诗话22则，多是为他人的诗集写的序言与引语，以及论及诗文的书信。《明史》有传。

三、高世彦、赵贞吉、吕大器

高世彦，号白坪，内江人，清末傅增湘选录的《明蜀中十二家诗选》，共收录高世彦诗歌近百首。其诗歌的思想内容以及艺术特色，可见于：

菰蒲深壑无人识，风气初开一草堂。
种菊广纤驯鹤径，栽荷深僻狎鸥塘。
山围屏障涵云彩，树绕藤萝带日光。
俯仰此中春万斛，时从渔父咏沧浪。

——《卜筑草堂》

杨慎赠有五律诗一首，题赠高世彦的草堂建成："税驾辞薇省，披林构草堂。虚舟分雪浪，泰宇发天光。芹藻金籯外，芝兰玉砌旁。丹丘何必问，此是白云乡。"高世彦喜欢到处游玩，有《和杨丽崖游报恩寺韵》为证："五岳游过半，禅林尚禅行。云深遥辨色，潭远寂无声。行毕向平志，来逢惠远迎。息机吾远久，愿学种毕生。"又在《自娱》中，将置身于山水的情感描写得淋漓尽致："笑傲林泉颇自娱，恍疑身世在蓬壶。花荫数酌陶元亮，日课一诗梅圣俞。忽忽年光嗟荏苒，悠悠吾道愧疏迂。墙头桃李开新绿，独喜春阳遍九衢。"高世彦乘舟渡过沱江、夜访赵贞吉的《访太保赵大洲月夜放舟》一诗曰："秋尽澄潭江水平，榜人乘月棹歌声。佳辰若此不易得，良夜何其分外明。祖逖岂无击楫志，王猷剩有扁舟情。谈锋欢洽各分手，伐木令人重友生。"有诗文集《自得集》，《明史》有录。

赵贞吉（1508~1577），号大洲，内江人，嘉靖年进士，是明代"蜀中四大家"之一。曾官至礼部左侍郎，《明史》载其"学博才高，然好刚使气，动与物忤"。因与首辅高拱不合，辞官归乡。学术主张以佛藏修儒，以释氏为宗，以禅学消解儒学，"非世儒徒以口说诤论比也"，因此成为明代"异端"的重要人物，蜀人的桀骜不驯之态跃然纸上。学术思想多倾斜于王艮等"泰州学派"，即《心斋墓铭》所称："以悟性为宗，以格物为要，以孝弟为实，以太虚为宅，以古今为旦暮，以明学启后为重任，以九二见龙为正位，以孔氏为家法，可谓契圣归真，生知之亚者也。"其文如其人，雄快豪迈，气韵不俗，除被人以贾谊相比的两道上疏外，其亦有《洗心亭记》《求放心斋铭》《克己箴》《掌石赋》等殊为可读。其诗作文学价值尤为可观，传世500余首，尤以七言见长。归田后的赵贞吉聚众讲学，从者甚众，并遍游内江各名胜寺庙，有吟咏内江风物诗赋47篇。如《龙洞寺寻隐书壁》最为空灵："横笛远天惊客心，清江飞过一瓢春。美人家住蓬莱岛，云入薜罗何处寻。"清代钱谦益的《列朝诗集小传·赵宫保贞吉》评价他的作品为："公为诗骏发，突兀自放，一洗台阁婵媛铺陈之习。其文章尤为雄快，殆千古豪杰之士，读之犹想见眉宇。"许孚远的《敬和堂集·赵文肃先生文集序》则认为其"文章俱自胸襟流出，追风逐电，不可捉摸，非史非汉，非韩非苏，而超然远览，睥睨古今，自成一家之文也。诗格韵大似李白，其得诸无意，信口拈成，又绝类寒山拾得语"。赵早年之作豪气纵横，如《杂咏六首》《临洮院后较射亭放歌行》《荐福寺赠别赵中丞》等可为代表。中年仕途坎坷，对于世情和国情有了更深刻的认识，而自身的经历，也让他对古今英雄失路产生了许多体念和认同，故而才有《望紫柏山》中"君不见京洛红尘多更深，英雄着地皆平沉"之句。袁宏道的《寿何孚可先生八十序》曾高度赞美道："蜀中，高士薮泽也。近代性命之学，始于赵文肃。尝窃读公书，出入禅儒，而去其肤，关、闽所未及也。"赵写阆中的《锦屏山》可看出其艺术风格："碧波潋滟控青台，经阁崔巍照玉杯。帝子龙符飞尽去，仙人羽盖望重来。山风石灿瓶芝长，江月沙寒岛藏开。露冷芙蓉非一日，醉呼猿鹤亦三回。"可参见今人官长驰的《赵贞吉诗文集注》（巴蜀书社，1999），著作有《经筵进讲录》《赵文肃公集》《赵太史诗抄》等。《明史》有传。

新都人杨廷和有《杨文忠公三录》《石斋集》等存世。其父杨春，兄弟杨廷仪，儿子杨慎和杨惇，以及孙子杨有仁，皆为进士，都有大量诗文传世，是一个文人辈出的世家。杨廷和的诗作如《普天乐·秋雨》曰："五更风，终朝雨，禾头生耳，屋角生芝。东乡米似珠，西市薪如桂。滴得愁人心如醉，怨天公不禁龙师。荒村下里，孤儿寡妇，更是愁时。"巴县（璧山）人江朝宗有《紫轩集》《重庆郡志》和《蜀中人物记》等。以"易学"研究驰名的梁平县人来知德，著有《釜山虬溪诗稿》，游记有《华山》《峨眉》等。涪陵人刘莐（蒉）有《秋佩文集》。巴县人刘台有《是贤集》，其五世孙刘道开有《自怡轩诗文集》和《痛定录》等。永川人罗洪载有《浒溪文集》五卷。巴县人塞达有《凤山堂集》，巴县人王应熊是崇祯时的兵部尚书兼文渊阁大学士，总督川、湖、云、贵军务，博雅能文，尤工诗，著有《春石集》和《涵园集》20卷。乐山人安磐与杨慎同因议大礼被廷杖"开除公职"，著有《颐山集》《颐山诗话》《易慵奏义草》和《游峨集》等。诗作如《游夹江毗卢寺即景》："孤城带山雨，石束沧江长。凉月下莲漏，晓风吹竹房。方外有遗乐，空中多异香。长斋讵空寂，醉里失仁王。"《凌云山石壁题刻七绝》："青衣江上水溶溶，隔岸遥闻戒夜钟。暂借竹床听梵放，月华初到第三峰。""林竹斑斑日上迟，鸟啼花暝暮春时。青衣不是苍梧野，却有峨眉望九疑。"安磐的作品流传不多，清代王渔洋惋惜他"风神独绝，而世罕知之"。南充人黄辉在翰林院任编修时，与袁宗道、袁宏道、袁中道、陶望龄、江盈科等人，在北京西郊的崇国寺组织蒲桃社，饮酒谈禅，交流文学，成为标榜性灵的"公安派"的重要作家之一。①黄辉是任翰的学生，万历十七年（1589）进士，传世作品有40多首，嘉庆版《南充县志》收录6首，评价其诗"清新轻俊，自舒性灵，状景抒情，真切动人"。他所作《白沙驿》："山驿冷荒荒，昏烟带叶黄。窗交蛛网月，垣隙虎蹄霜。携手同人尽，回身独夜长。佳期惟有梦，梦去转苍茫。"明

---

① 袁中道《珂雪斋集·书方平弟藏慎轩居士卷末》说："戊戌（万历二十六年）之冬，伯修、中郎皆官都门，予亦入太学。慎轩先生从蜀中来，邸中聚首甚密。时中郎作诗，力破时人蹊径，多破胆险句。伯修诗稳而清，慎轩诗奇而藻。"但"公安派"的崛起和"独抒性灵，不拘格套"理论却是受惠于巴蜀文学。清初朱彝尊的《静志居诗话》卷十六说："伯修服习香山、眉山之结撰，首以白苏名斋，既导其源，中郎、小修继之，益扬其波，由是公安流派盛行。"钱谦益论述黄辉对明后期文学的贡献云："万历中年，汰除王、李结习，以清新自持者，馆阁中平倩、周望为眉目云。"

末书论家倪苏门的《书法论》评价说，"我明以邢子愿（侗）、黄辉、米仲诏（万钟）、董玄宰（其昌）为四大家"。《明史·列传·文苑四》说他"雅好禅学，多方外交，为言者所论"。其遗著有《铁庵集》《平倩逸稿》《怡春堂集》《慎轩文集》。

近代学者傅增湘《明蜀中十二家诗钞》，共录明代蜀中十二家诗608首。其中从明代曹学佺《石仓十二代诗选》辑出的就有南充陈于陛的《万卷楼集》和陈以勤的《青居集》、乐山王毓宗的《玉磬山房遗稿》、简州曹日唯的《江园蔓草》四本诗集。此外是南充任瀚、富顺熊敦朴、邛州刘应聘和刘铸、内江高世彦和赵贞吉、成都杨珩、合州邹智等人的作品。凡是诗名卓著有专集行世者（如杨慎）不录，凡有独特风格、凡诗作确有成就，而各明诗选本阙者，均收入。

吕大器，作为晚明王朝的兵部尚书兼西南战区总督，辗转于西南各地顽强狙击张献忠军队，几乎未打过败仗，可以称为军事家。其文学创作个性鲜明、特色突出，且数量极丰，尤以边塞诗、军旅诗著称于世，如："江廓藏烟雾，林间识酒旗。旭光生半岭，秋气绕平池。露下叶先受，霜寒衣渐知。可怜楚道路，犹袗夏时絺。"（《早望溆浦》）

吕大器的作品有《东川诗草》《塞上草》《次梅集》《东川文集》《抚甘督楚疏稿》等。王士禛评价说他"诗多横槊之气……终是唐人格调，不取宋元以下蹊径"。山河沦陷之感时时浮现于他的笔端纸墨，世人称其诗歌风格为"笔老情深"。清人舒云逵《读吕大器诗集后》云："鼎湖龙去渺难攀，身督诸军戎马间。一代杀机生末运，满腔忠愤写时艰。盾头墨迹寒生袖，画角声悲月满山。继世尚存家法在，清风亮节出人寰。"《蜀诗》《明诗综》《明诗纪事》等收录有其诗作。吕大器有子四：吕潜、吕渊、吕泌、吕溥；女婿有李实（遂宁人，进士、苏州府长洲县令，语言学家）、张象翀（安岳人，进士、胶州知州）。吕潜之子吕其楙，康熙年举人，曾任青海西宁知县。

第六节　《全蜀艺文志》与《蜀中广记》

一、《全蜀艺文志》

《全蜀艺文志》是明代杨慎编辑的一部有关四川的诗文总集，是杨慎于流放期中返蜀时，受时任四川巡抚刘大谟所邀编纂《四川总志》的一部分，附着在嘉靖二十年（1537）版《四川总志》之后。自嘉靖二十四年（1541）刻本之后，被多次刊刻、抄录，流传颇广，现今能明确的刻本八种、抄本三种。如万历四十七年（1619）刻本、文渊阁四库全书本、嘉庆二年（1797）朱云焕校刻读月草堂本等，收录范围以与蜀有关为准，共收有名氏的作者630人，诗文1873篇，按文体编排，有诗、词、赋、诏表、序、记、檄、箴、铭、赞、碑文、论、说、辨、考，以及相关杂著等。以时间先后为序。今有刘琳、王晓波点校版，北京线装书局2003年出版。杨慎《序》曰：

余尝读左太冲赋《蜀都》云："江汉炳灵，世载其英。蔚若相如，皭若君平，王褒晔晔而秀发，扬雄含章而挺生。"自汉而下，文章之盛，无出于四子矣。然岂徒四海考巂，游谈为誉哉。文之传，事之传也，去今千七百年，而谈汉事如昨日，系四子之文也。文乎文乎，其可谖乎！若夫陈子昂悬文宗之正鹄，李太白曜风雅之绝麟，东坡雄辩则孟氏之锋距，邵庵诗律比汉廷之老吏。继炳灵而蹑踪，感挼藻而聘辔，舆为多矣，况子安、少陵，薄游遍乎三巴；石湖、放翁，篇咏洎于百濮。其原本山川，极命草木，亦楚材晋用，秦渠韩利矣。
……
乃检故麓，探行笈，参之近志，复采诸家。择其菁华，祓其繁重，拾其遗逸，蕲彼粮秭。支郡列邑，各以乘上，又得汉太守《樊敏碑》于芦山，汉孝廉《柳庄敏碑》于黔江，文无错讹，刻犹古剞。……唐宋以下，遗文坠翰，骈出横陈，实繁有胪，乃博选而约载之，为卷尚盈七十。中间凡名宦士篇咏，关于蜀者载之，若蜀人作仅一篇传者，非关于蜀亦得载焉，用程篁墩《新安文献志》例也。诸家全集，如杜与苏，盛行于世者，只载百一，从吕成公《文鉴》例也。同时年近诸大老之作，皆不敢录，以避去取之嫌，循海虞吴敏德《文章辨体》例也。

《全蜀艺文志》刊行前，四川已有一部影响较大、由宋人袁说友编纂的地方艺文集成《成都文类》，这是杨慎重点参考对象。但杨著也有创新之处，即李元度《天岳山馆文钞》所说的："艺文若专录篇章，则自杨慎《全蜀艺文志》始也。"《四库全书·提要·全蜀艺文志》载："博采汉魏以降诗文之有关于蜀者，汇为此书，包括网罗，极为赅洽。所载如宋罗泌《姓氏谱》、元费著《古器谱》诸书，多不传于今；又如李商隐《重阳亭铭》为《文苑英华》所不录，其本集亦失载，徐炯、徐树穀笺注《义山文集》即据此书以补入。如斯之类，皆足以资考核"，"谈蜀中掌故者，终以《全蜀艺文志》及是书为取材之渊薮也"。

二、《蜀中广记》

《蜀中广记》108卷，明曹学佺撰。他担任过四川右参政，迁按察使，该书就是他任职蜀中所完成的。其内容分十二类：曰名胜、曰边防、曰通释、曰人物、曰方物、曰仙、曰释、曰游宦、曰风俗、曰著作、曰诗话、曰画苑。蒐采宏富，颇不愧广记之名。其中如叙州府之高州，《明史·地理志》云："洪武五年由州改县，正德十三年复为州，珙及筠连二县隶焉。"此书仍称高州为县，二县亦不为之属。又成都府之资阳县，《明史·地理志》属简州，此书不系简州，而别于仁寿、井研二县后，皆未免编次偶疏。王士禛《古夫子亭杂录》曰："东坡赠青神杨栋词云：'允文事业从容了，要岷峨人物后先相照，见说君王曾有问，似此人才多少。'而引小说高宗问马骐：蜀中人才如允文者有几云云。案允文采石之功在南渡后，东坡之没久矣，安得先有此词？而曹能始《蜀中十志》亦载之，略无驳正。"又曰："《蜀中十志》以物类相感，志十八卷为东坡撰，谬甚。"则舛讹抵牾，亦时间出。盖援据既博，则精粗毕括，同异兼陈，亦事势之所必至，要之不害其大体。成书后，曹氏并未将全书付梓刻印，由于见不到全书的最后定稿，后来的收藏者只能将曹氏或其他人单独刻印的各记组合拼凑起来，也就有了今人能看到的不完整的明刻本。

《蜀中名胜记》是曹学佺编撰的《蜀中广记》的一部分，共30卷。是书以行政县为单位，按川西、川南、川东、川北的地理方位顺序，在介绍地理沿革的同时，把重点放在各地山水名胜、文化古迹的详细描述，并辅之以相关诗文。

三、《益部谈资》

作者何宇度，曾任华阳（成都）县令和夔州通判，《四库全书总目提要》说该书"所纪皆四川山川物产及古今轶事，分上、中、下三卷，以体例不似图经，故署曰谈资，盖自居于说部也"，"是书旁采群籍，虽未能精核无遗，然尚不至于芜蔓。其后曹学佺作《蜀中名胜记》，征摭较博，而稍涉泛滥，不若此本之雅洁。在明人著述中，犹可称简而有要者"。其主要观点如：

蜀之文人才士，每出，皆表仪一代，领袖百家。汉如杨雄、王褒、司马相如；唐如陈子昂、李白；宋如苏家父子；元如虞集，岂他方所能比拟？然不特此，香奁之彦，若花蕊、当垆、制笺，才情岂在人下？

蜀之山，大约近江源者皆谓之岷山。峰连冈属，千里不绝，今俗谓青城为岷山者以此。又闻凡称岷嶓者，该众山言也；凡称沱潜者，该众水言也。盖蜀山之居左者皆曰岷，居右者皆曰嶓，水出于岷者皆谓之江，出于嶓者皆谓之汉，或谓之漾，或谓之沔，出于江而别流、别而复合皆谓之沱，出于汉而别流、别而复合皆谓之潜。古今论岷、嶓、沱、潜者众矣，参差不一，莫得其真，惟由不知左者皆得为岷，右者皆得为嶓，而独指茂州之汶山为岷山，金牛之嶓冢为嶓山，隘矣。然今嶓冢又改隶陕西，非蜀可得并论也。

道书载中国名山，青城、峨眉为西岳佐理。又三佐命山及十大洞天，皆有青城。而福地七十二，则巫山、临邛、平都在其列。

油井，在嘉州、眉州、青神、井研、洪雅、犍为诸县，居人皆用之燃灯。官长夜行，则以竹筒贮而燃之。一筒可行数里，价减常油之半，光明无异。

四、《蜀藻幽胜录》

傅振商（1573～1640），河南汝南人，崇祯时兵部尚书，其选辑《蜀藻幽胜录》四卷，汇集汉代至元代有关巴蜀之散文，凡二百余篇，专选描写蜀中山川名胜、历史文化、风土人情、碑铭石刻、佚事传说等名家文章，蜀人的作品占多数，而宋代蜀人又占多数。其编选宗旨是"蜀虽僻处一隅，而自汉晋以来，文章为盛"，其宗旨在于务使"蜀之奇藻，幽逸之概，大观具是"。由于内容广泛涉及巴蜀政治、经济、军事及历史文化、风土人情、名人逸事、名胜古迹、碑铭石刻、神话传说等，具有很高的文学和史料价值。另辑录有《蜀国弦》二卷。《蜀藻幽胜录》的序言，是一片优美的散文，其曰：

蜀之位坤也，焕为英采必烂。不独受七经，后王扬续相如识帜也。盖世载其英，亦世发起其藻矣。然山川奇秀，能拨文人笔兴，即游历者，峨眉之雪、巫山之云，江光之浩爽气，便横而琴台。草堂、剑阁、筹笔之迹，落星捧砚之胜，青羊、白鹤之裔，濯锦、梅龙之故，又令人凭吊徘徊，纪述骏发，若与苏、黄相掩映者。久而编断石泐，藻采将与人俱往。幸升庵博奥，尽揽收志林，庶借功人，以存什一。复苦脱遗而荒伧，复以芜秽参入，遂令火齐羞与鱼目共椟。予披沙搜宝，止存菁华，汇备饱腹，有若听蜀国之弦，江灵之瑟者，蜀之奇藻，幽逸之概，大观具是矣。若更有古洞云封，神碑鏊隐，俟时出见者，须待五丁开山，手更撷之。

第七章 巴蜀文学的复兴与再造

第一节　巴蜀社会的振兴与文学的发展

一、经济复苏与移民重建

明清换代的血雨腥风，对中华大地的破坏是严重的。明军、清军、农民军之间的争城掠地历时多年，火炮等热兵器以及炸药的充分使用，对社会秩序和社会生产力的损害是前所未有的。清初统治者在战后积极改革明朝弊政，鼓励生产，经济得到一定恢复。清王朝对四川施行"五年起科"税收优惠，即清末薛福成曾指出的"四川古称饶裕，国初定赋，以其屡经寇乱，概从轻额，故其地五倍江苏，而钱粮不逮五分之一"①。发展生产的一个要素是人力资源，清廷强令并鼓励流民回归故乡耕种，首先要求在外的四川乡绅带头回籍。康熙二十五年（1686）六月，户部批准四川巡抚姚缔虞关于"四川乡绅应回原籍"的上疏，并强调"四川土旷人稀，若居官者，尽留他省，则川中人益稀少，愈致荒芜矣"，甚至命令各省督抚强制性逐客，将流寓各地的蜀绅平民押送回川。康熙六年（1667），时任四川巡抚的张德地，主张采取更为严厉的行政手段，"恳祈天语敕下各省督抚，于各属郡邑挨查，凡有川绅，尽令起程回籍。庶士绅归，而流移小民亦将向风川至"，在发遣回籍过程中，"敢有抗拒不归者，即以违旨悖祖论；地方官仍敢隐匿容留者，亦以违旨例处分。如是，则外省不敢姑留，将见旋里者恐后，而从之者亦如归市矣"②。

顺治十年（1653），清廷就已经颁令"以四川荒地听兵民开垦，官给牛种"等政策，以促进蜀中生产尽快恢复，因而出现被称为"康乾盛世"的社会良性运转时期③。例如康熙三十九年（1700），梁永祚任蒲江县令时，"民多四散。永祚按籍招徕，计日授食，且给以牛种，履亩劝耕，复业者众"，见

---

① 《庸庵文编》卷一《应诏东言疏》。
② 康熙版《四川总志》卷十《贡赋》。
③ 邓经武：《六百年迷雾何时清："湖广填四川"揭秘》，四川大学出版社2010年版。

载于清嘉庆版《四川通志》卷一一六《职官志·政绩》。又如"上东道"长官杨三知，因避难百姓"存者在绝峒密箐中"，杨极力安抚"招徕千数百家，筑堡渝东，民名之曰杨公堡"，这是《清史稿》卷四八八《列传·忠义》所记载的。乃至于实行"凡无恒产佣工游食之人，经地方官查报，即酌情给予盘费，慰勉安置"的政策，以促使更多人投入发展生产的行列。又有《入籍四川例》激励"凡流寓愿垦荒居住者，将地亩永给为业"，还有"定各省贫民携带妻子入蜀开垦者，准其入籍"以及"蜀省流寓之民，有开垦田土，纳粮当差者，应准其子弟在川一体考试，著为例"等一系列招民入川的措施。直到雍正六年（1728），户部还下令"各省入川民人，每户酌给水田三十亩或旱地五十亩。若有子弟及兄弟之子成丁者，每丁水田增十五亩或旱地增二十五亩……给以照票收执管业"。其间，清廷还有对地方官员恢复生产和招募流民政绩的考评和奖励政策等。

概言之，清王朝在税收上让利于蜀民，命令流寓在外的士绅带头返回四川，激励返乡民众尽快恢复生产，再用各种优惠措施吸引流民入川以及落地农耕，等等。这些措施都推动着四川社会的复苏和经济的快速发展。

二、文教兴盛与文学发展

社会生产的良性发展，社会正常秩序的恢复和经济的复苏，必然引发文化事业的再度繁荣。人们要进入主流社会，获得更高的社会地位和优裕的经济条件，就必须做官，进入官场的基本途径是通过科举考试，科考的生员选自学校。凡要做官，必自入学读书始，即"万般皆下品唯有读书高"。当时四川各州、府、县均有学校，读书之风甚盛。雍正十一年（1733）诏令各省省城设立书院，并赐帑金千两，作为建造经费。清代的文化教育从此显示出一个新特点，即官办教育尤其是官办高等教育以及官绅合作的高等教育的大量出现。据雍正版《四川通志》记载，乾嘉年间四川各地共有书院401所。成都就有四大书院（锦江书院、墨池书院、芙蓉书院、潜溪书院）；成都平原范围内，金堂的绣川书院、崇州的崇阳书院、温江的万春书院、彭州的九峰书院、郫县的唐昌书院等纷纷开办；涪州的北岩书院、绵竹的紫岩书院、江油的青莲书院、射洪的金华书院、邛州的鹤山书院、蓬州的玉环书院、合州的濂溪书院、泸县的川南书院、简州的通材书院、西昌的香城书院、达州的龙山书院和汉章书院、大竹的振文书院和凤鸣书院，都办得卓有成效。这些书院"多以名贤遗址为之"，旨在弘扬"蜀学"传统，表彰前贤、鼓励后进。康熙四十三年（1704）在成都设立的锦江书院，曾经培养出李调元这样的著名学者。成都尊经书院创办之初（1874），四川总督丁宝桢特聘湖湘大儒王闿运担任山长（校长），以"通经致用"为口号教育学生，王还有集句联"考四海而为隽；纬群龙之所经"，以之昭示办学理念和激励学生。四川学政张之洞为尊经书院学生"提示治学门径"而作《书目答问》，对四川和全国书院的课程设置产生了重大影响。杨锐、廖平、张祥龄、毛瀚丰和彭毓嵩等名重一时的"蜀中五少年"，"戊戌六君子"中的杨锐和刘光第，对康有为的变法思想启发甚巨的"最后的经学大师"廖平，四川新闻传播之先驱宋育仁，吴虞的老师吴之英，巴蜀传统史学之余脉的张森楷，清代四川唯一的状元骆成骧，辛亥革命中的风云人物如吴玉章、张澜、蒲殿俊、彭家珍等，都是尊经书院的学生。

　　由于社会秩序的恢复和经济的快速发展，也由于"天府"物产丰裕的自然优势，以及祖上的官宦余荫，巴蜀大地涌现出众多的富绅家族。"仓廪实而知礼节，衣食足而知荣辱"，获得一定经济实力的家族，开始把家庭运转重心从原先以"耕"为重转变为以"读"为主。从幼童发蒙的私塾开始，学撰对联，诵读文史经典，学吟诗作文，成为每日必修功课，终极目标则是进士及第乃至于殿试传胪。一般而言，科考胜出者获得的功名越高，其文化水平和文学技能亦成正比；其社会地位高下，也往往成为其作品社会影响大小的一个重要原因。高山之草与涧底之松，古人早有定论。而多数"秀才"以及科考失利的所有"童生"则未能进入官场，只好标榜"耕读传家"以自慰。既然有"读"就要表现与普通民众的区别，作诗填词、书法题赠以及绘画，都是他们重要的生活内容和人生表现方式。为生计或为自我价值实现，其中一些人又进入教育行业成为"先生"，或者因为"不达则为良医"进入"杏林"——中国古代医生，几乎都可以被称为文学家，例如明代李时珍的诊病专著《濒湖脉学》，就是标准的歌赋体式。需要注意的是，能够流传下来的"布衣"文学家极为难见。这是因为官员有良好的经济收入，所谓"三年清知府，十万白花银"者，可以出资刻印自己的作品集，又有曾提携过的官场"门生"可以宣传造势、扩大影响，还有"谈笑皆鸿儒，往来无白丁"的社会交际圈名人效应。而布衣作家无论是经济实力还是社会关系，都不具备让自己的作品收录成集刻印留存和传世的条件。至多，我们只能够从"乡邦文献"如县志中，依稀看到其微弱身影。

成都"三费"费密、费锡琮、费锡璜父子,丹棱"三彭"彭端淑昆仲,罗江"三李"李调元、李骥元和李鼎元兄弟,遂宁"三张"张问安、张问陶及张问彤兄弟,"通江三李"李蕃、李钟璧、李钟峨,"安岳三张"张象枢、张象翀、张象华等,均自成一家,于当时有盛名。家族作家群现象,在清代蜀中尤为明显,他们共同为巴蜀文学再度辉煌争得了莫大荣耀。这正如梁启超所说:"我国里头四川和江西,向来是产生大文学家的所在。"其中,张问陶、彭端淑、李调元合称"清代四川三大才子"。仅以不见经传的作家为例,就有刘慈的《鹭溪集》、龙为霖的《松荫堂文集》十卷和《橐驼集》二卷、周开封的《诗影》和《诗铄》、胡超的《军余纪咏》一卷、王清远的《修竹堂文集》、李惺的《西沤文集》、李世棻的《天瘦阁诗半》六卷和《天补楼行记》以及《同沤馆随笔》八卷、钟云舫的《振振堂集》、陈景星的《叠岫楼诗草》等,难以尽叙。光绪间绵阳人孙桐生编的《国朝全蜀诗钞》,就列有作者362人。小说领域,出现了双流傅振拓的《平寇志略》和《皇城坝》,崇庆徐抱兰的《蜀川志略》,金堂柳慕龙的《南路烟尘》等。

第二节 清代前期的巴蜀文学

一、费密父子

费密之父费经虞(1599~1671),新繁(今新都)人,明末崇祯时举人,官至昆明、桂林知县,属于典型的"遗民",有文章、诗歌、诗论存世。其诗学著作《雅伦》24卷,分为源本、体调、格式、制作、琐语、音韵等13门,详论历代之诗,广征博引,在诗歌创作理论方面有新颖独到的见解,有人称为古代诗学的百科全书。其主要看法是"青山、绿水、白云、红树无诗不有,而必知所以用之,非遂以此为诗也","融情于景物之中,托思于风云之表","诗贵似浅非浅,不得似深非深","要含蓄而不晦,要透露而不尽"等。他推崇"诗中用时俗字,独宜于新声。如宫词、谣谚、燕歌、吴歌、柳枝、竹枝之类",于此可见他已绝非像传统文人那样一味张扬"典雅",而是注意到文学表现应鲜活生动并具创新性。躲避战乱流寓他乡的生活,曾使他"八次乞休归不得,衰容病骨礼瞿昙。黄冠返故今无望,添个人间小雪菴"(《乞休》),以及"观物未能忘旧事,避人稍欲著新裁"(《定军山下村居》)。尤其是有

"垂老无穴只自怜，不堪往事益凄然。当门慈竹八千里，昨日疏梅二十年。既使丁男安稼穑，遂无姓氏到烽烟。春时更觉伤人意，寒食青青麦满田"（《思蜀》）等感叹，又有《乱后还家，成都饥民无粒食三年取草根为食》云："乱林深处绝鸦栖，虎豹声高夏日低。留得残生无食物，青山白日凿黄泥。"其著述有《毛诗广义》，另有《荷衣集》。《清史稿》有传，《皇清书史》卷二七、今人钱仲联的《清诗纪事》"明遗民"卷中有费经虞的相关文字。

费密（1623~1699），号燕峰，费经虞之子，曾组织地方武装抗击张献忠军队，失败后流寓泰州（今属江苏），以光大其父费经虞的治经之业并著述终身，曾被荐修清廷的《明史》但坚拒，以授徒、卖文为生，亦为布衣之流。与其儿子费锡琮和费锡璜并为当世称颂的"三费"，又因其父而被乡人建"四费祠"，表彰其"一门四世"在文化创造方面的贡献。他是清代蜀中学术思想成就最大者，对宋明理学的"道统论"进行深刻的批判并提出自己的独特见解："欲不可纵不可禁，道非虚行乃实用"，主张经世致用之学，反对理学家空谈性命义理和不务实际，指出"天下之大患，在实事与议论两不相侔"（《先王传道述》），反对存天理灭人欲的禁欲主义道德伦理观。清代著名学者章学诚的学术成就，就在于"更吸取了清初学者费氏父子的学术史的意见"①。胡适1921年在《晨报副镌》连载了《记费密的学说》，后又专文《费经虞与费密——清学的两个先驱者》对之进行论述："费氏父子一面提倡实事实功，开颜李学派的先声；一面尊崇汉儒，提倡古注疏的研究，开清朝二百余年'汉学'的风气。"（《胡适文存二集》）时人王士禛造访费密时曾有诗曰"辘辘车声转毂忙，霏霏小雨湿衣裳。不见成都费此度，春风吹送野田庄"，敬仰惋惜之情溢于言表。作为清代经学和考据学的倡导者和先驱，费密对清代文化的发展运行，产生着深远的影响。《清史·儒林传》记载，他有《弘道书》10卷、《荒书》4卷、《二氏论》1卷、《家训》4卷、集40卷。

"诗词雄川西"的费密的文学成就，主要体现于《燕峰文集》《诗余》《燕峰诗钞》等作品集。屈大均、陈维崧、孔尚任、吕留良等清代硕学皆对之青眼有加。钱谦益赞其诗为"必传之作"，李调元誉之为"其诗以汉魏为宗，遂为西蜀巨灵手"。其诗"以深厚为本，以和缓为调，以善寄托为妙，常戒雕巧快新之语。故浅于诗者即不能知考之诗矣"（费锡璜《中文先生家传》）。

---

① 侯外庐：《中国思想通史》第五册，人民出版社1957年版。

费密的诗现存55首，大多抒写亲身经历，感情真挚，意境深远，文笔清新，朴实自然。如流寓泰州期间的诗云："负釜出巴蜀，饔飧类赋狙。哪能随北雁，长至客南徐。春事贾人早，幽栖僻好愚。闲来扫落叶，席地坐开书。"其《北征》《易裙行》等源于蜀乱惨况的现实体验，可谓清初蜀乱史诗。而"日暮掩书徐出户，水边闲立看鸭飞"（《村中晚吟》），仅仅一个生活细节就呈现出闲适乡居的惬意。《朝天峡》是其诗作代表："一过朝天峡，巴山断入秦。大江流汉水，孤艇接残春。暮色愁过客，风光感榜人。明年在何处，杯酒慰艰辛。"王士祯誉其"大江流汉水，孤艇接残春"二句"十字堪千古"。清人张邦伸《锦里新编》卷五云："蜀中著述之富，自杨升庵后，未有如密者。杨主综览旧闻，密则独摅己见，较杨更精。"《四库全书总目提要》卷一对《燕峰文钞》的评价是："不涉王、李之摹拟，亦不涉袁、钟之纤仄，奇矫自喜，颇有可观。"在医学（如《金匮本草》等）、易学（如《太极图记》等）、史学（如《古史正》）、伦理学（如《费氏家训》）、哲学（如《宏道书》）等诸方面，费密建树颇丰，他对巴蜀文化的发展壮大，作出了可贵的贡献。其《荒书》是关于明清代换之际战乱，尤其是他对蜀中社会惨景的亲历见证，具有极高的史料价值。晚清书画家顾复初称其书法艺术"超隽古雅，入晋贤之室"，其行草《书后赤壁赋》常为人所称道。

费锡琮（1661～1725），号树栖，费密长子，少承家学而绝意仕进，以诗古文词名于世，算是一个真正的布衣作家。但其祖父和父亲的巨大名声如"燕峰以蜀人流寓吴陵，擅诗名于江左"和较好的家产基础，为他和兄弟的作品传世提供了条件。其诗的画面形象凸出，着色亮丽，意在景中，如"策骑入长林，村幽耐客寻。秋晴红叶润，山远暮烟深。江馆寒潮断，河桥蔓草侵。古人残迹在，空使候虫吟"（《滁州道中》），充盈着一种磅礴大气。还有"灵脉来天上，浑流昼夜奔。纵横穿套口，屈折下龙门。地入荥阴断，山临华岳尊。何须逢汉使，便拟溯昆仑"（《黄河》），以及"绝岭横江岸，登楼望渺然。潮来徐福岛，山出寄奴泉。境界分吴楚，波涛混海天。千秋征战地，今喜靖烽烟"（《登北固山》）等，都是人们赞誉的佳作。他著有《白鹤楼集》以及与兄弟费锡璜的合集《阶庭偕咏集》。

费锡璜（1664～？），字滋衡，费密次子，性格豪放，诗如其人，自称"有诗五千，文二百"。他的《北征哀叹曲》长2100字，状眼前之景，抒离乱之情，自谓是"心血横流，吟成鬼泣"，章学诚、李调元等皆赞许之。沈德潜谓其"熟古乐府，诗中莽莽苍苍，时有古音"，如"河伯外孙日之子，被发东走遇大水。鱼鳖为梁踏海日，追者不及投弓矢。建国乐浪由此始。黄裙赤胯乌皮靴，金花高帽垂袖紫，为君翩翩舞不止。大国勿笑小国装，簪钗传来汉时制"（《高句丽》），把朝鲜半岛历史和民俗，鲜明地展示出来。他极为自得的"自抒心得，直凑单微，洵能发前人所未发"的《汉诗总说》十卷，是清代系统整理学术的代表作，其中"诗惟汉诗最难学最难读。极顶才人，到汉人辄不能措手，辄不能解只字"等语，或有对清廷不满的"遗民"意识作祟。而"读书到不能解处，正须沉思；读书到不可学处，正要追步，方有出人头地"等法则，应该是他的作品有较高艺术价值和思想性的因由。他被人称道，描写扬州社会繁荣之态的如："郊园散步欲何依，郭外人家麦秀稀。游女香车催晓度，王孙宝马入春肥。宿烟野渡桃花暗，寒雨江村燕子飞。莫问南朝旧宫观，且看柳外画船归。"（《扬州郭外》）李调元评论两则曰："滋衡遵父命自扬州还乡省墓，昔兵燹甫定，道路榛莽，闲关万里，不惮艰险，与密尝粪事，相同父子，称孝尤为难得。国朝蜀诗自此后滋衡当推为一大宗。""滋衡诗有至情而根底亦极深厚。古乐府直接汉魏，五七律绝亦在李颀崔颢之间。虽遭际明末露肮脏，然其言忠厚，绝无乖张之气。识者当谅其旨，惜其才而去其疵可也。"他著有《道贯堂文集》《掣鲸堂诗集》，清人张维屏的《国朝诗人征略初编》卷20，录有其作品《费滋衡诗》5卷，附《焦螟词》1卷，收词21阕，形式本为清抄本。

二、清初蜀中三杰：吕潜、唐甄、李仙根

吕潜（1621～1706），号半隐，遂宁人，晚明兵部尚书吕大器之子，崇祯年进士（时二十二岁），授太常博士，向有"诗书画三绝"之誉，又与遂宁李仙根、达川唐甄被合称"清初蜀中三杰"。其诗"清逸"有陶渊明之风，其画善山水花草，似有晚唐蜀中黄荃之韵；追求元人遗韵，但"萧疏简远，脱尽蹊径"（乾隆《湖州府志》），讲求笔墨情趣，重在表现意境，"用笔放纵，而不越矩镬，神气清朗可赏"（张庚《国朝画征续录》），"人得其尺幅，皆珍之"，甚至到了"得其寸缣零楮者，已不啻璜璧"（黄宾虹语）的程度。如清代著名文人毛奇龄在《毛西河文集》中就有《题罗坤所藏吕潜山水册子》诗，可见清代文人已经开始珍藏他的画作。清人陆心源《吴兴诗存》赞之曰："诗调新颖，书法森秀似董文敏，画亦有北苑笔意。"清人欧阳绍在《重刊吕半隐先生诗集序》也提到"国朝渔洋山人尝采其《江望》一首入《诗话》中,并胪之《感旧集》,其为时流倾倒若此……工诗,兼善书画,一缣一素,得之珍逾拱璧。至今蛛丝煤尾之余,嗜古家犹饼金购之"。也就是说,作者在世之时,其诗书画创作,已经名声大噪了。①

明、清之际爆发的战争,给中国社会造成巨大灾难。四十余年漂泊在外,吕潜目睹了大动乱惨景和人民的疾苦,离蜀时女儿才出生五月,回到遂宁时已四十六岁,故有"牵衣惊老大,掩涕述流离"的感谓,命其所居为"课耕楼",重拾"耕读传家"生活。其书法和绘画作品,也开始题款为"耘叟吕潜"。其诗风冲淡,艺术性强,没有一般"遗民"诗文那种愤激沉痛。四川省博物馆收藏其《山水图》画轴上,有作者自题七绝:"水树迷离白鹭飘,风萧萧处雨萧萧。田家酒熟村沽少,尽日无人渡板桥。"仅读此诗,画意突显,其诗的艺术性于此可见一斑。这也体现于《林下草堂图》画轴的作者题诗:"板桥低度两山根,山入斜阳秋有痕。林下草堂遥望见,陶家不曾设篱门。"四川省博物馆所藏行书轴,诗曰:"碧柳丝丝拂钓舟,溶溶水面一群鸥。不知谁在茆堂坐,坐看青山到白头。"

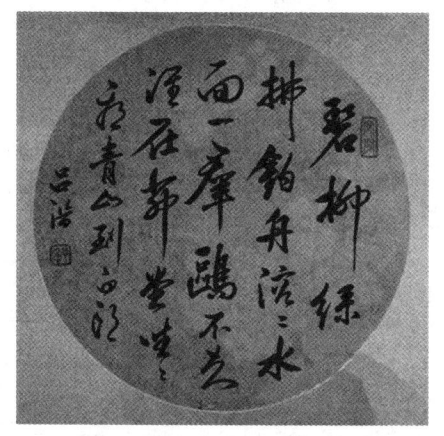

吕潜书画扇面

吟咏山水,托意田园,怀人忆旧,思古说史,友朋唱和,是吕潜诗歌创作的主要内容。如"繁华闺阁重诗书,赋就涛笺锦不如。万里桥头吟社散,枇杷花下更谁居"(《课耕楼杂咏·成都杂感》),"横江阁外数帆樯,立尽西

---

① 胡传淮、陈名扬主编:《诗书画大家吕潜》,现代出版社2016年版。

风两鬓霜。只有乡心不东去，早随烟月上瞿塘"（《江望》）。清光绪年进士成都人范溶在《论蜀诗绝句》中评吕潜云："桂水漓江满目秋，瞿塘烟月几行舟。西风立尽乡心冷，自写湘累万古愁。"（《蜀秀集》卷八）这倒是看清了他诗歌中最主要的思乡情结。当年流寓泰州的费密，对迁徙而来的吕潜有《吕太常潜自归安移家海陵》记之："铜龙宫阙邈山河，台笠穿云就薜萝。天近南徐开雾气，人从西塞狎烟波。伧荒岁远成遗老，草木人稀发浩歌。可许相邀寻旧约，江鱼村酿共婆娑。"他乡遇故知，同是天涯沦落人，"浩歌""婆娑"之余，更有劫后余生之叹。吕潜客居吴兴三十年的《怀归草堂集》170余首，客居扬州十年的《守闲堂集》约160首，归遂宁生活二十年所作诗歌《课耕楼集》约80首，三本诗集由其弟吕泌任河南叶县知县时刊刻，另有与弟吕泌合辑的《吕半隐诗集》。《国朝耆献类征》卷四六六、清嘉庆本《四川通志》《遂宁县志》等有传。

李仙根（1621~1690），号南津，遂宁人，又号"蜀遂李仙根"，清代四川唯一榜眼。他是明末举人，清顺治年进士且殿试授榜眼。为四川入清后获鼎甲第一人，官至户部侍郎。其父李实是明末语言学家，母为吕大器女。康熙七年（1668）奉使安南，李仙根撰有专书《安南使事纪要》四卷、《安南杂记》一卷和《出使安南回朝》等纪行诗词。其书法绘画造诣亦深，"日书径二尺字，观者惊为神"。《康熙字典》总裁官陈廷敬推崇其书法艺术在朝中的影响力，并有诗赞为"千古风流让蜀人，西当太白望峨岷。眼高四海名无敌，狂客谁为贺季真"，"春蚓秋蛇老未休，戏鸿墨法晚相求。即无金玉装衾轴，肯设桓家寒具油"（《答李子静少司农兼索其书法二首》）。现四川省博物馆藏有其行书条幅。为人素有大志，朝中同僚兼同乡张鹏翮曾评之曰"钟岷峨之秀，秉箕尾之精"，"此其志意，岂在区区富贵间耶？""公负勃郁磅礴之气概，然以天下为己任"等。他曾指出"招民入川"政策会造成官员"以多捏报而止"的后果，谏言"目前虚名，转瞬实课，恐病民并病官矣"[①]。其吟咏家乡的如《登遂州城晚眺》："城头日见七星悬，曳属探奇即洞天。鸡犬不留缘底事，只遗百叠养琼田。"仅"琼田"之像，喜看家乡未来美好的情感，呼之欲出。这在其《无题》《入夔·自苏州回川》《生女感怀》等诗中也有表现。如《春日游望》："二月湖水清，家家春鸟鸣。林花扫更落，径草踏还生。酒伴

---

① 参见胡传淮、陈名扬主编：《榜眼李仙根》，中国文史出版社2015年版。

安南使事紀要序

皇上乘龍御天懷柔萬國海隅日出固不率俾頃以
交黎構怨莫氏來歸屬國擅兵義當聲討
皇上秉好生之深仁廓如天之弘度爰渙
德音復其疆土
特命遴選才能知大義善辭令者持節以行
廷議以侍讀李公樞部楊公請
周廬一
上俞之
臨軒親遣異數有加二公町
命星馳間關萬里告成事而還狩歟休哉聞之使事
有指又聞大夫出疆有利國家專之可也是役
也明楚丘之義返汶陽之業此出使之指也若
乃荒裔之外狙詐厭起始則奉
詔遲疑繼則持議齟齬彰之以文告申之以話言往

李仙根《安南使事纪要》书影

来相命，开樽漫解程。与酣杯入手，歌妓莫停声。"《游东山》："当年腊屐陟崇阿，选胜探奇几度过。楼阁庄严新法相，林峦掩映旧烟萝。山因久别神情异，客为重游感慨多。廿载梦魂今始慰，临风一放紫芝歌。"这种乡梓之情，虽在异地亦时时涌出，或呈现于这样的画面中："二十年前望落霞，如今重到似还家。半山红日迎人出，一径清烟傍马斜。鸦势远盘孤塔影，渔歌长应转帆挝。偶然兴会因同调，欲觅幽闲更觉奢。"（《季秋王公武约游上方山》）其诗风疏淡蕴藉，情感内敛，用语雅致，画面感强，极为符合中国正统诗歌美学标准，是以张问陶说他"以文学显康熙中，而遂宁之李闻天下"（《延录斋叙》）。张鹏翮有《吴门访李光禄故宅遂宁李子静》悼怀之："光禄当年此卜居，今来门径已萧疏。伶仃嗣子无归计，寂寞孤孙解读书。只有青山埋白骨，谁将絮酒奠荒墟？升沉世事终难定，漫说穷乡好结庐。"著有《安南使事纪要》四卷、《安南杂记》、《史学遵行集》以及创作类的《南津文集》、《游野浮生集》、《趋庭诗草》、《高惕庵语录》一卷等。清人李桓辑的《国朝耆献类徵初编》卷五十一，张邦伸撰《锦里新编》卷二等有传。

唐甄（1630~1704），字铸万，达州人，父亲任苏州府吴县知县。唐甄八岁始随父宦游江西、北京、南京等地。他是清初顺治年举人，短暂出任过山西长子县知县，因事被革职，又经商失利，遂以讲学为生。与王夫之、黄宗羲、顾炎武并称明末清初"四大著名启蒙思想家"。他对专制统治所造成的"四海之内，日益困穷"根本原因，历时三十年的探索，汇聚为《潜书》97篇。首先，他从哲学角度强调"万物皆有精，无精不生"，天地万物皆化生于之；其次，他能够用变化的眼光，看到"君长上下"等社会关系都处在变化之中，"皂人""丐人""蛮人"也可以成为"圣人"，从而对"天不变，道亦不变"的上下尊卑的纲常伦理统治思想进行彻底的消解。这与孟德斯鸠（1689~1775）、伏尔泰（1694~1778）等西方启蒙思想学说尤其是与西方法兰西大革命的《人权宣言》（1789）"人生来就是自由而平权的"可谓异曲同工。这种典型的人文主义思想，更表现在其对君主专制的彻底批判："人君之贱视其臣民，如犬马虫蚁之不类于我"，封建帝王"自尊则无臣，无臣则无民，无民则为独夫"，实则为"民贼"，因此，他吹响了彻底反封建专制的号角："自秦以来，凡为帝王者，皆贼也！""乱天下者惟君。治乱非他人之所能也，君也"，"杀人者众手，天子实为大手"，将一切罪恶的总根源归结于封建统治和皇帝专制，把封建君主看作是杀人的刽子手和罪恶的渊薮。

他甚至向帝王专制发出振聋发聩的宣战："若上帝使我治杀人之狱，我则有以处之矣！"（《潜书·室语》）以至于终身从事思想启蒙的梁启超，在读到《潜书》时，赞誉说"铸万对于社会问题，亦有许多特见。《备孝篇》说爱子者当无分男女，爱之若一。《内伦篇》《夫妇篇》说男女平等之理"，"三百年前有此快论，不能不说是特识"①。而唐甄的富民论是他思想中最有特色的内容，他强调 "立国之道无他，惟在于富，自古未有国贫而可以为国者"，而富国的根本是"夫富在编户，不在府库。若编户空虚，虽府库之财积如丘山，实为贫国，不可以为国矣"（《潜书·存言》）。而发展"桑肥棉茂，麻苎勃郁"等工商业则是"上善政"，因为"三代以下，废海内无穷之利，使民不得厚生，乃患民贫，生财无术"。唐甄思想中的资本主义萌芽意识，带有明显的市民思想的特色。对封建专制主义进行无情的揭露，表现了鲜明的激进色彩和民主思想。这就与杨慎、李贽等前辈倡导的经世实学合成时代

---

① 梁启超：《中国近三百年学术史》，山西古籍出版社2001年版，第161页。

启蒙的强音。今人赵园在反封建的文化思考中,就有"一群三百年前的'知识人',似乎隔着一大块时空在向我呼唤"的感受,并引用梁启超推崇《潜书》的说法,盛赞唐甄"赤子般的真挚与热诚"之战斗精神。①唐甄虽然有《潜文》《潜诗》等文学作品,却未能流传下来,但《潜书》的文学性呈现得极为鲜明。其饱含激情的论说如"杀一人而取其匹布斗粟,犹谓之贼","杀天下之人而尽有其布粟,而反不谓之贼乎?"又如"人君之患,莫大于自尊;自尊则无臣,无臣则无民,无民则为独夫"等排比递进或"连珠兼排比"的修辞手法,抨击帝王专制"懦君蓄乱,辟君生乱,闇君召乱,暴君激乱",以及"天地之大,其道惟仁;生人虽多,其本惟心;人心虽异,其用惟情"等句,几乎可以说就是诗的表达方式。其行文用语的观察力、想象力以及情感宣泄的力度,如其自谓"善为言,如驰马飞鸢"等,还有依托于各种修辞技巧和文辞淬炼所获得的情感冲击力和艺术感染力等等,都是文学的特征体现。他描绘理想社会的"山林多材,池沼多鱼,园多果蔬,栏多羊豕"以及批判现实的"农民冻馁,百货皆死,丰年如凶。良贾无算,行于都市,列肆焜耀,冠服华膴;入其家室,朝则熄无烟,寒则蜎体不申"等形象性画面,都可以视为文学作品。他以知识分子的卓识和敏锐,激烈地批判君主专制制度,他成为17世纪中国启蒙思潮中的一员健将。其启蒙思想对文学的个性表现和性灵抒发的启迪作用,气势纵贯激情洋溢的情感冲击,各种修辞手法的感染力,举证使用的社会人生生动画面,都是艺术性表现其民本与人道、社会平等、富民等思想的反映。他有自己的文艺创作理念,较为集中体现于《非文》篇。对徒饰文辞而内容空虚的文风,他批评称"说如其事,辞如其说。善说者有伦有叙,博征曲喻,听盈耳焉;善辞者有伦有叙,博征曲喻,书之于策,五彩绚焉","非缘饰其辞而谓之文也",提倡"文必有质"的文风,强调文学作品"必须有用于世"②。朱东润的《中国历代文学作品选》、林非的《中国散文大辞典》、郭预衡的《中国散文史》等,都对唐甄及其《潜书》有所论及。《潜书》因名家魏禧的赞赏和资助,得以刊刻13篇,"四方争购之",这正好印证他所说的"学贵得师亦贵得友"(《潜书·讲学》),后由女婿王闻远将全书刊刻面世。

---

① 赵园:《寻访易堂·后记》,江西教育出版社2001年版。
② 参见戴峰:《论唐甄的文学思想》,《达县师专学报》2005年第4期。

三、胡世安、李长祥、李以宁、傅作楫等

李实（？～1674），遂宁人，吕潜的姐夫，崇祯年进士，授长洲（今属苏州）县令却很快辞官，定居长洲，杜门著书，精研小学、经学及佛老杂学等，是著名文学家、理学家、语言学家。其事迹载于《吴郡甫里志》《苏州府志》《遂宁县志》等。李实著述甚丰却不抵他自己的一部《蜀语》，这是中国现存第一部"断域为书"的方言词汇著作，首开研究考证某地方方言词语的先河，全书共收录四川方言词语563条，忠实地反映了明代四川方言的基本面貌，是研究明代四川方言的有效材料。其诗作亦受人重视，如《岁暮感怀》："门前五柳弃微官，荏苒年华阅岁寒。齿到知非方学易，老来行路极知难。飘零白下家重破，痛哭青云梦已残。故国烽烟邱墓远，梅花冰雪日凭栏。"还有《春闺曲》："碧玉堂前柳絮飞，白狼河外信音稀。征夫不及营巢燕，岁岁春风一度归。"

胡世安（1593～1663），字处静，井研人。明崇祯年进士，入清后曾任礼部和兵部尚书、少师兼太子太师。其编著的《译峨籁》是峨眉山现今可见最早的一部完整翔实的志书。《九月二十五日朝散同部院诸老登眺新构天安门》，是迄今能见的文学史上第一首吟咏天安门的诗作，曰："象阙冠云区，历历引崇阶。旭光浮金碧，佳气匝城来。带潢疏太液，尘气辨天街。悬想重轮夕，烟芜净九垓。玉衡端北位，符正协三台……"写出了天安门的庄严壮丽与恢宏气象，为后世特别是古建筑研究者提供了重要的历史信息。吟咏峨眉山的诗作多见于诗集《译峨籁》，其中《峰顶》诗曰："梵天色界幻瑶京，修月仙工琢不成。鸟鼠餐霞肠已换，昆虫卧雪体俱明。鲸钟音寂千岩答，宝塔光凝白日行。到此圣凡无二谛，何须海外问蓬瀛。"作为由明入清的"贰臣"，顺治康熙两朝，凡祀典朝仪、山川祭告、文武爵秩、勋臣谥荫、科场则例、恤典历律等等，咸出其手，对"新朝"可谓忠心。其《同雷伯石朱廉水宏善寺观海棠》借花木以喻人，意味深长，诗人的意象构筑才能和语言运用功力，于此可见，其诗曰："精蓝丛灌隐南村，双树还堪止世尊。地僻且能辞俗驾，春深犹有未醒魂。攒红玉界铢衣缬，浮白云槊醉颊浑。谁是前身拈笑侣，乱香飘缀不留痕。"他出任《明史》副总裁，为《明史》的修撰倾尽全力。但多次遭受降三级的处罚，身处险恶官场的内心酸苦见于这样的文字："旋车风鹤际，别舸露薇前。今昔称游子，春光忆隔年。莱庭怀舞彩，衡赋欠《归田》。饕禄非吾事，殷勤北雁传。"（《嘉州留别子弟辈》）他著有《秀岩集》，凡诗22卷，

胡世安书法

文9卷，有金石碑帖辑录的《禊帖综闻》，以及"百科"性质的《异鱼图赞笺》《异鱼图赞补》，还有学术著述《大易则通》《操缦录》等，《四库全书》有录。嘉庆版《井研县志》卷八有传。

李长祥（1609～1673），号石井道人，达州人，唐甄的舅父，明崇祯年进士。明亡后李长祥与郑成功、张煌言等继续抗清，曾担任晚明福王的兵部左侍郎。兵败被俘，后逃狱迁居毗陵（常州），筑读易台，作文赋诗。其对外甥唐甄的思想形成有着重要影响，其为蜀人张岱的《陶庵梦忆·西湖梦寻》所作之序，为时人所重。其《太湖七十二峰记》，为乡人撰写的《冉嶙传》和《唐自彩传》《唐阶豫传》，因为"吾州旧有'夜听北岩钟鼓响'之句"而作的《北岩钟鼓楼记》等，都是文情并茂的散文佳品。近代傅增湘在其《藏园群书题记·天问阁文集跋》中对其诗文作品评说为"意识高奇，才气横溢，以身逢国变，戎马半生，故其为文骏利锋发，雄锐无前"。今人《明代基本史料丛刊·文集卷》介绍："在明末清初这段历史大变革中，作为'甲申事件'的见证人，李长祥在他的著述《天问阁文集》中留下了宝贵的历史资料。对以后的太平天国起义和辛亥革命都有一定影响，梁启超就很推崇这部著作。作为珍贵的历史文献，文集中有很多'正史'所不载的历史资料，是研究'南明'史的参考书。"舍身为国辛劳奔走抗清事业，让名媛出身的少夫人姚淑（著有《钟山秀才海棠居集》）略有微词："送君上扁舟，低首不能语。归来无几日，今又远方去。步步望不见，何时共一处。不惜闺阁寒，但恐风雨阻"（《送太史游临安》），以及"年年叹离别，此别何时休，楼头望不见，从此不上楼。无钱买鲤鱼，君书何处求"（《寄研斋太史》）。他的诗词散佚太多，不愿意随人编选也是其因，如："两先生不废弃无能，以仆之文，选入其中……惟两先生教诲我成我，将所选仆之文删去，俾仆得以一意守拙，阁然斯世。况《文统》一代之书，以仆之糠秕杂其中，自宜为精者之累，又在二公之洁此书也。"①其《忧云亭记》写夔州风俗，见载于各类选本。有主要收录入清后作品的《天问阁文集》传世。事迹见《清史稿》卷五五、《小腆纪传》卷四七。

李以宁，号雪樵，营山县人，康熙年举人，官至广东西宁县知县。诗咏广安"篆水"如"闻道升平日，游人集此旁。澄江沙作篆，曲水带流觞。岸接村烟白，舟摇树影苍。摩岩有题字，苔藓见微花"，又有《游温泉寺浴罢读残碑有"江上云山小三峡，灯前风雨一孤舟"之句感而赋之》曰："江水经合阳，嶲嶙郁然

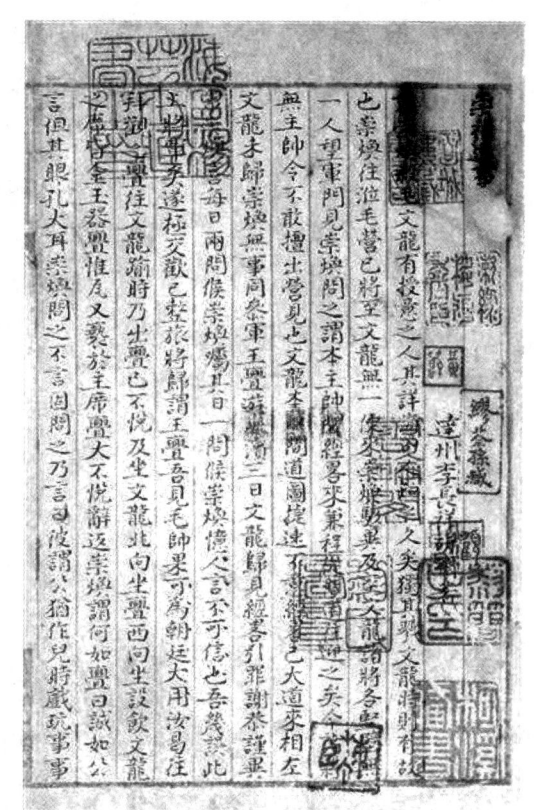

李长祥《崇祯遗书》手卷

萃，峡程三十里，瞿塘不少异。蒙密只窥天，崭削若无地，就中有佳境，横云朴空翠。桨舟林薮间，攀萝陟萧寺，丹青半欹倾，堂庑尚幽邃。流泉阴火烹，春寒气更炽，解带坐清池，竟日洗尘累。摩挲寺门碑，剥落莓苔字，佳句一以吟，低徊动声嗜。缅怀昔人游，风雨饶兴寄，讵知后来者，隔代遥相企。我将鼓烟棹，东下增离思，泼墨拂紫苔，聊为斯游记。"歌行体长诗《锦城篇》是他在吴三桂"三藩之乱"后，回到成都所见所感之作。开篇点明"我闻锦城好，驾言锦城道。锦城万堞含秋云，锦城四野迷荒草"，秋云疏淡、荒草凄迷，正是战乱之境；继后，诗人系统回顾巴蜀文化豪杰代有辈出，物华天宝和人杰地灵，有古蜀神话、文学辉煌、美好社会等的全面展示；末尾处以"井络文星犹照耀，天彭玉垒自崔嵬"展望社会重建的美好未来。这种情感也呈现在这样的展望中：

---

① 韩希明主编：《文学研究与教学·耕读偶记》，世界图书出版广东有限公司2013年版，第257页。

"战伐乾坤满，君今事远游。孤帆从此去，异地各生愁。月隐江津树，云开水驿楼。巴童歌唱起，横笛下渝州"（《送友人之渝州》），以及"积石横江渚，人传百丈梁。潢池曾此地，露布几经霜。绝壁空残垒，悲风过战场。巴渝东逝水，今古自汤汤"（《百丈梁》）。著有《绥山草堂集》10卷，《国朝全蜀诗钞》选录其诗25首。《四川通志》《锦里新编》《营山县志》有传。

赵弼（1632～1681），号芙溪。孙桐生的《国朝全蜀诗抄》卷四录有其诗，并小注谓："字子匡，彭县人，顺治丁酉举人，官江西南康府知府。著有《半山草堂集》。"其《出栈》诗曰："阁道冲烟上，迢遥指帝乡。山深晴亦冷，花密雨皆香。茅店春无主，铃声夜有光。欲寻萧相迹，千载说追亡。"费经虞、费密父子的《剑阁芳华集》有对其家世的介绍。江苏人陆廷抡有《赵芙溪小传》。

傅作楫（1661？～1727），字济庵，原籍巫山，后随其父迁居奉节。康熙年举人，官至左副都御史。康熙曾有赠诗："危石才通鸟道，青山更有人家。桃源意在深处，涧水浮来落花"，可见其才干受皇帝宠爱，康熙末年"蒙温旨还乡"。其诗被誉为"直逼少陵，蔚为两川峻望"。其《雪堂诗集》四卷，分《燕山》《西征》《辽海》《南行》四集。对巫山、奉节诸景的"三峡书写"是其最突出部分，仅光绪年版《巫山县志》就载有20首。中国文学的"夔州意象"要素如瞿塘、滟滪、巫山及巫山云雨、白帝、八阵、猿、永安宫、昭君溪、王昭君、刘备、诸葛亮等，都是其吟咏对象。如《八阵图》："千里连营制胜难，十年生聚漫摧残。北山猛兽何时缚，东浦孤雏不可弹。劫火只今余石垒，风云空自涌江端。伤心八阵图边水，鸣咽隆中泪未干。"又如《巫山高》："奇峰高十二，一叶下巴东。冷碧出云水，空青落镜中。江声疏密雨，树色往来风。峡路苍茫里，寒猿听不穷。"另如《滟滪堆》："莽莽长江来，谁敢冲其波。奇哉滟滪堆，乃欲吞江河。白盐为犄角，赤甲为长戈。瀼溪双铁柱，风雨今如何。"还有《瀼溪草堂》："一代风流鲜颠顽，几年漂泊瀼溪旁。摊书只对青山静，把钓惟看绿水长。旧恨空搔双短鬓，新诗漫索九回肠。自怜我亦悲秋客，皂帽何时过草堂。"其写三峡"西控巴蜀收万水，东连荆楚压群山"是人们多称引的名句。安享晚年闲适生活的叙述如"老去身闲意趣舒，昼长无事乐庭除。小妻弄笔鸦为字，稚子投怀口授书。枝上莺妨人睡美，水边鸥与世情疏。兴来浊酒频斟酌，俯仰乾坤得自如"（《闲居独酌》），描绘乡民安乐却借景呈现的"峡水紫水舟泛泛，些声和畅鼓渊渊"（《天中即事呈太守胡大元方》），以及咏吟夏日风光的"乳燕乍飞还缓缓，嫩荷新出渐依依"（《夏日雨后过友人宅分韵》）等，都显示着诗人的艺术表现才华。由于北方为官的经历，状摹边塞风光和追忆北方形迹的诗作，是其第二个重要内容。如"我昔辽东去，萧然十一秋。病从肝胆受，身为国家留"（《述怀》），"天涯何事最销魂？芳草萋萋隔蓟门。不怪旧游诸弟远，自怜我亦未酬恩"（《感怀》）等。《清史列传》有言："蜀诗自费密父子后，奉节傅作楫，铜梁王恕继之，皆能步武唐贤。古文则罕问津者，惟端淑崛起。"于此可见其创作业绩。以"我正昂头向天外，君先振臂入云中。山肩高耸如人瘦，苔发全无讶尔童"（《赤甲晴辉》）为人注意的清代夔州诗人张世宗，以及王陈锡、刘玉璋等，都有作品传世，今人李江主编的《雪堂诗集评注》见录。

杨岱，字东子，彭州人，康熙四年（1665）举人，与弟杨崑、杨岐俱以诗名，李调元誉为"三杨"，岱尤杰出，有《村山诗集》。清人潘耒序其诗集曰："东子早擅文誉，帷墨传诵一时。宰上杭有贤声。其诗高华爽朗，有和平蔼吉之风，无刻削纤琐之习。"福建人魏惟度评曰"气力雄健"。其《栈道》曰："鸟道与天齐，盘云万壑低。层峦飞瀑下，空木乱猿啼。山势危巴郡，边声隔陇西。可怜存辇路，烟雨草萋萋。"其《夜泊》曰："夜船将泊棹歌齐，芳草萋萋野路迷。只有断猿无宿处，最高枝上彻明啼。"又有《夔州杂诗》："春来急水下峨眉，客路悠悠啼鴂归。乱树藏云荒故垒，行人见月忆当时。千年画壁公孙墓，百尺寒松帝子祠。父老近来生计拙，干戈何以慰疮痍。"《国朝耆献类征》《四川通志》《锦里新编》有传。孙桐生《国朝全蜀诗抄》卷五录有"三杨"诗作并有简介，录其诗21首；又称"杨崑，字葛山，彭县人，岱弟。著有《三树堂诗集》"；"杨岐，字周子，彭县人，岱弟。著有《碧萝亭稿》"。杨崑的《雨中看荷花》诗曰："一带垂杨绿，乘流好放船。轻阴浮水际，香气沁阑边。细雨低双鹭，微风咽一蝉。不妨沾湿好，尽日醉芳筵。"杨岐的《蓬莱阁杂咏》诗曰："仲连天下士，慷慨古人风。抗论非秦帝，高踪寄海东。秋云横岛黑，野火照山红。惟见铭功石，长留烟雨中。"

张象翀，康熙年进士，吕大器之女婿。官至山东胶州知州，兵部职方主事，致仕归，后卒于家。"诗亦根柢至性，粹然不疵。"（《蜀雅》）与其兄象枢、从弟象华俱以诗名，时称"安岳三张"。有《处和诗集》行世。张邦伸《全蜀诗汇》、李调元《蜀雅》、孙桐生《国朝全蜀诗钞》录有其诗。《四川通志》《锦里新编》有传。其父张任学有《芸阁斋杂文》《芸阁斋诗钞》等作品传世。张象枢著有《雪浪斋集》传世。

龙为霖（1689～1756），号鹤轩，巴县人。康熙年进士，官至潮州知府，后以谤去官。善诗文，工书法。其诗古律兼长，平易近人，然亦间有生新者。如《归舟入峡》："路入空舻意渐安，峡突处处好寻看。戏憎崖狖投山石，巧爱江鸟接饭丸。云护林梢藏佛寺，风来竹尾扫仙坛。传闻更有莱公迹，古柏森森叶未干。"著有《荫松堂诗集》《橐驼集》《读诗管见》以及学术专著《本韵》。《四川通志》《锦里新编》《巴县志》有传。

四、女诗人马士骐、诗僧丈雪通醉

马士骐，字韫雪，西充县人。其父、其夫皆官至知县。她幼承家学却中年寡居，身世凄凉，多悲苦之音。这种人生情态映射在笔下，则如《独坐》所描绘的："独坐领幽趣，残书未忍抛。雨余蛛续网，社后燕争巢。月趁圆时赏，诗从改后钞。满腔生意足，咫尺忘蓬茅。"又如其五律《冬夜偶成》曰："病久滋愁甚，连宵梦未清。绕床黠鼠斗，比屋冻鸡鸣。种竹林犹少，沉吟句未成。霜钟寒到枕，静夜若为情！"《清诗别裁集》收录有其《齐云楼》，此则展示着诗人的胸襟和宏阔的眼界，绝非女性柔婉娇弱之语，其曰："凭栏天际荡心胸，一片云飞接岱宗。缥缈层檐疑结蜃，等闲高卧笑元龙。自传家学三千众，谁数仙居十二重？为问芙蓉楼上客，何如东海表齐封。"《国朝全蜀诗钞》录其诗50余首，评之曰："蜀中闺秀，应推为大宗。"如其七律组诗《落花》十四首之：

烂红残紫乍高低，痛惜行人踏作泥。
六代铅华蝴蝶梦，一林风雨鹧鸪啼。
徒闻湘瑟人何在，再问胡麻路已迷。
元亮尚存松菊径，不须空说五陵溪。

陌上篱边泣晚风，含愁惹恨几丛丛。
香飘池面鱼争饵，影掠帘钩燕啄虫。
写叶诗漂流水上，助妆人在梦魂中。
既怜复损何劳尔，消患惟当问化工。

> 放春依旧化工收，辛苦东皇可自由？
> 寸里莺声樵子径，半帘蝶影玉人楼。
> 飘零艳质如逢劫，瞬息韶光莫怨秋。
> 休怪繁华易消歇，六陵松柏几株留！

作品主要收录于《片石斋烬余诗草》四卷刊行，民初人李时灿的《中州先哲传》说："其书凡为四卷，不编年，不别体，序跋悉不入卷次焉。按士骐为清初闺秀诗人中之杰才，各家选集于其诗靡不著录。其诗格调力追工部，笔力劲爽，风骨浑成，尤以学问淹博，造诣深厚，故其为诗，气韵之间，雄瞻壮快，不类闺秀作品。方仰松《叠嶂楼诗话》谓：'《烬余诗草》识见高老，风骨沉雄，不独巾帼中无其人，即当时以诗名世，臻此境者亦不能多，实在绿净老人、蠹余老人之上。其余脂粉之流，益不足道也。'方氏之言，于士骐可谓推崇备至。""综观是编所存，以吟咏山川风物，寓情寄兴为多，其格律之严谨，意韵之雄远，皆得工部之风神。惟以肆力摹拟，难免斧凿之痕，造句炼字，亦往往有失自然耳。"清人杨淮《中州诗钞》收其诗多达49首，有康熙五十六年（1717）刊本。"中州"关注她，因为是河南"祥符张应垣之妻"。马士骐还著有《漱泉集》两卷，《四川通志》与《锦里新编》《中州先哲传·列女》有传。

据统计，清代巴蜀地区的女诗人242名，有作品集近200部，诗作592首。[①] 张问陶之妻林佩环以"羡君笔底有烟霞，泥拔金钗付酒家。修到人间才子妇，不辞清瘦似梅花"（《外子为予写照得其神似诗以谢之》）一诗而驰名。其姐张问端亦多诗作，其外侄女丁采芝有《芝润山房诗词集》传世，问安之妻陈慧殊和其弟问莱之妻杨继端诗名尤著，分别著有《香远斋诗稿》一卷和《古雪诗钞》十二卷，张氏有八位闺阁诗人。时称"女翰林"的陈慧殊以诗句"愁与病俱人似鹤，诗由思结句如蚕"（《代柬答三嫂》）为人称道。名将岳钟琪的高夫人有名句"相对莫愁秋寂寞，一生红颜不伤春"（《雨中看芙蓉作》）。余如左锡嘉的"疗贫穷小技，霜月隔帘栊"，射洪县周氏的"白璧易成千年恨，青山难写此时忧"等，亦曾为人注意。清代绵竹人李锡桂在《题蜀中闺秀〈浣花濯锦集〉》中曾概括说："闺阁钟灵秀，天教蜀国多。词源开帝后，花样学

---

① 沈婷：《从清代闺阁诗作看巴蜀风情》，《文史杂志》2011年第4期。

星娥。"

丈雪通醉（1610～1695），俗名李罗，内江人。师从蜀中明末高僧破山海明，于川、滇、黔、陕、鄂等地传灯20余年，创建禅寺，开辟丛林，制立清规，弘教开宗，接引信众，慨然以中兴佛教为己任，被后人称之为"宗门龙象""大善知识"，也是奠定成都昭觉寺现有规模与影响的高僧。他以佛学造诣和诗文书画名重一时，有"领众开田""一粒一粟，取之耕耘"的农禅之风，呈现出蜀禅的"活泼泼"特色。重庆博物馆现藏其行草书立轴一件，诗曰"自来溪里住，家什逐年增。日煮三颗菜，时供一个僧。坐禅非所习，看话亦无能。只应随缘进，如何继祖灯"，落款署"八十四叟丈雪醉头陀手书"。其诗的艺术特色可以从《咏禹门六景》略见一斑，如："赤膊横眠两足垂，仍将短笛逆风吹。疏狂不与骚人共，拍拍轻清只自知。"（《牧笛》）"晴沙寥落泊江干，一片银钩挂水帘。不谓苍苍风味古，都卢狼藉少人拈。"（《月浦》）"情垣错落浪堆堆，乱洒晴烟万户开。一日虚空无两个，那来涯岸许多哉！"（《村烟》）"是水鱼龙电尾烧，只缘蟠蛛锁江皋。千山万水齐收拾，两岸晴风一担挑"（《锁江桥》）。其圆寂之际偈曰："湟帝新岁，碓觜生花。虚空袭破，万蛰生芽。老僧掷笔，谁者是他。"凡作歌诗、颂偈、法语、寺院碑记等，咸是禅门珠玑，俱载于《嘉兴藏续藏》。20世纪的郭沫若、马叙伦等皆有诗赞。于右任有诗曰："破山大弟子，圣水一诗僧。清绝如苍雪，悠然得上乘。头陀原不醉，心法自相承。四十八盘路，人间有废兴。"其著作有《西还草》《青松诗集》《里中行》《杂著文》《丈雪语录》12卷、《锦江禅灯》20卷等。

第三节　性灵派诗人张问陶

一、诗书传家，多才多艺

张问陶（1764～1814），号船山，因善于画猿猴又号蜀山老猿，遂宁人。乾隆年进士，历官翰林院检讨、吏部郎中、山东莱州知府。其高祖张鹏翮（1649～1725），为清代康熙、雍正朝重臣，著有《张文端公全集》。清代《清诗别裁集》和《国朝全蜀诗钞》、民国《晚晴簃诗汇》选录有其诗作，其中出使俄罗斯等地所写的诗歌作品值得一读。李调元《蜀雅》评云："文端论诗，以性情为主。"张鹏翮的《治河书》10卷，在中国水利史上有着不可取代的价值,《中国水利史》列有专章介绍,并给予高度评价:"这不仅于国计民生贡献巨大,而且就其科学水平,也居当时世界水利工程最先进行列。"张鹏翮赞美家乡遂宁的《灵泉寺》诗曰:"中川名胜古今传,清净无尘一洞天。灵山信有烟霞住,圣境能消俗累牵。莺巢绿树喧流水,风动飞花落舞筵。多少词人题不尽,高峰更有醒心泉。"其祖张顾鉴,官至云南开化知府,著有《近花窗诗稿》《耐舫近稿》等。张问陶与兄问安、弟问彤被称为文学界的"遂宁三张",嫂陈慧殊、妻林韵徵、弟妇杨古雪均有诗作流传。

张问陶少萌"布衣不合饥寒死,一寸雄心敌万夫"的大志,毕生勤奋努力写作不辍,是以其诗、书、画作皆享有盛名。中国

张问陶画作《猿》

古代有成就的文人往往是诗书画并行发展,清末杨守敬说:"乾嘉间之书家,莫不胎息于金石,博考名迹,惟张船山、宋芷湾绝不依傍古人,自然大雅,由于天分独高,故不师古而无不合于古。"《清史稿》列传卷二七二《文苑二》赞其"以诗名,书画亦俱胜",诚哉斯言。

他在文学领域与袁枚、赵翼合称清代"性灵派三大家",被誉为"青莲再世"、"少陵复出"、清代"蜀中诗人之冠"。他在文学理论上倡扬性灵,主张表现自我,是谓"偶凭真气作真语,无端落纸成诗文"。《论文八首》《论诗十二绝句》是张问陶的诗歌风格和理论体系的集中体现。出于对封建正统文化的反叛和冲决罗网、大胆创造的豪气,他主张"诗成何必问渊源,放笔刚如所欲言,汉魏晋唐犹不学,谁能有意学枚园","笺注争奇那得奇,古人只是

性情诗。可怜工部文章外,幻出千家杜十姨"等。他蔑视一切文学规范,任凭真情恣肆而挥洒笔墨,所谓"漫语烂言却近真,乱头粗服转丰神"。这些主张涵蕴出作者鲜明的精神个性和特异的文化品格,表现出大胆创新的狂傲襟怀,即"奇才谁不望公卿,已落人间合有情。何苦瞒将真实语,爱谈蝴蝶媚庄生"(《黄粱梦镇戏作》)。是以《清史稿》本传称:"国朝二百年来,蜀中诗人以张问陶为最。"如《宿宝鸡县题壁十八首》中"豺虎纵横随处有""焦土连云万骨枯"等,对官吏暴行和社会"万骨枯"惨景进行深刻揭露和愤怒批判。富于正义感的性格使他难以在官场上同流合污,萦怀于心的是"天意苍茫地苦贫,救荒无策愧临民,辞官也作飘零计,忏尔流亡一郡人"(《平度昌邑道中感事》),所以从山东辞官后他"绝口不谈官里事,头衔重整旧诗狂",其作品的风骨和社会现实意义于兹可见。

如《斑竹塘车中》中,"翕翕红梅一树春,斑斑林竹万枝新。车中妇美村婆看,笔底花浓醉墨匀。理学传应无我辈,香奁诗好继风人。但教弄玉随箫史,未厌年年踏软尘"等,就绝无忠君爱国之语。当时"性灵派"首领袁枚、进步思想家洪亮吉,都对张问陶极为赞赏。时八十老人袁枚极为推崇张问陶创作的"真"情和自然性灵表现,甚至说"所以老而未死者,以未见君诗耳",张的应和亦云:"三年重叠秣陵书,总为神交问酒徒","心长间被虚名误,翼短还须大雅扶",对袁枚的推崇和感激见于笔下。其影响甚至远达国外,"朝鲜使人求其诗,至比之鸡林纸价"。还有如《灵泉寺僧楼》:"重登东岭看斜晖, 新敞僧楼碧四围。丘壑无奇山自好,人民犹是佛全非。禅茶渐熟三泉活,社雨初晴一燕飞。世外高寒宜写照,小桃花底白云归。"

二、"好诗不过近人情"

张问陶以独立理论体系和诗风个性,为世人所重。清人朱庭珍以张问陶最高成就的《戊午二月九日出栈宿宝鸡县题壁十八首》解剖道:"张船山《宝鸡题壁十八首》,叫嚣恶浊,绝无诗品,以其谐俗,故风行天下,至今熟传人口,实非雅音也。"[①]批评他过分张扬"才情"和性灵。确实,他也承认自己的创作往往基于"仗他才子玲珑笔,浓抹山川写性灵","剩此手中诗数卷,墨光都藉性灵传"。他的创作思想是"关心在时务,下笔唯天真","文章飞

---

① 朱庭珍:《筱园诗话》,郭绍虞编选:《清诗话续编》,上海古籍出版社1983年版。

动谈忠孝，风景留连写性情"，注重文学的两个本质特质——社会功能和抒情功能。这在其《论诗十二绝句》有着鲜明体现："写出此身真阅历，强于饾饤古人书"，极力反对"何苦颠顸书数语，不加笺注不分明"。他认为文学最本质的生命在于真情宣泄的艺术感染力，即"诗人骨死性情生，时发幽光夺明月"。张问陶强调文学创作的原则是：诗中有我（"诗中无我不如删"）、情感真实（"不逞新奇画真景"）、关心时务（"风雨关心数卷诗"）、表达自然（"雕文镂采太纷然"）。他在《蟋蟀吟秋燕飞二首》序言中说得很清楚：

诗发乎情，情触于遇，哀乐殊致，比兴生焉。蟋蟀在堂，《魏风》有岁暮之叹；燕燕于飞，《邶风》有差池之泣。而且申旦不寐，哀彼宵征；翩其怀归，木叶黄落。其人莫不有如泣如诉之情，抑郁于中而无端以自见。故一旦触于所遇，形诸吟咏，遂不觉其宛转附物，怊怅而情切焉。矧余客子畏人，饥寒漂泊，伤离送远之情，较诗人所遇殆有过者。

张问陶居京师时，家有两仆：刘升高而瘦，张芳矮而小。张问陶曾诗戏二仆："一僮短小如僬侥，一奴长细如山魈。奴能抄书童识字，一屋高低有奇致……僬侥喜，山魈愁，笑啼幻作双狝猴。山魈立，僬侥坐，俯仰云泥人两个。山魈一嗷僬侥惊，忽如半天闻雷声。僬侥一怒山魈伏，左右如葵卫其足。"①虽为游戏之作，但诙谐风趣，形象生动，确出乎"性灵"，即"每从游戏得天真"，确实是"凭空下笔宁无法，得意忘言亦有时"。其《题朱少仙同年诗题后》中说："语不分明气不真，眼中多少伪诗人。呕来只觉心无血，麈去还夸笔有神……"似乎写尽古往今来文坛诸般丑态。同时代的法式善在《乐游诗·张船山检讨》赞誉道："峨眉山月青茫茫，巴江流水秋浪浪，郁结奇气成文章。太白仙去东坡死，大笔淋漓属吾子，玉堂人物那有此。"②将张问陶视作继李白、苏轼以来，蜀中文学传统的嫡传正宗。

三、清代巴蜀诗人之最

他对自我才华是极为自信的，"人才有数总天生，未必争名便得名"

---

① 张问陶：《船山诗草》，中华书局1986年版，第280页。
② 法式善：《存素堂诗初集录存》卷十七，《乐游诗·张船山检讨》，续修四库本。

(《排闷戏作》),这种自我期许激励着他终生奋斗,其显赫业绩体现在:《船山诗文集》、《船山诗草补遗》6卷,存诗3500余首、书画作品1000余件。仅其自编《船山诗草》20卷,就录1700余首诗,数量可谓惊人。他在《船山诗草·自叙》中说:"自十五岁乾隆戊戌年始,至四十岁嘉庆癸亥年止,共二十六年,得诗三千五百五十二首,删存一千七百四十六首,分为十五卷。其甲子以后诗,另卷附后。观存者之有不必存,知删者之有不必删矣。愜心之事情,难哉。"这倒不完全是他狂傲。清代常明、杨芳灿等纂修的《四川通志》中《人物·潼州府》说他:"问陶生负异禀,读书过目成诵,所为诗古文词,奇杰廉劲,一时名辈皆敛手下之。布政使杨揆曾谓蜀中作者自杨慎以后,惟问陶能继之,非虚誉也。"清人多赞誉其诗沉郁空灵,于从前诸名家外,又辟一境界,有"青莲再世"之目,所为诗,专主性灵,独出新意,如神龙变化,不可端倪。近体超妙清新,雅近义山;古体奔放奇横,颇近太白。卓然为本朝一大名家,不止冠冕西蜀也。"我朝制作明备,英贤辈出……张船山尤能直道心源,一空色相。"①

张问陶在山东馆陶(出生地)、湖北荆门等地度过了青少年时期,直到二十二岁时才首次回到四川。其一生中回川只有四次,在四川停留的时间总共加起来大约只有四年。对乡邦文化的感知和认同,主要得之于家庭传承和典籍选择。用故乡遂宁的船山作为自己的名号,就是一种价值认同的体现。如回答兄弟张问莱相询时说"特书思蜀否,大义责莱衣。君拟此间乐,我愁何日归"(《船山诗草》),且时时慨叹"呼来酒伴愁中笑,幻出家山梦里看"。一旦获准归乡则喜不自胜,如《辛亥二月三日得假寄舍弟寿门》:"报书才下许西归,便指青天兴欲飞。惊走忽将呼弟妹,笑谈如已到庭闱。"巴蜀文化"俗好文刻""好文讥刺"流风的影响,让他把官场险恶、世态炎凉中的诸般无奈,转化为谐谑自嘲如"保此清衔过百年,散朝时拂浣花笺"(《冬日寓斋即事》),或者退回家庭享受亲情即"笑倚闺人课娇女,宦情销向百花间"(《宦情》),或者找理由辩解如"廉吏儿孙贫不讳,先人清白世原知"(《乙巳八月出成都感事》),以及"宦海销磨血性人,官卑真气总难驯"(《留别雷慎之司狱》);也绝不忘记与黑暗官场分清界限,如"未必有官皆俗物,可知此坐是清班"(《午门坐班》)。不过,他也有说大实话的时候,

---

① 孙桐生:《国朝全蜀诗钞·叙》,巴蜀书社影印本1986年版。

虽然"渐觉名场是畏途"(《踌躇》),却仍然"江湖廊庙总徘徊"(《八月晦日闻雁感赋一诗邀亥白兄受之弟同作》),毕竟做官有俸禄,出行获奉承,于身于心都有好处。这种"宦隐"徘徊以及痴迷于文学艺术创作的行为,确实也是别人诟病的依据。其入门弟子梅树君在《张船山夫子诗集题词》中说他在莱州府任上"有飞言,公以诗酒自娱,弛于政者"(《梅树君先生文集》)。"飞"者流言也,倒不完全是"诽"。他的皇皇著述,独特鲜明的艺术风格,诗书画皆有重大影响,在清代诗歌史和诗歌理论史上都占有重要的地位,不仅为巴蜀文学发展历程赢得巨大声誉,也给中国清代文学留下厚重的财富。其生平事迹见《清史稿》卷四八五《文苑》,《清史列传》卷七二《文苑传三》等。

第四节 彭端淑等巴蜀文学世家

一、丹棱"三彭"

清代文坛,以彭端淑为首的"丹棱三彭"兄弟作家群,为时人所重。其家世为丹棱望族,端淑之祖、父皆为读书人。明清换代之际的蜀中战乱及"张献忠剿尽川人",似乎并未太大地影响这个家族的文脉相传。入清之后的彭端淑兄弟七人,其中肇洙、遵泗皆进士及第,族人彭端笏、彭大力、彭承绪考中武进士,人称"彭氏一门六进士,文韬武略震京师"。兄弟三人曾一度占据朝廷要津:端淑任职吏部、肇洙任职刑部、遵泗任职兵部,故彭端淑有"主恩兄弟三分部"之句。

彭端淑(1697~1777),字乐斋,丹棱县人。雍正年进士,授吏部主事,出任广东肇罗道。赋归后居家,致力于古文辞研究,主锦江书院讲席,名重一时。为人博洽,诗学质实。文学创作中呈现出鲜明的个性风格和大胆创新的勇气,被时人誉为"盘空出硬语,不肯落当时科臼,自有雅音"。彭端淑《戊戌草·寒食》记载他辞官归蜀后主持锦江书院的生活:"锦江栖迟二十年,每逢寒食一清然。"这在他的《薛涛井》中表现得尤为明显:"吾慕宋若昭,才堪宫中师。惜哉李季兰,芳心不自持。校书闺中秀,奈何亦若斯。遗井落江边,千载尚护之。汲水清且洁,人愿携一卮。花笺虽失传,想见挥毫时。唱和来群公,风流世共推。自古重名媛,在彼不在兹。"记锦江春色的有《清明》:"步出郭西行,惊心节复更。花残寒食雨,春老杜鹃声。荞麦村村秀,新烟处处生。锦城风物好，无那故乡情。"普通民众的贫穷也在他的《夏镇》一诗中得到表现："粟米贵如珠，频年遭水浸。男妇多鸠形，鱼虾实为命。"诗中呈现着深沉悲惋的情调。其《白鹤堂晚年自订诗稿》序中自谓"余一生精力尽于制义，四十为古文，五载成集，近五十始为诗，已二十五年矣"。从文化历史的思考，到文学创作的递进的关系，他的作品在内容上呈现出沉实厚重，少了一些文学的飞流灵动。其《为学一首示子侄》从正反两面说明难与易、昏庸与聪敏之间相互转化的辩证关系，短短370字，说理深刻透彻，故入选今天的初中课文而影响极大。他在建构巴蜀文化方面的贡献是将清代巴蜀作家作品搜辑成集，编就《国朝蜀名家诗钞》，以光大故乡文学事业。清人李祖陶称："予夜读《乐斋集》竟，跃然曰：此真'参之太史以著其洁者'。太史公之洁，唐柳子厚知之，宋欧阳修有之，明归震川实允蹈之，入本朝来，自魏叔子外，未之敢许，乃今得之于乐斋。"[①]彭端淑辞官后出任成都锦江书院山长历时14年，"清代四川三才子"之一的李调元，以及张翯、钟文韫等，都是他的学生。著有《白鹤堂文稿》《晚年自订诗稿》《白鹤堂诗话》《雪夜诗谈》《白鹤堂诗戊戌草》《粤西纪草》《蜀名家诗抄》《晚年诗稿》《碑传集》《国朝文录》《小方壶斋舆地丛书》《广东通志》等。

彭肇洙（1699～？），字仲尹，雍正十一年（1733）与兄端淑同榜进士，历官刑部和户部主事、户部郎中，老年离职归乡。他学识渊博，其诗峭拔奇崛，气概不凡。被人称道的《望雁》曰："北去宁忘塞，南飞各有谋。关河千树色，天地一声秋。云里排行阵，空中动旅愁。烦君将尺素，为我达西州。"咏《菊》之作曰："莫将萧瑟感年华，种得东篱菊可嘉。独抱清香标雅韵，冷吟秋色殿群花。村桥细雨枫初落，流水空山日易斜。此意谁从尘外赏，应偕五柳属陶家。"绘写闲适生活的《秋夕宣化道中作》曰："向晚出南口，黄沙一掌平。凉风肃野草，孤月照边城。树老苍烟合，山寒白露清。人家秋色里，处处暮砧声。"有《抚松亭遗编》二卷、《竹窗巵言》二卷等。

彭遵泗（1702～1758），号丹溪生，乾隆年进士，历官翰林院编修、黄州府同知和署江防同知等。文学作品有《丹溪遗稿》二卷等。其影响最大的《蜀碧》一书，详细记载了百年前张献忠"剿尽川人"的情况，所引证的书目包括《明史》《明史纲目》《明史纪事本末》等25种，几乎收尽了当时记

[①] 彭端淑：《白鹤堂文录》，《续修四库全书》第1670册，上海古籍出版社2002年版，第368页。

载张献忠占据四川的所有史料，对研究明末四川社会状态，特别是张献忠入川后的活动，具有极高的史学价值。被鲁迅《且介亭杂文·病后杂谈》推崇为"不仅是四川人，而凡是中国人都应该翻一下的著作"，因为书中据史实录，而"不像正史那样地装腔作势"。但该书使用的是第二手资料，且根据传闻，有许多不实之处。《蜀故》（《全蜀典故》）为彭遵泗出于系统整理巴蜀文化的需要，搜辑原始资料编纂而成，编纂目的在于为试策提供参考资料和保存本土文献，分方域、祠、风俗、碑、神异、补遗等部分。该书对蜀中山川地理、文化思想、社会习俗、历史掌故和风土人情等，都辑录了许多珍贵资料，

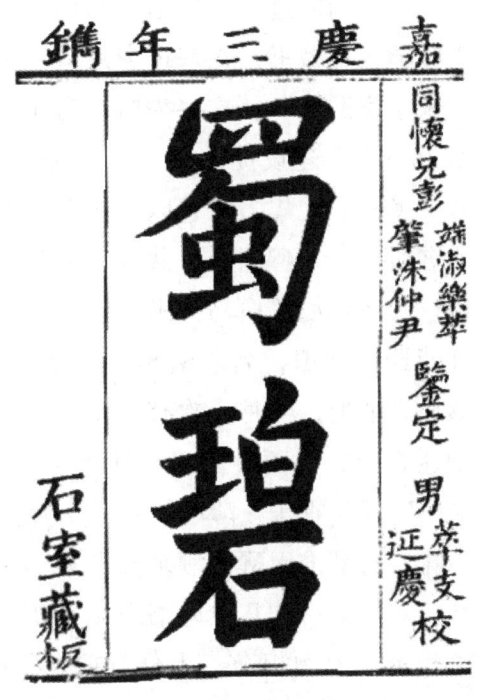

彭遵泗《蜀碧》书影

其清醒自觉的乡土文化意识亦弥觉珍贵。散文类《蜀中烟说》是研究四川烟叶发展和清代前期商品经济的重要文献。该书记载，四川种烟以成都平原最为集中，新津、郫县、合江等地所产都很有名。因为种烟"大约终岁获利过稻田三倍，人争趋焉"，且当时已有相当成熟的烟叶加工技术。烟叶可分为"折叶""索叶"两大类，又可分为添加辅料和原烟两大类，丝烟加工技术复杂而规范。已有"盖露""长行""姜黄""干丝"等著名品牌。这是研究清代商品经济的重要文献。其《过武侯祠》诗曰："阴森古柏露华滋，过客频寻三绝碑。碧草黄鹂空此地，纶巾羽扇忆当时。星流渭北炎精散，泪断秦川父老思。日暮萧萧南浦上，灵风犹似载征旗。"《晚晴簃诗汇》卷七四载其《过应山杨大洪故宅》诗曰："黑风吹狱气阴阴，何处招魂慰夙心。解脱龙渊归北寺，毒流狗监指东林。大刀未试奸犹在，棋局翻残恨总沈。每叹晚来邦国瘁，人亡何禁涕淋淋。"

二、绵州李化楠、李鼎元、李骥元

李化楠（1713～1769），号石亭，李调元之父。乾隆年进士，这就是人称

李氏"一门四进士,兄弟三翰林"之由,官至涿州知州、顺天府北路同知。其工吟咏,喜藏书,在宗祠旁建造"醒园"书楼,"以川中书少,多购诸江浙,航来于家贮之"。这些举措都为儿子后来《函海》等文献的辑录以及"西川藏书第一家"建设提供极好的条件。所著有《醒园录》二卷、《石亭诗集》十卷、《石亭文集》六卷以及《万善书稿》等,惜被儿子及两个侄子的"三李"盛名所掩。《醒园录》共分上下两卷,内容乃古代饮食、烹调技术等的记录解说。其诗作如《白马关吊庞士元》:"夹道阴森汉代松,靖侯祠墓白云封。功开西蜀人谁识,名冠南州士所宗。不改苍山长郁郁,依然绿树自重重。漫言落凤难消恨,明月相欢有卧龙。"《遣兴》:"启户山长在,无兴地转幽。晚烟迷石径,飞雨过江楼。往事思如梦,浮名念早休。东篱黄菊谈,不醉亦风流。"《生查子·醒园》:"不梦何云醒,醒来犹梦未。只合破梦关,方识梦中味。有梦谁无醒,醒来犹是梦。为愁梦境多,那见醒人众。"《一剪梅·咏怀·其二》:"几卷诗书乐性天。种我心田,养我心田。自然潇洒远市廛。何事相牵,何物相牵。十分意趣在眼前。花也翩翩,鸟也翩翩。酒香茶熟一炉烟。不是神仙,胜似神仙。"《千秋岁》:"桂香缥缈。澹荡轻风绕。月初明,人未老。紫气望中来,文星窗外绕。光皎皎,连城白璧终归赵。小阳天色好。春酒多倾倒。铺绿草,披锦袄。此阕重师儒,南山祝寿考。知老少,诗奏九如声袅袅。"《菩萨蛮·端午前一日》:"迩来细雨朝朝落,一片闲心何处着。几度向花前,花下水溅溅。明日划舟会,知天晴也未。不道小园荒,相过醉蒲觞。"

李鼎元(1749～1815),号墨庄,绵州罗江县人。乾隆年进士,官至宗人府主事、兵部主事。与弟骥元、堂兄调元先后任职翰林,皆享文名,人称"绵州三李"。嘉庆四年(1799)册封琉球副史,钦赐正一品麟蟒服出使琉球,"宣布朝廷威德,训迪海邦士子,令皆兴起文教"。王昶《湖海诗传》言其所作"意沉挚、辞警拔。筮仕后,索米不足,远游江海,所过名山大川,发其抑郁无聊之气,拔地倚天。三吴士大夫未能或之先也",甚至"绵州称三李,以墨庄为最"。孙桐生《国朝全蜀诗钞》说他"才笔谨严,风骨高峻","奉使(琉球)诸作,才气雄健豪迈,前无古人。即雨村诗老,亦当退舍。诚然为西蜀一大宗也"。其一生"襟怀洒落,崇尚风节","务名义,敦气节",善诗文,诗近苏黄。其《题张船山画山水》诗曰:"巅张每作画,思必超物外。画从诗中生,那复著小罋。画山不画峰,画水不画濑。峰濑岂不好,落笔防其太。但取己胸臆,坐与万象会。谢尽皮与毛,手笔所以太。我敢托画禅,只自抒诗籁。把臂峨眉巅,举酒苍雪酹。"其"出使琉球"引发的《中山杂诗二十首》之三首:

> 海邦淹使节,问俗最关心。
> 人众土无旷,水多山不深。
> 有田惟种薯,是树少鸣禽。
> 怪杀蛟龙窟,纯风直到今。

> 一簪男女别,都不著帏裳。
> 贵贱同衣履,供输少稻粱。
> 渔洲环绝岛,商贩仗危樯。
> 莫问生涯事,生涯在水乡。

> 市集皆夷女,蓬头戴货行。
> 曳襟劳两手,稳步注双睛。
> 物以多为贵,人因贱不争。
> 问男何所事?非钓即躬耕。

2014年9月17日,中国国家图书馆举行了"馆藏钓鱼岛有关文献情况介绍会",李鼎元的《使琉球记》再次受到人们的关注。李鼎元奉命随赵文楷出使琉球。由于"减除七宴,辞却赆金"的清廉,赢得琉球官民敬重,其所著《使琉球记》(1802)六卷,以日记体裁,详记出使始末,用心收集编纂琉球寄语与评述琉球语,苦心孤诣撰述《球雅》等,留下了许多与琉球相关的诗歌、社会记录及语言学材料。对钓鱼岛、赤尾屿等岛屿进行了记述,并以"水天一色""白鸟无数""舟平而驶"等说明当时的天气情况,并记载出使人员进行"酬神祭海"仪式祈求风调雨顺、一路平安的场面。如对赤尾屿(日本改名为"大正岛")形状的描述:"赤尾屿,屿方而赤,东西凸而中凹,凹中又有一峰";也描写了琉球第二尚氏王朝政治家、诗人尚容(1765~1827)爱好养鸟和工于汉诗与擅长琉歌的文学才华;还记录了精通汉文的久米人在琉球社会中地位较高的状况,以及闽人三十六姓后裔,有不少是与国王关系亲近的特权阶级。他还记录这次册封的因由:"嘉庆四年己未,琉球国王尚温,以其祖尚穆丧,来告请袭封,例遣使。余时官中书,适在选。八月十九日引见,得旨,贰修撰赵文楷以行。庚申二月出都,四月抵闽……五月七日自闽开洋,十二日抵中山。十月二十五日自中山开洋,十一月朔日归闽。来去皆六日。"据李鼎元自己的记载,这次在琉球国(亦名中山国),住留五月有余,"惟琉球自前明迄今,册封往来三十有余次"。来华在京的朝鲜文人李书九、蔡济恭、沈念祖和沈象奎父子、金正喜等,都记录了与李鼎元交往及其作品在朝鲜的影响。朝鲜文人徐滢修还有专著《李鼎元传》。生平事迹见《清史列传》卷七二本传、李恒《国朝耆献类征初编》卷一四七。书法多收录于《益州书画录》《增校清朝进士题名碑录》。有《师竹斋诗集》14卷,《使琉球记》6卷。

《使琉球记》书影

李骥元(1745～1799),字凫塘,李鼎元之弟。乾隆年进士,官至山东乡试副主考、左春坊左中允。性笃厚,学务根柢,李昶《湖海诗传》卷三七说:"凫塘诗有奇气,亦有逸气。起句如'东风吹早雾,豁然露朝阳''秋风卷地来,黄叶打窗牖''山顶出天上,山根枕湖眠''龙山如龙头,垂湖饮江水''大江日下流,我沿江水上''天地为大炉,煎此潼川水''天云送春去,山色青无边''结交不结心,同室为异地'。又如'荒鸡何与人,偏不稳楼宿。五更枕上鸣,唯愁客梦熟。'又'河连天上月,沙聚云中雁''人来鸿雁飞,河动月光乱''看山如饮酒,快意辄心醉',皆能自铸伟辞,未经人道。与兄墨庄工力悉敌,可称二难。但奉粟一囊,臣饥欲死,未免流浪江湖,因人作计,故激昂慷慨中有危苦萧飒之音。"其《卖女行》所展示的"秦女饥馑时,贱同石与瓦。一斤卖十钱,百斤价还下"等,常成为人们引证的名句。生平事迹见《清史列传》卷七二本传,孙桐生《国朝全蜀诗钞》。有《凫塘诗集》《云栈诗稿》传世。

三、张邦伸与张怀渼兄弟

张邦伸(1737~1803),号云谷,广汉人,乾隆年举人,做过河南辉县和固始县的县令。与兄弟邦柱和儿子怀渼、怀泗、怀溥并有诗名。著有《唐诗正音》《全蜀诗汇》,以及文学作品集《云谷文钞》《绳乡纪略》《云栈纪程》《锦里新编》等共17部95卷,其现存《云谷诗钞》8卷。亲家公李调元评其诗为"劝善规过,激浊扬清……初读之无一奇字异句足以动人,而细味之则兴观群怨无不包焉",似暗含其诗歌艺术性不足之意。如"人传旌阳井,许公丹鼎在。经今两千年,浮烟呈变态。何尝饮醍醐,飞身白云外"(《行次德阳》)。咏叹古蜀历史和神话传说的如:"张仪未断三寸舌,奔入强秦犹狡狯。商于七百落掌中,复欲西喋巴人血。嶓冢山下置金牛,兵气甲已缠岷邸。五丁拔剑山忽裂,筑城重起临江楼。可怜杜宇号古木,天梯石栈横云麓。贪夫徇利无远谋,犹向东方歌牧犊。"(《张仪楼》)其《锦里新编》16卷,主要是清代蜀中人物的传记,也收有少数外地流寓者,是关注清代文学和研究巴蜀文学的重要参考书。其序云:

> 《锦里新编》者,纪蜀中人物时事而作也。蜀居华夏之坤,号称"天府",岷峨江汉,载育其英,汉唐以来,原为人文之薮,自明季兵燹,摧残益都,文献扫地尽矣……蜀虽僻壤,其间忠臣义士,孝子烈妇,以及高人仙释之流,可信可传者,所在多有。倘不登诸简册,以为异日考证之资,不几久而就埋,无以彰景运昌明之盛乎(事)。伸端居多暇,爰就所闻。汇而辑之,列为十四门:首名宦,嘉循吏也;次文秩、武功、儒林,谂乡贤也;次忠义、孝友、节烈,重敦伦也;次流寓、异人、方伎、高僧,表异行也;次贼梗、边防、慎戎守也;终以异闻,见山海大荒,怪怪奇奇,无所不有。虽无关于政典,要亦雪夜谦谈所不废也……是编采录,皆近时人事,既无书籍可考,又不能遍历疆宇以扩其见闻,故所载从略。然近山者知木,近水者知鱼,伸蜀人,于三巴佚事闻见较真,虽谚陋荒纰,要可作方言之嚆矢,即有笑为井蛙之见

者,亦无所不恤也,唯识者鉴之。

张怀滩,广汉人,乾隆年举人,做过知县。与其父邦伸,兄怀泗,弟怀溥,并有诗名,是李调元的女婿。其诗作主要题材是成都平原的风物世相的绘写,以及怀人忆旧酬答等。《题张船山南台寺饮酒图为彭田桥作》曰:"有酒不浇刘伶坟上土,却来南台寺中醮佛祖。船山太史酒户宽,泼墨淋漓动环堵。墙头万个青琅玕,高台六月生虚寒。酒杯在手诗在口,当头赤日如金盘。走向禅门为破戒,公然不怕释迦怪。翻疑过去生中负此一杯酒,今来一赏前生债。田桥在右船山左,老树压屋浓云裹。须知此事定千秋,可惜当时竟无我。昨日之日去不回,明日之日犹未来。今朝有酒且当醉,对酒不饮何为哉?我昔赴都别彭子,今又还家别太史。长叹人生会合难,图中图外二子俱在此。"《李雨村过石亭江韵》诗曰:"前行横大江,日午德阳道。白水何茫茫,长风愈浩浩。一叶临洪涛,片帆疾于鸟。远岸立春锄,中流散沙鸨。俯视清溟深,正压狂澜倒。陷溺故可虞,忠信实堪保。须臾涉长途,前峰净如扫。"《前蜀杂事》再现成都永陵王建的故事:"王气青城廿载多,武阳鬼语竟如何?持杯一笑非初愿,异相终当让八哥。"其《后蜀杂事诗》(三首)之一:"奇绝山灵是五台,蜀王宫殿又重开。疏狂霸竖能知我,壁上亲题孟字来。"这些作品,冷眼观看蜀中历史,有着超然物外的缕缕愁思。其岳丈的《雨村诗话》卷六,说张怀滩曾创制过逐句拈韵之法,即取原唱之韵字任拈之,先拈一字即成首联,再拈一字即成次联。有《南浦酬唱集》4卷,近代徐世昌的《晚晴簃诗汇》说他有《磨兜坚馆诗钞》并收录其《登观音阁》《魏野草堂》两首。辑录有《四家诗选》嘉庆元年序刊。

张怀泗,乾隆年举人,出任过怀来、顺义、宛平知县,归田后享受着"独木桥边垂钓影,百花丛里读书声"乡居生活的安详闲适。他主讲汉州讲道书院,对当地名胜题咏甚多,书法艺术很受赞誉。如为成都文殊院天王殿题写的龛联与大匾,至今供人观赏。著述有《榴榆山馆诗钞》6卷、《抱经堂今古文集》《安西闻所闻》《扬诗见所见》等30余卷,主修嘉庆《汉州志》40卷。蔡学海在《榴榆山馆诗钞》序中评论:"读之,见其根底渊深,众长兼擅。其七古七律,豪迈流宕,尤得昌黎眉山之腴,真传作也。夫诗以抒性情,自鸣天籁,然非多读书则无笔,非多阅历则无题。先生才气充溢,书卷富罗,生山水最奇之邦,官辇毂华辉之地,跋涉秦晋燕赵,交游贤士大夫,磊落胸襟,超越流辈,故其为诗也纵横跌宕,生气郁律,自然流露于行间,非有所规仿而然也。"如:"出郭双目豁,无遮大道通。山行人影外,天入水声中。原隰青红色,松楸早晚风。那堪尚为客,灞尉竟英雄。"(《出德阳东郭晚眺》)又如《题陶靖节采菊图》曰:"古今人品兼诗品,说到先生第一高。比似如来三十二,画成终不似分毫。"

张怀溥著有《十笏山房诗抄》《唐宋四家诗钞》等。其《吟诗楼》是吟咏薛涛的长诗,又悬挂于成都望江公园,故常被人引用和点评。其曰:"碧鸡坊里樱桃花,欲开不开临狭斜。花间婉转双黄鸟,交交似诉美人家。美人家本长安住,咳唾九天随烟雾。偶吟桐叶落人间,始悔才名半生误。风雨瑟居楼头上,楼前车马半诸侯。摧拈银管花初放,写罢松笺腕更柔。锦城将军夜挝鼓,酣歌那识沙场苦。法曲当筵试一吹,十万征夫泪如雨。文章声价五云高,名流惊宠凤凰毛。一时画手知多少,不画崔徽画薛涛。倾国倾城今已矣,地下香魂呼不起。此地空传百尺楼,当年谁念高千里,我昨枇杷门外过,门前春水绿如螺。拂波千丝万丝柳,犹学风流当奈何……"描写成都风物的如《濯锦词》(二首):"濯锦江边锦七襄,新翻花样女儿箱。织就鸳鸯作郎被,织就芙蓉作妾裳。""分得天孙五色丝,停梭忽忆别郎时。妾心原是光明锦,不濯江波那得知。"《金凤冈游青城迂道过访二首》:"江上柴扉午未开,卧闻剥啄梦初回。自惭不识扬雄字,却枉侯芭载酒来。""知君五岳兴难消,为访青城过索桥。倒着接䍦人不识,自吹铁笛上层霄。"常被一些选本收录的还有《铜鼓歌》《偶成》《题渔璜惜花词四首》《过留侯祠》等。

四、何人鹤兄弟及李榕

何人鹤,字鸣九,绵阳人,有《台山诗草》流传,与兄弟何人麒并有诗名。称颂家乡的《过丰谷井有怀》曰:"平原漠漠晓霜天,远树遥山夹大川。十里生烟盐客灶,一湾柳系贾人船。锦城昔引离堆水,绵谷今开陆海田。事业不殊冰父子,熊君亦应表千年。"吟诵绵州望江楼及其诗碑的:"入朝节使重南金,留蜀故人高北斗。江边胜概谁复继,鲜于子骏来作守。不强民取青苗钱,三难誉出东坡口。颖士家传更有人,明季官兹王年久。感前碣断风雨蚀,镌碑列姓联三友。于今回首数当年,高歌群仰杜陵叟。"《竹枝词·郫县》:"郫筒井上桐花开,幺凤飞飞绕树来。妾似桐花郎似凤,花开端的望郎回。"写川江之险恶的《由涪州挽舟上龚滩》:"峡里篙师脚似鼋,我非星使亦寻源。山俱露骨惟容水，岩亦欺人不让猿。拔剑几回探虎穴，悬舟何异上龙门。龚滩险恶闻尤甚，鳞介无踪浪自奔。"《竹枝词·新滩》："巴峡千峰走怒涛，新滩石出利如刀。弄篙的要行家手，未是行家休弄篙。"《彭水道中》："客路经彭水，山中所见新。饭餐龙爪稗，山露鬼皮皴。怪石猛于虎，野猿高似人。忽惊梅破腊，绝域又逢春"。农民生活之苦则见于其《竹枝词·佃户》："半年借贷半年忙，放下镰刀扫邰场。拾得仓盈供眼饱，主人收去又无粮。"清代著名文艺学理论家李渔有怀念与之情谊的诗作如《七夕感怀，为何鸣九渡江作》《补祝何鸣九初度》《题何鸣九小像》等。

何人麒（1732～1791）的《谒武侯祠》曰："五丈秋风起，哀传天地声。魂归先主宅，星落大军营。炎汉三分就，长城一旦倾。阴谋惟仲达，身后胆还惊。"李调元曾为之撰墓志铭。

李榕，原名甲先，剑阁县人，咸丰年进士，官至湖南布政使，后被撤职。回乡后主持剑阁的兼山书院和江油的匡山书院、登龙书院，主持撰写《剑州志》10卷。著有《十三峰书屋集》，有文稿1卷、诗集2卷、书札4卷、批牍2卷。其为成都崇丽阁所撰楹联，传诵至今：

开阁集群英，问琴台绝调，卜肆高踪，采石狂歌，射洪感遇，古贤哲几许风流。忽揽起儋耳逐臣，哀牢戍客，乡邦直道尚依然！哀运待人扶，莫侈谈国富民殷，漫和当年俚曲。

凭栏飞逸兴，看玉垒浮云，剑门细雨，峨眉新月，峡口素秋，好江山尽归图画。更忆及草堂诗社，花市春城，壮岁旧游犹在否？老怀还自遣，窃愿与幽思丽藻，同分此地吟笺。

第五节　清代"蜀中全才"李调元

一、爱奇嗜博，学富五车

出自彭端淑主持的成都锦江书院门下的"绵州三李"之一李调元（1734～1803），号雨村，别署童山蠢翁。乾隆年进士，任过广东学政、直隶通永道等，是清代著名的文学家、戏曲理论家、饮食烹饪艺术家和藏书家。为人旷达通脱，不拘礼法，思维活跃，才思敏捷，性好谐谑，是个典型的才子，时人以"浮躁"目之，又爱好广泛，不避杂学，经典释注、古文考证、金石考古、历史征战、人物传记、画品详述、戏曲理论、民风拾遗、气象图说、方言研究、史论诗话、山水记游、农垦艺术、席桌珍馐、家规族训、民族风采、民间遗闻等，皆有涉猎且非泛泛而论，是继司马相如、扬雄、苏轼、杨慎之后又一位百科全书式的巴蜀文化巨人。其言行文章喜谑谐，世间流传大量有关他聪慧机敏、文思泉涌的故事传说，被世人塑造成一个正直博学机敏的才子典型。他担任江浙两省主考官时，曾戏弄当地才子："李白诗仙名千古，调雅意奇品行高，元是蜀中学院客，也使两江尽折腰。"既巧妙地把自己的名字嵌入其中，又表现着对巴蜀地域文化的骄傲。其"立意学大苏"的创作追求，"富贵如云天上看，功名合似水中捞"（《示谭、鼎二弟并诸生》）的地域文化精神，被袁枚誉之为"才豪力猛，雄健挺拔"，"定当传播士林，奉为矜式"。最能体现这个特点的，是他的《题北京四川会馆》联：

此地可停骖，剪烛西窗，偶语故乡风景：剑阁雄，峨眉秀，巴山曲，锦水清涟，不尽名山大川都来眼底。

入京思献策，扬鞭北道，难望先哲典型：相如赋，东坡文，太白诗，升庵科第，行见佳人才子又到长安。

对仗工稳典雅，用典精当，立意高远，体势雄健，风格俊迈，磅礴大气，横批似应拟为："地灵人杰"。他写当时成都风貌的有："春到城头花木饶，雨余始觉鸟声嚣。旅人饭罢浑无事，闲上东门万里桥。"又如《升仙桥》："秋阳如甑暂停车，驷马桥头唤泡茶。怪道行人尽携藕，桥南无数白莲花。"仅28字即描绘出成都平原生活的悠闲、富庶、美丽和雅致。记录重庆风貌的有《渝州登朝天城楼》："五鼓城头画角催，四山云雾黯然开。三江蜀艇随风下，万里吴船卷雪来。剩有小舟来卖酒，更无诗客共衔杯。少年壮志无人识，袖手寒天寂寞回。"该诗写出了山城的壮阔、交通的繁忙。又记广元千佛岩的："山神知我爱看山，雨洗诸峰献好颜。唯有白云偏不许，只叫窈窕露双鬟。石矻矻处是龙门，上有雕镌万世尊。千佛名经龙定评，莫令烧尾去回奔。"写峨眉山的："拾级登天路又分，混茫浑不辨氤氲。人言峰顶真如月，我见峨眉尽是云。四壁银光千古雪，两廊铜锡万年文。昨宵风雨何方降，夜半龙归隔寺闻。"其他还有《游武乡侯祠》："垂老偏安亦苦辛，后来王孟尽破尘。柔桑到处如车盖，谁是当年织席人?"其《清明》:"乌鸦啄肉纸飞灰,城里家家祭扫回。日落烟村人不见,薛涛坟上一花开。"咏绵竹大曲酒的:"系复序齿竟就座,转瞬瓶罄空壶畅,枯肠得酒高兴发,亦自起舞如巫娘,群儿拍手父老哭,醉翁元乃今之狂。"说芋的如"气作龙涎香,色过牛乳腻",说豆腐的如"诸儒底事口悬河,富贵何时须作乐",说竹的有"斑竹笋香供夏馔,来年麦老当秋收"等。

二、"西蜀多才君第一"

袁枚赞美李调元"西蜀多才君第一",就当时的蜀中文坛而言,亦非妄语。其"多才",一是涉猎广博,众多领域皆有他人难以企及的成就,他的文化建树包罗历史、考古、地理、文学、语言学、音韵学、金石学、书画、农艺、姓氏学、民俗学等领域的研究成果,如《粤东笔记》对广东天文地理、风土人情、方言、矿藏物产等的叙述,《梓里旧闻》和《童山自记》对蜀中民俗的记录,《醒园录》(与父亲合著)对各地菜肴点心、酱腌菜酿造、调味品、饮料制作方法以及食品保藏方法等进行了介绍,如"吴羹酸苦""关东煮鸡鸭法""满洲饽饽法""蒸西洋糕法"等,为人称道和征引的如《入山》《题青社酒楼》《食芋赠君章》《落花生歌》《峨眉山赋》等川菜诗。还有主要以唐宋诗词中方言俗语为考释对象的著作《方言藻》,立足于"方言藻者,今诗词所用之方言也"的现实需要,属于文学语言学范畴。二是只眼独具,对有价值文献的广收博取,尤其注重即将散佚的有关巴蜀的文献的收集与整理。特别是辑录自汉迄明蜀人著作的罕见秘籍150余种编为《函海》,对巴蜀文化进行了一次最系统的整理,使一些几乎散佚的巴蜀文化思想资料得以流传,可谓功在不朽。这自然有着"生涯强半客他州"多方比较后,回眸巴蜀的责任感和振兴乡邦文化的紧迫感,如他在《〈童山著书〉序》所称:"余蜀人也,搦管操觚数十年于兹矣,景仰先贤穷年屹屹,窃欲学步邯郸而有志未逮",所以"宣桑梓文化,人所共宝之"。三是五部文学批评著作(《雨村诗话》《雨村词话》《雨村剧话》《雨村曲话》《雨村赋话》)在文艺美学理论领域创新的显赫成就,以及《童山诗集》42卷、《童山文集》20卷、《蠢翁词》2卷、《井蛙杂记》、《唾余新拾》10卷等文学创作。"车水田中水不加,炎天辛苦是农家。凉棚少妇弓鞋小,手带婴儿足踏车"(《夏日》),通过一个小脚农妇抱着婴儿踏动水车灌田的剪影,真实生动地展示了乡村农家生活,并非简单的怜悯或浅薄的田园颂歌。其不避俗字口语的《麻雀》诗曰:"一窝两窝三四窝,五窝六窝七八窝。食尽皇王千盅粟，凤凰何少尔何多！"语风谐谑却意味深长。正是其包含个性的人生书写与艺术特色鲜明且数量极大的作品，吸引着外国作家的敬佩。他解释过原因："竹林喜共阿戏语，闻道鸡林问雨村。漫把诗名传海外，为言寂寞老柴门。"他自注为："云峰自京师归，言朝鲜正副使者入贡，俱能背诵予诗，并问余消息。"（《答何云峰》）当时的朝鲜诗人朴齐家的《贞蕤诗集》卷三《怀人诗仿蒋心馀·李雨村调元》有怀念和赞评："羹堂罢官去，多作成都游。猖狂意殊得，绝似杨用修。欲闻二三子，须从函海求。"

三、巴蜀戏剧的振兴者

李调元归隐罗江后，有了"习气未除身尚健，自敲檀板课歌僮"的新的生活方式，流连于丝竹之乐。他这样为自己画像："笑对青山曲未终，倚楼闲看打鱼翁。归来只在梨园坐，看破繁华总是空。"（《醒园遣兴》）在戏剧美学领域，他的《剧话》《曲话》对中国戏曲尤其是巴蜀戏剧的发展轨迹及艺术特征，进行了整理研究，成为研究川剧和中国清代戏剧发展的重要史料。《剧话》分上下两卷，上卷考证戏剧的制度沿革和梳理戏剧的源流，考证角色、宾白、砌末等诸多元素的来历和演变，下卷考证戏剧故事的历史真实性以及地方声腔剧种。他认为戏剧作为有裨风教的艺术表现形式意义巨大，即《剧话》所说的"戏之为用，大矣哉！"他创作的剧本如《花田错》《春秋配》《节传》《凌云渡》等，都成为川剧经典曲目，演唱至今。他对流行于蜀中的剧目进行搜集和整理改编，更亲自"下海"躬耕实践，导演剧目、训练演员甚至"傅粉涂朱满面描，当年同院本轻佻"（《寄姜太史尔常劝余主讲锦江书院诗以辞之》）粉墨登场，从"家有数僮，皆教之歌舞"，到"日挈伶人，逾州越县"巡回演出，自谦"昔日江东有谢安，也曾携伎遍东山。自惭非谢非携伎，几个伶儿不算班"，"诗思无涯语要该，摘章琢句费安排。请看大吕黄钟调，略错宫商韵总乖"（《高步云亲家问作诗法》），"自敲檀板课歌僮"的乐师和训导那些"遇笑即哑"演员的戏剧导演。虽然，他带领的戏班外出演出的经济效益有时仅仅是"赢得猪蹄兄妹共"，但他对川剧的发展繁荣和趋向完美，是起着极为重要作用的。

巴蜀戏剧有着悠久历史并曾经辉煌一时，仅在唐代就有"蜀戏冠天下"（任半塘语）之说。作为综合性艺术，音乐歌舞是戏剧极其重要的构成要素，"管弦歌舞之多"（卢求《成都记·序》）和"锦城丝管日纷纷，半入江风半入云"（杜甫语）的音乐歌舞盛况，必然催动戏剧繁荣。任剑南西川节度使的李德裕《论故循州司马杜元颖追赠状》记载，唐大和三年（829）南诏国攻掠四川，抢夺财物并带走各类专业人士，其中就有"杂剧丈夫两人"。在成都的陆游，难以忘怀的是"丝竹常闻静夜声""深夜穷巷闻吹笙"。陆游在蜀中看戏的经历见于《夜投山家》"夜行山步鼓冬冬，小市优场炬火红"和"高城薄暮闻吹角，小市丰年有戏场"（《初夏闲居》）。宋代如果殷实人家"家有姻礼，张乐命伎，优伶之戏甚盛。诸生皆往观。至暮，僮仆数辈亦委去"①。时涪陵僧人道隆《大觉禅师语录》也说："戏出一棚川杂剧，神头鬼面几多般。夜深灯火阑珊甚，应是无人笑倚栏。"至元代，成都的"倡优鼓吹，出入拥导"，"岁率有棚，谓之故事"等戏剧演出盛况，见诸史籍。明代杨慎创作的川剧《文武打》《兰亭会》《游赤壁》等流行至今，明代王世贞在《曲藻》中说"盖杨本蜀人，故多川调，不甚谐南北本腔也"，邛崃地方官杨潮观创作了大量戏剧作品。一个"川戏"班子到南京演出，获得明代"乐王"陈铎的散曲《嘲川戏》和《朝天子·川戏》的点评，已经说到"筝蓁儿乱弹乱砑，笙笛儿胡捏胡吹"的多种乐器伴奏，以及"士夫人见了羞，村浊人见了喜"等通俗风趣的特点。《洪雅县志》记载，明嘉靖年间，洪雅就有"元夕张灯放花结彩棚，聚歌儿演戏剧"的活动；《芦山县志》记载，明代隆庆年间的《重建飞龙山张公祠碑记》就有"中元圣诞，演戏赛会，第见远近朝睹，老幼皆欢"的戏剧演出记载。

    清代四川的戏剧创作，仍处于低谷，巴蜀文人大多仍痴迷于正统的诗文创作。在蜀中为官的杨潮观的戏剧创作，尤为难得，但更可喜的是继元代杨朝英和明代杨慎之后，李调元在戏剧美学理论方面的系统整理和研究著述，特别是其躬耕于舞台实践的壮举以及"日挈伶人，逾州越县"的演出，对"川剧"的发展兴盛，意义极大。可贵的是，李调元对当时的蜀籍演员魏长生推崇备至，引为知己。《雨村诗话》卷十告诉我们："近日，京谓梨园以川旦为优"，"如在京者，万县彭庆莲，成都杨桂芝，达州杨五见，叙州张莲官，邛州曹文达，巴州马九儿，绵州于三元、王升官，而最著者金堂魏长生，其徒成都陈银官次之，几乎名震京师"。带着地方戏曲新鲜活泼和大胆变革的"乱弹"以及高超的表演艺术，魏长生"使京腔剧本置之高阁，一时歌楼，观者如堵。而六

---

① （宋）洪迈：《夷坚志·夷坚丙志》。

大班几无人过问，或至散去"。有日本汉学家青木正儿在《中国近代戏曲史》辟专章《蜀伶之跳梁》叙其事迹："演滚楼等剧，名声动都城，观者日千人，其他六班，亦顿为之减色云。"①

"我蜀多才人，皆为文字官。皆不择细行，又皆窜夷蛮。唐之李供奉，长安酒家眠。朝赋清平词，暮窜夜郎天。宋之苏学士，归院撤金莲。再贬至儋耳，行歌妇前。新都杨修撰，博学冠明贤。撼门谪金齿，傅粉双髻鬟。古人不得意，大抵皆放颠。吁嗟俗眼人，焉能窥圣贤。"（《童山诗集》）李调元如此回顾总结巴蜀文人遭际命运的共通之处，实际上也是同病相怜地把自己置放其中。他临终的遗诗是："人寿虽百年，一看一回老。草生虽一年，一看一回好。草能转春色，人不回春容。一去少不来，百病来相攻。我愿人到老，求天变做草。但留宿根在，严霜打不倒。"李调元在文化创造上煌煌伟绩，已经积淀为中国文化发展历程中厚沉的"宿根"。

第六节　乾嘉时期其他巴蜀作家

一、周煌、王汝璧、唐乐宇等

周煌（1714～1785），涪陵人。乾隆年进士。曾任《四库全书》总阅，官至工部尚书、兵部尚书。乾隆二十年（1755），琉球国中山王子尚穆遣臣上表请封，次年周煌被封为琉球册封使副使，随侍讲全魁一起出使琉球国，册封尚穆为中山王。在出使途中，周煌留意当地掌故，随手记录。回国后又参阅大量史籍，整理编辑，奏上《琉球国志略》以便把握琉球国的历史、地理、风俗和人情等方面的情况，确定相应的国策。《琉球国志略》共有16卷，主要记载琉球国（含台湾）的历史和地理概况。全书依序有总目、凡例、采用书目、首卷及正文。首卷包括御书、诏敕、谕祭文和图绘。御书辑录清圣祖、世宗、高宗亲笔书赐琉球国王的匾额。诏敕辑录清世祖、圣祖、高宗给琉球国王的诏书。谕祭文辑录圣祖、高宗为琉球国有关的丧事或祭事谕写的祭文。图绘包括琉球星野图、琉球国全图、琉球国地图、王府图、先王庙图、天使馆图、球阳八景图、封舟图、玻璃漏图、罗星图和针路图。在琉球国，周煌为"天使新馆"撰了一副对联："圣化浃扶桑，

---

① 邓经武：《川剧源流谈》，《文史杂志》1998年第2期。

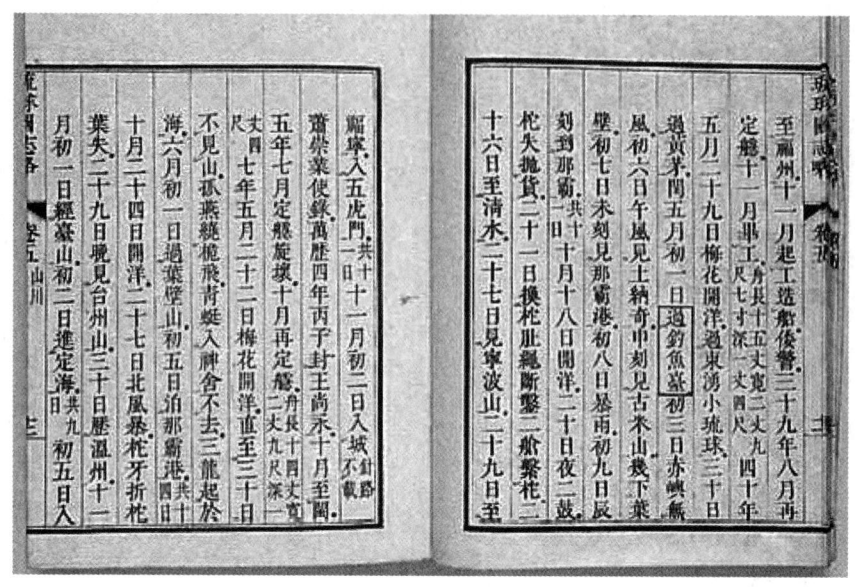

周煌《琉球国志略》书影

万里而遥瞻日近;皇华临辨岳,九州之外仰天高",关爱臣属国的拳拳之心,温婉劝慰之意,呼之欲出。其能文工诗善书,笔法遒劲,著作颇丰。其文学作品主要收录于《海山诗稿》。其诗如《夷陵晚泊》:"巴猿啼不住,一艇下青天。远水沉寒景,高城起暮烟。虢亭嗟汉日,劫火忆秦年。江上湘弦动,愁余目渺然。"又有《发渝州》曰:"竭来桑下亦淹留,去住无端不自由。讼阁一铃风试急,柘枝声里出渝州。"最值得注意的是写出使琉球海上经历的,如《斋敕出南台舟次恭纪》"入律蕤宾动瑁灰,楼船帆正郁嵬嵬。金章玉节海边出,鼍鼓龙旗山外开。南国屏藩亲祖送,东方陪隶仰昭回。书生并有乘风愿,似此王程得几来",以及"鹢首双高俯大洋,遥知不日是扶桑。先安廉石争风力,总有恬波应国祥。耀远旌旄通浩淼,凌空箫吹起潜藏。明朝底物常相对,碧海青天日月光"。《清史稿》有传。其有关作品收录于《益州书画录》。①

王恕(1681~1742),铜梁人,康熙年进士,官至广东布政使和福建巡抚。著有《楼山文集》《省身录》各六卷。《清诗别裁集》《国朝全蜀诗钞》录有其诗。《清史稿》《四川通志》《锦里新编》《铜梁县志》有传。

王汝璧(1730?~1806),王恕之子,乾隆年进士,官至安徽巡抚、刑

---

① 邓经武:《清代巴蜀诗人周煌的琉球行》,《文史杂志》2017年第5期。

部侍郎。工诗词，诗宗韩孟。其《忍冬花》诗曰："密雨飘香鼻观寻，疏篱一带贮清阴。不贪夜识金银气，亦有岁寒松柏心。插鬓最宜钿叶乱，牵萝渐喜碧云深。贫家自有延年药，黄白神仙笑古蟬。"又有《题唐伯虎画绿牡丹即次橙首原韵》："貌得仙人萼绿妆，何须花史为雌黄。芳卿只合蓉城住，玉案云軿领众芳。"《晚晴彩诗汇》卷九三收录其诗17首，说他"每移一地，擢一官，皆自为集。其诗专学吕黎，夐戛独造，力洗凡庸。但喜押险韵，时有附会"。其悼怀诗《挽全惕庄榷使》曰："兰州一载共潆洄，雅度真如千顷陂。兄事好论十年长，心期早许一言知。尊前丝竹成泡影，袖里诗篇惹梦思。最是锦袍赐赠处，朝霞璀璨耀牙旗。"其《欸乃曲》六首很有特色，其序云："平江舟行，舟人欸乃之歌清婉可听，倚声谱之，借用上邪字以合其音，仿佛竹枝、女儿之遗韵云。"第三首曰："欸乃风清双只堠，柳暗短长亭上邪。三十六陂秋水碧，青莲一路向天青。"著有《铜梁山人集》《易林注》《汉书考证》《夏小正传考》《星象勾股》，以及文学作品集《脂玉词》《莲果词》《芸簏偶存》。《国朝全蜀诗钞》录其诗320首，《全清词钞》录其词2首。《清史稿》卷三〇八、《国朝先正事略》卷九九，《四川通志》有传。

唐乐宇（1739～1791），绵竹县人，乾隆年进士，官至户部主事、员外郎。时蜀中名宿李化楠看到其《桔柏渡》诗，赞其才华"秋水文章不受尘，小苏端的是前身"，将之比誉苏辙并纳入门下。被贬贵州平越府（今福泉）任职20年，虽时有"廿年驱逐遭烹煎""罡风吹落如弃绢"的不平之气，但还是积极筹措兴建墨香书院，改变当地"能文者寥寥"的状况。离任时他有《留别诸生》劝学励志，诗曰："墨池依旧水溶溶，困石蒙泉出故踪。天纵山灵开面目，云交波谲荡心胸。重楼影落三三径，叠叠烟迷九九峰。夜半珠光腾碧汉，几人探海得骊龙。"其"蜀道诗"常为人所征引，如《晓发剑阁》曰："风雪年前惯，崎岖此再经。鸡声催落月，驴背带残星。路入仙山异，林迷鬼火青。耐寒无别计，醉酒问旗亭。""愁听奔雷百折滩，崚嶒峭阁俯江干。戍旗落日关山迥，铃铎西风草树寒。烟外帆樯通广汉，云中宫阙望长安。题诗莫漫愁孤绝，千古魂销蜀道难。"（《朝天关》）其《桔柏渡》一诗，运用各种色彩，构筑各类物象，从视觉、触觉、感觉等各方面，昭示一种人生情怀，如："梦断人初起，天寒酒易消。白沙千里月，黄叶半江潮。水木迷青雀，风尘敝黑貂。横流能涉险，渔子不须招。"他去世时，友人李调元赋诗吊之云："梦断湖南信，惊归蜀道魂,乍进如雨泪,空负见星奔。十载庄生蝶,三更杜甫猿。同官又同学,安得不声吞。本期邻是卜,何意旋先回。车过腹应痛,灰燃身已颓。全家仰朋友,行李仗舆台。宋玉江边宅,谁为辟草莱。"有《南笼遗稿》《黔南诗存》《东络山房诗文集》《奇门纪要》多种刊行于世。《四川通志》有传。乡人孙桐生的《国朝全蜀诗钞》和王培荀的《听雨楼随笔》录有唐乐宇的诗和事迹。当时朝鲜著名文人李书九的《薑山集》中,有与唐乐宇交往的内容。

李天英,永川人,乾隆年举人,官至贵筑知县,后主持过重庆的东川书院。作品较为人熟悉的主要是对重庆地区风物民俗的吟咏,如:"三十六州铁,移来聚此山。黑云生石骨,黄叶落霜颜。鸦噪孤亭晚,兵销野树间。何人留手迹,拂拭出榛菅。"(《铁岭山》)又如:"自笑浮生五十年,茫鞋才踏八峰巅。星辰错乱平垂地,头角峥嵘欲上天。野竹绿侵松径里,霜枫红到寺门前。斜阳送客还留客,看取山城万灶烟。"(《八角山》)"春风吹碧波,夜雨半篙足。桑柘已满林,不见桥南竹。红襟双燕子,剪破一溪绿。溪上老农家,呼儿驾黄犊。先耕陇上田,次播门前谷。针水闻好雨,不用豚蹄祝。丰年击壤声,依依在茅屋。"(《竹溪夜雨》)"大千世界旧传萧,剩得灵岩尚寂寥。色相庄严留古佛,楼台烟雨访南朝。香龛冷落僧何在,断碣摩挲字半销。人事沧桑空变幻,钟声长送晚风遥。"(《佛岩寺》)还有在涪陵的《过荔枝园》"荔枝不管兴与恨,一夜春风满旧枝"常被人引述点评。传世有《居易堂诗钞》10卷,清嘉庆刻本,见于《清代诗文汇编》。

二、杨庚、孙锽、江国霖等

杨庚,江安县人,嘉庆年举人。主修过(嘉庆)《长宁县志》。其为人所重的是其"试帖诗",清朝科举考试中,除八股文外,还有"试帖诗",又叫"五言八韵诗",因题前常冠以"赋得"也叫"赋得体"。五言共十六句,首尾各两句可以不用对偶,其余各联必须对偶,限定以某字为韵,在题目旁须注明"得某字"韵。诗的结构大致和八股文相同,首联名破题,次联名承题,三联如起股,四、五联如中股,六、七联如后股,结联如束股。首联和次联,须将题目字眼全部点出,如题字太多不能全点,也要把要紧的字眼点出。结尾要颂圣——赞扬皇帝、歌颂时政。即陈寅恪诗云"八股文章试帖诗,宗朱颂圣有陈规"。但善于变换运用词汇,重视修辞手段,讲究对仗、用典,不得失粘、出韵,则显示出相当的技巧性。试帖诗成了乾隆以降科举士子必须参研的对象，道光年间《七家诗》最为畅销，几乎到了"无人不读，无人不学"的地步①。定本"七家诗"的作者之一就是杨庚，被当时士子反复揣摩和今人常常列举的杨庚试帖诗，如《得剑乍如添健仆》："觅得芙蓉剑，豪情乍觉舒；随身添自若，此仆健如何？"以及《门垂碧柳似陶潜》："五柳低垂碧，陶潜旧隐居，问谁门掩映，似此树扶疏。"还有歌咏家乡的《㵲水春日舟行七绝》："桃花艳艳柳毵毵，溪岸人家住两三。添个画船携翠袖，分明烟景是江南。"诗集《桐云阁试帖辑注》，是备士子迎考之用。上册收录诗51首，下册收录诗49首。其中，辑注对所录诗文中征引的典故均予以详细解释。该书同时收录有诗作的原评，如《霜林落后山争出》尾评为"'争出'字写得嵌空玲珑，如披图画，是有神方"。

但人们更推崇的还是他的边塞题材，如《王昭君琵琶出塞》："竟嫁单于去，琵琶别汉宫。秋将从塞老，声漫出关雄。大漠孤台紫，长城万柳红。回头辞苑月，弹指向边风。身盼金能赎，图怜画未工。酬恩双泪外，写怨四弦中。谱作离鸾曲，催成汗马功。文姬他日到，笳拍又相同。"前八句总写"昭君琵琶出塞"。后八句具体写其出塞的心理及其功绩，"盼"与"怜"，"恩"与"怨"，"离鸾曲"与"汗马功"，两两相对，婉曲尽情，颇具雅人深致。又如《斛律金唱敕勒歌》诗云："不是边儿曲，秋高敕勒歌。听来关月上，遏住塞云多。爽籁宜挝鼓，雄心欲止戈。穹庐天色敞，大汉野烟拖。雕鹗黄尘路，牛羊白草坡。苍茫风力劲，慷慨酒颜酡。未解琵琶诉，如吹筚篥过。荒荒沙水外，牧唱散明驼。"两诗皆是边塞题材，人物行事为人们熟知，但起承转合之间，或缠绵哀怨，或慷慨豪迈，风格各异，很有特色。其杂体诗辑为《星山诗草》两卷。《国朝全蜀诗钞》赞为"先生诗才华腴。在国朝诸名人中……试帖尤脍炙人口"，收其诗63首。

孙鋐（1788~1849），自称岷阳大布衣，郫县人，近年来渐入人眼，是因为他根据史料和民间传说，记叙明清换代之际四川战乱惨景的《蜀破镜》（该书《序》说作者为其弟、咸丰年举人孙澍）。他大力张扬自己"布衣孙鋐"的身份，似乎要显示一种独特个性，也是由于这个身份，他和其他作家的区别在于创作视野聚焦于"乡邦"。如称颂生于郫县的司马光，《岷尉产》曰："英精井络钟不尽，蔚为伟大柄朝政。行路惊传相司马，儿童走卒知姓名。"而对古

---

① 曹南屏：《坊肆、名家与士子：晚清出版市场上的科举畅销书》，《史林》2013年第5期。

蜀历史的追怀则形成这样的情思："新庙华阳国，西山蜀帝邱。雨风终古避，疏凿大江流。异代敷尧德，丰功继禹沟。死亡遗泽在，祀典至今留。"(《望丛祠》)当然还有对蜀中先贤的敬仰，如："翩翩廷对佳公子，莽莽投荒老侍臣。家殉国恩仇濮仪，名高天谴殁滇尘。清风明月三秋曲，毛羽云霄万古人。异代故园遗像在，玉堂金齿漫伤神。"(《桂湖谒升庵先生像》)值得注意的是其《望丛前后志》对郫县民俗的展示，如："五月端午，湘楚吊屈平，岷阳朝杜主，乡老曰，千秋节也，到今成俗，然其详不可得而言矣。"可见在清代后期，成都平原的文化习俗还保持着一种独异性。既为乡人则该奉献，是以有"邑布衣孙鋗，捐置杜主、开明祀田"十亩之盛举(《望丛后志》卷五)。其著述和作品得以刊刻传世，还是得益于良好的家庭经济条件。著有《瘦石文抄·外集》，与其弟孙澍合辑《古棠书屋丛书》(补订)、《岷阳前后志》八卷，刊行。

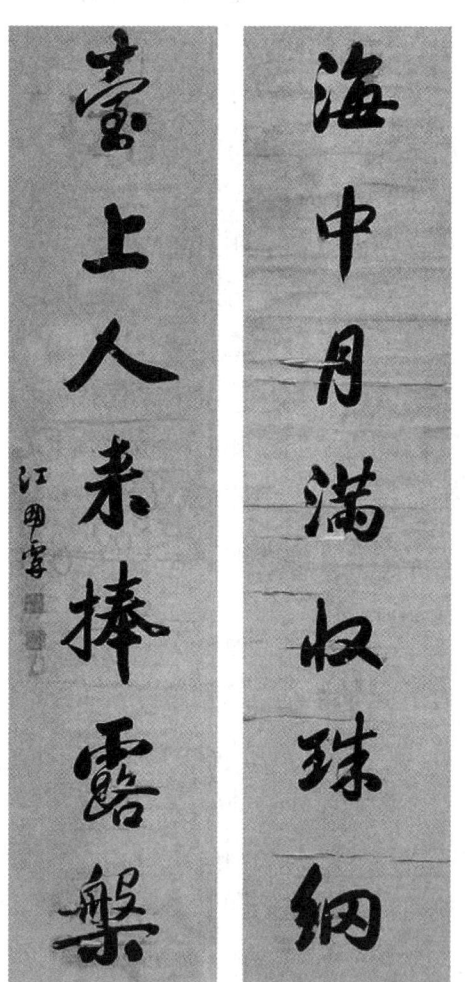

江国霖书法

孙缵(1808~1831)，绵阳人，应试不第，早卒。有清道光刊本《梦华遗稿》四卷传世。其叔父在《国朝全蜀诗钞》选录其诗两卷，说他"古体雄奇恣肆，近体尤为疏瀹性灵，清和朗润。弓菱溪刺史序其诗，谓天假之年，当继苏李二公后，洵非虚誉也"。如其《岁暮感怀》四首之二曰："文章勋业各千秋，总任书生占一头。顾我尚居牛口后，看人都有豹皮留。眼光自爱双瞳炯，脚迹还思五岳游。裘敝莫嗤苏季子，也曾谈笑傲王侯。"又有《寒食述怀》曰："杨花如雪打帘钩，落拓逢春怕倚楼。三月莺花才子泪，百年婚宦旅人愁。长歌破帽谁青眼？欲隐名山未白头。一事惊心槐火换，棠梨麦饭负荒丘。"《辛卯落第家居怀人感遇同仲甫叔作》十首其一："十载飘蓬笑此身，牛医马磨溷风尘。愧无远志虚中岁，每为将离负好春。名士声华羞瓯饼，关河奔走叹劳薪。轮蹄踏遍衣仍自，还借吟编慰老亲。"之四曰："薛涛笺纸杜陵祠，三月寻春款段迟。自古词人多寓蜀，可怜才女尚留诗。江山景好名流去，题咏碑新庙宇遗。我亦青袍倦游客，更谁为寄草堂资！"其《黄浒镇》曰："小憩征鞍入店门，八年来往笑萍根。鹿头关上今宵月，重照离人拭泪痕。"其《赋赋》收录于《梦华赋抄》。《绵阳县志》有传。

江国霖（1811~1859），大竹县人。道光年进士，是清代四川唯一的探花。历任惠州知府、广东布政使、广东巡抚，后被撤职回乡。后来惠州郡民将之与苏东坡、陈偁合祀为"三贤祠"，可见其治理地方的政绩。建"听风楼"书房，编有《梦溪斋诗集》《随月山房文集》等多卷。观察林氏称其诗"清新隽逸，洗净铅华，足为性情淡雅，具有仙骨"。

第七节 清代入蜀作家

一、王士祯等入蜀诗人

清代入蜀较早的，是山东人宋琬。宋琬（1614~1673），号荔裳，山东莱阳人，清顺治四年进士，入蜀任四川按察使。其乡人后辈王士祯《池北偶谈》说："康熙以来诗人，无出南施北宋之右，宣城施闰章愚山，莱阳宋琬荔裳是也。诗颇类陆放翁。"这就是"南宋北施"说法由来。沈德潜的《清诗别裁集》评价亦高："察天才俊上，跨越众人，中岁以非辜系狱，故时多悲愤激宕之音。而溯厥指归，仍不鬐于中正，此诗中之变雅也。"但真正让他诗作的艺术性有所发展的，还是入蜀后。如："老作成都客，飘摇愧卜居。招魂词赋客，访古岁时书。鸟道王程远，猿啼乡信疏。同舟亲串喜，新食武昌鱼。"（《舟中即事》）"何年攘臂此山头，风俗传闻两督邮。蜀国至今悲杜宇，楚人终是恋鸿沟。沧桑屡换身安属，朝市频更怒未休。怪事荒唐君莫笑，古来党祸本清流。"（《戏题督邮争界石》）"栈阁崔嵬涪水西，芙蓉十二与云齐。几年汉使迷金马，万里江流见石犀。讲学文翁今再觏，勒铭张载有新题。相思愁杀峨眉月，山木苍苍杜宇啼。"（《送张尉生明府之任剑州》）其咏蜀诗中的长篇歌行《南津关》（西陵峡）、《栈道平歌为贾胶侯尚书作》、《赠蜀中李鹏海进士》等，写得大气磅礴，豪气干云。如："渔人取鱼逐滩响，不劳乌鬼家家养。年年巴蜀雪消时，千百为群鱼大上……喷珠跋扈气成龙，触石惊跳力如象。腾身争欲挟云飞，红鬐翠鬣翻银浪……落日回舟召亲友，吾侪幸脱鲸鲵口。计日应尝丙穴鱼，为君满酌郫筒酒。"（《捕鱼行》）①再看词作《临江仙·艾石五兄纳姬白门善解琴书携之入蜀催妆赋此》："桃叶桃根艳冶，巫山巫峡嶙峋。高唐云雨昔曾闻。赋才今宋玉，臣梦果然真。十样眉夸螺黛，七弦琴拂龙唇。薛涛笺写洛川神。小窗图笔阵，亲学卫夫人。"著有《安雅堂全集》20卷，其中包括《安雅堂未刻稿》《入蜀集》《二乡亭词》以及杂剧《祭皋陶》等。另有《治蜀条例》和《治蜀谳案》各一卷。

王士禛（1634～1711），号渔洋山人，山东新城（桓台）人。清顺治十五年进士，康熙年官至刑部尚书。创"神韵"诗论，被各类文学史所重，是清代前期文坛翘楚。诗作擅长各体，好为笔记，著有《阮亭诗钞》《带经堂全集》《渔洋山人精华录》《渔洋诗话》《池北偶谈》《居易录》《香祖笔记》等。《四库全书总目提要》云："我朝开国之初，人皆厌明代王李之肤廓、钟谭之纤仄，于是谈诗者竞尚宋元。既而宋诗质直，流为有韵之语录，元诗缛艳，流为对句之小词。于是士禛等以清新俊逸之才，范水模山，接风抹月，倡天下以'不著一字，尽得风流'之说，天下遂翕然应之。然所称者盛唐，古诗惟宗王孟，上及于谢朓而止。较以十九首之惊心动魄，一字千金……故国朝之有士禛，亦如宋有苏轼，元有虞集，明有高启。"

他于康熙十一年（1672）和三十五年（1696）"奉命典四川乡试"，两次入蜀，积淀为三本蜀道游记，即《蜀道驿程记》《秦蜀驿程后记》和《陇蜀余闻》，还有500多首蜀道诗歌。其在兼容唐宋基础上力求超越自我的努力，在"天下之山水在蜀"（《蜀道驿程记》）的漫步中获得实现的条件。这在他的《蜀道集》中表现得十分突出。如《晚登夔府东城楼望八阵图》："永安宫殿莽榛芜，炎汉存亡六尺弧。城上风云犹护蜀，江间波浪失吞吴。鱼龙夜偃三巴路，蛇鸟秋悬八阵图。搔首桓公凭吊处，猿声落日满夔巫。"寓深沉的历史感慨于萧飒高旷的景物渲染之中，其中亦涉议论，而写景抒情俱与之融于一体，深得杜甫沉郁顿挫之致。其他如《金方伯邀泛浣花溪》《朝天峡》《雨度柴岭

---

① 参见杜甫："鱼知丙穴尤为美，酒用郫筒不用酤。"丙穴鱼又称嘉鱼，学名裂腹鱼，即"雅鱼"；李商隐"海石分棋子，郫筒当酒缸"。清代唐孙华："或言锦城天下乐，郫筒美酒丙穴鱼。"

关》《秭归夜泊》《万县有感》等，也都是格高力足、韵远气沉之作。清人杨际昌《国朝诗话云》云："王新城诗，一代宗匠，总是风骚绝世。论魄力，《蜀道集》最胜。此等格调，皆不愧少陵夔州作也。"《蜀道驿程记》是其康熙十一年典试四川时，由京入蜀沿途的所见所感记录撰成，书中记载了他入蜀所经驿站、重要关隘、道里行程、名胜古迹及对所经地名、山水的考证，目的是"其间考古述今，亦有足观者"。其《序》曰：

　　自昔扬一益二，并称天府。……而扬、益甲乙相次亡轩轾者，则其山川之奇，人物之美，物产材用之饶，盖可知矣。汉唐以来，志于常氏，赋于左氏，传于陈氏、勾氏，记于谯氏、韦氏，图于宋氏，诗于杜氏。后有作者，可以橐笔而退矣。至述征之作，则韦庄、李用和辈不甚著于世，而陆游之书独传。予以康熙壬子有成都之役，往来五阅月，赋诗三百余篇，世多有其本。又所记驿程二卷，置箧中，漫不省录，忽忽二十年往矣。属门人盛御史符升为予刻《粤行三志》，因忆前事，从蛛丝鼠啮之余译而存之，其间考古述今，亦有足观者，不忍弃也……

　　王士禛有《登高望山绝顶望峨眉三江作歌》，有"浮云收渭北，初日照终南"（《遇仙桥即事》）、"十月云阳县，千崖石气青"（《云阳县》）、"扁舟天上落，回首望滩高"（《抵彝陵州》）、"蛮江吹积雨，急峡束盘涡"（《苍溪县》）、"秋风吹剑外，客鬓老巴西"（《阆中感兴》）、"风云今寂寞，江汉自波澜"（《汉台》）、"大荒飞鸟外，眼底尽姚州"（《天柱山绝顶望见岷山作》）等描摹蜀中大地风物和民俗的诗作。其练字遣词、设色摹声、动静相映的艺术技巧，似乎被秀丽的巴山蜀水所激活，如《登白帝城》所示："赤甲白盐相向生，丹青绝壁斗峥嵘。千江一线虎须口，万里孤帆鱼复城。跃马雄图余垒迹，卧龙遗庙枕潮声。飞楼直上闻哀角，落日涛头气不平。"其《论诗绝句》30首中曾点评巴蜀民歌："曾听巴渝里社词，三闾哀怨此中遗。诗情合在空舲峡，冷雁哀猿和竹枝。"入蜀沿途咏叹自然美景与奇特风俗等，带来诗人创作风格的变化，其创作艺术呈现出一个新高度，当时就有人看到这一明显变化。施闰章在《学余堂诗集·贻上济南书至得盐亭见怀及使蜀诸诗》三首之二中称"往日篇章清如水，年来才力重如山"，便明确地指出了这一变化。张维屏《国朝诗人征略·听松庐诗话》曰："（其诗）合全集观之，入蜀后诗骨愈苍，诗境愈熟，濡染大笔，积健为雄，直同香象渡河，岂独羚羊挂角。"很多人都认为他使蜀后的诗雄健苍茫，更能代表王士禛的创作成就。

二、杨潮观、吴省钦、张澍、王培荀、王闿运

杨潮观（1710～1788），江苏金匮（今无锡）人，曾任四川简州、邛州、泸州等地知州，奉命调泸州时以年老（六十九岁）为托不欲往，复闻其灾荒和百姓大饥，感叹曰"见义不为，无勇也"，遂慨然赴任，"在泸不满百日，凡活五十九万七千人"（袁枚《邛州知州杨君笠湖传》），于此可见其政声，直到七十岁在泸州任上告老还乡。其精音律，善词曲，任职邛州时，在卓文君遗址构筑"吟风阁"，与友朋啸咏其间，后把自己创作的戏曲作品结集为《吟风阁杂剧》。该书共收短剧《杨太守却金拒贿》《寇莱公思亲罢宴》《新丰店马周独酌》《李卫公替龙行雨》《荀灌娘围城救父》等32折，多取材于历史故事（如《诸葛亮夜祭泸江》）和神话传说（如《灌口二郎初显圣》），多数剧情切中时弊，批评官场贿赂公行、奢侈铺张，提倡清正廉洁、勤俭朴质，属于情节完整的独幕剧。且曲词文采斐然，具有诗的意境，宾白诙谐妙语迭出。每折剧前均有小序，点明主旨，但旨意寄托遥深。卷首作者题词说："百年事，千秋笔，儿女泪，英雄血。数苍茫世代，断残碑碣。今古难磨真面目，江山不尽闲风月。有晨钟暮鼓送君边，听清切"，"借丹青旧事，偶加渲染，渔樵闲话，粗与平章。颠倒看来，胡卢提起，青史何人姓氏香"。现代"新月派"诗人朱湘曾评论说："杨氏短剧的佳妙真是前无古人，后无来者，他无疑的是短剧中最大的艺术家。"作为州官却不务正业弄文学，并且是不典雅的剧本，虽有前代杨状元可援例，但那是沦落者，说杨潮观性格之"狷"亦非妄言。其在蜀中得名的"吟风阁"，作为他的戏剧、诗歌、散文命名，于中可见其"巴蜀情结"。而唐宋明时期巴蜀戏剧的繁荣和演出盛况，蜀中民众对戏剧的审美期待，多少会对他产生一定影响，有材料说他在泸州为官之余，喜爱组织戏剧演出和戏剧创作。其诗文作品主要收录于《笠湖诗稿》《吟风阁诗钞》《吟风阁词钞》等。

吴省钦（1729～1803），南汇（今属上海）人。乾隆年进士，官至左都御史，出任过四川学政。他精于历代教育典章制度，其文多论说各书院沿革兴废及讲学简况。入蜀做官，惯例都要游赏巴蜀大地，也必然要留下诗文作品，如其景仰蜀中先贤："雍容卓骑出尘来，一曲《求凰》绝世才。餐遍青

山眉黛影，妆塞不见见琴台。西禅东封耗后车，萧条病肺恨何如。平生未负凌云赏，焉有乘堂《谏猎疏》。"（《长卿琴台》）又有："山外山无数，山穷水又长。断云松叶暗，疏雨豆花凉。废陇犁全熟，遥墟爨并将。酒家频借问，野径逐牛羊。"（《邛州道中》）《犍为县》一诗则赞颂富足美好的生活："县郭围山翠，沉犀迹未磨。古津浮玉磬，绝峡赴铜锣。盐井冬留荌，渔家霁著蓑。果然风物美，有女亦曹娥。"当然也有对社会现实的批判和揭露之作如："马悠悠，车班班，陆程紧，水程宽，纤夫牵船如蚁攒，只忧饥，勿忧寒，流汗浃背风吹干。风利腰挺挺，风逆腰环环，官人坐船伐鼉鼓，疾行贷汝缓鞭汝。才送前官迎后官，官人犹说坐船苦。"（《官纤夫》）怀古之作如《马嵬》："龙虎千军一佛堂，青天碧海恨茫茫。人搜锦袜虚同穴，客信金钿返尚方。岂有牵牛听夜雨，竟无飞燕斗新妆。宦官崛起真妃死，此地惊心为武皇。"另有写于三峡的《永安宫故址》《左徒庙》，作于广元的《石符拓本》（广元县东，百丈关水中有石大如席，上有文如符，人谓之"石符"，佩之能辟邪，生男孕）。有在三台县的《千佛洞碑记》，在眉山的《谒三苏祠》，写于达州的《北岩寺后摩崖题壁》，写剑门关的《天雄关雨憩》，写于合川的《钓鱼城吊二冉生》，在成都的《前蜀王锴书妙法华莲经第一卷残页三台郑尹出自琴泉寺圮塔同鱼门璞函作》《尹伯奇琴台》，追怀三国旧事的《武侯祠》和《吊费敬侯墓》、《题杨邛州吟风阁曲谱》四首、《邛州咏古》四首等。他曾为四川富顺县令段玉裁的《说文解字注》和《富顺县志》写过序，也有《潼川草堂书院碑记》《什邡县方亭书院新建圣像楼碑》等大量散文。清人张舜徽的《清人文集别录》说他"肆力于诗文，故为友朋所称"，"独其宦辙所至，随所在而留心当地掌故，每有所述，必洞彻本源"，"叙录之际，先文后诗"，"博稽载籍，周咨故老。祛惑释疑。亦足以补苴志乘之缺遗焉"。其有关四川的《离堆考》《诸葛武侯南征故道考》《三峡考》等散文，都有着相当的史料价值和文学性。著有《白华前稿》60卷、《白华后稿》40卷、《白华入蜀文钞》、《诗钞》《官韵考异》等。

张澍（1776～1847），甘肃武威县人，嘉庆年进士，嘉庆十八年（1813）任四川屏山县知县，代理兴文、大足、铜梁、南溪县等，寓蜀历时7年，主持重修《屏山县志》和《泸州县志》。他自己编纂的有《大足县志》《蜀典》，文学创作有《养素堂诗集》《养素堂文集》。为人性格"亢直敏干"如其座右铭《怒箴》："余生卞急，疾恶太甚。奸锋发指，邪蛊皮寝。岂知九乾，亭毒万品。诒佞剽缨，贪饕积廪。弦直馁僵，泉清冻噤。并育两间，焉能精审。昊绅有权，俟善恶稔。余也罕漫，奚为踔躤。谁贻帝休，移乃凤禀。赜逐任人，幼清保朕。北方之强，金革可衽。戒之戒之，卷舌痛饮。"仅仅对大足石刻他就写下20篇文章（如《游北山记》《游佛湾记》《前后游宝顶山记》）和40多首蜀中诗。《晚晴簃诗汇》评说道："介侯文章巨丽，为时所称，阮文达以为南方学者未能或先也。其诗凌纸勃发，不拘格律，故恒有音韵失调之处，而光气固不可掩。"其《蜀典》为蜀地掌故材料，分为堪舆、人物、居寓、宦迹、故事、风俗、方言、器物、动植、著作、姓氏等类12卷，刊于嘉庆二十三年（1818）。如"少卿章岵尝官于蜀，持吴绫湖罗至官，与川帛同染红。后还京师，经霉润，吴湖帛色皆渝变，惟蜀产者如旧"，"蜀西南多雨，名曰漏天"等记载。

王培荀（1782～1859），山东淄川人，道光年举人。曾任蜀中丰都、荣昌、新津、兴文、荣县等知县，后为四川乡试同考官。寓蜀14年多地为官的经历及所见所闻积淀于任荣县知县时的《听雨楼随笔》中。其写作宗旨是"以扬挖风雅为主。凡蜀人士及游宦于蜀者，嘉言懿行，志乘所缺，无不撷拾而存之。以至异物、殊俗、轶事、隽词悉识焉"。如"仁寿谢辛姑"条，写其"终处闺阁以侍亲膳食"的至孝事迹，以及记叙甘孜地区奇异的"理塘之间，官至煮鸡不烂。问夷人，云：饮鸡以酒，不过一杯，煮而食之，与内地无异，名曰醉鸡"等。而记录清初遂宁人、唐甄的舅父李长祥尤其是女仆的忠义事迹，简直就是一部极好的传奇小说。原文如次：

研斋，奇男子，侍婢文鸾，奇女子也。研斋被难，妻黄夫人集家人谋共死。文鸾已嫁，有子，进曰："夫人当偕公子逃，留李氏一脉。婢代夫人，婢女代公子。"夫人不肯。文鸾促之。甫出家门，而捕者至。见大府，俨以命妇自居，侃侃不屈，从辽阳。或云有悯其忠义者，以他囚妇代之行。

王培荀的长篇歌行《义婢行》也是这个故事，以义婢壮举批判"翻城背主有多人，不惜名节但爱身"，有李长祥与南京名媛"钟山秀才"相恋的"沧桑家世痛流离，皓齿红颜又一时"，最后感叹"男报主，妇抗节，婢子酬恩更奇绝。蜀国哀弦不忍听，蜀山杜宇空啼血。山可移，江可竭，千载芳名应不灭"。该诗叙事完整，情节曲折跌宕，关键突出，激情充盈，人物性格鲜明，实为难得之佳作。其长篇歌行《罗将军歌》亦是真实人物的颂歌。写东乡县（四川宣汉）人、清代著名将领罗思举，年轻时"贫困，为盗秦、豫、川、楚间。结客报仇"，后来悔悟，凭借战功官至总兵、提督。诗人饱含激情地为英雄画像："鹏飞摩天鲸跋海，雪浪倒卷锦云开。从今流品漫疑猜，巍巍且筑黄金台。高歌大风猛士来。"在《听雨楼随笔》中，作者更有具体详细的记载：

东乡人罗思举有胆智，臂力过人，矫捷如飞。不治生产，横行乡里，间触禁网，屡陷屡脱，乡里畏避。久益不知所往，时或见于人家屋瓦上，及幽岩、邃洞、荒寺、败舍间，足尝裹铁砂数十斤，蓬头敞袒，行千里外。年少为匪人所诱，后闻其人在晋，往寻，刺杀其人。官至大帅，历言平生不讳。每临阵，身先士卒，见武弁有回首避枪炮者，深耻之，曰：吾辈愿死沙场恐不得，何为畏避也？其所见远大如此。

蜀中民生苦辛亦是他关注的重点，如《咏负炭女》："还将负重向人夸，一日勤劳米可赊，自幼不知脂粉贵，煤灰满面似涂鸦，依然闺阁女儿身，日走长途耐苦辛，冷灶自怜烟火断，雪中煤炭送何人。"他在《随笔》中解说道："川中各县，道途所遇负炭妇女甚多。健者负至百斤，往返七八十里，仅得二三十钱糊口。"又如《咏二姐子》："蓬头赤脚短衣单，执爨携瓶未觉难。自笑此身如旅雁，冬来春去不遑安。锦官城里阅繁华，篱下依人那是家。冷眼偏知怜热客，红尘滚滚走如麻。"其《随笔》解说为："建昌一带苗妇，冬月相率来成都，为有力者佣工。其人粗蠢耐辛苦，呼为'二姐子'。春深即去，畏热，故来往不惮烦。咏之云云。"其随笔和诗歌，还有"蜀中聊斋"故事，如"华阳诸生李某""荣县二渔人"等。著有《寓蜀草》4卷、《雪岭外集》1卷、《听雨楼随笔》10卷、《蜀道联辔集》1卷。

被誉为"睁开眼睛看世界第一人"的魏源，有呼应唐代李白的250字的长篇歌行《蜀道行》，其曰："君歌《从军行》，我唱《行路难》；君奏《巫山高》，我弹蜀国弦。蜀国周遭五千里，女娲遗石横南纪，共工怒首触不开，水束山盘自终始。鱼凫四万八千岁，不与人间共天地。不遭洪水辟九州，尧禹岂识开明帝！神丁凿山山忽摧，鳖灵劈江江水开。望帝高飞云表去，秦兵一夜从天来。金牛道，木牛蹂，白帝城，赤帝守，蛙声不断鹃声又。万古剑门与夔门，惟见千夫荷戈走。书生不用叹征袍，英雄失路同儿曹。变化风云长头角，时穷天地皆荆茅。君不见，六国龙扰劫灰日，青牛紫气函关客。神龙首尾何有哉，流沙一去无消息。蜀国弦，弦以哀，问君西游何时回？"另有入蜀记游的《锦城吟》、《嘉陵江中》、《出峡词》两首、《栈道杂诗》两首等著名诗篇，以及《陶云汀庚午出蜀入蜀图即送其观察川东之行》诗五首等有关巴蜀之作。其《剑阁》之一曰："出坎入坎千，上天下天百。陡然万古奇，森此寸眸冕。石石欲刺天，石石怒争壁。不见一鸟飞，但闻万马栗。线溜泻石髓，哀玉鸣不息。筋力尽青冥，渐与空天逼。世界缩地入，万鬼拔山出。落日照天南，绝峭横空墨。凄凉战垒风，惨澹游子色。奇从险极生，快自艰余获。我身天外来，尽讶云中客。河山两戒雄，喟矣二仪塞。"

因长篇叙事诗《圆圆曲》享誉文坛的吴伟业（梅村），曾多次到蜀中探访亲友，其《阆州行》曰："四坐且勿喧，听我歌阆州。阆州天下胜，十二锦屏楼。歌舞巴渝盛，江山士女游。"还有《成都》诗曰："鱼凫开国险，花月锦城香。巨石当头观，奇书刻渺茫。江流人事胜，台榭霸图荒。万里沧浪客，题诗问草堂。"其《观蜀鹃啼剧有感（邱子屿雪为吾兄成都令志衍作）》显示着他对巴蜀文化的厚重把握："花发春江望眼空，杜鹃声切画帘通。亲朋形影镫前月，家国音书笛里风。百口悔教从鸟道，一官催去堕蚕丛。雪山盗贼今何处，肠断箜篌曲未终。"他还作有送吴继登（字志衍，早年同窗）赴成都任知府的长诗《送志衍入蜀》等。后吴继登以明朝成都知府身份投降张献忠，出任大顺王朝高官，又因故被张献忠砍头。吴伟业有悼怀诗曰："平生兄弟剧流连，高会南楼尽少年。往事酒杯来梦里，新声歌板出花前。青城道士看游戏，白发衰翁漫放颠。双泪正垂俄一笑，认君真已作神仙。"钱塘人朱樟在蜀为官10年，有"巴蜀诗"8卷。其中有入蜀时所作《叱驭集》1卷，任职四川江油县令时所写的《问绢集》1卷、《白舫集》21卷、《古厅集》4卷。

曾国藩曾受命入蜀主持乡试，途中感叹颇多，如："万里关山睡梦中，今朝始洗眼朦胧。云头齐拥剑门上，峰势欲随江水东。楚客初来询物俗，蜀人从古足英雄。卧龙跃马今安在？极目天边意未穷。"（《初入四川境喜晴》）又有《桂湖五首》，其一曰："遂刘华阳国，归程始此赊。翻然名境访，来及夕阳斜。翠竹偎寒蝶，丹枫噪幕鸦。词人云异代，临水一咨嗟。"咸丰年担任四川学政两年的何绍基，有《李云生诗来招我再往嘉州余方由峨眉下山欲游瓦屋次韵奉报》等诗作。其峨眉之游汇集为《峨眉瓦屋游草》，其中的《游峨眉》云："忝与持衡古益州，锋车岩壑任狂搜。酉山邛海天多暖，剑阁夔门气太秋。使节三年圆一梦，奇峰万点洗双眸。谪官愈识君恩重，许到峨眉顶上游。"又有咏薛涛诗曰："割据营营古蜀州，一隅偏为女郎留。当时节度今投缟，后代诗人补筑楼。旧井尚供千汲户，名笺染遍万吟流。由他壮丽纷祠宇，占断城东十里秋。"还有被人称道的所题嘉州东坡楼楹联："江上此台高，问坡颖而还，千载读书人几个？蜀中游迹遍，信嘉峨特秀，扁舟载酒我重来。"乾隆年间两度出任巴县知县，其间做过四川营山县知县的河南人王尔鉴，进士出身，主修过乾隆版《巴县志》，亲自厘定组诗《巴渝十二景》，其诗如"高下渝州屋，参差傍石城。谁将万家炬，倒射一江明。浪卷光难掩，云流影自清。领看无尽意，天水共晶莹"（《字水宵灯无题诗作》），以及运用古蜀典故的诗句"安得五丁凿破云雾堆，瞥见天光万重辟"（《尼山》）等，有专门的《巴蜀诗草》20卷留存。其接任者袁锡夒，有吟咏当地风物的《张关行》、《夜泊寸滩》（"停桡得寸滩，犹闻城市语"）等诗篇，还有绘写彭山县江口镇"千家返照入篷窗，点点鱼灯映水双。欸乃乍停清韵起，声声犹唱古吴江"等佳句。任巫山、南溪、富顺等知县的段玉裁，以《说文解字注》得享盛名至今，另有《六书音韵表》《古文尚书撰异》《毛诗故训传定本》《经韵楼集》等，多为蜀中之作，并主持编修《富顺县志》，其诗作如"落落长松樛蝶霓，离离幽草入新晴。却愁一夜城头月，西照关山此夜营"（《登雅州城楼》），"采雉朝飞宿麦青，春寒料峭入云屏。桃花流水仙源路，合著诗人一草亭"（《题隆昌县石溪桥亭》）等。

王闿运（1833～1916），号湘绮，湘潭人，咸丰年举人。《清史稿》说他"昕所习者，不成诵不食；夕所诵者，不得解不寝"，"经、史、百家，靡不诵习。笺、注、抄、校，日有定课"，文章、诗、词、赋都写得很漂亮。民初汪国垣的《光宣诗坛总录》列他为诗坛头领。其为人狂狷谐谑，行事嬉笑怒骂，讥弹嘲弄，自负豪气可见于自题挽联："春秋表未成，幸有佳儿述诗礼；纵横计不就，空余高咏满江山。"光绪五年（1879），王闿运应四川总督之邀到成都担任尊经书院山长，历时八年，其中弟子杨锐、刘光第、廖平、宋育仁、颜楷、吴之英、彭毓嵩、张祥龄、毛瀚丰，以及彭家珍、骆成骧、罗纶、蒲殿俊、吴玉章、张澜、吴虞等，后来皆为华夏风云人物。这应与他为尊经书院所题楹联"考四海以为隽，纬群龙之所经"以及"通经致用"的办学理念有关。在蜀期间，他对青城山、都江堰、华阳县、天彭阙、彭县丹景山的牡丹、新都的桂湖和宝光寺、金堂峡沱江风光等均有涉猎，也远足乐山、峨眉、五通桥、夹江、眉州、宜宾、重庆等地，留下了不少名篇佳作。在百花潭有"澄潭积寒碧，修竹悦秋阴。良时多欣遇，嘉会眷云林"，在雅安领略"春动岷嶓花药香，故山新茗渴未尝"（《蒙山清茶歌》），也有身在成都的思乡愁绪"七载西山看暮云，料旧梦无迹，郡斋苔暖。游屐更迢遥，独啼鹃相唤"（《八音谐·成都新绿，寄怀张永州》）。而其《题成都湖南会馆联》则回顾与成都的关系："少年裘马锦江游，喜整顿重来，秋稻屡丰兵气靖。高会簪缨华堂敞，愿英贤继迹，甘棠留荫后人看。"还如《初到成都记春节》所看到的："成都士女，务于游观，街市嗔咽，人庶浩穰，实甲天下，唐宋盛事，余所至无甚于此者。幻人叶慈巴，作诸杂剧，慈巴以搬运幻术起家，累千金。"在南充的感受："顺庆二十里，皆平冈广原，下一坡则近嘉陵江矣。嘉陵江色蓝碧，余所见天下水，以此为最丽，舟人亦知有嘉陵江矣。"《梁山道中有花，初夏时满山谷，蜀志未载，土人不知其名，因图归示知者，先题一绝云》："粉红圆瓣细绒须，欲问芳名蜀志无。花似剑南宫样锦，画题归作野荼䕷。"由于其名气极大，也因写作技巧高妙，还有其主持湖湘四川多家书院"门生"众多等，其诗文创作的"巴蜀书写"自然为世所重。其"好为文而不喜儒生，绮虽未能是吾志也"的创作审美指向，以及"绮"丽华藻词气苍劲又自然浑成的诗风，可见于在成都"七夕"感怀的《玲珑四犯·夜来盛开，归期无准。七夕秋近，作此寄家人》：

瘦蕊秾花，更不管人愁，香满凉夜。欲睡还休，长记玉窗镫下。冰簟梦醒惺惺，误茉莉、暗兜罗帕。想带烟、幂露无语，开遍闹庭闲榭。　　一年容易秋还夏。望银河、月斜星亚。玉真自许禁离别，妆晚饶娇姹。听到络纬一声，重绕向、翠藤双架。那夜西风里，罗裙拽处，散香和麝。

文学作品收录于《湘绮楼诗文集》《湘绮楼论文》，门人辑为《湘绮楼全书》。

第八节 《函海》与《蜀雅》等

一、《蜀诗》

清初的费经虞编辑《蜀诗》15卷，又与其子费密合作辑录《剑阁芳华集》20卷，对明代蜀籍作家作品有比较全面的收录，文献保存之功尤巨，也有着导引清代蜀中文学创作之力，编选意图似基于"垂老无穴只自怜，不堪往事益凄然"（《思蜀》）等乡邦文化的张扬。中国文学史上，清诗的"郡邑"地域选本极度繁盛，费氏父子此举有引领之功。

二、《蜀雅》

《蜀雅》是李调元编纂的一部地域性断代体诗歌总集，计20卷。全书选收明末至清四川170位诗人的各体诗作，计800余首。《编者序》表明编辑缘由是"我朝定鼎休息百余年来，英才蔚起，而岷峨之气又磅礴而郁积之，故往往铄古切今，不少鸿章巨制轩翥奋飞，和声以鸣太平之盛。若不为之网罗而表彰之，有不泯于荒烟蔓草者几何？"该书以明末诗人吕大器开篇，录其诗20首，胡世安继之，仅录诗1首。所收录数量最多的是费密，傅作楫次之。每个作者名下列小传，以诗存人，如胡世安之《和陈实庵同年续峨游梦》诗前，就有"世安号菊潭，井研人，崇正戊辰进士，入国朝官至大学士，著有秀岩集、石芝轩偶存、容竹居偶存译峨籁，异鱼图赞补笺"之介绍。且引其著述证其诗风，如点评张鹏翮诗论为"文端论诗，以性情为主"等。正是因为《蜀雅》的收录，刘道开、邓子仪、李珪、岳真等明清时代四川诗人的作品，以及一些乡间无名氏的俚趣之作，但有佳妙之句，也将其采摘等，才得以保留流传至今。编者自序列于书首。另有《凡例》叙其编辑缘起。有乾隆四十六年（1781）亿书楼刻本。

三、《函海》

《函海》，丛书名，由李调元辑录并刻印出版，共163种，共866卷，刊于乾隆四十七年（1782）。书名出自《汉书》的"函之如海"，意为"包容万物如海"。编者鉴于"我蜀"曾有的文化辉煌却"川中书少"的严峻现实，奋而广搜博求，收得从汉至明的罕传之作，且偏重于蜀人著述。《函海》是集巴蜀文化之大成的百科全书，涉猎文学、史学、民俗、戏剧、艺术、音韵、训诂、金石、书法、绘画、农学、美食等诸多学科。全书大致可分三个部分。第一部分是自晋六朝到唐宋元明的著作，在全书中所占比重较大。所收多为罕见之书，如龚鼎臣《东原录》，晁公武《读书志》，陈氏《书录解题》《文献通考》等，在《宋史·艺文志》中均属不载之作。又如元代郭翼的《雪履斋笔记》世无传本，《易传灯》《刍言》《洪范统一》《旧闻证误》《珍席放谈》《常谈》《产育宝庆集》《颅囟经》《古今同姓名录》《翼玄》《月波洞中记》《省心杂言》等皆已亡佚。其中笔记、杂考、杂论之类的书既补正史之缺，又能展示某个时期特有的社会人生状貌，很有价值。第二部分主要为明代杨慎的著作，共收其著作40余种，约占所收书的四分之一，且关于文字音韵、语言训诂的著作，以及考论经史、诗文、名物的笔记杂著较多。第三部分为李调元自己的著作约40种，内容有经史考订、小学文字、笔记杂录、诗文评论、金石碑刻、文学作品等。余如对明洪武开科至清初近五百年的有关科场遗闻典故、佳话琐语的记载，又如《井蛙杂记》记蜀中历代琐事佚文，多为正史所不载者。因为编选者出任广东学政的经历，其收录的《南越笔记》对岭南地区风土民俗、山川地貌、奇景异物、鸟木虫鱼记叙较详，还有《粤风》对广东少数民族歌谣的采辑等，都是研究岭南文化的重要文献。《雨村曲话》亦是极为重要的戏曲评论专著。清代才子袁枚有诗赞誉为"童山集著山中业，《函海》书为海内宗"。该丛书以搜奇集异为主，同时又兼有地方丛书的性质，既有清代以前珍本古籍的编录，更注意向巴蜀典籍的选取，呈现出鲜明的巴蜀文脉传承意识，可谓中国文化发展史的一大盛事。这就是后来《清史·李调元传》所指出的："因辑自汉迄明蜀人著述之罕传秘籍汇刊之，名曰《函海》。表彰先哲，嘉惠来学，甚为海内所称。"几个版本编次略有不同，但均分为四十函。

四、《国朝全蜀诗钞》

孙桐生编纂的《国朝全蜀诗钞》，是清代四川诗歌总集，共64卷，初刊于清光绪五年（1879）。作为一部地域性断代诗歌总辑，全书网罗清初至光绪间蜀中文士诗作，共收362家，录诗5900余首。但不收明朝已出仕却又仕清的"贰臣"之作。编选者有感于入清二百多年间巴蜀人文荟萃，却"迄今未有整齐荟萃勒成一书者"，因而"物色于残编蠹简，访求于故家书肆"，历时四十年时间完成。编者认为诗人可分三档：一为大家、名家，其笔有千秋，不待选而后传；"次则掇辑菁华，附庸风雅，虽非大雅之音，不戾风人之旨，此必借选而后传者也"；第三等是"降而单词小言，偶有会心，如珠泪泥，如兰没草，其不终于覆瓿者几希！此则非选不传者也"（《自叙》）。全书按作者科名序列或时代排列，卷五九以后为"女士""浮屠""羽士"之作。每人皆注字号爵里，兼及遗闻逸事与评论。该书保存了大量清代巴蜀诗作，尤其是对第三等作品的收录，对于后人研究清代巴蜀诗人诗作的风格全貌，学习鉴赏清代巴蜀诗歌的创作和流派，提供了丰富的资料，具有相当高的历史、文学价值。

五、《蜀秀集》

《蜀秀集》九卷，由四川学政谭宗浚编录并作序，清光绪五年（1879）刊。卷一至四为经说杂考，卷五为杂文（大体是骈俪文字），卷六至七为赋（不收律赋），卷八至九为诗。次序是拟《选》体诗居前、拟唐诗，拟苏轼和杜甫诗次之，最后两组为《论蜀诗绝句》及《前、后蜀杂事诗》（并注）。"蜀中五少年"杨锐、廖平、张祥龄、彭毓嵩、毛瀚丰的作品，在《蜀秀集》中有一定的数量。西昌、盐源诸偏远地区，但有佳品亦悉采录，是在全省生员的上千篇作品中精选的。特别安排了《论汉碑绝句》《论蜀诗绝句》《前、后蜀杂事诗》等栏目，以突出巴蜀文化特色。《蜀秀集》可以说是19世纪空前绝后的一部结集四川知识分子学术著作和文学创作的总集，展示了晚清蜀中文学创作的流向，引起了近世蜀学的振兴，堪称研究近世蜀学的一部重要文献。

第八章 『死水微澜』中的巴蜀文学

第一节　近代巴蜀文学的生态背景

一、新型学校的建立与西方文化的进入

近代中国社会多种矛盾交错，以及"西风东渐"萌生的新因素，导致中国文学的构成呈复杂状态。根据汪辟疆《近代诗派与地域》（1934）对近代文学的划分："晚清道、咸以后，为世局转变一大关捩，史家有断为近代者。本文论诗，标题曰近代诗者，非惟沿史家通例，亦以有清一代诗学，至道咸始极其变，至同光乃极其盛。"①本部分主要着眼点是晚清道光至同治、光绪年间的巴蜀文学。

西方文化以宗教方式进入中国并将巴蜀作为"华西"的重要据点，列强入侵引发的民族主义思潮，致使京城、成都、重庆等地的巴蜀文化人"不能不为蜀学前途悲也"（吴虞语）。他们组织"蜀学会"并创办《蜀学报》《蜀报》《四川》等刊物，借以重造中国文化。"未能笃信道德"的巴蜀人文传统，在廖平学术生涯"六变"创造轨迹中再次呈现，其学术思想影响着康有为、梁启超等的"变法"理论并作用于近代中国社会文化的变革。其大胆怀疑既定权威，以强烈的主体个性进行独立思考，成为近代中国思想文化运行表现的一个鲜明标志，也成为五四时期吴虞、郭沫若等新文学作家大胆创新、不断进取的思想前提，并开启了现代"新儒学"的先河。廖平的《诗学质疑》与《四益诗说》等文学理论著述、宋育仁的《三唐诗品》以及新闻学传播思想等，都呈现着近代中国文化嬗变期的鲜明特征。

巴蜀近代文学的构成，以京都"同光诗坛"中蜀籍诗人赵熙与林山腴，维新派杨锐与刘光第的诗文创作，旅日留学生邹容、雷铁崖、吴玉章等的"反满

---

① 汪辟疆：《汪辟疆说近代诗·近代诗派与地域》，上海古籍出版社2001年版。他认为："近代诗家，可以地域系者，约可分为六派：一湖湘派；二闽赣派；三河北派；四江左派；五岭南派；六西蜀派。"

革命"文学，还有以状元骆成骧为代表的成都"五老七贤"诗文，以及巴蜀竹枝词与民间创作等为主要内容。赵与林的诗作、成都"五老七贤"以及留日学生群体的"反满革命"作品，继续沿着传统诗、词、文的路子行进，邹容、李宗吾、刘师亮、曾兰、李劼人等则开始"由雅趋俗"的文体变革尝试。巴蜀大地繁盛的出版物"报章体"语言风格，也体现着文学向着语言现代性转化的新趋势。这犹如汪辟疆在论述晚清诗坛情况时所指出的："今蜀中诗人之卓然自立者，并能本山川之灵秀，发轶世之清辞"，"西蜀泻青碧之灵芬，并能本其风土，播诸声诗，驰骋骚坛，允无愧作"。①

清代乾、嘉以来，蜀中经济得到很好的发展，经济繁荣促进着文化教育的发展，新型学堂纷纷出现。根据《锡良遗稿》等材料，对1905年蜀中学校的统计数为：省城高等学校自1896年创办的四川中西学堂始，继有四川大学堂、四川师范学堂、国立成都大学、国立成都师范大学等和1910年英美教会创办的华西协合大学。另外有"成都府师范、泸州川南师范各一堂，师范传学所一百一十堂，中学八堂，高等小学一百五十堂，初等小学四千零一十七堂，半日学堂三十四堂，或由官办，或由公立，或由私立"②。自1906年创办四川通省师范学堂和优级师范学堂始，到1909年，全省新式学校由150余所增至7700余所。这种现代教育的发展，为巴蜀社会整体文化素质的提高和近代科技文化思想的接受奠定了良好基础。1900年，上海商务印书馆在成都开办"成都商务印书馆"；1913年，"中华书局"在成都卧龙桥开业。宜宾人裴子周1884年在东御街开办"绿野山房"，并铅、石印蜀刻版本，运到上海交换洋版本书籍回川，称为"走广商"。这些都为中国近代文化思潮在巴蜀的传播，提供了有利条件。

迄至1900年，先后进入四川的传教士和外国医生已有254人。到1920年，西方教会在四川51个城镇开设了76个总堂，其数量之多仅次于广东、江苏二省。1904年，美以美会负责人毕启（J. Beech）、甘莱德（H. L. Canright）、启尔德（O. L. Kilborn）、杜焕然（J. L. Steawart）、陶维新（R. J. Davibson）等，在成都创办华西协合大学（West China Union University）。1909年春，首先开办华西协合中学，时有新生11人，教师8人（外籍6人），设有文（普通文科、政治历

---

① 汪辟疆：《汪辟疆说近代诗·近代诗派与地域》，上海古籍出版社2001年版，第19页。
② 《锡良遗稿》第一册，中华书局1959年版，第649页。

史)、理、教育三科。1914年增加医科,1917年增设牙科,1924年开始招收女生。该校是"西部各省的学生"接受西式教育的汇聚点。

二、蜀中民间袍哥势力的繁盛

反清复明的义士入蜀潜伏避祸,外来移民群体依托原籍会馆各自聚合成团,义和团、白莲教、红灯教等都在巴蜀大地有着相当的实力,这都使巴蜀社会构成呈现出复杂性。巴蜀大地民间帮会势力强悍,成为社会构成的一个显要特征。当时民间流行两句口语:"明末无白丁,清末无佉子",即所谓"袍哥能结万人缘","上齐红顶子,下齐讨口子(即乞丐)"皆可加入。甚至清末在重庆的希腊人巴巴达也"嗨"袍哥四十余年,是著名的洋袍哥。"道光二十八年(1848)永宁(今叙永县)人郭永泰开荩忠山,以延平郡王招讨大将军印信相号召。是时,始有山水香堂。"①据后来袍哥首领人物的记述:"会盟者即达四千余人,不久荩忠山哥弟遍及各省,而开山立堂者尤以四川为最……此皆江湖豪杰,并州联县,聚众开山,远近景从。清廷愈禁止,发展愈扩大,以至分支流派,开山立堂,公口码头,不可胜数。"②李永和、兰朝柱起义坚持数年,余栋臣在永川县的反洋教起事等,无一不是以袍哥组织实现的。孙中山甚至委任袍哥大爷余英为"西南大都督"并派熊克武、谢奉琦等一同回川共谋革命。辛亥革命的导火线四川保路运动的主要参与者就是袍哥势力。辛亥革命成功时,成都的大汉军政府都督尹昌衡自立"大汉公",自任龙头大爷,目的是利用袍哥力量稳定政权,故军政府被时人指斥为"哥老政府"。20世纪以来蜀中的政治界、军事界、文学界名流,几乎没有不和袍哥帮会产生关系的。

三、近代中国文化嬗变的聚焦点:廖平

被张之洞寄予厚望的"蜀中五少年"之一的井研人廖平(1852~1932),出身于贫困之家,号四益,后改号四译,晚年更号为六译,这些名号的更改,反映了他的思想和经学研究不断变化的过程。他一生研治经学,历经"六变",一切先秦古书,统统都在被怀疑、被清算之列;从对文献资料的怀疑,进而对中国

---

① 刘师亮:《汉留史》,转引自赵清《袍哥与土匪》,天津人民出版社1990年版,第4页。
② 侯少煊、雁秋:《哥老会的缘起与清王朝对它的镇压》,《四川保路运动风云录》,四川人民出版社1981年版,第48页。

的古代文明、古史系统进行重新整理；将孔门经学与孔子大加神化并推广到全球，再从全球推广到宇宙，欲建立一个熔三教于一炉、合诸子为一体、无所不包、融合古今中西各种学说的经学理论体系——孔经哲学，从而呈现在时代巨变关头奋力进行文化重构与文化再造的鲜明特色。这正如他自撰联所概括的："推倒一时，开拓万古；光被四表，周流六虚！"他的学说通过康有为的变法活动而在中国社会政治方面引发了极大震动。梁启超、钱穆等知名学者，均认为康有为的学术思想是受廖平启发而成。张之洞甚至把康有为视作廖平的嫡传弟子，梁启超为再传弟子。梁启超也承认过："有为治《公羊》、治今文也，其渊源出自井研（廖平），不可诬也。"[①] 在20世纪以来中国文化思想大潮里的"新儒家"学说中，我们不难看到其理论的回音激荡。20世纪文化巨人郭沫若的文化创造活动尤其是喜欢"翻案"的学术特征，就有廖平影响的鲜明痕迹。

1898年，廖平与宋育仁、杨道南、吴之英等人在成都创办《蜀学报》，并担任总纂，宣传变法维新思想，其思想追求如悼杨锐的挽联所透露："情深至已，梦断尊经，回忆寒窗空有泪；志解倒悬，血溅醵市，再开宣室更无人。"1911年他担任《铁路月刊》主笔，鼓吹"破约保路"。四川军政府成立，受聘任枢密院院长，历任龙安府（今平武县）教授、射洪县训导、绥定府（今达州）教授、尊经书院襄校，以及嘉定（今乐山）九峰书院、资州艺风书院、安岳县凤山书院山长等职，也出任过成都高等师范、华西大学等现代学校的教授，授课之余仍以治经为终生事业。新文化斗士吴虞在悼廖平挽联中总结过其建树业绩："耻为经籍纂诂之子孙，超出阮王二家，自成六变；直指读书杂志无师法，离开湘潭一派，独有千秋。"国民党元老于右任悼挽廖平云："汉庑一经，蔚然名世；蜀江千里，郁为宗师。"章太炎在为廖平所撰写的《清故龙安府教授廖君墓志铭》中云："以君学不纯德，而行乎纯儒……斯心燔经，不可以罪孙卿；虑也劫后，不可以诬高密。廖君之言多扬诩，末流败俗君不与。"而章太炎斥之怪、奇，胡适贬之为"方士"之学，蒙文通誉之为"清代三大发明之一"等，都可说明廖平的文化创造影响之烈。钱基博曾这样评价过其贡献："五十年来，学风之变，其机发自湘之王闿运；由湘而蜀（廖平），由蜀而粤（康有为，梁启超），而皖（胡适，陈独秀），以汇合于

---

① 梁启超：《清代学术概论·中国学术思想变迁之大势》，中国人民大学出版社2004年版，第118页。

蜀（吴虞）；其所由来者渐矣，非一朝一夕之故也。"①

廖平一生勤于著述，成果斐然，著有《诗学质疑》《诗纬搜遗》《诗纬新解》三书（1918）。《四益诗说》一卷，大旨谓：《春秋》之义，以中外为纲；诗之《国风》，以南北为界。考《春秋》《国风》，皆以

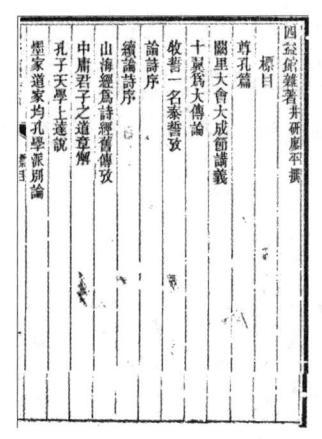

廖平作品书影

雍、冀、兖、青、豫为中国，荆、徐、梁、扬为夷狄，中外之分，华夷别焉。又以天文地理之位置，证明各地之声调音律等。其代表作有《古今学考》《知圣篇》《经话》《辟刘篇》《地球新义》《尊孔篇》《四益馆经学四变记》《孔经哲学发微》等，另有中医、堪舆学著作20余种，已出版达140余种，主要辑录为《六译馆丛书》（1921）。钱基博的《现代中国文学史》将廖平的文学创作定格在"新文学·新民体"，以突出其区别于传统文体的写作特点。"国家清史纂修工程规模最大文献整理项目"《清代诗文集汇编》（2010）收录有廖平的文学作品。

第二节 近代巴蜀文学聚焦

一、杨锐、刘光第的文学创作

1898年，为"戊戌变法"舍身的六君子中，有两位巴蜀之子——杨锐和刘光第。

杨锐（1857～1898），字叔峤，绵竹人，出身于书香门第，年少时随其兄杨聪游绵竹岳庙精忠观，曾留下二联："此日犹垂千竿绿，何年更唱满江红"，"双手劈开生死路，一肩担尽万古愁"，可见其从小就有一腔"以天下为己任"的报国之志。中法战争时中国作为战胜国却与法政府签订不平等条

---

① 钱基博：《现代中国文学史·序》，中国人民大学出版社2004年版，第450页。

约,他气愤地写出《南皮师六十寿诗》:"四朝款敌太匆匆,荡寇南关第一功。定越文渊犹未老,筹边诸葛更能工。朱崖议弃人谁倡,白马要盟事竟同。此日膻腥在门户,金牌真悔易和戎。"他也曾写诗尖锐批评慈禧不顾国耻民艰,在颐和园内大兴土木,恣意游乐之事等。其为人常怀"敷天忠愤之气","乃益慷慨谈时务"①。

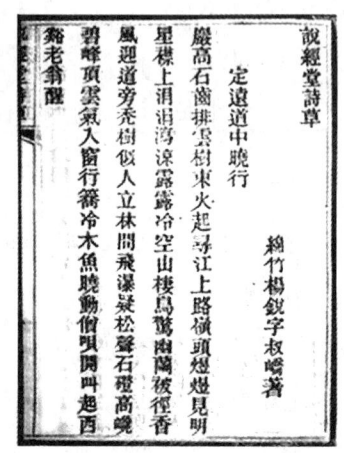

杨锐作品书影

1898年2月,杨锐联合刘光第等于四川会馆创立以"讲新学,开风气,为近今自强之策"为宗旨的蜀学会,并与成都尊经书院的同学联系,在成都也组织了蜀学会,在成都出版《蜀学报》宣传维新思想。杨锐集巨资与刘光第在北京观善堂旧址创设"聘请中西教习,讲求时务之学"的蜀学堂,是各省在京开办的第一所新式学校,其宗旨是"非讲习正经正史,择精语详,力求实际,则人心无由而正;非兼习西国文字,期能语西人之书,通西人之政,风气无由而开","所有观善堂旧课诗文试帖小楷等事,自应一律停止"②。杨锐参加康有为组织的保国会,并组织川籍维新派人士成立保川会,积极投入维新运动、参加"公车上书"。光绪帝曾授以密诏,足见对其信任有加。

文学创作集《说经堂诗草》为杨锐生前自行编印,计有诗稿30多篇,作为蜀人,其故乡情结体现于《剑阁赋》中:"谁知斧假神工,竟讶天钩之续。攒秦嶂则鸟道峰尖,铲蜀山则蛇盘道曲。销北门之管钥,势阻三巴;静西崖之烽烟,名垂独蜀。拔壤千寻,排空万类,峻阁飞丹,危屏枕翠。巨灵擘过,划蜀界之三千;杜宇开时,决函关之百二。不道峰高似削,星野遥分,那堪岭断无

---

① 梁启超:《刘光第传》《杨锐传》,《中国近代史资料丛刊·戊戌变法》第四册,上海人民出版社1957年版。
② 参见国家档案局明清档案馆编:《戊戌变法档案史料》,中华书局1958年版,第307页。

垠，天宫暗刺。"又如《旅思》："寒食离家柳絮飞，杂花开尽点春衣。子规窗外声声急，似唤羁人趁早归。"另有《浣花草堂赋》《贾谊论》《蜀问》等散文。其遗著于1914年被编为《杨叔峤文集》和《杨叔峤诗集》，另有《随史补遗》40卷等。

刘光第（1861～1898），号裴村，富顺县人，清末著名维新派人士。刘光第自幼家贫，对社会现实有较多接触。他在京为官十余年，目睹当时政局的腐败，国运的衰微，强烈的危机感与使命感使他走上改革变法的道路。光绪推行新政时，因其"器识宏远，廉正有为"召见并任之为四品衔军机章京，参与新政，与谭嗣同同值一班。其政治信仰和人品被梁启超概括为："性端重敦笃，不苟言笑，志节崭然。""裴村之在京师，闭门谢客，故过从希焉。南海先生则未尝通拜答，但于保国会识一面。而于曾廉之事，裴村以死相救。呜呼，真古之人哉！古之人哉！"

刘光第照片及书影

作为一位社会改革思想家，刘光第的诗作流露着对社会现状的深深忧虑，如："月中纷纷落枣雨，声急点繁挝土鼓。人影寂溜墙西头，如猿果林盗红秋。上放金波泛空紫，花境闲阶动止水，嫦娥冷眼噤窥之，感触窃药当年私，人间黑白迷形势，文字功名叩真际，曼倩坐云大笑人，谁当投核齐昆仑。"

（《盗枣辞》）又如《美酒行》对民众疾苦的慨叹："美酒乐高会，广筵开曲房，风雷奋笑谑，山海究珍芳。欢气之所流，引以日月长，中有餐霞客，逃席支在床。嗟余不举酒，无醉形能忘。去我壁上观，缩我壶中藏，客言乃何苦，凄酸起肝肠。众宾正欢笑，岂顾一人怆，云今东省旱，不下西省荒。告灾有大府，蠲赈来邻疆，涸鱼久失水，微雨岂苏将。杀孩养老亲，不值两饼偿，明知非我子，肉颤心已僵。恩爱彼非人，残忍为故常，凶年情景多，一一忍得详。孰是能致之，天意真茫茫，在乐为苦言，当嗤子不祥。漆女隐在中，一击纤轸章，后堂进高烛，蹑屣来名娼。主人命射覆，还成赌百觞。"刘光第写作勤奋，"积稿逾尺厚"，他自己生前也说"新诗满竹树，未肯与人传"，感慨时事抒发政治思考的诗作，让人们看到一个为国家民族未来而献身的仁人义士形象。

作为巴蜀之子，故乡的优美山川风物、建筑等都成了他歌咏的对象。他留下的描写峨眉山的诗就有40余首，其中《峨眉最高顶》云："白龙地上走轻雷，万瓦如霜日照开。诗客人天争秀骨，神僧埋地结真胎。三秦鸟道衣边接，六诏蛮云杖底来。南北风烟通一气，雪山西望是瑶台。"其《牛心石》曰："双桥两虹影，万古一牛心，灵襟撰造化，怪石延古今。涓涓乎细流，何人赏清音，凡僧堕牛腹，精者口自喑。铃铎学仙语，石阙悲客吟，虚深以峤嵝，不鼓昭氏琴。"又有《神水阁》云："希夷大笔入云根，风骨高奇气远吞。地接凤台栖楚客，水穿龙窟出荆门。石间万世雷霆斗，树底双桥日月昏。别派一泓清照我，尘客亦喜在山尊。"又如《春过南溪县·之一》曰："挂弓潭水碧于油，苦竹香楠两岸稠。十里斜阳频指点，蛮山断处是戎州。"其《百感》云："百感愁交集，群生劫始过。压云龙气郁，迷月雁行讹。变相逃殷鉴，雄心误鲁戈。东方非野烧，神王天火多。"还有如《遗愤》等诗，既对西方列强侵略野心予以无情揭露，又对导致祖国倍受凌辱的国内腐恶势力加以诅咒。如《偶成·斥帝俄之逼》："肯信村氓有是非，年来阅世学忘机。枕中车毂难妨梦，画里江船且当归。北极有人耕陆海，西山终古送斜晖。惊心寒雁程三万，似避刀弦并力飞。"

梁启超在《戊戌六君子传·刘光第传》中称其"博学能诗文，善书法。诗在韩、杜之间，书学鲁公，气骨森疏严整，肖为其人"。现代学者胡先骕说："刘光第诗为戊戌六君子之冠，近世亦鲜有过之者。"古典文学研究专家钱仲联说："刘氏诗主要以唐人为宗，其佳构上追李白。"其作品有包括家传、墓志、游记（如《游嘉峨日记》）、杂感等在内的散文54篇，诗歌

260首。遗著有《衷圣斋文集》《衷圣斋诗集》《刘光第文集》等，多收录于《刘光第集》（中华书局，1986）中，都表现着对历史与社会的关怀以及为拯救与改造国家而不惜牺牲的献身精神。这些都成为20世纪中国作家普遍的抒写内容。

二、晚清"西蜀派"文学

"四川报业第一人"宋育仁（1857～1931），富顺人。1875年尊经书院开办时，宋育仁与井研县廖平、绵竹县杨锐、广汉县张祥龄、名山县吴之英等十二人被选入学习。1886年晋京会试，中进士，授翰林院庶吉士，却因其渴望变革的激进态度被"后党"权势者徐桐视为"狂才"，目为"少正卯"。他于1897年10月创办《渝报》，介绍世界政治经济新潮，宣传改良主义思想，是四川的第一份现代型报纸，发行量达2000余份。《渝报》宣言"乃就邦人士谋兴学报，先即重庆通衢开馆，为风教之先"①，在内容上"无论中西，取其切于实用，如天文、地舆、兵法、医学、算学、矿学、格、化、声、光、气、电各种学"都进行介绍，但更偏重于现代思想的启蒙，"属于变法维新、介绍西洋文化教育和科学技术的材料占百分之九十五以上，都系色彩鲜明，主张强烈"②。1894年，他出任英、法、意、比四国公使参赞（副使），留心考察西方政治、经济、工商业、社会和思想文化，写成《采风录》四卷，后来回国又撰成《法意钞案》。其

宋育仁创办的《渝报》

---

① 《渝报·学报序例》，1897年3月。
② 荀实：《四川第一家报刊》，《四川文史资料选辑》第二十辑。

《三唐诗品》论述唐代诗家诗作,是言约旨远、品评得当的文学研究著述。1898年,他到成都,出掌尊经书院,组织"蜀学会",出版《蜀学报》。该报旗帜鲜明地鼓吹救亡图存,宣传西方资产阶级民主制度,倡导发展民族资产阶级工商业,猛烈抨击洋务派和封建顽固势力。概言之,宋育仁的思想及其创办的《蜀学报》《渝报》《渝州新闻》等,是蜀中资产阶级变法维新和启蒙思想的主要体现,这也体现在他组织编印的《蜀学丛书》,主持翻印的《天演论》《原富》《法意》等书,包括他自己的《法意钞案》等。1916年他任四川通志局总纂,主持《四川省通志》编纂,1921年应富顺县聘,续修《富顺县志》。

其词作如《清商怨(庚子避乱西山作)》:"草间蛩语,离宫吊月伤心处,乱山无数,不见高城暮。极目桑乾,肠断回潮去,咸阳炬。可怜焦土,泪洒燕山路。"又有《风入松》:"小楼一雨作春寒,独自依栏看。东风又绿楼前柳,一丝影、一忆华年。泥酒情怀似絮,焚香心事如烟。流光弹指记华曼,挥手向人间。梦身犹着天花雨,认绿杨、魂往江南。觉后追寻迷路,屏风无限江山。"被林山腴称道的七言律诗,一是《过卫辉府》:"太行叠谳拱成京,行向朝歌过卫城。日暮登山愁北望,古来凭轼送西征。承明未许归严助,宣室何年召贾生。闻道东颐烽火急,自堪投笔请缨行。"二是《经华阴县望西岳》:"华阴道上马蹄重,太华三峰在眼中。仙掌露华留晓月,禅亭云气起初虹。残星望火秦郊峙,古树平云汉旧宫。闻道希夷高卧去,劳薪自叹转如蓬。"宋育仁的著作有《问琴阁文录》《问琴阁诗录》《哀怨集》等。富顺县文人欧阳国群撰写挽联,对其生平和贡献概括为:"论使节曾经万里,论离忧直过三闾,元遗山回首前朝,问今日衣冠是何年代?唯著述自足千秋,唯尊宿应超九老,苏内翰早醒春梦,怅昔日耆旧尚有典型!"

在近现代之交的中国诗坛上,赵熙(1867～1948)被汪辟疆赞誉为刘光第等"蜀中近代诗家"的领袖,称其"体在唐宋之间,格有绵远之韵","清而能腴,质而近绮",是京都"同光诗坛"重要作家与"西蜀派"代表人物。章士钊在《论近代诗家绝句》中认为"陈杨都到西川去,善颂西川第一人",马一浮盛赞他"乐府风谣收两宋,诗坛才调比三唐"①。当时京城诗人的创作主要汇聚在《国风·文苑》上,据研究者统计:"最惹眼的赵熙,发表诗歌多达

---

① 转引自陶道恕:《赵熙》,《成都大学学报》1988年第2期。

一百四十七首,远远领先于其他作者。"①梁启超则因为其"艺林厚根底","名节树藩篱"而拜之门下,并有如此充满敬意的诗句②:

> ……
> 感激别有托,讵独在文字。
> 天步正艰难,民生日憔悴。
> 衔石念海枯,入渊援日坠。
> 吾徒乘愿来,为此一大事。
> 君其体坚贞,走也当执辔。

赵熙的诗词、书法、绘画、剧作等均为一时之冠。1891年二十四岁时,他赴京城会试经过重庆,有诗记录所见:"万家灯火气如虹,水势西回复折东。重镇天开巴子国,大城山压禹王宫。楼台市气笙歌外,朝暮江声鼓角中。自古全川财富地,津亭红烛醉东风。"1897年任重庆川东书院山长三年,自撰联云:"合古今中外为师,曲观其通,两派春潮归大海;任纲常伦理之重,先立其大,万峰晴雪照昆仑。"可见他已经开始站在全球的高度,立足于世界的格局去看问题。在办学时招收日本学生,并让其教同学英语,自己也参加旁听,可见其对新事物的态度。庚子事变后,深感时政衰败,欲以教育救国,其致好友尹仲锡信说:"尝论今日教养之道,甚不宜拘旧习,如为吾民思所以自立于久远者,所治如有贤良,拟当徐思讲学兴农之策,外人书宜急于选择也。"③1904年北上,时京汉铁路开通,黄河铁桥建成,以诗表达对形势的看法:"大势中州变,论功举国劳。凭栏知铁用,今古事滔滔。"1916年滇军与川军矛盾,预感蜀乱将起,他有《赠玉津阁》"此生见否谁能说,忍泪花前去住身。别后寄声严节度,杜陵憔悴老诗人"表示忧虑。

1915年袁世凯死,作《台城路》讽刺之:"添足求工,残鳞换世,身价今轻于纸。焚灰化水,怎医遍体金疮,虫沙万队,蛇子蛇孙祖龙新秽史。"又在《甘州·寺夜》中记叙道:"任西风,吹老旧朝人,黄花十分秋。自江

---

① 陆胤:《清季民初的"政治与文学"〈国风〉〈庸言〉诗文栏研究》,《中国现代文学研究丛刊》2006年第6期。
② 梁启超:《饮冰室文集点校》,云南教育出版社2001年版,第3752页。
③ 参见曾进:《文学家赵熙生平简介》,《四川文史资料选辑》第二十九辑。

赵熙作品书影

程换了,斜阳瘦马,古县龙游。归梦今无半月,蔬菜满荒丘。一笠青山影,留我僧楼。次第重阳近也,记去年此际,海水西流。问长星醉否?中酒看吴钩。度今宵,雁声微雨,赖碧云红叶识乡愁。清钟动,有无穷事,来日神州。"①这些诗词都表达了对社会动乱的深切关注。又有赠成都商会会长樊孔周诗:"市廛纷纷有是非,人情自古好相欺。公言果验西川福,我亦花潭占钓矶。"时人陈石遗曾经推之为"当世岑参"。时挚友杨昀谷离京入蜀,赵熙为之写下《下里词》30首介绍巴蜀胜景和风土名物,如"青羊一带野人家,稚女茅檐学煮茶。笼竹绿于诸葛庙,海棠红艳放翁花"等,他的艺术风格被人誉为"苍秀入骨"。

对在中国历史进步中起过推动作用的仁人志士,赵熙更是满怀热情,如上奏章请为戊戌变法六君子刘光第、杨锐等昭雪,并且撰写《刘光第传》,为之写下众多悼念诗作。如《不寐》:"不寐令人老,今宵奈月何,堂虚受清露,山远接明河。镜具(即刘光第)惭心负,风檐励望多,汉阴徒浑浊,江介自风波。"《灩滪石怀刘裴村先生(己亥十一月入京过此)》:"片石苍茫太

---

① 龙游,即隋朝的乐山地名;海水西流,指1915年的袁世凯复辟帝制;来日神州,预指1917年的四川军阀混战。另参见邓经武:《爱国文人赵熙诗文评述》,《文史杂志》2001年第2期。

古前，每怀神禹泣当年。长江不尽风波恶，谁柱西南半壁天。"《谨题感裴（村）之作仍用原韵（庚子十月，时敌据京城）》："苍苍碧海剩扬尘，老去黄桑气不春。满地交期泉路隔，几人清梦泣斯人。万古文章（即《甲午条陈》）付太虚，上清沦谪定何如。人间亦叹高生老，黄叶空山早著书。"对宋育仁充满敬意的诗作如《宋玉宅感怀富顺》："楚国苍山外，风流望我师。溧醪翻在远，憔悴竟同时。积雨冥冥晦，招魂湛湛悲。爰然琼佩蔽，西海定为期。"1920年朱德率护国军驻成都，赵熙赠之诗曰："只有人心能救世，西南半壁赖扶持。读书已过五千卷，一剑能当百万师。"①赵熙学生孙炳文1923年奔赴德国留学时，赵赠诗曰："开门故人至，翻怀久无书。游侠终何益，长安不易居。归循黄埔未，健喜白头余。一剑仇人血，衰年气未除。"1927年孙就义于上海，赵熙有诗凭吊之："春从愁里过，桐叶小于圭。野陌风花老，山村杜宇啼。世情应早悟，古事有余凄。三尺无情铁，头颅下魏齐。"这些作品，通过怀念故人，表达了对社会变革的期望。

其诗作存世2000余首，钱基博所著《现代中国文学史》称其"学术文章，超越时流"。其戏曲画品，亦颇不俗，为世人称道。1902年赵熙观木偶戏《活捉王魁》，不满于原作的泼辣和狰狞，改为川剧《情探》，从焦桂英的善良"痴情"着眼，步步试探，不惜委曲求全，力图唤醒对方的人性旧情。王魁也曾犹豫，但荣华富贵使他终于"横下心肠"。剧中人物性格丰富复杂，矛盾冲突波澜曲折，唱词典雅、音韵和谐，成为川剧精品。他晚年返乡后又作《誓别》《听休》《冥判》三则，合为《焚香记》全本，另有《渔父辞剑》、《除三害》（周处故事）等。郭沫若在《少年时代》中对赵熙的川剧创新盛赞推崇。《中国大百科全书·中国文学》认为："这一时期，以词为专业而影响较大的作家有……赵熙、王国维、吴梅等。"②在近代中国文学史上，赵熙的诗、词、文、戏剧等创作，都以鲜明的特色和精美的艺术风格，以及充满时代特征的情感书写，卓然而立，有大家风范。作品多汇录于《香宋词集》（1917）、《香宋诗前集》（1956）等。

林思进（1873~1953），字山腴，华阳县（今成都）人，先后任教于成都

---

① 参见曾进：《文学家赵熙生平简介》，荣县诗词网；《赵熙年谱》，又见《自贡日报》2009年2月17日。
② 《中国大百科全书·中国文学卷》，中国大百科全书出版社1986年版。

府中学堂、华阳县中学校、成都大学、华西协合大学、国立四川大学。曾被清末"同光诗坛"领军人物陈三立（陈寅恪之父）评价为："才思格律，入古甚深。五古几欲追二谢，七言直攀高、岑，洵杰出之作

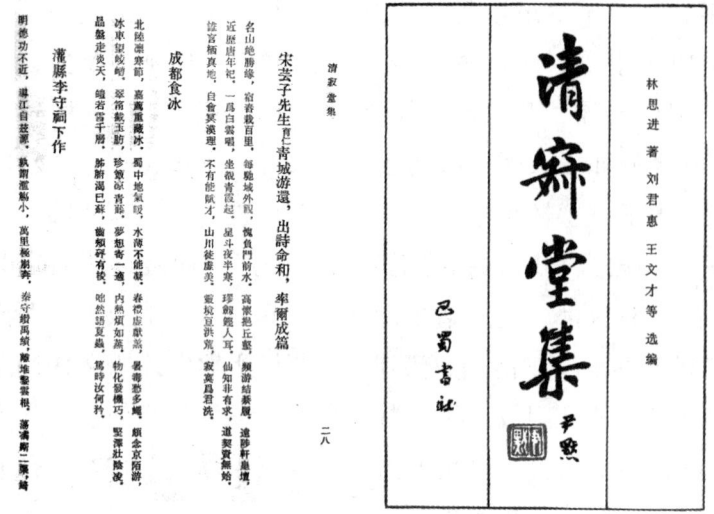

林思进手迹

者。目前所知蜀中诗，似与香宋异曲同工也。"[1]初出巴蜀之时，曾有"大海扬洪波，弱国见欺凌，苟无域外观，禹甸坐湮灭"等豪气满怀之语。1933年9月，他为华西协合大学撰写校歌，其中就有"欧亚交通，文轨新同，邕邕璧水宫""东方有圣西方圣，大道一凿堪通""昭德方期四门辟，广乐岂限华风"等句，表现了他期冀沟通中西文化的美好愿望。诗作多为五言，是清末"同光体"诗派的代表。如"雨夜闻淅沥，竟夕空阶上。未及绿荫时，流连一惆怅"（《京城闻落叶》）。其《感愤、述事抒怀》十二首，兹选录三首如下：

海潮荡神州，朱明启厥渐。
红毛据南洋，远物始珍炫。
英吉佛朗机，犄角很相扇。
俄境亘万里，西北与我半。
……
变法倏四纪，新国逾廿年。
横议塞九天，娇气弥九渊。
周孔固不圣，耶佛讵能贤。
唯此势物争，南北滔滔然。

---

[1] 转引自王仲镛：《林思进》，巴蜀文化网，2015年11月2日。

……
蜀郡本蛮夷，文翁首学校。
扬马欻云兴，严平最高蹈。
迄今二千载，同明犹自照。
欧风近东被，举国狂若闹。
……

谢无量曾撰联评价他的文化创造价值："自王（闿运）伍（嵩生）以还，为人范，为经师，试问天下几大老；后扬（雄）马（司马相如）而起，有文章，有道德，算来今日一名山（林思进）。"其作品多汇集于刘君惠和王文才选编、巴蜀书社出版的《清寂堂集》（1989）。

被书法艺术盛名所遮掩的诗词大家谢无量（1884~1964），乐至县人，十岁时就有《咏风筝》："儿童心怀巧，剪纸作飞鸢，不是麻绳系，乘风直上天。"其诗作如"海水万年枯作井，蟠桃一夜瘦成薪。女萝山鬼愁人世，明月江妃梦水滨。如此虚空谁可语，苍茫独立看流尘"，体现着忧国忧民之心声；"十年繁弱暗生尘，壁上悠悠着虮轮。裂尽目眦终一试，明朝起作射潮人"等显露着对未来美好人生的向往。其他如"酒酣拔地当高歌，意气直与山嵯峨"，"男儿未死中原在，极目斜阳只涕零"，"别有壮心营四海，笑人振臂作三公"等句，都是时代精神的鲜明体现。1956年赴京任职时有《七律·留别蜀中友人》："杯酒从容惬素襟，还乡不觉二毛侵。余生尚有观周日，远别难为去鲁心。邛竹一枝扶蹇步，秋光千里送微吟。山川草木怀新意，他日重逢

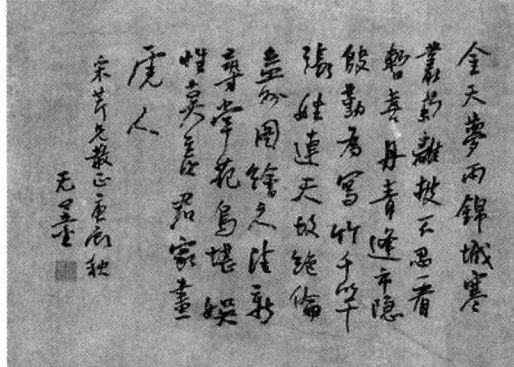 

谢无量书法作品

感倍深！"诗句以鲜明的巴蜀意象表现着对新生活的热爱。鲁迅撰写《汉文学史纲要》时，把谢无量的《中国大文学史》作为重要参考资料。他曾任孙中山先生秘书长、参议长、黄埔军校教官等职，参加过《苏报》《国民日报》《京报》《新青年》的编辑工作，担任多所大学教授。1949年后，历任川西博物馆馆长、中国人民大学教授、中央文史馆副馆长。著述有《中国大文学史》《中国六大文豪》《平民文学之两大文豪》《中国妇女文学史》《诗经研究》《楚辞新论》，以及《谢无量书法》《中国哲学史》等。

成都的"五老七贤"都有诗文传世，被集辑行世的有清代四川唯一状元骆成骧的诗文集《清漪楼遗稿》、徐炯的《霁园丛书》、吴之英的《寿栎庐丛书》、刘咸荥的《静娱楼诗文存》、方旭的《鹤斋诗存》、顾印愚的《顾印愚诗集》、顾复初的《顾复初诗文集》等，都是沿着传统格律行进的旧体文学，并且他们几乎都是在书法界极有建树的名人。至今为人称道的有顾复初题撰的成都《濯锦楼联》：

汉水接苍茫看滚滚江涛流不尽云影天光万里朝宗东入海
锦城通咫尺听纷纷丝管送来些鸟声花气四时引兴此登楼

三、竹枝词与民间创作

在巴蜀大地衍生的竹枝词由唐代肇始，进入文人的视野，因为语言通俗而在民间流传甚广。四川的晚清竹枝词，从不同方面记载着社会状态及其变化，如：

秦人会馆铁桅杆，福建山西少者般。
更有堂哉难及处，千余台戏一年看。
会馆虽多数陕西，西秦梆子响高低。
观场人多坐板凳，炮响酬神散一齐。
……
麻婆陈氏尚传名，豆腐烘来味最精。
万福桥边帘影动，合沽春酒醉先生。
社交男女要公开，才把平权博得来。

若问社交何处所，维新茶馆大家挨。①

在辛亥革命前奏曲四川保路运动中流传甚广的《四川铁路风潮竹枝词》②，呈现着鲜明的时代特色和政治激情：

疾首椎心更怅神，漏舟同时座问津。
波兰埃及前车鉴，大声呼我亡国民。
百姓哀求拜跪忙，肆行焚杀见弹章。
匪徒凶器君知否？先帝灵牌一炷香。
……
巧仗蛮攻任开雷，近身枪炮不能开。
练兵国帑糜千万，那及愚民实习来。
官要冤民冤到头，剿民号令几时休！
任他民贼为民敌，民与枢臣何世仇？

《丹棱县志》存录的《蜀中同志会纪事》曰：

鱼凫疆域阵如云，弹雨枪林处处闻。一百数十余州县，羽檄交驰势若棼。君不闻，革命党，大江南北皆抢攘。又不见，同志军，全川西南戎马纷。民军整，防军散，散而遇整不敢战。防军少，民军多，少不胜多奈若何。城外防兵多失利，城中陆军无斗志，锦城险作九里山，四面楚歌魂惊悸。③

宜宾地区有民谣颂唱本地辛亥革命的英雄：

金鸡叫，天要明，罗鲜清带队打筠连。拢了筠连鸣三枪，吓得赃官越墙逃。打下筠连过罗场，拿下高县、庆符喜洋洋。罗大哥好威风，一气拿下叙州府。住在翠屏山，内部出了大贼奸。陈芷香没良心，一枪打死罗鲜清。④

---

① 林孔翼辑：《成都竹枝词》，四川人民出版社1986年版。
② 参见刘运祺等编：《辛亥革命诗词选》，长江文艺出版社1980年版。
③ 引自隗瀛涛：《巴蜀近代史论集》，四川人民出版社2004年版。
④ 引自徐志福：《川南的保路运动与阳翰笙的〈草莽英雄〉》，巴蜀文化网。

灌县（今都江堰市）羌族文人董湘琴（1843～1900），著有《百花潭诗集》《腕腴精舍词赋》等。应松潘厅总兵夏毓秀做幕僚的聘请，于光绪十八年（1892），从灌县出发，经汶川、茂县至松潘赴聘，"三垴九坪十八关，一锣一鼓到松潘"的沿途所见有感而发，写出了万言纪游长诗《松游小唱》①。其"自序"说："余自灌束装，以迄抵松，有见必唱，间有挂漏亦略所当略。阳春白雪尚已，下里巴人何妨。敝帚自享。二三知己以为板桥《道情》可，盲女弹词亦可。"例如：

镇夷关高踞虎头。第一程江山雄构，大江滚滚向东流。恶滩声，从此吼。灵岩在前，圣塔在后，伏龙在左，栖凤在右，二王宫阙望中浮。好林峦蔚然深秀，看不尽山外青山楼外楼。尽夷犹，故乡风景谁消受……

天生一岭界华夷。上十五里，下十五里，佳名自古称娘子。把新旧唐书重记起，天宝、开元，这典故无从考据。伍髭须，杜拾姨，或恐是才人游戏。盼不到为云为雨巫山女，梨花一枝，仿佛在溟蒙空际。空山瓮马蹄。一路行来迤逦，彳亍至岭头小憩……

憩毕肩舆又上肩，松潘西望路漫漫。风景渐难看，河在中间，山在两边，九曲羊肠，偏生挂在山腰畔。抬头一线天，低头一匹练，滩声似百万鸣蝉，缠绵不断，搅得人心摇目眩……

场口闲游玩，见人行溜索飞如箭，到头来恰似猱猿……

年逢庚寅，我辈朝考，匝地起波涛，雷轰电扫，江翻海倒，烟笼雾罩，人语乱啁嘈，鱼鳖登床蛙上灶。顾不得扶老携幼，哭声嚎啕，饱足足的一千人，断送在蛟龙腹饱……

瓦寺土司，蜀国屏藩。土司土官，论世袭远追唐汉，五年一贡递相传，慑服荒边。切勿笑夷蛮，要算是此邦文献。

在董湘琴的笔下，灌县至松潘七百里松茂古道的120多处名胜，清末羌藏地区特有的山水景物、社会状况，以及"肩舆"（滑竿）、"溜索"等交通方式，还有光绪庚寅年（1890）在汶川县桃关（古称桃川）曾经发生的"匝地起波涛"的一场大型自然灾害等事件，都得到记录。从民族学、人类文化学角度

---

① 董湘琴：《松游小唱》（绘图本），四川美术出版社2004年版。

看，这些描写都有极高的价值。该诗的语言通俗、行文畅达，写景状物叙事，极富形象感。

第三节　轰然震响的变革呼喊

一、蜀籍留日学生的革命宣传文学

一批巴蜀青年旅日、赴法，求新声于欧美，为中国新文化运动的发生准备了充分的条件。1918～1921年间蜀中赴法者达492人，占全国赴法总数三分之一，为人数最多的省份；而在1901～1907年间，巴蜀学子留日者达千人，据亲历者吴玉章统计："最多的时候，达二三千人。"[①]蜀中青年出国"求新声于异邦"的数量，又决定着精英分子的质量，现代巴蜀文学创作以及政治领域的"蜀籍群体"现象极为显著且成就巨大，正是因为有着相应的文化前提。巴蜀新文化思想的第一声号角，被誉为"中国资产阶级民主革命的第一部宣言书"，是公然标举为"蜀人邹容"的《革命军》。

邹容（1885～1906），四川巴县（今重庆）人。他发表于1903年的《革命军》，宛如一声春雷，挟着革命民主主义与爱国主义的急风暴雨，响彻千年封建古国的上空，成为当时反抗封建专制与帝国主义侵略、争取民主共和与民族独立自主的一面光辉旗帜。《革命军》二万余言，共七章，前有自序一篇。全书分层逐段地论述了革命原因、方法、宗旨等，旗帜鲜明地抨击了中国社会的阴暗面，眺望了灿烂的革命前程。《革命军》第六章在阐述革命原因时指出："内为满族人奴隶，受满族人之暴虐，外受外国人之刺激，为数重之奴隶，将有亡种殄种之难者，此吾黄帝神明之汉种今日唱革命独立之原因也。"文章首先从历史趋势和社会进步的动力着眼，将资产阶级民主革命视为拯救民族的唯一途径，并呼吁"扫除数千年之专制政体，脱离数千年种种之奴隶性质"，以实现言论、出版、思想自由，建立"中华共和国"，并具体提出二十五条建国纲领。

李泽厚指出，"它的特点是全面地、明确地宣告了资产阶级民主革命的口号、纲领、政策、原理，是整个革命派的最早最鲜明的号角"，其革命思想就

---

① 吴玉章：《吴玉章回忆录》，中国青年出版社1978年版，第11页。

邹容照片及《革命军》书影

如"彗星般的耀眼光焰突出地照亮了一个黑暗的世纪"①。邹容关于中国人"奴隶根性"的批判，及其对"大家鼓里且睡觉"，"父以教子，兄以勉弟，妻以谏夫，日日演其惯有奴隶之手段"的深刻揭露和"二十四朝之史实，实一部大奴隶史也"的精辟概括，都直接影响着鲁迅、巴金等的创作内容，正如鲁迅所赞誉的："倘说影响，则别的千言万语，大概都抵不过浅近直截的'革命军马前卒'邹容所做的《革命军》。"②正因为如此，孙中山、黄兴等革命者，都将《革命军》作为宣传鼓动革命的利器，大量印刷发行，从而影响着一代青年投身革命。

吴玉章在《辛亥革命》一书中回忆道："当我读了邹容的《革命军》等文章后，我在思想中便完全和改良主义决裂了。"郭沫若在《反正前后》一书中直截了当承认："我们崇拜十九岁在上海入西牢而瘐死了的邹容！"邹容的一生是短暂的，他留给后人的精神财富目前可知的只有《革命军》和几篇短短的书信、诗歌，见录于后人所编《邹容集》（1983）。其诗如《狱中答西狩》："我兄章枚叔，忧国心如焚。并世无知己，吾生苦不文。一朝沦地狱，何日扫妖氛？昨夜梦和尔，同兴革命军。"又如《和西狩·狱中闻沈禹希见杀》："中原久陆沉，英雄出隐沦。举世呼不应，抉眼悬京门。一瞑负多疚，长歌招国魂。头颅当自抚，谁为垒新坟！"

1905年孙中山创办同盟会机关刊物《民报》时，一群蜀籍志士厕身其间，黄复生担任报社经理，丁扶厚奔走联络发行，董修武总揽后勤……1906年该报刊载"蜀人相如"的《四川革命书》、"望帝"的《四川讨满洲檄》两篇文章，都是以激烈的言辞、高涨的革命热情、鲜明的巴蜀地域意识，鼓吹反帝反

---

① 李泽厚：《中国近代思想史》，人民出版社1979年版，第300页。
② 鲁迅：《坟·杂忆》，人民文学出版社1973年版。

封建的民主共和思想的战斗檄文，影响甚巨。辛亥革命时期的四川同盟会员，都有诗文创作鼓吹革命。与孙中山齐名"孙黄"的革命志士黄兴，在《致谭人凤》中，以"怀锥不遇粤途穷，露布飞传蜀道通"等诗句，表现了对蜀中革命力量的期许。吴玉章的《东游述志》表达了一批青年的变革呼喊："不辞艰险出夔门，救国图强一片心。莫谓东方皆落后，亚洲崛起有黄人。"

1904年东渡日本的自贡人雷铁崖（1873~1920），与同乡吴玉章等创办"主张革命排满最激烈"（冯自由语）的《鹃声》《四川》《远东见闻》《光华日报》《国民日报》等进步刊物，鼓吹革命、宣传民主思想。其追潮逐浪、反帝爱国激进思想的代表作，是《四川》杂志开篇的《警告蜀人》（1908）。全文近两万字，分绪言、列强大势、中国危急、四川危急、蜀人病根、辨别主义、救亡方针、结论等八章。作者从世界格局、帝国主义入侵威胁、中华民族生死存亡现状着眼，重点分析了四川社会落后和蜀人的蒙昧愚顽，并针对"病根"开出救治药方，大倡政治革命和思想启蒙，作者对巴蜀大地社会人生的关注和警醒世人的呼号，于中可见。文章激情涌荡、气势恢宏，具有强烈的文学感染力。雷铁崖还是清末民初文学社团"南社"的重要成员，在南社刊物上发表过70余篇诗作，如《题柳亚子分湖旧隐图》："豺狼博噬民悲腊，虎豹凭陵国削窄。河山何处余寸尺？猿鹤鲸织任掎摭。""果能馨香资诱掖，大挥天戈扶国脉。同是乡贤供研核，名士英雄无可择。"

其为人瞩目的诗作有《哭广州殉义诸烈士》四首，其一曰："汉家元气满九州，风虎云龙大义投。夜月杜鹃犹泣蜀，蛮荆泰伯（文王叔父，让位避于蛮荆）忍忘周。九华峰冷红颜史，五岭山横白骨秋。儿女英雄归一冢，珠江呜咽水西流。"1912年回乡探亲的作品则展示着诗人对时局的忧郁："半肩行李带嚣尘，历遍风云剩此身。万里初归沧海客，十年重见故乡人。离家岂识桑田改，入境频惊景物新。望到闾门翻瑟缩，倦

四川留日学生创办的革命刊物

游季子旧时贫。"

1925年3月的上海《民国日报》有《征求雷铁崖先生诗文启事》，对其一生评价为"革命先觉，功成不居。蒿目时艰，卒以忧死"，"坎坷一生，未尝稍贬其节"。雷铁崖作品被四川人常常称引的有《论成都人滑头佬》①：

成都人素以滑头著，在四川中民气独浇薄，一似绝不足有为者，以故川中各属见成都人，则望望然去之，若将浼焉者。而以今日变局观之则大异，始而惊惶，继而痛哭，更继而罢市罢课，热潮愈高，众心愈奋，竟一举而诛锄清吏，占领全城。独立之旗飞扬锦里，自由之花开满蓉城。前之滑头者，今日竟断头而不顾，果何故耶？令我索解不得矣！语曰：士别三日，便当刮目。今别成都人八年，雄飞进步，自当别具眼光。而今犹以"滑头"目之，毋乃为成都人笑哉。

荣县人龙剑鸣的《题〈四川〉杂志》二首，呈现着时代革命的豪情与故土情结的交辉等特点："于今形势转仓皇，弱肉无如食者强。西域版图供馁虎，东邻舆榇走降王。只凭沃野雄天府，那识巴黎（小巴黎）化战场！为问故园诸父老，梦酣应已熟黄粱。""自哀犹待后人哀，愁对乡关话劫灰。鹃血无声啼日落，梅花有信报春回。萧萧风雨思君子，莽莽乾坤起霸才。尚有汉家陵庙在，蜀山休被五丁开。"吴玉章有《纪念龙剑鸣烈士》怀念其业绩，诗曰："锦江饯别发高音，举座沉吟感慨深，智借急流传警报，愤归故里起民军，出门拔剑誓除赵，病榻遗言速灭清，毕竟英雄人敬仰，万千父老哭忠魂。"

卞小吾（1874~1908），重庆人，出于宣传民主革命思想的目的，最早将邹容的《革命军》带回四川广为散发，曾多次去狱中探视邹容和章太炎，商议革命方略，又北上京城与蜀人谢无量以及革命志士蔡元培、冯自由等畅谈革命。1904年他将江津祖业尽数变卖，创办了蜀中第一家革命派报纸《重庆日报》。该报的价值在于最早向巴蜀人民宣传"妇女天足及男女平等、家庭革命诸论；于官吏之贪残秽迹，尤诋斥无遗"②。该报极大地发挥着现代新闻的战斗

---

① 其作品主要见于唐文权编：《雷铁崖集》，华中师范大学出版社1986年版。
② 陈新民：《重庆早期的革命思想和组织》，《四川保路运动风云录》，四川人民出版社1981年版。

性、及时性特点，追踪报道巴蜀大地如火如荼的保路运动风潮。甚至以"老妓在颐和园淫行"为大标题，直斥慈禧祸国殃民的罪行，因而成为一家"专事鼓吹革命"的刊物。面对清王朝的迫害，卞小吾毅然表示："章炳麟坐监能避不避，邹容更自愿投案，何等伟大！吾岂能后人，又何惧哉？苟不幸，上可质皇天后土，下可以对四万万人民。"终以一腔热血洒于狱中，成为巴蜀资产阶级革命派敢于牺牲、勇猛无畏的楷模。

二、"好文讥刺"文风的近代体现

李宗吾（1879～1943），自贡人。自幼好学，聪敏过人，古今中外书籍无不浏览，尤爱读历史、传记。《厚黑学》开始酝酿于他在四川高等学堂求学时，成书于富顺县视学任上，1912年开始连载于成都《公论日报》，1917年出版小册子。后又撰写《厚黑专目录》，全面抗战初期在《成都日报》连载《厚黑丛话》，自称"厚黑教主"。《厚黑学》嬉笑怒骂、讽刺诙谐，其"使东鲁圣人，西蜀圣人，遥遥相对"的骄狂，在全国影响巨大，活脱脱一个"未能笃信道德，反以好文讥刺"、发牢骚、说反话的巴蜀文人性格的展示。曾有诗曰："大风起兮甑滚坡，收拾行李兮回旧窝，安得猛士兮守砂锅。"其为某餐馆撰联云："右手拿菜刀，左手拿锅铲，急急忙忙干起来，作出些鱼翅燕窝，供给你们老爷太太；前头烤柴灶，后头烤炭炉，轰轰烈烈闹一阵，落得点残汤剩饭，养活我家大人娃娃。"又有诗曰："空阶斜月锁柴门，老屋荒烟绕半村。四野鸡声孤剑啸，中宵蝶梦一灯昏。秦庭笑洒荆轲血，蜀国哀啼望帝魂。青史有名甘白刃，流芳遗臭且无论。"除《厚黑学》外，他还写有《中国学术之趋势》《考试制度之商榷》《心理与力学》等。后来成为国学大师的南怀瑾，曾在20世纪40年代拜其为师，当今台湾奇人柏杨更是极力推崇李宗吾。

与奇崛恣肆的李宗吾相映成趣的，是嬉笑怒骂的刘师亮。"怪人"刘师亮（1876～1939），内江县人，号谐庐主人，1912年移居成都，以经营茶馆、澡堂为生。1929年5月在成都创办了《师亮随刊》，常在该刊以谐稿、诗作、戏剧、对联等文艺形式，于喜怒笑骂之中，抨击四川军阀及其黑暗统治，伸张正义。谐文短小精悍，意味隽永，常发端于针头芥子之类的琐事，而归结到"改良社会"的大问题，以"幽默大师"之誉而闻名于蜀中。后因触怒军阀而流徙上海，创办《笑刊》。1935年9月回到成都，恢复《师亮随刊》。著作有《师亮谐稿》《师亮对联》《时彦声律启蒙》《师亮杂著》《东游散记》，剧作集有《胭脂配》《错吃醋》，还有《汉留史》和1000余首诗词。其谐联如：

洒几滴普通泪；死两个特别人。横批：通统痛同
——挽慈禧太后、光绪皇帝（1908）

普天同庆，庆的自然，庆庆庆，当庆庆，当庆当庆当当庆；举国若狂，狂到极点，狂狂狂，懂狂狂，懂狂懂狂懂懂狂。
——讽袁世凯当皇帝（1916）

革命于今十八年，大兴土木胜从前；辉煌金壁将军第，楼阁连云上接天。
——讽军阀（1929）

含笑芙蓉无限娇，婷婷袅袅可怜腰；问她归去宿何处？夫婿腰间挂宝刀。
——讽军阀妾（1929）

伤时有谐稿，讽世有随刊，借碧血作贡献同胞，大呼寰宇人皆醒；清室无科名，民国无官吏，以白身而笑骂当局，纵死阴司鬼亦雄。
——自挽联（1931）

黄吉安（1836～1924），成都人，清末川剧创作大师，曾在官府做幕宾多年，晚年从事戏曲创作和川剧改良，与20世纪初新兴的话剧运动互相辉映。他一生创作川剧剧本80余种，扬琴唱本20余种，创作题材广泛，有高度的艺术性和强烈的爱国思想，剧本和曲本被称为"黄本"，对川剧影响很大。代表作有《柴市节》《三尽忠》《金牌诏》《忠烈图》等。当时演出的剧本有《重庆独立》、《八国议和》、《祭邹容》、《一纸冤》（成都故事）、《炮打尹昌衡》、《国民捐》、《取大沽》、《陕西独立》、《烟鬼现形》、《清江独立》、《黄兴挂帅》、《闹广州》、《半升米》、《徐锡麟刺恩铭》，还有及时反映四川保路运动"同志大王"事迹的戏等20余种，当时叫作"时装戏"，

这种时装戏是川剧艺术随着历史发展而出现的新芽[①]。其作品主要收录于四川人民出版社出版的《黄吉安戏本选》（1960）。

其他如成都的《启蒙通俗报》（1902）、《通俗新报》（1909），蒲殿俊、吴虞主持的《蜀报》，吴虞、曾兰、孙少荆的《女界报》《女国民报》，张澜的《民治日报》，保路同志会机关刊物《西顾报》《白话报》更是以"日发万份"的巨大影响，成为20世纪初巴蜀新文化思想的宣传阵地。据四川省图书馆程祺编的《中文报纸编年目录》所列的粗略统计，自1897年至1921年间，巴蜀新文化报刊多达140种，并且遍布于各州县。如《新繁商会日报》（1913）、泸县《泸县通俗周刊》（1921）、武胜县《印山新闻》（1920）、达县《尊山钟》（1921）、宜宾《民治报》、泸州《新蜀日报》（1912）等。其中值得注意的还有傅樵村1900年创办的数学专业刊物《算学报》，而樊孔周创办的《四川公报·娱闲录》，专载文学创作作品，使吴虞、曾兰、刘长述、李劼人、曾孝谷、李哲生、胡安澜、何振羲等人，尽情发挥其文学才华，显示着五四前夕巴蜀新文学创作的实绩。《草堂》《小露》《威克烈》《四川学生潮》《新蜀报》等新文化刊物，都在全国产生着一定影响。周作人在读到叶伯和等创办的《草堂》后，在《读〈草堂〉》一文中赞叹道："近来见到成都出版的《草堂》，更使我们对于新文学前提增加一层希望。"远在异域的郭沫若更因之激起对巴蜀文化的自豪："奉读《草堂》月刊第一期，甚欣慰。吾蜀山水秀冠中华，所产文人在文学史亦恒占优越位置。"茅盾后来在《中国新文学大系·小说一集导言》中也专门叙述了蜀中新文学刊物的状况。可以说，巴金、艾芜等人，就是在这些刊物的影响下，迈向新的人生之途。

[①] 彭其年：《辛亥革命后川剧在成都的发展》，《四川文史资料选辑》第八辑，四川人民出版社1979年版。

第九章 现代中国文学的成就标志

第一节　五四时期的文学

一、新思潮的微澜涌动

20世纪肇始，中国发生了天翻地覆的变革。因地理、历史和经济等原因，巴蜀地区大小军阀割据争霸、自立为王，导致混战不休、政权迭变，底层民众盼望抱团以保一方平安，又促使袍哥势力急剧发展，以至于"遍及四川城乡，其成员占全川成年男子百分之九十左右"①。中共文艺界领导人之一的阳翰笙甚至将自己早年的袍哥生活视为"人生启蒙时所读的几本大书之一"②。袍哥的行为规范、价值标准和语言语义表现方式，几乎已成为巴蜀民俗风习和人文性格模式的集中概括，它自然就成为现代巴蜀作家的创作内容和艺术审美对象（沙汀与李劼人的相互推崇，其中就包含对袍哥世界的熟悉把握），现代巴蜀文学因之被赋予了鲜明地域文化特征。郭沫若的大胆反叛，巴金的愤怒控诉，李劼人、沙汀的冷峻批判，何其芳的忧郁，陈铨的狷介愤激等，都是熏染着这种地域风习的自然结果，蜀中战乱和战乱中社会民生的艰辛，就成为巴蜀作家创作反映的重要内容，他们的创作成就和作品中的地域文化特征，就由之而具。

文学是一个动态的过程，是多种因素作用的结果。

对中国封建专制和封建伦理道德揭露最深、批判最有力的，是蜀中"成都言新学之最先者"——吴虞。吴虞（1872～1949），字又陵，新都人，曾以廖平为师从事朴学研究并跟随吴之英研习文学，戊戌政变后，转而研究西方的社会政治学说。他于1905年赴日本，就读于东京法政大学，1907年回国后，曾任《西成报》和《四川政治公报》主编、《公论日报》主笔等，先后在北京大

---

① 王大煜：《四川袍哥》，《中华文史资料文库》第二十卷，中华文史出版社1996年版，第392页。
② 阳翰笙：《出川之前》，《阳翰笙选集》第五卷，四川文艺出版社1989年版，第20页。

学、北京师范大学、四川大学、外国语专门学校（巴金曾就读于该校）任教。吴虞学说的根本内容是对封建专制的猛烈攻击和对专制基础的深刻揭示，认为阻碍中国社会进步和社会腐败黑暗的根本原因是封建专制，而基础则在"孔子之学说，二千年来贻祸"[1]，即其在《辨孟子辟杨墨之作》中指出的"君主之专制，钤束人之言论；教主之专制，禁锢人之思想"。吴虞对中国现代思想文化建构的贡献，在于对中国宗法制封建家族黑暗残酷的剖析和批判。他指出，"吾国终其颠顿于宗法社会之中而不前进，推其原故，实家庭制度为之梗也"，即"家族制为专制主义之根据"，家族的孝、悌，正是社会忠、驯的思想基础，要使中国走向新生，就必须彻底批判封建宗法专制思想、根除家族制度。其学说中关于政治革命、思想革命、家庭革命的内容，正是五四新文化思想的特征体现，陈独秀、胡适赞誉其为"中国思想界的清道夫""四川只手打孔家店的老英雄"，实因其学说鲜明而典型地体现着时代精神。其论文《吃人与礼教》与鲁迅的小说《狂人日记》构成了时代的最强音，正如任访秋先生所说："继《狂人日记》之后，吴虞发表了《吃人的礼教》。从此，孔学与礼教一时成为思想界的众矢之的。"[2]巴金小说创作的思想批判和题材处理方式，带有其师吴虞学说的浓浓印痕。

吴虞的文学创作形式多为旧体诗词，其七言绝句与律诗曾名噪一时，主要收录于《秋水集》。南社诗人柳亚子称吴虞与龚定庵、马君武为"诗界革命军之三人"，章士钊称其"非儒诸诗，思想之超，非东南名士所及"。作品内容多是控诉军阀、官僚的残暴统治，表露了广大人民反抗的呼声，如《辛亥杂诗九十六首》（被陈独秀选载于在日本东京刊行的《甲寅》杂志）。他的著述有《吴虞文录》《秋水集》《吴虞日记》《吴虞文集》，编有《蜀十五家词》《国文撰录》《宋元学案粹语》等。吴虞的《哭廖季平前辈》（1932）可以视为是对自己一生的总结：

四十非儒恨已迟（予非儒之说，年四十始成立），公虽怜我众人嗤（袁世凯尊孔时，公与予步行少城东城根，劝予言论宜稍和平，恐触忌）。门庭自辟

---

[1] 吴虞：《对于祀孔问题之我见》《家族制度的专制主义根据论》等，《吴虞集》，四川人民出版社1985年版。
[2] 任访秋：《新文学渊源》，河南人民出版社1986年版，第199页。

心疑古，胆识冲天智过师。垂老名山游兴在（临逝前数周，游乌尤寺），横流沧海叹谁知？益州耆旧凋零尽，下马陵高望转悲。

20世纪中国新文学的序幕，是1906年由成都人曾孝谷（1873～1937）、重庆人唐濂江在日本东京发起的"春柳戏剧"运动拉开的，巴蜀人文精神"敢为天下先"的特征于兹再次显现。首先，"春柳戏剧"为中国文学展示出全新的戏剧观：生旦净丑末诸角色，全部舍弃；脸谱和程式化的演技，一概不用；帝王将相才子佳人的老套，悉数抛弃。戏剧开始生活化地描摹现实，批评式地看取社会人生，并成为表现时代精神的艺术载体。著名戏剧家的欧阳予倩，正是通过曾孝谷等的"春柳戏剧"看到"原来戏剧还有这样一个办法"而投身于现代戏剧运动的。曾孝谷创作的《黑奴吁天录》（1907）被文学史家公认为"中国话剧第一个创作剧本"，在艺术结构、情节安排和性格塑造上，都达到相当的艺术高度。演出"采取的是纯粹的话剧的形式"，有着"反复排练"的演出机制①。《黑奴吁天录》那反民族压迫、颂扬反抗斗争的思想，以及移植演出《茶花女》对人格尊严的张扬和婚姻自主的要求，正是20世纪中国文学的两大基本母题。曾孝谷、唐濂江发起的"春柳戏剧"率先唱出世纪文学的主旋律思想，在中国现代戏剧观、创作模式及演出机制等方面的构建，都具有一种源头和里程碑的意义。归国后的曾孝谷在成都继续推行"春柳戏剧"，对蜀中现代戏剧的兴盛，起着巨大的推动作用。

在辛亥革命中做过十二天"大汉四川军政府都督"却自悔"迂愚妄插乾坤手"的广安人蒲殿俊（1875～1935），字伯英，是四川"保路风潮"的领导人，辛亥革命后拒绝了北洋政府教育部长之职而与张澜共同创办北京《晨报》，使《晨报》成为传播新文化思想的四大报刊之一。基于"启蒙"需要，蒲伯英在戏剧领域辛勤开拓，以《戏剧之近代的意义》《戏剧要如何适应国情》《我主张要提倡职业的戏剧》等理论文章，对戏剧与社会生活的关系、话剧艺术的审美特征、中国的强盛与新文化建设的关系等方面进行阐说，尤其是首倡"职业戏剧"以纠正"爱美剧"的混乱无序和业余演剧的粗劣，更是对中国现代戏剧的健康发展有强烈现实意义，因而被专家赞为"这个主张有战略眼

---

① 欧阳予倩：《回忆春柳》，《中国话剧运动史料集》第一辑，1986年，第18页。

光,它指明了深入持久地发展戏剧运动,提高新兴话剧水平的正确途径"①。他创建的中国第一家戏剧学校"北京人艺戏剧专门学校",其造就"职业的但高尚的剧人",系统规范地培养戏剧编、导、演、职员的现代戏剧教育思想和实践,为中国现代戏剧教育体制的确立,开启了先河。蒲伯英创作的两部剧本,在20世纪20年代剧坛上曾产生过相当的影响。六幕剧《道义之交》以丰豫钱庄老板逼债与绅士易敏生还债为主线索,着重刻画了一群"道义之交"的知识者布设骗局鲸吞好友财产的虚伪丑恶。塑造了以康节甫、白扬斋为代表的虚伪卫道者,对上流社会的黑幕和封建道德的丑恶,进行了深刻的揭露。四幕剧《阔人的孝道》将批判矛头直指封建统治者,通过一个军阀总长借为母祝寿而大肆搜刮钱财,其母虽死仍"照常拜生唱戏",形成与其大讲孝道的矛盾冲突,从而有力地抨击了封建礼义和"孝道"的虚伪,体现着强烈的时代批判精神。尤其是在当时"理论的热闹和剧本创作的匮乏"的情况下,蒲伯英的戏剧创作就体现着现代戏剧运动初期的实绩。

在小说创作上,蜀中新小说的开路者是李劼人。刘光第的儿子、同盟会员刘长述(觉奴)描写四川保路运动和辛亥革命事件的《松岗小史》(1915),则是现代巴蜀文学在中长篇小说体式上的初试。吴虞在《松岗小史·序》中曾称赞其"兼宗新旧,独条所各,枝叶扶疏,十万余言",其作为近代文学向现代文学过渡时期的第一部长篇代表而收入《20世纪中国小说理论资料》(1997)。吴虞的妻子曾兰于1912年在《女界报》发表的《今语有益于教育论》,明确地主张推行"今语"白话文。她指出:"中国文字深奥得很,与语言相去甚远",因而限制了广大群众接受教育并阻碍着社会文明的进步,只有"广为扶持传播"现代白话文而"莫笑文字浅显鄙俚",才"大有益于国家社会","也就是中华民国前途的大幸事"。这些观点,正是后来胡适、陈独秀、鲁迅等所着重强调"白话文学""平民文学"的基本内容。巴蜀巾帼敢为天下先的豪气和建构新型文化的胆识,于兹可见。曾兰短篇小说《孽缘》(1914),揭示了专制制度下妇女的悲惨境遇;也通过作品中其他女性的言行,批评了妇女自身的缺陷。刊发这篇小说的《小说月报》编辑主任恽铁樵专门致信曾兰,称"《孽缘》叙事明晰,用笔犀利,甚佩甚佩!"曾兰还有传记小说《铁血宰相俾士麦夫人传》(1912)等,都是以现代白话文为符号载体,

---

① 陈白尘:《中国现代戏剧史稿》,中国戏剧出版社1989年版,第197页。

或塑造现代女性楷模，或揭露封建包办婚姻悲剧，都体现着浓郁的现代思想特色。其作品被收录于《定生慧室遗稿》（1936）。

王光祈、周太玄、李劼人、曾琦等蜀人发起、创办的《少年中国》《少年世界》等，尤其是蒲殿俊、张澜在北京创办的《晨报》，都是五四时期中国新文化运动的重要阵地而为世人注目。《晨报》副刊，成为五四新文学运动的"四大副刊"之一，陈独秀、李大钊、胡适、瞿秋白都是该报的主要撰稿人，鲁迅的《阿Q正传》就首发于此。鲁迅的小说名篇《故乡》《肥皂》，周作人的《人的文学》《新文学的要求》《文学上的俄国与中国》《故乡的野菜》，郁达夫的《给一位文学青年的公开状》《秋柳》《生活与艺术》《诗的意义》，胡适的《双十节的鬼歌》《国语运动与文学》《新自由主义》等，都刊发于其上。

二、饱经患难的断肠曲：世纪初的巴蜀作家群

五四时期寓居京沪的一群蜀中青年聚合为"浅草—沉钟社"，为新文学贡献着自己的努力。其主要发起人林如稷（1902～1976）1920年始在北京《晨报》发表短篇小说《伊的母亲》《死后的忏悔》。前者是中国现代文学最早的"典妻"题材，它通过穷人云儿一家的悲惨遭遇，控诉了封建地主阶级为了"一年租钱，就要人家妻子作抵"的残酷丑恶；后者用一个军阀部队连长的死前忏悔，批判了军阀混战造成的社会灾难和民生艰辛，表现着人道主义的时代精神。他稍后的《狂奔》《将过去》等七篇小说，多取材于青年学生生活，注重心理描写以表现主人公的苦闷、彷徨、悲哀和找不到出路的愤激。这些作品大都以四川和成都为地域背景，而"深灰的沙漠""死亡都市""人与人之间的相互争夺，相互倾轧"等艺术意象，又使其笼罩着沉重压抑和灰暗阴冷的情感基调。其作品主要收录在《林如稷选集》（1985）。

陈炜谟（1903～1955）的理论文章代表着这个青年群体的文艺观，他不满于当时创作的浅薄浮躁，主张创作必须是"受过艺术的炉火所熏焰"，强调文学艺术美的本质特征。以巴蜀人文性格特有的骄狂豪气，他提出创作的关键在于自我个性的充分张扬："没有天马行空的精神，大艺术不能产生；没有艰苦卓绝的努力，新文学还是无望。"[①]鲁迅因此指出他们"其实也是'为艺术而

---

① 陈炜谟：《胚珠》，《沉钟》1925年第1期。

艺术'的团体",并在编选《中国新文学大系·小说二集》时大量征引陈炜谟小说集《炉边·序》中文字,更将其《狼筅将军》《破眼》《夜》《塞堡》等选入,数量之多,为别人所不及。其作品主要收录于成都出版社的《陈炜谟文集》(1993)。陈翔鹤(1901～1969)的小说充满着"人"意识,早期小说多收录于《不安定的灵魂》中。在《See……》中主人公宣称"我愿意做人世间一切道德礼法的叛徒,我愿意毁灭早死或夭亡,然而我确不愿意使我的生活动摇",以表现时代青年的坚决抗争。但个人反抗的无力,使他们满眼是"荆棘荒莽的原野,四周被白雾迷漫着","前后左右都有人在那里悲泣或歌叹,到最终末似乎大家都已无声"。小说《茫然》就如此描述着"世纪末的怨哀",显示了"低唱着饱经忧患的不欲明言的断肠之曲"的风格特征。其作品主要见《陈翔鹤选集》(1980)。

"浅草—沉钟社"的蜀籍青年群体,受自己熟悉的巴蜀人生形态制约,有意识地选取蜀中人生作为观照对象,开始了对现代心理描写技巧手法的尝试,从而呈现着内视角"独语"的叙述特征。巴蜀大盆地混乱的现实和军阀统治的黑暗,使他们的作品大多笼罩着阴雾迷漫的阴冷低沉,而被时潮所激醒的反叛追求,又使这些作品洋溢着鲜明的时代精神亮色。这就是鲁迅所称道的:"他们的季刊,每一刊都显示着努力;向外,在摄取异域的营养,向内,在挖掘着自己的灵魂,要发见心灵的眼睛和喉舌,来凝视这世界,将真和美唱给寂寞的人们。"通过他们的创作,鲁迅表达了对"蜀中受难之深"的深切忧虑[①]。李开先的小说《埂子上的一夜》在对一个绑票事件的叙述中,大量使用蜀中流行的袍哥语言和蜀方言,因此被茅盾盛赞为"这在当时也是很难得的","吻合人物身份的活生生的对话",并于中看到作者"颇有说明那产生'棒老二'四川和特殊社会背景的企图"。在受吴越文化浸润甚深和习惯于吴侬软语的茅盾眼中,李开先小说的语式风格和大盆地的人生状态,就是一种"异域情调"了。[②]

当时活跃于文坛上的川籍作家,创造社员邓均吾(1898～1969)的诗歌以"清新流丽"(郑伯奇语)、"诗品清醇"(郭沫若语)而被人注意,他翻译过海涅诗、《歌德传》《人类悟性论》《科学概论》等。其《白鸥》(1923)等诗为人称道,《自题》透露着其人生信念:"生来不具奴性,自审亦非英

---

① 鲁迅:《中国新文学大系·小说二集导言》,上海良友出版公司1935年版。
② 茅盾:《中国新文学大系·小说一集导言》,上海良友出版公司1935年版。

雄。收拾万千矛盾，将来做个沉钟。"（1946）其诗作后来被辑录为《邓均吾诗词选》（1981）。敬隐渔（1901～1930）曾被郭沫若誉为"创造社的中坚分子"，是第一个翻译罗曼·罗兰《约翰·克里斯朵夫》为中文的人，罗曼·罗兰写信鼓励过他的翻译，并在经济上帮助这位在法国留学的年轻人。敬隐渔又是第一个将《阿Q正传》译成法文发表的人，还翻译了鲁迅的《孔乙己》《故乡》和郭沫若的《函谷关》《鹓雏》等。其有收录鲁迅、郭沫若、茅盾、郁达夫、冰心、落华生、陈炜谟等作品九篇并翻译为法文的《中国当代短篇小说家作品选》（1929），由巴黎理埃德尔书局出版，为中国文学走向世界，作出了不可磨灭的贡献。敬隐渔的小说集《玛丽》（1925）作为《文学研究会丛书》之一，显示着创造社"最为活跃"（郑伯奇语）的实绩，"写的多是日常生活，但作者十分注意写人物的心理活动，常常有整段的人物的内心独白。这些心理描写或内心独白，却不使人有厌烦、空洞之感，而是写得很生动，很合情理，很说明人物的性格"①。作为五四时期著名文学社团的狂飙社，"中坚的小说作者也还是黄鹏基、尚钺、向培良三个"（鲁迅语）。黄鹏基（1901～1952）的短篇集《荆棘》（1926）是《狂飙丛书》之一，收录短篇小说13篇，被鲁迅称赞为"用流利而诙谐的语言，暴露、描画、讽刺着各种人物，尤其是智者层"，"他是首先明白晓畅的主张文学不必如奶油，应该如刺，文学家不得颓丧，应该刚健的人"。鲁迅在编选《中国新文学大系·小说二集》时收录了其短篇《我的情人》《蛋》。可贵的是他回到成都后继续推行"狂飙运动"，为蜀中新文学的繁荣继续努力。上海光华书局出版过他的独幕剧本《还未过去的现在》（1928）。

鲁迅、茅盾在为美国作家伊罗生编选中国短篇小说集《草鞋脚》时，特别推荐蜀中青年作家刘涟清的《我们在地狱》："此篇作者是清华大学的学生，真姓名不知道，涟清，是笔名。此篇原载1933年出版之《清华周刊》文艺专号中。这一篇是写四川最近军阀混战时两个敌对的军阀争一城市而在城内巷战的写真，作者大概就是四川人，而本篇所叙是他亲身的经验，所以非常真实动人。"②小说以四川某小县城为场景，通过对新婚的"我"和杏哥一家及其邻居的苦难遭遇的描写，深刻揭露了四川军阀在混战中拉兵拉伕、奸淫烧杀、无所不为的罪

---

① 倪墨炎：《倪墨炎书话·敬隐渔》，北京出版社1998年版。
② 《鲁迅研究资料》第六辑，天津人民出版社1982年版，第21、22页。

行。刘涟清先后发表的小说被集辑为《黑屋》，于1937年7月由商务印书馆作为"文学研究会创作丛书"第二集正式出版，共收小说九篇，即《棉袜》、《吸血鬼》、《幸福的人》、《暑假期中》、《黑屋》、《复生》（即《一个人的没落》）、《古城一日记》、《不相识者》、《错的推理与命运这东西》等①。

20世纪中国文学的正式突破是新诗的确认，具有里程碑意义的标志是郭沫若的崛起，而郭沫若却是在蜀中老乡康白情的诗作诱发之下开始创作的。安岳县人康白情（1896～1959）曾与北大蜀籍教授陈启修合编《新四川》杂志，倡导"砥砺学行，对于四川青年谋文化上的交适，以创造新四川，使其适为'新世界'的一部分"，表现出建构巴蜀新文化的鲜明意识。作为"新潮"诗人，其诗作最大特点是以大胆强悍的巴蜀人文精神，冲破一切规范、反叛一切旧式诗美模式的文化创新，真正体现出五四文学的自由和自然文风。自1919年发表《雪后》《先生和听差》等开始步入诗坛，其作品多收于1922年3月出版的诗集《草儿》中，1923年的第三版又作增删，是为《草儿在前》。

康白情的诗首先表现了强烈的爱国主义情感，颂扬了五四青年反帝反封建的斗争，如《别少年中国》《慰孟寿椿》《送刘清扬往南洋》等。而《女工之歌》等，则表现了对普通劳动者的同情和歌颂，表现出人道主义自由平等思想。但他的诗最为人注重的却是在诗体解放和诗歌语言音节化方面的努力。其《送客黄浦》因日常口语化和音节自然化而被梁实秋赞为"可推绝唱，意境既起，文情并茂"，是"设色的妙手"。他甚至将四川口语融入诗中："婆婆起来打米，哥哥起来上坡"，以体现新诗"务求解放而不作怪玄奇"（茅盾语）的话语符号体系建构。因此，朱自清在梳理中国新诗发展历程时，在《中国新文学大系·诗集导言》第一部分曾四次就康白情诗歌创作的艺术特色、价值和地位进行分析评说，特别推崇其诗在自然景物描写上"以写景胜"的艺术技巧："写情如《窗外》拟人法的细腻，《一封没写完的信》那样质朴自然，也都是新的"，甚至认为当时对胡适新诗理论真正进行诗体实验的，"同调的却只有康白情氏一人"。即使在40年代，朱自清还坚持认为，在五四诗坛上"似乎只有康白情先生是个比较纯粹的诗人"②。

应该说，正是蜀中四季分明、草木繁盛的自然景貌，陶冶着康白情对缤

---

① 刘传辉：《〈我们在地狱〉作者之谜》，《文史杂志》1987年第2期。
② 朱自清：《诗与哲理》，《新诗杂话》，作家书屋1947年版。

纷多彩的自然美景的自觉观照和审美自觉，其《日观峰看浴日》《桑园道中》《草儿在前》等诗对自然美景的绘写和自然畅晓的口语表现，就成为康白情与其他诗人相区别的特色。郭沫若"第一次看见的白话诗是康白情的《送许德珩赴欧洲》"，随即被其"真真正正白话，是分行写出的白话"所震惊[1]，从而激发起"凫进新文学浪潮"的创造豪气。因此，茅盾将之作为"当时最能够脱离了传统"的典范而大加赞誉。其同辈诗人俞平伯说："我最佩服的是他敢于用勇往的精神，一洗数千年来诗人的头巾气，脂粉气。他不怕别人说他'too mystic'，也不怕人家骂他荒谬可怜，他依然兴高采烈地直直地去"，"无论在哪一个方面，都有自我作古不落人后的气息流露在笔墨里"[2]。胡适更是推崇他"这四年在新诗界，创作最多，影响最大"，"只是要自由吐出心里的东西，他是无意创造而创造了，无心于解放而成绩最大"[3]。在中国现代诗歌初试期，康白情的创作体现着中国现代诗歌健康积极的发展方向。

康白情的新诗理论，集中体现于1920年3月《少年中国》上的万字长文《新诗底我见》。他提出"新诗底精神在创造"，诗体形式、语言风格和情感表现都应体现"独具的人格。诗是主情的和音乐的"，写诗技巧在于"以热烈的感情浸润宇宙间底事物而令其理想化，再把这些心象具体化了而谱之于只有心能领受的音乐"。而诗的音乐应有"自然的美"，"无韵的韵比有韵的还要动人"。他主张诗创作要符合内心的情绪节律："自由成章而后有一定的节律，一任自然的音节而不拘音韵"，从而营造"不显韵而有韵，不显格而有格"，"读来爽口，听来爽耳"的完美境界。正因为此，有学者认为，在五四时期，对新诗音节理论建构贡献最大的"当推康白情"[4]。他对"把情绪的想象的意境，音乐的刻绘的写出来，这种的作品就叫做诗"的界说，诗是"'为人生底艺术'和'为艺术底艺术'调和而成"的辩证视角，以及写诗时对材料的"整理""剪裁""调整"，"使其适合尺度"的技巧方法论述，都对中国新诗的繁荣发展，有着重要影响。

比康白情略早从事现代白话诗实验的，是赴日本学音乐后回到成都的叶

---

[1] 郭沫若：《我的作诗经过》，《沫若文集》第十一卷，人民文学出版社1959年版，第140页。
[2] 俞平伯：《草儿·序》，上海亚东图书馆1922年版。
[3] 胡适：《康白情的〈草儿〉》，《胡适文存》二集，上海亚东图书馆1924年版。
[4] 王永生：《中国现代文学理论批评史》，贵州人民出版社1986年版，第160页。

伯和（1889～1945），在译读西方诗歌时思考着"不用文言，白话可不可以拿来做诗呢？"使他萌生了"创造一种新诗体"的变革要求，成都高师的音乐教学需要又使他抛弃"典故结晶体"，"做些白描的歌，拿来一试，居然也受了大家的欢迎"①。社会阅读主体的"接受"热情，激发叶伯和对现代白话诗体实验的信心，在胡适《尝试集》出版两个月后，叶伯和将自己80余首"白描的歌"辑录成《诗歌集》出版，成为20世纪新诗史上第二本正式出版的诗集。他发起组织的"草堂文学研究会"及所创办的《草堂》杂志（1922），是蜀中当时影响最大的新文学社团和刊物，受到周作人、茅盾和郭沫若的关注和称誉。其诗作有着强烈的时代特色，如《牡丹》中对西方资本主义的批判，《乡村的妇人》《孩子孩子你莫哭》等，则是对封建军阀统治的批判和同情群众疾苦之作。而其《夜泊夔门》《春》及"心乐篇"组诗，尽情绘写巴蜀山水的秀美，被郭沫若、康白情比为泰戈尔。叶圣陶对其诗亦推崇备至："与我无量之欢快，境入陶醉，竟莫能称矣！蜀多诗人，今乃益信。"②叶伯和的第二本诗集是《伯和诗草》，另有《中国音乐史》上册（1922）和《叶伯和著述丛稿》出版。

五四时期的巴蜀诗人中，争议最大的是"白屋诗人"吴芳吉（1896～1932）。他以一首《婉容词》（1919）在中国社会尤其是青年知识分子中激起强烈共鸣，其诗歌的艺术追求是"决意孤行，自立法度，以旧文明之种子，入新时代之园地，不背国情，尽量欧化"，他向往的"理想之诗，依然中国之人，中国之语，中国之习惯，而处处合乎新时代者"③。其挚友、"学衡派"代表诗人吴宓批评其诗为"夹杂俚语，毫无格律"；偏激的新诗人则骂其为"古典诗人"，"不伦不类"。吴芳吉诗歌的艺术源泉主要来自巴蜀民歌、民谣，尤其是对"巴人歌"竹枝词的偏爱，主要体现为"新歌行体"的创新试验，如其《巴人歌》所称："巴人自古擅歌词，我亦巴人爱《竹枝》。巴渝虽俚有深意，巴水东流无尽时。"他时时沉醉的是"西南山水蜀林奇，天下诗人蜀最滋。相如之赋东坡词，子昂意气谪仙姿"。又如《两父女》就有这样的诗句："乱山间，松矫矫，乱松间，屋小小。屋前泥作墙，屋顶瓦带草。""冷月寒宵，风涌卷松涛。一声长啸，千山

---

① 叶伯和：《诗歌集·自序》，华东印刷所1922年再版。
② 叶伯和：《伯和诗草·附录》，成都昌福公司1924年版。
③ 吴芳吉：《白屋吴生诗稿·自叙》，见《吴芳吉集》，巴蜀书社1994年版。

震撼。只地下妈妈知不知晓？"

在1920年发表的《笼山曲·小引》中，他明确强调："我是四川人，所以诗中注重地方色彩。原来四川文学与中国文学之关系，其重要亲切，犹如苏格兰的风尚，在英国诗史中之位置。"正是由于他对巴蜀地域文学传统的过分迷恋而制约了他对外来文学观念的吸收，对新文学运动初期"新派多数之诗，俨若初用西文作成，然后译为本国者"的矫枉过正，也使他对白话体新诗持审慎态度。在思想内容上，吴芳吉最突出的特色就是大量写蜀中军阀混战的严酷现实，表现普通群众的困苦人生。爱国主义和民族主义思想，在《红颜黄土行》《独醒亭下作》等诗中表现尤著，"国耻""国仇"的呼声，到处可见。如《仇货买不得》："仇货买不得，仇货买不得！买了仇货，卖了中国！休将仇货污人格，信誓勿逾越！"从民主主义和人道主义立场出发，他以《曹锟烧丰都行》《歌》《笼山曲》等诗作，痛斥反动军阀的烧杀抢掠，甚至指名道姓地进行批判，同时又怀着深深的同情，描摹劳苦群众的艰难生活。

其代表作《婉容词》立足于新旧婚姻道德观念的冲突，围绕着传统女性"从一而终"与留学生"结婚离婚自由"的观念反差而展开心理冲突。它通过描写传统女性婉容对留学生丈夫的思恋、收到丈夫要求"离婚自由"信件时的愁怨，以及受传统观念制约无路可走的绝望和自杀前对生命的留恋，极力描摹人物的细腻感受。通过婉容的遭遇叙述进行思考，这比当时及以后许多同类题材的作品，更富于情感震撼力。《婉容词》语言兼有通俗畅达与含蓄典丽之长，描绘心境与物境时又细致准确，尤其是结尾处将女主角投湖自杀的动态和静态交响，声音与光影互衬，渲染的感人至深，体现着诗人极高的艺术表现功力。当时一些中小学将其一些代表作选入教材，成为新诗范文。他是一个有意识在创作中凸显地域特色的诗人，"四川山水别有境界，他的境界的表示，都是磅礴，险峻，幽渺，寂寞，及许多动心骇目之象"，"我望现今的新诗人辈，要得诗境的变化，不可不赴四川游历。而游历所经，尤不可不遍于他的疆界"[①]。他先后担任过西北大学、成都大学、四川大学教授，参与创办重庆大学，自编《白屋吴生诗稿》（1929），挚友吴宓等为其编订《吴白屋先生遗书》（1934），后有《白屋诗选》（1982）、《吴芳吉集》（1994）出版。

---

① 吴芳吉：《吴芳吉集》，巴蜀书社1994年版，第110页。

第二节　20世纪精神的号手郭沫若

一、艺术个性的巴蜀式呈现

在20世纪中国文学史上，乐山人郭沫若（1892～1978），在新文化建设、新文学开创方面的巨大贡献，以及在中国现代诗歌、戏剧、小说、散文等领域的大胆实践和模式建构，都具有里程碑的意义，因而被视为与中国现代文学开山者鲁迅有同样的成就地位。

出身于四川乐山沙湾镇一个家道殷实的地主兼商人家庭的郭沫若，在尽情吮吸人生美味甘蜜中度过了青少年时代。其父在商贸活动和闯江湖中磨炼出的开明和远见，其母仁慈和喜爱诗文的熏染，都为郭氏兄弟创造了一个极好的生活环境。郭氏兄弟能相继去日本留学，郭家能选择沈焕章这样具有近代科学意识的私塾先生，这都是郭沫若父母的开明和远见所致。其父在当地的人缘佳，其祖父在乐山等地那"金脸大王"的江湖声誉，其叔在袍哥界的势力，还有留日归来在省里做官的大哥的显赫地位，都为少年郭沫若自由天性的正常发展提供着坚实的保证。"平生多负气，志学貌苏韩"的骄狂大胆性格就这样形成了，这就是他后来在社会科学、自然科学、文学艺术诸多领域都有杰出建树的性格心理基础。这正如他自诉："我回顾所走过的半世行路，都是一任自己的冲动在那里奔驰。"①

此外，他家乡沙湾镇邻靠马边、峨边等少数民族聚居地，巴蜀大盆地那闭塞、剽悍的民俗风习特征极为典型。山高皇帝远的边缘意识，崇尚强力的性格积淀，一方面表现为以小团体抗拒大社会以及蔑视官府统治的袍哥组织的繁盛，另一方面表现为"劫富济贫"的土匪畅行无阻。郭沫若津津乐道地历数着"我们沙湾的土匪头领"事迹，赞美着那些"乡里一部分青年所视为豪杰的行为"，并极力夸耀自己与这些土匪的关系："有的我们在小时候还一同玩耍过。"②这些文化风习对郭沫若的童年心理有着极重要的影响和模塑作用，并积淀为一种集体无意识。五四浪潮中他大胆冲决，反叛一切，那彻底的破坏、完全的创造，以及对中外"匪徒"革命家的热情颂扬，都有着其童年生活心理

---

① 郭沫若：《论国内评坛及我对于创作上的专题》，《时事新报·学灯》1922年8月4日。
② 郭沫若：《沫若文集·少年时代》，人民文学出版社1958年版，第6页。

积淀的原因。郭沫若"为中国新诗的区域文学书写进行了一次基于巴蜀文化的个人书写尝试",如《峨眉山上的白雪》《巫峡的回忆》等"充满了巴山蜀水之诗情画意的上佳之作"[①],就有着这样的地域文化氛围和创造前提条件。

"天下之山水在蜀,蜀之山水在嘉州","海棠香国"的秀丽山水熏陶着郭沫若的自然人格,铸造着一代文学大师的美感心理机制,曾经张扬"为艺术而艺术"而被人视为"唯美主义"代表的郭沫若,其审美心理正积淀着故乡秀美山水的自然因子。特定的环境制约着人的创造形式和表现特征,人的创造因此带有所在环境的浓重印记。司马相如、陈子昂、李白、苏轼等巴蜀先贤的文化创造和审美方式,都规范着郭沫若的创作风格。"吾乡苏长公,俊逸才无敌"的骄傲使他的书法带有"苏字"特征,在反封建伦理道德的时潮中,他自然地"复活"着巴蜀才女卓文君的反叛精神。而近代蜀学家廖平离经叛道、好翻成案、自我作古、为学多变的学术思想,更是直接影响着郭沫若的创造思维和表现形式。在五四时期"打倒孔家店"的巨潮中,郭沫若卓然独立地发掘"中国文化之传统精神"的优秀成分,赞美孔子"日日新"的积极精神,以及"仁"之"以精神的努力生活为根柢之一切的人道的行为",指出道家对自由人格追求的伟大意义是"解放个性,复归于三代以前的自由思想的文艺复兴运动"等,以及从中西方文化对比的角度,论述着王阳明心学的现实意义,这些思想,都对中国现代思想文化的建构以及中国式文化发展道路的开拓,意义重大。

二、现代中国文化开创性的多种建树

20世纪中国新文学的发生,是以对古典文学模式的彻底消解和背弃,大胆吸收、化取西方近代文化文学的"甘乳",甚至以西方文学为模式规范而开始的。"文学是什么?"正是世纪初人们思考的焦点。五四新文化先驱者出于要改变几千年形成的根深蒂固的"诗国"面貌的良好愿望,采用了"推倒"的简单化的方式。胡适所说"诗国革命何自始,要须作诗如作文",表明了这种革命和"推倒"的决心。郭沫若的文艺美学主张和在诗歌、戏剧、小说、散文诸种文体领域的创造开拓,正是对20世纪新型文学建构需要的回应。

---

① 郝明工:《简论20世纪上半叶巴蜀作家群的区域文学书写》,《重庆社会科学》2007年第5期。

郭沫若文艺美学思想的核心，是崇尚自我表现、张扬个性，强调真情自然流露的"直觉"，将文艺视为由作家情感浸润后对世界本质的形象化表现方式，要求以美的体味去透视万物并力求表现自我个性和主观情感。一方面他主张"请放开眼界，读大自然的雄诗"，从大自然的郁勃生机和美丽秀色中去汲取灵感；另一方面要求表现"万物之灵长"的人类强悍的生命意识。他汲取尼采的无目的创造说和柏格森的生命哲学思想，认为文艺是作家的一种生命存在方式，文艺创造的关键是作家内心冲动的生命意识力度，在于生命活力的激荡程度和对自我本体沉醉、感悟的程度。这种"动的精神"使他的诗歌真正做到了"形式上绝端的自由，绝端的自主"，那长短随意、杂错不羁的诗行，恣肆狂浪的口语，恢宏巨制与精致短章等多种诗体的创新实践，有韵与无韵并行不悖的自然，正是其冲决一切羁绊的创造豪情的呈现。

郭沫若提出诗歌审美的三大尺度是：情绪、节奏、和谐。《凤凰涅槃》中"凤歌"的雄浑激越，"凰歌"的哀怨婉约，长短错落的诗体和大量排比句式的设置，都贯融着对旧世界的愤怒批判和对新人生的强烈向往，全诗起伏回荡的情绪旋律表现出强烈的节奏感。一部《女神》以宇宙为对象的恢宏审美观照，使山川草木、海洋高山、太平洋与长江黄河等天宇苍穹意象并举，庄、老、孔与斯宾诺莎、达尔文、马克思、卢梭等古今伟人同现，凤凰天狗等神话传说与轮船火车电报等现代科技交辉，都成为反帝反封建民主自由思想的艺术符号，化为作者爱国主义精神和现代文艺创造的情绪形式，并因为作者的真诚抒发而和谐一体。而《星空》《瓶》等诗集，则是郭沫若对诗体凝练浓缩的新尝试。生命体味的沉思和对青春将逝的迷恋，使他在仰望浩渺"星空"中思索生命，在呼吸"瓶"中梅花幽馥时感悟宇宙的深邃，诗风显现着含蓄蕴藉的婉约之美。与之相类的是散文《小品六章》，用清新、优美、洗练和流畅的文笔，抒发着对青春的欢愉和执着，并流露着特定时代中的凄清苦寂的心绪。

在诗歌审美实验中，郭沫若历经着由《女神》式强烈情感宣泄和汪洋恣肆的自由语风的狂欢，到以小诗的精致凝练对诗歌进行规范，再用《战歌集》《前茅》等表现着对"粗鲁的诗"的探索以应和"革命文学"浪潮的需要，他始终是站在时代的前列。在20世纪50年代以后的《新华颂》《百花齐放》中，他尝试过民歌体以追求文学的"人民化"，《骆驼》一诗对节奏韵律的关注和内心情绪的真实表露，说明他对诗美难以忘怀。郭沫若晚年创作留下的遗憾，可从其60年代《读〈随园诗〉札记》中窥见，在文中他再次强调自己的主张：

"性情必真,格律似严而非严,始可达到好处",这正可与其对自己一生创作并总结"诗多好的少"的悔责相印证。把生命冲动视为文学创作的基本动力,将创作看成"奔突横溢的生命洪流"和自我个性充分张扬的外化形式,"感觉上只有在最高潮时候的生命感是最够味的",这一切都在40年代尖锐激烈的政治斗争的荡涌中被激活,郭沫若文学创作的第二个高潮就以戏剧的形式呈现出来。郭沫若首先是理性自觉地建构着现代史剧,宣称"要借古人的骸骨来,另行吹嘘些生命进去",要站在现代人生的高度,使历史人物成为"永远有生命的新人"。这恰如近代美学家克罗齐说的:一切历史都是当代人眼中的历史。为此他提出"失事求似"的史剧创作原则,要求把握历史的精神而不拘泥于某些具体史实,用艺术思维的想象与联想去发展历史的精神。

他的六部历史剧,立足于历史与现实"惊人相似"之点,通过塑造屈原、高渐离、聂嫈姐弟、夏完淳等仁人志士为真理、为正义奋斗献身,为国家强盛和民族团结而杀身成仁、舍生取义的忠勇坚贞的性格,通过分裂与统一、专制与民主、投降与爱国、妥协与抗战的尖锐矛盾冲突,以及剧中人物爱与恨、生与死、公与私的情感冲突,回应着"中国向何处去"的时代思考,表现着当时中国"时代的愤怒"。那"性情必真"的审美态度和激情纵横的艺术个性,呈现于郭沫若的史剧创作中。正是出于对屈原伟大人格的敬仰,对少年英雄夏完淳爱国感情的喜爱,以及对阿盖公主的同情和对高渐离一类仁人志士的仰慕,才有《屈原》《虎符》《高渐离》《棠棣之花》《南冠草》《孔雀胆》六部史剧的产生。而60年代前后的《武则天》《蔡文姬》,亦是郭沫若感味人生甚深的"夫子自道"之作。

郭沫若对中国现代戏剧美学的建构特征,是对戏剧作为一门综合艺术的关注和实践。作为主观型诗人,他的剧作呈现着鲜明的诗化特征,人物对话和叙述语言都具有"案头文学"的可读可诵性,人物的内心独白(如《雷电颂》)、角色吟诗诵词(如《胡笳十八拍》)的情节场面,都使他的剧作带有诗剧的特征;而大量歌舞场面的设置,如《屈原》的"招魂"、高渐离击筑而歌、"胡笳十八拍"等各种情景,都使剧作产生强烈的舞台性和表演性。这正是郭沫若的艺术自觉:"载歌载舞,我觉得很有意义,使空洞的气氛形象化了。"这种戏剧美学意识在80年代得到回应,关于"戏剧的本质是什么?"的讨论和新时期对戏剧作为综合艺术的特征的关注,正复现着郭沫若的艺术实践。而郭沫若对中国悲剧艺术的开拓也是意义重大的,其剧作的悲剧冲突都是正义与邪恶、光明与黑暗、进步与落后、民主与专制的矛盾，正面主人公都具有高尚的人格、忠勇仁爱的道德伦理观，有超凡的才干和智慧，其冲突则带有社会历史和文化的厚重内容，产生着震撼心魄的艺术效应，并呈现着悲壮的美学特征，从而产生"把愤怒情绪化为力量"的悲剧效果。

充分利用公共传播媒体平台，郭沫若走向了社会舞台的中心，成就了中国现代史上仅有的"球形天才"。捷克汉学家普实克曾经指出，中国现代文学史上一个突出的现象就是，抒情主体经过历史情境的刺激，转而寻找一个更积极的主体，一个群众性的主体，从而实现了"抒情短诗"到"史诗"的建构[①]。郭沫若的诗歌创作，从"诗性自我"的无意识表达到"知识分子自我"的理性自审及旁观，在他的诗歌中，出现了一个明显矛盾的"自我"的凸隐，与此同时，诗人的抒情对象从对自然的讴歌、"匪徒"的赞颂，转而认同普通的劳动者、广大民众，发生明显的位移。"20世纪中国的革命道路就是从摸索中走出来的，郭沫若作为在这条道路上摸索中的一个'人'，他身上的伟大与渺小，都是并存的。"（王富仁语）在现代社会的诸多领域、诸多学科，郭沫若都同时"在场"。现代中国的社会历史和思想文化有多么驳杂，郭沫若也就有多么复杂（王本朝语）[②]。

作为20世纪中国文化巨人，郭沫若在80余年的人生历程中出版了近200部著述，留下皇皇大论达2400万字，在哲学、史学、文字学、文化学和文学等诸多领域都取得了令人仰视的成就。其诗歌、散文、戏剧创作都为现代中国文学的发展提供着范式；在小说创作上，他以心理描写和潜意识分析、意识流手法，开创着现代主义小说的道路。在对外来文化与传统文化的关系、时潮感应与个性表现的处理上，都获得了极大的成效，从而对20世纪中国文化的建构产生着强烈的影响。

---

① [捷]雅罗斯拉夫·普实克著，李燕乔等译：《普实克中国现代文学论文集》，湖南文艺出版社1987年版。
② 魏红珊：《当代视野下的郭沫若研究国际研讨会综述》，《文学评论》2007年第6期。

第三节　中国专制制度的彻底批判者巴金

一、对一切腐恶现象的彻底批判

20世纪中国文学发展历程中，无论从哪种角度看，成都人巴金（1904～2005）的文学创作都具有极其重要的价值，这既表现在他作品数量的浩博——20部中长篇小说、15本短篇小说集和翻译的大量西方思想文化论著及文学作品等总计1000万字的辉煌业绩，更体现在他始终执着于对中国社会根本痼疾——封建主义思想的批判和揭露。巴金纵贯大半个世纪的文学创作的基本内容，是将"人"置放于家庭、社会、世界潮流的矛盾冲突中，从政治解放、伦理解放、人性自由的解放这三大层面去思考。也正是由于描写体味甚深、感受最切的生活，"把心交给读者"的真诚坦露心迹，巴金的作品充盈着强烈的情感因素，形成对读者强烈的心理震撼力，因而获得广泛而持久的艺术生命力。这在20世纪中国文学史上，是极为罕见的。他的作品，首先是博得广大知识青年的强烈共鸣，成为他们在家庭与社会、个人命运与现存世界矛盾冲突中的心底呼号，更重要的是，众多青年在其作品影响下甚至怀揣其作品投身于政治革命。从这个角度说，巴金的作品意义已不仅局限于文学。

巴金的全部作品都贯穿着一个核心思想，即其所称："自从我知道执笔以来，我就没有停止过对我的敌人的攻击。我的敌人是什么？一切阻碍社会的进化和人生的发展的人为制度。"[①]正是这种立足高远、关怀人生的阔大胸襟，使他在创作中思考的内容总是居于时代思潮的峰巅。从《灭亡》《新生》的时代愤激抒发开始，无论是取材于"家内人生"的"激流三部曲"《憩园》《寒夜》，还是描写"家外人生"的"爱情三部曲""抗战三部曲"，以及取材于异域人生的短篇集《复仇》《光明》《将军》《利娜》和象征寓言小说《海底梦》《幽灵》《狗》等，都毫不例外地表现着巴金对美好人性、青春生命的热情颂赞和对一切黑暗腐朽势力的愤怒批判。"爱与憎"是其作品的两大基本情感，其价值判断标准则是人道主义。因此巴金终生不渝地揭露黑暗、鞭挞丑恶，满怀激情地颂扬青年一代的反抗斗争。

《家》中的高老太爷，是集封建官僚、地主、族长、主人为一体的封建专

---

① 巴金：《写作生活的回顾》，贾植芳等编：《巴金写作生涯》，百花文艺出版社1984年版。

制代表。为自己生活悠闲，他中断觉新的学业，无视其爱情而随意为之娶亲，断送一个有为青年的大好前途；他随意将鸣凤像物品一样送给老朽的冯乐山，葬送了青春少女的生命；对觉慧的社会活动、觉民的抗婚，他百般压制，实为维护自己威权的自私。他总是以封建礼教去规范一切，而捧戏子、写艳诗、嫖妓、买妾的丑恶行为，映衬出他的丑恶和虚伪。封建顽固派代表冯乐山大倡礼教却对鸣凤心存淫念并对婉儿虐待摧残，高公馆第二代如争夺家产、专横、欺辱女仆等等，都是巴金强烈批判和愤怒抨击的对象。在《春》《秋》中，高老太爷式人物仍在肆虐，周伯涛的专制就葬送了女儿的生命。"抗战三部曲"中冯文淑、朱素贞的家庭，都透视着高公馆式的压抑和阴冷。40年代的《憩园》通过塑造一个克定式人物形象——杨梦痴，将反封建斗争和揭露家族黑暗的笔锋，指向了制度和文化。聪颖、擅长诗书画的才子杨梦痴，在腐朽的寄生虫生活中性格被扭曲了，最后沦为以偷盗乞讨为生的废人。可悲的是，"憩园"新主人的儿子小虎，在继承封建主义财富的同时也继承了封建主义的腐朽，与《秋》中觉英、觉群一类的纨绔子弟同是反动制度和封建文化所培养的恶人和废人，这些描写，体现着巴金对封建社会"吃人"本质的深刻批判。

一方面是巴金独特人生体验所蕴积的愤懑，另一方面是五四反封建思想尤其是蜀中新文化先驱者吴虞对封建专制、家族制度的深刻揭露的影响，决定了巴金创作思想的根本特色。巴金首先是以《灭亡》《新生》开始从政治层面上对封建专制统治进行批判的。大哥的鼓励尤其是大哥自杀事件，使他从家族制度和历史文化的角度，进行着伦理批判和文化批判，家族人生是这些批判的载体，"家"在巴金作品中总是作为黑暗的象征和封建专制的体现。即如《第四病室》，所要表现的是"古怪的封建关系"害人，作者期望的是"愚孝的时代一去不复返"。《寒夜》中的人物悲剧根源正在封建伦理道德和反动社会制度。巴金对其师吴虞"家族制度为专制主义根据"之说奉行不渝，他曾借《电》中人物之口表示："我看见多一个青年反抗家庭、反抗社会，我总是高兴的。"巴金的伟大在于他始终关注着中国社会人生，深刻地揭示封建主义思想毒素的巨大危害，其晚年的《随想录》正是反封建主义的战鼓再响。从对封建专制主义的挞伐和对人类丑恶本性的批判，到对正义、真理、美好人性的颂扬，都是他对中国社会思想文化的"世纪末清扫"的可贵贡献。《随想录》中真诚的自忏自审，关于"高老太爷的鬼魂阴影"的警示，以及关于中国的大陆型农耕文化保守和惰性的批判，都是世纪末中国思想文化批判的时代强音的体现。巴金笔下艺术形象中最具生活内蕴和审美价值的是觉新：徘徊于新旧思想冲突之中，被五四新思想唤醒却承受封建伦理道德的重负；有自我人生向往和理想追求却迫于现实诸多桎梏；既是封建统治者帮凶又支持进步青年的斗争。他热切向往外部世界却只得在高墙深院的坟墓中消耗生命……这正是整整一代中国人的悲剧，中国封建思想道德伦理的残酷是悲剧的根源。巴金一生塑造了众多觉新式的形象："爱情三部曲"中周如水的软弱、妥协和自杀悲剧，"抗战三部曲"中田惠世的忍让、自我牺牲和夭折，《春天里的秋天》中"许"的逆来顺受和封建说教，《寒夜》中汪文宣的懦弱、庸碌和无声息的死亡……这些走出"家"的觉新式人物正因历史文化铸就的性格而不配享有好命运。

在"激流三部曲"中，巴金集中地绘写了觉慧、觉民"反抗家庭"的斗争，以深入揭示和批判封建专制的基础——"家庭专制"。而《灭亡》《新生》、"抗战三部曲""爱情三部曲"等"家外人生"题材，作者通过塑造杜大心、吴仁民、陈真、敏、雄、志元等进步青年形象，描述着他们勇敢无畏的战斗精神，绘写着他们反叛封建家庭后投身于社会革命的斗争生活；而李佩珠、慧等时代女性形象，更是寓托着巴金对美好青春和生命激情的颂赞。巴金将"爱情三部曲"尤其是其中的《电》视为与《家》《寒夜》《憩园》并列的自己最喜欢的作品，其原因正在于它凝聚着作者的一段生活体验，尤其是充盈着自己的青春激情。此外，作为一个人道主义者，巴金在批判封建专制，揭示反动势力和封建伦理道德的残酷，颂扬时代青年的民主自由追求的同时，还通过描写鸣凤、婉儿等下层不幸者的悲惨命运，通过展示她们美好的青春生命被毁灭的悲剧，来宣示对普通群众不幸遭遇的深深同情，以达到对那不合理社会的愤怒控诉。

二、现代长篇小说艺术的创新探索

20世纪中国文学的发生，是通过彻底消解中国传统文学的审美模式和消解古典文学话语符号体系，全面移植、借鉴西方近现代进步文学观念、形制和技巧手法而发轫的。巴金小说鲜明地体现着这种特征，西方小说"三部曲"的形制，几乎成为巴金长篇代表作的主要体式，法兰西"大河小说"的恢宏视野和情绪充盈的艺术手法，更典型体现在他的"激流""爱情"和"抗战"等三部曲中（这里还应包括"革命三部曲"即《灭亡》《新生》及巴金曾计划有第三部《黎明》）。

当然，西方近现代文学一个突出的手法是心理描写和对人物无意识的揭示，这在巴金作品中也表现得极为突出。"鸣凤之死"、觉新与梅在花园重逢，觉慧在祖父垂死之际对祖父生平的反思，以及觉慧在梦中将鸣凤化为富家小姐等人物心理活动的描写和人物潜意识心理的揭示，都深入展现着人物性格，塑造着真实复杂的形象，有着极强的艺术表现力。这都源于巴金的艺术自觉："曾读过几本德国的奥国的医生著的关于梦的书，但大都是用'性心理'来分析梦"①，在《雨》中，作者借熊智君口说："在梦中人是很自由的，很大胆的，我们会梦见许多在白日里不敢想到的事情。"我们还必须看到，巴金在创作中表现出的无意识，正如其多次描述过的，在创作过程中，因情感汹涌荡激而无法冷静观照的现象，即自谓："我写文章就像是顺从一种冲动，我常常是不由自主地拿起笔写，写完就仿佛从一个噩梦中醒来似的。"②这种创作无意识使他难以对笔下人物做理性的价值判断，他笔下的时代青年往往因"幼稚而大胆"，而同时带有狂躁、偏激和病态性格特征，但也正是这种基于生活本貌而不作人为拔高的艺术表现，更具有生活的底蕴和人生内容的真实，才使读者感受更真实，更易激起审美感应和共鸣。③

巴金创作还体现着20世纪中国文学渐趋民族化、本土化的历程特征。对中国宗法制社会基础——封建大家庭生活的观照，使其作品具有大陆型农耕文化形态的人生内容，内陆型城市生活如"激流三部曲"、《憩园》（成都）、《寒夜》（重庆）等的表现，记录着现代中国社会历史转型的各种特征，同时也因对巴蜀"双城"的描写而具有地域文学标杆的意义。"成都巷战"对蜀中军阀混战现实的描写，"血光之灾"及驱鬼、丧葬的陋习和"元宵舞狮"的狂欢民俗，都透视着巴蜀大盆地那"中世纪"闭塞、落后和愚昧的社会历史状貌和文化特征。而巴金小说语言词汇的使用如"体子"（身体状况）、"开消"（赶走）、"惯使"（放纵）等，也带有蜀籁方言的天趣。这些也体现着一个"巴蜀之子"的创作审美特征。

总之，巴金的文学创作无论是在社会批判、政治批判还是道德伦理及文化批判上，在20世纪社会历程和人生形态的描写记录上，都卓然独立于时代，从

---

① 巴金：《木乃伊》，《漫话生活》第六辑，1935年。
② 巴金：《谈我的短篇小说》，《巴金选集》第十卷，四川人民出版社1982年版。
③ 邓经武：《审父与恋母：论巴金创作的无意识》，《社会科学研究》1998年第3期。

而具有世纪的思想文化和文学的里程碑价值。

第四节 大盆地人生的绘画者李劼人与沙汀

一、李劼人"大河小说"展示的历史风云

20世纪中国文学发展历程的一大特征，是在移植、借鉴和化取西方文学之后，逐渐走向民族化、本土化，以最终实现中国文学的民族化，这种趋向自鲁迅及20年代"乡土小说"始，在三四十年代蔚为大观，成为作家们的一种自觉努力方向。李劼人和沙汀，分别以对巴蜀大盆地的都市和乡镇两种人生形态的表现，以对巴蜀民俗风习和人生状貌的自觉择取，体现着浓郁的巴蜀地域文化色彩，为20世纪中国文学的民族化、本土化建构，作出了巨大贡献。

出生于成都市民家庭的李劼人（1891～1962），由于做报社记者的经历，对中国近现代之交的历史荡激和民生状貌，尤其是对蜀中人生的生存形态，有着深深的体味。"天下未乱蜀先乱"的历史沿袭，在辛亥革命前后的蜀中表现尤显。身处时潮漩流中心的李劼人所获得的生活馈赠，被汹涌而来的西方民主自由思想所激活。自1912年发表短篇小说《游园会》始，他开始以《盗志》《做人难》等系列短篇及《夹坝》《儿时影》等小说，在对社会人生的"实摹"、新型小说技巧手法的尝试和白话语体的试验上，作出相当的成绩，显示着20世纪初中国新文学的创作实绩。五四运动爆发后，李劼人赴法国留学四年，潜心研究西方文学尤其是法兰西近现代民主自由文学，先后翻译了莫泊桑、都德、福楼拜、左拉、罗曼·罗兰等著名作家的作品，并发表过《评莫泊桑的小说》《法兰西自然主义以后的小说及其作家》等研究论文，因此被视为法国文学翻译和研究专家。中国文学对西方文学的借鉴和审美接受，李劼人的译介功不可没。法国近现代小说常用的"大河"体式，对"外省风俗"和独特人生的关注视角，历史大动荡中人物的心理状貌，以及实证式的生活观照思维方式，都直接地作用着李劼人的艺术审美思维特征。同时，跨文化交流的对比，使他用更清醒的眼光，自觉地描写特定历史阶段的中国人生尤其是具有内陆农耕文化典型特征的巴蜀大盆地的社会人生状态。他在留法期创作的中篇《同情》，描写着"和我国绝大多数人民并无不同"的正义热情和人道主义精神，归国后的短篇《好人家》和《编辑部的风波》等，都是立足于民主自由追

求，批判反动军阀专制和揭露社会黑暗丑恶之作，因而受到鲁迅、茅盾等新文学作家的推崇。

李劼人的文学创作，对20世纪中国文学影响最为深远的是"辛亥三部曲"《死水微澜》《暴风雨前》和《大波》。《死水微澜》（1936）以甲午战争至辛丑条约签订期间西方列强的政治、军事和经济侵略，中国封建社会日趋衰落的历史为背景，深入揭示近现代之交中国社会人生和思想意识嬗变的历程。封建专制的衰落，民间帮会势力的壮大，教民力量的兴起，社会道德心理的变易，都集中地通过三个人物的性格塑造来展现。袍哥首领罗歪嘴是个设赌场、树山头、嫖妓玩娼的地方豪强，却又有任侠仗义、敢于抗拒官府压迫并仇视外国势力入侵，带有中国民间英雄"以武犯禁"的传统性格特征，在其身上浓缩着中国封建社会中草莽英雄的性格特征。土财主顾天成懦弱无能，贪赌好色且吝啬卑俗，正是封建地主阶级的一种代表，他在被罗歪嘴设骗输尽一笔捐官费后，又在春节灯会上调戏妇女与罗歪嘴等大打出手而丢失爱女。旧仇新恨却无处申雪，使他投向为时人所不齿的外来洋教势力，并且依靠教会势力威逼官府出面，最终迫使罗歪嘴逃避远方而大获全胜，娶回罗心爱的女人蔡大嫂并成为当地大粮户。但他骨子深处仍奉守中国传统文化，耶稣像与祖宗牌位同时供奉，就是其性格体现的一个细节。这正是近现代中国一类人物精神状态的精辟写照，20世纪中国社会的一种新型人生形态，就通过这些形象的塑造而得到了典型表现。①

中国社会历史的发展和城市规模的扩大，市民阶层对世俗享乐的追求，就在西风东渐的西方近代文明熏染之下被激活起来，村姑蔡大嫂正是这种人群的代表。她向往着都市繁华生活却被封建包办婚姻安排给憨厚小掌柜蔡傻子为妻，向往自由人生渴望品尝生活甜美的内心涌动，使她与罗歪嘴公然偷情，这正是中世纪强力崇拜的一种自然选择。后因罗歪嘴遭诬陷而逃亡他乡，蔡傻子被关进大牢，蔡大嫂毅然答应以"生人妻"改嫁有钱有势又能应承一切条件的顾天成。可以说，蔡大嫂的人生是近代以来中国人的一种代表，其价值标准又展示着中国社会从古典式的英雄崇拜，逐渐转向现代物质文明追求的伦理观念的嬗变，这正如她的父母所感叹的：世道不同了！

《暴风雨前》着眼于民智渐开的四川动荡社会状貌，以资产阶级改良派、

---

① 邓经武：《论李劼人创作的巴蜀文化因子》，《四川师大学报》1994年第4期。

革命派和立宪派的政治斗争为主线,全面展示辛亥革命前夕中国社会各阶层、各政治势力在历史剧变中的种种表现。其艺术价值在于尝试了一种新型小说话语方式,通过对历史变革动荡的"原生态"展示而具有真实的认识价值。小说落笔于普通平凡的若干次要,却又在心理感受和价值取向上,代表着某种政治力量的小人物形象的描写,使社会变革通过各层面、各类人生形态和民俗风习的变易而体现出来。《大波》以恢宏的构架,广泛的社会描写和众多的人物群像,言必有据的史实穿插,完成了超长篇"大河小说"体式的实验。它以辛亥革命为背景,以革命的导火线——四川保路运动为中心线索,从晚清封疆大臣赵尔丰、钦差大臣端方,到革命军统帅夏之时、地方革命党人王孟兰、乱世突起的都督尹昌衡以及学生代表楚用、伞店小掌柜付盛隆、小军官吴凤梧等形象化塑造,并通过他们的活动去展示广阔的社会人生场面。而保路请愿、制台衙门血案、龙泉驿反正、端方在资州受诛以及各州县地方武装攻打成都等事件,都绘写得波澜壮阔,惊心动魄。在小说的描述中我们看到,每个人物都在特定的历史位置上发挥作用,每个事件和场景都从不同角度表现着历史的状貌和变迁,小说由此体现出史诗的特征。

李劼人"辛亥三部曲"首次以长篇历史小说的体式实验,为20世纪中国文学小说进行新型的模式建构努力,它所提供的对历史的独特观照模式——不再把英雄作为故事主角而着眼于下层普通人生状貌,尤其是以蔡大嫂、黄澜生太太、郝又三等中间人物为枢纽联结各种人物和社会势力的构架方式,既达到广泛反映的效果,又体现着"平民文学"的现代审美观照态度。小说开放式结构和多条线索并行发展,不囿于中心情节而采取"散点透视",正是对中国传统长篇小说构架技法的认同和对司各特、托尔斯泰、罗曼·罗兰等的西洋小说技巧的合理化取。但小说更主要的是以浓郁而鲜明的巴蜀文化色彩,为20世纪中国文学增添了一道亮丽风景线。作品人物如罗歪嘴、吴凤梧等蔑视一切威权和传统礼法规范的骄狂性格,蔡大嫂等众多女性那敢作敢为、肆无忌惮、注重现世享乐的巴蜀辣子性格,都是因"天高皇帝远",长期处于"西僻之国"的边缘意识的体现。而成都近郊小场镇集市的喧闹、成都东大街灯会、青羊宫庙会、劝业场吃茶、下莲池贫民的窘况等社会场景描写,以及蜀中婚丧嫁娶、饮食菜肴、陈设居室和街道地名的描写,还有对典章掌故、事物沿革的考证,都呈现着浓郁的地域文化特征,20世纪中国文学的民族化、本土化,就由李劼人小说那独特的蜀中人生形态,鲜明的巴蜀人文性格塑造和巴蜀民俗风习的描写而体现出实绩。以"风俗史""非英雄"的审美追求和独异的历史叙述方式,建构起与传统历史小说演义正史、叙写英豪、表现正统道德完全不同的现代历史小说模式。这种对中国既有小说模式的改造,是从人物塑造、结构形式、语言模式等几个维度上进行的。有学者指出:"李劼人的历史小说是为没有定型的中国近代史创造一种艺术的具文,是实际的历史,实际的生活史和精神史,作者的任务是把实际存在的历史变成艺术的具文,变成小说","非英雄"及"非道德"地借世俗化的"有趣的琐闻逸事","来烘托出大事的背景"的现代历史叙述,展现出一种由世俗风情和人的道德生活构成的"风俗史"[1]。

总之,李劼人有清醒的巴蜀文化意识(他先后创办过《蜀风》《风土什物》《华阳国志》等研究、弘扬巴蜀文化的刊物,撰写过15万字的《说成都》),留法经历使他能够在中西文化交流中审视中国文化和巴蜀地域文化的特征,法兰西文学重实证的客观描摹,"大河小说"的形制及对环境风貌的注重,与蜀学重史实考据的传统,大学教授的博学和记者生涯的生活积累,都是他成为一代名家的前提。他有意识地追求"小说的华阳国志"式巴蜀大盆地人生状貌的描写,始终聚焦于成都平原各色人群生存状态的审美观照,以及所表现的社会生活的历史化,人们生存状态的风俗化,特定时代的心理化等特色。这些都是李劼人小说愈益受人推崇的原因。而这些,都建立在他自觉地皈依本民族文化传统的追求上,这已成为后来的克非、周克芹乃至80年代蜀中青年作家自觉努力的方向。他40年代创作的长篇小说《天魔舞》,通过上层人物陈登云和庞太太陈莉华、下层人物白知时和唐素贞两对恋人的人生经历,对国统区黑暗腐朽现实进行了深刻揭示和愤怒批判。50年代创作的短篇《天要亮了》,选取新旧政权交替之际,蜀中乡镇人生的动荡,辛辣地讽刺了基层反动势力的愚昧可笑,呈现着李劼人执着于巴蜀人生审美观照的艺术个性。

著名评论家刘再复对李劼人小说曾经有过这样的评价:"在中国现代小说史上,如果说《阿Q正传》《边城》《金锁记》《生死场》是最精彩的中篇的话,那么,李劼人的《死水微澜》应当是最精致、最完美的长篇了","女主人公邓幺姑就是中国的包法利夫人,她的性格蕴含着中国新旧时代变迁过程

---

[1] 杨联芬:《从曾朴到李劼人:中国长篇历史小说现代模式的形成》,《四川大学学报》2003年第6期。

中的全部生动内涵。其语言的精致、成熟和非欧化倾向也是个奇观"①。陈思和的《中国当代文学史教程》则从史的角度把现代历史题材的叙事模式分成三种，认为李劼人的《死水微澜》，是一种以多元视角鸟瞰社会变迁为特征，突出了民间社会的生活场景与历史意识的典型模式。

二、"乡镇人生"的描绘者沙汀

20世纪中国文学承受着沉重的政治负荷，革命斗争的表现与作家自我情感的抒写，社会集群的代言要求与个体创作审美特征的确立等矛盾，困惑着每个作家，沙汀的创作历程，正是这种矛盾的典型表现。

沙汀（1904～1992），其家乡是邻靠松、茂的安县，内陆农耕经济状态下封闭型村落的文化特征体现得极为典型，对原始强力的尊崇使当地民间帮会势力极为强悍，土匪众多，鞭长莫及的官府政权统治远逊于地方豪强势力，狭小而贫困的自然环境使人际争斗表现得异常剧烈。五岁丧父的沙汀过早地体味着人间的艰辛，因舅父落草为匪，十二岁的沙汀开始奔行于城乡之间传书送信，偷运小型武器弹药，还参与过袍哥帮会的一些活动。孤儿寡母家庭的社会冷遇，袍哥组织的秘密活动方式，铸就了沙汀冷峻、客观、不动声色看取社会的人文性格，"二十岁之前尚不知五四新文化为何物"却对川西北人生体味甚深的青少年心理图式，都制约着他后来的创作特征。穿着长衫到成都进入省立师范的沙汀，首次感受到现代文明的冲击，去北京转武汉到上海的时代追求，以及赴延安回重庆隐居故乡的足迹所履，都使他更清醒地反观故乡人生，从而以对巴蜀乡镇人生的独特反映而成为大家。

作为一个共产党员作家，沙汀第一个短篇集《法律外的航线》（1932）以及随后的《土饼集》，力图表现共产党领导的革命斗争和群众的抗日热情，但"多是凭一时的印象，以及若干报纸通讯拼制成的"时代精神传声筒②，而选取身边时代青年生活的作品，也难显示自己的艺术个性。出于对党的事业的忠诚，沙汀曾弃舍自己已经得心应手的巴蜀乡镇人生题材，奔赴华北深入敌后，写出了如中篇《闯关》一类直接描写抗战的作品。但作为一个真诚的艺术家，就要严肃认真地对待创作。《航线》《撤退》等创作的失败使沙汀警醒，几篇

---

① 刘再复：《百年诺贝尔文学奖和中国作家的缺席》，《北京文学》1999年第8期。
② 沙汀：《兽道·题记》，《沙汀选集》，四川人民出版社1982年版。

选自故乡生活的创作使他体会到成功的喜悦，也使他认清了自己应有的创作方向。《丁跛公》《兽道》正是他自认"颇有意义"的转变标志。正反两方面的经验教训，终于使沙汀有了明确的创作观："我不打算接触更多的生活，但我却愿意在一个狭小的范围内看得更深一点，更久一点。与其广阔而浮面，倒不如狭小而深入。"①理性的自觉使他的创作选材具有明确的地域性指认，"道地的四川故事"的咀嚼，使沙汀形成鲜明的艺术个性。

沙汀短篇小说的主要内容，是对巴蜀农村基层官吏杂役粗俗、贪婪和残暴行为的绘写，以及对反动军阀肆虐残害民众的揭露，尤其是穿插蜀中袍哥帮会势力在社会政治活动中的作用，从而成功地绘写出中世纪般闭塞、愚昧、阴冷的大盆地的人生状貌，这些文字不仅散发出浓烈的血腥气息，而且隐含着愤怒的控诉。作为沙汀"改换作风"起点的《丁跛公》（发表时题名《乡约》），塑造了一个千方百计往上爬却屡屡被挤倒在困境的乡村杂役形象。丁跛公因继承跛子父亲收税职务而被人戏称"跛公"，他凭借袍哥势力，心狠手辣逼人上吊，也因"弟兄伙"关系广结人缘，但这并未使他达到"盖房娶妾"的地位，直到儿子当了营长的马弁才被人恭维为"老太爷"。他有幸获得一张中奖券却被团总吞蚀，他曾夸耀的奖金引来绑匪抢夺，抢不到钱的绑匪愤怒之下打断他的腿，使他成为名副其实的"跛公"。

《代理县长》则寄寓着作者对反动统治阶级的愤怒批判。一个十室九空的重灾县，乡下已出现吃人惨剧，前任县长以请赈为名去省里，县府秘书贺熙代理县长职务。一个兵油子出身的大烟客，一旦获得权位就大捞一把。每天拎一小块咸肉去别人家搭伙以混取一顿丰盛饭菜的行为，正是其无赖鄙俗的性格概括，而借口"为地方上保存点元气"，不准灾民外出逃难却派人守关，勒索逃难者出境买路钱的残忍凶狠，颁令灾民买票候赈的荒谬和阴毒，更活画出专制统治末世竭泽而渔的黑暗和残酷，这一切都被作者浓缩为人物的个性化语言："瘦狗还要炼他三斤油。"《兽道》描写了军阀部队轮奸产妇的暴行，使人看到蜀中战乱暗无天日的惨景；乡邻们对魏老婆子疯态的观赏取乐，更使我们震惊其残忍，小说对国民劣根性的批判和深深的悲悯，就在貌似冷静客观的叙述中呈露出来。《在祠堂里》《凶手》《老烟的故事》等篇，都从不同的人生层面展示着地处偏僻的"堪察加小景"那中世纪式人生标本的状貌。

---

① 沙汀：《这三年来我的创作活动》，《抗战文艺》1941年第7卷第1期。

沙汀创作个性的鲜明在于从"狭小"中去"深入",以烂熟于心、感味甚切的体验去思考时代和社会,如其所述:"我相当注意重大政治事件、措施在群众中的反映。而我小说中的出现的社会生活和人物,则大多是我一向,包括我童年时代就熟悉和比较熟悉的。写起来自然说得上得心应手。"①《在其香居茶馆里》就是其代表。小说以40年代国统区兵役问题为契机,通过小镇联保主任与乡绅豪强邢幺吵吵关于抓丁问题的矛盾,暴露了官吏的营私舞弊行为和虚伪本质。小说将事件集中于其香居茶馆,通过"不忌生冷"与"软硬人"两个独特性格的矛盾交锋,将冲突安排得波澜迭起,又通过陈新老爷、张三监爷、俞视学等人物的穿插,使整个情节一张一弛,曲折有致,在正面展现茶馆冲突时,又紧扣暗线背景,使冲突体现出更广泛的社会批判意义。茶馆里冲突的高潮与县城里对矛盾焦点的轻松化解,构成了绝妙的讽刺效果,结尾的"突转"更使小说呈现出强烈的喜剧效果。政权官吏、袍哥势力、地方豪强几种势力的碰撞描写,以点概面的艺术构思,波澜曲折的情节和明暗两条线索并行发展又相互推动的构架技巧,尤其是将尖锐批判和强烈讽刺寓于冷峻客观描述中的语言艺术,都体现着沙汀短篇小说鲜明独特的风格个性,从而具有中国现代短篇小说的经典意义。茅盾在论及中国现代短篇小说艺术成就时,首推沙汀之作,即可佐证。

40年代的"还乡三记",是沙汀对现代长篇小说体式实验的又一贡献。《困兽记》以抗战时国统区下层知识分子的生活遭遇为线索,以田畴、孟瑜、吴楣、章桐等在那压抑黑暗"奈何天"中美好理想的破灭,揭示了一代知识分子的悲剧,又通过富而无爱的豆渣公爷与吴楣、贫而多情的小学教员田涛与孟瑜"两家庭"(《困兽记》曾以"奈何天""两家庭"为题发表章节)生活状况和爱的寻求的矛盾,去展示人们心灵深处的悲哀:报国无门,安家无术,"四面都是墙壁,没有一条出路"。《还乡记》则通过青年农民冯大生从军队逃回故乡,欲报妻子被夺之仇,到处申诉告状无效,后联合群众反抗乡长、保长们假办合作社盘剥乡邻等事件的描写,以冯大生个人复仇为线索,广泛地展示着40年代国统区社会民生凋敝,反动势力横行和在"抗战""为民众办好事"幌子下残酷剥削人民的时代内容,并以"笋子事件"深刻揭示了"官逼民反"的历史趋势。这是沙汀学习了毛泽东的《在延安文艺座谈会上的讲话》,

---

① 沙汀:《沙汀选集·序》,四川人民出版社1982年版。

有意识地渲染中国社会阶级矛盾,"这里不仅写出了农民群众对恶霸地主自发性的斗争,而且通过这场斗争,我写出了贫苦农民的优良品质:他们聪明、朴实、勇敢"①。

长篇"还乡三记"中最能体现沙汀艺术风格的,是《淘金记》。小说以抗战时川西北农村北斗镇为背景,围绕着开采金矿的矛盾冲突,广泛地展示着国统区官吏大发国难财和腐败成风的黑暗现实,并塑造了众多性格鲜明的艺术形象。地方恶势力代表白酱丹施展各种计谋,串联各方当权者,以达到巧取豪夺金矿的目的;袍哥首领林幺长子则肆无忌惮地抢先偷采金矿;因系祖先风水所在,地主何寡母坚决抗拒,致使矛盾紧张激烈;联保主任龙哥却以国家抗战的名义,在县里的支持下强行开采。国民党政权、袍哥帮会、地方富豪、社会恶势力围绕金矿"试金石"这一矛盾焦点,贪婪本质得到了淋漓尽致的表现,各种性格展示得充分而鲜明。白酱丹的阴狠与诡计多端、林幺长子的率直横行与粗鄙凶顽、土匪出身被招安的联保主任龙哥、精明能干的地主何寡母、懦弱无能的少爷何人种及破落无赖子丘娃子等,都以鲜明的个性而使人难忘。在结构安排上,小说以涌泉居、畅和轩、何家大院为主要矛盾方,其中又辅以白、龙和彭胖的矛盾,林与袍哥兄弟伙的矛盾,何家母子及丘娃子之间的家族矛盾。从白、林明争偷挖冲突,何人种受骗加入开采,到丘娃子索要金矿产权,小说情节发展三起三落,张弛有序,结尾处何寡母同意加入开采金矿,尤其是万事皆备后,人们却弃之转向更有时效的囤积投机冒险的情节,更是在令人惊奇的同时达到强烈的讽刺效果。小说中那封闭、保守、愚昧落后的社会状貌,黯淡阴郁的世情民风,精细准确的人物外貌和心理活动绘写,以及客观冷峻叙述中让人物自行表现的形象塑造手法,还有那浓郁的巴蜀民俗场面和大量巴蜀方言的使用,都使小说在强烈的时代内容和鲜明独特的艺术形象中,呈现出浓郁的民族本土化和巴蜀地域文化色彩。

五六十年代,沙汀弃舍了自我艺术个性而努力向解释政策路线的宣传品"过渡","因为自己头脑里有些条条框框"而背离了自我艺术个性②,只是在经历了"文化大革命"和思想解放运动之后,重新寻找艺术自我。80年代的《青杠坡》《木鱼山》《红石滩》三部中篇,就是他回归自我艺术个性的

---

① 沙汀:《纪念鲁迅先生,检查创作思想》,重庆《新华日报》1951年10月19日。
② 沙汀:《沙汀选集·序》,四川人民出版社1982年版。

历程体现。《青杠坡》（1978）集中于1958年前后某农业社兴修水利、改土造田等事件去表现社会主义合作化运动，带有从"十七年文学"向新时期文学再"过渡"的强烈印记，在思想和艺术上都呈现着重归自我初期"不成熟的婴儿"特点①。《木鱼山》（1984）反思"浮夸、共产"之风中"三年自然灾害"对人民造成的苦难。《红石滩》（1986）是沙汀完全返归自我艺术个性和总结性的"封笔"之作。作品内容是作者50年代就开始酝酿且感味深切的一段历史生活，新旧社会变更之际时局剧荡在川西北乡镇的各种人生形态和各类人物的表现。小说以解放前夕川西北乡镇红石滩社会为基点，描写了反动政权和地方豪强势力苦苦挣扎"螳臂挡车"的愚蠢可笑和费尽心计"应变"的狠毒可鄙。作者力图使小说围绕"历史转折时期一个相当直接的生活片断"的聚焦，通过偏僻乡镇人生去反映大时代动荡的构思，使小说在浓郁的历史风貌表现中显示出欢快明朗的情感色彩和史诗式的审美视角，从而体现出沙汀晚年创作的新特点。

第五节　各呈异彩的现代巴蜀作家群

一、艾芜：底层人生的颂歌

艾芜（1904～1992）是在五四时潮影响下投身于新文学的，蜀中新文化思想家吴虞因"乡贤"关系，对艾芜吸收新文化思想起着直接的导引作用。怀着对人生问题的探索，为反抗包办婚姻，在"劳工神圣"思潮感召下，在即将获得师范毕业文凭的1925年，艾芜离开家乡"南行"，漂泊于中国西南地区，以及缅甸、马来亚、新加坡等地。在漂泊中他干过杂役、马帮伙计、报馆校对、小学教师等工作，历时六年。在生活底层的生存搏击，使艾芜对普通人生尤其是"大时代冲击圈外"的底层群众的疾苦，有着深切的体味，那挣扎于险恶自然环境中遭受黑暗社会压迫欺凌的人生内容，成为他切实具体的"人生哲学第一课"。1931年回到上海的艾芜，在昔日同窗好友沙汀的鼓励下，立志表现"那些在生活重压下强烈求生的欲望的朦胧反抗的行动"②，并因其独特的题

---

① 沙汀：《〈青杠坡〉的写作与修改》、《沙汀文集·自序》等自述文字。
② 鲁迅：《二心集·关于小说题材的通信·附录·致鲁迅先生的信》，人民文学出版社1973年版。

材、异域风情的描写，尤其是对一群特殊群体形象的展示而震惊了当时文坛。30年代艾芜的短篇创作，从表现的思想内容看可分两类：短篇集中的《南国之夜》《咆哮的许家屯》《左手行礼的士兵》《张福保》《山中送客记》等，都是在左翼文学大潮冲荡之下，表现当时中国社会阶级斗争和揭示民众苦难的作品，带有"红色三十年代"政治批判的内容，并表现出反对帝国主义侵略的时代特征；另一类是以短篇集《南行记》《海岛上》所代表的对中国西南边陲和东南亚异域风情的绘写，尤其是对一群挣扎于社会底层的"化外之民"的表现和歌颂，而这正是作为当时的"文坛新人"令人瞩目的所在。艾芜的创作以传奇性故事、特异的人物性格刻画、异域情调的迷人绮丽风光、充溢着抒情气息和浪漫情调等，显示出自我的艺术个性。

《南行记》以一个漂泊流浪的知识青年的眼光和经历，描述在山雾瘴气、荒岭夜月中奔行求生的盗马贼、烟贩子、滑竿夫、强盗、流浪汉等特殊群体。他们都饱受反动统治者的残酷剥削压迫而无法生存，被迫从事最低贱的职业甚至采用非法的谋生手段，《山峡中》（1933）就是这类题材的典型。强盗头子魏大爷本为"老实而苦恼的农民"，残酷的阶级压迫使他懂得了"要是心肠软一点，还活得到今天吗"，从而率伙为盗"在刀上过日子"；小黑牛、鬼冬哥等都是由老实农民被逼上绝境而变身盗贼的。小说通过他们不得已的谋生方式，控诉着社会的黑暗丑恶，并从丑恶中发掘着其人性闪光处。而这些思想内容又典型地体现在"野猫子"身上。自幼丧母随父为盗的经历，养成了野猫子强悍的性格和高超的偷盗技巧，她时时向往着用手里的钢刀砍向压迫者；为便利下手偷盗，她竟然暴露小黑牛去转移人们视线，表现出在险恶生存环境中求生的残酷；但当她一旦发现误陷其伙的"我"并无恶意并曾受其掩护时，又让其离开并赠之以仅有的三块大洋。她内心深处所向往的，是一块"没有忧，也没有愁"的自由天地。小说在人性的美与丑、善与恶的生死冲突之中，在对蛮荒之地那令人窒息的恐怖氛围大力渲染中，烘托出群盗迫于生存压力的冷酷狂野，进而揭示出他们的野蛮嗜血面具下所掩盖着的那份率直而朴实的无奈。

全面抗战开始后，艾芜陆续出版了《逃荒》《萌芽》《秋收》等众多短篇集，被视为40年代的"高产作家"，内容紧扣抗战现实，表现人民的抗战热情和40年代国统区的艰难人生，如中篇《一个女人的悲剧》等。其短篇名作是《石青嫂子》（1947），故事写丈夫被抓丁后，石青嫂子承受着生活的重压，顽强抗御着地主逼租、焚屋、毁地、砍树等残酷迫害。中国农民坚韧的生存意志和勤劳吃苦精神，对丈夫的怀念和对五个孩子的精心抚育，敢于反抗压迫者的斗争精神等性格表现，都使该篇成为艾芜的精品代表。而小说中的南方乡村景物，主人公内心活动的描写，也体现出作者的艺术新特色。本时期艾芜三部长篇作品中的《丰饶的原野》，围绕着一个小山村的生活和人物关系，展现了抗战中错综复杂的民族矛盾和阶级矛盾，对农村的阶级关系有比较深刻的描绘，同时也有对蜀中社会状貌的截取。"在邵安娃身上看出奴性的服从，在刘老九身上看出坚决的反抗，在赵长生身上看出反抗和服从的二重性格。"①《故乡》以青年学生余峻廷抗战后回故乡，与县城旧势力发生一系列冲突，表现抗战中内地社会的黑暗和旧势力的顽强。《山野》直接展现南方山村群众的抗战并描写各阶层势力对抗战的不同态度。这些，都是艾芜对时代主潮的回应。

二、何其芳的彩笔"画梦"

30年代高扬"美、思索、为了爱的牺牲"的何其芳（1912～1977），以极具个性的"独语"审美方式和"梦中道路"艳秾华丽的奇幻，闪耀着炫目的光华而令人震惊，从而在20世纪中国文学史上刻下深深的印记。

何其芳"独语"艺术的获得，是巴蜀文化与西方文化以及时代思潮碰撞交汇的结果。夔门地区那"枝叶复萌之下有着青草地，有着庄严的坟墓，白色的山羊，草虫的鸣斗和翅膀"等优美景物的陶冶，形成了他的"一种对于阔大的神秘感觉"的心理图式。他当年以家乡的红砂碛命名自己创办的《红砂碛》，以抒发心中对于故土的怀念。巴蜀大盆地"俗好巫鬼"的民风和丰富的神话传说故事，都在他寂寞的童年心灵上刻痕甚深。这种心理格局引导着他去认同晚唐五代的"西蜀花间词"，即其《忆昔》所称"忆昔危楼夜读书，唐诗一卷瓦灯孤"，他"读着晚唐五代时期的那些精致的冶艳的诗词，蛊惑于那种憔悴的红颜上的妩媚"，"喜欢那种锤炼，那种色彩的配合，那种镜花水月……那譬如一微笑，一挥手，纵然表达着意思，但我欣赏的却是姿态"②。在这种审美心理的制约下，他认同、选择了"忧郁才可以说是美的最光辉的伴侣"（论者波德莱尔）以及"T. S. 艾略特的那种荒凉和绝望、杜斯退益夫斯基的那种阴

---

① 艾芜：《春天·改版后记》，自强出版社1946年版。
② 何其芳：《何其芳文集·梦中道路》，人民文学出版社1982年版。

暗"、象征主义诗歌的意象和泰戈尔诗的清纯优美,他的艺术个性就这样地形成了。

何其芳早期诗歌创作是从《汉园集·燕泥集》(1936)开始的,继后出版的第一本个人诗集是《预言》(1945)。他悲吟着秋天的相思,绘画着透明的忧愁(《秋天》),咀嚼着往昔的记忆,叹息着轻柔的寂寞(《昔年》),在缥缈的爱情中感味人生的寒冷(《爱情》),幻想着夏夜的微笑和甜蜜的私语(《夏夜》),在思忆、赠言、感喟中,充盈着梦境、病中、古城、风沙、花环、白鸽、鹦鹉等意象。这种抒情个性可从《花环》中略窥一斑:

开落在幽谷里的花最香/无人记忆的朝露最有光/我说你是幸福的,小铃铃/没有照过影子的小溪最清亮/你梦过绿藤缘进你窗里/金色的小花坠落到你发上/你为檐雨说出的故事感动/你爱寂寞,寂寞的星光/你有珍珠似的少女的泪/常流着没有名字的悲伤/你有美丽得使你忧愁的日子/你有更美丽的夭亡。

诗中充盈的幽谷花香、金黄碧绿的色彩,檐雨的人格化比拟,匀称的诗行排列及整饬的音韵节奏,尤其是色彩、图案中包容的纤细精致的"忧郁",渴望与失落交织的孤寂体味,还有那清丽晓畅却"略去那些从意象到意象之间的连锁"的构思布局,都体现着何其芳早期诗作的抒情个性。也正是这种体式自由又包含严整格律音韵的诗作实践,被人们称道不已。

在《一个平常的故事》中,何其芳述说着自己的性格:"我时常用寂寞这个字眼,我太熟悉它所代表的那种意义、那种境界和那种东西了。"其散文代表作《画梦录》(1936)就是这种审美个性的鲜明体现。他要"为抒情的散文发现一个新的园地","证明每篇散文应该是一种独立的创作"[①]。因此《秋海棠》的寂寞情境,《墓》中清幽的意象,《丁令威》和《淳于芬》取材于古代神话传说却贯融着现代情思的缥缈虚无,都在精心推敲的语汇表现下饱含诗的意蕴。在其散文中,众多优美神奇的意象在强烈的情感浸润下,犹如笼罩着轻纱薄雾却又凸现着质感,而图案、物像、梦幻、典故、人物又无不成为他感味人生的符号,呈现着他特有的"独语"个性。正因其沉湎于想象中的虚幻,过分注重色彩、图案和声音的精雕细刻和语式的秾艳,曾被人斥为"感觉与趣

---

① 何其芳:《何其芳文集·还乡杂记·代序》,人民文学出版社1982年版。

味都保持着大观园小主人的血统"①,但这恰好是何其芳作为一个"现代派诗人"对中国传统文化尤其是对西蜀花间词审美特征的回应所致。

追步着时代的足音,《夜歌和白天的歌》尤其是《还乡杂记》,是何其芳开始面向更切实人生的情感变移。现实生活内容的增强和对纤弱艳语式的弃舍,成为他投身革命的必然表现。何其芳抗战中创作《夜歌》《成都,让我把你摇醒》是愤激于蜀中死寂的社会状貌,《我为少男少女们歌唱》《生活是多么广阔》等则是他诗风转向明朗昂扬的代表。《星火集》等作品体现着一个革命者思想的成熟和一个独异个性作家的迷失。50年代以后,他主要是从事文学评论,并在现代格律诗理论建树上贡献极大。他身后出版的《何其芳诗稿》辑录着其50年代以来的全部作品,其中多系旧体格律诗,其创作的困窘和苦闷可从其诗中看到:"少年哀乐过于人,借得声声天籁新,争奈梦中还彩笔,一花一叶不成春。"相对于同是革命者的沙汀在40年代的创作,何其芳未能更好处理革命与创作的关系,这是令人惋惜的。

三、罗淑:社会底层的人格张扬

罗淑(1903~1938),是30年代文坛上突然跃升星空、光华四溢而又迅疾消失的一位女作家。简阳县人罗淑留给世界的只有《生人妻》《地上的一角》《鱼儿坳》三个短篇小说集,以及车尔尼雪夫斯基小说《何为》(即《怎么办》)与保罗·玛尔格里特等的《白甲骑兵》两个翻译集。其中除了《八月十三日早晨》《被难者》等少量取材于"八一三"抗战后上海人民的悲惨生活,表现着抗日救亡的时代强音外,罗淑主要的艺术视角,是看取蜀中沱江流域那闭塞、偏僻、极度贫困却顽强搏击的人生形态。在她的作品中,社会贫困化的加剧,阶级矛盾的日益尖锐,下层群众顽强的生存意志和最终不得已铤而走险的反抗斗争,都被表现得棱角突出,形象鲜明,而人物生存环境如"橘林""草坡""盐场"等盆地中部丘陵景貌和蜀南盐业生产的描写,又给世人提供着一幅中国内陆"偏僻角落"(李健吾语)的世态风情画。也就是说,罗淑的作品既以蜀中艰辛的民生和普通群众在困厄中苦苦挣扎的描写,应和着左翼文学对阶级矛盾的强调,又以强烈的地域风习和地域人生状态表现而显示着中国文学的民族化、本土化的趋向。这主要表现在《井工》《阿牛》等盐工题

---

① 艾青:《梦·幻想与现实——读〈画梦录〉》,《文艺阵地》1939年第3卷第4期。

材和《生人妻》《橘子》《刘嫂》等蜀中农村题材两大类作品中。《井工》主人公老瓜在十三岁时，父亲不堪疲劳而掉进盐锅丧生，老瓜为生计所迫而顶替了父亲的工作，沉重的体力消耗和盐水泡饭的营养缺乏，使老瓜"瘦得像鸡骨头样"，后来因偷吃死牛肉而被开除。作品展示人生的残酷在于：因为拖了二十年盐车的老牛有功劳，盐场主"把它当人待，给它一副全尸"，老瓜父亲做了二十年盐工的身体被煮成"烂豆腐一块"，却得不到任何抚恤，饥饿难忍的老瓜仅因偷吃死牛肉就受到严厉的处罚。小说以冷静朴素的描绘，叙说着一个惊心触目的人间惨剧。《阿牛》则通过主人公在沉重剥削压迫下萌发的反抗意识，去表现对那不合理世道的批判，《地上的一角》更是直接描写青年盐工长发等人拿起刀枪去"偷关"的反抗斗争，显示着作者对社会历史发展的理想翘盼。

《生人妻》（1936）是罗淑最有影响的作品。小说从中国社会内外交困的矛盾背景下，看取一对青年农民夫妇逐渐被剥夺一切生存条件而陷绝境的遭遇，在展现蜀中沱江流域山坳里那艰辛的生存形态和类似原始蒙昧时代的野蛮风习中，透视出巴蜀人文性格那顽强搏击的精神特征。失掉了土地、房屋，在山坡上搭茅草棚子靠割草度日的一对农民夫妇，相濡以沫地承受生活的磨难，再陷绝境的丈夫为了给妻子"一条生路"，将其卖作"生人妻"，并用其卖身钱赎回妻子最喜爱的发簪。吃苦耐劳的妻子得知自己被卖时愤怒抗拒，指斥丈夫"负心"，而知晓事件原委后又爱恨交织，通情达理地自我牺牲以减轻丈夫负担，其临别时对丈夫那殷殷关怀、反抗小胡欺凌出逃后对丈夫处境担忧等情节，表现着一个农村妇女那质朴真诚的伟大爱心。小说震撼人心地表现着丈夫以最不人道的"卖妻"去体现最符合人道的情义与爱，谱写着困厄中普通群众美好心灵的颂歌。而"生人妻"那忍受人生磨难，勇于承担生活重担和自我牺牲的性格，尤其是对丈夫"卖妻"的怒斥，对欺辱的奋起反抗，以及那强烈的"妻爱"表现，都体现着现代"人"的鲜明特征。正是这个女性形象中那自立劳作的独立人格，敢爱、敢恨、敢怒、敢争的强悍主体意识，通情达理勇于牺牲的襟怀，鲜明地体现着一个现代"人"而非"奴隶"的精神特征。人格独立、个性尊严的五四精神就被罗淑以巴蜀地域人生的形式表现出来。

《刘嫂》《橘子》等篇，都是作者对蜀中困厄人生及其奋勇挣扎搏击的表现。也正是罗淑小说那明确的地域指向和独异的性格塑造，而为文坛所注重。巴金、李健吾等，都对之给予过热情赞誉，强调其审美"慧眼"、质朴的叙述及其中蕴含的爱与恨,都享有"未来的光荣成就"并将"影响长流"[①]。其作品主要汇集于《罗淑选集》(1980)。

四、周文:川康一隅的人生展现

崛起于30年代文坛的荥经县人周文(1907~1952),是以对中国西部青藏高原"川荒一隅"藏汉杂居的人生形态和蜀中军阀混战的表现而一举成名的,又因特色鲜明和写作快疾被视为"高产作家"。十六岁进入军队做文书并转战于川藏等地的周文,目睹着鸦片、麻将、官场争斗的社会黑暗腐恶,亲历着军阀混战的种种惨景,有着"在死的边沿上爬过几回"的人生体味,疑惑、愤怒,就在五四新思想的影响下爆发,他毅然冲出那"黑化"的人生去上海,投身于新文学创作和革命斗争。1933年,周文的短篇《雪地》以"西康的兵"独特题材和弥漫着雪岭蛮荒的雪域高原风情,尤其是对军阀的残忍以及士兵们抗争的描写,显示出自己的创作个性并引起广泛注意。对创作基点的准确把握,在鲁迅、茅盾指导下对生活体验的理性自觉,使周文在短暂的六年间贡献出《分》《父子之间》《多产集》等众多短篇集和中长篇小说《烟苗季》《白森镇》《爱》《救亡者》等,这使他成为中国左翼青年作家群中成就显著的一个。

周文对中国现代文学的贡献,首先是直接揭示了蜀中军阀混战的现实,正面描写了普通士兵被统治者当做炮灰的人生惨景。《山坡上》表现一场军阀混战后两个士兵受伤后苏醒,从满腔仇恨再次相搏,到终于认清彼此皆是受苦人的相怜相助,抒写了一曲对下层士兵美好心灵的颂歌。而小说中尸横狼藉、污血四处的惨景,与高原雪夜映照下的凄冷,野狗争夺尸体的嚎叫与未死者痛苦的惨叫等场面,都被描绘得触目惊心。《雪地》叙述一支在雪山中转战数年的部队换防返归的故事,严寒和伤病,深隐没膝的积雪,长官贪污导致的食物不足,都使士兵们挣扎在绝境之中。历经苦辛的士兵们走出雪山后却被旅长视为非嫡系而重遭入雪山,他们在忍无可忍的情况下奋起抗争寻求出路。小说通过描写军阀营长、旅长贪污军饷,肆意残害士兵的罪行,以及士兵们在死亡线上挣扎寻求生,不得已哗变的生活场景,体现着生活的真实和厚重。

蜀中军阀割据下的社会形态,在中篇《白森镇》中得到更广泛的展示。

---

① 巴金:《鱼儿坳·后记》,《罗淑选集·附录》,四川人民出版社1980年版。

通过一个军校生被派往边陲小镇卷入两个县长矛盾纠葛的经历，小说描写了军阀、官吏、土匪之间为争夺权利财富倾轧不已，而又互相利用勾结残害人民的种种腐败黑暗，多种矛盾的安排和众多性格的展示，都通过主人公在白森镇几天时间的经历而贯串一体，显示出作者驾驭小说结构的艺术功力。而其巨大的社会意义正如茅盾所指出的："在中国这个最大最富庶也最黑暗的边省里，封建军阀——大的和小的，曾经怎样把广大的幅员割裂成碎片，而且在每一个最小的行政单位（例如白森镇）内也成为各派军阀暗斗的场所。"①长篇小说《烟苗季》围绕烟苗盛季来临时军阀之间争夺烟务肥缺展开矛盾冲突。"旅长派"和"参谋长派"各自结成团伙，或出卖矿产换取外国势力支持，或动用武力全城戒严打击对方，在"禁烟"幌子下上演着一出大发鸦片财的人间丑剧。巴蜀大盆地的黑暗与丑恶，于此得到淋漓尽致的表现。

周文在20世纪30年代创作的意义，在于表现着鲜为人知的中国西部高原"边荒一隅"的人生形态，展示着蜀中军阀割据的状况，尤其是揭示出军阀统治内部的丑恶黑暗。由于其亲历的丰厚积累和深切的体验感味，他所表现的生活都浸润着强烈的感情色彩，并体现着高度的真实。而那直插天际的连绵雪峰，深厚没膝的积雪，"灰黄的碗口大的太阳"，崎岖弯曲山道上"方桌子似"的大驮包与艰难攀行的驮夫身影，还有在险恶条件中顽强搏击的生存欲望，都使周文小说弥漫着一种沉重和深厚的人生意味。雪域高原、羊肠古道、险关狭谷、挑夫马帮、军阀土匪、山民烟客、家族倾轧、同伙暗斗、帮派火并等艺术意象，让当时社会阅读界为之瞩目。40年代，周文作为四川文艺界的领导人，倡导"通俗文学"甚力，有《唱本，地方文学的革新》《论四川戏》《四川话剧的提起》等理论文章，显示着他对文学本土化、地域化方向的注重和对巴蜀文化的强调，其《谈目前通俗文学的重要性》一文，更显示着一个革命作家强烈的现实人生关注特点。

五、陈铨：强力意志的生命悲剧

被称为"奇人"的陈铨（1903～1969），首先是以小说显示出他那狷介狂傲、凌厉奋进的艺术个性。长篇小说《天问》（1931）以民国初年川南富顺县作者家乡人生为背景，在雄浑而绮丽的蜀中山水的绘写与草莽竞雄、军阀混战

---

① 茅盾：《〈烟苗季〉和〈在白森镇〉》，《学习与工作丛刊》之三，1937年。

的展示中，塑造了一个从药店学徒顽强进取官至旅长的人物（林云章）形象。林云章自小失怙却心存大志，投军之后施展各种手腕而登上高位；为骗取张慧林的爱情而支使人构陷其夫并将其杀害，婚后却发现苦心追求的爱情亦不过是平常人生；又在混乱现实中失去权力，他平生崇尚的"醇酒、宝剑、美人"只剩下"对酒当歌"的无奈，只得在坦白自己的罪恶之后自杀。林云章以顽强的毅力对待生命中的一切荣辱沉浮、悲欢苦乐，在人生旅途中不断追求、奔波、抗争、挣扎，作者以之展示人类生存的困境，是生命个体在现实存在中追求与失落的永恒矛盾。作者塑造的张慧林的形象其实就是"美"和"善"的化身，在作品中以她的人性之美衬托出林云章的人性之丑恶，她的毁灭，也增强了小说的悲剧性效果。稍后问世的《彷徨中的冷静》《欣迎》等长篇，都是以作者故乡富顺县为人物活动空间，将人物置放于爱情或三角恋爱冲突中，表现性格与人生理想追求之间巨大反差形成的冲突，展示着人物自身追逐的合理性与客观存在否定性之间不可调和的悲剧性冲突。"在对客体的追求中，展示了人性的堕落与丑恶，显示出生命个体在现实存在中追求与失落的永恒矛盾，由此突显出深刻的生命悲剧意识"[①]。

　　这种艺术表现，根源于陈铨将文学创作视为"生命冲动"的艺术观，也正是对"文化文学"的自觉探求，使他的小说有着大量的蜀南山水风物的绘写。蜀中民俗风习、婚嫁丧葬场面，与沱江急流险滩、饱经风雨剥蚀的大佛崖像，既是人物活动的空间背景，又成为触发人物情思的历史文化积淀物而化合参与人生悲欢。陈铨曾借《彷徨中的冷静》中的人物之口表示自己的艺术追求："文词可以堆积，风格可以做作，但是要创造故事，却非有伟大的想象力不可。"为了表现人物"生之意志"和悲剧性冲突，他常将人物置放于剧烈而不可调和的矛盾中，以营造一种情绪的冲击震撼强力，这就使他的小说往往表现为"情节上有过巧处"（朱自清语）。其《革命前的一幕》《死灰》《狂飙》等取材蜀地之外的作品，中心内容仍是对人生终极意义的"天问"，并体现着其狂放不羁、浪漫传奇的艺术风格。正因如此，30年代朱自清在构筑中国新文学研究体系时，在其《中国新文学史纲要》中就专门设立"陈铨浪漫的爱情悲剧和社会人生的哲理思考"一节进行分析。香港文学史家司马长风的《中国新文学史》，把陈铨列为中国现代文学中"长篇小说七大家"之一。这种"思

[①] 谢泳：《由常风的经历说起》，《南方文坛》2003年第1期。

考"在40年代被发展为抗战与爱情牺牲和对"恐怖、狂欢、虔恪"的强力意志的狂欢,陈铨以戏剧的艺术形式,再度表现出鲜明个性而成为一种褒贬不一的现象。作为一个戏剧家,陈铨以《野玫瑰》为代表,连续推出《金指环》《蓝蝴蝶》《黄鹤楼》等描写抗战斗争的剧作,张扬起"浪漫悲剧"的旗帜。"浪漫"作为一种"人生理想的无限追求"的表现,被陈铨聚焦于"力人"形象的塑造上。

代号"野玫瑰"的女特工夏艳华为了国家民族利益,弃舍了爱情、青春,嫁给汉奸头子为妻,在敌伪统治核心从事秘密抗日工作,忍受着仇敌的陪伴和恋人的误解,并以超人的才智和强力意志成为秘密工作中令人景仰的"天字第一号"人物;而在她与刘云樵、曼丽的三角矛盾中,剧作更渲染了她为所爱的人,尽力帮助促成其美好姻缘的高尚。《野玫瑰》情节的成功在于剧情的紧张与悬念,关目紧凑,戏中有戏,虚实相辅相生,双线结合。复杂、多面性的人物塑造,也为剧作增色不少。当时的批判者们也承认该剧"情节剧味道很浓","比较能抓住观众"。《金指环》以国军守城旅长之妻尚玉琴为主人公,将之置于丈夫与曾是昔日恋人的敌军军长的冲突之间,在个人利益与民族利益的矛盾中,尚玉琴以超人的意志协调着丈夫与昔日恋人的矛盾,又借金指环之毒以死来感化众人进行抗战,这与特工题材的《蓝蝴蝶》可谓异曲同工,都是对新型"力人"民族性格翘盼的产物。《蓝蝴蝶》剧首有言:"世界是一个舞台,人生是一本戏剧,谁也免不了要粉墨登场,谁也不能够在后场休息。"在《浮士德的精神》一文中,陈铨把"浮士德精神"概括为"对于世界人生永不满意","不断努力奋斗","不顾一切","感情激烈"和"浪漫"。他翘盼着处在新"战国时代"的中华民族应该秉有这种"浮士德精神"。后来,陈铨又强调"浮士德精神"就是"力",而"力"乃是"善"。

1940年4月至1941年7月,他同林同济、雷海宗等一批教授在昆明创办《战国策》半月刊,1941年12月到1942年7月在重庆《大公报》上开辟《战国副刊》,从而形成了被批判近半个世纪的"战国策派",其五位核心人物中就有富顺县陈铨、金堂县贺麟两位蜀人。陈铨是一个在民族生死存亡关头深度自审,有浓烈忧患意识的文人,他的所有创作和理论都应该从这个角度去理解。其博士论文《中德文学研究》是研究中国文学对德国文学影响的奠基之作,也使他成为中国比较文学研究的先驱者之一。他先后担任过清华大学、西南联大、中央政治大学、同济大学、复旦大学、南京大学等校的教授。有学者认为:以陈铨为主心骨的"战国策派"所有的文化创造活动,"中心命题仍然是如何摒除传统文化的积弊,着眼点却在于从世界文化竞存的角度进行文化重构,企图以此焕发民族生机与强力","其理论个性正突出体现于对五四以降各种新文化构想的超越,中外文化比较的视野使他们具有较完备的思想系统,而战时所集中暴露的文化积弊又促使他们增强了理论的锋利批判力"①。他们用"文化形态学"来解释中国历史文化和世界格局,批评中国柔性主义文化传统和国民劣根性,大力倡导尚力精神和英雄崇拜,主张恢复战国时期文武并重的文化,以适应激烈的民族竞争,其文化重建思想和对世界局势的判断具有思想史价值。

六、还珠楼主:最受欢迎的故事讲述者

在20世纪中国文学史上,要说高产,要说最受读者欢迎并且其艺术生命力常履常新的,大约要数还珠楼主。他一生创作了36部武侠小说,如《青城十九侠》《云海争奇记》《兵书峡》《蛮荒侠隐》《峨眉七矮》《长眉真人专集》《北海屠龙记》《武当七女》《冷魂峪》(原名《天山飞侠》)等,都为世人所熟知。其他如《柳湖侠隐》《大漠英雄》《武当异人传》《边塞英雄谱》《侠丐木尊者》《青门十四侠》《大侠狄龙子》《女侠夜明珠》《皋兰异人传》《龙山四友》《独手丐》《铁笛子》《翼人影无双》《黑孩儿》《白骷髅》《黑森林》《黑蚂蚁》《万里孤侠》《虎爪山王》等,也是人们喜爱的作品。50年代始,随着时代审美思潮的转型,他先后编写了《雪斗》《白蛇传》《岳飞传》等剧本,仍然被人称道。但最能代表他成就的,首推《蜀山剑侠传》。还珠楼主的小说融合神话、志怪、剑仙、武侠于一体,用今天的话来说,就是"仙幻玄怪"题材。

还珠楼主(1902~1961),长寿县(今属重庆市)人,本名李寿民,意为"长寿县一小民",自谓曾经"三上峨眉""四登青城",历时十八个月,从僧、道高人学习气功、武术,接受过巴蜀地域文化的涵蕴哺育,这是他为中国文学作出重大贡献的根本原因。如果说,唐代"青城道士"杜光庭的《虬髯客传》标志着中国武侠小说的开始,清代以《七侠五义》为代表的武侠小说形成一个高潮,那么,在20世纪20年代,以平江不肖生、还珠楼主

---

① 温儒敏、丁晓萍:《"战国策派"的文化反思与重建构想(代前言)》,《时代之波——战国策派文化论著辑要》,中国广播电视出版社1995年版。

肇始,"现代武侠小说"开始成型,并且"尤以后者的奇思妙想层出不穷,领一代武侠之风骚,影响最大"①。有专家甚至说:"《蜀山剑侠传》这部长达四百余万言的空前巨著,文字佳妙,内容宏富,仙佛神怪,无奇不有!它非但左右了近半世纪以来中国武侠小说的发展流势,同时也开创了世界神话小说史的新纪元","是中国'出世武侠'小说的经典之作,没有看过《蜀山》者,不足与言武侠"②。

作为一个20世纪的现代作家,现代科学知识涵蕴和作用,声、光、电、磁等原理,转化成为作者的奇幻想象,这就是他与过去武侠作家的最大差异所在。融合神话、志怪、剑仙、武侠于一体的还珠楼主的创作,惊心动魄的场面展示与优美的巴蜀山水景物描写融会一体,在通俗娱乐中寄托着作者对人生、民族的严肃思考。《兵书峡》《大侠狄龙子》《独手丐》三部曲等重要作品中透露出来的,多为猛烈批判帝王专制制度、深切关心民间疾苦、热烈向往大同世界等新观念,以及引导百姓开荒生产、合理分配财富的经济思想。整个港台新武侠小说,都是在《蜀山剑侠传》系列小说的影响下繁荣兴盛的。古龙曾推崇还珠楼主为"承先启后、开宗立派的一代大师",强调《蜀山剑侠传》"写作的方式,一直在武侠小说中占有非常重要的地位"。作家白先勇盛赞道:"我小时候最喜欢看的武侠小说是还珠楼主,他写的一部是《蜀山剑侠传》,当年是武侠小说的经典。'还珠楼主'想象力丰富,他的文字之优美,我觉得他是鼻祖,所以当时也看很多他的小说。""还珠楼主五十多本《蜀山剑侠传》,从头至尾,我看过数遍。这真是一本了不起的巨著,其设想之奇,气魄之大,文字之美,功力之高,冠绝武林,没有一本小说曾经使我那样着迷过。"③

20世纪末大陆、香港、台湾等地学者关于"世界华文小说一百强"的评选结果,还珠楼主排列为第五十五名。从《新蜀山剑侠》到《蜀山传》,香港著名导演徐克两度拍蜀山题材,前后相隔20年,这说明还珠楼主小说本身的无比魅力。还珠楼主的小说作为一种文化产业资源,已经被卡通、动漫、影视等艺术形式吸纳为故事主题和表现方式。《蜀山传》《蜀山剑侠传》《武林群

---

① 黄汉立:《〈蜀山剑侠传〉探秘·序》,学林出版社2002年版。
② 叶洪生:《蜀山剑侠评传·蜀道难》,远景出版公司1982年版。
③ 白先勇:《一个民族一定要有精英文化》,http://culture.people.com.cn/GB/42496/42501/3304860.html;另见《蓦然回首》,文汇出版社1999年版。

侠传》《仙剑奇侠传》等电脑游戏开始出现和流行，成为后来玩家们的"圣经"。修仙、道术、魔法、幻想和神话等超自然元素，不受现实科学逻辑的约束，让人的想象力得到完全释放，这就是"蜀山"系列小说昭示的意义。借助于网络的自由发挥，"到了2006年百度小说风云榜上前十名几乎全为玄幻小说，网络玄幻小说明显成为网络小说的主流"①。

一个有特色的作家，往往是有着深厚而独特的文化背景，还珠楼主小说艺术的独特，多得益于巴蜀地域文化的哺育。巴蜀讲灾祥、重律历、喜占卜、求仙术等地域文化积淀，是成为道教"产床"的真正原因，这也就是还珠楼主所说"西蜀神权最盛"的根据。还珠楼主在日记中多次提到自己"三上峨眉""四登青城"的感受。他在这两座名山前后生活了十八个月，并把那里的名胜古迹都详尽地写了下来，还画了游览图。那里的一草一木仿佛都跟他结了缘，他和那些道士、僧人多年来一直保持着书信往还，可以说，"蜀山情结"成就着还珠楼主的地位和影响。如《蜀山剑侠传》第一回的回目为"月夜棹孤舟，巫峡猿啼登栈道；天涯逢知己，移家结伴隐名山"，就选取了月夜、孤舟、巫峡、栈道、猿啼等富有巴蜀特色的景观构成艺术意境。当下的武侠小说研究专家认为："还珠楼主笔下庞大的'蜀山剑侠'系列是现代武侠小说较早的大规模的智慧呈现，所谓'良以楼主学养精深，见多识广，足迹遍历名山大川，博闻天地间奇情怪事'，三教合一尤其是佛、道神话的总体构思，使之成了武侠小说中学问型智慧的典型。"②

第六节　20世纪30~40年代的巴蜀文学

一、"红色30年代文学"中的四川方音

"红色30年代文学"为毛泽东形成《在延安文艺座谈会上的讲话》的文艺思想做了充分的准备，其中的"四川方音"，尤为突出。1928年，从日本归来的李初梨（江津人）、沈起予（巴县人）等，以及李一氓（彭县人）、阳翰笙（高县人）等蜀籍中共党员，围绕在郭沫若身边加入"后期创造社"。他们联

---

① 王乐乐：《网络玄幻小说探源》，《齐齐哈尔大学学报》2007年第6期。
② 韩云波：《武侠大说》，http://cul.sina.com.cn 2005/04/06。

合蒋光赤等中共党员组成的"太阳社",发起"无产阶级革命文学运动",在理论和创作上辛勤耕耘,成为中国"红色30年代文学"的突出标志。郭沫若的《一只手》、段可情的《一个绑票匪的供状》,尤其是阳翰笙的小说,都属于表现阶级对立"革命文学"的典型。

阳翰笙(1902~1993),高县人,另有笔名华汉,曾担任黄埔军校政治教官,参加过"八一南昌起义",受中共委派参加后期创造社。他创作了《地泉》三部曲(1930),中篇小说《两个女性》《义勇军》,短篇小说集《十姑的悲愁》和《最后一天》等,是30年代"革命文学"的代表作家。《地泉》三部曲着力反映了农民暴动和农村革命的"深入",小资产阶级知识分子思想和行动的"转换",工人运动和革命高潮的"复兴",表现了农民面对残酷的封建压迫和剥削的生死抉择,以及他们组织起来后的强大生命力,却带有当时"革命的罗曼蒂克"小说图解革命运动、表现概念化的毛病,使所描写的革命暴动带有很大的乌托邦性质而失去了文学应有的艺术感染力。1930年,阳翰笙发表《读了冯宪章的批评以后》来对自己的创作进行检讨,并借再版《地泉》三部曲(1932)机会请人作序,希望"严厉无情地给这本书一个批评"。1932年,左联人士瞿秋白、茅盾、郑伯奇、钱杏邨、华汉(阳翰笙)等为重版的长篇小说《地泉》作序,这就是著名的《地泉》五序言。茅盾的《〈地泉〉读后感》指出:《地泉》作为革命文学的代表作,"失败的原因,不外乎(一)缺乏社会现象全部的非片面的认识,(二)缺乏感性地去影响读者的艺术手腕"。文章实际上批评了革命文学中的"脸谱主义""公式主义"和概念化宣泄革命热情的非艺术倾向。阳翰笙后来被派往电影界开辟工作,创作了大量电影与戏剧作品。

中共文艺理论和文艺政策以组织形式集中展示,于此开始。郭沫若等蜀籍中共党员,在《文化批判》《思想月刊》《创造月刊》等刊物上发表大量理论,讨论无产阶级革命文学。如1928年,李初黎在《文化批判》第二期上发表《怎样地建设革命文学》,提出作家的"转换方向"以及"牢牢地把握着无产阶级的世界观——战斗的唯物论,唯物的辩证法"问题。他提出"一切的艺术,都是宣传。普遍地,而且不可避免地是宣传",文学"与其说它是社会生活的表现,毋宁说它是反映阶级的实践的意欲"。"一切的作品,有它的意志要求;一切的文学,有它的阶级背景。"他对无产阶级文学的界定是:"为完成他主体阶级的历史的使命,不是以关照的——表现的态度,而以无产阶级的阶级意识，产生出来的一种斗争的文学"；无产阶级文学的形式则是"讽刺的，暴露的，鼓动的，教导的"。郭沫若北伐途中的入党介绍人李一氓，翻译了《马克思与恩格斯合传》《马克思论文选译》及马克思的《哲学之贫困》《新俄诗选》等。时任左联秘书长的南充人任白戈，有《关于国防文学的几个问题》《现阶段的文学问题》《科学的世界文学观》《"大众语"的建设问题》以及翻译作品《伊里奇的辩证法》《机械唯物论批判》等论著，主要内容是阐释苏俄文艺政策。阳翰笙发表有《普罗文艺大众化问题》《文艺大众化与大众文艺》。郭沫若的《革命与文学》《英雄树》等论文，明确提出"我们的运动要在文学之中爆发出无产阶级的精神"，"一个阶级当然有一个阶级的代言人，看你是站在哪一个阶级说话"等主张。这批蜀籍中共党员对中国无产阶级革命文学理论的建树，在后来毛泽东的《在延安文艺座谈会上的讲话》中可以看到鲜明的印痕。

二、蜀籍艺术家在影剧中的耕耘

峨眉县人章泯（1906～1975），1918年进入成都第一中学，受五四新文化运动的影响，参加成都"青柳剧社"进步戏剧活动。他于1929年毕业于国立北平大学艺术学院戏剧系，后致力于研究十月革命后的苏联戏剧，在上海加入左翼戏剧家联盟，任执委。淞沪会战爆发后，他创作《东北之家》《黄浦江边》《生路》等话剧，以激发广大群众爱国义愤为价值指向。他为上海业余剧人协会导演了世界名剧《娜拉》《钦差大臣》《大雷雨》等，轰动上海剧坛。抗战时期他创作了《敢死队》和《黑暗的笑声》等，撰写了《论战时戏剧宣传》《悲剧论》《喜剧论》《导演与演员》等理论研究专著，翻译过苏联斯坦尼斯拉夫斯基的论文。在话剧与电影文学创作领域以及导演艺术方面，章泯的贡献极大。第二次世界大战爆发后，章泯执导的街头剧《放下你的鞭子》已体现出一种崭新的戏剧观。该剧在演出时通过化装成普通观众的演员活动，在街头营造一种逼真的生活氛围，使观众和演员共同参与戏剧情境的创造，这恰好符合在世界另一方构筑"推倒第四堵墙"理论体系的布莱希特的戏剧观。这种巧合是有趣的，30年代在莫斯科大剧院观看中国京剧而改变原有戏剧主张的布莱希特，在中国戏曲中找到了背离西方戏剧传统的艺术灵感，开创了20世纪崭新的戏剧理论体系，并曾以名剧《四川好人》实践着其戏剧主张。而"四川好人"章泯却不约而同地探索着"推倒第四堵墙"，打破观众与演员的隔阂，使观众与演员在共同创造戏剧情景中达到完全的情感交流等艺术实现方式,只可惜由于诸种原因未能进行理论总结。

从天津南开中学开始话剧活动的自贡人孙瑜(1900～1990),留美归来后到上海从事电影活动,因编导处女作《潇湘泪》(1928)引起大家注意。其后的《故都春梦》(1930)真实地反映了现实生活中旧知识分子的苦难历程,公映后立即打破卖座纪录。《野草闲花》(1930)也获得了同样的轰动。从1932年到1934年,孙瑜先后执导了《野玫瑰》《火山情血》《天明》《小玩意》《体育皇后》《大路》六部电影,绝大部分都成为默片时代的经典,被誉为"电影诗人",这其中又以《大路》成就最高。《大路》讲述的是一群年轻的筑路工人保家卫国的故事,其插曲《大路歌》成为中国电影歌曲的经典。抗战时期他拍摄了《长空万里》《火的洗礼》,1950年底完成的《武训传》,讲述清末历史人物武训乞讨要饭为穷孩子办免费"义学"的故事,引发毛泽东组织的全国范围批判《武训传》的运动。

阳翰笙的戏剧电影创作也在这时达到鼎盛期,其《李秀成之死》《天国春秋》等"太平天国史剧",借历史教训讽喻现实,表达了对破坏抗战、制造分裂、投敌卖国的反动势力的愤怒批判;其《塞上风云》《天玄地黄》等表现抗日军民顽强抗战的剧作,都有强烈的爱国主义思想和极好的戏剧结构。取材于辛亥革命时期蜀南斗争生活的《草莽英雄》,从总结辛亥革命失败原因的角度,思考着中国民间地方势力(四川袍哥)在中国政治革命中的作用和缺陷,体现了浓郁的悲剧感染力[①]。他在中国电影民族化道路上的贡献,如《八百壮士》《塞上风云》《三毛流浪记》及与沈浮合作的《万家灯火》等,都是以强烈的抗战现实和社会人生表现而感人至深,尤其是那种客观写实、记录式长镜头的使用和逼真的生活化表演方式,都成为后来被西方电影学家称为"中国学派"电影风格的范本,使后来的"意大利新现实主义电影"黯然失色。

李伯钊(1911～1985),笔名戈丽,1924年考入四川省立第二女子师范学校,1925年入上海大学学习,后赴苏联莫斯科大学学习,1930年回上海再转往红色苏区,1932年任高尔基戏剧学校首任校长,改编和创作的话剧有《战斗的

---

① 《草莽英雄》的问世和演出,受到社会巨大欢迎。实际上这是民盟领袖张澜联合四川实力派人物,为抗御蒋介石进一步控制四川而策划的。

夏天》《无论如何要胜利》《为谁牺牲》《残忍》《扩大红军》等，成为"红军戏剧"的代表。抗日战争中，有歌剧《农村曲》以及《老三》《母亲》等话剧作品，创作有长篇小说《桦树沟》。

"四川旅外抗敌演剧队"的丁洪、陈戈、吴雪等创作的四川方言剧《抓壮丁》，以对国民党兵役制度的讽刺批判和对普通民众困苦的描写，尤其是通过性格鲜明的人物形象塑造以及诙谐风趣的巴蜀方言的使用，成为长葆艺术魅力的经典作品。而蜀籍作家刘沧浪主创的剧本《红旗歌》，取材于东北解放区人民恢复工业生产，支援前方作战的事件，成为新中国成立之前无产阶级革命文学的第一部工业题材作品，成为后来工业题材颂歌文学模式的雏形。

三、抗战大后方的文学简况

抗日战争时期，以陪都重庆为中心，巴蜀大地成为中国文化精英的汇聚之所，本时期巴蜀文学呈现着新特点。1937年"七七事变"爆发，大中城市相继沦陷，大半国土丧失，中国作家失掉了在"象牙之塔"潜心创作和出版的条件。他们在辗转流浪中更切实地体味着现实人生，生存的需要和服务于民族抗战的责任感影响着他们的创作。在这种时代背景下，寓旅于京沪等地的蜀籍作家纷纷返归故里，成为中国30年代后期至40年代大后方文学的"先遣队"。此外，中国新文学经历了五四时期在京沪等地的滋生和发展，在30年代逐渐扩大影响而蔓延于各中等城市尤其是成都、重庆等内陆城市，已哺育了更多的知识青年，一批不甘心做亡国奴的进步青年就在民族独立解放运动中以笔为武器，走上文坛。

作为大后方以及中国战时临时首都所在地，巴蜀大地聚集着当时中国一流的文学家。郭沫若、茅盾、巴金、老舍等，都在这里推出过"第二次创作高峰"式的名作；"天下诗人皆入蜀"的盛况，使本时期中国文学运行的主要状貌与巴蜀文学发展几乎完全重合。朱自清、叶圣陶等外来者对巴蜀大地民生与风貌的描写，已经成为他们创作的重要构成内容。如"三湘才子"易君左的"天回镇上看尘扬，彩笔轻描画粉香。店冷难逢幺姑蔡，冢荒谁吊贵妃杨。山川接壤通秦陇，烽火连天望鄂湘。结伴本为探桂去，未妨掩泪学轻狂"（《新都一勺》）[①]等。1937年5月在重庆成立的"文化界救国联合会"是巴蜀大盆地

---

① 《旅行杂志》1940年12月号。

抗战文学勃兴的标志。创造社成员邓均吾，留日归来的毛一波、李华飞以及金满城、张天授、覃子豪等，在抗战救亡的旗帜下团结起来。毛一波主持的《巴蜀日报》《新蜀报》，叶菲洛主持的《新民日报》副刊，金满城主持的《新蜀报》文艺副刊，以及如《沙龙》《山城》，尤其是纯文学刊物《春云》等杂志的涌现，都显示着新文学在抗战时潮激荡下的新发展。《春云》刊发郭沫若的《文学与大众握手》和沈起予的《从全国统一的文艺作家组织谈到地方文艺的建立》等文章，体现了中国新文学在大众化、通俗化趋向下，朝着普及化、地域化，最终走向民族化的意识自觉。1937年12月创刊的《诗报》在发刊词《我们的告白》中明确宣称："我们正想象着一个果实——就是强化诗歌这武器，使它属于大众，使它能冲破四川诗坛的寂寞。"这可视为四川文学欲以地域群体繁荣中国文学的翘盼和努力。

在成都，1937年7月创刊的《金箭》文艺月刊，聚集着陈思苓、羊角、田家英、影质、东方曦等一批文学青年，其《发刊词·我们的意见》表现了他们对抗战大时代的认识："我们认定非发动全民抗战不足以阻止敌人的侵略，及争取民族的生存与解放，'局部抗战'及'不抵抗'是会使中国灭亡的。"他们对前一段时期成都文艺界沉醉于"古铜色的梦幻"和杨邨人等"自由人"脱离现实的不良风气给予强烈批判。从对新文学历程的回顾，到对抗战与文艺关系的辨析，都是《试论成都文坛》（陈思苓）、《四川文艺工作者的一个要求》（东方曦）及《金箭座谈会纪录》等文章的重要内容。与偏重于理论的《金箭》相区别，自沪返蓉的作家周文发起成立"文协成都分会"并创办刊物《笔阵》，李劼人、邓均吾、罗念生、陈翔鹤、周文、毛一波、曹葆华、肖曼若、叶菲洛、萧军、任钧等轮流负责编辑，后来由叶圣陶、洪钟具体主持，使该刊成为蜀中文学创作的主要阵地。与《笔阵》比肩的是四川大学教授们创办的《工作》月刊，共出八期，多是精致的散文和杂文，成员有何其芳、谢文炳、方敬、卞之琳、朱光潜、沙汀、罗念生、刘盛亚、陈翔鹤等。此外，1938年初周文受老舍之托创办的《通俗文艺》，以及纯文艺刊物《文艺后防》《半月文艺》《星芒》等，都是大后方文学的重要刊物。

1937年10月，蔡楚生、陈白尘、沈浮、孟君谋等"上海影人剧团"成员在重庆、成都活动，演出剧目有《卢沟桥之战》《沈阳之夜》《流民三千万》《醉生梦死》《汉奸》《日出》《雷雨》等剧，演出轰动大后方。熊佛西的"中华平民教育会农村抗敌剧团"公演了《中华民族的子孙》《后防》《吴越春秋》《大红鞋》（又名《流寇队长》）及儿童剧《儿童世界》。王肇烟、吴雪、陈戈等"四川旅外剧人抗敌演剧队"成员回到四川演出阳翰笙的《塞上风云》和《前夜》等，并且到县城或大镇演出，把话剧这一现代新兴艺术普及民间。

总体上看，全面抗战爆发后，巴蜀大盆地的新文学刊物以空前的规模得到发展。重庆的《人力周刊》（金满城、巴波主编，1937）、《文学新报》（肖蔓若主编，1940）、《突兀文艺》（穆仁、杨山主编，1940）、《诗歌生活》（沙鸥、罗泗主编，1941）、《诗激流》（禾波、沙鸥主编，1945）、《诗家》（王余、禾波主编，1942），都是影响较大的刊物。成都方面的《朔风》（刘开扬、施幼贻主编，1939）、《燕风》（仲苏景虹主编，1939）、《四川风景》（张孟恢、水草平主编，1939）、《华西文艺》（蔡月牧、安旗主编，1939）、《拓荒》（许伽、田野主编，1941）、《平原诗社》（杜谷、芒甸主编，1942）等，都在繁荣创作、培养新人等方面功不可没。而在专县地区出版的抗战文艺刊物，当首推刘石夷、水草平主持的《流火》文艺月刊，以及灌县芜鸣主持的《挥戈文艺》等。李广田主持下的罗江县（今德阳）诗刊《锻冶厂》，聚集着方敬、白峡、孙跃冬、贺敬之等一群年轻的诗人。乐山《诗月报》、三台县的《诗帜》、万县的《诗前哨》等，都是在极为艰难的条件下贡献着对抗战文艺的努力。据不完全统计，抗战时蜀中各专县出版的纯文学刊物至少有30种。

四、蜀中的战时文学创作

李劼人的长篇《天魔舞》以对成都地名、掌故和语汇的考证叙述，以及对成都民俗风情的描写，继续体现着"乡土风什"的地域文化自觉，更以对国民党上层人物的倒行逆施的批判嘲讽，表现着争取民主自由的时代精神。陈翔鹤的短篇小说《傅校长》以冷峻的笔调揭露当时教育界的腐败与丑恶，刻画了一个吹捧逢迎、唯利是图的学阀形象；《一个绅士的成长》则通过某政界要人以权经商、官商勾结、囤积居奇大发国难财的丑行，表现了对当时黑暗社会的批判。周文的短篇小说《汉奸的女儿》《救亡》《一幢房里》等，都是立足于抗战现实去进行人生思考之作，体现了一个党员作家的社会责任感和爱国精神。

30年代曾在《东方杂志》及左联刊物《夜莺》等发表小说的肖蔓若，本时期推出了众多作品，显示着其创作实绩。其《牺牲精神》以一个国民党上校军官为主角，揭示了当时一部分上层统治者压制抗战、谋求私利的丑陋，小说中深刻的揭露和强烈的讽刺艺术，曾受到茅盾推崇，并被楼适夷誉为"有才华的作家"。其《老刘的文章》《冷老师的倔强》等，多从教育界层面揭露社会黑暗和腐败，刻画了政治与经济重压下人们的烦闷、不甘沉沦又饱受桎梏的激愤。长篇小说《解冻》通过一个爱国知识分子投身抗战激流，不断反抗反动专制和庸俗社会的人生经历，表现了广阔的抗战时期的人生现实。自贡人王余杞和刘白羽合著的报告文学《八路军七将领》，较早地向国人正面介绍共产党高级领导的抗战事迹而受到人们的热烈欢迎。王余杞的长篇小说《自流井》（1944），以对内陆型工业生产和蜀中工业结构形态的描写而体现其价值。小说在对蜀南盐工生活遭遇和悲惨命运的全面反映中，注意从更广阔的历史背景上，揭示蜀中盐业的生产规模、盐业商贸状况。

重庆人刘盛亚（1915～1960），以笔名"SY"发表的《在卍字旗下》，通过自己在德国的生活经历，揭露了德国法西斯对人类的残酷暴行，以题材的新颖和强烈的抗战热情而大受欢迎。短篇小说《白的笑》与中篇小说《小母亲》，已经显现出较为开阔的艺术视野。长篇《夜雾》则以一个京剧女演员往返于北平与重庆之间，从女伶而主妇，再重为女伶的人生沉浮，来展现抗日战争给中国人生活所带来的种种危机与重重苦难，因为对40年代社会人生的反映而具有较强的现实意义。沈起予的《人性的恢复》，通过一群日本战俘被感化恢复人性的历程，揭示了日本法西斯主义的残忍丑恶，展示了正义公理的必然胜利。金满城的《中日关系的一角》，以一个爱国知识分子与日籍妻子的冲突，思考着个人利益与国家民族利益的关系问题。他们的这些作品，都体现着40年代巴蜀文学"世界化"的思想特征。

正是出于对巴蜀人生湍流飞溅的深切感悟，才有"七月"代表诗人阿垅（SM）的"川江号子"《纤夫》的产生。阿垅这样地绘写着"川江行船"："风，顽固地逆吹着／江水，狂荡地逆流着／而那大木船／衰弱而又懒惰／沉涵而又笨重／而那纤夫们／正面着逆吹的风／正面着逆流的江水／在三百尺远的一条纤绳之前／又大大地——跨出了一寸的脚步。"破旧的木船正是中华民族艰难命运的化身，坚毅的"纤夫"们正是民族历史的动力，"以一寸的力／直迫近了一寸／那一轮赤赤地炽火爆的清晨的太阳"。诗人高扬"主观战斗精神"的奔腾突进的身姿，在诗中得到鲜明呈现。巴蜀自然风物对人的精神创造的影响作用，于兹可见一斑。

40年代巴蜀诗人活跃于中国诗坛的，既有郭沫若、柳倩、何其芳、曹葆华等已成名者，也有新人涌现于诗歌主潮如"七月""九叶"诗群中，还有年轻的"泥土""蚂蚁"诗歌群体等，他们为中国现代诗歌的深入发展和创作的多样化，作出了可贵的贡献。1932年成立"中国诗歌会"并创办《新诗歌》杂志的主要成员、荣县人柳倩（1911～2004），以表现"一·二八"淞沪会战长诗《震撼大地的一月间》（1934）而知名。1937年全面抗战爆发后，柳倩与冼星海、聂耳等人共同创作了《保卫祖国》《抗战》《打铁歌》《祖国的孩子们》等大量抗日爱国歌曲。在1939年，柳倩创作了长篇叙事诗《果园地带》，还将随军征战的一些短诗结集为《在太阳下》。柳倩的作品主要有《生命的微痕》《挥戈集》《无花的春天》《震撼大地的一月间》，诗剧《防守》《大丁北行》《川汉纪游》《陇上行》《柳倩绝句选》《柳倩律诗选》《柳倩词曲选》《抹不掉的伤痕》，以及作为书法家的《柳倩草书千字文》《锦绣中华》31卷等作品出版。

被视为"新月"诗群成员的曹葆华，以《奋诗魂》《落日颂》《炎焰》《无题草》等诗集而被人熟知，在对英国浪漫主义诗歌的借鉴和对节律音韵的注重等方面，体现出自己的艺术个性。后来又刻意追求西方现代诗艺，形成了一种"诗语硕挺，诗意幽晦，诗味冷涩"的艺术特征。奔赴延安后，新的生活使他的诗风发生极大变化，其早年受郭沫若诗风影响的粗豪雄壮又再次呈现，体现出诗人关注社会现实的巨大热情。

"九叶诗派"成员、乐山人陈敬容，是在乡贤郭沫若诗歌的影响下投身于文学的，但她直接师承的却是何其芳早期诗歌的温婉和艳秾色彩。1935年始她在《晨报副刊》上发表的《残叶之一》等作品，呈现着她对"讲求精炼而意味深长的风格"的刻意追求。早期诗作的汇集《盈盈集》（1948），多以爱情、幻梦为主要内容并充满孤寂乡愁，以至于一些诗作曾被人误为何其芳的化名之作。40年代社会局势的变化，促成了她诗歌风格的改变，以自我"对于现代诸般现象的深刻而实在的感受"[①]去深入现实，通过"客观对应物"的意象塑造去寓托思想情感，达到一种"戏剧化"客观表现的效果，这正是陈敬容及"九叶诗人"诗歌创作的突出特征，体现于《船舶和我们》《珠和觅珠人》《雨

---

① 成辉（陈敬容）：《和唐祈谈诗》，《诗创造》1948年第6期。

后》等诗作中。《飞鸟》作为陈敬容诗艺个性的代表作，以"负驮着太阳／负驮着云彩／负驮着风"的飞鸟，抒写着诗人内心"卸下艰难的负荷"的强烈渴求，表现着诗人"在高空里无忧地飞翔"的激情。正是以清醒的眼光汲取西方现代诗歌的艺术手法，以对现实人生独特体味去思考和表现，注意展示自己独特的艺术风格。她出版有诗集《交响集》《盈盈集》《老去的是时间》等。出版诗集《雨景》的方敬，是以低沉忧郁的心绪描写开始创作的，本时期诗集《声音》在原有的细腻诗风中显露出乐观明快的新特点，如《路》："前进，一切都前进着／骡蹄，车轮、足步／沿途压下希望的花纹。"《行盼的歌》《受难者的短曲》等诗集，都是他对抗战时期社会人生的感味结晶，体现着浓郁的现实主义特点。

成都的"华西文艺社"以及杜谷、方然、罗洛、芒甸等创办的《平原诗丛》《蚂蚁》《呼吸》，在重庆的邹荻帆、姚奔主编的《诗垦地》等诗歌刊物，都汇聚着一大批蜀中青年诗人，成为"七月诗派"的重要力量。被人称道的有杜谷的《泥土的梦》（1940）："泥土有绿郁的梦／灌木林的梦／繁花的梦／发散着果实的酒香的梦／金色的谷粒的梦／它在梦中听见了……潺潺的流水／和牝牛低沉的鸣叫／和布谷鸟催耕的歌／和温暖的池沼／划着橘色的浆和白鹅的恋曲。"该诗以温婉的情感抒发着对灾难深重的祖国大地的热爱，是杜谷诗歌艺术个性的突出表现（中央电视台2006年新年诗会，这首诗被作为开首篇朗诵）。胡风曾经评论道："杜谷底向着对象的徘徊，爱抚，原是由于他底切切低诉的心怀，因而使每一首都成了浑然的乐章。"杜谷有诗集《泥土的梦》《好寂寞的岸》《杜谷短诗选》出版。罗洛的《我知道风的方向》则满怀激情地展望未来："我知道风底方向／风打从冬天走向春天／我知道风底方向／我们和风正走着同一的道路啊。"

芦山县人玉杲的叙事长诗《大渡河支流》全诗共八章，反映抗日战争时期川西北地区社会黑暗的状貌。作品通过女主人公琼枝的悲惨遭遇，控诉了不合理的婚姻制度，极其广阔地描绘了那个"毒气四溢"的时代，表现着抗战救亡的时代强音。沙鸥的诗集《农村的歌》《化雪夜》《桂林清》等，以巴蜀方言和运用巴蜀民歌调式而受到人们的注意，如《这里的日子莫有亮》："一个女人生在乡下本来就命惨／做呀累呀事情一辈子也做不完／当姑娘也休想过一点情网。""才过门丈夫就遭逼死翻起眼／她想来想去只想把李保长一口咬来吃了／要死就一路上黄泉。"强烈的现实批判和故事性，浅俗生动的方言口语，这都为当时诗坛增加了新的风景。沙鸥的方言诗朗诵也颇受群众欢迎。与之相似的是出版《红色绿色的歌》《给夜行者》等诗集的炼虹，因其在成都从事"四川方言诗"朗诵而轰动一时。

在中国西北，与陈辉、魏巍等并列为"冀察晋诗群"成员的资阳人邵子南（1916~1955），30年代在上海创作了短篇集《青生》，共收五个短篇，即《青生》《归》《黄金》《烟帮》和《家和万安老爹》。这些作品，以浪子还乡、四川旱灾、磨坊工人和矿工生活为题材，有着作者一段流浪生活坎坷经历的影子。去延安后，邵子南写作了大量"街头诗"，主要收录于《文化的民众》（1939）中。《李勇大摆地雷阵》（后改编为电影《地雷战》）、《贾希哲夜夜下西庄》等描写根据地军民抗日斗争事迹的小说，以及对民族新歌剧《白毛女》诞生的重要贡献，代表了蜀籍作家"追摹工农兵文学"新方向的创作。

第十章 新中国巴蜀文学的变革

第一节 向"工农兵文学"转型的巴蜀文学

一、"红色颂歌"与西南边疆诗人群

1949年后文学是在一种崭新的政治体制、经济结构和思想意识下运行的。革命颂歌（革命历史题材）被赋予主流话语权力；而彻底推翻私有制的阶级斗争和"一化三改造"的新型经济结构的建立，需要文学去宣传、阐释和表现其过程，这就使文学呈现出"战歌"特征；40年代诞生于延安的毛泽东的文艺思想和工农兵文学创作模式，成为主流模式。

五四以来已取得巨大成就的老一代作家，由于其审美思维和艺术个性已成定式而难以适应新形势的需要，郭沫若、巴金、沙汀、艾芜、何其芳和李劼人等虽然努力追摹新社会时潮，舍弃原有得心应手的艺术手法而尝试"社会主义工农兵文学"的新方法，他们的创作被淹没在时代同声大合唱之中。毛泽东在共和国成立之初亲自发动的对蜀籍电影艺术家孙瑜的《武训传》的批判，是规范文艺创作的第一个信号；几乎同时开始的全国范围对刘盛亚小说《再生记》的讨伐，使人们把真实细腻描写"个人思想改造"的现实题材的创作视为畏途；"胡风反革命集团案"更是打击了一批青年的文学理想；在反右中，蜀籍影评家钟惦棐的文章《电影界的锣鼓》、流沙河诗作《草木篇》等，都是全国性批判的重点；60年代陈翔鹤的《陶渊明写挽歌》和《广陵散》、高缨的《达吉和她的父亲》乃至于阳翰笙的《北国江南》《李秀成之死》等，都被"全国共讨之"。即如身居要津的郭沫若、何其芳也受到过责难，巴金更是备受批判。巴蜀当代文学的运行轨迹和表现，正是当时整个中国文学的缩影。

以浪漫的想象憧憬未来，以铿锵的旋律抒发理想，用强烈的激情歌颂新时代的到来，共和国颂歌的第一个高音，是郭沫若的《新华颂》。诗人欢呼着"光芒万丈，辐射寰宇"的共和国崛起在亚洲的东方，共和国的每一个大事件和运动，都被郭沫若热情赞扬和尽情歌唱。大气磅礴的气势与众多革命战斗词汇交织，使他的诗呈现出典型的颂歌体特征，其《潮汐集》《长存集》《东风

集》《百花齐放》等诗文集就是诗人心声的纪录。郭沫若曾以《骆驼》等少量诗作表现对诗美艺术的注重，但这并不能在整体上改变其文学创作那标语口号式的流弊。相较而言，他的历史剧《蔡文姬》和《武则天》，则因融汇着生活的亲身感受和注重结构，与时代政治有一定距离感而具有相当的艺术感染力。何其芳也用《盛大的节日》诵唱着"在隆隆的雷声里诞生"的新政权，展望着新中国"像雷一样发出震动世界的声音"。虽然《回答》对新时代"奇异的风"明敏的察觉，对"永远留在人间，不要让／灰暗的老年和死神降临到我的身上"的热切希望，流露出对新时代"甜蜜，又有一些惊恐"的微妙感受，但他最终还是决意"为了我们年轻的共和国"，"像鸟一样飞翔，歌唱／一直到完全唱出你胸脯里的血"，表达了对新生政权的热爱。

"五十年代出现在一个省区的引人注目的青年诗群"（洪子诚语）是"西南边疆诗人群"。梁上泉、张永枚、陆棨、雁翼、胡笳、戈壁舟、周刚等年轻一代崛起于诗坛。他们的诗歌反映"难于上青天"的蜀道、川康、川滇人民的社会主义建设新生活，以对大西南美丽自然风物和多民族共存杂居社会状貌的描绘，对少数民族同胞新人生的歌颂，给沉溺在红旗、阳光、东风、战鼓等诗歌意象萦绕中的人们，带来一种阅读的惊喜。如雁翼的诗集《大巴山的早晨》（1955）和《在云彩上面》（1956），梁上泉的诗集《喧腾的高原》（1956）、《寄在巴山蜀水间》（1958）及《大巴山月》（1962），周刚的《山山水水》（1959）等，还有戈壁舟的《把路修上天》、陆棨的《灯的河》、张永枚的《骑马挎枪走天下》和《人民军队忠于党》等，皆被传诵一时。他们各以自己对青春的憧憬和对美好明天的向往，展示着"西南边疆诗人群"的实绩，并在题材选择和景物描写上呈现着一定的地域文化色彩。"森林诗人"傅仇则以祖国大好河山尤其是对"写在树上的""伐木者的真实生活"的颂歌而呈现着抒情个性，如《森林之歌》（1955）和《伐木者》（1957）。高缨的叙事长诗《丁佑君之歌》和《红云崖》，以独特的取材和对革命斗争生活的描写而产生较大影响。同时还有白航、流沙河、石天河、白峡、孙静轩、戴安常、沈重、王尔碑、陈犀、胡笳等，在共和国的旗帜下驰骋诗坛。

作为一个多民族杂居的省份，四川民族文学的发掘、整理，也是一个令人瞩目的现象，如藏族史诗《格萨尔》的挖掘整理，藏族民间故事《青蛙骑手》、彝族长诗《妈妈的女儿》的整理出版等，这为四川少数民族文学创作的兴盛，准备了较好的条件。

彝族作家吴琪拉达（1936～　　），20世纪50年代毕业于西南民族学院，是"解放后党所培养的第一个彝族诗人"，1956年开始发表作品。其《风雪凉山》《写给翻身奴隶的后代》《菩萨面前》等诗作曾荣获全国、省、州文学奖，出版有诗集《奴隶解放之歌》（1959）。其中《孤儿的歌》《阿支岭扎》等都是奴隶解放的悲歌、战歌和欢歌，近作有《吴琪拉达诗集》（2005）、《吴琪拉达文集》（2005）。与之同时的昂旺斯丹增也开始唱出自己的声音。回族诗人木斧（杨甫），40年代中学期间开始写作，《献给五月的歌》（1949）显示着一个青年向往新生活的热情。但其创作的真正开始还是在80年代，"历史灾难""历史弯曲"是其诗作的主要内容。继后，在明确的族群意识导引下，他开始追寻自己的民族之根，其自谓："从1984年6月到1989年6月，我用了五年的时间踏遍了我的祖辈足迹所到的地方以及我童年居住过的地方，我还清了我一生欠下的相思债。"①前往西北寻访回族文化和自己的祖籍所在，导致木斧的族群意识日益明显，这呈现于《望乡》《故园》《固原人》《黄河石》等收入《乡思乡情乡恋》（1990）的诗作。其诗集有《醉心的微笑》《美的旋律》《相思集》《木斧诗选》等，被人称道的代表诗作有《春蛾》《爆着火花的诗》等。

50年代进入小说创作领域的青年作家中，履冰有短篇小说《夫妻之间》《春夜》。揭祥麟则在儿童文学领域，创作有小说集《吃大户》《抗丁记》《小歌女》《雷雨前后》《羊村理发店》《小保管员》《向日葵日记》，科幻童话《银河铁道999》等，曾经被翻译为俄文与朝鲜文出版，短篇代表作是《牛车少年》。火笛在工业题材创作领域丰富着四川文学。榴红于1952年在《人民文学》上发表小说，50年代创作短篇小说《新校长》写一个年轻的校长跳进水中去抢救溺水的儿童，曾被批评宣扬了资产阶级的人性论、人道主义；80年代代表作有《酒鬼杨石匠的女儿》等，出版有《川西平原风情画——榴红中短篇小说集》。由延安随军南下入川的作家柯岗，有战争题材的长篇《逐鹿中原》（1962）问世，以及短篇小说《柳雪岚》（1957）、《他们还没死》（1961）。曾克有短篇小说《信》（1954）、《接班人》（1961）发表。

"用这管写惯苦难的笔来写人们的欢乐"是巴金创作的转型和新的艺术

---

① 木斧：《乡思乡情乡恋·后记》，四川民族出版社1990年版。

追求。投身新生活的热情，两次赴朝的生活感受，化成一曲曲志愿军英雄的颂歌，巴金先后有《生活在英雄们的中间》《英雄的故事》《保卫和平的人们》《华沙城的节日》《坚强的战士》等十余本小说散文集问世，其短篇小说《团圆》被改编成电影《英雄儿女》而影响极广。沙汀曾力图调和时代颂歌要求与自我艺术个性的矛盾，《归来》在结构上的精心安排，《卢家秀》等对巴蜀民俗和口语的注重，都是为塑造巴蜀式"社会主义新人"进行的"过渡"，终因生活体验的隔膜和公式化、概念化的"框框"局囿未能成功。本时期李劼人则只有短篇《解放前夕一小镇》（后改名为《天要亮了》）（1959）发表，主要精力转向对其30年代问世的"辛亥革命三部曲"的修改。

艾芜在新中国成立后的第一个短篇集是《夜归》，除了《夏天》《幸福》取材于四川农村外，其余六篇皆以鞍钢工人生活为题，是"想把新的一代中国人写出来"的努力结果，体现于长篇小说《百炼成钢》中。《百炼成钢》是新中国文学薄弱环节工业题材创作的一个新收获。它以某钢厂炼钢炉甲乙丙三个班工人在劳动竞赛中的矛盾为线索，穿插着阶级敌人破坏、青年工人间的爱情冲突、领导干部思想和工作方式差异的矛盾，塑造了秦德贵这样一个工人阶级的典型，表现了社会主义生产"既炼钢又炼人"的时代主题。《南行记续篇》是艾芜60年代初重游故地的收获，该集中的小说大多是通过作者寻访"南行"故地和旧人的见闻，通过新旧社会的对比，表现西南边疆人民的幸福美好生活。

30年代在中央苏区开始戏剧活动、参加过长征的李伯钊，此时以歌剧《长征》（1951）——后来改编为话剧——表现了对光辉革命历程的缅怀和热情颂扬，与从川陕苏区崛起的红军作家陈其通同期推出的剧作《万水千山》（1954）相得益彰。陈其通的《万水千山》以长征中红军第二次攻打娄山关为情节开端，通过"过彝区""强攻大渡河""走毛儿盖草地"等事件的安排，塑造了红军基层领导者李有国、罗顺成、赵志方和众多战士的英雄形象。尖锐的矛盾冲突与战斗场面渲染，波澜曲折的情节线索，使该剧成为"十七年文学"中较具艺术感染力的代表作。1938年奔赴延安的丁洪，以电影文学剧本《雷锋》（与人合作）获全军优秀作品奖，还有多幕话剧《抓壮丁》《巧绣山河》《三年》，独幕话剧《两天一夜》《岗哨》《这并不是奇迹》，电影文学剧本《决战雄关外》等。

蜀籍革命家朱德、刘伯承、陈毅、聂荣臻、罗瑞卿、张爱萍、魏传统、吴玉章等，都以亲历的独特人生体验，以传统诗词体式、散文、回忆录的形式，构成了一曲曲革命历史的英雄颂歌。朱德（1886～1976）最早的诗作是早年在云南用杜甫《秋兴八首》韵吟成的咏菊篇，已显出戎马诗人的本色。40年代有记叙与郭沫若交往的《重逢》："别后十有一年，大革命失败，东江握别，抗日战酣，又在汉皋重见。你自敌国归来，敌情详细贡献。我自敌后归来，胜利也说不完。敌深入我腹地，我还须支持华北抗战，并须收复中原，你去支持南天。重逢又别，相见——必期在鸭绿江边。"1940年5月，朱德由太行经洛阳抵重庆参加国共谈判，中途返延安，有感于"抗战紧急，内战又起，国人皆忧"，有七绝《出太行》："群峰壁立太行头，天险黄河一望收。两岸烽烟红似火，此行当可慰同仇。"其《辛亥革命杂咏》八首为：

> 同盟领袖是中山，推翻清室争民权。
> 起义武昌全国应，废除帝制几千年。

> 云南起义是重阳，下定决心援武昌。
> 经过多时诸运动，功成一夕庆开场。

> 生擒总督李经曦，丧失人心莫敢支。
> 只要投降即免死，出滇礼送亦权宜。

> 靳逃钟死人称快，举出都督是蔡锷。
> 五华山上树红旗，出师两路援川鄂。

> 忆曾率队到宜宾，高举红旗援弟兄。
> 前军达到自流井，已报成都敌肃清。

> 群众争修铁路权，志同道合会全川。
> 排山倒海人民力，引起中华革命先。

> 列宁评论大文章，指出中国革命方。
> 先进亚洲从此始，发扬真理更辉煌。

中山革命未完成，共产党人应运生。
阶级分明仍不断，红旗三面正高攀。

作为一个蜀籍政治家，他在戎马征战中不忘以《寄语蜀中父老》表达乡土情结："伫马太行侧，十月雪飞白。战士仍衣单，夜夜杀倭贼。"朱德诗词的主要题材是关于战争和写景记游，格律严谨，共600余首存世，有收录159首的《朱德诗词集》（2003）出版。

陈毅、吴玉章作品书影

荣县人吴玉章（1878～1966），1907年在日本创办《四川》杂志，宣传革命，1911年发动荣县起义，使之成为全国第一个脱离清王朝统治的县。1923年在成都组织中国青年共产党，1925年加入中共，1935年在法国办《救国时报》，是40年代"延安五老"之一。其诗作的思想与艺术表现如《1904年留学日本时自题像片诗》"中原王气久消磨，四面军声逼楚歌。仗剑纵横摧虏骑，不教荆棘没铜驼"，以及《感时抚时作于东京客次》"莽莽神州久陆沉，鲸吞虎视梦魂惊。伤心亿万神明胄，忍作中流自在行！"等。代表作是《从甲午战争前后到辛亥革命前后的回忆》等：

辛亥革命五十年，当年志士半凋残。
且喜建成新中国，巍然屹立天地间。
东亚风云大陆沉，浮槎东渡起雄心。
为求富国强兵策，强忍抛妻别子情。
……
辛亥革命未成功，领导还须靠劳工。
自从建立共产党，人间才得见春风。
世界风云今日高，亚非拉美卷狂飙。
东方红日普天照，殖民帝国正冰消。

还有众多怀念辛亥革命志士的作品，如：

当时少年正翩翩，慷慨悲歌直入燕。
几尺电丝难再续，一筐炸弹奋当先。
成仁列迹惊环宇，起义欢声壮故园。
五十年来天下变，神州春色遍人间。

——《纪念喻云纪殉难五十周年》

少年壮志扫胡尘，叱咤风云《革命军》。
号角一声惊睡梦，英雄四起挽沉沦。
剪刀除辫人称快，铁槛捐躯世不平。
风雨巴山遗恨远，至今人念大将军。

——《纪念邹容烈士》

吴玉章的著述有《辛亥革命》（1964）、《吴玉章回忆录》（1978）、《文字改革文集》（1978）、《吴玉章文集》（1987）、《吴玉章诗选注》（1991）等出版。

乐至县人陈毅（1901～1972），有700余首诗词存世。他于1916年考入成都甲种工业学校学工科，兴趣却在政治和文学方面。"少年时代的家庭教育和在成都遇见的几个精通中国文学的老师，以及成都四周富于文学艺术史迹的自然环境，又把我推上倾心于文学的道路。"[①]他曾说过："我的兴趣不在军事，我愿做记者，我喜欢写小说。"在五四时期参加少年中国学会，1925年陈毅创作了小说六篇：《她》、《报仇》、《十年的升沉》（上、下）、《西山埋葬》、《生日》、《归来的儿子》。这些小说的艺术特点是有自传色彩、梦境、回忆的描写手法、松散而自由的结构。他还在北京《燕风》杂志、《晨报》副刊发表翻译作品《译米塞诗两首：1.歌；2.愁》、《德国的民间传说》、米塞的《终天遗恨》、拉马丁的诗歌《在母亲旧居的门前》，还创作了诗歌《夜读拉马丁〈默想集〉》等。这段时间的创作和翻译，陈毅多使用

---

① 陈毅：《给罗生特的信》（1942），《陈毅同志诗词选辑》，黑龙江大学中文资料室，1977年。

"曲秋""仲宏"的笔名。在30年代以来的政治生涯中,他主要转向旧体诗词创作。毛泽东曾说:陈毅的诗豪放奔腾,陈毅有侠气,爽直。郭沫若诗赞陈毅"将军本色是诗人"。为人熟知的《梅岭三章》曰:

断头今日意如何,创业艰难百战多。
此去泉台招旧部,旌旗十万斩阎罗。

南国风烟正十年,此头须向国门悬。
后死诸君多努力,捷报飞来当纸钱。

投身革命即为家,血雨腥风应有涯。
取义成仁今日事,人间遍种自由花。

还有如《登大庾岭(一九三五年秋,时闻何梅塘沽协定)》:"大庾岭上暮天低,欧亚风云望欲迷。国贼卖尽一抔土,弥天烽火举红旗。"另如《三十五岁生日寄怀》(1936):"大军西去气如虹,一局南天战又重。半壁河山沉血海,几多知友化沙虫。日搜夜剿人犹在,万死千伤鬼亦雄。物到极时终必变,天翻地覆五洲红。"这些诗词既是人生风雨历程的心灵史,也是时代风云变化的斗争史。陈毅诗歌,可分为战争题材诗、外交题材诗、述怀咏志诗、写景记游诗和友情亲情诗等几大类,其中又以战争题材诗和述怀咏志诗最为精彩,主要艺术特征体现为豪情飞扬。后来出版的《陈毅诗词全集》(1994),共收诗词453首。其中"春之年华"辑收入早年诗作及若干译作,"戎马生涯"辑收入新中国成立前的作品,"建设国家"辑收入新中国成立以后的作品。这是陈毅弥留之际给家人的要求:为他"编一本按写作时间顺序排列的

陈毅手迹

诗集，反映五十年的革命生平"。另有《陈毅诗词选集》（1977）、《陈毅诗词选注》（1978）等诗集出版。

达县人张爱萍（1910～2003），1955年被授予上将军衔，是著名的"儒将"和"将军诗人"，诗歌多以近体诗词为主，诗风既豪迈雄放又朴素真挚，如《莫停步》（1970）："问君此生曾虚度，十五走上革命路。风云变幻漫妖雾，冲天怒，梦怀青萍天涯逐。铁牢狱火锻钢筋，枪林弹雨无反顾，建设祖国不停步。无媚骨，自揣年华未虚度。"又如对牺牲老领导何坤的怀念："庆功酒酣酒亦苦，捷报声频声愈黯。何期长诀痛心底，丹心永昭苏北原。"还有解放战争"挥戈东进临沧海，席卷南国下巴蜀"的记录等。出版有《神剑之歌——张爱萍诗词、书法、摄影选集》（1992）、《张爱萍墨迹》（1995）。

达县人魏传统（1908～1996），1955年被授予少将军衔，中国楹联学会成立之初，被推选为会长。诗选《追思集》《江淮敌后烽火》《魏传统书法作品选集》等传世。

现代中国著名的"川北圣人"张澜（1872～1955），终身为民主而奋斗，留下大量诗作，如：

如龙骄马看花去，似雪飞书乞赈来。
尽有跳蛙干上乐，谁怜鸣雁泽中哀。
古时井络夸神福，今日昆池见劫灰。
独上城南预怅望，武侯祠树暮鸦回。

——《即事》

昭剑南趋千里途，白泥食尽树皮无。
知君永久留心影，百幅东川饿莩图。

——《曹专员仲植查灾返成都作此为赠云二首》

一官何补绝裾恨，不见慈闱廿二春。
已感流年频叹老，每逢生日倍思亲。
笑容宛记儿时爱，珠泪潜抛客里身。
节近清明纷祭扫，锦城犹滞未归人。

——《戊寅二月生日忆母》

尽输仓谷赴征期，子负妻推未敢迟。
　　官吏竞分家属米，嗷嗷谁念有朝饥。
　　美裘新制御冬寒，市贾多金意自欢。
　　最是堪怜乡妇语，如今布贵补衣难。
　　……
　　训诰篇篇胜古王，出言能使国家强。
　　应知昔日梁陈主，文集虽佳不救亡。
　　诏书哀痛圣明称，自古得民在得心。
　　纵使国中呼万岁，安知寒雨怨咨深。

——《杂咏十九首》

　　殿前云影犹留彩，树棹蝉声若鼓簧。
　　昔日霓裳羽衣处，孩儿嬉笑学扭秧。

——《颐和园即景》

二、主流文学的体现：颂歌和战歌

1935年，在叶圣陶主编的《中学生》"地方印象"专栏上，忠县人（今属重庆市）马识途（1915～　）以对故乡风物的回忆散文《万县》参加征文活动并获奖，1938年，他首次使用"马识途"的名字在《新华日报》发表报告文学《武汉第一次空战》，并于这年入党。1960年，马识途发表了第一个短篇小说《老三姐》，表现一个农村普通党员坚定的斗争意志和对革命事业的无限忠诚。这段时期，马识途连续推出《接关系》《交通员》等革命历史题材短篇小说，而《找红军》则是其代表作。通过对青年农民王天林的描写，反映了中国农民不堪剥削压迫，自发进行反抗斗争，渴望找到共产党领导的革命要求。但他更大的艺术成功，则是长篇小说《清江壮歌》。

《清江壮歌》（1966）以40年代初革命斗争最艰难时期为背景，以一个父亲向女儿讲述妻子、战友的英勇斗争故事和表现父女团圆、战友重逢的尾章为总体框架，围绕革命者柳一清、贺国威等的战斗历程，塑造了一批忠贞的革命者形象。①作品从"特委会议"开始,初步展示主要人物的性格:干练泼辣的柳一清、老成持重的贺国威、热情温和的任远、敦实鲁莽的王东明,以及注重仪表打扮的陈醒民;又通过会议进行时突然闯进的不速之客,对在场人物的性格进行再次展示,这些都为后来故事情节的发展作了人物性格的铺垫。陈醒民叛变是小说情节的重要转折,敌人制造"童云出卖陈醒民"的假象,柳一清、贺国威等被捕入狱,党组织陷入困境,但极富斗争经验的贺国威经过周密分析并设计"反间计"使叛徒现出原形。敌人又以伪装进步的特务易师白杀死陈醒民再设连环计,却被在斗争中日渐成熟的柳一清用计识破。敌人一方面用尽阴谋诡计破坏党组织,另一方面使用严刑拷打,仍难动摇革命者的坚强意志。挟持贺国威父亲劝降,利用幼婴威胁柳一清等情节,都是作者以反动派的残忍狠毒来反衬革命者忠诚坚贞的设计。与狱中斗争相呼应的是任远与王东明恢复特委工作和发动武装斗争,终以调虎离山之计成功地救出一批狱中战友。虽然柳一清、贺国威和章霞未能获救,但他们却为战友们脱险而欣慰,并含笑走向刑场英勇就义,从而谱写了一曲革命英雄主义的壮歌。

小说在情节安排上对相对独立事件的安排,对一个矛盾推动又一个矛盾的情节构思,以及根据地下斗争特点和中国传统长篇对"计"的注重而设置"用计"情节,这种取自传统古典长篇的结构艺术观,在马识途80年代以来的创作中得到更强烈的体现。在《我追求的中国作风和中国气派》中,他回顾了幼时受到的蜀中民间文化的影响:"到乡下说冲书的、'讲古'的、'摆龙门阵'的,他们没有说善书的那么古板,讲的故事也更其生动活泼,更其曲折复杂,更其神奇美妙,更其乐观诙谐。"

《最有办法的人》《挑女婿》《两个第一》《新来的工地主任》等创作于60年代的作品,与当时纯粹的"颂歌体"文学形成极大差别。讽刺短篇《学习会纪实》(1982)是马识途在"文化大革命"后的重要作品。小说以某局领导班子的一次学习会为背景,用白描勾勒法描写出几个形象:靠说空话套话、炒陈饭过日子的常书记,对改革开放现实满腹牢骚的雷副局长,饱食终日、不干工作却极善养生之道的温副局长……一个局竟然有正副七个书记和八个局长,人浮于事必然导致互相推诿,机构的臃肿必然导致互相争斗。马识途较早

---

① 小说中的主角原型,是作者的妻子和战友。创作缘起于作者找到失散多年的女儿和对革命烈士的怀念。

马识途作品书影

地注意到中国干部体制存在的诸多问题，对之进行揭示和思考。马识途的创作视野是广阔的，一个"连芝麻官也算不上"的村支书，凭着手中权力编排"吃"村民，索取贿赂，被人称为"张大嘴"（《张大嘴》）；几瓶五粮液被作为开后门行贿的"集束手榴弹"，在机关部门权力者中间转圈，正是党和国家某些权力部门不正之风的集中体现（《五粮液奇遇记》）；局长率领两个副局长以下基层检查工作为名踏青赏春，接受盛宴款待，两名副局长酒醉掉入茅厕淹死而被追认为"烈士"（《臭烈士》）。而《钟懒王的酸甜苦辣》通过一个农民在极左政治中由勤变懒，又因改革大潮由懒变勤，致富后因受到官僚衙门作风压制复由勤变懒的悲喜剧，思考着党风建设和国家廉政建设对中国社会生产力发展的重要性，同时也展现了由于官僚主义和不正之风造成农民对党的方针政策的疑虑。而《钱迷的奇遇》《风声》等短篇小说，则是对近年来一些社会不良现象的讽刺描写，对道德沦丧和小市民庸俗给予揭示。

80年代，马识途的历史长篇小说是以《夜谭十记》开始的。小说仿照文艺复兴时期文学作品《十日谈》和《坎特伯雷故事集》的结构方式，以三个小科员为打发时光每人讲一个故事而构成"十记"。整个小说立足于道说人间苦、世间恶、社会丑、世事怪，将城市的灯红酒绿和乡村的破败荒芜、官场隐私奇案和社会闹剧丑闻、三教九流各式人物的命运遭遇、小市民的悲欢离合，构成一幅旧中国世态风情和人生状貌画卷。革命历史题材的《巴蜀女杰》，围绕主人公张萍在严酷地下斗争中从单纯热情的青年学生逐渐成长为优秀革命者的经历，从生活、爱情、理想与革命追求等方面去塑造描写。《京华夜谭》以共产党员肖强从事地下斗争的传奇故事，塑造了一个聪明机智、极富斗争艺术的地下工作者形象。《雷神传奇》是作者民族化和通俗化追求的进一步体现。章回体的结构，雷神"三救秋香"的高超武艺以及其传奇经历，使小说具有极强的趣味性和欣赏性。2003年，他出版了长篇小说《没有硝烟的战场》。2000年另有旧体诗词《马识途诗词钞》等出版。

长篇小说《红岩》（1961），是当代巴蜀文学对共和国颂歌、战歌体文学的最杰出贡献。小说源于一个真实的事件。1948年初，中共重庆市城区支部书记任达哉被捕叛变，供出重庆地下党工运书记许建业，在许的住处查获的文件，导致中共地下党重庆市委副书记冉益智、市委书记刘国定，以及中共七大代表、川东临委副书记兼下川东地工委书记涂孝文，川康特委书记蒲华辅等的被捕和叛变，重庆乃至整个四川地下党组织遭受严重破坏。"据统计，因敌人围剿《挺进报》而被捕的共一百三十三人，其中县级以上干部四十人。除上海、南京八人外，被杀害的五十三人，下落不明（大半牺牲）三十五人，营救和突围脱险二十五人，自首变节后仍被敌人枪杀的四人，叛变投敌当了特务的八人。"[①]幸存者罗广斌、杨益言、刘德彬根据自己在国民党监狱白公馆、渣滓洞中的革命经历，曾写出纪实文学《圣洁的鲜花》《江姐》等，又以革命回忆录《在烈火中永生》（1958）记述先烈的斗争史实，作为革命传统教育的材料。1958年，中国青年出版社社长兼总编辑朱语今向罗广斌、刘德彬、杨益言约写《红岩》。重庆市委第一书记任白戈要求把《红岩》的创作，当作一项"表彰先烈，揭露敌人"的严肃政治任务，并指定专人负责组织领导小说《红岩》的创作，准许罗、杨、刘查看有关敌特档案，提审在押的敌特分子，以此塑造出徐鹏飞、毛人凤、严醉、沈养斋等国民党高级军统特务形象。在四川省文联和沙汀、马识途等人以及出版社的帮助下，作者们对书稿不断加工修改，删略原有阴霾沉闷的情节，加大革命热情与革命理想的内容比重，形成定稿《红岩》。

小说以1948年至1949年重庆解放、解放军的胜利进军为故事背景，以革命地下刊物《挺进报》为焦点，并以狱中斗争为主线，交错地展开了中共地下党领导的城市地下斗争、学生运动、工人运动、狱中斗争，以及华蓥山区的武装斗争。小说塑造了许云峰、江姐、成岗、刘思扬、孙明霞、龙光华、华子良、双枪老太婆等众多英雄形象，表现其革命斗争事迹，因而被人视为"党史小说"并被当作真实的历史进行传播。《红岩》成为当代巴蜀文学与时代颂歌文学成功契合的典范，被称为"黎明时刻的一首悲壮史诗"，"一部震撼人心的共产主义教科书"，成为当代中国发行量最大的小说。重版二十余次，发

---

① 侯健美：《〈红岩〉背后的真实故事》，《党的建设》2008年第2期。

《红岩》书影

行千万册,被译成了日、德、英、法、越、朝、蒙等十种以上文字。它还被不断地改编成电影、电视剧、广播剧、话剧、歌剧,几十年来经久不衰。①

1997年,刘德彬出版纪实长篇《歌乐山作证》,作为《红岩》的姊妹篇,真实记叙了当时地下党组织遭到的大破坏,是如何由重庆市委书记刘国定、副书记冉益智、川东临委副书记兼下川东地委书记涂孝文等身居领导职位的干部叛变造成的,除了彭松涛、江雪琴、老大哥、李青竹等人物外,增写了一批各具特色的政治犯,如"黑牢诗人"蔡梦慰、狱中医官刘石仁、特殊囚犯胡春浦、县参议员盛超群、流浪奇童蒲小路、被捕后脱逃又再次被捕的王敏以及大军阀之弟罗广斌等。小说基本立意是要展现作者那"我的余生不愧是从渣滓洞出来的人"之革命情结,也带有时代反思的特点。

高缨(1929~2019)1943年入蜀,1951年以长诗《丁佑君》开始被人注意。他在西昌兼任县委宣传部副部长的生活积累,孕育出短篇小说《达吉和她的父亲》(1958),因为改编为电影而被国人所熟知。小说描写凉山彝区公社化运动时,工程队老技师任秉清到彝区支援水库建设。社长马赫的女儿达吉为客人们表演了节目,引起任秉清的注意。后来任秉清从达吉的很多特征里,发现她就是自己解放前被奴隶主抢走的女儿。小说围绕两父争女而展开冲突,任秉清和马赫彼此都为对方着想。最后,任秉清搬进了马赫的家,与马赫和女儿住在一起,决心同彝族兄弟共同建设社会主义的新凉山。小说体现着鲜明的红色文学主潮特点,通过"两父争女"的矛盾冲突,揭露了国民党统治的残酷和奴隶主统治的黑暗,歌颂了共产党的领导和少数民族地区民主改革的伟大,以及广大彝族人民建设社会主义的巨大热情。大凉山彝族生活题材的新颖,一女

---

① 邓经武:《新中国60年的四川文学》,《文史杂志》2009年5期。

两父的传奇情节，父女之情与阶级之情的交响等，都是小说获得成功的原因。小说被改编成电影后，曾因为宣扬"人性论"而受到主流文学的批评。高缨的创作历程始终萦回着一种"凉山情结"。长篇小说《奴隶峡谷》（2004），写的是20世纪50年代发生在四川凉山彝族地区的民主改革。

高缨的作品有诗集《丁佑君之歌》（1954）、《大凉山之歌》（1958）、《凝聚的雪花》（1985），短篇小说集《山高水远》（1964）、《孔雀之舞》，中短篇小说集《薛玛姑娘》，中篇小说《海边之贝》《兰》（1979），纪实文学《无言之爱》，长篇小说《云崖初暖》（1978），中短篇小说集《版纳之恋》（2003），散文集《西昌月》《竹楼恩情》等。

20世纪50年代，一批青年作家开始步入文坛，克非是一个代表。克非（1930～2017）50年代初参加工作，被分配到沙汀故乡安县从事农村工作，从生活本貌中开始朦胧地"阅读"沙汀，又在宣传报道的本职工作中练笔，对巴蜀乡镇生活的体验、沙汀的导引和时代思潮的激发下促使他开始了自己的创作。鲜明的时潮印记和浓郁的巴蜀地域色彩，成为克非创作的两大主要特征。50年代中期的《阴谋》《看碾磨房的人》对农村阶级斗争的表现，《伍其文视察灾区》对"右派分子"的讽刺批判，《毛主席来到养猪场》对共产党和领袖的崇敬和颂扬，都体现着创作的时代模式。这种特点，又集中地体现于长篇小说《春潮急》（1974）中。基于对社会主义农业合作化到土地公有制之路的全面表现构思，《春潮急》以川西北农村梨花乡的农业合作运动为主线，描写了分得土地的农民们因为天灾、人祸、生产落后等影响再度两极分化，以及阶级路线斗争的尖锐矛盾，表现了广大农民向往社会主义道路的热情，成为当时主流文学的一个四川版本。小说按照主流美学规范对中国农民生活状况和精神向往进行描写，无论是土地、副业的生产经营方式（如修整坝田、伐竹造纸、上山烧炭和开辟肥源等），还是烤食"冻粑"、喝刺梨子烧的香茶的生活习俗，抑或是经过作者加工的幽默、生动的四川方言，都使作品反映的生活以川西北特有的风貌，清晰地呈现在读者面前，被专家称许为"就其丰富性和真实性来说，是同类作品中所少见的"，"由于作者独特的生活积累和独特的语言及艺术表现方法，使得这部作品具有不同于同类题材的鲜明特点"[1]，它也是"文化大革命"时期出版的极为难得的、具有较多生活气息的长篇之一。80年代初出

---

[1] 郭志刚主编：《中国当代文学史初稿》（下），人民文学出版社1981年版，第307页。

版的《山河颂》是继《春潮急》之后反映"必由之路"题材的第二部作品，围绕人民公社的建立展开情节，在颂歌与反思的矛盾中呈现出对生活观照不成熟的特征。

《头儿》（1983）以一个亦正亦邪的农村包工头为主人公，描写其"极能巴结、笼络、买好权力人物，打通关节"，承包一些国营企业不屑于干的工程，并以封建家长式的统治管理着工程队，在公有制经济中寻找隙缝以致富。其长篇小说《野花闲草》和《满目青山》立足于新时期中国社会的变革，分别从农村和城市两个场面，去表现政治、经济变革的历程和人们思想观念的变移。

时代文学浪潮对文化学和民族历史"寻根"的荡涤，也固化着克非的追求，他的"人在奈何天"系列短篇，就体现着这种新特色。这些短篇，截取巴蜀乡镇人生底层的种种世相，以一个遇事逗小聪明，有正义感却身份卑微，常因某些具体困难求人盖章办事而为权势奔走忙碌的小青年为主角。小说那似幻似真、亦庄亦谐的描绘，产生了震撼人心的力量。而这些小说关于"狗宝""猪砂""风水宝地"等怪异事物的描写，都复现着"俗好巫鬼"的巴蜀民俗特征，从而呈现了浓郁的地域文化色彩。《鸦片王国浮沉记》是克非挖掘童年记忆，对"糜烂社会一角"的展示，这与周文关于"烟苗季"，李劼人、沙汀关于"烟馆"吞云吐雾丑恶事物的揭示有异曲同工之妙。《牛魔王的后代》《无言的圣莽山》两部作品，以作者烂熟于心的川西北农村生活为题材，从巴蜀远古神话传说的"集体无意识"的文化积淀，以及民间流传的巫鬼神怪情结，去审视传统与现代、进步与保守、开放与闭塞矛盾碰撞中的现代人生命运，揭示着大盆地蜀人追求美好未来的搏击与精神的焦灼，从而将对现实人生的深沉思考与对地域人生形象的表现熔铸一体。

三、非主流文学：独立思考与"地下文学"

在《诗刊》问世的1957年，四川省创办了中国当代第二家纯诗歌刊物《星星》。流沙河的组诗《草木篇》，抓住白杨、仙人掌、梅等自然物的属性特征进行拟人化的思考，表现了对一种坚贞正直人格力量的颂扬，却因被批判而震响全国。蜀籍艺术家钟惦棐《电影界的锣鼓》[①]也被全国批判，其主要著作有电影论文集《陆沉集》和《起搏书》等。

---

① 《文艺报》1956年第23期。

陈翔鹤的短篇《陶渊明写挽歌》（1961）、《广陵散》（1962），表现作品主人公对生死问题平静坦然和对世事清醒超越的认识态度，刻画和赞赏其"不戚戚于贫贱，不汲汲于富贵"的旷达宁远、清贫自守的中国传统文人性格。小说借作品人物之口透露作者的生活感受："佛家说解脱，道家说羽化，其实这些都是自己仍旧有解脱不了的东西。"多年创作经验的积累，尤其是对陶渊明、嵇康性格的深切体味，与当时主流文学的背离和充盈自我情感的独立思考，使陈翔鹤的两个历史短篇一问世即受到热烈欢迎。相较于作者50年代初的《喜笼》《方教授的新居》等颂歌体作品，其历史题材立足于"知人心"，着重以自我体验去描写历史人物在社会政治矛盾中的内心活动及性格表现，正是其获得成功的原因。作者能将古典诗词、佛教用语自然地引用到现代汉语的叙述之中，叙述语言质朴平易，人物语言也能生动地表现其性格特征，为解读当时一些知识分子的精神立场提供了很好的文本依据。

"文化大革命"期间，中国文坛萧条寂寞，在文化沙漠中长途跋涉的饥渴，导致一批独立思考者以"潜隐"方式写作，各种手抄本应运而生，而且鱼龙混杂。这类创作前承50年代的"探索者"文学，后启"新时期"文学，甚至许多在80年代公开出版的小说如《在晚霞消失的时候》《第二次握手》，以及公开发表的诗歌如"朦胧诗"、郭小川的《秋歌》和《团泊洼的秋天》等，都是写作、流传于这段时期。

手抄本文学现象是中国文学史上一种特殊的文化现象，因为它诞生于"文化大革命"时期这一特殊的历史环境，在一定程度上呈现着私密性和个人化的特征。如以食指、多多、芒克为代表的"白洋淀诗群"，以黄翔、路茫、哑默、曹秀青（南川山林）为首的"贵州诗人群"等。其诗作的思想如黄翔的《野兽》（1968）："即使我只仅仅剩下一根骨头／我也要哽住我的可憎年代的咽喉。"芒克的《城市》："醒来／是你孤零零的脑袋／夜深了／风还在街上／像个迷路的孩子／东奔西撞／街／被折磨得／软弱无力地躺着／而流着唾液的大黑猫／饥饿地哭叫。"被众多选本收录的食指的《相信未来》，在当时流传甚广[①]。在四川成都地区，60年代产生了一个重要的地下文学团体野草诗社，其中的诗人有邓垦、蔡楚、杜九森、陈墨、冯里、乐加等。他们编辑了《空山诗选》

---

① 张清华：《黑夜深处的火光：六七十年代——地下诗歌的启蒙主题》，《当代作家评论》2000年第3期；杨健：《"文化大革命"中的地下文学》，朝华出版社1993年版。

（1971），创办过《野草》（1979），其代表人物陈墨有这样的诗句："蛙声是洁白的一串心跳，寂寞的笺上荡着思潮。五千年的锦水许是累了，载不走这井底孤苦的冷涛。"（1968）这些作品实际上都是以极度浪漫的主观抒情、精心营造的现代革命理想，去超越自我思想局限和困境，表现着对主流话语的悖离，从本质上说仍然属于政治文学范畴。

手抄本文学，著名的有《于飞三下南京》《梅花党》《绿色的尸体》《教堂之谜》《一只绣花鞋》《第十三张美人皮》《许世友三进故宫》等传奇类作品，《九级浪》《少女之心》《曼娜回忆录》等性爱作品以及《四五诗文》等政治鼓动诗文。在"文化大革命"中流传最广的故事和手抄本就是刑侦故事《一只绣花鞋》。生活于重庆的况浩文写作的《一只绣花鞋》，被称为"中国当代恐怖小说先驱"，故事讲述国民党政府在崩溃之前秘密成立梅花党，妄图打入共产党内部窃取情报。围绕着争夺《梅花图》这一梅花党潜伏人员的联络图，公安人员与梅花党斗智斗勇。小说贯穿了"绿色尸体""武汉长江大桥的孕妇""神秘的金三角""太平间的嘀嗒声"等系列惊险故事，迷雾重重，扣人心弦。这部小说后来被拍成电影《雾都茫茫》《C3计划》等，又被拍成多部电视连续剧。与手抄本小说《第二次握手》那强烈的政治热情相较，《一只绣花鞋》更多地是以休闲性阅读快感而受到大众的欢迎。

"文化大革命"是中国人社会与政治生活中的重大事件。出现在这一时期的中国的"文革文学"更是形象而集中地反映了一个特殊年代的人生动态、情感类型与思维方式，以及文学与政治体制之间的复杂媾和。红卫兵文艺运动的兴起伴随着大大小小的"小报"活跃。1967年春夏之间，在全国范围内各大专学院、中学的红卫兵组织纷纷出版报纸。"革命"的狂热诱引着"献身世界革命"的行动，如四川赵荷华的《涅瓦河之歌》："呵，涅瓦河，你为什么这样欢腾，你看见，克里姆林宫当年的红星闪耀在中南海，让阿芙乐尔的炮口再对准新沙皇的宝座，开火，轰出新苏维埃的河山。"①

离开熟悉的城市到广阔天地的一代青年，在贫穷落后的乡村"接受再教育"，繁重的体力劳动和物质贫乏的困窘，让青年"大有作为"的理念顿时幻灭，革命的理想与艰难的现实形成巨大反差。青春的苦闷，对未来的迷惘、愤懑，孕育出《娜娜之歌》《望断蓉城》等，流传最广的是《知青之歌》："……

---

① 秦晓鹰：《历史的错位》，《迷狂的音符》，中国社会科学出版社1995年版。

告别了妈妈／再见了家乡／金色的学生时代已载入了青春的史册一去不复返。啊……未来的道路多么艰难／多么漫长／生活的脚步深浅在偏僻的异乡……"又如《故乡校园都不见》："沉沉的回忆啊／遥遥的思念／童年少年啊／绿一片／春风杨柳人去远啊／叶落深秋何时还？亲朋好友握手／从此相隔万重山／白发双亲愁无语／谁知无语是有言；久久地您凝望啊长长的哀叹／人生茫茫哟／白一片，烈日炎炎人渐老啊／雪花飘飘灯半燃／家园校园两不见／热泪滚滚湿衣衫／团圆美酒梦中暖／醒来夜半歌声寒／醒来夜半歌声寒。"还有《偷鸡谣》："深夜村子里四处静悄悄／只有蚊子在嗡嗡叫／走在小路上／心儿咚咚跳／多么诱人的晚上。悄悄溜到了队长的鸡窝旁／队长睡觉鼾声呼呼响／鸡婆你莫要叫／快点进书包。多么激动的晚上／我的好队长／请你多原谅／我的肚皮实在饿得慌／我想吃只鸡／我想喝碗汤／年轻人需要营养。从小没拿过别人一颗糖／捡到大皮包交校长／而今做了贼／偷鸡又牵羊／父母知道会怎样想？"①

这些内容，在后来安知发表于《龙门阵》上的"知青回忆系列"、乔瑜的小说《孽障们的歌》等作品中得到再现。又如："离别了山城／不知多少年呀／可爱的故乡／望了又望／眼前只是一片凄凉／什么时候／才能回到故乡的家园／静静的夜呀／冷冷的风啊／明月向西落。"②

"文化大革命"中的文学创作是一片荒芜，艾芜的短篇《高高的山上》（1973）、克非的长篇《春潮急》（1974）的问世，都属于极为难得的现象。达县诗人张永枚的长篇报告诗《西沙之战》（1974）歌颂中国海军和民兵英勇顽强、不怕牺牲、誓死捍卫国家领土主权的精神，《光明日报》《人民日报》和各省市报刊纷纷登载。这些都是四川文学在这个特定时段难得的表现。

四、台湾文学中的巴蜀元素

20世纪下半叶，由于溃败台湾的国民党政权"反攻大陆"的政治斗争需要，"反共文学"泛滥一时，出于对政治文学的厌倦，"怀乡文学"风行起来。通过对大陆风土人情和昔日生活的描写，抒发作者的怀乡思亲念旧之情，显示着文学回归本体的努力，如林海音的《城南旧事》等。继后兴起的"现代派文学"是对"反共文学"的一种否定，并日渐成为台湾文学的主流。1960年

---

① http://bbs.newssc.org/dispbbs.asp?boardID=12&ID=693788&page=18。
② 漆福昌：《第一首山城知青之歌》，《晚霞》2007年第13期。

"现代文学社"的成立和《现代文学》杂志的创刊,标志着现代派小说的崛起。主要作家作品有:白先勇的《台北人》、聂华苓的《桑青与桃红》、於梨华的《又见棕榈,又见棕榈》等。诗歌方面,以纪弦为代表的"现代诗社"、以覃子豪为代表的"蓝星诗社"和以痖弦为代表的"创世纪诗社",成为现代主义诗歌创作的主力军。随着台湾50年代的土地改革,尤其是60年代开始的快速资本主义化,政治对文学的控制逐步减弱。在摆脱政治的控制、确立文学本质之后,流寓台湾的巴蜀诗人以令人注目的成就,作出了自己的巨大贡献。其代表首先是从三星堆故里走出的诗人覃子豪。

广汉人覃子豪(1912~1963),早年就读于北京中法大学,30年代留学日本,开始进入诗坛,曾倡导"新诗歌运动"。抗战中,他归国参加抗日文化活动,创作诗歌,主编文学副刊。1947年去台湾,创办了《新诗周刊》。1954年,他与余光中等人成立了著名的"蓝星诗社"并任社长,主编《蓝星诗周刊》《蓝星诗季刊》等。他的重要诗论《新诗向何处去》(1957),与纪弦就新诗创作问题展开论战,主张中国新诗应坚持民族主义精神。覃子豪主持"中华文艺函授学校"的新诗讲习班,为台湾培养了大批诗人,洛夫、痖弦、辛郁,尤其是川籍诗人商禽,都曾得到他的督促和鼓励。与此同时,他逐渐形成了自己的独特风格——传统的严谨与浪漫的抒情相结合,创作出一些上乘诗作。如《过黑发桥》中写道:"港在山外/春天系在黑发的林里/当蝙蝠目盲的时刻/黎明的海就飘动着/载满爱情的船舶。"《画廊》是其创作发展阶段具有转折意义、思想艺术成就最高的一本诗集。

诗人从生活表层的人生批评,深入到对生命意义的探寻。如《肖像》:"这肖像是一个诠释/诠释一个憔悴的生命/紫铜色的头颅是火烧过的岩石/他来自肉体的炼狱/他的灵魂在呐喊/我听见了声音。"香港学者曾评价其《距离》为:"苏轼是用月亮为会合点,使空间距离消溶(指苏轼《水调歌头》一词),覃子豪是以整个世界压缩在其中的地球仪的转动,使空间的距离消失,他们都是把怀人的复杂微妙、难以把握的情绪定了形,实体化,并艺术地再现出来。"① 在《你的家乡》中,他回望着"有无数小河的家乡/有葱郁林木的家乡/有密密的果园树/有陈年的磨房"的成都平原,又在《虹》中表现出强烈的思乡情怀:"我真厌倦在海上流落/要踏上长桥/去觅归路。"

---

① 璧华:《幻美的追寻》,香港天地图书有限公司1981年版。

在"两岸的山峰／终日凝望"的叹息中，期盼着"假如，我有五千魔指／我将把世界缩成一个地球仪／我寻你，如寻巴黎和伦敦／在一回转动中／就能寻着你"（《距离》）。他在《向往》中表示："我知道我会在那漂流的日子里／想起我曾经眷恋过的故土／即是我在那故土上受尽折磨／而我也会留下思念的热泪"。这些都源于"我是一个巴人"（《水手兄弟》）的自我角色认同意识。

作为一个来自内陆农耕文化圈的巴蜀之子，面对海洋产生着"蜀犬吠日"般审美震惊，大海、海岛、港湾、雾灯、桅杆等，成为覃子豪诗歌的主要艺术意象，因此他被誉为20世纪东南亚最著名的"海洋诗人"。这就是他被誉为台湾"诗的播种者"和"蓝星的象征"、台湾诗坛"三老"之一的真正原因。他先后出版有诗集《生命的弦》《永安劫后》《海洋诗抄》《向日葵》《画廊》，诗论有《诗创作论》《诗的解剖》《论现代诗》以及《覃子豪全集》（1965）等。现广汉市房湖公园的"覃子豪纪念馆"的楹联："当时望乡千茎白，至今照岛一星蓝"，就巧妙地概括了他的诗歌内容和价值。

同样为台湾文学走向成熟作出突出贡献，并在世界诗坛产生了一定影响的、被誉为海外华人文坛"鬼才""怪才"、曾获"诺贝尔文学奖"提名而震响海外华人文学界的，是川籍诗人商禽。珙县人商禽（1930～2010），本名罗燕，1946年在成都从军，1950年去台湾，1953年在《现代诗》上发表诗作步入诗坛，曾任《文艺》月刊及《青年战士报》副刊助编，参与《中华文化复兴》月刊编务，以后担任《时报周刊》副总编辑多年，参与过《现代诗》《创世纪》的活动。诗作曾被译成瑞典文、英文、法文单行本在外国出版。商禽先后当过编辑、码头工人、私家园丁、跑过单帮、开过牛肉面馆等。后得到聂华苓的帮助，一面经营小面馆一面继续写诗，成为台湾诗坛超现实主义的典型代表。

流沙河曾经说商禽的诗多有"乡愁之夜歌"，却"不敢出现'大陆''四川''故乡'"的字样，但其《五官素描》中的《眼》却表达着鲜明的巴蜀情结："一对相恋的鱼／尾巴要四十岁以后才出现／中间隔着一道鼻梁／（有如我和我的家人中间隔着一条海峡）／这一辈子是无法相见的了／偶尔／也会混在一起／只是在梦中他们的泪。"诗集《梦或者黎明及其他》中的第一首诗《籍贯》，也有鲜明的巴蜀意象："我听见一个声音／隐约地，在向我询问／'你是哪里人？'／我常怕说出自己生长的小地名令人困惑／所以我答说：／'四川。'／哪晓得我如此精心的答案对他似乎成为一种负担／我随即附加了一个响亮的说明：／'就是那叫作天府之国的地方。'"他被认为是第一个向世界介绍的台湾诗人,如英译本《冰封的火把:商禽诗文选》(威尔斯维帕出版社,伦敦,1992)。

商禽的一些诗作被收入一本重要的大部头出版物:《台湾前沿:中国现代诗选》。章亚昕就说:"诗人们对于人生的无奈、对于自由的向往,总会有刻骨铭心的体验。像商禽的《门或者天空》,抒情主人公如同'没有监守的被囚禁者',写诗即是反复从一个虚拟的'门'中走出,也就是从事精神上的逃亡。真切的身世感,使看上去荒诞的喜剧情境,其实充满了悲剧性的生命体验。他们身不由己,走上一条血与火的艰辛旅程,那超现实的艺术追求,便有了极现实的人生意义。生命体验使'创世纪'在三大现代诗社中后来居上,使创世纪诗杂志在坎坷的路上长盛不衰……"①台湾诗论家罗青将《鸽子》一诗誉为新诗运动以来"分段诗"的经典之作,被认为受到超现实主义的影响。新世纪初台湾《联合报》等发起评选出的"台湾文学经典",入选的七本诗集中就有商禽的《梦或者黎明》。

商禽说:"回想起来,过往的岁月仿佛都是在被拘囚与逃亡中度过。"诗人在"拘囚"中体味屈辱,在"逃亡"中追回人性的尊严,即是立足于困境去寻找出路。1989年,商禽终于推开了这扇"门"回到故乡:"我的双脚走在故乡的土地,泪水打湿了故乡的土地",并且多次回到四川珙县探访故里。其作品还有《梦成黎明》(1969)、《用脚思想:诗及素描》(1988)、《商禽·世纪诗选》等。

梁实秋关于巴蜀风情的描写,见诸《鸟》《狗》《萝卜汤的启示》等篇章。梁实秋在《鸟》的篇末慨叹万千:"自从离开四川以后,不再容易看见那样多型的鸟的跳跃,也不再听到那样悦耳的鸟鸣。"可以说,正是巴蜀大地的一段人生体验,孕育出他的《雅舍小品》,并以此奠定了他日后作为台湾散文一代宗师的历史地位。著名诗人如余光中,在创作《当我死时》之际,"他想起了四川重庆江北的悦来场,抗日战争时期他在那里读过哲学,那里多山多树多鹧鸪,鹧鸪在春雾迷蒙的林中啼唤着'行不得也,哥哥'……在这首诗里他却不想南京而想重庆——多鹧鸪的山城,该是啼鸟唤人归吧"②。写给老友流

---

① 章亚昕:《论台湾创世纪诗社的"大中国诗观"》,《诗歌月刊》2007年第10期。
② 参见流沙河:《台湾诗人十二家》,重庆出版社1985年版;《成都日报》2007年9月21日报道。

沙河的《蜀人赠扇记》中，余光中倾吐着心怀："问我乐不思蜀吗？不，我思蜀而不乐……川娃儿我却做过八年"，"在四川生活的那段时光，影响深及心灵。对四川，我有很深的感情，所以《乡愁》才有那么深刻的四川印记，四川给了我很多灵感！"1996年，余光中到四川大学讲学，写下新作《不朽的旱烟筒》，回台湾后又写了《入蜀》《出蜀》。罗门十二岁考入空军幼年学校进入四川，在青城山下、在游历蜀中的八年时间中，对巴蜀风物的体味是深刻的，流沙河就说他30年后的《山》《河》等诗"有青城山、岷江水的影子"。聂华苓在抗战时期生活在巴蜀，有着深深的巴蜀记忆和三峡情结。关于巴蜀地域文化和三峡风物的书写，就集中表现在她著名长篇《失去的金铃子》中，也涌激于《桑青与桃红》《千山外、水长流》等长篇名作与《珊珊，你在哪里》等短篇小说中。

琼瑶（陈喆），是在华人读者中享有盛名的言情小说名家，1938年出生于四川成都，在成都度过童年时期。1947年举家迁上海，在上海《大公报》发表了第一篇小说《可怜的小青》。1963年琼瑶出版了第一部短篇小说集《窗外》，从此跃登台湾文坛。《几度夕阳红》是琼瑶小说创作中的重要作品，其中时空交错，人物众多，情节复杂，最能代表言情小说的特征。两条故事主线，分别发生于抗战时期的重庆和60年代的台北。其影响正如台湾歌手蔡琴所说："我最初抓到一点成都的生活资讯，其实是从琼瑶小说里看到的。《几度夕阳红》嘛，我看到的四川人的生活，就是那种喝茶聊天，朋友一交就一辈子的生活。还有当然就是辣椒。"①1988年，琼瑶曾回到成都探亲和寻觅儿时踪迹。

在台湾文学的完型过程中，巴蜀文化的影响和贡献是甚为明显的。著名学者刘再复曾说过，20世纪下半叶中国文学最突出的两大成就，一是五六十年代（延伸到七十年代）的台湾诗歌；一是八十年代（延伸到九十年代）的大陆小说……比起大陆诗群来说（台湾诗歌）更有成就，是因为他们具有两个明显的长处：一是诗中文化底蕴比大陆强；二是汉语表达能力尤其是古汉语的修养与表现能力比大陆强。②刘再复先生将20世纪下半叶的中国文学进行整体观照，充分肯定了台湾诗歌的成就。恰好在这一领域，巴蜀文化的影响力表现是明显

---

① 蔡琴：《第一次知道成都是因为琼瑶的小说》，《成都日报》2007年9月21日。
② 刘再复：《看一看港台文学》，http://culture.netbig.com/topic/935/20000717/。

的，深受巴蜀文化影响的川籍诗人的贡献更是巨大的。其他如四川遂宁籍台湾著名作家黄辉继长篇小说《追》问世之后，陆续出版了《女教师》《雾里情》《春风悠悠》等36部长篇小说和一部中篇小说，1971年创办彩虹出版社，2000年推出台北市四川射洪同乡会专辑《悠悠乡情》。四川自贡籍台湾著名戏剧电影大师张英在中国戏剧史研究、戏曲理论的建树，以及"高山青，涧水蓝，阿里山的姑娘美如水呀……"这首在大陆广为流传的《高山青》产生过程中的贡献，还有推荐《白蛇传》《芙蓉花仙》《变脸》等川剧到台湾的演出等，都对台湾文学的发展繁荣做出过贡献。覃子豪和商禽只是其中杰出的代表，对处于长期漂浮的海岛文学而言，寓台巴蜀诗人的创作，就体现着台湾文学在国家认同、民族文化认同方面的双重意义，台湾文学与大陆文学在"空间""时间"的长时期"差延"，于此就得到的弥合。

五、域外文学中的巴蜀元素

四川郫县籍作家韩素音（周光瑚），经受了东西双重文化熏陶，1942年在成都时，与他人合作并出版小说《目的地：重庆》，表现抗日爱国的热情。自传体长篇小说《瑰宝》（*A Many Splendoured Thing*）（1952）在英国出版后，旋即被译为多种文字，1955年好莱坞也把它拍成电影《生死恋》（《爱情至上》），次年获得了三项奥斯卡奖。1964年开始写作5部传记性著作：《伤残的树》（1965）、《凋谢的花朵》（1966）、《无鸟的夏天》（1968）、《吾宅双门》（1980）、《凤凰的收获》（1982）。韩素音还有《中国，2001年》（1967）、《餐风沐雨》、《回面》、《拉萨，开放的城市》，以及名人传记《早晨的洪流：毛泽东与中国革命，1893～1953》、《风满楼：毛泽东与中国革命，1949～1975》和《周恩来和他的世纪》（1994）等著作问世。被翻译为中文出版的《瑰宝》（2007）呈现着海外华人的归属感、身份认同、国家意识、民族意识、乡土情结等主题和情结，这些都使她成为巴蜀文学"走向世界"的一个代表。

旅英作家虹影，是90年代以来在海外最富争议的中国女性主义文学代表之一。代表作《饥饿的女儿》（1997）故事跨度从1949年到"大跃进"，到"文化大革命"，再到80年代，展现着"既是食物的饥饿，也是灵魂上的饥饿，当然也是性上的饥饿"等人生思考。围绕着《英国情人》（原名《K》）是否以真实人物生活为历史背景，是否"侵犯他人名誉"，也引发文学圈对"文学与法律"界限的极大争议。《上海王》描写了一名妓女"成长"为旧上海十里洋场黑帮老大的故事,一面市便因"大胆出位"再次遭遇争议,但却获得首印10万本的极好市场效应。另有小说《孔雀的叫喊》(2003)、诗集《鱼教会鱼歌唱》等出版。

第二节 "新时期"文学

一、从伤痕、反思到寻根开始的文学

"文化大革命"结束,对过往历史反思的痛定思痛和对拨乱反正的翘盼,使得新时期中国文学充满着太多的"伤痕"。而最早发轫的是蜀籍作家刘心武的《班主任》(1977),小说"用了'文化大革命'的叙事模式讲述了一个反'文化大革命'的故事,启动了以伤痕文学开始的新时期的文学与文化变革,这反'文化大革命'的故事用'文化大革命'的叙事模式讲出,有一个光明的主调"①。他对"左"倾思潮的危害进行了深刻的揭露,因而被公认为"伤痕文学之父"。

周克芹的《许茂和他女儿们》体现着中国文学开始突破"颂歌""战歌"的一元化模式,汇聚着"伤痕""反思"时代文学浪潮,以"乡土现实主义"的审美观照方式,向着文学表现的真实性以及"社会主义现实主义文学"回归,同时也表现了整个社会对共和国30年历史曲折的深入反思,并透露出对即将到来的"改革"的向往,从而成为当时中国时代思潮的文学聚焦。"寻根文学"是由韩少功、阿城等一批知青作家所发动,目的在于突出文学存在的文化意义,试图从文化层面去消解传统的政治、道德伦理和社会学功利标准带给文学的沉重负荷,去动摇文学作为社会政治观念载体的价值基础,从而构成对"伤痕""反思"文学那种感伤的、愤怒的、政治化和道德化的、英雄主义的和悲剧色彩等的消解。重庆人郑义以短篇小说《枫》(1979)在全国引起强烈反响。小说凭借对"文化大革命"动荡的大胆描写,对极左政治的深刻透视,而被视为"伤痕文学"的急先锋。其后的中篇小说《远村》又以真实地展现黄土高坡中国农民的生活状态和思想形态,再次受到人们的注意;《老井》继续开掘着黄

---

① 张法:《伤痕文学:兴起、演进、解构及其意义》,《江汉论坛》1998年第9期。

土大地的人生之根，并注重表现浓郁的民俗乡风，而使郑义成为"晋军"作家群的代表者之一。以"桑树坪"系列小说令人瞩目的是泸州人朱晓平，以陕甘交界处麟游山区为聚焦点，用旁观的冷静的叙事展示极端环境下的生命哀歌。也许是由于童年生活的作用，在巴蜀文化的观照下，朱晓平以一个外来者（知青）的视角，敏锐地捕捉西北黄土高原的人生形态特征，从而确立了自己的创作特色。他的小说，"以直面生活的冷峻态度和浓烈的西北高原气息，在一个带有鲜明的时代特征和历史文化特征的典型生活环境里，对农民的命运作了群体性的透视"（冯牧语）。

80年代崛起的巴蜀青年作家，大都当过知青，然后返城，进大学读书，深厚而多样的人生体验，中外文化的浸润熏染，尤其是现代新思潮的洗礼，使他们表现出与前辈作家迥然不同的特征。时代意识的觉醒和人格个性意识的复苏，使他们敢于向异域广泛地汲取和大胆地创新。现代巴蜀文学前辈那种对自然风物、乡风民俗的注重，在年青一代作者这里，被强化为一种地域的文化意识。

大巴山作家群中，最早在新时期中国文坛引起注意的是谭力，其小说《新开放的浴场上》通过一个多年受极左思潮毒害、思想僵化的母亲对儿子一代那充满青春朝气和健康人性生活恐惧的叙写，展现一种新生活的来临，表现对美的向往和思想解放的锐气。《一个星期六的晚上》着眼于当代青春人生的歌颂，透现出新一代青年摆脱"左"倾阴影的艰难和追求美好人生的勇气。小说《蓝花豹》是作者重新审视大巴山地区农村人地形态的体现。农村的贫穷和农民生存的艰难，传统宗法意识的深厚积淀扭曲了正常的人性，制造了畸形的婚姻。在谭力的笔下，本质上最不道德的行为（如女扮男装、找人代续香火），都以最符合传统道德而被承认（不孝有三，无后为大；农民需要强劳力后代等）。中国封建传统习俗、伦理道德观念和行为方式的残酷、非人性，在这篇小说中得到强烈的批判和深刻的反思。中篇小说《最后一个空难死者》和《她从远方来》等，以强烈的现代意识，对中国传统文化的惰性、当时社会人们的思想状况和人生态度进行了文化哲学意义的批判。作家克非曾评说："谭力路子比较活，形式上比较多样。"这在中篇小说《天凉好个夏》中体现尤为明显。

雁宁的创作，在大巴山作家群中成就突出。虽然，他在商战经济冲击下炮制"雪米莉系列""沙利文系列"等警匪加言情和侠女剑仙这样的通俗读物，但他对大巴山风情描写，对巴蜀北部农村人生状态的反映，则获得世人的注目。其代表作是《巴人村纪事》系列和《小镇人物风情》系列小说，以及他的获奖作品《唢呐在金风里吹响》等。代表作《牛贩子山道》通过一老一小两个牛贩子终日奔行于崎岖漫长而险峻的山道上，为生存而拼搏的绘写，展现出一种质朴苍劲的大巴山性格。盘旋长空的雄鹰、峭壁间弯曲的古栈道、古老的巴人历史传说等描绘，都使小说体现出一种浓郁的历史感。《无法悲伤》《都市放牛》《情空灿烂》等一批当代生活题材的长篇小说，都产生了极好的市场效应。

在重庆，莫怀戚宣称，不准备为当大作家而故作矜持状，写作不求深刻，但求有趣，提倡"还是轻松一点好"的创作。他的小说在普通平凡的都市人生中精心构筑曲折复杂、紧张激烈的矛盾冲交，追求趣味性，同时有着深刻思考，如其自诉"日里夜里身边事。细细品来有意思"，他的小说主要是教育界题材，多以"某山城师范学院"和"翔鹤中学"为背景。如中篇小说《诗礼人家》，通过一个普通教师家庭在当时商品大潮荡涤下的各种性格表现，折射社会的各种性格和复杂的社会关系，并灌注着作者对两代知识分子生活态度和人生命运的深沉思索。《枪口下盲目的亨德尔》，用近乎黑色幽默的辛酸，思索中国知识分子昔日在强权暴力下尊严的丧失和在当今商品经济冲击下人格的匮乏。

被人称誉的《六弦的大圣堂》以历史的现实的沉重负荷，通过对"文化大革命"给人们身体和精神上的创伤，以及当时商品经济带来的道德秩序的混乱等诸多现象的展示，使书中主人公都带着一种病态和人性的欠缺，表现为生命的萎缩困顿。早期的侦探推理小说如《大律师现实录》，主要是借助都市男女的恩怨情仇来一展其心理分析与逻辑推理的超常智慧，带给读者以侦探小说惯有的智性快感。《经典关系》（2002）是一道"重庆大餐"，写了发生在当代重庆的两组四角关系：一个是青年舞蹈教师和他的三个女人的情感纠葛；一个是前舞蹈女学生和她的三个男人的情感冲突。透过这两组关系的表面，还可以看到人们所关心的是光明磊落的生活智慧、时代变革的深刻脉络以及新鲜惊奇的重庆人生。他的中篇小说《诗礼人家》曾获"四川文学奖"。代表作是小说《陪都旧事》《散步》《花样年月》，小说集《莫怀戚中短篇小说选》《诗礼人家》，系列小说《东方福尔摩斯探案集》《大律师现实录》，长篇小说《透支时代》等。

对大学教授、作家、编辑、评论家、导演等当代知识分子作抵死嘲弄讽刺的，是威远县人周昌义。以"美女山系列"小说步入文坛后，中篇小说《永别了大学》(以作者的川大中文系77级学生生活为原型)和《作家忏悔录》体现着一个青年作家的语言特色和价值批判。他立志要剥下"桂冠影下的芸芸众生"的伪装,去展现其卑污的灵魂,写出其作为普通人的卑琐、自私、愚昧以及在现实中的无可奈何。同时,他也塑造了一批"做作家梦的老少爷们、哥们、姐们的错事儿"。这些人一方面被"文化人"的美丽光环牵引而做出一些卑劣的事,另一方面出于良心的谴责而痛苦。他们深恶痛绝传统文化的陋习和人性劣根,复又因自己身受其惠而不忍弃舍。周昌义这类小说的艺术特点是,往往用粗笔勾勒出文坛全景,再用一个个故事去展现人物性格,叙述多于描写,行文语言有杂文风,带有一种巴蜀秀才式的尖酸刻薄,嬉笑怒骂,故被人们称为新时期的"新儒林外史"。

《江湖往事》(2006),以一个名叫仁城的城市为故事发生空间,讲述进入城市的农民工与命运抗争的故事。农民工们对于仁城的极限想象,只要求最基本的生存和生活。然而这个标明"仁"字的城市,却以最大的冷漠和蔑视拒绝了他们。这是一本关于底层生命艰难生存的书,它承载的是沉默的人群的沉默的悲惨、绝望、期冀和抗争,是人类在现实的苦难面前应有的心灵良知和道义勇气。周昌义无疑是一个有着极为鲜明的平民视角的作家,正如其一部作品的标题:《我平庸,我快乐》(2002)。1991年,他与中国青年出版社签订长期出版合约,被称为中国作家第一张"卖身契",从此以"周洪"为其写作团队的符号。出版有《警告中国人》(1993)、《周洪说话》(1996)、《人生忠告》(1991)等系列丛书风靡一时。期间亦因强烈的现实针对性而遭遇"几度开机,几度撤版"。其自谓:身为编辑,有如下失误:退稿路遥经典《平凡的世界》;有幸编辑和参与如下作品:邓贤的《大国之魂》《中国知青梦》《流浪金三角》,阿来的《尘埃落定》,王跃文的《国画》《梅次故事》,阎真的《曾在天涯》《沧浪之水》,宁肯的《蒙面之城》,董立勃的《白豆》,王刚的《英格力士》,杨志军的《藏獒》。[①]

在小说文体探索尤其小说语言风格创新实验方面致力最勤的,是魏继新。1979年在《四川文学》第五期发表处女作短篇小说《新春》,以《燕儿窝之夜》在全国获奖而受人关注,后来又以描写川北农村风情的《小镇一条街》系列小说继续进取。他的"笔记小说"无论是写历史,抑或写现实,都具有强烈

---

① 参见周昌义网络资料:http://blog.sina.com.cn/s/blog_4d6bfb0701009tmm.html。

的现实精神，同时又穿插着"志怪"神异的文化意蕴。《老账》一篇，叙说一个老将军偿还战争年代一笔革命债务的故事，反映老一代革命群众与年青一代人生态度的差异。《空青》表现一个用尽各种"奸诈"和"残忍"获得一切却丧失了健康的青年寻找良医治病的故事，表现了一个当代哲学困惑的命题：是追求一种健康的自由人生，还是丧失人性追逐金钱。长篇《草海箴言》通过已经存在十五万年的湿地草海的三次再生与毁灭，让人读到一种超越我们生活、阅读、审美经验及经历的另类陌生生活，但它对于人与环境、自然、生物的生死恩怨以及芸芸众生虽然极其普通，却又极其辉煌的生命的灿烂描写，又是那么触目惊心、惊心动魄。其作品主要有长篇小说《三个铁女人》（1985）、《崎岖路上的女性》（1986），中短篇小说集《燕儿窝之夜》（1984）、《铁梗蘘荷》（1995），新笔记小说集《啼血鸟》（1996）等，还发表了六场话剧《一路同行》（1996）、八场戏曲现代戏《柳暗花明》（1998）。

"专攻历史题材小说"的是绵阳作家吴因易。其作品把宫廷斗争与广泛的社会矛盾结合，以恢宏的气势、壮观的场面和众多的人物形象塑造，去再现历史生活。出版长篇小说《梨园谱》《唐明皇与杨贵妃》《则天大帝》等。另有《魂销丽宫》和《天宝狂飙》（1987）出版。以"公主系列小说"知名的内江作家孙自筠，先后出版长篇小说有《太平公主》《华阳公主》《安乐公主》《万寿公主》，以及长篇小说《陈子昂》等，其小说《太平公主》被改编为电视剧《大明宫词》，创下很高的收视率。

从内江步入文坛的是傅恒和以《将军决战岂只在战场》震响海内外的黄济人。①

傅恒小说，大多是直面人世，刻意摹写川中沱江流域风貌和新时期农民的心灵变化的。如《花花》等着眼于四川农村社会的人生现状和道德意识，去透视传统思想与封建婚姻制造的人生悲剧。《二十四个秋老虎》《既然》则直接描写新时期四川农村那强大封建宗法势力对社会进步的阻挠。值得注意的是傅恒的中篇小说《黄桷树、黄桷垭》，尤其是《幺姑镇》体现出的作者对巴蜀地域人生的重视和文化意识的觉醒，幺爷当过象棋冠军，又是大孝子，讲仁义、名声好，成为幺姑镇的权威。他"存天理，灭人欲"的信条，使自己不能和相爱的女人结婚。小说同时也写出新的社会思潮冲击，一些"低贱者"如刀娃子

---

① 两人皆就读于内江师专时开始创作。

开始挑战权威。小镇的民俗风习，四川普通乡镇人生形态和心理状态，以及四川农村地貌景物，都在小说中得到生动展现。其《回水坨·劫数》则以一个带神秘色彩的回水坨，表现了人的生存困惑，流露出作者对更深远的文化历史思考的倾向。长篇小说《天地平民》（2005）借反腐败故事，写平民生存状态，把机关干部、下岗工人、城市平民、城市农民工等几大社会群体中的典型化人物放到一起写，描绘各自的生存状态，展开近距离的矛盾冲突，在幽默轻快地叙述中透露着沉重和苦涩。作者已出版长篇小说《活人》《初婚少妇》《体验高潮》《三分恐惧四分心跳》《天地平民》等六部，中短篇小说集《傅恒小说选》《劫数——鸿雁坝系列小说》，长篇传记文学《人类大会合》（1992）等。

黄济人的文学成就，得益于两个方面，一是他坎坷的人生经历以及在逆境中奋斗不止的进取精神，二是他独特的家庭关系——他的父亲是国民党高级将领，国民党著名将领如邱行湘、陈肃等，都是他的亲戚。这些过去套在他头上的枷锁，在思想解放大潮中被转化为文学创作得天独厚的素材资源。长篇报告文学《将军决战岂只在战场》以独特题材，揭示出一种最敏感而又最隐秘的社会人生，以广阔的视野、恢宏的气势，全方位地展现了国民党将领在政治、军事上战败，又在思想意识形态和人生观这个"战场"战败，直至心悦诚服投降的艰难历程。除报告文学集《征夫泪》外，他的几部长篇小说如《崩溃》（1984）《哀军》《战争的天下》等，都是描写国民党将军的各种人生境况和遭遇，并以此透视历史风云。黄济人的"将军题材"小说最具代表性的是《崩溃》。小说把这批国民党将领置放于三四十年代事业的巅峰时期，但却落笔于他们在另一个"战场"——国民党官场的竞争搏击。它以蒋介石爱将杜聿明的经历为中心线索，重点放在他把所有才华用在官场倾轧中，以一个人的堕落，揭示出国民党政权必然灭亡的历史趋势。围绕这个中心，小说广泛地描写了各式人物形象如蒋介石、陈诚等军政要员，各派系头面人物，以及一些相关亲属。2003年黄济人推出三峡移民题材长篇报告文学《命运的迁徙》，有《黄济人文集》一至五卷出版。

知青文学，可以称得上是震撼人心力作的是邓贤的《中国知青梦》、老鬼的《血色黄昏》、叶辛的《孽债》，与张抗抗、梁晓声、叶辛等人的遗忘苦难相比，就显示出一种反思那段历史的执着态度。知青文学的三个主题"青春无悔""蹉跎岁月""劫后辉煌"，曾经震撼过许多人，邓贤所推出的《中国知青梦》《中国知青终结》等，主要意图是要突出"知青运动完全是一场破坏"的思考，"国家花了三百亿，买了三个不满意——知青不满意，农民不满意，家长也不满意"的深刻反思。《天堂之门》（1998）描写下乡知青返城后在现代社会中沉浮起落的个人命运，该书被评论家称为"后知青小说"的代表作。其《中国知青梦》（1993）、《落日》（1996）的价值在于，对众多知青文学所表现出的虚幻理想和矛盾情感进行了批判和嘲弄，以"祭奠所有在辉煌的噩梦中悄然死灭的青春"（作者题记）。作者曾自述，我始终认为红卫兵是在忠诚的旗帜下做了最不忠诚的事情，因为出现了红卫兵，有了"文化大革命"，才有了知青，他们整整一代人的经历非常特殊，不可重复……[1]正如梁晓声所言：《中国知青梦》从这一场运动的另一侧面，以近乎冷酷的笔力予以披露。《中国知青终结》（2003）记录的是最后的知青生活，是知青中最富有生命激情、理想信念，最狂热、命运也最悲惨的一代人的生活缩影。他们走出国门，穿上军装，拿起钢枪，以当时世界上"游击中心论"创始人、古巴革命领导人之一的格瓦拉为楷模，在著名的金三角地带开始了"红色解放全人类"的红色游击队经历。邓贤的长篇纪实文学作品《流浪金三角》《大国之魂》（1991）已显示出他热衷于且擅长于"回溯不甚久远的历史事件"的艺术个性。1996年国防大学出版社出版有《邓贤文集》。

乔瑜的小说如《西安第十三》《从此天下之士……》等，已经引起人们的注意，并显示出"才思敏捷尚待深沉吐纳"的个性。引起广泛注意的是知青题材中篇小说《孽障们的歌》。在小说中我们看到，这批知青带着被遗弃的愤激和对人生前途的迷惘，以及青春的苦闷，去了"广阔天地"，他们的"大有作为"却是放荡不羁地戏弄一切（如用开水烫活猪），因此被负有"再教育"他们职责的农民厌憎为"孽障"。小说重点描写了他们悲壮的爱和恨及心灵的挣扎，"他们承担了大牺牲，承担了对于自己稚嫩的肩膀是太过沉重的苦难"，并且也不回避他们性格中丑的揭示，被评论家认为"写得结结实实，颇似一块汉画像砖，斑驳杂陈，满幅而来"，并且用"夸张变形手法"，"深得讽刺的况味"[2]。中篇《少将》体现出乔瑜在嘲弄戏谑人生背后那沉重火热的忧世之情。小说塑造了一个特定时代铸造的小投机分子王满山的形象，以表现作者对极左政治思潮和荒诞历史的深沉批判。这正是一个民族化的野心家性格的代表。2005年乔瑜出版了用四川方言展现纯正成都风味的长篇小说《大生活》，

---

[1] 尹鸿伟：《知青，没有终结的终结者》，《南风窗》2004年11月1日。
[2] 何开四：《生活的原色和喜剧性的表现》，《当代》1987年第5期。

以成都人的生活为背景,以一个生活在最底层的城市平民柳东的眼光来看这个社会。柳东身处逆境,却处处帮助那些比他更弱小、更不幸的人,残酷的生活最后把他逼成了一个"杀人犯"。地道的四川方言叙述生活,全景展现了成都人的生活——悠闲与舒适,因而受到人们的再次关注。

生活于川西高原的高旭帆,自1986年开始创作以来,在巴蜀西部汉藏杂居的生活圈中"倾听那隆隆的山吼"。其著有《山吼》《八公》《驮道》《过年》《滚烫的禾苗》以及《难堪的岁月》等中短篇小说。在他笔下,人物的生存条件是异常的艰难,崎岖"驮道"漫长曲折,风雪冰川严酷,物产贫瘠,经济落后,这些却更能够显示出崩岭山区男子汉的抗争豪气,更能够体现山民们剽悍粗犷的生存搏击胆识。林文询早在60年代以《春天的绿叶》开始创作,后来出版有中短篇小说集《美丽绸》《五彩夜》,散文随笔集《送你一束夜荆》《岁月忧伤》《成都人》和长篇小说《白梦》等。贺星寒在中学期间受反右斗争的影响,亡命走新疆,流落陕西修路,"很有骨气和才气,他最有名的是散文和杂文,在《读书》杂志上发表了大量作品"(林文询语),著有长篇小说《旋转的红月亮》《浪土》,中短篇小说集《高空跳板》,杂文集《方脑壳外传》,其组诗《月夜寻青春》和小说《经理纪事》还有随笔《三峡的沉沦》等为人称道。从东北入川生活于自贡的武志刚,1984年开始创作,凭借《干姐妹》一举成名,以《黑土地》《干姐妹》《对岸》《落日》等作品,寄寓着对故乡的追怀,有小说集《盲马》(1990)。移民情结是他把"湖广填四川"传说写成电视剧《滚滚血脉》(2008)的原因。

考古学家童恩正(1935~1997),1957年开始在《红领巾》上发表小说《我的第一个老师》和《大弟》,60年代曾以一部表现巴人远古生活和历史考据性质的《古峡迷雾》(1960)而跃上文坛。1962年始陆续发表《电子大脑的奇迹》《失踪的机器人》《失去的记忆》等。他率先以短篇小说《珊瑚岛上的死光》、《雪山魔笛》(1978)、《宇航员的归来》(1979)掀起中国科幻小说的热潮,并获得1978年的中国优秀短篇小说奖。受当时冷战格局的影响,《珊瑚岛上的死光》以超级大国间谍为反面角色,描写了他们与科学家之间争夺"原子电池"和"激光掘进机"的惊险故事。其中,专注科学、不谙世事以至受人利用的"马太博士"这个形象,在中国科幻文学史上富有代表性。上海电影制片厂将其改编成科幻电影,成为国内为数不多的几部科幻电影之一。此后他又陆续推出《在时间的铅幕后面》(1989)和《追踪恐龙的人》,以及荣获全国儿童文学奖的《雪山魔谣》等,因此被公认为"中国科幻小说创作的四大台柱之一"。他又在《人民文学》1979年第6期发表《谈谈我对科学文艺的认识》,引发了科幻小说的"科"与"幻"的属性的论争。

二、"茅盾文学奖"中的四川小说集群

长篇小说是一个民族的"秘史",是某个时代一个民族在文学创作上所达到的艺术巅峰。因为其巨大的社会生活容量、独特的形象塑造、人类文化学的认识价值、多样艺术手法的使用,长篇小说往往成为世界各国在文学创作、文学研究以及文艺美学理论建构领域的重点关注对象。对中国"最优秀"的长篇小说进行评判的,就是每四年评选一次的"茅盾文学奖",历届"茅盾文学奖"评出的长篇小说已经构成一个文学作品集群,成为20世纪80年代以来中国文学发展运行的轨迹标志。

周克芹的长篇小说《许茂和他的女儿们》是第一届(1982)"茅盾文学奖"的获奖作品,因名列榜首而震响文坛。出生于简阳县农家的周克芹(1936~1990),50年代中期进入成都农业学校读书时,曾在《西南文艺》上发表过小故事《在列车上》,但随即被反右斗争所冲击,被处理回乡当农民。60年代初,他发表了短篇《秀云和支书》,通过塑造棉乡姑娘秀云和党的支部书记形象,歌颂着社会主义农村的大好形势。在当时的颂歌文学"合唱"中,因其浓郁的棉乡生活气息和对细节的真实描写,因而被四川省文艺界作为"农村青年作者"而给予扶持。稍后的《井台上》体现了作者在描写人物性格和语言个性方面较高的艺术技巧,被时人作为"繁荣群众文艺创作"的事例给予评价肯定。"文化大革命"中歌颂一位农村基层女干部带领群众大搞农业生产的短篇《李秀满》,曾被英文版《中国文学》转载介绍给海外。1977年,周克芹出版了第一个短篇小说集《石家兄妹》,收录了他60年代以来的小说《李秀满》《希望》《青春一号》《早行人》《石家兄妹》《井台上》《灾后》共七篇。以《石家兄妹》为代表的周克芹早期创作,体现了作者的创作取向是关注自己所生活的、家乡的人生形态,以及一个"农村青年业余作者"对社会主义建设的真诚颂扬。

有着艰辛困顿的人生经历,又因遭受政治曲折回乡务农的周克芹,对中国农民的贫困人生状貌认识是清晰的,体味是深刻的,而时代文学颂歌主潮又推动着他去表现"幸福美好",70年代末中国社会政治的巨变和思想解放运动

的勃兴，文艺政策的宽松和全社会的历史反思浪潮，使周克芹能够以自我的深刻人生体验去审视自己熟悉的人生。周克芹以长篇《许茂和他的女儿们》（1979）一举成名，成为80年代中国文坛上突然跃升的一颗明星。小说以1975年冬的中国社会暗流急涌为背景，通过四川省简阳县葫芦坝许茂一家尤其是四女儿秀云的人生遭遇和金冬水、郑百如等众多人物的描写，广泛地展示着50年代以来中国农村经济发展的曲折历程，表现出中国农民顽强的生存意志以及在困苦中刚毅坚韧的生活追求，呈现着揭露批判极左路线和邪恶势力与"给生活的本质以满腔热情的肯定"汇融一体的思想特征。①

小说人物许茂带有鲜明的时代印记。土改和合作化运动使许茂摆脱贫困与屈辱，使他成为一个爱社如家的社会主义建设积极分子，但从"大跃进"开始到"割资本主义尾巴"的农村极左路线，使他陷入贫穷，更从精神上将他异化，他变得自私、吝啬、暴躁和冷漠。小说通过对许茂性格发展历程的描写，对中国社会一段历史进行着深刻的反思，这就消解了"十七年文学"农村题材的虚假表现。秀云是作者饱含情感塑造的形象，她幼年丧母，青春年华中却被恶棍郑百如强夺为妻，多年倍受欺辱后又被遗弃，归家却受父亲许茂冷遇，坎坷的命运和残酷的现实，物质严重匮乏中人们的极度自私，曾使她两次投河自杀。但她有着坚忍顽强的生活意志和大胆抗争的勇气，她敢于主动地追求爱情，拒绝父亲要她再嫁别处的婚姻，敢于抗拒工作组干部要她与郑百如复婚的压力，并勇敢地揭露邪恶势力代表郑百如的罪行。作者通过秀云这个艺术形象"于艰难中含泪直面人生，在困苦中坚韧不拔地开拓未来"②的性格塑造，表现着对中国农民美好品德的颂扬和满怀希望看取未来的信心。金冬水、郑百如则是小说中"好人遭难""坏人得志"的一对矛盾体，仍带有80年代"伤痕""反思"文学模式的特点。

小说以许茂一家为焦点，通过人物性格的发展变化历程，去透视中国社会的历史进程，将葫芦坝茫茫迷雾等自然景物描写与当时社会政治气候和人物心理状貌交融一体，以人物的曲折命运和心理冲突来吸引读者。中国农村的重大问题，中国广大农民的人生困窘状况和生活欲求，以及造就这种状况的共和国

---

① 周克芹：《〈许茂和他的女儿们〉创作之初》，《新时期作家谈创作》，人民文学出版社1983年版。

② 邓仪中：《周克芹传》，重庆出版社1996年版，第111页。

历史曲折的反思,自然使该小说呈现为宏大的政治学叙事模式,必然使政治符号化的农村基层干部金东水的性格被赋予了太多太重的政治激情,从而导致其人性层面的单一。许茂是作者体验和感悟甚深的人物,所以有其真实具体的体现。思想界对多年来极左思潮的反思,使这部作品成为一个清洗过去的焦点案例,全社会在痛定思痛中,通过阅读这部小说抚慰着自我的"伤痕"。小说在首届茅盾文学奖获奖作品中位列榜首,可见当时社会各层面对之的一致肯定。由于社会阅读界的广泛称誉,以至于当时"八一""北京"两家电影厂同时抢拍为电影。小说的意义还在于,对中国文学多年来盛行的极左思潮的反拨,成功地实现了对社会主义现实主义文学创作的回归,成为中国社会主义现实主义文学的新高峰,但也是中国社会主义现实主义文学最后终结的一个标志。

他自谓:"我笔下的人物和景致全部来自我熟悉的并为之而感动过的乡居生活的一部分。"周克芹明确承认:"我是属于西南巴蜀文化环境的。"[①]正是基于这种对地域文化意识的自觉,周克芹充分调动自己多年农民生涯的生活积累和体验感受,以自己独特的观照视角去审视80年代社会巨变转型期中国农民的性格变化和精神状态,既体现着"改革文学"的时潮特征,又超越一些浮躁作品,有着对社会复杂性的深沉思考。其《勿忘草》《山月不知心里事》相继在全国短篇小说评比中获奖,可为佐证。

由两部连续中篇《果园的主人》《秋之惑》合成的长篇小说《秋之惑》是周克芹的后期代表作。小说从中国农村十年改革的历程着眼,通过果园承包者江路生一家艰辛劳作大获丰收,却被乡民嫉妒哄抢的事件,思考着改革中需要解决的诸多问题,其中又贯穿着农村对现代科学技术的渴求与传统"雇工"观念的冲突,致富追求与个人幸福企盼的矛盾,农民热爱土地与新一代青年向往城市生活的观念碰撞,以及爱情与事业、个人价值实现与伦理道德观念等诸种矛盾。小说中塑造的江路生、华良玉、尤金菊、二丫等人物形象,都在当代中国社会有着强烈的典型代表意义。作为技术员"雇工"与承包人江路生之间的矛盾,正是传统小农经济思维定式与现代科学技术生产力之间的矛盾。小说通过华良玉最终成为"果园的主人"表达了对农村先进生产力发展的美好期望。

第四届"茅盾文学奖"(1998)获奖作品《战争和人》,是王火在全球化语境中对西方话语强权回应的个例。但本土文学自我确认的焦灼,使小说在努

---

① 周克芹:《中国当代作家选集丛书·自序》,人民文学出版社1993年版。

力营造民族文学的同时,也出现偏离现代中国文化言说体系而皈依传统文言的失误。作者王火的个人亲历体味与"为什么人"而写作的政治意识,是构成作品"史诗性"表现瑕瑜互见的原因。小说创作意图是"使人看到苦难中国过去了的一段长长的悲惨历史",要展示出当时人们的"希望、信念、理想、爱国主义和民族精神、历史必由之路"(第三部),以达到"从历史引起对人生的思考,又从人生去发现历史"(第二部)。通过作品主人公的人生历程,作者要总结的是"国民党这样的庞然大物当年是怎样会腐烂垮台的?民主党派与民主人士是怎样产生的?共产党应当如何以史为鉴?"从而使小说体现着一种政治性"大说"以及讲解革命历史的性质。小说内容"几乎一切都向政治内容靠拢凝聚,绝少'闲笔'"①,同时也因为这个原因,小说呈现着一个突出遗憾:篇幅过长!《战争和人》叙述的其实就是中国文化一个最古老的文人话题:仕与隐。只不过穿上了现代的外衣——政治的动荡、社会的巨变,使传统文化价值观念以纷乱的个体存在方式撒向现代知识分子:儒、释、国民党与共产党、民主与专制、法治与腐败、正义与邪恶、随波逐流与气节操守、个人欲望与社会职责……

从1937年中国抗战全面爆发,到1946年解放战争开始,构成了《战争和人》的整体叙事框架:风雨欲来"首都"南京城各阶层的心理和行为,"西安事变"及中国政坛的动荡在不同政治派别人物间所引起的反应,南京大屠杀事件的惨烈,主人公奔赴武汉及避居香港和辗转重庆等地的经历,孤岛蛰居和寒山寺囚禁,南京家中软禁及逃脱,逃难途中哀鸿遍野、腐败满目,重庆、江津生活,特务政治,投身民主……主人公童

获茅盾文学奖的四川作家作品书影

---

① 谢永旺:《别开生面》,《当代》1993年第1期。

霜威是一个现代型"士子",隐与仕的矛盾贯穿其整个人生。"士子"的气节操守、"清流"型超越污浊,恃才傲物背后的实质还是被当权者冷落的愤愤不平;"非无产阶级"的人生决定着童霜威对共产党必然的隔阂。《战争和人》开篇"红旗事件"的童趣、第三部开头"鸡的洗澡水"的谐谑、南京大屠杀与"尹、庄婚礼"的张弛曲折安排、"猴脑宴"场面的铺张扬厉,特别是"枫桥定情"的回忆,"禅林觅知音"的人、景、情交融一体,以及"山在虚无缥缈间"对欧阳人生和命运的隐喻等,都是精彩之笔。小说中大量生动的生活场景和风俗画面的描写,六朝烟水与金陵形胜、吴江小镇风情和苏州名胜:寒山寺、枫桥、拙政园、草堂、缙云山的风景,以及其地理名物的解说,都在渲染着一种"中国生活"具体状貌,力图体现出一种"中国味儿"。特别是大量古典诗词的引用与景物描写的结合——甚至不惜皈依中国传统文学的老套,体现着在全球一体化语境中作者对民族本土文学特质自我确认的努力。"茅盾文学奖"的获奖作品中,《战争和人》是在文学语言的"雅化"——传统古典化方面营造最有力的,也是语言操作失误最明显的。作者对西方文学话语霸权的警惕,导致小说语言价值取向向传统语言体系回归,但操作的失当,却走向了旧式的老套[①]。

第五届"茅盾文学奖"(2000)获奖作品《尘埃落定》(1989)是阿来借麦其土司家"傻瓜"儿子的独特视角,兼用写实与象征表意的手法,轻巧而富有魅力地写出了藏族的一支——康巴人在土司制度下延续了多代的沉重生活。作者以对人性的深入开掘,揭示出各土司集团间、土司家族内部、土司与其统治下的人民以及土司与国民党军阀之间错综的矛盾和争斗。从对各类人物命运的关注中,呈现了土司制度走向衰亡的必然性,轻淡的一层魔幻色彩,增强了艺术表现开合的力度。语言颇多通感成分,充满灵动的诗意,显示了作者出色的艺术才华。这是藏族作者首部获得茅盾文学奖的长篇小说的价值所在(评委严家炎的评语)。

以写诗开始步入文坛的阿来,以中短篇小说集《旧年的血迹》(1989)被选入"文学新星丛书"而引起人们的注意。他曾独自跋涉,沿着金川、大渡河的湍流和险峻雪岭,去体味世界屋脊蕴含的生命信息,从"猎鹿人之路"他看

[①] 邓经武、陶镕:《全球一体化语境中本土文学的自我确认:〈战争和人〉得失谈》,《西南民族大学学报》2002年第12期。

到了人类顽强的生存意志和搏击精神，面对"环绕的雪光"他震惊于大自然的幻奇和壮美，眺望着"奔马式的窄山"，他感受到大自然的强烈律动，他常常向着"远方的地平线"浮想联翩。"色尔古村"就成了阿来执着观照的人类生存空间，成为人类历史的积存和社会变移的见证。中篇小说《旧年的血迹》，通过主人公从城里返回色尔古村的经历，广泛地思考着这个藏族部落近三百年来的历史。小说重点描写作为部落首领的祖父在村里广场架设的三口烹煮牛杂碎的大铜锅，展示了人民公社社长用大铜锅盛公牛血祭鼓的场面。大铜锅作为历史和文化的积淀物，已是权力和图腾崇拜的象征物，上面斑驳重叠的血迹，正是色尔古村人艰辛生存历史的具象符号。小说通过在现代科学思想影响下成长起来的新一代色尔古人终于砸碎大铜锅的情节，表现了藏族人民渴望摆脱历史的重负而创造新生活的向往。

但是，厚沉的历史重负是难以被一下子砸毁的，人生如寄，滚滚红尘纷纷攘攘，民族内蕴的爆发力和外部世界的冲击力，搅得人生一片尘埃飞扬，急剧动荡变幻莫测的价值无序，使"智者"和"愚者"难以清晰划分。从色尔古村的观照，到对整个康巴土司世界的深沉反观，阿来长篇小说《尘埃落定》为我们构筑了一个纯粹的现代东方寓言，小说在阿坝藏族羌族自治州麦其土司家庭及其象征的封建土司制走向崩溃的故事框架上，着眼于"我们信奉的教法所来的地方"和"我们权力所来的地方"，从宗教与政权两种社会权力话语背景下去体现藏族聚居区土司制度及社会构成形态。"白色的汉人""红色的汉人"对麦其土司统治的冲击，是四川藏族聚居区社会政治特有的内容。作品主人公在权力斗争中的"傻"及运用和平方式取得部落战争的胜利，种鸦片和改种小麦，大胆变革先人传统，新派僧侣翁波意西虔诚的宗教信仰和改革宗教以适应社会变革的努力，都是人类进步的具象写真。而主人公的父亲、兄长执着于传统生存方式，在战争、权力、财富、女人等方面强烈的欲望和强悍的追求，正应验了古老东方文化的深刻警策："太刚易折"和"大智若愚"。正是那"文化亡灵"的旁观式叙述，以及观照者与参与者交叉的双重角色观照方式，使小说既具象写真又高度寓意。

"尘埃"已经"落定"，但社会仍继续运行发展，外力和内力的交相作用将使尘埃重新飞扬，阿来及其同行者的人生观照和创作思考，仍难"落定"。三卷本长篇《空山——机村传说》（2005）描写了20世纪50年代末期到90年代初，发生在一个叫机村的藏族村庄里的六个故事。以藏族文化、宗教、自然和社会的"多中心的,拼图似的"体验,表现更广大的场景,衍生为对人与自然、政治与文化、社会和谐与进步的整体思考,藏族"一个村庄秘史"同时也作为"一部中国的村落史"的重大主题通过感情的深度显示小说思想的深度。土司制度被推翻后,在新的社会制度和新的社会运行机制下,一个藏族村庄又呈现为怎样的"新生"形态。小说的结构颇为玄妙,虽然六个故事的发生地都是一样,出现的人物也大致相同,但每个人物在不同故事中所处的位置不同,采用共同的文化、共同的背景,由不同的人和事构成一幅立体式的当代藏族乡村图景①。"要还原真实的西藏"的写作目的,催生出阿来新作《格萨尔王》(2009),以表现他实现对历史、对藏族文化的重新认识。

第六届"茅盾文学奖"(2005)获奖作品《英雄时代》,是蜀中军旅作家柳建伟"时代三部曲"即《北方城郭》《突出重围》之后的第三部。它以作者生活了二十年的成都市为背景,主要情节围绕史天雄和陆承伟这一对异姓兄弟不同的人生经历和道路而展开。陆承伟从美国学成归国,成为金融投资业的弄潮儿;史天雄则由对越自卫反击战的英雄走上仕途,成为国家电子工业部的副司长。在中国改革开放走向市场经济之时,史天雄备感建设中国特色市场经济的紧迫,毅然离职下海,当上了一个私营企业的总经理,以求探索中国新型经济发展中的问题和应对办法,并希望借此承担起对新经济领域的领导责任,由此两兄弟成为经济领域角逐的对手。由于兄弟俩都出生于"红色家庭",哪怕是西方资本主义培养的资本家陆承伟,也有着对社会主义的温情。小说的主要意图是要说明:中国改革真正的主角是人民,人民是真正的时代英雄。小说中的毛小妹、金月兰、王小丽作为人民群众的代表,被作者赋予了太多理想化的美好品格。主人公史天雄之所以能够成为当代英雄的代表,完全在于他从毛小妹等人身上感悟到了人民在改革中的坚韧不拔的奋斗精神。作者力图通过塑造这个当代英雄,来解答社会巨变和转型中的众多社会问题,希望史天雄这样的"救世主"去拯救物欲纵横、道德沦丧的社会危机。这种"社会分析小说"式的追求和新型英雄的塑造,恰好迎合了"弘扬主旋律""现实主义文学主导权"的主流文学需要,同时也导致了该作品是否应该获奖在官方与民间、与学术界之间的强烈论争。《北方城郭》(1997)是描绘当代农村生活的长篇。

---

① 阿来:《小说的深度取决于感情的深度》,http://www.metrosh.com/mvnforum/mvnforum/viewthread? thread=14849。

《突出重围》（1998）言说的是科技强军、质量建军主题。他还出版有长篇报告文学《红太阳白太阳》（1995）、《日出东方》（1996）。作者在四川生活了二十余年，多次讲到在这个"第二故乡"的感受对自己创作所产生的影响。

2008年，麦家的《暗算》荣获第七届"茅盾文学奖"。脱下军装转业到成都电视台做编剧的麦家，从1986年开始写作，代表作有《解密》《暗算》《风声》《紫密黑密》《地下的天空》等。《解密》被中国小说学会评定为"2002年中国长篇小说"第一名，中篇小说《陈华南笔记本》获新加坡"华语文学奖"，电视剧《地下的天空》（编剧）获第二届大众电视金鹰奖"最佳电视剧"等。麦家的作品擅长表现"隐秘战线"惊心动魄的故事，小说弥漫着诡秘、幽暗、神奇，深不可测的氛围，到处潜伏着玄机，让读者高度紧张地跟随作品情节。《暗算》讲述了那个神秘之地"701"的故事。依然是一些秘而不宣的天才人物粉墨登场、绝地厮杀，依然充满了与秘密、神秘相纠缠的悬疑情节，以及与偶然、未知相关联的无常的命运。作品语言流畅中体现着诡异、内敛，几近苛刻，却又与小说表达的独特内容完美和谐。《人民文学》刊出《风声》一个月后，就慷慨地将2007年度优秀长篇的大奖颁给麦家。《风声》的电视剧改编权成为发布会的焦点话题，有多家影视公司都来接洽过《风声》的影

麦家小说书影

视剧改编权。《风声》中的游戏方式蕴含对社会历史的解密,国共两党的斗争造成了两种历史叙述,"当人在绝境中承载了历史的巨大使命之后,人性会有所弯曲,但也正是这种弯曲,承担了历史的责任与良知"①,天才的成长、诡异的想象、莫测的命运和荒诞的现实是麦家小说的基本元素,这些奇特的组合使得麦家的小说成了中国文坛的新亮点。以至于有人感叹,小说家麦家跟魔术师一样,利用种种机关,竭力营造出一个真实的世界,让明知是假的受众深陷其中,如痴如醉。

三、诗歌新潮中的巴蜀群体

在1997年四川省第五届作协代表大会上,再次当选的省作协主席马识途不无骄傲地宣称:四川诗歌创作在"全国都算强项"②。

金堂县人流沙河(1931~2019),1951年发表与人合著的小说《牛角湾》,1956年出版短篇小说集《窗》、诗集《农村夜曲》。1957年出版诗集《告别火星》,同年在《星星》创刊号发表组诗《草木篇》,作者以白杨、藤、仙人掌、梅、毒菌为赋,抒发爱憎之情,寓意深远,却因之而划为右派。作为80年代中国诗坛的"归来"者,流沙河诗情勃发,推出《太阳》《老人与海》《理想》等长诗,对中国历史重大问题进行反思,其抒情短诗《蝶》《归来》《就是那一只蟋蟀》等,在浅白的口语中注意诗行的整饬和自然韵律,有词曲小令之美。其代表作则是《故园六咏》,以自己真实、苦难、敏感多思的生命体验,对中国特定的一段历史原貌,做出了富有典型意义的生动表现,概括了为数众多的中国知识分子在特定历史条件下所走过的一条生活道路。情意真切的人生体验与特定年月中难以言说的苦楚,化为强作欢颜的反语幽默,体现了一种悲凉凝重的情感特征,以及"十分成功地把他得之于社会现实体验的'美'的回忆转化为诗出之以婉转的炉火纯青的幽默风格"③。这就是《故园六咏》获"全国优秀新诗奖"的原因。1982年出版翻译小说《混血儿》,同年出版的《流沙河诗集》获全国首届诗集奖。1983年出版诗集《游踪》《故园别》,诗评集《台湾诗人十二家》。1984年出版诗评集《隔海说诗》。1985年

---

① TOM访谈作家麦家:《让安全战线上的神秘人群浮出水面》,http://fangtan.tom.com。
② 《不负重托,抓好创作》,《四川日报》1997年6月15日。
③ 兰棣之:《我常常享受一种孤独·选编者序》,北京师范大学出版社1992年版。

起出版诗集《独唱》,诗评集《余光中100首》《台湾中年诗人十二家》,诗论集《写诗十二课》《十二象》《流沙河诗话》,散文集《锯齿啮痕录》《庄子现代版》《Y先生语录》《南窗笑笑录》《流沙河随笔》《流沙河短文》《书鱼知小》《老成都》等。2006年出版散文集《流沙河近作》。

孙静轩(1930~2003)生于山东肥城农家,十三岁参加革命。1955年到四川省文联从事专业文学创作,出版诗集《唱给浑河》《沿着海岸、沿着峡谷》,而《海洋抒情诗》为他赢得"海洋抒情诗人"的美誉。1958年被划为右派,仍然性格率真,直言直语,因而被呼为"诗怪"。他的宣言是:"我以诗 / 为 / 我的爱 / 我的生命 / 我的一切,我的诗 / 是 / 破碎的心灵 / 渗出来的 / 血和泪,我 / 为诗 / 而活着 / 也将为诗 / 而死……"一位诗人这样为他画像:"一个连皮带肉同中国的土地粘得很紧的诗人 / 一个忧患过重日夜无眠的精灵 / 一个经常哭泣的大人 / 一个经常愤怒的孩子 / 一个用花岗石做骨头的书生。头发和胡须都不能说明你的年龄,那火山般的诗句证实你非常年轻。"①其诗友甚至认为"他高标的人格形象是这个时代最优秀、最险绝的风景"②。长诗《告别二十世纪》以史诗般的恢宏与寥廓,以诗人饱经沧桑后依然深沉的激情与良知,以苦难之心、真诚之心、幸福之心为此作为见证和回答。其艺术表现"太注重公众化的东西","八九十年代的作品注重社会性,把个人的经历赤裸裸地注入诗中,这是孙静轩的诗歌特点,也是孙静轩诗歌的不足"(唐晓渡语),"他就是活得太累,诗歌写得太沉重。我们读他的作品也觉得累觉得沉重"(雨田语)。其《都市荒原》的价值在于灵活、自由地运用他自己的语言方式揭示现代灵魂的普遍境遇③。他出版的诗集有《沿着海岸,沿着峡谷》《黄河的儿子》《七十二天》《母亲的河流》《抒情诗一百首》《孙静轩抒情诗选》《告别二十世纪》《世界我对你说》等。

渠县人杨牧(1944~2020),1964年到新疆。26年的边塞生涯中,他放过羊、挖过渠、种过地,这就是自传体长篇纪实《天狼星下——中国·第一百万零一个盲流的历程》(1994)的生活基础。在思想解放浪潮激荡下,杨牧呈现于世人面前的形象为《我是青年》(1980):"我爱,我想,但不嫉

---

① 高平:《致孙静轩》,《诗刊》2003年第9期。
② 杨然语:《诗人孙静轩走了》,《天府早报》2003年7月1日。
③ 《诗怪之诗——诗人孙静轩作品讨论》,《草地》2004年第3期。

妒／我哭，我笑，但不抱怨／我羞，我愧，但不自弃／我怒，我恨，但不悲叹……／我是鹰——云中有志／我是马——背上有鞍／我是骨——骨中有钙／我是汗——汗中有盐／祖国啊／既然你因残缺太多／把我们划入了青年的梯队／我们就有青年和中年——双重的肩。"他以神话题材长诗《塔格莱丽赛》和《绿色的星》《复活的海》等诗集去表现"大漠风度，天山气魄"，而被公认为"新边塞诗派"的代表。《边魂》探索的是一种自我内心的平衡真挚，它共分三组：《边魂》《错影》《圣土》，共60首，每首皆为十五行，故称作系列十五行组诗，属现代格律诗。20世纪80年代诗歌的兴盛，主要靠"归来"诗人、现实主义诗人、"朦胧"诗人、"新边塞诗"诗人这四个方面军来显示，杨牧诗作的价值就在于此。1989年杨牧回到四川。出版的诗集有《绿色的星》《复活的海》《野玫瑰》《夕阳和我》《雄风》，神话长诗《塔格莱丽赛》，重庆出版社出版的两百余万字的《杨牧文集》。

在本时期诗坛上，傅天琳的《绿色的音符》《在孩子和世界之间》等诗集，用明净和童稚式情感和想象，歌唱花朵、蓝天、母爱、果园，为诗坛吹来一股清新田园气息。叶延滨在成都读小学，在凉山西昌读中学，1982年大学毕业又回到四川工作，历时十二年整。源于插队延安的知青生活的组诗《干妈》使他一举成名。《雾中重访杜甫草堂》表现着他对一段四川生活的感受："今日成都大雾／杜甫在雾的那头／我是在雾的这头／脚下是浣花溪旁／新辟的诗歌大道／漂浮着诗之红叶——不知是从我的心流进先生的心？／还是从先生的心流进了我的心？"①出版有诗集《不悔》《二重奏》《乳泉》《心的沉吟》《囚徒与白鸽》《叶延滨诗选》《叶延滨抒情短诗》等，文集有《生活启示录》《秋天的伤感》《二十二条诗规》《叶延滨散文》《诗与思》《黑白积木》《叶延滨随笔》《从哪一头吃香蕉》《烛光与夜声》《叶延滨杂文》等。曾被归入"四川诗人群"的肖开愚，在80年代末明确提出"中年写作"，当第三代诗人普遍地把"反崇高"作为诗歌目标时，他则坚持把"美丽""崇高"作为当代诗歌的最高境界。他90年代的诗，注重用修辞的戏剧性来改造诗的抒情性，增加了叙事性成分，对日常细节也保持一种充分的敏感。他努力试验一百行左右的"中型诗"，如《公社》《国庆节》《台阶上》《动物园》和《来自海南岛的诅咒》等，这些诗往往以物的某种现实生存活动作为动因，并

---

① 叶延滨：《雾中重访杜甫草堂》，《扬子江诗刊》2006年第3期。

叙述这些活动的变化。对活动的场景的描述与人物的内心独白交织在一起，构成了人物的精神活动与现实生存处境之间的对话。戴安常著有长诗集《淌泪的琴弦》，诗集《西天的云彩》《昨天的悲歌》《独叶草》《梦的流云》等。中国当代诗坛在动荡变化着。其中"值得骄傲的是，四川仍然在各种场合被誉为诗歌大省，仍然被媒体视为中国新诗的重镇。这是四川文化一张栩栩生辉的名片，这是'文化强省'打得出手的一张王牌。这份殊荣来之不易，一是靠诗人军团的实力；二是靠诗歌阵地的权威；三是靠诗歌活动影响"①。

1997年12月，中国作家协会主办的"鲁迅文学奖"中的诗歌奖评选揭晓，八部优秀诗集获奖，四川诗人张新泉的《鸟落民间》名列其中。张新泉青少年时代拉过船，打过铁，当过码头搬运工，来自生活最底层的体验，孕育出《人生在世》《鸟落民间》等诗集。正如诗人在《民间事物》中所写："向民间的事物俯首／亲近并且珍惜它们／我的诗啊，你要终生／与之为伍。""他的诗追求柔和与冷静，雍容大度而不剑拔弩张，于刚毅之中感悟到柔曼，于细柔之中暗示出刚强"②，这就使张新泉的诗在浮躁的时代氛围中体现出一种独特的人文关怀，"以他朴素自然、机巧实在的诗风，以'张新泉式'简洁硬朗的诗歌语言，以他永远的民间情结，展示了平民化诗歌旺盛的生命力"③。骆耕野以诗歌《不满》，大声地对世界喊出他的声音，获得全国首届优秀诗歌奖，出版有诗集《不满》《再生》等。鄢家发自1983年出版诗集《古原上的太阳》后，又有《蝴蝶帆》《寂地》《边地雪笛》《永恒的漂泊》《回望与歌谣》《散落的烛光》《雪蝴蝶》等诗集陆续面世。

思想解放运动的深入，中西文化的碰撞交汇，创作环境的宽松，使中国诗歌已不再满足于题材的出新和传统诗艺的修补，朦胧诗的出现，以全新的思维方式冲击着既有的诗美模式，标志着一种"新的美学原则的崛起"，通感、变异、隐喻、自由联想等诗歌手法的尝试实践，构成了"以象征为中心的现代新艺术"的新型诗艺格局。在这个新诗潮中，蜀中诗人欧阳江河等因情感认知倾向于对中华五千年文明史的叩问，而形成了与舒婷、北岛们的游离，他们随即与继后而来、大步行进的更年轻的蜀中"莽汉"们掀起了反叛诗坛、竭力消解

---

① 梁平：《四川诗歌影响中国》，中华校园诗歌网。
② 朱栋霖等：《中国现代文学史》（下），高等教育出版社1999年版，第197页。
③ 梅君：《逼近本质》，《光明日报》1999年2月11日。

一切既有诗美模式更新的浪潮。1984年在成都，骆耕野、欧阳江河、周伦佑、万夏、杨黎、黎正光、钟鸣、石光华、宋渠、宋炜、孙文波、杨远宏等人成立四川青年诗人协会，这就是周伦佑《第三代人》（1991）所描绘的场面："一群斯文的暴徒／在词语的专政之下／孤立得太久／终于在这一年揭竿而起／占据不利的位置，往温柔敦厚的诗人脸上／撒一泡尿／使分行排列的中国／陷入持久的混乱／这便是第三代诗人／自吹自擂的一代……"

新时期诗歌从"归来的一代"着手重建被政治话语扰乱的诗美艺术，到朦胧诗对西方现代主义诗美大胆实验，这些努力却被一股突然冲杀出来的"后现代主义"思潮所冲激荡涤。他们公然蔑视根深蒂固的"优美""意象"等诗学法则，大胆反叛一切既有的诗歌创作模式，以一种"集香木以自焚"的决绝态度和大无畏的"莽汉"精神，"非非"一切，破坏一切，以求在根本上刷新诗坛。他们追求的不仅是"划时代"的里程碑价值，更在寻求一种"创世纪"的意义，故可谓之"新生代诗"。其中，无论从哪个角度看，以"非非""莽汉""整体"（或"现代汉诗"）为代表的巴蜀新生代诗，都具有典型意义。

反叛诗坛的鼓噪，最先响彻巴蜀。1983年，蜀中青年诗群以川剧锣鼓式大敲大擂的震耳欲聋的厚重声音，用响彻云霄的"川剧高腔"大言不惭地宣告诗坛新世纪的降临。四川东方文化研究会、整体主义研究会的《现代诗内部资料》创刊号《第三代诗会·题记》如此大张旗鼓地"号叫"着："随着共和国旗帜升起的为第一代人，十年铸造了第二代，在大时代广阔背景下，诞生了我们——第三代人。"继后，"非非主义""莽汉主义""大学生诗派""撒娇派""四川五君子""群岩突破主义""野生诗派"等林林总总、五花八门的蜀中青年群体，纷纷张扬起自己的大旗。他们以一种极端偏激的态度，提出诗歌创作的"非文化、非崇高、非诗歌"的原则，出于对千百年积淀定型的文化思想准则的愤怒，而要求"逃避知识、逃避思想、逃避意义"，并主张"超越逻辑、超越理性、超越语法"的语言还原。出于对历史文化惰性的批判和对现代文明理性桎梏中人生软弱委顿状貌的愤激，他们从"巴蜀半道，尤重老子之术"的地域文化精神中看到了一种"真人"式的自由生存形态，按他们的解释："所谓'真人'就是本真意义上的自然人。他与人类历史生活阉割了的文明社会有着本质的区别。这至少表现在，文明社会，究其实，就是一群被骗了的骡子……就在他们阉割了他人的同时，也阉割了人们自己。"①可以说，巴蜀新生代诗人对"真人"的企盼，实质上正是对中国历史和传统文化、对现存秩序和理性规范作彻底反叛的体现。因此他们号召"用诗的大锤去抢击被烂调、平庸习俗研磨得结了一层硬甲的审美心境"，"捣乱、破坏以炸毁封闭式假开放的文化心理结构"，在他们看来，"诗歌是一门宣泄的艺术"，"诗要传达的，是人的原初意识或超前意识，人对外界的恐惧感或神秘感，人在现存人生中体验的焦躁和狂乱情绪"。②

就其所处环境和地位而言，巴蜀新生代诗那破坏一切、颠覆一切和重构一切的努力，都显得有些不自量力，但无论是"20世纪汉诗""东方整体主义建构"和"现代史诗"的野心，还是"非非"一切的狂傲，都显示着一种不知天高地厚，蔑视一切权威和规范的"蜀犬吠日"式的执着顽强精神。他们"唯一关心的是以自身——我为楔子，对世界进行全面的最直接的介入"。自拟为"腰间挂满诗篇的豪猪"，"抛弃了风雅，正逐渐变成了一头野家伙"，把诗解释为"最天才的鬼想象，最武断地认为和最不要脸的夸张"，其野心正如唐亚平所表现的："此时，我瞄准了某件事／要干的是什么？我不知道／但我会使所有人震惊。"

巴蜀新生代诗人语言狂欢游戏方式对既存诗美的破坏消解，对一切权威和经典作大大咧咧的谐戏嘲弄或转热为冷的零度抒情式观照，正传达着世纪末喧哗与骚动的典型心境，传达着人生悲凉的刻骨铭心的体验。他们的诗歌实验使诗坛稳定的金字塔格局崩落为平面多元的散点，使诗歌从文人雅品走向"寻常百姓家"，致使中国文艺美学再次面临一个冷峻反思。应该说，反文化、反理性、反诗歌的巴蜀新生代诗，其实正预设着一种正面效应：重构文化、理性，重建诗歌的翘盼和努力。饶有趣味的是，它恰好与20世纪初蜀籍诗人郭沫若的反叛一切、创造一切的新诗建构形成呼应，20世纪一百年文学史，以诗歌为突破口，又以诗歌为再突破，恰好都是巴蜀诗人扮演着急先锋和生力军角色。

翟永明的组诗《女人》（1984）开始引起诗坛关注，诗人大量使用黑夜意象，"我创造黑夜使人类幸免于难"（《世界》），"渴望一个冬天，一个巨大的黑夜"（《独白》），"我想告诉你，没有人去阻拦黑夜／黑暗已进

---

① 《莽汉宣言》，《深圳青年报》1986年10月16日。
② 邓经武：《巴蜀新生代诗的文化思考》，《天府新论》1999年5期。

入这个边缘"（《边缘》），"你的眼睛变成一个圈套，装满黑夜"（《沉默》），"一点灵犀使我倾心注视黑夜的方向"（《结束》），而且完成了对"黑夜"的个人化命名。那种契合女性生命结构的自白话语方式，昭示了女性主义诗歌的纹理走向，开启了后来几个写作阶段诗学命题的源头，因此"从更宽广的范畴上说，《女人》开创了一个诗歌写作的时代"①。《静安庄》是诗人个体生命的诗意历险，十九岁的"我"随着身体的成长、发育和成熟，"我"对外部世界静安庄的民风、民俗和生活缺欠的认识一步步加深了。后来的一批组诗《在一切的玫瑰之上》《死亡的图案》《称之为一切》等的出现，转化为一种平缓的、客观的和戏剧性的风格，从"独白"转移为"叙述"与"对话"，在内容和语言上向传统文化回归。她出版诗集《在一切玫瑰之上》（1989）、《翟永明诗集》（1994）、《黑夜中的素歌》（1996）、《称之为一切》（1997）、《终于使我周转不灵》（2000），散文集《纸上建筑》（1997），随笔集《坚韧的破碎之花》（1999）、《纽约，纽约以西》（2003）等。

欧阳江河于1979年开始发表诗歌作品，长诗《悬棺》（1984）确立了其在诗坛的地位，其后问世的有《玻璃工厂》《计划经济时代的爱情》《傍晚穿过广场》《最后的幻象》《椅中人的倾听与交谈》《咖啡馆》《雪》等，出版诗集有《透过词语的玻璃》（1997）、《谁去谁留》（1997）、《站在虚构这边》（2001）等。《悬棺》将这种巴蜀文化物质积淀品预设为终极的、至高无上的整体意义，却又用层层拷问、步步辩难、多方进逼的方式，最终使其显出一种彻底的虚幻："现在触摸到的本体形同乌有：面对空旷八荒，面对生生灭灭、聚散无常、千人一面的族类，悬棺无魂可招，无圣可显。煌煌天道泼为风水，一空耳目幻象。"因此，诗人冷峻地拷问历史，诘难着今人："那么你，幸存者，面对高悬于自身陨落的一瞬间，有什么值得庆幸？被无手之紧握，无目之逼视所包围，除了你自己一代又一代的盲目，又能收获些什么、焰耀什么？"欧阳江河有着明确的地域文化意识："四川诗歌是第三代重要的策源地这很正常，这里天高皇帝远，人们喜欢泡茶馆、吃火锅、闲聊、饮酒、读书，养出了闲适的文人心态，同时，这里又有一种很非非和莽汉的东西。这两极的

---

① 敬文东：《从"静安庄"到"落水山庄"——诗人翟永明论》，《海南师范学院学报》2004年第4期。

结合造成了书卷气、江湖气、市井气的并存，口语和书面语的交汇，使四川诗歌写作呈现出引人瞩目的现代诗语言奇景。四川人很好强，个性很张扬，但又包容，不排外。这些都是四川成为第三代诗歌重镇的原因。"①

诗人、诗论家徐敬亚指出：在80年代以来的"众多诗派之中，唯四川的非非主义、整体主义与'汉诗'形成了中国近几年现代主义诗歌理论探索最强的'泛音'，它们几近不可企及的诗歌理论，使担心与兴奋的人同时感到中国现代诗不可遏止的潜力和前景的辽阔苍茫"②。无论是欧阳江河、宋渠、宋锦、石光华等"现代史诗"的整体重构和诗体实验上追摹汉大赋的努力，抑亦"莽汉"中李亚伟、万夏、胡冬、二毛等用侠客、酒、女人、流浪汉等意象游戏人生的方式，或是"非非"群体的语言狂欢和"零度抒情"，翟永明、唐亚平的"黑色"女性意识的惊世骇俗表现，都不难从巴蜀历代先贤的生命中找到相似点。巴蜀文化的铸造影响、地域人文心理的遗存熏染，赋予了他们独特创造的基本素质。从神（神话与传说英雄）——现实英雄——虚妄模范——人（群体崇高、理想主义）——平民（躲避责任、务实主义）——语言（空壳人）——人（个体平庸、低俗粗鄙）——肉（人已残缺）——物（垃圾），似乎大致标示了近百年来中国诗歌行走的足迹。1986年《诗歌报》和《深圳青年报》的"现代诗群体大展"，营造了一种探索氛围，构筑了挑战主流诗歌和话语权力的强大阵容。当然，这其中也不乏向诗神朝圣的仪典色彩和在民间"广场"上进行诗歌狂欢的性质。他们出版有《非非》（1986）、《中国当代实验诗歌》（1987）、《汉诗，二十世纪编年史》（1987）、《后朦胧诗全集》（1994）、《沉沦的圣殿》（1999）等刊物及集刊。

四、少数民族文学的崛起

巴蜀地区是一个多民族聚居的地方。在思想解放运动的鼓舞下，受中国文学"文化热"浪潮的激荡，巴蜀少数民族作家站在世界性人类命运的高度去思考本民族的生存状况和文化历史。先后获得过全国"少数民族文学创作奖""民族文学丹山奖"，以及获得过"全国第三届新诗奖"、四川省"郭沫若文学奖"的藏族作家如意西泽仁、阿来、章戈·尼玛、索朗仁称，以及彝族

---

① 安琪：《欧阳江河谈话录》，http://shenyuanzhuren.bokee.com/6276242.html。
② 徐敬亚：《朦胧诗后·圭臬之死》，《鸭绿江》1988年第7～8期。

的吉狄马加、倮伍拉且、扬阿洛，羌族的谷运龙、叶星光、羊子（杨国庆），土家族的任光明等，都以众多的创作和各带本民族文化印记的艺术特征而产生影响。苗族的何小竹以组诗《黑森林》《爱情歌曲》获奖而被人注意，又因为参与"第三代"诗歌运动成为"非非主义"代表诗人之一。出版有诗集《6个动词，或苹果》《梦见苹果和鱼的安》《回头的羊》等。栗原小狄诗《羊们》（1989）以白族劳苦大众的群体意象，写出了人们的悲剧命运，批判了愚昧、驯服、不思抗争的"国民劣根性"。

意西泽仁（1952～　）是较早崛起文坛的藏族作家，围绕着他生于斯、长于斯的桑塔草原，以高原雪域的瑰奇景物和藏族人民顽强的生存斗争生活为题材，他的两部中短篇小说集《大雁落脚的地方》《松耳石项链》引起人们的广泛注意，后者获得四川省首届"郭沫若文学奖"，正是社会阅读层对他创作的肯定。出于对本民族人生的热爱和对藏族历史文化的骄傲，他反对那种怪诞离奇的虚浮创作："用罗曼蒂克的思想去赞美原始部落的生活，实际上是在自己手腕的表带上结绳记时。"意西泽仁注重发掘藏族普通人在严酷自然生存条件下铸就的"像草原一样开阔的胸怀，像牦牛一样淳厚而开朗的性格"。已出版长篇小说《珠玛》，中篇小说《野牛》，中短篇小说集《大雁落脚的地方》《松耳石项链》《极地》《白云行动》《意西泽仁小说精选》《意西泽仁儿童小说选》，散文集《巴尔干情思》《意西泽仁散文随笔精选》等，都是对藏族普通人生坚忍性格和美好心灵的热情赞颂。他的创作，显示着巴蜀少数民族文学创作可喜的开始。

接受过高等教育的彝族诗人吉狄马加（1961～　），善于透过民族风俗习惯的表层现象去把握民族的内在精神，以此作为对民族品格的深度弘扬，以强烈的当代意识观照大凉山人民的生存状态和久远历史。他看见"一支迁徙的部落"从远方向他走来，"那些脚印风化成古老的彝文／有一部古老的史诗／讲述着生和死的故事"。对祖先业绩的追怀和对本民族文化的皈依，使他在《自画像》中大声呼喊："我—是—彝—人。"在他的诗歌历程中贯穿着这样的一种基本情绪："我要寻找／被埋葬的词／它是一个山地民族／通过母语，传授给子孙的／那些最神秘的符号。"他说："我写诗，是因为有人对彝族和红黄黑三种色彩并不了解。"执着于民族文化"寻根"，他以《白色的世界》《黑色狂想曲》，尤其是对"火"的描写，去破译彝族历史文化"最隐秘的符号"："篝火是整个宇宙的"，"火是猎人的衣裳"，它是生命之源，其浓重鲜亮的色彩又象征着生命强力。彝族作家倮伍拉且（1958～　）1983年发表处女作《轻轻的风》，1991年，他的第一部诗集《饶山的游云》面世。那是一部深厚而飘逸的唱给大山的初恋的歌。1992年，他的第二部诗集《大自然与我们》出版。1997年，他的第三部诗集《诗歌图腾》出版。出版诗集《绕山的游云》《大自然与我们》《诗歌图腾》《大凉山抒情诗选》《倮伍拉且诗歌集》等，出版有报告文学《深山信使王顺友》。

第三节　市场经济与新型媒介制约下的文学变革

一、商业化浪潮下文学的多元运行

进入世纪末的中国文学，出现了巨大的转型。各种文体试验泛滥于文坛，形成多元化格局。原有一切文学经验被颠覆，躲避崇高、消解典型、还原生活、还原民间，成为这段时期中国文学最突出的现象。小说《废都》《白鹿原》引起的争论，作家文稿大拍卖开始文学市场化尝试，以及如林白的《一个人的战争》、陈染的《私人生活》等愈发强烈的"性别立场"和表达的"私人化"经验，还有卫慧、棉棉、九丹等通过自我女体展示来对女性写作进行实践的"新新人类"文学等，使中国文坛呈现着一种"愤怒与喧嚣"的态势。余华从《活着》开始，在技术上放弃了先锋文学的思路，转而追求通俗化手法，已经成为中国大陆作家中读者面最广的人之一。曾大胆揭示改革问题的《新星》的作者柯云路，写出了《大气功师》这样的畅销书。山东画报出版社1996年开始推出的《老照片》系列出版物，开启了一个"读图时代"，浅度化、橱窗化、平面化等非思想化的社会思潮蔚为大观。创作的"多元"和对原有文学模式的"断裂"，宏大叙述已经消失，既定的秩序已成为碎片，回归故事、坠入庸常，将语言创造等同于"语言玩弄"，"新生代"诗歌、纪实小说、新都市小说、新历史小说等通俗文学、纪实文学走俏，这就是中国文学的"90年代文学变革"以来运行的突出特征。

1997年《萌芽》杂志开始举办"新概念作文大赛"，推出了韩寒、郭敬明、张悦然等一批"80后"作家，他们以青春、另类、颓废、反叛的形象示人，把没有经历过的生活写得有声有色，有模有样。春树的《北京娃娃》《长达半天的欢乐》，郁秀的《花季·雨季》，以及在网络上任意涂鸦的中小学生，被出版商居心叵测地发掘出来，进行包装和打造，商人的热情操纵着文学，媒体的声音替代了文学批评，中国文学完全进入了一个商业化运作的时代。《红岩》主编梁平承认："刊物与作家的急功近利和浮躁导致了社会对文学的误解，甚至于不屑。这已经是非常残酷的事实。"①知名评论家白烨这样谈论他是如何将文学进行市场运作的："我们在策划选题时特别注意了四个方面的因素：其一，当代背景；其二，都市场景；其三，爱情故事；最后，浪漫意韵。"②这大概就是"反腐"小说、官场小说、青春小说浪涛汹涌的原因所在。而"读图""韩流""童书"已成为大学校园、社会小资的阅读时尚。

四川富顺县第二中学学生郭敬明，2001年、2002年连续两年参加"萌芽杯"新概念作文大赛，皆获一等奖，随即将获奖作品以及记录高中生活的散文结集为《爱与痛的边缘》（2001）。2003年1月，已成为上海大学大一学生的郭敬明以《幻城》一举挤进北京图书订货会并且为征订排行榜第二名，顿时吸引了众多书商的眼球。2003年出版《左手倒影，右手年华》和《梦里花落知多少》，2004年8月开始出版书系《岛》……其作品销量上百万册，成为"80后"另类写作的代表人物和无数年轻人的偶像。仅其小说《幻城》的销量就超过100万册，这是出版商运作"少年写作"而获得阅读大市场的一个显著案例。2007年4月29日，郭敬明的新作《悲伤逆流成河》上市，在西安进行签售并大受欢迎。一份由近10万名网民投票选出的"当代读者最喜爱的100位华语作家"名单上，"既有李白、苏轼这样的古代文学大家，也有鲁迅、老舍这样的近现代著名作家，更有韩寒、郭敬明等受到年轻人追捧的青春文学写手"③。他连续三年登上"福布斯中国名人财富排行榜"，有评论说《幻城》"将美妙的东方文字和灵异的西方魔幻文学完美结合，通篇散发着神秘气氛，有着《魔戒》般史诗和传奇的气魄"。2005年7月，郭敬明制作的首部音乐小说《迷藏》在京首发，其中收录有他演唱的《九月·摩天轮》，这说明他在不断地探索文学的新体式。郭敬明被人以"抄袭"罪告上法庭，并且被法庭认定为抄袭事实成立④，《成都商报》《2007年中国作家排行榜》排出的中国当下十大富豪作

---

① 梁平：《中国文学板块发生转移》，《光明日报》2001年7月19日。
② 《白烨为大众文学阅读号脉》，《中华读书报》2003年6月4日。
③ 杨一苗：《娱乐时代的文学选择》，《瞭望》2007年第39期。
④ 《竞报》2006年05月23日消息：《梦里花落知多少》与《圈里圈外》多处雷同，郭敬明终审被判剽窃，将与出版社一起赔偿作家庄羽20万元，并追加1万元精神损失费。

家,其中的三个四川作家是:郭敬明(一)、饶雪漫(五)、杨红樱(七)。

与郭敬明同样崛起于自贡市的饶雪漫,以"文字女巫"式善于运用语言技巧、叙述语风多变而引来众多"漫迷"的追捧。"爱是一场战争,我不怕受伤只怕你不快乐",这些充满诱惑的真情告白,容易让人误认为是充满自我牺牲的传统女性的爱情表白,但是"再恋恋不舍也都只是曾经"的告诫,却让人们极度震惊——当今女孩们与父母的道德观巨大分歧的代沟,就在"饶雪漫经典语录"中被表现得淋漓尽致。她率先提出"青春疼痛文字""青春狂爱""青春影像""青春互动"小说的概念,在社会阅读界引起巨大反响。紧扣现实生活中少男少女们的青春心理,大胆浪漫的想象和率真的表白,这就是当下少男少女们喜欢饶雪漫的原因,她是真正懂得"人气就是生产力,人气就是畅销力"的。她曾成功推出国内第一个写作组合"花衣裳",两年内创下了出版丛书近十套、总销售过百万的佳绩,其作品多次登上全国各类畅销书排行榜,被诸多媒体称为新一代青春文学的掌门人。其创办的少女杂志《漫Girl》那巨大的市场发行量,让许多老牌资深、高级别刊物都感到汗颜。其代表作有《左耳》《沙漏》《小妖的金色城堡》《校服的裙摆》《甜酸》等。

杨红樱在2000年以《女生日记》拉开"杨红樱校园小说系列"序幕,再以《男生日记》《五·三班的坏小子》《漂亮老师与坏小子》和"淘气包马小跳系列"等,在学生、老师和家长中引起强烈反响。她的写作宗旨是"给孩子们欢笑,把快乐还给孩子",于是,米兰老师、仙女蜜儿,"坏小子"米老鼠、兔巴哥、豆芽儿、肥猫,"淘气包"马小跳等一个个鲜灵活泼的人物,成为中小学校园普遍谈论的对象。其《女生日记》还被改编成电影,章节被选进了小学语文实验教材,《五·三班的坏小子》也被拍摄成电视剧。《瞧,这群俏丫头》《瞧,这帮坏小子》等被国家新闻出版总署评为向全国青少年推荐的优秀读物。一方面她被媒体誉为"中国童书皇后""中国童书畅销第一人",另一方面又有评论家以严厉的措辞指责杨红樱的作品"通俗、搞笑、粗陋"。但无论如何,杨红樱的儿童文学作品巨大的市场占有率和在儿童们心中的影响,是毋庸置疑的。"杨红樱校园小说系列""淘气包马小跳系列""杨红樱童话系列"已成为当下中国畅销品牌书。

80年代以来,港台武侠小说如洪水般涌进大陆,金庸、古龙等的作品几乎家喻户晓,四川江津(今属重庆)作家聂云岚改编王度庐作品《卧虎藏龙》创作《玉娇龙》,于1983年至1985年在《今古传奇》杂志连载后,使《今古传奇》发行量从41万份飙升至273万份，聂云岚一时名声大振。此后聂云岚又发表了《春雪瓶》，该书的部分素材也来自王度庐的另外一部名著《铁骑银瓶》。2006年，金庸《天龙八部》和王度庐《卧虎藏龙》入选人教版新编普通高中《语文读本》第四册，更是成为焦点。这显现出一个事实：武侠小说，作为华人世界独有的一种文学样式，已越来越受到人们重视。

"读者在呼唤侠义，时代在呼唤英雄，我们的生活需要一些有力量的文字，来唤醒心中那份沉睡的血性和希望"[1]，这也许是2000年左右武侠小说再度流行的原因。中国大陆武侠小说创作，在网络上蔚为大观。2001年《今古传奇·武侠版》创刊，其后几年中一些同类期刊相继推出。2005年，随着沧月的武侠长篇《血薇》的热销，出版社开始加入争夺网络作者的热潮。"一些至少在某些方面可以媲美前代名家的佳作。如小椴的《杯雪》、孙晓的《英雄志》、凤歌的《昆仑》等，或以语言风格，或以情节立意，在众多作品中崭露头角。而其作者已将武侠创作视为重要的谋生手段，拥有较多的作品，成为近年备受评论者推崇的新武侠名家。"[2]方白羽、庹政、碎石、苏镜、夏洛、月斜影清、斑竹枝、雪舟子、云中羽衣子、周翔……这样的名字突然被大众所谈论，这些写了无数武林门派的新武侠作者，被人归纳到一个门派之中——"川派武侠"。武侠小说杂志《今古传奇·武侠版》在2007年推出的10月号，联合南开大学教授宁宗一、复旦大学教授章培恒、西南大学教授韩云波等专家学者以集群方式推出专栏，对新武侠流派重新界定，发现"川派武侠"堪称国内武侠小说创作各流派中实力最强者。多年来一直聚焦于武侠文学研究的韩云波是这次划分"川派武侠"的推动者，他的界定是：所谓川派，范围包括四川和重庆，"四川自古是侠风豪迈之处，从四川走出来的陈子昂、李白、苏轼、郭沫若，都有浓厚的崇侠情结。而就武侠创作来说，民国武侠的巨擘还珠楼主，之后以改编《玉娇龙》首先掀起武侠热潮的聂云岚，都是从这里走出来的"。

凤歌（重庆市奉节人），在四川大学哲学系读书的四年，将《白发魔女传》《七剑下天山》等梁羽生所有的武侠小说通读，武侠小说《昆仑》在网络上发表后，顿受热捧，远在悉尼、极少为人题字的梁羽生，欣然同意特别前往香港为该书题写书名。《昆仑》讲述了宋末元初时期，具有汉蒙双血统的梁萧

---

[1] 韩云波：《武侠大说》，http://cul.sina.com.cn 2005/04/06。
[2] 秦宇慧：《试论网络传媒中的武侠小说》，《西南大学学报》2007年第3期。

弑父，拯救自己的母亲远走他乡，凭借其学到的数学才能很快掌握了高明武功，而邂逅情人花晓霜让他偏激的性格有所缓和，最后经过东西方漂泊的这对侠侣游剑江湖，故事在花晓霜去救受伤的梁萧时戛然而止，给读者留下悬念。出于商业目的，"大家都往武侠里装暴力、色情等东西"的现状下，凤歌的小说《昆仑》特别吸引人的地方就是在自己的武侠里加入了数学、医学等现代科学元素，以维护武侠文学的严肃性。其后的《铁血天骄》，以宋元之际的重庆合川县钓鱼城之战为背景，偏向历史武侠一路。

1981年出生于成都，先后获北京大学硕士、博士学位的步非烟（幸晓娟），是从网络文学开始试笔，2005年开始从虚拟空间进入实实在在的物质场，她的第一部作品《青天寨》在武侠文学刊物刊登后，被《今古传奇·武侠版》前主编郑保纯誉为大陆唯一得古龙神髓的作者，其代表作《曼荼罗》被评论家认为深得20世纪30年代蜀籍武侠小说大师还珠楼主《蜀山剑侠传》之风骨，又在《蜀山剑侠传》的基础上融入宗教文化的高度关怀，呈现出神奇诡谲的风貌，还被韩云波称为新神话主义、大陆武侠奇幻界想象力的代表。步非烟以其作品大气磅礴，汪洋恣肆，想象力神奇诡谲，笔风变化万端，得到了"百变天后"的美誉。其《修罗道》被周枝羽教授评价为："简直是一部武侠版的

部分当代四川文学书影

《达·芬奇密码》，人性的《清明上河图》。"周枝羽甚至认为，步非烟的小说已经革掉了金庸们创造的传统武侠的命，是这个时代自己的武侠，是真正的新武侠。她成为2005年凤凰卫视《戈辉梦工厂》首期专访明星、超人气网游《剑侠情缘》新武侠代言人、2006年网游《功夫online》文化大使。

进入新世纪的四川文学，似乎还难以接近昔日的辉煌，市场经济的影响和价值观念的变革，"藏之名山"、永葆艺术魅力的传统美学理念，被更现实的物质化欲求所取代，小说的发行量，以及借助于改编影视而扩大知名度、增加发行量等市场化指标，成为中国作家，包括四川作家愈发关心的问题，"由于过度地依赖影视的作用，四川的一些小说不是为了小说而写，而是为了影视剧而写"①。但四川文学中一批坚守乡土现实主义创作方法的作家，带着自觉的乡土意识和复杂的乡村情结传统，在继续努力着。

南充作家李一清以小说《山杠爷》震动文坛，该作品被改编为电影、戏剧等多种艺术形式。《山杠爷》以"好人成被告"点明了中国农民要实现社会思想意识的现代化，尚有一段漫长的道路要走，也碰触到中国乡村社会变革、新时期农民的精神活动等诸多问题；继后的《父老乡亲》反映了农民在市场经济条件下面临的困境，安福老汉这一类眷恋土地的农民，在没有法制保证的市场经济运作初期，陷入了悲剧性的困境，因为真实击中中国社会现实问题曾引起了极大的反响；《农民》（2004）的独到之处在于它通过描绘农民在新中国成立后几十年间经历的数次土地权属变化，探寻了造成农民贫困落后的诸多原因，并展示了广大农民的最终命运走向。《农民》叙事主线始终贯穿着"农民与土地的关系"这样一个主题，情节也依次在"承包土地""进城打工""重返乡里"和"土地商业性开发"四个层面逐一展开。在关于乡土、乡村，关于在此背景下的人（农民或城里的边缘人）的生存状态、政治状况等问题上，作品充分地表达了农民与土地的亲情、恋情和生死情，既呈现出了农民的生存状态与生存前景，又探求了农民的真实心态和真实思想。

达州作家贺享雍，以长篇小说《苍凉后土》（1997）引起文坛注意，先后创作了中篇小说《末等官》（1995），中短篇小说集《投影》（1999），都市题材长篇小说《狼相报告》（2002）、《官睢关睢》（2003）等。贺享雍的主要成就在于乡土人生的表现，其创作的艺术原型或生活来源主要是大巴山小城

---

① 刘火：《四川小说的扩张与陷阱》，《文艺报》2007年12月17日。

镇、农村那较为闭塞的人生形态。长篇小说《苍凉后土》真实地抒写了发生在父老乡亲们身上的那份苍凉与沉重，直面他们的痛苦、欢乐和追求。以《土地神》《猴戏》为代表的新作已经呈现出反讽的语言特色。《后土》是一部具有里程碑意义的作品，它在一个业已结束的历史基点上再出发，全景式地勾勒了当代中国农村变革与农民的命运。而这恰好和周克芹的《许茂和他的女儿们》相辉映。"①但贺享雍的创作遗憾常常在于"没有追求繁复的结构、错综的线索，丰富的内涵，因此难称'厚重'之作"②。最新出版有《乡村志》系列长篇小说，全书共分10卷，300余万字，涉及农村土地、村庄政治、民主法制、教育卫生、新型乡村关系、婚姻家庭、生育养老、打工创业等诸多领域。

　　罗伟章以《我们的成长》《故乡在远方》《大嫂谣》等六部作品，围绕着"三农"问题、打工者生存状况的思考和表现，成为农民工进城沉重经历的陈述者，其作品萦绕着一种苍凉的悲悯和感伤。如《故乡在远方》的主题内容实际是苦难，表现的是对生命消失"谁之罪"的追问。社会信息的含量大于文学的力度，文化底蕴的复杂性广阔性不足，是罗伟章的创作未能获得更大社会反响的原因。冯小涓有小说《生命如流水》《那一夜我很平静》《满升》《赵家祠堂》等，对生命的虚无、荒诞，对死亡的体验，对人内心深处的无奈孤独，是其小说独特的所在，这使读者感受到"川地文化气质灵动、细腻，有迷乱感，倾向对琐碎的感观体验的宣泄"等艺术特点。聚焦于"城市问题"的骆平有《锐舞派对》等，透过许多日常生活的细枝末节，把人生的悲哀写得触目惊心，对现代生活有淋漓尽致的展现③。

　　裘山山1984年发表了自己的小说处女作《绿色的山洼》。主要作品有长篇小说《我在天堂等你》《春草开花》，小说集《裘山山小说精选》《白罂粟》，散文集《女人心情》《五月的树》。小说《野草疯长》（2007）描绘的是一位外来务工女性从农村进入城市的过程中的情感经历，这就是作者所说的"军人和女人，是我的两种身份，我的写作永远离不开她们"。获鲁迅文学奖的散文作品《遥远的天堂》，是作者多次进藏的心灵记录。缘于作品主人公老将军与白雪梅的"西藏情结"和作者"与西藏有缘"情愫的碰撞与交融，长篇

---

① 蒋庆：《阿来等"川军"作家冲击茅盾文学奖》，《成都商报》2008年2月27日。
② 胡平：《农民的贺享雍——读中篇小说〈土地神〉》，《光明日报》2007年7月13日。
③ 参见雷达、李建军等：《那些年轻的新生的力量》，《当代文坛》2006年第2期。

小说《我在天堂等你》描写老军人欧战军在一场尖锐的家庭冲突后心脏病突发死去，老伴白雪梅回忆起50年前那群进藏女兵的真实故事，由此解开了五个子女的身世之谜。"从女性作家自身独特的关注、体验和感受出发，写出女性自我在现代社会中独特的，不为男性作家能体验到的，内心对社会的反应、苦楚、寂寞、挣扎和快乐。尤其她的作品在不经意中，男女皆能产生共鸣，使男性和女性有了更好的沟通平台。不过她对故事的处理，叙述速度太快，社会习惯性东西太多，导致平滑，只有一种单纯的叙述快感，论述还不够深。"①

何大草的第一篇小说《衣冠似雪》（1995）开始引起人们注意，《午门的暧昧》则是其文学才华的初露。小说以"超文本"的叙事方式，给我们勾勒出一个王朝倾颓的侧影，少年崇祯的微服冶游与魏忠贤的覆灭、少女珠珠在帷幕重叠的紫禁城里精灵般的梦游、前捕快马梦园和蒙面人的对峙与默契……里面既有极精微的细节——"城里的人们都看到，桌上的一杯茶或者一碗酒，都因为李自成铁骑的敲打而发出了轻微的颤抖"，也有"雾失楼台、月迷津渡"的迷离气象，与我们阅读习惯中的崇祯末年景象迥异。小说将人的情感、人的行为和历史本身铁定的线性状态任意剪裁、粘贴，正是得力于这样一种感观的叙事方式，使本身就十分暧昧的历史变得更加暧昧，同样也使历史中的人更加暧昧起来。其历史小说最值得玩味，或者说最惹人议论的，是他对历史的"改写"与"虚构"。

《刀子和刀子》被看成是中国最具震撼力的青春小说：小男生、小女生们张望着成人世界，他们惶惑、恐惧、愤怒或蔑视，他们血管里流着纯洁的青春热血，长大是可耻的，即使什么都不做也强过成人们的虚伪和无聊。作者编织着一个个"残酷"而温暖的"疼痛"青春故事，故事叙述者是个名叫风子的少女，一位留着寸头，视刀子为吉祥物的叛逆高中女生。"这是一部典型的中国式《麦田里的守望者》"（洪治纲语），葛红兵说"这是我近年看到的最好的青春小说"。但有人批评为"对青春期的迷惘、叛逆、残酷过于渲染，近于宣泄和放纵"，后被改编成电影《十三棵泡桐树》。《我的左脸》，是从文庙中学高才生何有力被同学韩韩抢走物理竞赛金牌开始的。在高考前后那足以改变无数人命运的几个月，任性执拗又跌跌撞撞的少年，慌乱、迷惘而残酷的青

---

① 罗曙琼：《寂寞宿命与独自抚摸——读裘山山新作〈到处都是寂寞的心〉》，《井冈山学院学报》2005年第3期。

春,也有看似被时光遮掩实则永远无法磨蚀的秘密。《裸云两朵》(2006)以"文化大革命"中的音乐学院为背景,由那个时代屡见不鲜的青年学生为一己之私对恩师(兼情人)忘"情"负义的故事和一个少女为母复仇的故事叠合而就,主要的情节都围绕"音乐"生成,这是一篇很好地将人性、爱情、心理三合一的小说。"何大草的历史小说,以欲望联结现实,经由欲望的缺失、溃败和升华等故事的讲述抵达普遍人性,揭示历史动因,实现古代历史的当代转换。他的当代题材小说,则在对记忆的回溯和叙写中,实现对人性的勘探和存在的敞现。"①代表作有中短篇《如梦令》《李将军》《白胭脂》《一日长于百年》《一千只猫》《午时三刻的熊》等,小说集《衣冠似雪》,长篇小说《午门的暧昧》《刀子和刀子》《我的左脸》《所有的乡愁》。

20世纪新文学运动肇始以来,旧体诗词的创作,一直没有中断过,即使是鲁迅、郭沫若、郁达夫这样的新文学名家,也有大量旧体诗词留存。政治界名人如毛泽东、朱德、陈毅、张爱萍等,更是以旧体诗词创作产生着社会影响。20世纪旧体诗词最辉煌的一次展示,是1976年为悼念周恩来,全国各地自发涌现的旧体诗词创作大潮。进入21世纪以来,各省市区的文史馆、中华诗词论坛网、中华诗词学会等文学团体聚集着一大批同道者。在"国学"浪潮涌荡之下,以"新国风""当代旧体词"等为口号,建网站、办刊物、出专辑,旧体诗词创作,正处于方兴未艾的涌突之中。如1988年成立的四川诗词学会,经常开展各种活动,又如《四川诗词》《岷峨诗稿》、都江堰市"玉垒诗歌学会"出版的《玉垒》诗刊等,成绩颇显。学者周啸天的《将进茶——周啸天诗词选》因旧体诗词的创作而获得"鲁迅文学奖"(2014)。主持《岷峨诗稿》的滕伟明出版有《滕伟明诗词集》《诗海探骊》等。

二、传媒多样化与文学的变异

网络和通信行业的发展改变了人们传统的阅读方式,有了电脑和手机,不但新闻、文学作品可以及时阅读,连电影、电视节目都可以随意点击。迅捷化、平民化、口语化、自由化、随意性等特点,使网络文学成为最具有大众化、普及化特色的文学体式。网络成为大众展示才华、表达自我的载体。一些作品或以精彩的故事,或以鲜明的特色吸引了网民的眼球,也赢得了出版商的

---

① 唐小林:《历史·记忆·经典化写作——何大草小说论》,《当代文坛》2009年第2期。

青睐。网络上的原创作品，也成了出版商挖掘畅销书的"金矿"。

1993年，世界上第一个中文新闻讨论组ACT（alt.chinese.text，有人译为"另类·中文·文本"）出现于美国，一些中文资料被网友们自发地以键盘录入方式平移到互联网上，成为互联网上最早的中文资讯。方舟子1994年在美国创办中文网站"新语丝"，1995年8月，"水木清华"站建立，这是我国大陆第一个互联网上的BBS，随后其他高校也陆续建立了自己的BBS，1995年"橄榄树"文学网站建立，1996年我国第一个女子文学网站"花招"建立，1997年中国最大的中文原创文学网站"榕树下"在上海出现，还有"黄金书屋""白鹿书院""博库"等二十余家文学网站，中国网络文学顿时蔚为大潮。第十七次中国互联网络发展状况统计报告显示，截至2005年底，中国上网用户总数已经达到1.1亿。第四媒体闪亮登场遮蔽着传统媒体的辉光，中国台湾作家痞子蔡的《第一次的亲密接触》以"美眉+爱情+网络语言+煽情"成功地俘获成千上万网民的心，并从网上"落地"网下，1998年在台湾出版并于次年在大陆以50万册的正版销量震动出版界。由于网络这一媒体的特殊性，网络写手在写作时心灵获得充分的自由，这里没有编辑苛刻的眼光，只要愿意，网络写手可以独自一人心平气和地探索真理之路，当然也可以任意"灌水"，一切垃圾、污水都可以泼进去，各种类型的人尽可以选择他们喜欢的表达方式。网络文学的热心推动者陈村说，"网络文学只是文学的卡拉OK"，自由、宽容、公平，给文学带来的是一次新的契机、新的希望。

有研究者提出："当我们谈论网络文学之是与非、长与短的时候，也许《成都，今夜请将我遗忘》正好是一个难得的代表性文本，它的文字背后有当前中文网络写作之普遍疾病，它是一个标本、一种症状；同时，它也反映了聚集在它周围那些激动而热情的阅读者内心深处的情结，反映了在网络上下真切存在的文学问题。"①

慕容雪村作为"2002中国新锐榜"年度网络风云人物，写出了《唐僧情史》《成都，今夜请将我遗忘》《李太白传奇》等一系列流行文化的代表作品。《成都，今夜请将我遗忘》写了"一个普通的城市居民"陈重，"在物欲横流的城市中一点点沉沦"，"他沉醉于放纵的生活，蝇营狗苟，斤斤计较，

---

① 姜飞：《"遗忘"：叙事话语和价值态度——评慕容雪村的网络小说〈成都，今夜请将我遗忘〉》，《文艺理论与批评》2003年第2期。

与上司和同事勾心斗角……与最好的朋友时远时近，甚至勾引对方的未婚妻；他爱自己的妻子，却不知道珍惜"，到了最后"一切美好的东西都被戳穿了，陈重在灰色的天空下开始质疑人生"——这是作者对小说的概括①。在内蒙古人民出版社2003年初出版之前，小说已经有好几个盗版版本行世，原因则在于"小说的确具有风行一时的所有要素：在流畅而富于机趣的文字间，有欲望的真切萌动和展现，以及展现的场面和'技术'，有肉体沉迷和动人的颓废、感伤，有对'万劫不复'的青春、理想与大学时光'深情无限'的追怀，有'浪漫而怀旧'的诗意和歌声，有成都的粗口和噱头，有商界的精彩缠斗，有人际的阴谋、背叛和复仇"②。其后的《天堂向左，深圳往右》再次以更加残酷悲凉的笔调表达着人生的悲观和虚无，这种基调和情绪正在感染着各种各样的都市男女，特别是70年代的一代。于是，慕容雪村被誉为王朔和石康之后，描述20世纪70年代出生的都市白领颓废青年的代言人。各BBS和文学站点上随后便出现了大量带有城市名称的小说。而它的影响更扩散到其他领域。当四川大河在甲A输球时，体育媒体的编辑甚至直接借用了它的标题。"《成》把我们这个时代的时代困境最丰满地带了出来，鲜活地呈现在思想面前，逼使我们去正视我们的生活处境，反思它的合理。作品中所描述的爱情忠贞的迟疑，欲望无度的惊扰，生命价值的困惑，超越性理想的破灭，正是现代生活的深刻危机的写照。""《成》被作为网络文学的代表作并代表了某种高度。"③

2006年，成都作家海晏的《琅琊榜》开始在起点中文网连载，迅速红遍网络，当年就曾获得起点中文网架空历史类年度最佳小说的作品，时隔八年，依旧盘踞于网站的总榜之上。这部被誉为"朝堂权谋，巅峰之作；赤子之心，永生不息"的网络小说，讲述了一个"破除不公、重建天地"故事，呈现了既定的规则与威权下个体的生存与挣扎。小人物在板结社会中四处碰壁，陷入绝境，最终选择更坏、更狠、更无情，用敌人的方式战胜敌人。随着同名影视的热播，逐渐演变为整个社会普遍探讨的文化现象。

"榕树下"网站主编朱威廉说："我觉得网络文学就是新时代的大众文学，

---

① 慕容雪村：《成都，今夜请将我遗忘·附录》，内蒙古人民出版社2003年版。
② 姜飞：《"遗忘"：叙事话语和价值态度——评慕容雪村的网络小说〈成都，今夜请将我遗忘〉》，《文艺理论与批评》2003年第2期。
③ 姜楠：《给网络小说以文学的关照——评〈成都，今夜请将我遗忘〉》，《北京理工大学学报》2003年第5期。

Internet的无限延伸创造了肥沃的土壤,大众化的自由创作空间使天地更为广阔。没有印刷、纸张的烦琐,跳过了出版社、书商的层层限制,无数人执起了笔,一篇源自平凡人手下的文章可以瞬间走进千家万户。"网络文学已经成为当下文学运行的一个世人瞩目的现象,中国官方的文学机构开始正视这样的现实,中国作协"将吸纳网络文学的优秀写手"入会,并已经着手修改"必须出版两部作品"的入会资格:"如果一个网络写手的文章点击数高,又有文学水准,他也可以加入作协"①,也就是说,网络文学已经成为时代文学的构成要素。

被称为"第五媒体"的手机文学,也开始呈现于世人面前。2000年1月,一位日本作家通过手机连载方式发表小说《深爱》,开创了手机文学先河。手机文学,即为手机量身定做,方寸之间,领略都市生活的流行趋势,指掌之上,品味网络文字的风趣睿智的一种短信式作品,是以每天固定发送的形式,由读者付费接收,也可以通过语音信箱收听和手机上网的方式阅读。这是文学借助新技术和新载体,进入大众社会的又一种展现方式。其艺术特点是"不要有过多的情景对话和描写,不能浪费一个字,甚至一个标点符号,就像鼻烟壶里的内画,局限性大,但也要气象大。在创作中,每篇又都保持了独立短信的完整性,并且突出了短信的灵动个性。七十个字里,争取不断有亮点闪现,或有包袱抖动"②。葛红兵教授给手机文学下的定义是:"以手机发送为传播形式,以格言体为基础的短小精悍,时效性、文学性并具的文学新样式。"③手机文学表现空间的狭窄和迎合青年人的市场定位,描写最多的就是爱情,文体形式主要是诗歌。这是由于诗歌语言的精短含蓄和分行排列特征所决定的。

在中国,2004年底,千夫长的一部手机短信小说《城外》问世,讲述的是两个相爱的人从婚姻的围城内各自走出,在城外遭遇了一段道德和法律都不支持的合情不合理的婚外恋激情,表现"婚外恋也是爱情,或许更加轰轰烈烈,更加刻骨铭心"的主题,被大陆和台湾两家公司各以十八万元的天价买断,这标志着中国进入了手机短信文学的时代。这部总共四千二百字的小说被分割成六十条短信"出版发行",国内移动和联通的手机用户都可以用三毛每条的价格通过手机短信阅读这部小说。随着手机的通信技术不断发展,大容量彩信手

---

① 蒋庆:《中国作协想招兵》,《成都商报》2008年4月6日。
② 李俊兰:《千夫长:创造文学神话成手机短信第一人》,《北京青年报》2005年1月14日。
③ 葛红兵:《拇指文化(短信文学)》,《文学报》2003年7月10日。

机的普及和阅读方式的多媒体化,手机小说将会挣脱字数限制的镣铐,故事的完整性和叙事结构的安排,以及包括叙事技巧在内的小说要素都会产生新的变化。这正如千夫长所说:"当下必将形成一个手机小说创作和阅读的时代,手机小说是由先进的技术决定的文学,是人类整个信息时代的阅读新方式。我创作《城外》开了手机小说的先河,如果和运营商合作得好,我将在手机小说的创作上一路领军走下去。"①

在震惊世界的"5·12"汶川特大地震发生后的一段时间,四川人的手机上流行着大量的文学短信,喜欢"涮坛子"的巴蜀人文性格,借助于手机文学的方式自我戏谑和自娱娱人,并借以化解痛苦。如:

成都人看余震的心情就像初恋的少女看情人,既怕他不来又怕他乱来。
上联:灾区人民无房可住　在余震中等待吃喝
下联:成都人民有房不住　在吃喝中等待余震
横批:都球恼火

上联:早也跑晚也跑一天到晚都在跑;
下联:跑得脱跑不脱看来要把命耍脱。
横批:安心睡觉。

成都,一座人均帐篷拥有量全国第一的城市
成都,一座家家都有倒立空瓶的城市
成都,一座洗澡和入厕都极其快速的城市
成都,一座连厕所都备有牛奶巧克力矿泉水的城市
成都,一座拒绝裸睡的城市
成都,一座全民热衷练习跑步的城市
成都,一座严禁抖腿的城市
成都,一座见面就问住几楼的城市
成都,一座没事就看天花板吊灯的城市

---

① 千夫长:《城外》,百花文艺出版社2005年版。

成都，一座进屋就看哪里能躲藏的城市
成都，一座每时每刻都看电视听广播的城市
成都，一座来了就跑不脱的城市，一座震起来就不停的城市

结　语

在全球化背景下，爆炸式的信息传播和高度发达的交通，正消弭着一切地理的障碍和思想的隔阂，文化的民族性和地域性诸种特征正在被逐渐淡化，很多东西都被赋予"全球性"的色彩。另一方面，每个国家和民族的文化精英们，则在努力地发掘与张扬自己的传统文化，有意识地以此为基础和前提，去创造具有自我个性特色的文化产品以实现自我价值。文学，是文化范畴中最具有想象性、形象感以及情感冲击力的艺术种类，要增进世界各国各民族之间的彼此认识了解，阅读文学作品是一种极好的途径。行文至此，我们会想起一段"老而又老"的文学功能的论述，即恩格斯提出的，通过阅读巴尔扎克的小说："我从这里，甚至在经济细节方面（如革命以后动产和不动产的重新分配）所学到的东西，也要比从当时所有职业的历史学家、经济学家和统计学家那里学到的全部东西还要多。"①

巴蜀四川一直是文学大省，也一直是文学强省。巴蜀四川文学，在中国文学格局中，具有鲜明的特色并且时常成为一个时代文学辉煌成就的标志。从华夏民族童年时代的神话与传说开始，到中华文化定型的汉代，延至唐宋和20世纪，巴蜀四川作家时常成为时代文学的领唱歌手。唐代魏颢在《李翰林集序》中说："自盘古划天地，天地之气，艮于西南。剑门上断，横江下绝，岷峨之曲，别为锦川。蜀之人无闻则已，闻则杰出，是生相如、君平、王褒、扬雄，降有陈子昂、李白。"20世纪的郭沫若、巴金等，亦是。即使出生于外地

---

① ［德］恩格斯：《致玛-哈克奈斯的信》，《马克思恩格斯选集》第4卷，人民出版社1997年版，第463页。

或漂泊于他乡的巴蜀之子，亦常常不忘"我蜀"的文化辉煌并且自觉地传承和张扬之，由此在创作中呈现出鲜明巴蜀印记而获得世人的推崇，如元代文学中仁寿籍虞集、井研籍牟应龙父子、绵阳籍邓文原、晚明的"蜀人张岱"，还有20世纪下半叶寓居海峡对岸的蜀籍诗人覃子豪、商禽等。而历代入蜀的作家，在"天下之山水在蜀"的自然风物浸润下，在特异的巴蜀民俗风情的涵蕴下，艺术风格臻于完美，其蜀中之作常常是其艺术成就的高峰所在，如杜甫、黄庭坚、陆游，还有20世纪的林语堂、余光中等亦受惠于蜀，即如李白所谓的"阳春召我以烟景，大块假我以文章"。

巴蜀人文性格的"未能笃信道德，反以好文讥刺"，就是一种天然的文艺创作思维要素。仅以20世纪为例，郭沫若对中国现代文化的最大贡献，就在于以"绝端的自由，绝端的自主"方式刷新诗坛，把平仄押韵对偶等中国诗歌的既有审美标准全部摧毁。20世纪末，巴蜀新生代诗，对既定的文学审美标准和规范，进行大大咧咧的消解，使中国诗歌重新审视既有的诗美标准。四川诗人以各种方式进行文化审美创造，并被中国诗歌阅读界继续关注着。一批坚守"乡土现实主义"创作方法的作家，带着自觉的乡土意识和复杂的乡村情结这一传统，在继续努力着，显示着作为具有浓郁乡土特征的"四川文学"护旗手的身姿。藏、彝等四川少数民族文学正在以蓬勃之势发展。他们将会在传统的文学写作体式中，获得大众阅读的更大空间并展现其市场化效应。

事实证明，在中华民族对外开放程度越高的时代，巴蜀四川文学的成就越大。因为各国各民族之间彼此交往认知和互相借鉴，可以更好地促进反观自身进而张扬自我个性以自立自强。在"凿空"阻隔，迎来东西方世界沟通交流的汉代，"王扬马"成为大汉帝国时代精神的文学代言人和时代文学的领唱歌手。在与世界各国交往频繁的唐代，由于本土作家与外来入蜀作家的共同努力，巴蜀文学已经成为大唐文学辉煌业绩的标杆。20世纪上半叶的中国文学巅峰上的"鲁郭茅巴老曹"排位，四川作家占有两席。20世纪后的中国文学格局中，四川作家以自己的创作成为其中极其重要的组成部分。20世纪80年代以来，鲁迅文学奖、中国少数民族文学骏马奖、全国儿童文学奖、"五个一工程"奖、全国优秀新诗奖、全国优秀中短篇小说奖等全国权威性文学奖项中，都有四川作品荣列其中。而作为中国文学在小说创作领域"最高峰线"标志的"茅盾文学奖"前七届的评选活动中，四川作家共有五部（届）作品获奖，这都证明四川文学有着厚重的积淀影响和良好的生态环境。

出名要靠炒作，出书要靠运作，现在的文学界似乎越来越有娱乐界的味道。但对于青年写手而言，文学和文字更多是一种释放与把玩，娱乐的写作方式、自我的写作内容、自由的写作空间等，都让文学写作呈现出一种极度自由的状态。从在一个虚拟空间中任意挥洒开始，到最后"落地"到实在的纸本形式销售，再到改编为影视作品，获得更大的经济效益，中国文学几十年来所倡导"为人民大众"的"普及化"写作，在经过市场经济的格式化刷新之后，才真正落到了实处。"川派武侠"群以及郭敬明、饶雪漫等年轻一代的写作，还有海晏的《琅琊榜》从网络到"落地"再到搬上荧屏等现象，都说明巴蜀四川文学能够在社会时潮变异和多种新兴媒介突涌的时代，抓住机会展示自己的才华，并且将会在市场化运作中继续实现其自我价值，进而对社会文化事业的繁荣作出应有的贡献。因为德国哲人在《德意志意识形态》中早就说过，艺术生产，不过是经济生产的另一种形式而已。

巴蜀四川文学的未来，应该是阳光灿烂的。明代傅振商在《蜀藻幽胜录》的开头就宣称："蜀之位坤也，焕为英彩必烂，……盖世载其英，亦世发起其藻矣。然山川奇秀，能拨文人笔兴，即游历者，峨眉之雪、巫山之云，江光之浩爽气，便横而琴台。草堂、剑阁、筹笔之迹，落星捧砚之胜，青羊、白鹤之裔，濯锦、梅龙之故。"确实，地理环境气候条件带来的自然美景，是引发作家创作思路的酵母；历史人文胜迹，也常常激荡出作家的艺术情感。"蜀江水碧蜀山青"当然引发人们的"朝朝暮暮情"，更何况"天下之山水在蜀"？还有前辈乡贤在历代文学史上"以文辞显于世"的皇皇伟绩，会激起后来者"乡党慕循其迹"见贤思齐。从大盆地文化的积淀传统来说，蜀学有自己的特色，儒道释融合一体，黄老卜筮辞章兼容，这都是具有丰富性和复杂性的文学生产之天然沃土。

在全球化浪潮激涌翻腾的当下，中国文化的重构与再造，中国文学的发展与创新，以及在信息化、市场化和科技不断飞跃的时代，文学的表现方式、实现载体都在不断刷新，巴蜀四川文学的责任依然重大。无论从地域文学群体还是从作家个体而言，文学创作的艺术魅力和生命力都在于其个性和独特性。随着社会经济的发展，社会文化素养的整体水平的提升，有更多的人会进入文学的审美活动中，也会有更多的人通过文学去表达自我对外部世界的感知与思考。早在19世纪，普列汉诺夫就说过："每一个民族的气质中，都保持某些为自然环境的影响所引起的特色，这些特色可以由于适应社会环境而有几分改变，但是绝不因此完全消失。这些民族气质的特色，形成所谓种族。种族对于某些思想体系的历史，譬如艺术史，给予一种毫无疑问的影响。"[①]四川文学的发展和未来命运，只有立足于自己的地域文化之根，去迎合时代的召唤，才有可能获得更辉煌的明天。

---

① ［俄］普列汉诺夫：《论艺术：没有地址的信》，生活·读书·新知三联书店1964年版，第47页。

主要参考文献

哲学与美学

［俄］普列汉诺夫：《普列汉洛夫哲学著作选集》，生活·读书·新知三联书店，1974年。

［德］黑格尔：《美学》，商务印书馆，1979年。

［丹麦］勃兰兑斯：《十九世纪文学主潮》，人民文学出版社，1982年。

［法］丹纳：《艺术哲学》，人民文学出版社，1983年。

［德］阿尔夫雷德·赫特纳：《地理学：它的历史、性质和方法》，商务印书馆，1983年。

［德］格罗塞：《艺术的起源》，商务印书馆，1984年。

［苏］列·谢·维戈茨基：《艺术心理学》，上海文艺出版社，1985年。

［美］阿尔温·托夫勒：《未来的冲击》，中国对外翻译公司，1985年。

［英］柯林武德：《历史的观念》，中国社会科学出版社，1986年。

［法］列维-施特劳斯：《野性的思维》，商务印书馆，1987年。

［英］J.弗雷泽：《金枝》，中国民间文艺出版社，1987年。

［英］马林诺夫斯基：《文化论》，中国民间文艺出版社，1987年。

［美］露丝·本尼迪克特：《文化模式》，华夏出版社，1987年。

［捷克］雅罗斯拉夫·普实克：《中国现代文学论文集》，湖南文艺出版社，1987年。

［美］F.普洛格等：《文化演进与人类行为》，辽宁人民出版社，1988年。

［美］恩·卡西尔：《神话思维》，中国社会科学出版社，1992年。

［德］黑格尔：《历史哲学》，上海书店出版社，1999年。

［美］罗伯逊：《全球化：社会理论与全球文化》，上海人民出版社，2000年。

［英］克莱夫·贝尔：《艺术》，江苏教育出版社，2005年。

［英］迈克·克朗：《文化地理学》，南京大学出版社，2005年。

王灼：《碧鸡漫志》，《四库全书》本。

胡应麟：《诗薮》，《四库全书》本。

胡仔：《苕溪渔隐丛话》，《四库全书》本。

况周颐：《蕙风词话》，《四库全书》本。

朱自清：《诗与哲理·新诗杂话》，作家书屋，1947年。

闻一多：《闻一多全集》，上海开明书店，1948年。

王瑶：《中古文学史论》，上海古典文学出版社，1956年。

伍蠡甫：《西方文论选》，上海译文出版社，1979年。

郭绍虞主编：《中国历代文论选》，上海古籍出版社，1979年。

陆侃如、牟世金：《文心雕龙译注》，齐鲁书社，1981年。

宗白华：《美学散步》，上海人民出版社，1981年。

敏泽：《中国文学理论批评史》，人民文学出版社，1981年。

蔡英俊：《中国文化新论·文学篇·抒情的境界》，联经出版事业公司，1982年。

罗大经：《鹤林玉露》，中华书局，1983年。

彭华生、钱光培：《新时期作家谈创作》，人民文学出版社，1983年。

朱东润：《中国文学批评史大纲》，上海古籍出版社，1983年。

贾植芳等：《巴金写作生涯》，百花文艺出版社，1984年。

罗根泽：《中国文学批评史》，上海古籍出版社，1984年。

陈鼓应：《老子注译及评价》，中华书局，1984年。

李长之：《司马迁之人格和风格》，生活·读书·新知三联书店，1984年。

流沙河：《台湾诗人十二家》，重庆出版社，1985年。

曹顺庆：《中西比较美学文学论文集》，四川文艺出版社，1985年。

任访秋：《新文学渊源》，河南人民出版社，1986年。

王永生：《中国现代文学理论批评史》，贵州人民出版社，1986年。
王培荀：《听雨楼随笔》，巴蜀书社，1987年。
顾易生、蒋凡：《先秦两汉文学批评史》，上海古籍出版社，1990年。
高名潞：《中国当代美术史1985~1986》，上海人民出版社，1991年。
冯学成、赵立明等：《巴蜀禅灯录》，成都出版社，1992年。
李绍明、林向、赵殿增：《三星堆与巴蜀文化》，巴蜀书社，1993年。
张京媛：《新历史主义与文学批评》，北京大学出版社，1993年。
蔡景康：《明代文论选》，人民文学出版社，1993年。
李泽厚：《美的历程》，安徽文艺出版社，1994年。
胡昭曦、刘复生、粟品孝：《宋代蜀学研究》，巴蜀书社，1997年。
吴文治：《宋诗话全编》，江苏古籍出版社，1998年。
李泽厚、刘纲纪：《中国美学史》，安徽文艺出版社，1999年。
郭绍虞：《中国文学批评史》，百花文艺出版社，1999年。
王国维：《人间词话》，上海古籍出版社，2000年。
包亚明：《后现代性与地理学的政治》，上海教育出版社，2001年。
陈慧琳：《人文地理学》，科学出版社，2001年。
汪辟疆：《汪辟疆说近代诗》，上海古籍出版社，2001年。
王宁：《全球化与文化：西方与中国》，北京大学出版社，2002年。
屈守元：《览初阁论著辑录》，电子科技大学出版社，2002年。
龚克昌：《中国辞赋研究》，山东大学出版社，2003年。
万光治：《蜀中汉赋三大家》，巴蜀书社，2004年。
冯良方：《汉赋与经学》，中国社会科学出版社，2004年。
梁启超：《清代学术概论·中国学术思想变迁之大势》，中国人民大学出版社，2004年。
祝尚书：《宋代巴蜀文学通论》，巴蜀书社，2005年。
苏国勋等：《全球化：文化冲突与共生》，社会科学文献出版社，2006年。
陈炎：《中国审美文化简史》，高等教育出版社，2007年。
李浩：《唐代三大地域文学士族研究》，中华书局，2008年。
郑家治、李咏梅：《明清巴蜀诗学研究》，巴蜀书社，2008年。
陶东风：《当代中国文艺思潮与文化热点》，北京大学出版社，2008年。
林语堂：《苏东坡传》，陕西师范大学出版社，2008年。

胡秋原：《古代中国文化与中国知识分子》，中华书局，2010年。

纪国泰：《〈扬子法言〉今读》，巴蜀书社，2010年。

伍联群：《北宋文人入蜀诗研究》，巴蜀书社，2010年。

道元、朱俊红：《景德传灯录》，海南出版社，2011年。

蔡元培等：《中国新文学大系·导论集》，岳麓书社，2011年。

曾大兴、夏汉宁：《文学地理学》，人民出版社，2012年。

叶梦得：《避暑录话》，上海古籍出版社，2012年。

杨乃乔、刘耘华、宋炳辉：《当代比较文学与方法论建构》，复旦大学出版社，2014年。

叶朗：《中国美学通史》，江苏人民出版社，2014年。

王运熙：《汉魏六朝唐代文学论丛》，上海古籍出版社，2014年。

郭万金主编：《河朔贞刚：北方民族政权下的文学与文化》，商务印书馆，2014年。

申东城：《巴蜀诗人与唐宋诗词流变研究》，上海人民出版社，2014年。

历　史

［英］汤因比：《历史研究》，上海人民出版社，1964年。

［美］斯塔夫里阿诺斯：《全球通史》，上海社会科学院出版社，1999年。

［美］房龙：《人类的故事》，东方出版社，2004年。

［美］威廉·麦克尼尔：《世界史》，中信出版社，2013年。

［以色列］尤瓦尔·赫拉利：《人类简史：从动物到上帝》，中信出版社，2014年。

［美］房龙：《文明的开端》，新世界出版社，2014年。

顾祖禹：《读史方舆纪要》，中华书局，1955年。

侯外庐：《中国思想通史》，人民出版社，1958~1960年。

司马迁：《史记》，中华书局，1962年。

班固：《汉书》，中华书局，1962年。

陈寿：《三国志》，中华书局，1962年。

任继愈：《中国哲学史》，人民出版社，1963年。

汪子嵩等：《欧洲哲学史简编》，人民出版社，1972年。

鲁迅：《汉文学史纲要》，人民文学出版社，1976年。
杨周翰：《欧洲文学史》，人民文学出版社，1979年。
童恩正：《古代的巴蜀》，四川人民出版社，1979年。
李泽厚：《中国近代思想史》，人民出版社，1979年。
柳鸣九：《法国文学史》，人民文学出版社，1981年。
刘炳善：《英国文学简史》，上海外语教育出版社，1981年。
蒙文通：《巴蜀古史论述》，四川人民出版社，1981年。
郭志刚：《中国当代文学史初稿》，人民文学出版社，1981年。
顾颉刚：《论巴蜀与中原的关系》，四川人民出版社，1981年。
庄绰：《鸡肋编》，中华书局，1983年。
常璩：《华阳国志》，巴蜀书社，1984年。
王存：《元丰九域志》，中华书局，1984年。
程大昌：《禹贡山川地理图》，中华书局，1985年。
陶德臻：《东方文学简史》，北京出版社，1985年。
胡适：《白话文学史》，岳麓书社，1986年。
钱穆：《中国文化史导论》，生活·读书·新知三联书店，1988年。
陈白尘：《中国现代戏剧史稿》，中国戏剧出版社，1989年。
傅平骧等：《四川历代文化名人辞典》，四川文艺出版社，1992年。
钱基博：《中国文学史》，中华书局，1993年。
中国基督教协会编印：《新旧约全书》，1996年。
梁启超：《中国近三百年学术史》，东方出版社，1996年。
李怡：《现代四川文学的巴蜀文化阐释》，湖南教育出版社，1997年。
杨义：《中国现代小说史》（三卷本），人民文学出版社，1998年。
葛兆光：《中国思想史》，复旦大学出版社，1998年。
王文才、王炎：《蜀梼杌校笺》，巴蜀书社，1999年。
朱栋霖等：《中国现代文学史》，高等教育出版社，1999年。
邓经武：《二十世纪巴蜀文学》，电子科技大学出版社，1999年。
李绍明等：《夏禹文化研究》，巴蜀书社，2000年。
郦道元：《水经注》，浙江古籍出版社，2001年。
赵德明：《拉丁美洲文学史》，北京大学出版社，2001年。
谭兴国：《蜀中文章冠天下：巴蜀文学史稿》，四川人民出版社，2001年。

杨世明：《巴蜀文学史》，巴蜀书社，2003年。
童书业：《童书业历史地理论集》，中华书局，2004年。
钱基博：《现代中国文学史》，中国人民大学出版社，2004年。
郑德坤：《四川古代文化史》，巴蜀书社，2004年。
游国恩：《中国文学史讲义》，天津古籍出版社，2005年。
邓经武：《大盆地生命的记忆·巴蜀文化与文学》，电子科技大学出版社，2005年。
孙光宪：《北梦琐言》，中华书局，2006年。
李怡、肖伟胜：《中国现代文学的巴蜀视野》，巴蜀书社，2006年。
任卫东、刘慧儒、范大灿：《德国文学史》，译林出版社，2007年。
苏宁：《三星堆的审美阐释》，巴蜀书社，2007年。
丁帆：《中国乡土小说史》，北京大学出版社，2007年。
吴瑾瑾：《美国文学史》，经济科学出版社，2008年。
黄开国：《国学与巴蜀哲学》，巴蜀书社，2008年。
袁庭栋：《巴蜀文化志》，巴蜀书社，2009年。
邓经武：《六百年迷雾何时清："湖广填四川"揭秘》，四川大学出版社，2010年。
冯友兰：《中国哲学史》，商务印书馆，2011年。
段渝主编：《巴蜀文化史》，四川人民出版社，2012年。
邓经武：《民国文化建构中的地域文学辨思》，花木兰出版社，2015年。

作品集

鲁迅：《中国新文学大系·小说二集》，上海良友图书印刷公司，1935年。
茅盾：《中国新文学大系·小说一集》，上海良友图书印刷公司，1935年。
李调元：《童山文集》，商务印书馆，1936年。
陈田：《明诗纪事》，商务印书馆，1936年。
严可均：《全上古三代秦汉三国六朝文》，中华书局，1958年。
郭沫若：《沫若文集》，人民文学出版社，1958年。
李一氓校：《花间集校》，人民文学出版社，1958年。
袁珂：《中国古代神话》，中华书局，1960年。

沈德潜：《古诗源》，中华书局，1963年。
傅增湘：《宋代蜀文辑存》，新文丰出版社，1974年。
沈德潜：《明诗别裁集》，中华书局，1975年。
沈德潜：《清诗别裁集》，中华书局，1975年。
萧统：《文选》，中华书局，1977年。
唐圭璋：《全金元词》，中华书局，1979年。
黄休复：《益州名画录》，四川人民出版社，1982年。
巴金：《巴金选集》，四川人民出版社，1982年。
沙汀：《沙汀选集》，四川人民出版社，1982年。
何其芳：《何其芳文集》，人民文学出版社，1982年。
曹学佺：《蜀中名胜记》，重庆出版社，1984年。
傅振商：《蜀藻幽胜录》，巴蜀书社，1985年。
李调元：《童山诗集》，中华书局，1985年。
近代巴蜀诗钞编委会：《近代巴蜀诗钞》，巴蜀书社，1985年。
吴虞：《吴虞集》，四川人民出版社，1985年。
孙桐生：《国朝全蜀诗钞》，巴蜀书社，1985年。
林孔翼：《成都竹枝词》，四川人民出版社，1986年。
上海古籍出版社编：《全唐诗》，上海古籍出版社，1986年。
许肇鼎：《宋代蜀人著作存佚录》，巴蜀书社，1986年。
孔凡礼点校：《苏轼文集》，中华书局，1986年。
计有功：《唐诗纪事》，上海古籍出版社，1987年。
曾枣庄、马德富：《栾城集》，上海古籍出版社，1987年。
顾嗣立：《元诗选》，中华书局，1987年。
唐晓渡、王家新：《中国当代实验诗选》，春风文艺出版社，1987年。
王文才：《杨慎学谱》，上海古籍出版社，1988年。
徐世昌：《晚晴簃诗汇》，中华书局1990年。
曾枣庄、金成礼：《嘉祐集笺注》，上海古籍出版社，1993年。
吴芳吉：《吴芳吉集》，巴蜀书社，1994年。
李朝正、李义清：《巴蜀历代名媛著作考要》，巴蜀书社，1997年。
徐征等：《全元曲》，河北教育出版社，1998年。
廖永祥：《蜀诗总集》，天地出版社，2002年。

邹同庆、王宗堂：《苏轼词编年校注》，中华书局，2002年。

王文才、万光治：《杨升庵丛书》，天地出版社，2002年。

杨慎：《全蜀艺文志》，线装书局，2003年。

上海古籍出版社编：《明代笔记小说大观》，上海古籍出版社，2005年。

王叔岷：《庄子校诠》，中华书局，2007年。

黄秉泽：《元曲三百首》，崇文书局，2007年。

王頲：《虞集全集》，天津古籍出版社，2007年。

李谊：《历代蜀词全辑》，重庆出版社，2007年。

唐圭璋：《全宋词审稿笔记》，中华书局，2009年。

袁说友：《成都文类》，中华书局，2011年。

李劼人：《李劼人全集》，四川文艺出版社，2011年。

李调元：《函海》，人民出版社，2012年。

袁珂：《〈山海经〉校注》，北京联合出版公司，2014年。

李时人：《全唐五代小说》，中华书局，2014年。

朱彝尊：《词综》，上海古籍出版社，2014年。

《诗经》，中华书局，2015年。

吴之振、吕留良、吴自牧：《宋诗钞》，中华书局，2015年。

葛洪：《西京杂记》，中国书店，2019年。

后 记

我被负责《巴蜀文化通史·文学卷》主撰的著名古代文学研究专家沈伯峻先生约请承担本卷的近现代和当代文学部分的撰稿,是在2007年,完成后接受编委会诸先生评议并通过。

后沈先生因故无法承担全卷编纂任务,遂于2017年,经学术委员会议研究,由沈先生邀约我替他独立承担《巴蜀文化通史·文学卷》的全部撰写!因要完成这个任务,时间太急迫,我只能勉为其难,不揣冒昧,承接下来。

除了"近现代和当代四川文学"部分撰写时间较为充裕外,本书其他章节,几乎都可以说属于"急就章"。

承担本卷写作,让我在《20世纪巴蜀文学》(1999)、《大盆地生命的记忆:巴蜀文化与文学》(2005)出版之后,再得到一次深入认识和系统思考巴蜀文化文学的机会。感谢《文史杂志》主编屈小强先生,约我撰写巴蜀文化与文学的系列文章。从2016年开始,我的"蜀山说文"系列,如《中国文化源头中的巴蜀神话》《古蜀器质文明的辉煌与上古歌谣的缺失》《大汉盛世文化建构中的巴蜀贡献》《大汉帝国的精神号手"王扬马"》《魏晋巴蜀文学》等篇,已经刊发。《晚霞》杂志新设的《文脉天府》专栏,我参与了相关论证与策划,也于兹刊连续发表《天下诗人皆入蜀的领跑人》《李白诗歌的巴蜀记忆》《中国画"蜀笔圣手黄筌"》等数篇文章。其他如《文艺争鸣》刊发的《巴蜀文化与大西南文学》(2016),以及应会议要求已经撰写的有关扬雄、杨慎等人的学术论文等,还有我在台湾花木兰出版社出版的《民国文化建构中的地域文学辨思》(2014),都可以看作撰写本卷的学术准备。

自20世纪90年代始,我为中文专业甚至在全校"任选课"开设"巴蜀文化与文学"课程，教学相长，获益不少，直到退休。

　　为感谢沈先生对我的青睐，也为彰示他对本书的贡献，他所提供的全部1.27万文字，即第二节"司马相如"、第三节"王褒"和第四节"扬雄"的部分内容，都原貌保留在本书中。最后，还要感谢本书责编，在字词错漏和引文出处等方面，为我订正补救甚多。

　　本书因为各种原因，有许多不尽人意之处，敬请各位方家不吝指教！

邓经武

2017年冬

图书在版编目（CIP数据）

巴蜀文化通史. 文学卷 / 章玉钧, 谭继和主编；邓经武著. -- 成都：四川人民出版社, 2021.12
ISBN 978-7-220-10569-2

Ⅰ.①巴… Ⅱ.①章… ②谭… ③邓… Ⅲ.①文化史—四川②文学史—四川 Ⅳ.①K297.1

中国版本图书馆CIP数据核字（2017）第280110号

BASHU WENHUA TONGSHI
WENXUE JUAN
巴蜀文化通史 文学卷

邓经武 著

出 品 人	黄立新
项目统筹	谢 雪　董 玲　谢 寒
责任编辑	江 澄　张立园
封面设计	张 科
装帧设计	经典记忆　戴雨虹
责任校对	蒋科兰　李昊原
责任印制	祝 健
出版发行	四川人民出版社（成都三色路238号）
网　　址	http://www.scpph.com
E-mail	scrmcbs@sina.com
新浪微博	@四川人民出版社
微信公众号	四川人民出版社
发行部业务电话	（028）86361653　86361656
防盗版举报电话	（028）86361653
制　　版	四川胜翔数码印务设计有限公司
印　　刷	成都东江印务有限公司
成品尺寸	180mm×260mm
插　　页	14
印　　张	35.75
字　　数	620千
版　　次	2021年12月第1版
印　　次	2021年12月第1次印刷
书　　号	ISBN 978-7-220-10569-2
定　　价	160.00元

■ 版权所有·侵权必究

本书若出现印装质量问题，请与我社发行部联系调换
电话：（028）86361656